国家民委"一带一路"国别与区域研究中心——
东南亚研究中心系列丛书
◎ 总主编／杜文忠

东盟十国法律制度概览

DONGMENG SHIGUO
FALV ZHIDU GAILAN

主　编　赵　琪
副主编　者荣娜

云南大学出版社
YUNNAN UNIVERSITY PRESS

图书在版编目（CIP）数据

东盟十国法律制度概览 / 赵琪主编. -- 昆明：云南大学出版社，2023

（国家民委"一带一路"国别与区域研究中心—东南亚研究中心系列丛书）

ISBN 978-7-5482-4948-1

Ⅰ.①东… Ⅱ.①赵… Ⅲ.①法律—概况—东南亚国家联盟 Ⅳ.①D933

中国国家版本馆CIP数据核字(2023)第162899号

策　　划：张丽华
责任编辑：王登全
封面设计：王嫣一

东盟十国
法律制度概览

主　编　赵　琪
副主编　者荣娜

出版发行：	云南大学出版社
印　　装：	云南广艺印务有限公司
开　　本：	787mm×1092mm　1/16
印　　张：	30.5
字　　数：	580千
版　　次：	2023年9月第1版
印　　次：	2023年9月第1次印刷
书　　号：	ISBN 978-7-5482-4948-1
定　　价：	90.00元

社　　址：昆明市一二一大街182号（云南大学东陆校区英华园内）
邮　　编：650091
发行电话：0871-65033244　65031071
网　　址：http://www.ynup.com
E - mail：market@ynup.com

若发现本书有印装质量问题，请与印厂联系调换，联系电话：13888672058。

目 录

第一章 绪 论 / 1

第一节 东盟概况 / 1
    一、地理环境 / 1
    二、人　口 / 2
    三、语　言 / 5
    四、民族、宗教与文化 / 5
    五、经济成就 / 7

第二节 东盟国家间重要的政治法律文件 / 10
    一、东盟法律文件概述 / 10
    二、规定东盟建立及法律地位的文件 / 12
    三、关于东盟和平与安全的法律文件 / 17
    四、规定东盟对内、对外关系的法律文件 / 20
    五、关于争端解决的法律文件 / 21

第三节 中国与东盟的关系 / 25
    一、合作机制 / 25
    二、政治法律关系 / 26
    三、经贸合作成效 / 29

第二章 宪法制度 / 32

第一节 文莱宪法 / 32
    一、历史背景 / 32
    二、基本结构 / 33
    三、基本内容 / 33
    四、简要评析 / 34

第二节 柬埔寨王国宪法 / 35
    一、历史背景 / 35

二、基本结构 / 36

三、基本内容 / 36

四、简要评析 / 38

第三节　印度尼西亚共和国宪法 / 39

一、历史背景 / 39

二、基本结构 / 39

三、基本内容 / 40

四、简要评析 / 41

第四节　老挝人民民主共和国宪法 / 42

一、历史背景 / 42

二、基本结构 / 42

三、基本内容 / 43

四、简要评析 / 44

第五节　马来西亚联邦宪法 / 45

一、历史沿革 / 45

二、基本结构 / 45

三、内容简介 / 46

四、简要评析 / 48

第六节　缅甸联邦共和国宪法 / 48

一、历史沿革 / 48

二、基本结构 / 49

三、基本内容 / 49

四、简要评析 / 52

第七节　菲律宾共和国宪法 / 52

一、历史背景 / 52

二、基本结构 / 53

三、基本内容 / 53

四、简要评析 / 55

第八节　新加坡共和国宪法 / 55

一、历史背景 / 55

二、基本结构 / 56

三、基本内容 / 56

四、简要评析 / 59

第九节　泰王国宪法 / 59
　　一、历史背景 / 59
　　二、基本结构 / 60
　　三、基本内容 / 60
　　四、宪法修改基本程序 / 64
　　五、简要评析 / 64
第十节　越南社会主义共和国宪法 / 65
　　一、历史背景 / 65
　　二、基本结构 / 65
　　三、基本内容 / 65
　　四、简要评析 / 68

第三章　刑事法律制度 / 69

第一节　文莱刑事法律制度 / 69
　　一、刑法发展历程 / 69
　　二、2016年《刑法典》主要内容 / 70
　　三、简要评述 / 72
第二节　柬埔寨王国刑事法律制度 / 74
　　一、刑法发展历程 / 74
　　二、《刑法典》主要内容 / 74
　　三、简要评述 / 77
第三节　印度尼西亚共和国刑事法律制度 / 78
　　一、刑法发展历程 / 78
　　二、《刑法典》主要内容 / 79
　　三、简要评述 / 81
第四节　老挝人民民主共和国刑事法律制度 / 82
　　一、刑法发展历程 / 83
　　二、《刑法典》主要内容 / 83
　　三、简要评述 / 85
第五节　马来西亚联邦刑事法律制度 / 86
　　一、刑法发展历程 / 86
　　二、《刑法典》主要内容 / 87
　　三、简要评述 / 89

第六节　缅甸联邦共和国刑事法律制度 / 91
　　一、刑法发展历程 / 91
　　二、《刑法典》主要内容 / 92
　　三、简要评述 / 94
第七节　菲律宾共和国刑事法律制度 / 96
　　一、刑法发展历程 / 96
　　二、《刑法典》主要内容 / 97
　　三、简要评述 / 99
第八节　新加坡共和国刑事法律制度 / 101
　　一、刑法发展历程 / 101
　　二、《刑法典》主要内容 / 102
　　三、简要评述 / 103
第九节　泰王国刑事法律制度 / 105
　　一、刑法发展历程 / 105
　　二、泰国刑法典的主要内容 / 106
　　三、简要评述 / 108
第十节　越南社会主义共和国刑事法律制度 / 109
　　一、刑法发展历程 / 109
　　二、《刑法典》主要内容 / 110
　　三、简要评述 / 112

第四章　民事法律制度 / 114
　第一节　文莱民事法律制度 / 114
　　一、合同法 / 115
　　二、婚姻法 / 118
　第二节　柬埔寨王国民事法律制度 / 119
　　一、合　同 / 120
　　二、民事责任 / 121
　　三、不动产物权制度 / 121
　　四、婚姻家庭和继承法 / 122
　第三节　印度尼西亚共和国民事法律制度 / 124
　　一、《民法典》/ 124
　　二、婚姻法 / 126

第四节　老挝人民民主共和国民事法律制度 / 128
　　一、人　法 / 129
　　二、物权与担保 / 130
　　三、债　权 / 131
　　四、婚姻家庭和继承 / 131
第五节　马来西亚联邦民事法律制度 / 133
　　一、合同法 / 134
　　二、婚姻家庭和继承法 / 135
第六节　缅甸联邦共和国民事法律制度 / 138
　　一、合同关系 / 138
　　二、婚姻家庭关系 / 140
第七节　菲律宾共和国民事法律制度 / 142
　　一、《民法典》/ 142
　　二、婚姻家庭法 / 145
第八节　新加坡共和国民事法律制度 / 147
　　一、合同关系 / 148
　　二、婚姻家庭关系 / 149
　　三、继承关系 / 151
第九节　泰王国民事法律制度 / 152
　　一、人　法 / 153
　　二、债　权 / 154
　　三、物　权 / 155
　　四、婚姻家庭与继承法 / 156
第十节　越南社会主义共和国民事法律制度 / 156
　　一、《民法典》/ 157
　　二、婚姻家庭法 / 159

第五章　公司法律制度 / 162
　第一节　文莱公司法律制度 / 162
　　一、公司设立 / 162
　　二、公司登记 / 163
　　三、股份公司股份或股本的变更 / 164
　　四、公司治理机构 / 164

五、公司破产制度 / 166

第二节　柬埔寨王国商业企业法律制度 / 168
　　一、合伙企业 / 169
　　二、私人有限公司与公众有限公司 / 170
　　三、公司破产制度 / 172

第三节　印度尼西亚共和国公司法律制度 / 175
　　一、公司设立 / 175
　　二、资本制度 / 176
　　三、公司治理结构 / 177
　　四、公司合并、分立和解散 / 177
　　五、公司破产制度 / 178

第四节　老挝人民民主共和国企业法律制度 / 180
　　一、企业基本制度 / 181
　　二、合伙企业 / 183
　　三、公　司 / 184
　　四、企业破产法 / 186

第五节　马来西亚联邦公司法律制度 / 189
　　一、公司的分类和限制 / 189
　　二、公司设立及治理 / 190
　　三、公司终止 / 192
　　四、公司破产法律制度 / 193

第六节　缅甸联邦共和国公司法律制度 / 196
　　一、公司设立和登记 / 197
　　二、资本制度 / 197
　　三、公司治理结构 / 198
　　四、公司破产法律制度 / 199

第七节　菲律宾共和国公司法律制度 / 202
　　一、公司与公司设立 / 203
　　二、公司治理结构 / 204
　　三、公司解散 / 205
　　四、公司破产制度 / 205

第八节　新加坡共和国公司法律制度 / 208
　　一、公司及类型 / 208

二、公司设立 / 209

三、公司资本制度与治理结构 / 210

四、公司重整、解散和破产 / 211

第九节　泰王国公司法律制度 / 214

一、两合公司（有限合伙）/ 214

二、私人有限责任公司 / 215

三、公众有限责任公司 / 217

四、公司破产制度 / 220

第十节　越南社会主义共和国企业法律制度 / 222

一、企业设立 / 223

二、企业类型 / 223

三、企业重组、解散和破产 / 225

四、企业破产制度 / 226

第六章　贸易与投资法律制度 / 227

第一节　文莱贸易与投资法 / 228

一、贸易法规与政策 / 228

二、外商投资法规与政策 / 231

第二节　柬埔寨王国贸易与投资法 / 235

一、贸易法规与政策 / 235

二、外商投资法规与政策 / 238

第三节　印度尼西亚共和国贸易与投资法 / 242

一、贸易法规与政策 / 243

二、外商投资法规与政策 / 247

第四节　老挝人民民主共和国贸易与投资法 / 251

一、贸易法规与政策 / 251

二、外商投资法规与政策 / 253

第五节　马来西亚联邦贸易与投资法 / 257

一、贸易法规与政策 / 257

二、外商投资法律与政策 / 261

第六节　缅甸联邦共和国贸易与投资法 / 264

一、贸易法规与政策 / 264

二、外商投资法规与政策 / 266

第七节　菲律宾共和国贸易与投资法 / 270
　　一、菲律宾贸易法规与政策 / 270
　　二、外商投资法规与政策 / 272

第八节　新加坡共和国贸易与投资法 / 277
　　一、贸易法规与政策 / 278
　　二、外商投资法规与政策 / 280

第九节　泰王国贸易与投资法 / 284
　　一、贸易法规与政策 / 285
　　二、外商投资法规与政策 / 287

第十节　越南社会主义共和国贸易与投资法 / 291
　　一、贸易法规与政策 / 291
　　二、外商投资法规与政策 / 293

第七章　知识产权法律制度 / 299

第一节　文莱知识产权法律制度 / 299
　　一、著作权法 / 300
　　二、专利法 / 303
　　三、产品外观设计法 / 305
　　四、商标法 / 307

第二节　柬埔寨王国知识产权法律制度 / 309
　　一、著作权法 / 309
　　二、专利法 / 312
　　三、商标法 / 315

第三节　印度尼西亚共和国知识产权法律制度 / 317
　　一、著作权法 / 317
　　二、专利法 / 321
　　三、产品外观设计法 / 323
　　四、商标法 / 325

第四节　老挝人民民主共和国知识产权法律制度 / 327
　　一、著作权 / 327
　　二、工业产权 / 330

第五节　马来西亚联邦知识产权法律制度 / 334
　　一、著作权法 / 334

二、专利法 / 337

三、产品外观设计法 / 339

四、商标法 / 341

第六节 缅甸联邦共和国知识产权法律制度 / 343

一、著作权法 / 344

二、专利法 / 346

三、产品外观设计法 / 348

四、商标法 / 350

第七节 菲律宾共和国知识产权法律制度 / 352

一、著作权法 / 352

二、专利法 / 355

三、商标法 / 358

第八节 新加坡共和国知识产权法律制度 / 360

一、著作权法 / 360

二、专利法 / 364

三、外观设计注册法 / 366

四、商标法 / 367

第九节 泰王国知识产权法律制度 / 369

一、著作权法 / 369

二、专利法 / 373

三、商标法 / 376

第十节 越南社会主义共和国知识产权法律制度 / 378

一、著作权 / 379

二、工业产权 / 382

第八章 司法与诉讼制度 / 386

第一节 文莱司法与诉讼制度 / 386

一、司法制度 / 386

二、诉讼制度 / 390

第二节 柬埔寨王国司法与诉讼制度 / 395

一、司法制度 / 395

二、诉讼制度 / 398

第三节 印度尼西亚共和国司法与诉讼制度 / 403

一、司法制度 / 403
　　二、诉讼制度 / 406
第四节　老挝人民民主共和国司法与诉讼制度 / 410
　　一、司法制度 / 410
　　二、诉讼制度 / 413
第五节　马来西亚联邦司法与诉讼制度 / 418
　　一、马来西亚司法制度 / 418
　　二、诉讼制度 / 421
第六节　缅甸联邦共和国司法与诉讼制度 / 425
　　一、司法制度 / 425
　　二、诉讼制度 / 428
第七节　菲律宾共和国司法与诉讼制度 / 431
　　一、司法制度 / 431
　　二、诉讼制度 / 434
第八节　新加坡共和国司法与诉讼制度 / 437
　　一、司法制度 / 437
　　二、诉讼制度 / 440
第九节　泰王国司法与诉讼制度 / 443
　　一、司法制度 / 443
　　二、诉讼制度 / 446
第十节　越南社会主义共和国司法与诉讼制度 / 450
　　一、司法制度 / 450
　　二、诉讼制度 / 454

主要参考文献 / 461

后　记 / 475

第一章 绪 论

第一节 东盟概况

一、地理环境

东盟，全称为东南亚国家联盟（Association of Southeast Asian Nations）。东盟成立于1967年8月8日，创始成员国为印度尼西亚、泰国、新加坡、马来西亚和菲律宾。在文莱（1984年）、越南（1995年）、老挝（1997年）、缅甸（1997年）和柬埔寨（1999年）相继加入后，东南亚11国中的10国已成为东盟的成员国。2011年东帝汶提交了加入申请，目前是东盟的观察员国。

东盟国家地处亚洲的东南部，位于中国、印度、澳大利亚，以及印度洋和太平洋之间，西部邻接南亚，东部与巴布亚新几内亚相分隔，南部与澳大利亚隔海相望，泰国、新加坡和马来西亚之间的马六甲海峡构成连接印度洋和太平洋的咽喉。在地理学上，东南亚地区曾被划分为两个地理单元，即中南半岛（亦称东南亚大陆）和马来岛屿（亦称东南亚岛屿）。位于中南半岛上的东盟国家和地区有越南、老挝、泰国、缅甸、柬埔寨和马来西亚西部，而位于马来岛屿上的东盟国家和地区则包括印度尼西亚、菲律宾、新加坡、文莱和马来西亚东部。

东盟十国陆地面积总计为449万平方公里，其中印度尼西亚是东南亚国土面积最大的国家，陆地面积约192万平方公里。印度尼西亚同时也是世界上最大的群岛国，是世界上火山活动最活跃的地区之一。印度尼西亚的新几内亚岛，还是东南亚唯一可以找到有冰川的地方。东南亚的山脉大多为南北走向，最高的山峰是位于缅甸北部的开卡博峰（Hkakabo Razi），海拔5881米，被称为"中南半岛的屋脊"。东盟国家内部拥有五大水系，自西向东依次为伊洛瓦底江、萨尔温江、湄南河、湄公河和红河。其中的三大水系（伊洛瓦底江、萨尔温江和湄公河）均起源于西藏高原，在流出境外之前，三大水系位于我国云南省内的上游河流分别被称为独龙江、怒江和澜沧江。湄公河是东南亚大陆最长的河流，拥有最大的流域，干流全长 4900 多千米，是亚洲最重要的跨国水系。湄公河（澜沧江）流出中国后，分别流经老挝、缅甸、泰国、柬埔寨和越南后汇入南海。除缅甸北部外，其余所有东盟国家均位于北回归线以南，基本属于热带季风气候（大部分中南半岛地区）和热带雨林气候（大部分马来群岛地区）。因而东盟国家大部分地区炎热潮湿，全年降雨充沛，这为东盟国家的农业生产提供了丰富的灌溉水源，也形成了独特的东南亚热带雨林。

尽管是"战争赋予了'东南亚'强烈的政治内涵"，并使之"成为一个主要的政策舞台"[1]，但由于地缘、人口、资源、市场以及其本身近年来的经济发展等因素，如今的东盟越发受到世界的重视，其在世界经济的地位也越来越重要。美国的"印太战略"（Indo-Pacific Strategy）、印度提出的"向东行政策"（Act East Policy）、中国的"一带一路"倡议、韩国的"新南方政策"（New Southern Policy）、俄罗斯的"新的东方前景"，以及欧盟与日本对东盟政治和经济的"切入"，无一不在说明，东盟是 21 世纪最具有机会的地区之一。

二、人　口

根据东盟秘书处发布的统计数据，2016—2020 年 5 年间，东盟国家人口总数从 6.353 亿上升到 6.618 亿（分别为 2016 年 6.353 亿，2017 年 6.423 亿，2018 年 6.485 亿，2019 年 6.549 亿，2020 年 6.618 亿），年均人口增长均超过了 1%。具体以 2020 年的人口数据来看，东盟十国人口数量总计 6.618 亿，占世界人口的比例为 8.5%，人口密度每平方公里为 147 人。其中印度尼西亚、菲律宾和越南是东盟人口数量最多的国家，分别为 2.702 亿、1.088 亿和 0.976 亿；新加坡、菲律宾、越南则是人口密度前三的国家，分别达到每平方公里 7810 人、363 人和 295 人；而老挝、柬埔寨和菲律宾则分别以 1.9%、1.6% 和 1.4% 的比率成为东盟人口增长率最高的 3 个国家，新加坡和文莱则出现近十年以来首次人口负增长（见表 1-1）。

---

[1] Donald K. Emmerson, "Southeast Asia: What's in a Name?", *Journal of Southeast Asian Studies*, Vol. 15, No. 1, 1984, p. 9.

表 1-1 东盟及各成员国基本情况①

国家/地区	陆地面积 (km²)	2020年人口 (千人)	2020年人口增长率 (%)	2020年人口密度 (人/km²)	联合国人口发展指数 2020年	联合国人口发展指数 2021年	1990—2021年年均增长率 (%)
东盟	4492459	661826.8	1.1	147	/	/	/
文莱	5770	453.6	-1.3	79	0.830	0.829	0.24
柬埔寨	181040	16338.1	1.6	90	0.596	0.593	1.46
印度尼西亚	1916862	270203.9	1.2	141	0.709	0.705	0.95
老挝	236800	7261.2	1.9	31	0.608	0.607	1.31
马来西亚	330241	32583.8	0.2	98	0.806	0.803	0.73
缅甸	676590	54817.9	0.9	81	0.600	0.585	1.83
菲律宾	300000	108772.0	1.4	363	0.710	0.699	0.50
新加坡	726	5685.8	-0.3	7,810	0.939	0.939	0.83
泰国	513120	68127.8	0.2	133	0.802	0.800	1.07
越南	331310	97582.7	1.1	295	0.710	0.703	1.22

从东盟秘书处发布的《东盟统计年鉴2021》（Asean Statistical Yearbook 2021）来看，东盟人口年龄比例较合理。相较2000年，东盟20岁至54岁的劳动力人口和65岁以上的老龄化人口比例分别增长了2.7个、1.9个百分点，而19岁以下的青少年人口比例降低了1.4个百分点。2020年东盟20岁至54岁的劳动力人口占总人口的比例达到50.8%，19岁以下的青少年有33.1%之多，65岁以上的老龄人口占7.2%。不过东盟各国的差异较大，柬埔寨、老挝、缅甸、菲律宾四国20至50岁劳动力人口不到各国总人口的50%，19岁以下的青少年人口不足30%的国家包括文莱和新加坡，而柬埔寨、老挝、菲律宾青少年人口的比重则超过了全国总人口的38%，老挝更是占比达到41.2%，新加坡和泰国

---

① 东盟各国陆地面积及人口数据来源于东盟秘书处官网发布的"ASEAN Member States: Selected Basic Indicators"数据，https://cdn.aseanstats.org/public/data/statics/macro/table1_2020.xls.；联合国人类发展指数数值来源于联合国开发计划署"Human Development Report 2021/2022"，https://www.undp.org/eurasia/publications/HDR-2021-22，最后访问日期2022年9月30日。

的人口老龄化程序严重，65 岁以上人口数量分别占国家总人口的比例为 15.2% 和 13%。

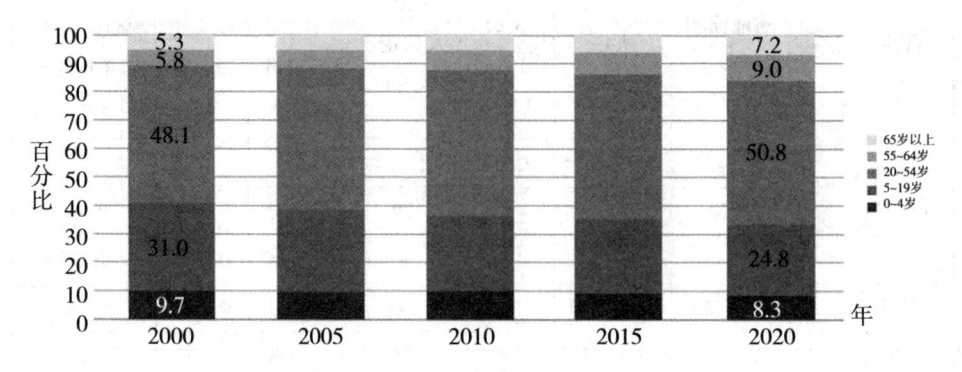

图 1-1 东盟人口结构图（2000—2020）①

另外，从《东盟统计年鉴 2021》公布的数据还可以看出，东盟人口的总体素质也在稳步提升。2020 年公开数据的 4 个国家成年人的识字率均超过了 96%，文莱为 97.3%、印度尼西亚为 96%、新加坡为 97.1%、越南为 96.7%；2019 年公布的数据中最低的是柬埔寨，为 81.9%，其余国家均超过了 95%（老挝、缅甸和泰国未公布 2019 年数据）；最近公开的数据显示泰国是 93.8（2018 年）、缅甸是 88.9%（2017 年）、老挝是 70.4%（2017 年）。年轻人口的不断增加、人口老龄化问题还没有出现、人口素质的不断提升，对近年来东南亚经济发展起到了相当大的推动作用。

不过，东盟各国人口发展水平并不均衡。以"预期寿命、教育水平和生活质量"三项指标为基础变量得出的人口发展指数（HDI），2021 年新加坡、文莱和马来西亚三国位于非常高国家行列，分别列第 12、51、62 位；其余 7 国分别位于高等和中等人口发展指数之间；所有东盟国家均脱离了低人口发展指数国家名单，排位最低的是缅甸，列全球 191 国中的第 149 位。还有 6 个国家（柬埔寨、印度尼西亚、老挝、缅甸、菲律宾、越南）低于全球平均水平（2020 年全球平均人口发展指数为 0.735，2021 年为 0.732），有 3 个国家未达到发展中国家平均水平（2020 年发展中国家平均指数为 0.687，2021 年为 0.685）。不过，在 1990—2021 年间，泰国、越南、老挝、柬埔寨和缅甸五国的人口发展指数平均增长率均超过了 1%。以 2021 年的数据来看，尽管东盟各国内的差距在逐渐缩小，但人均预期寿命排名最高的新加坡（HDI 排名第 12 名/

---

① 图片引自《东盟统计年鉴 2021》，东盟秘书处官网，https://www.aseanstats.org/wp-content/uploads/2021/12/ASYB_2021_All_Final.pdf，最后访问日期 2022 年 9 月 30 日。

82.8 岁) 与排名最低的缅甸 (HDI 排名第 149 名/65.7 岁) 人均预期寿命相差了 17.1 岁；预期受教育年限最高的新加坡 (16.5 年) 与最低的老挝 (HDI 排名第 140 名/10.1) 相差 6.4 年，实际平均受教育年限最高的新加坡 (11.9 年) 是柬埔寨 (HDI 排名第 146 名/5.1 年) 的一倍还多①。

三、语　言

东盟 10 个成员国在近代曾先后或分别被多个西方列强殖民过——文莱、马来西亚、缅甸和新加坡曾是英国的殖民地，柬埔寨、老挝、越南曾是法国的殖民地，印度尼西亚和菲律宾分别曾被荷兰和美国殖民，只有泰国是东盟十国中唯一从未被西方列强殖民过的国家——加之其民族、族群众多，造成其语言文字多达近 800 种，有学者认为如果将不同语系算上的话，东盟实际上使用的语言将超过 1000 种②。

2009 年《东盟宪章》规定东盟的工作语言为英语。但东盟成员国内，不少国家官方语言、工作语言以及常用语言并存。其中有 4 个国家的官方语言超过两种，如新加坡有英语、马来语、汉语、泰米尔语 4 种官方语言，其中马来语为国语，英语为行政用语；文莱使用马来语和英语作为官方语言，当地华人生活中也常用闽南语、粤语和普通话；泰国官方语言有泰语和英语，潮州话、粤语在泰籍华人中也普遍使用；菲律宾的官方语言为他加禄语和英语。此外，马来西亚国语为马来语，也通用英语；柬埔寨除高棉语为国语外，英语和法语又常作为工作语言，普通市民中也经常使用华语和越南语；印尼、缅甸、老挝的官方语言分别是印尼语、缅语和老挝语，但在这三个国家中英语都是最主要的外国语言；越南官方语言为越南语。

可以看出，马来语是马来西亚、新加坡和文莱三国的官方语言，而印尼所采用的印度尼西亚语也是以廖内方言为基础的一种马来语，而英语和汉语在东盟国家平常交往中也使用频繁。

四、民族、宗教与文化

东盟是世界上民族与宗教状况较为复杂的地区之一，其文化因此也显得极为多样化。

---

① 联合国人类发展指数数值分析及表 1-1 中所列数值均来源于联合国开发计划署"Human Development Report 2021/2022"，https：//www.undp.org/eurasia/publications/HDR-2021-22，最后访问日期 2022 年 9 月 30 日。

② Andy Kirkpatrick, *English as a Lingua Franca in Asean: A Multilingual Model*, Hong Kong: Hong Kong University Press, 2010, p. 17.

据统计，新加坡和文莱的民族构成相对简单。国际社会将新加坡人主要划分为4大族群，华人占据总人口比例约74%、马来人约13%、印度裔约9%，其他和欧亚裔人约4%。文莱的民族主要分为马来人、华人和其他，马来人约占总人口的66%、华人约10%、其他种族约24%。

除此外，其余东盟国家的民族较为多样。缅甸国内的民族达135个，缅族占据国内人口的绝大多数，达到68%，其余各民族人口总计只占32%；印度尼西亚的民族也超过100个，但民族成分较为分散，人口最多的爪哇族仅占国内总人口的40%左右；越南有54个民族，京族（越族）人约占总人口的86%；老挝民族接近50个，主体民族为老族，人数超过全国总人口的一半，约占53%；菲律宾有43个民族，人口最多的是塔加拉族人，占全国总人口的比例不足1/4；泰国和马来西亚国内的民族数量均超过30个，泰国的主体民族泰族人口比例接近98%，马来西亚的土著（包括马来族及原住民）占到62%；柬埔寨国内民族数量也超过了20个，主体民族高棉族人口是国内人口的绝大多数，超过97%。

印度尼西亚、马来西亚和文莱三国民众主要信奉的是伊斯兰教，信仰伊斯兰教的人数分别约占这3个国家总人口的86%、61%和78%。加上其他国家信奉伊斯兰教的人数，整个东盟的伊斯兰信众约占东盟总人口的40%，而印度尼西亚是世界上拥有伊斯兰信众最多的国家。泰国、缅甸、老挝和柬埔寨则是以佛教信仰为主的国家，其信仰佛教的人数分别约占到各自国家总人口的95%、85%、65%和97%。在东盟，佛教信众已超过2亿，佛教成为仅次于伊斯兰教的第二大宗教，全球佛教信众中约有38%居住在东盟。基督教（天主教和新教）可以说是东盟的第三大宗教，信奉基督教的人数也超过了1.5亿。菲律宾主要流行天主教，信众约为全国总人口的80%。新加坡人的宗教信仰较为分散，佛教信众仍是国内最大的群体，约占33%。越南民众的宗教信仰不明显，无宗教信仰的人口约占全国总人口的80%。

五、经济成就

表1-2 东盟及成员国近四年主要经济指标[①]

	国家/地区	东盟	文莱	柬埔寨	印度尼西亚	老挝	马来西亚	缅甸	菲律宾	新加坡	泰国	越南
2017年	GDP	2806.9	12.1	22.3	1014.1	17.0	321.4	67.3	328.8	343.6	456.4	224.0
	人均GDP（美元）	4364.3	28256.0	1402.4	3371.9	2456.6	10045.8	1260.0	3133.6	60922.1	6752.4	2374.0
	GDP增长率（%）	5.4	1.3	7.0	5.1	6.9	5.8	6.8	6.9	4.5	4.2	6.8
	货物进出口总额	2,571.3	8.7	25.6	325.8	10.1	412.5	33.1	170.6	700.9	459.5	424.6
	服务进出口总额	727.6	1.8	7.4	58.0	1.9	79.4	6.7	61.0	352.2	117.6	41.5
	吸引外资总额	156.1	0.5	2.8	20.6	1.7	9.3	4.0	10.3	84.7	8.3	14.1
	游客到达人数（万人）	12572.1	25.9	560.2	1404.0	386.9	2594.9	344.3	662.1	1742.5	3559.2	1292.2
2018年	GDP	2999.3	13.6	24.6	1040.0	18.1	358.4	76.3	344.9	375.6	506.6	241.2
	人均GDP（美元）	4610.9	30668.4	1539.8	3924.0	2580.3	11072.2	1423.4	3235.4	66173.8	7467.8	2527.0
	GDP增长率（%）	5.3	0.1	7.5	5.2	6.3	4.7	6.8	6.3	3.5	4.3	7.1
	货物进出口总额	2808.1	10.7	30.2	368.7	11.2	466.6	36.1	188.3	782.7	433.0	480.6
	服务进出口总额	826.4	2.1	8.5	68.9	2.1	84.8	8.1	65.2	406.8	132.4	47.4

[①] 2017—2019 人均 GDP 数值来自东盟秘书处官网发布的 "Gross domestic product (GDP) per capita in ASEAN, at current prices (nominal), in US dollars (Annually)", https://data.aseanstats.org/indicator/AST.STC.TBL.7.；2020年人均GDP数值来自国际货币基金组织发布的数据（仅为大约数值）．https://www.imf.org/external/datamapper/NGDPDPC@WEO/OEMDC/ADVEC/WEOWORLD；表中其余数值引自《东盟统计年鉴2021》，东盟秘书处官网，https://www.aseanstats.org/wp-content/uploads/2021/12/ASYB_2021_All_Final.pdf，最后访问日期2022年9月30日。

续表

年份	国家/地区	东盟	文莱	柬埔寨	印度尼西亚	老挝	马来西亚	缅甸	菲律宾	新加坡	泰国	越南
2018年	吸引外资总额	149.5	0.5	3.1	20.6	1.4	7.6	1.6	9.9	76.0	13.2	15.5
	游客到达人数（万人）	13517.0	27.8	620.1	1581.0	418.6	2583.2	354.9	712.8	1850.8	3817.8	1549.8
2019年	GDP	3170.0	13.5	27.1	1121.3	18.8	364.6	66.5	376.8	375.5	544.2	261.8
	人均GDP（美元）	4818.8	29343.3	1663.8	4182.8	2645.4	11184.4	1229.2	3483.0	65232.9	8000.6	2711.2
	GDP增长率（%）	4.7	3.9	7.1	5.0	5.5	4.6	6.2	6.1	1.7	2.3	7.0
	货物进出口总额	2816.4	12.1	34.6	339.0	11.6	443.0	36.6	188.3	750.0	483.2	518.0
	服务进出口总额	872.2	2.4	9.4	70.9	2.4	84.8	10.3	69.5	425.4	138.0	59.1
	吸引外资总额	182.0	0.4	3.7	23.9	0.8	7.9	1.7	8.7	114.2	4.8	16.1
	游客到达人数（万人）	14360.6	33.3	661.1	1610.7	479.1	2610.1	436.4	826.1	1911.4	3991.6	1800.9
2020年	GDP	2997.8	12.0	25.4	1059.1	19.1	337.3	70.2	361.5	340.0	501.5	271.8
	人均GDP（美元）	/	27070	1610	3920	2550	10350	1530	3320	60730	7170	3520
	GDP增长率（%）	-3.3	1.1	-3.1	-2.1	3.3	-5.6	3.2	-9.6	-5.4	-6.1	2.9
	货物进出口总额	2591.2	12.0	36.4	304.8	10.1	423.7	34.8	160.4	704.4	362.1	542.8
	服务进出口总额	637.0	1.6	3.8	39.4	0.8	55.4	7.5	49.7	360.4	78.5	40.0
	吸引外资总额	137.3	0.6	3.6	18.3	1.0	3.5	2.2	6.6	90.6	-4.8	15.8
	游客到达人数（万人）	2615.8	6.2	130.6	405.3	88.6	433.3	90.3	148.3	274.2	670.2	368.7

注：表中GDP按现价美元计算，四舍五入保留小数点后一位。GDP增长率以各国本国货币不变价格为基础计算。除人均GDP、GDP增长率、游客到达人数外，其余各项的单位均为十亿美元，数值四舍五入保留小数点后一位。

东盟经济共同体建设有效地促进了东盟经济的融合发展，为了实现高度一体化和有凝聚力经济的愿景，东盟取消了近99%的内部关税。2017—2019年，以现价美元计算的东盟GDP由2.8069万亿美元增长至3.170万亿美元，年均增长超过了6%，占全球经济份额由3.4%上升为3.6%。如果将欧盟和东盟均视作单一经济体的话，东盟已然成为全球第五大经济体。[1]

2017—2019年，东盟国家的货物及服务贸易总量分别由2.5713万亿和0.7276万亿上升到2.8164万亿和0.8722万亿美元，分别增长了11.3%和19.9%；到访东盟的游客数量从12572.1万人增加到14360.6万人，增长14.2%，其中2/3以上来自非东盟国家或地区的游客。这三年，东盟国家吸引的直接外资投资流量由1561亿美元增加至1820亿美元，设立企业的平均时间由2017年的24.5天缩减至14.5天。在经历了2020年初期GDP的下降后，2021年东盟经济整体开始复苏，2021年东盟十国实际GDP平均增长了3%，2022和2023年的平均增长预计将达5.2%[2]。截至2019年，东盟国家的互联网普及率已接近60%，人均拥有手机为1.39部；铺设的公路总里程已超过150万公里，国际航运货物超过了300万吨，国际海上货物吞吐量超过24.8亿吨，国际海运集装箱吞吐量接近1亿标箱。

不过，正如东盟国家人口的差异性一样，东盟国家的经济成就差异也相当明显。新加坡是东盟内经济最发达的国家。2019年，新加坡的GDP总额达3755亿美元，占世界GDP总值的0.4286%，按国家排列位列第33位，人均GDP更高达6.5万美元，位列世界第8位；2020年和2021年，新加坡GDP排列世界第39和35位，人均GDP依旧位于第7、8位。文莱的GDP总额并不高，2019年只有135亿美元，占世界总值的0.0154%，但其人均GDP却高达3.1万美元，位列世界前33位（2020、2021两年人均GDP也一直位于世界前40）。缅甸的GDP总额位列世界150开外，2019年人均GDP只有1229美元，居世界后40位。东盟国家经济的差距也是新加坡反对东帝汶加入东盟的理由之一，担心东帝汶的加入会扩大这一差距[3]。

---

[1] 因为疫情，2020年东盟GDP和旅游收益均有大幅度下滑。在东盟经济成就这一部分写作时，2020年作为特殊年份，有的指标不将2020年列入进行分析。

[2] OECD, "Economic Outlook for Southeast Asia, China and India 2022: Financing Sustainable Recovery from COVID - 19", https://www.oecd-ilibrary.org/sites/f4fab965-en/index.html?itemId=/content/component/f4fab965-en, 最后访问日期2022年10月7日。

[3] 林凤玲：《东帝汶加入东盟的进程与挑战》，载《中国—东盟研究院报告》，中国—东盟研究院官网 https://cari.gxu.edu.cn/info/1354/17004.htm, 最后访问日期2021年5月23日。

第二节 东盟国家间重要的政治法律文件

一、东盟法律文件概述

截止到 2022 年 9 月底,东盟共有 80 个大项的法律文件(含已终止 2 项、尚未生效 6 项),其中政治安全共同体下共 14 项、经济共同体下共 58 项、社会文化共同体下只有 8 项①。

东盟共同体一词源于 1976 年《东盟协调一致宣言》(Declaration of ASEAN Concord)中提出的"政治、经济、社会、文化与信息、安全"五个合作框架。1997 年《东盟愿景 2020》(ASEAN Vision 2020)中出现了"相互关怀的社会共同体"(community of caring societies)这一概念。2003 年《东盟协调一致宣言 II》(Declaration of ASEAN Concord II)及其附件正式提出"建立由政治安全合作、经济合作、社会文化合作三大支柱组成的东盟共同体",并制订了东盟安全共同体、东盟经济共同体、东盟社会文化共同体的框架及后续行动计划。2004 年,东盟颁布《万象行动计划(2004—2010)》(Vientiane Action Programme 2004—2010),对三个东盟共同体建设的战略要点、制度安排(包括规则建设与遵守)、实施机制等都作出了详细的规划,并正式宣布"努力实现东盟的全面一体化"战略。2007 年《东盟宪章》(The ASEAN Charter)宣布组建由政治安全共同体理事会、经济共同体理事会、社会文化共同体理事会构成的东盟共同体理事会,负责处理各自共同体的事务以达成三大共同体的宗旨,最终实现一个"具政治凝聚力、实现经济一体化、富社会责任感"的东盟共同体的目标。2007 年《东盟经济共同体蓝图》(ASEAN Economic Community Blueprint)、2009 年《东盟政治安全共同体蓝图》(ASEAN Political–Security Community Blueprint)和《东盟社会文化共同体蓝图》(ASEAN Socio–Cultural Community Blueprint)通过,三份蓝图对各共同体的特征和职责、合作事项与内涵规则范围等进行了详细的说明。2015 年 11 月 22 日,第 27 届东盟首脑会议上发表《建设东盟共同体的吉隆坡宣言》(Kuala Lumpur Declaration on The Establishment of The ASEAN Community),宣布东盟共同体于 2015 年 12 月 31 日正式成立,这被认为

---

① 有的大项法律文件下还有若干小项或补充的法律文件,只要不是大项下所有的法律文件均失效或全部终止,则此处统计为大项有效。数据统计来自东盟官网,http://agreement.asean.org/home/index.html,最后访问日期 2022 年 10 月 7 日。

是"东盟历史上的一个重要里程碑"①。第 27 届东盟首脑会议还通过了《〈东盟 2025：共同迈进〉吉隆坡宣言》（Kuala Lumpur Declaration on ASEAN 2025：Forging Ahead Together），其后所附的《东盟共同体愿景 2025》（ASEAN Community Vision 2025）《东盟政治安全共同体蓝图 2025》（ASEAN Political – Security Community Blueprint 2025）《东盟经济共同体蓝图 2025》（ASEAN Economic Community Blueprint 2025）《东盟社会文化共同体蓝图 2025》（ASEAN Socio – Cultural Community Blueprint 2025）描绘了未来十年东盟共同体的发展道路以及三大共同体未来十年的愿景和目标。

根据东盟各文件的安排，东盟政治安全共同体的目标是确保东盟各国人民和成员国在公正、民主和和谐的环境中彼此以及与世界和平相处。因此，政治安全共同体下的法律文件最早是为"加强合作、促进和平与经济发展"而于 1967 年宣布东盟成立的《东盟宣言》（ASEAN Declaration）。之后，为保障地区的和平、安全与合作以及与外部伙伴建立良好牢固的关系，东盟相继制定了 1971 年《和平、自由与中立区宣言》（Zone of Peace, Freedom and Neutrality Declaration）、1976 年《东南亚友好与合作条约》（Treaty of Amity and Cooperation in Southeast Asia）、1995 年《东南亚无核武器区条约》（Treaty on the Southeast Asia Nuclear Weapon – Free Zone）、2002 年《南海各方行为宣言》（Declaration on the Conduct of Parties in the South China Sea）、2007 年《东盟宪章》。此外，政治安全共同体的职权还涉及跨国犯罪、人权、海关和移民等领域，故东盟在这一共同体支柱下的主要法律成就还包括 2004 年《刑事事项司法协助条约》（Treaty on Mutual Legal Assistance in Criminal Matters）、2007 年《东盟反恐公约》（ASEAN Convention on Counter Terrorism）、2012 年《东盟人权宣言》（ASEAN Human Rights Declaration）、2015 年《禁止贩运人口特别是妇女和儿童东盟公约》（ASEAN Convention Against Trafficking in Persons, Especially Women and Children）等。

东盟经济共同体的目标是将东盟建设成为一个货物、服务、投资、技术劳动力和资本更自由流动的地区，经济一体化成为东盟发展的基石和主旨。据此，东盟早在刚成立不久就启动了经济方面合作协议的制定，内容涉及工业、农业、旅游、航空、服务、信息技术、知识产权等各领域。目前经济共同体下最为重要的几个协定包括 2002 年《东盟旅游协定》（ASEAN Tourism Agreement）、2004 年《东盟优先部门一体化框架协议》（ASEAN Framework Agreement for the Integration of Priority Sectors）和《加强争端解决机制议定书》（Protocol for Enhanced Dispute

---

① 东盟秘书处，"Kuala Lumpur Declaration on The Establishment of The ASEAN", Communityhttps：//asean. org/to – launch – the – asean – community – leaders – gather – in – malaysia – for – the – 27th – asean – summit/，最后访问日期 2021 年 5 月 30 日。

Settlement Mechanism)、2009 年《东盟货物贸易协定》(ASEAN Trade in Goods Agreement)《东盟全面投资协定》(ASEAN Comprehensive Investment Agreement) 和《东盟航空服务多边协定》(ASEAN Multilateral Agreement on Air Services)、2012 年《东盟自然人流动协定》(ASEAN Agreement on the Movement of Natural Persons) 和《东盟海关协定》(ASEAN Agreement on Customs)、2019 年《东盟电子商务协定》(ASEAN Agreement on Electronic Commerce) 以及在 2021 年 4 月 5 日生效的 2020 年《东盟服务贸易协定》(ASEAN Trade in Services Agreement)。

东盟社会文化共同体以实现一个 "以人为中心和对社会负责的东盟共同体"、并增强东盟认同、团结和统一为己任。这一共同体引导的合作领域包括文化、艺术、教育、环境、卫生、劳工、灾害管理、消除贫穷、社会福利等方面。在社会文化共同体下的法律文件包括 1969 年《促进大众媒体和文化活动合作协定》(Agreement for the Promotion of Cooperation in Mass Media and Cultural Activities)、1978 年《建立东盟文化基金协定》(Agreement on the Establishment of the ASEAN Cultural Fund)、1995 年《东盟大学网络宪章》(Charter of the ASEAN University Network)、2002 年《东盟跨境雾霾污染协定》(ASEAN Agreement on Trans boundary Haze Pollution)、2005 年《东盟灾害管理和应急响应协定》(ASEAN Agreement on Disaster Management and Emergency Response) 和《关于建立东盟生物多样性中心协定》(Agreement on the Establishment of the ASEAN Centre for Biodiversity)、2011 年《关于建立东盟灾害管理人道主义援助协调中心的协定》(Agreement on the Establishment of the ASEAN Co-ordinating Centre for Humanitarian Assistance on Disaster Management) 以及 2020 年《关于建立东盟积极老龄化和创新中心的协议》(Agreement on the Establishment of the ASEAN Centre for Active Ageing and Innovation)。

二、规定东盟建立及法律地位的文件

(一)《东盟宣言》(1967)

二战后两大阵营所形成的冷战格局,对包括东南亚国家在内的世界所有国家产生了深刻的影响。由于绝大多数东南亚国家是在二战后才摆脱殖民主义的统治,面临着国家统一、种族冲突、内部政治制度不稳定、以及薄弱的安全和防御体系等问题[1],而这些问题正是东南亚国家考虑结成统一区域组织以确保

---

[1] Mohammed Ayoob, *The Third World Security Predicament: State Making, Regional Conflict and the International System*, Boulder: Lynne Rienner, 1995, p. 5.

政治稳定、国家安全、促进区域经济合作与发展的动因。正如马来西亚第一任总理东古·阿卜杜勒·拉赫曼（Tunku Abdul Rahman）所说，如果不这样做，东南亚国家"将不得不在该地区以外寻求保护，独立的全部意义将丧失殆尽"①。

建立东盟的构想最初始于拉赫曼倡议的《东南亚友好与经济条约》(Southeast Asia Friendship and Economic Treaty)。《东南亚友好与经济条约》虽然只规划设立一个局限于经济、贸易和教育领域的区域组织，但由于东南亚多个国家意见分歧较大，《东南亚友好与经济条约》流产。1961年7月31日，由当时的马来亚、泰国和菲律宾三国外交部长签署《曼谷宣言》(Bangkok Declaration)，《宣言》宣布成立在经济、社会科学和文化领域进行合作的"东南亚联盟"(Association of Southeast Asia)，其目标是实现"和平、自由、社会公正和经济福祉"，并敦促共同行动，以促进"东南亚经济和社会的进步"②。不过，之后由于马来西亚联邦进程的发展，其与菲律宾关于北婆罗洲北部领土的争端、与印尼在北婆罗洲展开的武装冲突直接导致了"东南亚联盟"的崩溃。

1963年，三国紧张的关系趋于缓和。1963年7月31日，三国就马来亚国家联盟、马来西亚联邦的问题以及菲律宾对北婆罗洲的主权要求签署了一项有关旨在加强合作并和平解决争端的协议——《马尼拉协议》(Manila Accord)。为执行《马尼拉协议》中规定的原则和精神，三国于1963年8月3日发表《马尼拉宣言》(Manila Declaration)，宣布共同努力"合作建设一个以民族自由、社会正义和持久和平为基础的、更加美好的新世界"，以"促进该地区的经济进步和社会福祉"③。1966年，泰国提议成立一个新的东南亚地区组织——东南亚区域合作联盟(Southeast Asian Association for Regional Cooperation)。从马来西亚联邦独立出来的新加坡表达了加入新联盟的愿望。1967年8月8日，来自印度尼西亚、马来西亚、泰国、新加坡和菲律宾五国的外交部长在泰国曼谷签署了《东盟宣言》，标志着东南亚国家联盟(the Association of South-East Asian Nations)的成立。

《东盟宣言》正文只有五点内容：

第一，宣布在东南亚国家中成立一个地区合作联盟，即东南亚国家联盟

---

① Nicholas Tarling, *Regionalism in Southeast Asia: To Foster the Political Will*, London: Routledge, 2006, p.96.

② 1961年《曼谷宣言》序言。

③ 《马尼拉协议》和《马尼拉宣言》的原文可在"联合国条约汇编"官网中下载，https://treaties.un.org/doc/publication/unts/volume%20550/volume-550-i-8029-english.pdf.，最后访问日期2021年5月30日。

(东盟)。

第二,明确陈述了东盟的宗旨与目的——加强团结以及在经济、社会、文化、技术、科学和行政管理领域的合作,促进地区和平、进步与繁荣,确保国家特性(national identities)与不受外来干涉,实现东南亚地区的和平、自由、社会公正与经济繁荣,最终实现建立一个繁荣、和平的东南亚国家共同体之目标。

第三,建立东盟部长会议、东盟常务委员会、特定主题的专家和官员特别委员会与常务委员会、各成员国秘书处等机制,以便更好实现东盟的宗旨与目标。

第四,东盟对赞成《宣言》宗旨与目的的所有东南亚国家开放。

第五,东盟代表着东南亚国家的集体意愿,在友谊与合作中团结在一起,共同努力确保东南亚人民及其子孙后代的和平、自由与繁荣。

《东盟宣言》除表达了团结、合作、共同建设繁荣、自由、和平的东盟外,更重要的一点表达在了序言之中,即排除外来他国的干涉。《宣言》在序言最后一段写道:"申明所有外国基地都是暂时性的。只有在有关国家明示同意的情况下,这些外国基地才能继续存在;同时,这些外国基地不能直接或间接地故意用于破坏本地区国家的独立和自由,或是损害国家发展的有序进程。"从这一点看,东盟的成立最初旨在保护东南亚地区的和平与稳定,使其不受战争、帝国主义和冷战冲突的影响,尤其是大国势力对东南亚国家国内政治的干涉,而东盟国家领土上的外国基地则"有损于联盟的非军事性质。"[1] 因此,为实现东南亚国家的安全、政治稳定,东盟成为东南亚国家间进行合作、加强联系的纽带。

(二)《东南亚国家联盟宪章》(2007)

2007年在新加坡举行的第13届首脑会议上,东盟十国领导人根据《关于〈东盟宪章〉蓝图的宿务宣言》(Cebu Declaration on the Blueprint of the ASEAN Charter)的规定,共同签署了《东南亚国家联盟宪章》(Charter of the Association of Southeast Asian Nations)简称《东盟宪章》。《东盟宪章》于2008年12月15日正式生效,共13章55条。《东盟宪章》提出了东盟的宗旨与原则、法律地位和体制框架,明确了东盟重要机关及职责,规定了东盟的工作机制、决策与争端解决以及对外交往的纲领。作为东盟组织内部的纲领文件的《东盟宪章》,是"东盟40年的最高成就",是东盟一体化进程加深的进一步体现,更是东盟历史进程的重要见证。

---

[1] Vincent K. Pollard, "ASA and ASEAN, 1961—1967: Southeast Asian Regionalism," *Asian Survey*, Vol. 10, No. 3, 1970, p. 254.

《东盟宪章》是东盟对前40年实际运转的各文件新的编纂,在保持东盟日、名称、标志、旗帜、协商一致的决策机制等不变的基础上,对其他重要事项内容均有所新增。

1. 政治承诺和发展愿景

《东盟宪章》提出,东盟的理念为"同一个愿景、同一个认同、同一个共同体",以此促进对东盟的认同和人民的归属感,从而实现东盟共同的命运、目标和价值观(序言及第35、36条)。东盟共同体明确包括东盟政治安全共同体(ASEAN Political – Security Community)、东盟经济共同体(ASEAN Economic Community)和东盟社会文化共同体(ASEAN Socio – Cultural Community)三个完整的部分(附件1)。

在政治方面,《东盟宪章》是在1967年《东盟宣言》、1976年《东盟协调一致宣言》(Declaration of ASEAN Concord)、1976年《东南亚友好合作条约》(Treaty of Amity and Cooperation in Southeast Asia)、1997年《东盟愿景2020》(ASEAN Vision 2020)、2003年《东盟协调一致宣言II》(Declaration of ASEAN Concord II)、2004年《万象行动纲领》(The Vientiane Action Programme)和2005年《关于制定东盟宪章的吉隆坡宣言》(The Kuala Lumpur Declaration on the Establishment of the ASEAN Charter)等法律文件基础上的扩充。

《东盟宪章》明确了东盟各国的共同目标与命运、以及东盟人民之间的共同利益和相互依存关系。宪章要求各会员国务必团结合作,遵循主权平等、不干涉他国内政、相互尊重、互惠互利等原则,遵守国际法和东盟多边规则,和平解决彼此分歧和争端,保护和促进人权,实行民主、法治和良政,共同致力于并集体承担区域和平、安全与繁荣的职责。宪章还要求成员国树立以和平为导向的价值观,增强集体责任,加强磋商,保持东盟国家的民族认同,将东南亚地区建设为无核武器或无任何大规模毁灭性武器区,同时逐步减少区域经济一体化的所有障碍,最终实现商品、服务、投资以及劳动力的自由流动以及东南亚地区的和平、安全与稳定(第1、2条)。

2. 法律框架、人格以及运行和决策

《东盟宪章》明确规定,《宪章》是规范东盟内部法律和制度框架、具有法律约束力的国际协议。东盟作为一个政府间的区域性国际组织,明确被《宪章》赋予了国际主体资格(第3条),意味着它能以自身的名义参与国际关系,以独立的名义享有国际权力、承担国际义务。同时《宪章》认可地处东南亚地理区域内的所有国家均可申请加入东盟,东盟成员国享有平等的权利与义务,并应采取一切必要措施有效执行宪章的规定(序言、第4、5、6条)。

作为一个独立的国际法律人格者,东盟享有国际法所赋予的在各成员国领土内的豁免权与特权。除此而外，东盟的秘书长、秘书处的工作人员、参加东盟正式活动或会议的成员国常驻代表以及成员国官员均得以享有符合《1961年维也纳外交关系公约》规定的外交特权与豁免权（第17、18、19条）。据此，东盟与东盟总部所驻国印度尼西亚重新签署了《印度尼西亚共和国政府与东盟关于接纳东盟秘书处并赋予其特权和豁免的协定》（Agreement between the Government of the Republic of Indonesia and the Association of Southeast Asian Nations (ASEAN) on Hosting and Granting Privileges and Immunities to the ASEAN Secretariat, 2012），保留了之前的《东盟秘书处与印度尼西亚共和国政府关于使用和维护东盟秘书长官邸的协定》（Agreement between the ASEAN Secretariat and the Government of the Republic of Indonesia Concerning the Use and Maintenance of the Premises of the Residence of the Secretary – General of ASEAN, 1996），而之前签订的《印度尼西亚共和国政府与东盟关于东盟秘书处特权和豁免的协定》（Agreement between the Government of the Republic of Indonesia and ASEAN Relating to Privileges and Immunities of the ASEAN Secretariat, 1979）和《东盟秘书处房地使用和维护协定》（Agreement on the Use and Maintenance of the Premises of the ASEAN Secretariat, 1981）两部相关特权与豁免的规定失效。

东盟的运行实行轮值主席国制度，轮值主席国按成员国英文名称的字母顺序每年轮换。轮值主席国应负责并主持当年的东盟首脑会议、东盟协调理事会、三个共同体理事会、具体领域的部长级机构以及常驻代表委员会。同时轮值主席国还应竭力促进和提升东盟的福祉、确保东盟的中心地位、对影响东盟的紧急问题或危机局势做出有效和及时的反应、代表东盟与外部伙伴保持更密切的关系（第31、32条）。

东盟的决策须协商一致作出，在无法达成一致的情况时由东盟首脑会议作出特别决定。每个东盟共同体理事会可以制定各自的议事规则（第20、21条）。

3. 东盟机构与多边会议

东盟首脑会议，也称为东盟峰会，是东盟的最高决策机构。有关东盟的重大问题、成员国的关键利益事项、影响东盟的紧急情形等均需由东盟首脑会议做出决议。东盟首脑会议每年举行两次，由成员国的国家元首或政府首脑组成，地点由成员国一致同意决定（第7条）。

由东盟成员国外交部长组成的协调理事会，负责筹备东盟首脑会议、协调实施东盟首脑会议所达成的各个协议或决定、审议秘书长关于东盟工作的年度报告、审议秘书处和其他相关机构的报告，与共同体理事会加强沟通与协调等。协调理事会每年至少举行两次会议（第8条）。

为实现东盟共同体的宗旨与目标，共同体理事会下设政治安全共同体理事会、经济共同体理事会以及社会文化共同体理事会。其职责是为确保东盟首脑会议的相关决定得以实施、协调属下不同事务部门的工作以及涉及其他共同体理事会的问题、向东盟首脑会议提交报告和建议。同样，东盟共同体理事会每年至少举行两次会议，会议由东盟轮值主席国的相关政府部长主持（第9条）。

各领域部长级机构是在各具体领域履行职责的机构，如在卫生、交通、旅游等相关领域行使职能、执行东盟首脑会议的各项协议和决定、向各自的共同体委员会提交报告和建议等（第10条）。

秘书处是东盟的行政总部，其首脑秘书长亦兼任东盟的行政首长。秘书长的职责包括促进和监督东盟决定的执行、向东盟首脑会议提交年度报告、提出任免副秘书长的建议等；秘书长还需要对东盟基金会负责，基金会的报告通过东盟协调理事会提交给东盟首脑会议。副秘书长是秘书长的助理，设置4名且均任期3年，其中2名不可连任、另2名可连任一届，副秘书长与秘书长须来自不同东盟国家（第11、15条）。除东盟的秘书处外，东盟每个成员国还需设立自己的秘书处，作为国家的协调中心、国家级的信息库，以此协调实施东盟的决定、协助东盟会议的筹备等（第13条）。

东盟常驻代表委员会由东盟各国派驻东盟的1名大使级常驻代表集体组成，其职责包括与东盟秘书处和其他部长级机构进行联络与协调，协助共同体理事会和部长级机构的工作，以及履行东盟协调理事会决定的其他职责（第12条）。

东盟人权机构是《宪章》中单独提出的部长级机构，目的是更好地促进和保护人权和基本自由，凸显东盟对于人权的重视。东盟人权机构应按照东盟外长会议确定的职权范围进行运作（第14条）。

三、关于东盟和平与安全的法律文件

（一）《和平、自由与中立区宣言》（1971）

东盟国家对于无核武器区设立的思考源于《东盟宣言》创始缔约五国对于在该地区设立中立区的实践。冷战时期，两大阵营对东南亚地缘的争夺，引发了东盟国家的极大忧虑。马来西亚率先倡导建立东南亚中立区，而且提出东南亚地区的中立化政策必须得到中、美、苏三个大国的保证。在马来西亚看来，东南亚地区的"中立化政策代表一个确保稳定与和平的规划"，"意味着东南亚地区不再被各大国分而治之"[①]。尽管这一中立区设立的思路，与国际社会通常

---

① 参见喻常森、方倩华：《东盟"和平、自由和中立区"战略构想探讨》，载《南洋问题研究》2005年第2期，第30页；Foreign Affairs Malaysia [Z], Vol. 4, No. 1, March 1971, pp. 66 – 67.

意义上的"中立"并不完全一致,其追求的只是"大国均势下的地区自治",且东南亚五国最初对于"中立区"设立也存在分歧,但最终《和平、自由与中立区宣言》的达成对日后《东南亚无核武器区条约》的签署有着奠基与引领的作用。

1971年11月27日,印度尼西亚、马来西亚、菲律宾、新加坡的外交部长和泰国国家行政委员会特使在马来西亚的吉隆坡签署《和平、自由与中立区宣言》。《宣言》序言开宗明义,认为通过建立无核区以减少国际冲突区和紧张区来促进世界的和平与安全,无疑是国际社会的一大趋势,正如《拉丁美洲禁止核武器条约》和《卢萨卡宣言》(宣布非洲为无核区)所做的那样;而建立东南亚中立区符合东南亚人民的意愿,是东南亚人民获得"享有独立、经济发展和社会幸福都不可或缺的和平与稳定环境"的权力;印度尼西亚、马来西亚、菲律宾、泰国和新加坡五国"同意东南亚的中立化是值得追求的目标",希望"缓和国际紧张局势,实现东南亚国家的持久和平";因此五国共同声明,愿"竭尽全力确保东南亚作为和平、自由和中立区,不受外部力量任何形式或方式的干涉的要求得到承认和尊重",同时五国将"做出协调一致的努力,拓宽能为它们的实力、团结和亲密关系做出贡献的合作领域。"

(二)《无核武器区条约》(1995)

随着1970年3月5日《不扩散核武器条约》的正式生效,东南亚国家感受到设立"无核区"对于保障东南亚区域和平的重要意义。马来西亚再次向东盟其他国家指出,"无核区"与"中立区"两个概念不可分割看待,"无核区"将是保障东南亚和平、自由与中立的先决要件[①]。1987年,第3届东盟首脑会议做出了建立"东南亚无核区"的决定。8年后,与《和平、自由与中立区宣言》的达成相似,同样是在马来西亚的推动下,当时的东盟六国和还是观察员国的越南、柬埔寨、老挝和缅甸于1995年12月15日于泰国曼谷签署了《东南亚无核武器区条约》。条约于1997年3月27日正式生效。《东南亚无核武器区条约》的生效,使得东南亚地区成为世界上第三个、北半球第一个无核区。

《东南亚无核武器区条约》要求缔约国保证只能为和平的目的在其领土及其管辖、控制的地方利用核材料和核设施(第4.2条),禁止缔约国在这一地区的内部或外部的任何地方开发、制造、拥有、控制、部署、运输、试验或使用核武器,缔约国也不能允许世界其他国家在其领土及大陆架和专属经济区的组

---

① J. Soedjati Djiwandono, *Southeast Asia as a Nuclear – Weapons – Free – Zone*, IKuala Lumpur: Institute of Strategic and International Studies, 1986, p. 2.

成部分开发、制造、拥有、控制、部署、试验或使用核武器（第 3.1 和 3.2 条）。缔约国须保证，不在该地区的任何地方、也不允许其他国家在其领土上向海中倾倒或向大气中排放任何放射性物质或废物；缔约国还保证，不在其他国家的领土或管辖范围内（符合和平利用核能所满足的条件除外）在陆地上处置放射性物质或废料（第 3.3 条）。而且，缔约国也不能寻求或接受以上不法行为的任何援助，或采取任何协助或鼓励以上不法行为的行动（第 3.4 条）。条约还要求，所有因和平目的利用核能的缔约国均需单独与国际原子能机构达成全方位的安全措施协议，接受国际原子能机构严格的安全评估，并努力争取加入 1987 年《及早通报核事故公约》（Convention on Early Notification of a Nuclear Accident）以接受公约规定的任何核事故后通报、提供情报等义务的约束（第 4、5、6 条）①。公约还建立了"东南亚无核武器区委员会"和其附属机构"执行委员会"，以监督条约的执行、确保缔约国遵守义务情况的查证措施的落实（第 8、9、10 条）。条约也对缔约国间的信息报告与交换、要求澄清和执行机制以及有违本公约情形出现后的救济措施进行了规定（第 11、12、14 条）。

为达成《东南亚无核武器区条约》的目标，使其得以受到其他有核国家的尊重，约束有核国家不在东南亚无核武器区内的任何地方使用或威胁使用核武器，1995 年 12 月 15 日《东南亚无核武器区条约议定书》（Protocol to the Treaty on The Southeast Asia Nuclear Weapon–Free Zone）② 在曼谷达成并对东盟国家和中、美、英、法、俄五国开放签字，正文共计 7 条。议定书的实质内容，要求缔约国承诺尊重《东南亚无核武器区条约》（第 1 条），承诺不对条约任何缔约国使用或威胁使用核武器，承诺不在东南亚无核武器区内使用或威胁使用核武器（第 2 条），为实现全面彻底核武器裁军做出贡献，以确保包括东南亚在内的国际和平与安全（序言）。1999 年 4 月东盟对议定书进行了修正，2011 年 11 月 12 日至 14 日，中、美、英、法、俄五国和东盟国家在印尼巴厘岛就《东南亚无核武器区条约议定书》所有遗留问题举行了磋商并达成一致。原来计划于 2014 年 7 月第 45 届东盟外长会议上签署的《东南亚无核武器区条约议定书》却因故推迟，东南亚无核武器区范围的规定——除包括缔约国领土、领海和领空外，还包括缔约国的大陆架和专属经济区——是造成 5 个核武器国家至今仍

---

① 截至目前，东盟十国只有文莱未加入《及早通报核事故公约》，公约缔约方名称及生效日期见国际原子能机构官网，https：//www‑legacy.iaea.org/Publications/Documents/Conventions/cenna_status.pdf

② See Protocol to the Treaty on The Southeast Asia Nuclear Weapon–Free Zone，https：//asean.org/?static_post=protocol-to-the-treaty-on-the-southeeast-asia-nuclear-weapon-free-zone.

未签署议定书的主要原因之一①。因此，截至今日议定书仍未生效。

尽管如此，中国与东盟早在 1999 年 7 月就议定书文本达成一致，成为第一个公开表示愿同东盟签署《东南亚无核武器区条约议定书》的国家。但美国坚持认为议定书不必要地限制了航行自由，可能造成领土争端，并以议定书对东南亚作出了过于广泛的消极安全保证为理由，坚决不签署这一议定书。美国的这一做法实际上是简单地以本国的核威慑政策为基础，违反了《不扩散核武器条约》规定的义务，且在常规威慑足以防止重大冲突的时候促进了使用核武器的合法性②。

四、规定东盟对内、对外关系的法律文件

规定东盟对内、对外关系的法律文件是 1976 的《东南亚友好合作条约》。

1976 年 2 月 24 日，《东盟宣言》缔约五国在印度尼西亚巴厘签署了《东南亚友好合作条约》，条约自同年 6 月 21 日第五份批准书（马来西亚）交存之日生效。此后，文莱、越南、老挝、缅甸、柬埔寨相继成为缔约国。《东南亚友好合作条约》内容并不烦冗，只有 5 章 20 条，内容涉及 4 个方面，即条约的目的与原则、友好、合作、和平解决争端。

《东南亚友好合作条约》的目的是保障东南亚国家人民间的永久和平、持久友好与合作（第 1 条）。为此，条约规定了 6 项原则，除尊重主权平等、独立、领土完整；互不干涉；和平解决分歧或争端；不使用武力和威胁；相互合作原则外，条约还提出了两点独特的原则，即尊重国家认同以及国家享有免受外部干涉、颠覆和强迫的权力（第 2 条）。基于这样的目的与原则要求，条约明确缔约各方将"努力发展和加强将它们联系在一起的传统、文化和友好历史纽带以及睦邻合作关系"，"鼓励和促进缔约本地区各国人民之间的接触和交往"（第 3 条）。

合作与和平解决争端是条约着重阐述的两个方面，各用了 9 条和 5 条条文对缔约国合作的领域、基础、手段和方式，争端解决的要求、程序和方法等进行了详细说明。缔约各方将在"平等、互不歧视以及互利"和"自信、自主、互尊、合作和团结"的基础上，在"经济、社会、技术、科学和行政管理"各领域开展合作，就"国际和地区问题"保持"定期接触和磋商"，不干涉他国内政并免受他国干涉，以增进地区活力（第 12 条），最终实现"社会公正和提

---

① 夏立平：《无核武器区的发展与亚太安全》，载《国际商务研究》1999 年第 5 期，第 57 页。

② Erik A. Corneillier, "In the Zone: Why the United States Should Sign the Protocol to the Southeast Asia Nuclear – Weapon – Free Zone", *Pacific Rim Law & Policy Journal*, Vol. 12, No. 1, 2003, p. 233.

高本地区人民的生活标准"。条约还呼吁,缔约各国在存在分歧或争端时,保持克制,可采用诸如斡旋、仲裁、调查或调解等非威胁或武力的和平方式进行解决。条约第14条规定的通过建立地区争端解决机制(缔约各国部长级代表组成的高级理事会)"受理可能干扰地区和平与和谐的争端或事态",以及在必要时"提出防止争端或局势恶化的适当措施"。

之后,《东南亚友好合作条约》针对第14、18条经历了3次修改——1987年12月15日的《东南亚友好合作条约修改议定书》、1998年7月25日的《东南亚友好合作条约第二修改议定书》、2010年7月23日的《东南亚友好合作条约第三修改议定书》。经过3次修改后,东南亚以外、并经东盟一致同意的国家,可以加入《东南亚友好合作条约》;这些非东南亚国家"只有直接卷入通过地区机制解决的争端"时,才适用第14条有关争端解决的规定。《东南亚友好合作条约》由此成为东盟内唯一一个允许区域外国家加入的条约①。到目前为止,条约共有40个缔约国,除东盟十国外,其余30国按加入时间顺序分别为巴布亚新几内亚(1989)、印度(2003)、中国(2003)、日本(2004)、巴基斯坦(2004)、韩国(2004)、俄罗斯(2004)、蒙古(2005)、新西兰(2005)、澳大利亚(2005)、东帝汶(2007)、法国(2007)、孟加拉国(2007)、斯里兰卡(2007)、朝鲜(2008)、美国(2009)、土耳其(2010)、加拿大(2010)、英国(2012)、欧盟(2012)、巴西(2012)、挪威(2013)、智利(2016)、埃及(2016)、摩洛哥(2016)、阿根廷(2018)共和国、伊朗(2018)、秘鲁(2019)、巴林(2019)、德国(2020)。最早加入条约的非东南亚国家是巴布亚新几内亚,它的加入时间甚至早于东盟其他成员国的老挝(1992)、越南(1992)、柬埔寨(1995)和缅甸(1996)。

五、关于争端解决的法律文件

《东盟宪章》第8章第22至28条共7个条文对东盟国家间的争端以及东盟国家与其他国家间的争端规定了争端解决的框架机制。

《东盟宪章》首先明确了东盟对于争端解决应尽的职责,即"应在所有的合作领域保持和建立争端解决机制",同时要求争端国应遵循《联合国宪章》及其他国际程序之规定,以和平的方式解决争端。和平解决争端的方式包括斡旋、调解或和解、仲裁等。(第22、23、25、28条)

《东盟宪章》对于争端解决的规定仅为框架性机制。因此宪章第24条明确

---

① 《东南亚无核武器区条约议定书》只是为保证《东南亚无核武器区条约》能得到尊重和保证的议定书,而非条约本身。

了各类争议的具体解决方式和程序，并将宪章之前已有的争端解决机制和程序纳入其中；对于宪章之前未有规定的争端类型，则在之后相继出台了相关的争端解决机制和程序，详述如下。

《东盟宪章》第24条为"对特定法律文件的争端解决机制"，具体内容有3款，分别为"①与东盟特定文书有关的争端应通过这些文书规定的机制和程序解决；②不涉及任何东盟文书解释或适用的争端应根据《东南亚友好合作条约》及其议事规则和平解决；③如无特别规定，涉及东盟经济协定解释或适用的争端，应按照《东盟关于加强争端解决机制的议定书》解决。"

(一) 与东盟特定法律文件有关的争端解决

《东盟宪章》规定，与东盟特定法律文件有关的争端应通过这些文件规定的机制和程序解决。《东盟宪章》生效后，东盟于2010年4月8日在越南河内签署了《东盟宪章关于争端解决机制的议定书》（Protocol to the ASEAN Charter on Dispute Settlement Mechanisms），专为"涉及《东盟宪章》和其他东盟法律文件的解释或适用的争端建立适当的争端解决机制"而制定。议定书共21条并6个附件，于2017年7月28日第十份批准书（新加坡）交存之日起正式生效。

议定书对于东盟法律文件以及相关的概念进行了阐释，对议定书的适用争端范围（涉及《东盟宪章》和东盟其他法律文件解释或适用的争端）、对议定书适用的总体规则（依国际条约法解释规则尽一切努力达成双方同意之争端解决方法）、争端解决程序（磋商、斡旋、调解或和解、仲裁）的申请与适用、争端解决的时限和适用的法律（《东盟宪章》、其他东盟法律文件的规定以及可适用的国际法规则）、和解协议与仲裁裁决的遵守（被要求遵守的任何一方均需向秘书长提交一份说明遵守程序的书面报告）、相关费用等方面进行了详尽的规定。

为更进一步细化议定书的规定，议定书随后附了6个附件。其中前4个附件——《附件1 斡旋规则》（Rules of Good Offices）、《附件2 调解规则》（Rules of Mediation）、《附件3 和解规则》（Rules of Conciliation）、《附件4 仲裁规则》（Rules of Arbitration）——与议定书同时生效，分别规定了斡旋、调解、和解与仲裁四种争端解决方式的相关规则，包括争端解决程序的开始与终止、程序中的沟通交流、信息披露与保密、中间人或仲裁员的选任与回避、和解协议或仲裁裁决的达成与执行等各方面的具体程序性规则。

尽管《东盟宪章关于争端解决机制的议定书》及其4个附件在签订7年之后才生效，但东盟各国外交部长仍于2010年10月27日在越南河内、2012年4月2日在柬埔寨金边分别签署并通过了议定书的另两个附件，即《附件5 向东盟首脑会议提交未决争端规则》（Rules for Reference of Unresolved Disputes to the

ASEAN Summit）和《附件 6 向东盟首脑会议提交裁决未履行的规则》（Rules for Reference of Non - Compliance to the ASEAN Summit），并分别通过两个文件——《将〈向东盟首脑会议提交未决争端规则〉纳入〈东盟宪章关于争端解决机制的议定书〉之文据》（Instrument of Incorporation of the Rules for Reference of Unresolved Disputes to the ASEAN Summit to the Protocol to the ASEAN Charter on Dispute Settlement Mechanisms）和《将〈向东盟首脑会议提交裁决未履行的规则〉纳入〈东盟宪章关于争端解决机制的议定书〉之文据》（Instrument of Incorporation of the Rules for Reference of Non - Compliance to the ASEAN Summit to the Protocol to the ASEAN Charter on Dispute Settlement Mechanisms）——将它们并入了议定书之中。因此议定书的附件 5 和附件 6 的生效日期早于议定书本身和其前 4 个附件的。附件 5 规定了争端各方可以将经过斡旋、调解、和解或仲裁以及其他合理途径仍未解决的争端经东盟协调理事会提交给东盟首脑会议，东盟协调理事会也可在其中提出建议或协助。附件 6 则规定的是，争端经斡旋、调解、和解或仲裁达成了调解、和解或仲裁协议后，一方不遵守达成的调解、和解或仲裁协议，受影响的另一方可以将此不遵守调解、和解或仲裁协议的情势经东盟协调理事会提交东盟首脑峰会，由东盟首脑峰值做出最终决定。

（二）不涉及任何东盟法律文件解释或适用的争端解决

根据《东盟宪章》第 24（2）条的规定，如果争端双方的争议不涉及对于任何东盟法律文件的解释或适用，则解决争端应适用 1976 年的《东南亚友好合作条约》第四章第 13 至 17 条的相关规定。

《东南亚友好合作条约》明确规定，缔约各方应真诚避免争端发生；若出现对各方有直接影响的争端，则争端各方均应在任何时候使用和平的方式解决争端，而非诉诸武力或威胁（第 13 条）。为争端的和平解决，东盟建立了地区争端解决机制，由缔约各国部长级代表组成常设高级理事会，对可能破坏地区和平的争端或势态进行干预、提供协助；在争端双方直接谈判后争端仍无法解决的，高级理事会可以直接受理该争端，并向各方推荐如斡旋、调解、和解或仲裁等争端解决方式，高级理事会还可以在经争端各方同意后直接参与或主导争端的斡旋、调解、和解或仲裁（第 14、15、16 条）。除此而外，争端各方也可以求助于《联合国宪章》以及其他国际法律文件所规定之和平解决争端方式（第 17 条）。

（三）涉及东盟经济协定解释或适用的争端解决

《东盟宪章》规定，如无特别规定，涉及东盟经济协定解释或适用的争端，应按照《东盟关于加强争端解决机制的议定书》解决。

东盟经济共同体的建设离不开有效的争端解决机制。因此，与经济相关的争端解决机制是东盟内部较早构建并努力不断完善的重要事项。这也导致《东盟宪章》第 24（3）条专门针对经济方面的争端解决明确指出适用《东盟关于加强争端解决机制的议定书》（ASEAN Protocol on Enhanced Dispute Settlement Mechanism）的缘由。

东盟之前适用的《东盟关于加强争端解决机制的议定书》是东盟十国政府首脑于 2004 年 11 月 29 日在老挝万象签署通过的有关经济方面争端解决的法律文件。这一议定书最初源于 1992 年 1 月 28 日在新加坡签署的《增进东盟经济合作的框架协议》（Framework Agreement on Enhancing ASEAN Economic Cooperation）第 9 条的规定："成员国之间在解释或适用本协定或由本协定引起的任何安排方面导致的任何分歧，应尽可能在双方之间友好解决。必要时，应指定适当机构来解决争端。"之后，东盟将此条规定细化为 1996 年 11 月 20 日在马尼拉签署的《争端解决机制议定书》（Protocol on Dispute Settlement Mechanism），近 20 年后，《争端解决机制议定书》被 2004 年《东盟关于加强争端解决机制的议定书》所取代。

2004 年《东盟关于加强争端解决机制的议定书》由序言、21 条正文和 2 个附录构成。议定书分别就可适用的争端范围、争端解决的方式（协商、斡旋、调解或和解）、争端解决专家小组的职责与设立、专家小组的报告、上诉程序与上诉机构、监督与执行等事项进行了规定。这些规定与 WTO 对于争端解决的程序和机构极其相似，甚至可以说是基本仿效了 WTO 争端解决程序和机构来设置。

2019 年 12 月 20 日东盟在菲律宾马尼拉通过了完善 2004 年议定书的《东盟关于加强争端解决机制的议定书》（ASEAN Protocol on Enhanced Dispute Settlement Mechanism）。2019 年的议定书是对《2004 年东盟争端解决机制议定书》进行修改和完善。内容与结构大致相似，但正文增加到 27 条。2019 年议定书增加了对于专家小组、上诉机构、仲裁员以及参与争端解决的专家的行为规则（第 5 条）、专家小组的人员构成（第 8 条）、争端解决的仲裁程序（第 19 条）、涉及最不发达成员国的特别程序（第 23 条）、议定书今后的修改程序（第 26 条），将有关议定书的保管从最后条款中独立出来成为单独的 1 个条文（第 25 条），同时对磋商程序（第 3 条）、争端程序第三方的规定（第 13 条）也做了更为细致的规定。相比 2014 年议定书，2019 年议定书对附录部分也做了修改——其中《附录 1 可适用的协议》所指之协议由 46 个增加到 109 个，2014 年的《东盟关于加强争端解决机制上诉审查工作程序的议定书》和其两个附件《上诉期限》和《行为规则》分别整合为《附录 2 行为规则》和《附录 4 上诉审查工作程序》，《附录 2 专家小组工作程序》直接列入成为附录 3，同时增加了《附录5 基金的条款与条件》。随着印度尼西亚于2022年6月20日向东盟秘书处提交批准书，2019年《东盟关于加强争端解决机制的议定书》已于同日对东盟十国正式生效。

第三节　中国与东盟的关系

中国与东盟山水相依，是亲密的邻居与友善的伙伴。中国第一个加入《东南亚友好合作条约》，第一个与东盟建立战略伙伴关系，第一个明确支持《东南亚无核武器区条约》，第一个确认与东盟建立自由贸易区，第一个公开表示愿意签署《东南亚无核武器区条约议定书》。2021年中国与东盟迎来了建立对话关系30周年纪念。正如中国驻东盟大使邓锡军在《中国－东盟建立对话关系30周年纪念活动启动仪式暨30周年研讨会》上致辞所说，中国东盟共同走过的这30年是"风雨同舟、患难与共的30年"、是"辛勤耕耘、共同收获的30年"、是"坚守原则、维护正义的30年"，双方共同应对了几次重大国际危机、建立了战略伙伴关系和自贸区、促成了RCEP协定的签署①。中国与东盟的良好关系已然成为推动人类命运共同体构建的生动例证。

一、合作机制

中国与东盟的关系巩固与加深需要双方建立畅通的合作与对话机制。

在2003年加入《东南亚友好合作条约》后，中国与东盟建立了较为完善的对话合作机制。中国—东盟对话合作机制主要包括每年一度的东盟—中国（"10＋1"）领导人会议，涵盖外交、财政、经济、教育、农业与林业、交通以及质检等12个领域的部长级会议机制，还有高官磋商、联合合作委员会、经济贸易合作联合委员会、科学技术合作联合委员会、东盟北京委员会5个官方工作层对话合作机制以及中国—东盟商务理事会半官方的工作层对话合作机制②。2009年中国向东盟派驻大使，2012年中国在印度尼西亚雅加达设东盟常驻使团。

除中国—东盟经贸部长会议外，中国与东盟还在经济领域还成立有经济高官会、自贸区联合委员会会议、互联互通合作委员会会议，以协调双方经贸合作中的重要问题。2020年，第10次中国－东盟卫生发展高官会、第17届中国

---

① 《邓锡军大使在2021年第一次雅加达论坛——中国—东盟建立对话关系30周年纪念活动启动仪式暨30周年研讨会上的开幕致辞》，澎湃新闻网，https://www.thepaper.cn/newsDetail_forward_11673984，最后访问日期2021年11月20日。

② 何奥龙、乌兰图娅：《中国与东盟合作机制建设的主要成果和现实意义》，载《内蒙古大学学报（哲学社会科学版）》2014年第6期，第60－61页。

—东盟博览会高官会、第19次经贸部长会议、第13次自贸区联合委员会会议均以视频方式召开,中国—东盟互联互通合作委员迄今已召开3次会议。

2011年12月,中国—东盟中心正式成立。中心是一个政府间的国际组织,依2009年的《中华人民共和国政府和东南亚国家联盟成员国政府关于建立中国—东盟中心的谅解备忘录》而设立,旨在促进双方在贸易、投资、教育文化等领域的合作。中心有自身的标识,它"是一个圆形徽章,图案主题部分由中国和东盟旗帜演绎而成,周围饰以象征和平与繁荣的稻穗,并嵌入中心中英文名称。标识大面积采用了在中国和东盟象征吉祥喜庆的红黄两色,并辅以代表和谐统一的蓝色外圈"[①]。

此外,双方还先后设立了中国—东盟公共卫生合作基金(2003)、中国—东盟投资合作基金(2010)、中国—东盟海上合作基金(2011)、中国—东盟合作基金(2019)等机制。这些机制促进了双方在公共卫生、投资、通信技术、交通、教育等各领域深化合作。

在国际和地区事务合作方面,双方共同推动东盟与中国、日本、韩国(东盟10+3)合作、东亚峰会、东盟地区论坛(ARF)、东盟防长扩大会(ADMM+)、亚洲合作对话、亚太经合组织、亚欧会议、上海合作组织、东亚—拉美合作论坛等区域和跨区域合作机制的健康发展[②]。

二、政治法律关系

冷战结束后,中国与东盟于1991年开启了对话进程。双方的合作与交往首先从经贸领域展开。1996年,中国与东盟正式确立"全面对话伙伴国关系"。1997年12月16日,双方在吉隆坡发表《中华人民共和国与东盟国家首脑会晤联合声明》,宣布双方确立"面向21世纪的睦邻互信伙伴关系",并将此作为"中国与东盟在二十一世纪关系的重要政策目标",双方同时承诺"在平等互利、共负责任的原则基础上,加强双边和多边合作,促进经济增长、可持续发展和社会进步"。此后,中国与东盟间的经贸合作全面展开。2002年11月4日,《中国—东盟全面经济合作框架协议》签署,双方同意增进经济、贸易和投资领域的合作,促进并逐步实现货物和服务贸易自由化,为加强合作和维护

[①] 《中国—东盟中心标识》,中国—东盟中心网,http://www.asean-china-center.org/about/us.html. 最后访问日期2021年6月8日。

[②] 商务部国际贸易经济合作研究院、中国驻东盟使团经济商务处、商务部对外投资和经济合作司:《对外投资合作国别(地区)指南:东盟(2020版)》第62页,中国一带一路网,https://www.yidaiyilu.gov.cn/wcm.files/upload/CMSydylgw/202012/20201222113347.pdf.,最后访问日期2021年6月8日。

经济稳定提供一个重要机制①。由是，世界上经济总量最大的发展中国家自由贸易区——中国—东盟自贸区——谈判开启。2004 年 11 月 29 日、2007 年 1 月 14 日、2009 年 8 月 15 日双方根据《全面经济合作框架协议》的安排更进一步达成了《框架协议货物贸易协议》《框架协议服务贸易协议》以及《框架协议投资协议》，分别就双边的货物贸易、服务贸易、投资的具体规则、减让承诺、争端解决等进行了详细的说明。其间，双方还就打击毒品犯罪增强了合作。2000 年 10 月双方通过《曼谷宣言》以及《东盟和中国禁毒合作行动计划》；2005 年 10 月又发表了《北京宣言》和《东盟和中国在 2006 年开展打击苯丙胺类毒品犯罪联合行动的倡议》，并修改了 2000 年的《禁毒合作行动计划》。

以此为基础，双方于 2002 年 11 月 4 日发表《南海各方行为宣言》。南海地区的和平与稳定，有助于中国与东盟的睦邻友好，更有益于双方经贸合作的深入展开。《南海各方行为宣言》强调以和平非武力的方式最终解决有关南海的争端，在争端解决前，各方应承诺保持克制，不采取使争议复杂化、扩大化的行动，本着"合作与谅解"精神，寻求在海洋环保、海洋科学研究、海上航行和交通安全、搜寻与求助、打击跨国犯罪等领域展开合作。"《宣言》是中国同东盟国家共同签署的一份重要的政治文件，体现了各方致力于维护南海稳定、增进互信和推进合作的政治意愿。"之后，中国同东盟国家成立了定期高官会和联合工作组会议机制，决定开展南海防灾减灾、海洋搜救、海洋科研等 6 个合作项目，其中中国和东盟国家各自承办了 3 个项目②。从 2007 年以来，通过定期召开的高官会及联合工作组会议，中国与东盟国家积极不懈推动落实《南海各方行为宣言》，也为达成有法律约束力的《南海各方行为准则》不断努力。2017 年 5 月 18 日，"南海行为准则"框架在贵阳召开的第 14 次高官会上达成，并于 2017 年 8 月 6 日在第 50 届东盟外长会议上正式通过。2018 年 8 月 2 日在新加坡召开的中国—东盟外长会议上形成"南海行为准则"单一磋商文本草案，在这次会议上，双方宣布中国和东盟要打造更高水平的战略伙伴关系，构建更为紧密的中国—东盟命运共同体。2016 年 6 月 29 日双方还在柬埔寨金边举行的中国与东盟第六次领导人会议上通过《中国与东盟关于非传统安全领域合作联合宣言》，双方承诺在打击贩毒、非法移民、海盗、恐怖主义、武器走私、洗钱等跨境犯罪问题上加强信息交流和人员培

---

① 《中华人民共和国与东南亚国家联盟全面经济合作框架协议》，中华人民共和国商务部，http://gjs.mofcom.gov.cn/aarticle/Nocategory/200212/20021200056452.html，最后访问日期 2022 年 10 月 10 日。

② 外交部：《〈南海各方行为宣言〉背景》，外交部 http://www1.fmprc.gov.cn/web/wjb_673085/zzjg_673183/yzs_673193/dqzz_673197/nanhai_673325/t848051.shtml，最后访问日期 2022 年 10 月 10 日。

训，增强在非传统安全领域的务实合作。

2003年10月8日中国向东盟提交《东南亚友好合作条约加入书》，成为第一个加入该条约的域外大国。同一天，双方还共同发表《中国—东盟建立面向和平与繁荣的战略伙伴关系联合宣言》，双方同意：在政治上加强高层往来、深化人民间的了解与友谊、增进互信；在经济上发挥市场互补性、加快推进中国—东盟自贸区谈判、深化合作、促进共同增长与发展；在社会方面增强公共卫生合作、推动合作机制构建、重视并推进青年交流；在国际问题以及地区安全方面增进了解、推进跨区域对话与合作、促进和平与安全。之后双方每5年推出一个《落实〈中国—东盟面向和平与繁荣的战略伙伴关系联合宣言〉的行动计划》，到目前分别出台了《行动计划（2005—2010）》（2004年12月）、《行动计划（2011—2015）》（2012年2月）、《行动计划（2016—2020）》（2016年3月）、《行动计划（2021—2025）》（2020年11月），每一份行动计划均从政治安全、经济、社会人文、国际和地区事务等多方面对双方今后五年内需达成的目标、行动方案进行了细化。

2013年10月9日《第16次中国—东盟领导人会议暨纪念中国—东盟战略伙伴关系10周年联合声明》在文莱发表。在《联合声明》中，中国强调"坚持把东盟作为周边外交的优先方向，坚持巩固与发展同东盟的战略伙伴关系，坚持通过和平方式和友好协商解决同有关东盟国家的分歧"。而东盟也声称"中国的发展对本地区是重要机遇，东盟支持中国和平发展。东盟国家重申坚持一个中国政策"。2018年，双方进一步深入达成《中国—东盟战略伙伴关系2030年愿景》，对双方关系的未来方向进行了详细的规划，双方承诺进一步提升战略伙伴关系、增进互信、以和平而非武力的方式解决分歧，"为建设开放包容、持久和平、普遍安全、共同繁荣和可持续发展的世界作出贡献"。

2020年11月15日，中国与东盟国家以及日本、韩国、澳大利亚、新西兰在越南首都河内共同签署《区域全面经济伙伴关系协定》（RCEP）。《区域全面经济伙伴关系协定》目前所覆盖的人口、GDP规模和贸易总额、吸引外商投资多项指标均占世界总量的30%左右，标志着占世界人口最多、由亚太国家构成的全球体量最大的自贸区的正式启航，将"有利于对外发出致力于构建开放型世界经济、支持多边贸易体制的信息，改善地区贸易和投资的环境，推进贸易投资自由化、便利化，帮助各国更好地应对挑战，增强本地区未来发展的潜力，造福于本地区的各国人民"①。2021年4月15日，中国向协定保管方的东盟秘

---

① 《国务院政策例行吹风会（2019年11月6日）》，中国政府网，http：//www.gov.cn/xinwen/2019zccfh/70/index.htm？_zbs_baidu_bk，最后访问日期2022年10月10日。

书长正式交存《中国加入〈区域全面经济伙伴关系协定〉核准书》,成为东盟国家以外第一个正式加入该协定的经济体。

三、经贸合作成效

2010年中国—东盟自由贸易区宣布成立后,中国与东盟国家的经济贸易逐年提升。自2009年始,中国已连续12年保持为东盟第一大贸易伙伴。2019年东盟超越美国成为中国第二大贸易伙伴,2020年东盟更替代欧盟成为中国第一大贸易伙伴。2021年,中国对东盟出口4837.0亿美元,自东盟进口3945.1亿美元,东盟继续保持着与中国的第一大货物贸易伙伴关系地位[①]。

从2006年的1608亿美元到2010年成立中国—东盟自由贸易区时的2928亿美元,中国与东盟间的进出口贸易总额增长了80%;截至2020年,中国与东盟的贸易额达到6415亿美元,比2006年增长了3倍多;相比2019年,虽然世界遭遇了新冠肺炎疫情,进出口贸易受到相当大的影响,但中国与东盟间的贸易总额还是同比增长了6.7%。具体来看,中国2019年的进出口贸易总额是45675亿美元,其中进口为20689.5亿美元、出口24985.5亿美元,与东盟间的进出口总额达到6419.5亿美元,其中进口2816.7亿美元、出口3602.8亿美元。2019年中国与东盟进出口贸易总额、进口额、出口额分别占中国贸易总额、进口额、出口额的14.1%、13.6%和14.4%。2019年,越南、马来西亚和泰国成为中国在东盟国家里的前三大贸易伙伴;在东盟十国中,柬埔寨、印度尼西亚、马来西亚、缅甸、菲律宾、新加坡、泰国、越南八国中的进出口贸易总额的第一伙伴国都是中国;而在柬埔寨和文莱,中国分别是它们的第二、第四伙伴国[②]。

[①] 《突破8000亿!东盟保持我国第一大货物贸易伙伴》,中华人民共和国驻东盟使团网,http://asean.china-mission.gov.cn/stxw/202201/t20220114_10495620.htm,最后访问日期2022年10月7日。

[②] 数据参见中国—东盟中心:《2019中国—东盟数据手册》(2021年3月),中国—东盟中心网,http://asean-china-center.org/resources/file/2019_%E4%B8%AD%E5%9D%BD%E2%80%94%E4%B8%9C%E7%9B%9F%E6%95%B0%E6%8D%AE%E6%89%8B%E5%86%8C_ASEAN_&_China_in_Figures.pdf;贸易流向统计2020年10月,国际货币基金组织 http://www.imf.org.;中国海关总署2020年统计月报,http://www.customs.gov.cn/customs/302249/zfxxgk/2799825/302274/302277/3227050/index.html,最后访问日期2022年11月2日。

表1-3 中国与东盟的经贸成效

年 度	2006	2007	2008	2009	2010	2011	2012	2013	2014	2015	2016	2017	2018	2019	2020
中国与东盟进出口贸易总额（十亿美元）	160.8	202.5	231.1	213.0	292.8	362.9	400.1	443.6	480.4	472.2	452.2	514.8	587.9	641.5	684.6
中国对外直接投资流入东盟投资的金额（十亿美元）	/	/	/	/	4.40	5.91	6.10	7.27	7.81	14.60	10.28	14.12	13.69	13.02	/
中国对东盟投资占中国对外直接投资总额的百分比（%）	/	/	/	/	6.4	7.9	6.9	6.7	6.3	10.0	5.2	8.9	9.6	9.5	/
东盟对中国的直接投资金额（十亿美元）	/	/	/	/	6.32	7.00	6.80	8.35	6.30	7.66	6.53	5.08	5.72	7.88	/
东盟对中国投资额占中国实际利用外商直接投资的百分比（%）	/	/	/	/	6.0	6.0	6.1	7.1	5.3	6.0	5.2	3.9	3.5	5.7	/
到访东盟的中国客人数（百万）	/	/	/	/	/	/	/	/	/	18.6	20.3	25.3	29.1	/	/
到访东盟的中国游客人数占东盟游客总人数的百分比（%）	/	/	/	/	/	/	/	/	/	17.1	17.6	20.1	21.5	/	/

除中国与东盟间的进出口贸易外，中国与东盟的双边投资合作也成效显著。截至2018年底，中国和东盟双向投资存量15年间增长了22倍[1]，东盟成为中国企业对外投资的重点地区。从2017年到2019年，中国对东盟全行业的直接投资分别为155亿美元、122.2亿美元、91.1亿美元，占东盟利用外资的比例分别为10%、8%和5.7%。到2020年，这一数值增长到143.6亿美元，同比增长了52.1%。2020年，中国企业在东盟新签工程承包合同额611.0亿美元，完成营业额340.0亿美元；按新签合同额计，印度尼西亚、泰国、菲律宾成为中国在东盟的前三大工程承包市场[2]。

另外，近年来到访东盟的中国游客人数占到东盟外国游客总人数的20%左右，也就是基本上每五名国外的游客中就有一个来自中国。如果与来自东盟外的游客总人数相比，这个比例会更高，几乎每三名来自东盟外的游客中就有一人来自中国。

整体上看，中国与东盟的经济合作关系良好、充满活力，而且双方的经济也存在强大的互补性，双方的合作已为世界经济发展注入新的强大推动力，也必将成为世界其他地区合作的典范。

---

[1] 于佳欣：《商务部：东盟已成中国第二大贸易伙伴》，新华社网，https://author.baidu.com/home? from = bjh_ article&app_ id = 1582378850174815，最后访问日期2021年10月8日。

[2] 驻东盟使团经济商务处：《2020年中国—东盟经贸合作简况》，中华人民共和国驻东盟使团经济商务处网，http://asean.mofcom.gov.cn/article/o/r/202101/20210103033653.shtml，最后访问日期2022年10月7日。

第二章　宪法制度

第一节　文莱宪法

一、历史背景

文莱全称文莱达鲁萨兰国，古称渤泥国（亦作浡泥国），在中国史籍中所称的婆利、佛泥或婆罗即为此国。文莱于 15 世纪建立苏丹国，国王改称苏丹。16 世纪后，文莱先后被葡萄牙、西班牙、英国入侵。1959 年 4 月 6 日，文莱苏丹与英国就文莱新宪法制定与恢复自治达成《文莱—英国条约》，根据该条约，文莱于 1959 年 9 月 29 日颁布了第一部宪法[①]。《文莱达鲁萨兰国宪法》是文莱的第一部宪法，也是迄今为止唯一的一部宪法。

文莱《宪法》曾分别于 1984 年、2004 年、2011 年进行过 3 次修订，其间也有 10 多次的修正[②]。1971 年 11 月 23 日，文莱苏丹同英国签订了新的条约，即《关于修订 1959 年协议的友好合作协议》（即《文莱—英国条约》），文莱获得了除国防与外交以外的所有自治权力。1984 年 1 月 1 日，文莱完全独立，并对宪法进行了再次修订。2004 年 9 月 29 日，文莱苏丹主持召开了立法会议，通过了宪法修订，对司法、宗教、民俗等 13 项内容进行了修改。2008 年 3 月 16 日，文莱国会讨论修宪问题，并于同年 4 月对宪法进行修正。

[①] 参见姜士林等主编：《世界宪法丛书》，青岛：青岛出版社 1997 年版，第 511 页；罗琨、［文莱］茜蒂·诺卡碧、［文莱］沈宗祥编著：《"一带一路"国别概览——文莱》，大连：大连海事大学出版社 2019 年，第 29 页。

[②] 东盟十国受英美法系法律制度的影响，对法律内容大的修改用 Revised Edition 进行注明，小的修改则用词为 Amendment。本书在写作中将 Revised Edition 统一翻译为"修订"，将 Amendment 译为"修正"，以示区别。文莱《宪法》英文本见 https://www.agc.gov.bn/AGC%20Images/LOB/cons_doc/constitution_i.pdf。

二、基本结构

文莱宪法分祷言、序言、正文、附录四个部分。

正文共12章87条，分别为"前言""宗教与宗教习惯法""行政机关""枢密院""赦免委员会""内阁""立法院""立法院的立法与程序""财政""公共服务""国玺""其他规定""宪法的修改与解释"。此外，文莱宪法还有三个附录。附录一分别为枢密官、枢密院书记和内阁秘书、内阁成员及议员的誓词；附录二为关于立法院的条款，包括立法院组成和成员、任命、地区代表等内容；附件三是对正文第84-1条第（1）款所指之具体职位的列表。

三、基本内容

（一）国家政体与国家元首

文莱是东南亚唯一的君主制国家，也是当今世界上少数几个完全由王室掌权的君主制国家之一[①]。因此，文莱是君主专制的政体，实行代议制的政权组织形式。在文莱，苏丹既是国家元首，也是文莱国教的领袖，所有涉及伊斯兰教的事务，由宗教委员会向苏丹负责并提供建议。

枢密院是协助苏丹与元首处理国家事务的机构。其职能主要是宪法修改废的建议权、官员任职的建议权等。枢密院应在苏丹与元首的主持下召开会议，决定相关事务。

（二）公民基本权利

文莱宪法并未对公民基本权利进行专章专节规定。目前从文本中可以查阅到的直接与公民权利相关的条款为宗教信仰方面的内容。宪法规定文莱将伊斯兰教确定为国教，同时允许其他宗教信徒以和平和谐方式进行宗教活动。

（三）国家机构

1. 代议机构

立法院是文莱的最高立法机关，除另有规定外，任何立法院议员均可提出议案。同时，为了维护苏丹权力，文莱宪法进行了法律保留。针对涉及货币发行、银行设立或宪法修正，违背苏丹与他国的条约义务，涉及国防或公共安全，可能对苏丹或苏丹继承人、配偶或其他王室成员的权利、地位等产生不利影响，

[①] 米良：《东盟国家宪政制度研究》，昆明：云南大学出版社2011年版，第271页。

不利于马来伊斯兰政体,影响到国家财政或货币流通,影响到统一基金监管、支付、废除,影响税收征收和费用支付等事项,未经苏丹事先批准,不得向立法院提交议案。

文莱立法院首脑称为首席部长,立法院议员人数曾几经修改。根据2004年最新宪法修正案的规定,立法院人数不超过45人,其中苏丹从当然成员(首相以及内阁部长)、有头衔或爵位的人以及其他在各行业中有杰出成就之人中选任30人,另15人则由选举产生。

文莱宪法规定,任何年满21周岁且非摄政官的文莱公民(除存在丧失立法院资格情形外)均可成为议员,任期为3年。当立法院议员被任命为摄政官、被暂停参加立法院资格或者因各种原因出现议席空缺之时,苏丹可通过加盖国玺文书方式任命某人为立法院议员。

2. 行政机构

文莱宪法规定,苏丹是国家最高行政长官。

苏丹是政府首相,更是皇家武装部队的最高统帅,行政权由苏丹行使。行政委员会(1984年改称内阁)是文莱最重要的行政机构,部长与副部长均由苏丹选任,对苏丹负责,并对苏丹履行行政职能进行协助和建议,内阁的决定非经苏丹许可不得生效。不过苏丹的决定可不受内阁建议的约束,可以做出与内阁建议相反的决定。

3. 司法机构

文莱设总检察署,总检察署又设总检察长、副检察长、助理检察长等职务。除了由宗教法庭和军事法庭受理的事项外,总检察长享有启动、进行或停止对犯罪的追诉程序。文莱总检察署设立法起草部、行政财务部、民事部、刑事部、国际部5个职能部门。文莱审判机关除了最高法院、中级法院和初级法院外,还包括专门法院。

4. 地方机构

文莱在行政区划上可分为区、穆金(乡)、村三级,区长、乡长和村长负责处理本级单位行政事务。区长和乡长由政府任命,村长则由村民选举产生。

四、简要评析

第一,文莱是东南亚地区唯一一个绝对君主制国家,是世界上少有的几个完全由王室掌权的国家。虽然文莱有议会和政党,但是不难看出苏丹起着决定性的作用。苏丹拥有最高的行政权力,也是最高宗教领袖。文莱的民主改革均是在不危及现有制度的前提下进行的。

第二,文莱苏丹通过马来化和伊斯兰政策,来不断强化君权统治。文莱宪法规定，非信仰伊斯兰教的马来裔文莱公民不得被任命为附录三所列的官员[①]。对于可能直接或间接削减著名的、优秀的马来伊斯兰教神职人员的法案、动议或申请，未经苏丹批准，不得提交。

第二节 柬埔寨王国宪法

一、历史背景

柬埔寨全称是柬埔寨王国。柬埔寨古称高棉，吴哥王朝是其历史上最为辉煌的时期。大航海时代后，随着西方殖民者的入侵，柬埔寨沦为殖民地。1863年法国成为它的宗主国。二战时期，被日本占领。二战结束后，柬埔寨于1953年获得独立。但之后国内周边形势复杂，政局不稳。国内动荡，外敌入侵，国家发展艰难。如今，柬埔寨仍然是世界上最不发达国家之一。

柬埔寨历史上共诞生过五部宪法，分别是1947年《柬埔寨王国宪法》、1972年《高棉共和国宪法》、1976年《民主柬埔寨宪法》、1981年《柬埔寨人民共和国宪法》和1993年《柬埔寨王国宪法》。柬埔寨现行宪法为1993年《柬埔寨王国宪法》。

1947年5月6日，西哈努克国王签署颁布了《柬埔寨王国宪法》，这是柬埔寨王国的第一部宪法。1955年柬埔寨议会通过了《宪法修正案》，肯定了柬埔寨独立的主权国家地位。1956年1月，柬埔寨议会再次通过新的《宪法修正案》，扩大了选举权的范围。1960年国民议会通过了宪法第122条修正案，对国家最高权力属于国家元首进行了明确规定。

1972年4月30日《高棉共和国宪法》颁布，这是高棉共和国时期的宪法，规定柬埔寨实行总统共和制，共和国议会是最高立法机关，内阁首相、副首相改为总理、副总理。1975年柬埔寨红色高棉掌握柬埔寨国家政权，《民主柬埔寨宪法》于1976年1月3日颁布。1978年12月越南入侵柬埔寨，1979年《民主柬埔寨宪法》中止。1979年1月，柬埔寨人民共和国政府自行在金边宣布成立。尽管该政府未获得包括联合国在内的国际社会承认，但柬埔寨人民共和国政府于1981年6月在国民议会第一次全体会议上通过了《柬埔寨人民共和国宪法》，规定国民议会是最高权力机关，部长会议是最高执行机关，产生了国务委员会和部长会议。1989年越南军队撤出柬埔寨。1991年《柬埔寨冲突全面政治

---

① 文莱宪法附录三所列的特定职位名单包括：总审计长、枢密院书记、立法院书记、首席教会法官、伊斯兰教法典长老、总检察长、公共服务委员会主席、风俗习惯委员会主席、立法院发言人、以及内阁秘书。

解决协定》在巴黎签订。1993年9月21日，柬埔寨制宪会议（后转为国民议会）通过新的《柬埔寨王国宪法》，恢复君主立宪制度。1993年《柬埔寨王国宪法》一直沿用至今，虽然其间通过了9次修正（最近的一次修正是2008年），但依然保持着1993年宪法的精神。

二、基本结构

柬埔寨1993年《宪法》由序言、正文以及"确保国家机构正常程序的宪法附加条款"三部分组成。

正文共16章158条，分别为主权；国王；公民权利与义务；政治制度；经济；教育、文化和社会事务；国民议会（亦称众议院）；参议院；联合代表大会；王室政府；司法机构；宪法委员会；行政机关；国民大会；宪法的效力、修改与修正；过渡条款。"确保国家机构正常程序的宪法附加条款"目的是为促进国家机构在需要紧急行动的特殊情况下有效运作而制定，共7个条文。

三、基本内容

（一）政体与国家元首

柬埔寨实行君主立宪制。政党制度为自由多党民主制。柬埔寨《宪法》规定国王是虚位元首，统治国家但不执政。在国王出现身体等难以履职原因时，国民议会议长、首相和参议院议长以摄政形式代履行相关职务。王位继承由枢密院在年满30周岁的安良王族、诺罗敦王族或西索瓦王族的直系后代中推选继承人。国王履行其他国家事务，参与国家活动。柬埔寨宪法对王后的履职做出了具体规定。原则上王后不得干政，但在社会事务、人道主义事务、宗教事务方面发挥作用，同时辅助国王完成礼宾事务和外交事务。

（二）公民基本权利

1. 公民平等权利

柬埔寨宪法对柬埔寨公民的平等权做出了较为宽泛的规定。宪法首先承认了联合国宪章、世界人权宣言以及人权、妇女权利和儿童权利相关公约中的人权规定。同时，宪法认为只要是柬埔寨公民，不分种族、肤色、性别、语言、宗教信仰、政治倾向、出身、社会地位、财产等情况，在法律面前人人平等。

2. 人身自由权利

柬埔寨公民的人身、生命、安全受到法律保护。柬埔寨明确不承认死刑。

非经法定程序，任何人不受刑事指控和限制人身自由的逮捕拘留等。并且宪法还制定了非法证据排除原则，严禁刑讯逼供等非法侵犯人身自由的行为。同时，宪法对迁徙自由、通信自由、住宅不受非法侵入等也作出了规定。

3. 政治权利

柬埔寨公民享有平等的选举权和被选举权。有言论、新闻、出版、罢工和和平示威的权利。行使这些权利的时候，不得危害社会公德和国家安全。柬埔寨公民可以参与社团和政党。

4 财产权利

宪法规定在柬埔寨个人拥有私产是合法的，但是对土地所有权只能由柬埔寨公民拥有。对于财产的征收，必须是基于公共利益，且有合理补偿，并经法定程序方可进行。而国家财产则包括了土地、自然资源和国防设施等。

5. 宗教信仰自由权利

宪法规定了佛教在柬埔寨社会中的特殊地位。佛教是柬埔寨的国教，国家有义务推广佛教教育。对于公民而言，公民有宗教信仰的自由。宗教信仰和宗教活动受法律保护。

6. 社会权利

宪法规定男女平等。妇女权利体现在同工同酬、婚姻家庭等方面。在家庭伦理方面，柬埔寨宪法也做出了特别规定。父母有抚养、管理和教育子女的义务，子女有赡养老人的义务。

(三) 国家机关

1. 代议机构

柬埔寨代议机关由国会和参议院组成，享有立法权。国会至少由120名国会议员组成，每届任期为5年，可以连选连任。国会每年开会次数为两次，会期多于3个月。国会休会期间，由国会常务委员会代行其职权。参议院人数应少于国会议员总数的一半，参议院议员也可以连选连任。参议院每届任期为6年，每年举行两次议会。

立法是代议机构的最核心职权。按照宪法规定，法律应经国会表决、参议院审议、国王签署后生效。同时，国会还享有批准赦免、宣战等权利。在国会与参议院的制约关系上，宪法规定参议院对国会表决的法律进行审议，可以提出修改建议，也可以否决国会表决。法案如果被否决，国会不得在一个月内进行第二次审议。

2. 行政机构

柬埔寨实行内阁制。柬埔寨的政府机构称为王室政府，由首相、副首相、国务委员、部长及国务秘书组成。具体人选从国会选举获胜的政党中选举产生。

3. 司法机构

柬埔寨的最高法院和各级法院享有司法权，享有行政权和立法权的机关不享有司法权。在柬埔寨，检察机关才有权提起刑事诉讼，只有法官有权做出判决。另外，法院设置最高理事会，受国王直接领导。柬埔寨法官不可被解雇，但可由最高理事会给予纪律处分。

4. 宪法机构

柬埔寨宪法设置宪法委员会履行保障宪法权威、解释宪法和法律的职权。宪法委员会由九名委员组成，国会、国王和法院最高委员会各任命三名。宪法委员会设一名主席，由宪法委员会选举产生。委员任期为九年，宪法委员会每三年更换 1/3 的委员。

5. 地方机构

根据宪法规定，柬埔寨王国领土行政区划分为首都市、省、直辖市、县、区（或称大区，Khan）、市镇、分区（或称小区，Sangkat），按照柬埔寨组织法的规定进行管理。

四、简要评析

第一，柬埔寨的宪法为保护柬埔寨稳定做出了贡献。二战后一段时间，柬埔寨国内政治并不稳定。其间，政变、外敌入侵等打乱了柬埔寨发展的脚步。直到 1993 年之后，柬埔寨才恢复了和平。从近三十年柬埔寨的国内局势看，柬埔寨基本维持了和平局面。这说明目前君主立宪制下的内阁制度，基本符合柬埔寨国情，较好地维护了柬埔寨国内和平。

第二，经济发展严重滞后，仍然是柬埔寨宪法未能解决的深层次社会问题。虽然柬埔寨宪法宣布国家实行市场经济，但是柬埔寨目前仍是世界上最不发达国家之一。相比于周边发展较为迅速的越南、泰国而言，柬埔寨发展严重滞后。这说明一些阻碍经济发展的深层次问题，并未在宪法中得到积极回应。

第三，强人政治能否保持柬埔寨的长久稳定是个未知数。目前柬埔寨的政治是强人政治。领导人多年执政并未更换。但随着领导人年事已高，面临着政权交接的问题。在这期间，如何依靠宪法去保持社会稳定，避免社会动荡，是当前必须面对的棘手问题。

第三节　印度尼西亚共和国宪法

一、历史背景

印度尼西亚，全称为印度尼西亚共和国，是东南亚地区人口最多、面积最大、经济总量最大的国家。公民大多数是穆斯林，截至2021年底，全国总人口的86%是穆斯林，达到2.38亿，是世界上最大的穆斯林国家。印尼官方的座右铭是"多样性中的统一"（Bhinekka Tunggal Ika），即国家内部结构和文化存在多元与差异，但人民有着真正的统一感[1]。历史上，印度尼西亚版图与政权几经更迭。进入大航海时代后，印度尼西亚逐渐沦为殖民地，先后遭到葡萄牙、西班牙、英国、荷兰的入侵，18世纪成为荷兰殖民地。二战时期被日本占领。二战后，印度尼西亚宣布独立，之后又与英国、荷兰开展了独立战争，于1950年成立共和国。

印度尼西亚的法律体系呈现出各种法律体系的融合。由于荷兰对司法的殖民管理，印度尼西亚的法律体系继承了大陆法体系。此外，印尼的法律体系也受到当地习惯法和伊斯兰法的影响，特别是民法领域，但在最近的法律发展中，普通法（特别是在商法领域）对印尼的法律也产生了影响[2]。

1945年独立后，印度尼西亚先后于1945年、1949年和1950年制定过三部宪法。直到1950年的第三部宪法，印度尼西亚的内部纷争仍并未停歇。时任总统苏加诺在学习了外国经验后，决定以"指导式民主"的方式恢复1945年宪法。之后，印度尼西亚又分别在1999年、2000年、2001年和2002年对宪法进行了四次修正。通过修正，总统的权力受到一定限制，人民的权利受到了高度重视。立法机构职权与地方制度也在不断完善。2004年，印度尼西亚实现了总统和副总统的直选。

二、基本结构

印度尼西亚《宪法》分序言、正文、临时条款和补充条款四部分。

---

[1] "Culture of Indonesia", Indonesia Investments, https://www.indonesia-investments.com/culture/item8，最后访问日期2022年7月21日。

[2] "Kelembagaan dan Pelaporan", Badan Litbang Diklat Hukum Dan Peradilan Mahkamah Agung Ri, https://bldk.mahkamahagung.go.id/id/sekretariat-id/kelembagaan-pelaporan-id/293-judicial-system-of-the-supreme-court-of-the-republic-indonesia.html.，最后访问日期2022年10月7日。

正文计 16 章共 37 条，分别是"国家形式与主权""人民协商会议""执行权""最高咨询委员会""国务部长""地方权力""人民代表会议""财政""最高审计委员会""国家领土""公民与居民""人权""宗教""国防与安全""教育""国家经济与社会福利""国旗、语言、国徽与国歌""宪法的修改""临时条款"和"补充条款"组成。值得注意的是，现行印度尼西亚宪法中的第四章"最高咨询委员会"已取消，第七章"人民代表会议"则由 A 章"地方代表会议"和 B 章"普选"组成。

三、基本内容

（一）政体与国家元首

印度尼西亚的政体是总统制共和制。总统既是国家元首又是政府首脑，同时还是武装部队最高统帅。根据现行宪法规定，印度尼西亚的总统和副总统（作为一个组合）由选民直接选举产生。当选总统和副总统需要在大选中获得半数以上选票支持，且在国内半数以上省中的每个省获得至少 20% 选票的支持。如依此种方式没有选出候选人，则在大选中获得票数最高的两组总统和副总统候选人交由人民直接选举，得票数最高的组合当选总统和副总统。总统和副总统任期为五年，可连任一次。

（二）公民基本权利

1. 公民平等权利

宪法规定，印度尼西亚所有公民在法律和政府面前一律平等，享有不受歧视的权利，以及为实现机会和利益均等而获得便利和特殊待遇的权利。

2. 人身自由权利

宪法规定了公民有迁徙的自由。宪法第 28E 条规定，每个公民有"选择其教育、工作、公民身份，在国家领土内的居住地并自由离开与返回的权利。"同时，宪法还规定了公民的通信自由的权利。在自力救济方面，宪法规定了公民为获得自身安全、反抗威胁而采取行动的权利。公民不受虐待和不人道的屈辱的对待。

3. 政治权利

宪法规定公民有参与国家治理的机会，有集会、结社、言论、出版的政治自由。公民有自由表达观点的权利。对于游行和示威的自由，在宪法条文中找不到直接的条款。

4. 宗教信仰自由权利

印度尼西亚是世界上伊斯兰教信众最多的国家。宪法一方面明确表示国家是建立在对唯一真主的信仰基础上的；另一方面又保障所有人有宗教信仰自由的权利。这种宗教信仰自由，包括了有自由选择参与宗教活动的自由。

5. 社会权利

在妇女儿童权利保障方面，宪法对儿童权利提出了生存、成长和发展的权利，并且儿童不应遭到暴力和歧视的侵害。印度尼西亚是一个多民族的国家，宪法还规定了公民可以通过集体斗争的方式促进自身所属社会、民族的发展。就业也是每个公民的权利，且有获得公正报酬的权利。穷人和被遗弃的儿童有获得国家救助的权利。

（三）国家机构

1. 代议机构

印度尼西亚的代议机构为两院制，由人民协商会议和人民代表会议组成。按照宪法规定，人民协商会议实行多数表决原则进行决策。人民协商会议至少每五年应该召开一次。其职权主要有修改和颁布宪法，为总统/副总统举行就职典礼，罢免总统/副总统。人民代表会议代表由普选产生。其职权主要是立法，审批政府预算和监督政府。

2. 行政机构

在印度尼西亚，总统通过内阁行使行政权力。宪法并未对内阁做出专门规定，通常根据国家部门法和总统法令运行。内阁一般由总统、副总统、总理、副总理和相关部长、总检察长等组成。

3. 司法机构

印度尼西亚实行三权分立。司法权独立于立法和行政。印度尼西亚的法院体系由普通法院、宗教法院、军事法院、行政法院和宪法法院组成。另外，印度尼西亚还设置检察机关。检察机关履行针对刑事案件的公诉职责和代表国家履行维护国家利益的职能。

4. 地方制度

印度尼西亚由若干省、区、市组成。通过普选产生省、市、区地方人民代表会议。地方权力机构由地方代表会议和地方政府组成。由于印度尼西亚复杂的民族关系和发展极不平衡的现状，在进行地方治理过程中，地方拥有较大的自治权。

四、简要评析

第一，印度尼西亚宪法在较大程度上维护了本国的政治稳定。印度尼西亚通过斗争从殖民者统治下获得独立,强人政治成为该国在立国之初的基本政治特征。但事实证明,该种政治模式难以被广泛接受。印度尼西亚在经过宪法修改后,已经实现了总统/副总统的直选,在很大程度上满足了人民的政治诉求。因此,印度尼西亚近几十年维护了基本的社会稳定。

第二,军队国家化,有利于维护印度尼西亚的稳定。历史上,军队参与政治,统治也依靠军人进行,给这个国家带来了动荡。随着宪法的修改与完善,军队目前已经逐渐国家化、职业化。尽管改革并不彻底,但获得了民众的普遍肯定和支持。

第三,复杂的民族关系成为宪法实施过程中不可忽视的内容。印度尼西亚有着复杂的民族关系且各民族之间发展极不平衡。一些处于经济发达地区的民族生活相对富足,而在一些偏远岛屿上的民族则生活较为贫穷。这些都是印度尼西亚宪法实施过程中,必须面对的棘手问题。另外,印度尼西亚有较为普遍的排华情绪,并且曾经酿成过惨案,国际影响很差。至今,这些矛盾都没有得到消除。

第四节　老挝人民民主共和国宪法

一、历史背景

老挝人民民主共和国简称老挝,中文古籍也称南掌。老挝在历史上曾建立过统一的王朝,但之后分裂,部分地方成为暹罗(今泰国)和清王朝的属国。1893年,老挝沦为法国殖民地。二战时期又被日本占领。二战后,法国殖民势力卷土重来,老挝国内开启了民族独立解放运动。1947年,在法国扶持下,老挝成立君主立宪的老挝王国,并于1947年颁布了老挝历史上第一部宪法。1975年,老挝建立人民民主共和国,废除君主立宪制。1976年,老挝开始起草新宪法,到1991年,老挝颁布了独立以来的第一部宪法——《老挝人民民主共和国宪法》,并于2003年修正后正式实施。2015年,老挝再次对宪法进行了修正。

二、基本结构

2015年修正后的老挝《宪法》分序言和正文两部分内容。

正文共119条,分别由"政治制度""社会经济制度""国防与安全""公民的基本权利与义务""国会""国家主席""政府""地方人民大会""地方行政机关""人民法院与检察院""国家审计局""选举委员会""语言、文字、国徽、国旗、国歌、国庆日、货币与首都""最终条款"14章组成。

三、基本内容

(一) 政体与国家元首

老挝政体是人民代表制,是以人民革命党为领导核心的人民民主国家。国家主席是老挝国家元首,国会是老挝人民的代表机构,实行民主集中制。国会2/3以上代表同意选举产生老挝国家主席。

老挝国家主席负责公布宪法和法律,向国会提议和任免总理,任免最高人民法院副院长(经最高人民法院检察长建议),任免最高人民检察院副检察长(经最高人民检察院院长建议),任免省长、市长(经国务院总理提议),主持政府特别会议,决定授予最高荣誉称号,决定赦免和紧急状态等。国家主席连任不得超过两届。

(二) 公民基本权利

1. 公民平等权利

老挝宪法规定公民不分性别、社会地位、教育、民族和信仰,一律平等。男女在政治、经济、文化、社会和家庭等方面享有平等的权利。

2. 政治权利

老挝宪法规定,年满18周岁的老挝公民享有选举权,20周岁的公民享有被选举权。老挝公民享有言论、新闻和集会的权利和自由。老挝公民可以依照法律规定,就公共利益和自身利益问题向国家组织提出建议、投诉和请愿。

3. 人身自由权利

老挝公民享有人身自由的权利,有权制止侵害身体和安全的行为。未经检察官或人民法院的命令,不得逮捕、监禁或搜查老挝公民。老挝宪法还规定公民有迁徙的自由。

4. 其他权利

在社会权利方面,公民享有受教育权、就业权,也有进行研究、学习的权利。公民还享有休息权。在丧失劳动能力和残疾、年老的时候,也有获得援助的权利。

(三) 国家机构

1. 代议机构

老挝国会是老挝人民利益的代表机构,同时也是立法机构。国会的职权主要有21项,包括制定、批准和修改宪法;预算审定;选举罢免国家主要领导人；审议批准政府组织结构等诸多事项。

国会会员任期5年。常务委员会是国会的常设机构。常务委员会每年召集召开两次例行会议。

2. 行政机构

国务院是国家的行政管理机关，总理、副总理、各部部长和其他部级委员会主任组成国务院。国务院总理既是政府首脑，又是政府代表。老挝的地方行政区域分为省、县、村三级。省长、市长、县长负责执行宪法、法律和上级机关的命令和决定，指导和检查下级工作，中止和取消与法律相抵触的决定，处理人民的申诉和建议。自治市市长负责管理和执行全市的城市发展和公共服务。村长负责组织本村执行国家和上级的各项法律、法规、决定和命令。

3. 司法机构

老挝司法机构包括人民法院和人民检察院。最高人民法院、上诉法院、省、市人民法院、县人民法院、军事法院是国家的审判机关。最高人民检察院、上诉检察院、省、市人民检察院、县人民检察院、军事检察院是国家的监督机关。

四、简要评析

第一，缓慢的制宪过程体现出老挝缓慢的法治进程。二战以来，老挝一直在进行民族解放斗争。之后，才逐步建立起独立的国家。但是在国家政权建设方面却一直未能通过宪法的方式予以确认。从1976年开始制定宪法，到1991年，历时25年才通过了宪法。又经过了12年，直到2003年才最终实行宪法。这充分说明，老挝在宪法制定过程中遇到了极大的不确定性，需要政治力量的不断积累，才能最后确定宪法内容。宪法的不确定，延缓了国家建设，使得老挝经济发展一度较缓慢。

第二，缺乏对老挝中央与地方职权划分的明确规定。老挝《宪法》虽然对中央和地方的组织形式进行了规定，但是在职权划分方面却缺少明确依据和科学的论证。受传统行政模式的制约，老挝中央与地方的关系存在"集权—放权—再集权"的反复循环现象，权力配置与职能角色不相统一，法律制度不健全，中央与地方常现利益冲突。要科学界定中央与地方的权力，推动央地关系规范化和法制化进程，明确中央与地方的事权和财权，既要保证国家主权的完整和统一，又要确保地方自主权。

第三，公民的基本权利在宪法中占有重要地位。老挝是《妇女和儿童权利保护条约》的缔约国，《宪法》尤其注重保障妇女权利的保障，妇女在政治、经济、文化、社会和家庭等方面同男子具有平等的权利。老挝公民不分性别、社会身份、教育程度、民族等，享有平等权，老挝公民享有参与政治、经济、社会和文化等方面全面发展的权利，享有政治、经济、文化等方面的权利。此外，老挝《宪法》强调保障外国侨民和无老挝国籍者的权利和自由。

第五节　马来西亚联邦宪法

一、历史沿革

马来西亚由 13 个州①和两个联邦直辖区②组成，13 个州中，沙巴州和沙捞越州属于东马来西亚，其余 11 个州属于西马来西亚。历史上，马来半岛出现过统一的王朝。在殖民时代，马来半岛先后沦为葡萄牙、荷兰和英国的殖民地，到二十世纪时，则完全成为英国的殖民地。二战期间，马来半岛被日本占领。二战后，英国恢复对马来西亚的殖民统治。之后，马来西亚开始民族解放独立运动。至 1957 年，马来亚联邦宣布独立。1963 年，马来亚联邦同新加坡、沙捞越、沙巴合并为马来西亚（1965 年新加坡退出）。

1956 年，还在英国殖民时期，在英国政府主导下，马来西亚成立宪法委员会草拟了《宪法》。1957 年 5 月 9 日制宪会议上，宪法委员会所提出的建议基本都得到了通过。1957 年 7 月 2 日《马来亚联合邦宪法》在吉隆坡公布，并于 8 月 31 日生效。从 1963 年到 1988 年，《马来亚联合邦宪法》经历了多次修正。1963 年 9 月 16 日马来西亚成立，沿用 1957 年马来亚联合邦宪法，改名为《马来西亚联邦宪法》，后经 1963 年、1970 年、1971 年、1978 年、1984 年、1988 年等多次修正为现行宪法③。之后，马来西亚又分别于 1993 年、1994 年、2005 年和 2009 年对《宪法》进行了修正。

二、基本结构

马来西亚《宪法》共计 15 个部分，183 条。

《宪法》正文由"联邦的州、宗教与法律""基本自由""公民资格""联邦""各州""联邦与各州的关系""有关财政的规定""选举""司法机关""公共服务""对付颠覆、有组织的暴乱及危害公众的行动与罪行的特别权力与紧急权力""一般规定及其他""临时条框与过度条款""统治者君主权等的保留""针对最高元首与统治者的诉讼"组成。与其他东南亚国家宪法不同的是，

---

① 即柔佛州、吉打州、吉兰丹州、马六甲州、森美兰州、彭亨州、槟榔屿州、霹雳州、玻璃市州、沙巴州、沙捞越州、雪兰莪州和丁加奴州等 13 个州。
② 即纳闽联邦直辖区和布特拉加亚联邦直辖区。
③ 朱振明主编：《当代马来西亚》，成都：四川人民出版社 1995 年版，第 114 页。

马来西亚《宪法》还有 13 个附表（附表 12 已废止）。附表起到对现有法条补充和解释的作用。

三、内容简介

（一）政体与国家元首

马来西亚联邦实行议会制君主立宪制，联邦最高首脑为国家元首，称为"最高元首苏丹"，任期为五年。元首从 9 名世袭苏丹中选举产生。每人只能担任一次国家元首。所以，马来西亚的君主制称为"集体君主制"。国家元首的配偶称为最高元首后，地位仅次于最高元首。设副最高元首一人，最高元首和副最高元首均由统治者会议选举产生。马来西亚联邦国玺由最高元首掌握并使用。最高元首在就职前应向统治者会议宣誓并提交誓词，由联邦法院院长主持。

（二）公民基本权利

1. 公民平等权利

马来西亚宪法规定法律面前人人平等，并规定在从事公职、财政占有、就业等方面均享有平等权。

2. 人身自由权利

根据马来西亚《宪法》规定，公民享有人身自由权，不得被非法剥夺。这些人身自由包括：公民如遭遇逮捕，任何执法者应尽快将逮捕事由告知公民本人，公民亦有权获得律师咨询和律师服务；禁止奴役和强迫劳动；任何人的生命和人身自由不得禁止溯及既往和重复审判；任何人不得被强制驱逐出联邦，公民有居住权利和迁徙自由。

3. 政治权利

马来西亚《宪法》规定公民享有言论、表达自由权利，有和平集会的权利，还有结社的权利。同时《宪法》还规定，基于公共利益等需要，议会可以制定法律对这些权利进行适当限制。

4. 宗教信仰自由权利

伊斯兰教是马来西亚的国教。《宪法》规定，公民有宗教信仰的自由和传播宗教的自由。宗教团里管理本宗教事务，可以设立相应的机构，并获取、拥有和管理相应的资产。

5. 受教育的权利

马来西亚公民应公平享有受教育的权利。这种公平包括了公立教育机构在招生和学费缴纳上的公平。任何人不得被强迫接受与其不信奉的宗教的教育。

(三) 国家机构

1. 代议机构

统治者会议，是马来西亚《宪法》中较为特殊的国家机构。会议由各州的殿下或元首组成。从宪法第38条规定内容看，其职责主要有反映各州民意，维护各州利益；产生和罢免国家元首；审议并颁布国家法律法规，并对与伊斯兰教有关的问题进行最终裁决；还对任何宗教行为、仪式或典礼是否向全国推行做出决定。

马来西亚议会行使立法权。议会由最高元首及议会两院组成。上议院通过选任议员和任命议员的方式组成。下议院由220名[①]从马来西亚各州选出的民选议员组成。

在立法过程中，法案首先由上、下议院任何一个议院提出，在该议会通过后提交另一议院，两院取得一致意见后，将法案呈报最高元首批准。最高元首批准法案的期限为30日。

对于涉及税收和支出的法案及修正案，如征收或增加，废除或减少等法案或修正案，由统一基金管理的款项等具有重大实质性质内容的，不能由上议院提出，而应由一名部长提出。下议院已经通过的财政法案且在议会休会一个月内未获得上议院通过，另有指示外则由下议院呈请最高元首批准。

2. 行政机构

马来西亚实行内阁总理制。马来西亚中央政府的权力来源于国会。由在议会中占多数的政党或政党联盟组成。内阁是制定和执行国家政策的最高行政机关。内阁由总理、副总理、总理府部长、特别任务部长和其他部长组成。根据总理的建议，最高元首从议会两院议员中任命副部长，协助部长。总理从议会两院议员中任命各部政务次长，协助部长和副部长履行职责。总理可以任命他认为适当的人担任政治秘书。

3. 司法机构

马来西亚设两个高等法院，一个设在马来亚各州，另一个设在沙巴州与沙捞越州，这两个高等法院具有同等管辖权。联邦法院除了联邦法院院长和上诉法院院长、各高等法院首席法官组成外，还包括其他的任意11名法官和由最高元首以命令形式任命的若干编外法官组成。高等法院由不少于5人的法官组成，

[①] 柔佛州26名，吉打州15名，吉兰丹州14名，马六甲州6名，森美兰州8名，彭亨州14名，槟榔屿州13名，霹雳州24名，玻璃市州3名，沙巴州25名，沙捞越州31名，雪兰莪州22名，丁加奴州8名，基隆坡联邦直辖区11名，纳闽联邦直辖区1名，布特拉加亚联邦直辖区1名。

其中 1 人为首席法官。上诉法院由上诉法院主席以及其他符合条件的法官组成[①]。

除此外，马来西亚还设立了土地法庭，处理关于土地价值的争议。法官由联邦法院院长任命的主席 1 人，联邦政府任命的委员 1 人和州政府任命的委员 1 人组成。关于土地法庭处理的法律问题，可向联邦法院提起上诉。

另外，马来西亚也设立有特别法院，由高等法院首席法官和统治者会议任命的 2 名联邦法院或高等法院的法官组成。特别法院有权力审理最高元首或统治者个人诉讼为原告或被告的诉讼案件。特别法院应依照多数人意见进行裁决，其裁决为终局裁决。对最高元首或统治者提出指控，必须经总检察长同意。

四、简要评析

第一，马来西亚《宪法》深受英国殖民统治的影响。马来西亚作为英国的殖民地，独立后英国为了维护其在马来西亚的利益，强制性地指导了马来西亚宪法的起草工作。因此马来西亚宪法是以英国宪法为框架制定的，虽然经过数次修改却依然沿用至今。在马来西亚君主立宪的政体下，各项政党活动均是围绕议会开展的。

第二，《宪法》为马来族及沙巴州或沙捞越州土著保留特定的份额，保护其特殊地位。确保其在奖学金、助学金、职位及类似教育培训等方面的特权。

第三，伊斯兰教作为马来西亚的国教，具有重要地位。宪法规定伊斯兰教为联邦的国教，并规定马来族是信仰伊斯兰教、遵守马来习俗者。伊斯兰教在整个马来西亚宗教格局中占有重要地位。

第六节　缅甸联邦共和国宪法

一、历史沿革

缅甸历史悠久，曾多次建立封建王朝。其中最著名的为蒲甘王朝，这是缅甸历史上第一次统一了全国的王朝。随着贡榜王朝的灭亡，缅甸最终沦为了英国殖民地。二战时期，缅甸曾被日本占领。二战后，英国殖民势力试图卷土重来。1947 年，缅甸领导人昂山将军连同掸族、克钦族等签订《彬龙协定》，同意建立统一的缅甸联邦。《彬龙协定》虽然并非缅甸宪法，但却是缅甸建国的重要法律文件，发挥了宪法意义上的作用。

---

① 《马来西亚联邦宪法》第 122A 条第 1 款。

在之后的时间里，缅甸先后制定了三部宪法：1947 年宪法、1974 年宪法、2008 年宪法。

1947 年宪法：1947 年 10 月英国被迫宣布缅甸独立法案。1947 年 9 月 24 日，缅甸制宪议会通过了宪法，规定实行议会民主制。

1974 年宪法：1974 年 1 月，革命委员会主持重新起草了新宪法，通过了《缅甸社会主义联邦宪法》，以一党制为基础，更改国名为"缅甸联邦社会主义共和国"。

2008 年宪法：将 1988 年的国名"缅甸联邦社会主义共和国"改名为"缅甸联邦"。1993 年 1 月，缅甸政府召开制宪国民大会。2004 年制宪国民大会复会，2007 年 9 月 3 日，国民大会确定了 15 章 104 项制定宪法的基本原则。同年 12 月 3 日，新宪法起草工作正式开始，2008 年 5 月 29 日，《缅甸联邦共和国宪法》在全民公决中通过。缅甸国名改为"缅甸联邦共和国"。

二、基本结构

缅甸《宪法》共 15 章 457 条。

《宪法》分别由"国家基本原则""国家结构""国家元首""立法""行政""司法""国防力量""公民及公民的基本权利和义务""选举""政党""关于紧急状态的规定""宪法的修改""国旗、国徽、国歌和首都""过渡时期条款""一般条款"组成。

三、基本内容

（一）政体与国家元首

缅甸是一个多民族共同聚居的国家，缅甸主权属于人民，实行多党民主制。缅甸的国家元首即总统，由总统和副总统代表缅甸。总统由总统选举团选举产生，总统选举团则由三个联邦议会议员组[①]构成。首先，三个联邦议会议员组分别从本组的议员（包括议会和非议会）中各选出一名副总统，总统则在这三名副总统中诞生。总统和副总统每届任期为 5 年，不得连续任职超过两届。任一议院超过 1/4 的代表联署，可以提交对总统和副总统的弹劾案，总统和副总统可以委托代表进行辩护，最终结果则由联邦议会议长宣布。

缅甸《宪法》规定，总统和副总统及其父母必须出生在缅甸境内，具有缅

[①] 三个联邦议会议员组指：各省、邦以相同名额选举产生的议院，按镇区或按人口分配名额选举产生的议院，国防军总司令向上述两议院提名的军人议会议院。

甸国籍。总统和副总统需年满45周岁，且在缅甸境内连续居住满20年，对政治、经济、军事等国家事务具有卓越的见解。除了总统、副总统本人和父母外，缅甸宪法还规定配偶、婚生子女及婚生子女配偶只能是本国公民，只能为本国谋取利益。

（二）公民基本权利

1. 公民平等权利

《宪法》规定，缅甸公民在法律面前人人平等，平等地受到法律保护。缅甸公民不能因民族宗教、籍贯、贫富、职务、地位等原因而对缅甸公民实行差别对待。公民在政府工作、劳动、贸易、商业、科学技术研究等方面享有同等权利。缅甸宪法强调对妇女、儿童和孕妇的平等权进行保护，保障妇女同男性享有同样的工作权益和报酬。

2. 政治权利

缅甸公民在不违反相关法律的前提下，享有参与人民院、民族院和省、邦议会的选举权和被选举权。同时有言论写作的权利、和平集会和游行、结社和使用本民族语言文字、文化宗教等权利。

3. 人身自由权利

宪法关于人身自由的规定并不集中，而是体现在不同法条中。宪法规定非经法律规定，不得损害任何人的生命安全与人身自由。在迁徙自由方面，宪法规定公民可以在国家的任何地区定居。同时，宪法禁止人口买卖和强制劳动。公民的房屋、通行的自由受到保障。任何人，未经法官拘押令，不得被非法羁押。

4. 宗教信仰自由权利

佛教在缅甸具有特殊的地位。国家承认基督教、印度教、伊斯兰教和神祇崇拜是缅甸国内合法宗教。这些宗教均可获得国家帮助。国家禁止宗教滥用，包括出于政治目的挑起民族和宗教团体之间的仇恨、敌对和分裂。

5. 经济文化权利

缅甸公民享有基础教育的权利，文学艺术、科学文化研究、受学术奖励的权利。缅甸公民从事经济活动时，其财产所有权、发明权、使用权和版权受宪法保护。国家保护公民通过合法方式获得的动产和不动产，保护公民通信和通信安全。缅甸公民享有卫生保健的权利。

（三）国家机构

1. 代议机构

缅甸联邦议会实行两院制，由人民院和民族院组成。人民院代表组成以乡镇为基按人口比例确定名额和军队代表组成。议员数不超过440名，军队代表不超过110名。民族院则由各掸、省相同名额和军队代表组成。议员数不超过224名，各省邦代表168名，军队代表56名。

联邦议会议长和副议长由两院分别轮流担任，从人民院任期开始的前30个月，由民族院主席和副主席担任。剩余期限，则由人民院主席和副主席担任。联邦议会享有制定联邦法律的权力。联邦议会在颁布法律时可授权相关机构制定、发布相关的实施细则、规章条例、公告、命令、指示、办法。除《宪法》规定专属联邦议会讨论法案外，其他方案可按规定先提交人民院和民族院先讨论。总统签署和颁布由联邦议会通过的法案。此外，缅甸《宪法》还规定了联邦议会可以通过由总统发布的具有法律效力的命令。

2. 行政机构

联邦政府由总统、副总统、联邦部长若干人和联邦总检察长组成。国家总统是政府首脑。联邦政府部门的设置、改变和增补、以及联邦部长的人数变动，由总统根据需要在征得联邦议会的同意后确定。联邦政府以总统的名义实施行政行为。联邦政府协调解决除有关宪法和边界改动争议外的省、邦、自治地方相互之间的行政纠纷，并在必要时做出裁决。

3. 司法机构

国家的司法权赋予联邦、省、邦和民族自治地方各级法院。除此之外，缅甸依法设立军事法院和宪法法院，行使司法权。其中，联邦法院作为级别最高的法院，是国家的最高上诉法院，其判决是终审判决。联邦法院享有发布人身保护令、质询令等权力。包括联邦首席大法官在内，联邦法院的法官人数不少于7名，不多于11名。省、邦法院则享有案件的初审权、上诉权和修正权。包括省、邦高等法院大法官在内，省、邦高等法院法官人数不少于3人，不多于7人。省、邦高等法院下设的县法院、镇区法院，自治地方的州、县、镇区法院等法院，接受省、邦高等法院监督。宪法法院负责解释和处理与宪法相关的案件，其成员由总统、人民院主席和民族院主席各推荐3人，包括院长在内共计9人组成。宪法法院的裁决，为终局裁决。

4. 地方机构

缅甸是联邦制国家。国家分为七个省、七个邦和联邦直辖区。省、邦之下有若干县。县之下有若干镇区。镇区之下有若干村组和街区。另外，缅甸还设有自治州和自治县。在省、邦的地方国家机构，主要由议会和地方政府组成。地方议会有制定地方法规的权力。省、邦政府行政权包含有地方权的行政事务和法律规定由省、邦政府处理的事项。自治州、自治县政府地方权包含有立法权的行政事项、联邦议会立法规定授权的事项和相关省、邦议会立法规定授权的事项。

四、简要评析

第一,缅甸宪法在维护缅甸稳定方面并未充分发挥作用。自1947年缅甸独立以来,缅甸的社会稳定就备受关注。1962年,吴奈温发动政变,开始了军政府时期。1974年,缅甸联邦社会主义共和国成立不久,领导人昂山将军就被刺杀。直到2010年,缅甸开始民主改革,结束了军政府统治。2021年,缅甸军方再次采取行动,扣押了在选举中获胜的民盟领导人。缅甸动荡的局势,给缅甸经济社会的发展带来严重损害。至今,缅甸仍是世界最不发达国家之一。

第二,《宪法》无法解决缅甸复杂的民族问题。缅甸是一个多民族国家,但是众多独立的民族武装力量,使缅甸事实上处于分裂状态。武装冲突成为缅甸政府与地方武装的常态。2017年爆发的罗兴亚人事件震惊全球,更是充分暴露出缅甸严重的民族问题。虽然,缅甸政府在不断地推动民族和解运动,但是收效甚微。

第三,军方在《宪法》中的特殊地位,成为影响宪法实施的重要政治军事力量。按照缅甸宪法规定,军方代表在联邦会议中占据25%以上的议席。虽然比例不高,但是根据宪法却能否决宪法相关修正案的通过。同时,根据宪法,缅甸武装力量由国防军指挥。而国防军在国家安全受到威胁时处于领导地位。因此,军队的态度,成为影响缅甸宪法实施的关键。

第七节 菲律宾共和国宪法

一、历史背景

历史上,菲律宾曾建立了苏禄苏丹国。1521年,西班牙殖民者到来,在菲律宾开始了殖民统治。1898年美西战争后,美国开始殖民该地区。二战时期,日本占领菲律宾。1943年,在日本扶持下成立傀儡政权,史称菲律宾第二共和国(1943年—1945年)。二战后,美国再次占领菲律宾。1946年,菲律宾独立。

美西战争结束后,在美国的主导下,菲律宾于1899年1月21日颁布并实行《马拉洛斯宪法》。这被称为菲律宾历史上的第一部宪法,也是亚洲人制定的第一部宪法。1935年,美国总统批准了《菲律宾自治法》,即1935年菲律宾宪法。菲律宾建立起总统制。

在菲律宾独立后,一度实行美国式政治制度,被称为"东方的民主橱窗"。1972年11月马科斯颁布了新宪法,同时废除了1935年宪法。从1976年到1984年,该宪法经历了三次修改。1986年,科拉松·阿基诺成立了宪法委员会,负责起草宪法。1987年2月11日，科拉松·阿基诺正式公布新宪法。该宪法延续至今，未做较大修改。

二、基本结构

菲律宾《宪法》共18条，分别由"序言""国家领土""关于国家原则和政策的宣言""人民的权利""公民资格""选举权""立法机关""行政机关""司法机关""宪法规定的委员会""地方政府通则""公职人员的责任""国民经济和国家资源""社会主义和人权""教育、科学、技术、艺术、文化和体育""一般条款""宪法的修改或修正""过渡条款"组成。

三、基本内容

（一）政体与国家元首

菲律宾政体是总统共和制，人民享有主权。菲律宾的国家元首是国家总统。人民通过选举产生总统和副总统，任期为6年。菲律宾总统不能连选连任，副总统连选连任不能超过两届。总统应享有一座官邸，总统同时还是菲律宾海陆空军的总司令。

（二）公民基本权利

1. 公民平等权利

菲律宾《宪法》规定，国家尊重公民尊严，保障人权。菲律宾公民的生命、自由和财产受法律平等保护，未经法定程序不得剥夺。

2. 人身自由权

《宪法》规定，公民的住宅、财产不受无理搜查、扣押和没收。公民的通信和隐私不受侵犯。因犯罪而接受调查的菲律宾公民，均应被告知有有权保持沉默或聘请律师的权利。除无期徒刑外，任何人在定罪前均可被保释。任何人都不能因为同一罪行受两次处罚，不能因为债务或未缴纳人头税被监禁。菲律宾公民有居住和移徙的自由。

3. 政治权利

凡是年满18周岁的公民，且在菲律宾居住满一年以及在选举前在投票地区居住满6个月的公民均享有选举权。菲律宾公民的言论、表达和出版、和平集会及向政府请愿的权利受法律保护。菲律宾宪法承认公民有知晓公共大事的权利。

4. 宗教信仰自由权利

菲律宾《宪法》明确规定，不得设立国教，也不得有任何禁止宗教自由活动的法律，保障宗教自由。公民是否信仰宗教，不得作为行使公民权利和政治权利的条件。

(三) 国家机构

1. 代议机构

菲律宾国会享有立法权。国会实行两院制，即参议院和众议院。参议院由 24 名议员组成，从菲律宾选民中选举产生，每届任期 6 年，连选连任不超过两届。众议院则由少于 250 名众议员组成，众议员连续任职不超过 3 届。参议院和众议院的定期选举应在五月的第二个星期一举行。国会每年召开一次常会。

通过全体议院的多数票选出参议院长和众议院长，参议院和众议院通过组织选举法庭的方式，负责该院议员的选举、计票和资格的一切争议。此外，国会设立任命委员会，由参议院议长担任主席。选举法庭和任命委员会应在参议院议长和众议院议长选出后 30 日内组成。

2. 行政机构

菲律宾总统享有行政权力。总统有管辖部、局、署等行政机关的权力，以确保法律的正确执行。经过任命委员会同意，总统有权任命各行政部长首长、大使、公使、领事、上校以上军官。

3. 司法机构

菲律宾各级法院享有司法权，司法机关拥有独立的财政自主权。最高法院由 1 名首席法官和 14 名联席法官组成。审理最高法院的案件，应由全体法官出庭审理或 3、5、7 名法官组成分庭出庭审理案件。分庭审理的案件遵循多数原则，同时至少要 3 人同意才能裁决。最高法院有权对所有法院及其工作人员行使监督权。

司法和律师理事会由最高法院监管，由首席法官、司法部长、国会、律师协会代表、法律教授、退休最高法院法官和私营部门代表各一名组成。总统经任命委员会同意任命理事会正式成员，任期为 4 年。最高法院书记员是理事会的当然秘书，负责处理理事会的会议记录。

4. 地方机构

菲律宾领土和行政区域划分为省、市、镇和公民议会，享有地方自治权。地方政府官员任期为 3 年，且连任不得超过 3 届。国会制定地方政府法典，规定公民的罢免权、创制权和复决权等。菲律宾宪法赋予总统设立由地方政府官员、部门首脑、非政府组织代表组成的诸如地区发展理事会等类似机构，以增强地方政府的自治权。

菲律宾共和国在穆斯林聚居的棉兰老和科迪耶拉山区设立若干自治区。国会在地区咨询委员会的协助和参与下，为各自治区制定组织法。

四、简要评析

第一，菲律宾《宪法》体现了菲律宾的民族主义精神。菲律宾共和国宪法规定出于民族利益考虑，实行领土无核武器原则。菲律宾保护民族经济，在"国民经济和国家资源"中，强调国家反对不公平的外贸竞争，保护菲律宾人的企业。在授予国家经济和资源的权利、特权时，菲律宾人享有优先权。只有菲律宾公民，或根据菲律宾法律，菲律宾股份占60%以上的公司或社团，才能获得公共事业特许经营权、执照等。

第二，菲律宾反修宪力量强大，几经尝试修宪未果。1986年菲律宾通过"人民力量革命"推翻了马科斯长达20年的独裁统治，菲律宾人追求民主的政府体制，不愿意破坏民主。如前所述，菲律宾宪法充分体现了民族保护和民族自尊。随着经济区域集团化的浪潮，履行WTO承诺的支持修宪方和国内反全球化的菲律宾既得利益者反对修宪方，形成两股博弈力量，使得宪法难以修改。从以往的经验看，宪法的修改，往往伴随着政局的动荡，甚至会演化为政治危机，执政者更倾向于稳定政局。

第八节　新加坡共和国宪法

一、历史背景

新加坡共和国简称新加坡（Singapore），古称淡马锡。8世纪属室利佛逝王朝，18~19世纪成为马来柔佛王国的一部分[①]。1824年，新加坡沦为英国殖民地，1942年又被日本占领。二战后，英国再次占领新加坡，并于1946年1月发表《马来亚的新加坡——关于未来的宪法的申明》。

鉴于新加坡人民强烈的自治要求，英国政府从20世纪50年代始与新加坡开启了自治谈判。1955年2月8日，英国女王正式批准《伦德尔制宪报告书》[②]。英、新双方后于1958年4月11日签订《关于新加坡自治谈判的报告

[①]《新加坡国家概况》，中华人民共和国外交部网，https://www.fmprc.gov.cn/web/gjhdq_676201/gj_676203/yz_676205/1206_677076/1206x0_677078/，最后访问日期2022年10月8日。

[②] 所谓的《伦德尔制宪报告书》事实上是根据伦德尔委员会建议所形成的枢密院令，目的是"要使新加坡逐步发展成为一个自治和自主的单位，将权力逐步从殖民当局移交至经过民选产生的立法会议，并由立法会议产生政府。"参见何勤华主编：《法律文明史 第12卷 上 近代亚非拉地区法 亚洲法分册》，北京：商务印书馆2017年版，第133页。

书》，同年5月《新加坡自治宪法草案》拟定，8月1日《新加坡自治法》获英国上下议院一致通过①。1959年6月新加坡自治邦宣告成立。

1963年，新加坡与马来西亚合并，颁布《新加坡州宪法》。两年后，新加坡宣布独立，制定了《新加坡共和国独立法》，并将之前的《新加坡州宪法》修改后以1965年《新加坡共和国宪法（修正案）》名称进行颁布。独立之初的新加坡宪法由三部分法律共同构成，即1965年的《新加坡共和国独立法》《新加坡共和国宪法（修正案）》以及《马来联邦宪法》中仍适用于新加坡的内容。1980年3月31日，新加坡将上述三部分宪法性文件共同合并为《新加坡共和国宪法》。1985、2020年，新加坡对《宪法》进行过两次大的修订，其间曾进行的小修正达数十次之多。仅2022年就有两次修正，两个修正案分别于2022年5月27日和10月28日生效②。

二、基本结构

《新加坡共和国宪法》分为14部分166条，5个附录。

正文由"前言""新加坡共和国与宪法""新加坡共和国主权及共和制的保障""基本自由""政府""立法机关""总统少数人权利委员会""司法""公共服务""公民身份""关于财政的规定""防止颠覆的特别权力及紧急权""一般条款""过渡条款"组成。

三、基本内容

（一）政体与国家元首

新加坡政体是议会共和制。新加坡的国家元首是总统，新加坡设立总统委员会，由公共服务委员、会计与企业规制机构主席、少数人权利委员会主席提名的1名委员组成。新加坡共和国宪法规定当选总统必须是新加坡公民、年满45周岁，姓名出现在选民登记表中，居住在新加坡境内且提名之前在新加坡境

---

① 参见王晓民主编：《世界各国议会全书》，北京：世界知识出版社2001年版，第131页；[日]地球の步き方编集室：《新加坡》，罗玉泉译，北京：中国旅游出版社1999年版，第242页。

② "Legislative History Constitution of the Republic of Singapore", *Singapore Statutes Online*, https：//sso. agc. gov. sg/Act/CONS1963/Uncommenced/20221008? DocDate = 20220905&ValidDt = 20221028&ProvIds = xv – #xv – ；SMU Apolitical, *A Guide to the Singapore Constitution* (2nd ed.), Student Publications, 2016, p. 21, Available at：https：//ink. library. smu. edu. sg/studentpub/7., 最后访问日期2022年10月8日。

内居住时间累计至少为10年。此外，还规定参与选举之人不属于任何政党成员。总统之前应担任部长、首席大法官、议会议长、首席检察官、公共服务委员会主席、审计总长、会计总长或常设秘书，或担任成文法委员会主席或首席长官职务，或担任资本不少于100万或等值外币公司的指导委员会主席或首席执行官，或其他可相提并论的高级职位或部门负责人，至少3年以上时间。总统的任职期限是6年。

（二）公民基本权利

1. 公民平等权利

新加坡《宪法》规定，新加坡公民在法律面前人人平等。在法律上以及供职公共机构中，均不得基于宗教、种族、出身或出生地对公民进行区别对待。

2. 人身自由权利

新加坡《宪法》规定，非经法律规定，任何人不得被剥夺人身或生命自由。不得对公民非法逮捕。即使依程序的逮捕也需要告知其逮捕事由并保障其获得律师帮助的权利。同时，宪法禁止奴隶制和和强迫劳动。在刑事法律中，明确规定禁止溯及既往刑事追责。宪法也禁止对新加坡公民进行驱逐，将公民流放海外。

3. 政治权利

在政治权利方面，新加坡《宪法》规定，公民享有言论和表达的自由、有和平集会的自由，宪法对和平集会的含义增加了不携带武器的限定，也享有结社的权利。

4. 宗教信仰自由权利

新加坡《宪法》规定，新加坡公民有信仰宗教、从事宗教活动和宣传宗教的自由。宗教团体有权管理本宗教事务，依法取得、拥有、持有和管理宗教财产的权利。

（三）国家机构

1. 代议机构

新加坡的立法机关由总统和议会共同组成。议会中需确定有不超过9名的非选区议员组成，确保在议会中议员人数最少的政党，不参加组织政府的政党有代表权。大选应通过议会选举的方式选举1人为议长，从统一基金中拨付议长的报酬。此外，还应选举两名副议长。

除法律规定外，议员有权提出任意法案或动议。议员在修改宪法、支出方案、补充性和最终支出法案上享有表决权。除法律另有规定外，由议会通过法案后交由总统签署，政府公报公布法律之日起法律实施。

2. 行政机构

新加坡《宪法》将行政权授予总统，但最高执行机构为内阁。内阁由总理、副总理和各部部长组成。总理一般由国会中占多数政党领袖担任。各部部长由总理提名，从议员中任命。

3. 司法机构

新加坡的司法权属于各级法院，关于总统选举有关的诉讼，由首席大法官或选举诉讼法官审理并裁决，选举诉讼法官对诉讼所做的裁决为终局裁决。最高法院法官可任职到65周岁，经批准可适当延长，但是不应超过65周岁半。

4. 各类委员会

为了关注某些特殊社会议题，新加坡《宪法》设立了各类委员会。主要有：

（1）总统少数人权利委员会

总统少数人权利委员会由主席1名（任期3年）、不超过经任命的10名终身任职的常设成员以及不超过经任命的10名成员（3年任期）组成。总统少数人权利委员会成员须是年满35周岁的新加坡公民。主席负责召集和主持委员会会议，主席未出席的委托其他成员代行主席职责。委员会的程序、报告，程序的有效性，程序规则的权力等均有规定。

（2）公共服务委员会

公共服务包括新加坡武装部队、文职、法律、警察部队的服务。首席大法官、首席检察官、最高法院法官、公共服务委员会成员或法律服务委员会成员、检察员级别以下的警察、按日计算任职者报酬的职位，不属于公务员范畴。设公共服务委员会，由主席1人、5~14人的其他成员组成。主席应为新加坡公民，总统可以从委员会成员中任命1人或多人为委员会副主席。

公共委员会会议的法定人数至少应包括主席或1名副主席在内的3名成员。公务员、公司雇员、议会议员或议会候选人，工会或隶属于工会的成员，政治联盟任职者，不得被任命为公共服务委员会成员。统一基金支付公共服务委员会主席及成员的薪水及津贴。公共服务委员会负责任命公务员，批准、设置固定职位，负责对公务员晋升、转任、惩戒、开除。

（3）法律服务委员会

在新加坡，由首席大法官、首席检察官、公共服务委员会主席组成法律服务委员会。总统依法律服务委员会的建议任命秘书，秘书为公务员。法律服务委员会秘书负责安排、记录会议，并负责将会议决定传递给相关机构或人士。

四、简要评析

第一,新加坡宪法对维护新加坡稳定做出了贡献。相对于东南亚其他国家而言,新加坡是相对稳定的。自二战以来,新加坡并未出现军人政变等影响社会稳定的重大政治事件。目前,新加坡已经经历了两次权力交替,并未出现混乱的政治局面。这说明新加坡有较为成熟的政治制度。新加坡能成为"亚洲四小龙"之一,宪法在其中发挥了应有的作用。

第二,新加坡共和国宪法重视种族和宗教问题。新加坡共和国宪法保障公民宗教信仰的权利和宗教团体的权利,确保宗教团体教育的权利,宪法保障少数种族和宗教团体的利益,并设置委员会专门负责就穆斯林宗教向总统提供建议。设置总统少数人权利委员会,对新加坡种族或宗教的事项进行审议并提出报告。

第三,新加坡宪法基本维护了各族群之间的平衡,保障他们和平相处。新加坡是华人占主体的社会,同时还有马来族、印度族和其他族群的人居住。新加坡并未像其邻国那样出现严重的排华事件。这说明新加坡执行了一条较为成熟的民族政策。相对于其邻国而言,新加坡在处理类似问题上较为成熟。

第九节 泰王国宪法

一、历史背景

泰国在东南亚区域中是一个历史悠久的国家。早在13世纪泰族人就开始统治这个地区。到17世纪,当时的暹罗开始同西方国家建立外交关系,正式同西方文明开始交往。泰国开始现代化进程主要是在拉玛四世/蒙固(Mongkut, Rama IV)国王期间(1851—1868年)。拉玛四世国王同欧洲国家缔结条约,避免沦为殖民地,着手开启了泰国现代化进程。到巴差铁朴/拉玛七世(Prajadhipok, Rama VII)国王期间(1925—1935年),泰国从君主专制政体转变为君主立宪政体。1932年6月27日,巴差铁朴/拉玛七世国王签署了第一部具有宪法意义的文件——暹罗临时国家统治法,即泰国《临时宪法》。《临时宪法》第一条开宗明义规定:"这片土地上的最高权力属于所有人民。"当年年底,一部永久性宪法(《佛历2475年暹罗宪法》)颁布实施,该宪法赋予君主政体更大的权力,国王集行政、立法和司法权于一身[①]。1939年,暹罗正式更名为泰

[①] 杨临宏编著:《东南亚国家宪政制度》,昆明:云南大学出版社2014年版,第256页。

国,意为"自由之地",并着手建立民主政治制度。迄今,泰国共颁布过20部宪法。

二战时期,泰国加入日本"轴心国",但是在日本战败后,又宣布其对英美的宣战宣言无效,并得到同盟国的承认。泰国成为整个东南亚地区唯一没有沦为殖民地的国家。二战之后,泰国于1946年5月10日颁布了《佛历2489年泰王国宪法》。之后又进行了多次修正。其间,泰国虽然军事政变频频,但是由于维持了以国王为中心的宪法制度,泰国整体上仍然维持了政治稳定。

二、基本结构

当前泰国实施的宪法是《2017泰王国宪法》,宪法分序言、正文(包括临时规定)两部分,正文16章以及临时规定1章,共279条。

泰国《宪法》正文内容依序分别由"总则""国王""泰国公民的权利和自由""泰国公民的义务""国家职责""国家政策指导性原则""国会""内阁""利益冲突""法院""宪法法院""独立机构""国家检察机关""地方行政""宪法的修改""国家改革"和"特别条款"组成。

三、基本内容

(一)政体与国家元首

泰国是以私有制为基础的资本主义国家。在政体方面,泰国实行的是君主立宪制。国王是国家元首,在泰国享有很高的政治地位。泰国国王同时还是泰国的最高统帅。国王享有司法豁免的权利,宪法规定"任何人不得对国王作任何指控"。同时,国家还必须捍卫泰王国的王室地位。作为国王,不仅本人必须是佛教信徒,同时还必须维护佛教在泰国的地位。

在国王之下设立枢密院,协助国王处理相关国家事务。枢密院设立主席与大臣职位,均由国王任命。枢密院由主席一人,和不超过18人的枢密院大臣组成。其主要职责是在国王的职权范围内向国王就相关议题提供咨询意见与建议。

在国王履职能力受限的情况下,可以制定摄政王代行国王相关事务。若未能及时指定摄政王的则由枢密院提出人选,经国会同意,由国会主席以国王御号任命其为摄政王。如果又出现摄政王无法履职的情况,则由枢密院主席暂行摄政王权力。在王位继承方面,泰国1924年(佛历2467年)《王位继承法》,确立王储继承制,即王位继承由国王指定,而非长子继承制。尽管泰国宪法规定国家维护、促进和提倡男女平等,但现实中重男轻女的现象一直存在,在王位继承中也不例外。虽然宪法规定,在王位空缺、国王未指定王储的情况下,公主亦可被提名。但是，在现实中尚未出现这样的先例。

（二）公民基本权利

泰国宪法对公民基本权利做出了从人身自由、政治权利、财产保护等方面较为全面的规定。

1. 公民平等权利

在人的基本权利方面，泰国《宪法》规定了公民的平等权。公民不仅在法律面前一律平等，同时还享有同等保护的权利。这种平等保护具有广泛性，不分性别、宗教、教派等差别，只要是泰国公民就当然的享有这些保护，并且规定，任何公民不得因为宗教信仰问题而受到歧视。

2. 人身自由权利

泰国《宪法》规定，未经法定程序，任何人不被逮捕、关押和搜查泰国公民。公民住宅未经法定程序不得被搜查。对公民进行刑事司法审判时，应按照罪刑法定原则进行审判，必须在行为发生时，有有效法律规定行为构成犯罪并应受刑罚处罚时，才会承担刑事责任。在司法审判过程中，一方面宪法坚持司法最终决原则，规定未经法院审判，任何公民不得被确定为有罪，另一方面又规定公民享有辩护的权利。以此维护公民的辩护权利，避免冤假错案。与此同时，泰国宪法也规定了公民的迁徙自由、通信自由等权利。

3. 政治权利

公民政治权利是公民防止国家权力危害公民权利的重要方式，泰国《宪法》也对此做出了较为详细的规定。在泰国，公民享有言论自由，有言论、著作、出版、宣传和进行其他舆论活动的自由。同时，在新闻自由方面，为了让国家保持中立，还明确规定，国家不得在经济和物质上扶持任何私人报刊。国家也不得限制公民行使这些权利。在集会自由方面，公民有以和平的、非武装的方式举行集会的自由，不受政府干涉。在结社自由方面，公民有结成协会、联盟、联合会、合作社及其他形式团体的自由。这些自由团体包括政党等政治组织。政党的具体成立、运行、解散等，则按照《政党组织法》进行。

4. 财产权利

财产权在维护公民权利中具有十分重要的地位。泰国作为君主立宪的国家，也重视对私有财产权的保护。泰国《宪法》首先规定公民的财产权受到国家的依法保护。同时对于继承权也进行保护。在不动产保护方面，除了因公共事业、国防建设、国家城市建设规划、农业和工业建设及其他公共福利事业的需要外，国家不得征收私人不动产，即使征收的，被征收人也要获得公平的补偿，并且赔偿金额应以市价为准，而非其他价格来源。对于被征收不动产的用途，也必须按照原本的公共目的使用，否则可以要求返还。

5. 宗教信仰自由

泰国是一个以信仰佛教为主的国家。在泰国普通男子都会有一段寺庙学习经历，即使是皇室男性成员也不例外。同时，泰国还存在其他宗教。因此，确保各个宗教之间和谐相处成为泰国宪法的重要职责。因此，泰国宪法规定国家应促进各个宗教信奉者之间的理解与和谐。公民有宗教信仰的自由，且各个宗教信奉者之间不应彼此歧视。

6. 社会权利

社会权利保护开始于垄断资本主义时期，到二战以后得到全面承认。首先，在受教育权方面，泰国《宪法》规定了12年的义务教育制度，保障儿童受教育权利。同时也鼓励私人教育以及非传统型教育和终身教育。鼓励学术自由，以及传播学术的自由。其次，在劳动就业方面，《宪法》保护公民的劳动就业的权利，鼓励公民通过公平自由方式获得劳动权利，同时劳动者有获得与之相匹配的安全保障和福利待遇等权利。

7. 社区权利

社区权利保护是泰国宪法中比较有特色的规定。因为公民权利一般是基于公民个体权利进行的保护，而社区权利显然是针对集体权利进行的保护。这主要是因为泰国是一个历史悠久的国家，国内少数民族众多。各个民族也拥有自身独特的文化传统，保护这些社区权利也是维护社会稳定的重要方面。泰国宪法首先对社区权利保护的主体进行了概括性定义：聚集在一起形成社区、地方社区或传统社区的人。其次，就社区权利保护内容为有权保留或恢复其风俗习惯、地方知识、其社区及民族的优良艺术与文化，参与自然资源的开发，环境的管理、维护、保护，以可持续的、平衡的方式维持生物多样性。最后，在社区权利的具体内容方面，包括了无害生活环境保留权、社区管理参与权以及对政府的控告权。

(三) 国家机构

按照泰国《宪法》规定，泰国国家机构主要由国会、内阁、法院、宪法机构和地方行政组成。

1. 代议机构

国会是泰国民众的代议机关，议员是人民的代表。泰国国会实行两院制，由众议院和参议院组成。国会的主要职责就是制定法律、审核国家预算，以及按照宪法任命摄政王等事务。在议员组成方面，泰国《宪法》规定众议院由480名议员组成，其中400名议员由直接选举产生，80名议员则依比例选举产生。参议院则由150名议员组成,由每省产生一名参议员。在众议院议员选举中,采用的是直接选举与无记名投票选举。而参议院的参议员选举则由各个省进行选举。众议院任期为四年,而参议院任期为六年。

2. 行政机构

泰国是内阁负责制。总理是内阁负责人。按照泰国《宪法》规定,泰国内阁由总理和不超过35名部长组成。总理连任不得超过两届。内阁是国家事务的管理者,总理必须是众议院议员,同时要获得众议院现有议员1/5提名,和参议院过半数通过才能被任命为总理。如果无法获得任命通过的,则由国王从得票数最高的人中任命。可见,泰国内阁总理产生的关键不在国王,而在于各个政党在国会议席中的多少。

3. 司法机构

法院行使司法审判权。泰国《宪法》规定泰国法院由宪法法院、司法法院、行政法院和军事法院四部分组成。其中,宪法法院主要审理公民因基于宪法权利受损,且已用尽其余救济途径的相关案件。宪法法院法官实行任期制,一任9年,不得连任。司法法院对除有特别规定案件外的所有案件均有审判权。司法法院分为初审法院、上诉法院和最高法院三级。行政法院主要对行政争议进行审理。行政法院分为行政初审法院、行政上诉法院和最高行政法院三级。军事法院的管辖权则由具体法律予以规定。

4. 宪法机构

泰国宪法机构分为独立的宪法机构和其他宪法组织两部分。

独立的宪法机构由选举委员会、巡视官、国家反贪污委员会和国家审计委员会四个组织组成。选举委员会由主席及使命委员组成,由国王根据参议院建议任命。选举委员会对众议员、参议员、地方议会议员和地方行政人的选举和选拔进行管理。选举委员会选举委员每届任期7年,不得连任。巡视官共3名,也是国王根据参议员建议任命。3名巡视官自行选举1名主席并报告参议院议长。巡视官主要对政府人员、国有企业人员是否履职尽责进行调查审议。巡视官每届任期6年,不得连任。国家反贪污委员会由主席和8名委员组成,也是国王根据参议员建议任命。国家反贪污委员会主要对官员相关贪污、财产来源不明等问题进行调查,并负责监督政治人物品德。国家反贪污委员会委员每届任期9年,不得连任。

其他宪法组织由检察官、人权委员会和国家经济与社会委员会组成。泰国检察院由府级检察院、地区检察院和中央检察院组成。检察院保持独立性,向司法部负责,但司法部不干涉检察官具体案件。检察官负责刑事检控职责,因此审查起诉是其主要职责,其次还承担着维护国家利益、保障公民权利和开展国际刑事合作的职责。人权委员会由主席和 6 名委员组成,也是国王根据参议员建议任命。人权委员会主要职责为对侵犯人权的行为进行检查并汇报。国家经济与社会委员会主要是向内阁提供解决相关经济社会问题的意见与建议。并且,国家制定的经济社会发展计划应事先征询国家经济与社会委员会的意见。

5. 地方机构

按照泰国《宪法》规定,泰国地方政府有地方代表大会以及地方行政委员会或地方行政人员组成。每一届的任期为 4 年。地方政府应当以维护当地居民利益为目的,提供相应的公共服务,并且在管理、公共服务、人事管理、金融上享有自治权和其他职权。

四、宪法修改基本程序

按照泰国《宪法》规定,泰国《宪法》修改程序较为复杂。首先,在提议权方面,拥有提议权的主体为内阁、众议院 1/5 以上或者两院共同议员 1/5 以上,或者有投票权的个人 5 万人以上就可以提议修改宪法。但是,任何提议不得改变国王的国家元首地位和国家政体。其次,整个审议过程应该经过国民议会三轮审议,且三轮审议均有不同的议题。第一轮审议是对基本原则的审议,且需要两院现有议员过半数通过。第二轮审议是逐条审议,第二轮审议获得简单多数通过即可。第三轮审议则应以公开投票方式进行,必需获得两院现有议员过半数通过。之后,按照相关程序公布。

五、简要评析

第一,现行泰国《宪法》对维护泰国稳定发挥了重要作用。泰国作为中南半岛上的重要国家,能在二战后维持较长时间的基本稳定,与符合实际情况的宪法制度密切相关。泰国根据自己的历史传统与文化习俗确立了君主立宪的政体,让国王成为国家的虚位元首,同时维护王室在社会中的崇高地位。这使得国王在泰国的多次宪法危机中,总是能在关键时刻利用自己在民众中的地位,维护国家稳定,避免大的动荡,并推动国家继续前进。

第二,军队在泰国《宪法》中具有特殊地位。泰国军队在泰国宪法中扮演着重要角色。在泰国现实的政治生活中,军人政变成为这个国家较为特殊的地方。但是,每次军人政变虽使泰国经历了一段时期动荡,但最后能归于平静。这与宪法构建的国家制度密切相关。

第三,泰国《宪法》并未消除泰国内部基本社会矛盾。泰国是一个政党林立的国家。之所以如此,与泰国复杂的民族构成和严重的贫富分化密切有关。政党林立说明泰国社会存在严重的阶层冲突。这也成为泰国每次社会冲突的根源。在林立的政党丛林中，尚无一个政党能掌握多数社会资源，这也表明没有一个政党能拥有改造社会的绝对力量。这直接暴露出泰国现行宪法存在无法消除泰国内部基本社会矛盾的弊端。

第十节 越南社会主义共和国宪法

一、历史背景

越南历史悠久，历史上建立过统一的王朝。从1858年开始，逐渐沦为法国殖民地。二战时期，越南被日本占领。二战后，法国殖民势力卷土重来。之后，越南经历了9年的民族独立战争。1954年，法国被迫签署《关于恢复印度支那和平的协定》，以北纬17°为界，将越南分为北越和南越。北越获得解放，南越则仍由法国统治，后在美国扶持下成立越南共和国。1961年，越南战争爆发。1973年1月27日，美国同意签订《巴黎协定》。美国承认越南民主共和国在国际上的法律地位，退出越南战争。1975年5月，越南共和国灭亡。1976年7月，越南南北宣布统一。

越南宪法制度开始于1946年。之后又颁布了3部宪法，即1959年宪法、1980年宪法和1992年宪法。越南现行宪法是1992年4月15日国民议会主席黎光道签署通过的。2013年进行了一次修订。

二、基本结构

越南《宪法》由序言和正文两部分构成。正文分为11章120条，分别由"政治制度""人权、公民的基本权利与义务""经济、社会、文化、教育、科技、工艺与环境""保卫祖国""国会""国家主席""政府""人民法院和人民检察院""地方各级政府""国家选举委员会、国家审计署""宪法的效力与宪法的修改"组成。

三、基本内容

（一）政体与国家元首

越南实行人民代表大会制度，是人民民主专政的国家，越南的一切权力属于人民。越南实行民主集中制，通过国民议会和地方各级人民议会行使权力。

越南的国家元首是国家主席，由国家议会从国民议会代表中选举产生，国家主席的任期和国民议会的任期相同。国家主席的职权主要包括：公布宪法和法律、法令，担任国防与安全委员会主席，可建议国民议会选举和罢免副主席、最高人民法院院长、最高人民检察院检察长。根据国民议会的建议，任命和罢免副总理、部长和其他政府人员。任命、罢免最高人民法院副院长、审判长，最高人民检察院副检察长、检察员职务；决定授予官衔、军衔和级别、勋章、徽章、国家奖励、国家荣誉及国家殊勋；宣布战争状态；下令全国总动员或局部动员，宣布进入紧急状态；任命、召回越南特别使节和全权大使，接受外国特别使节和全权大使，同他国的国家元首谈判，签订国际条约，决定批准或加入国际条约；授予、解除或剥夺越南国籍，宣布赦免；从国民议会代表中选举产生国家副主席，协助国家主席工作。

(二) 公民基本权利

1. 公民平等权利

越南《宪法》首先承认公民的各种人权和公民权，规定全体公民在法律面前一律平等。同时，《宪法》还规定权利与义务密不可分，公民在享受权利的同时，也要履行相应的义务。

2. 人身自由权利

公民的人身、生命、健康、名誉和人格尊严不受侵犯。除非经法院或人民检察院的决定或批准，任何人不受逮捕。禁止对公民进行逼供、肉刑或侵犯公民的人格尊严和名誉。只有在法院判决生效之后，才可以判定公民有罪或承担刑罚。因司法活动而遭受损害的人，有权获得物质和精神赔偿。公民的住宅、书信、电话、电报安全和秘密受法律保护。公民有自由迁徙和居住的权利。

3. 政治权利

越南公民年满18周岁享有选举权，年满21周岁依法有权被选为国民议会、地方人民议会代表。公民享有言论、出版、通信、集会、结社和游行示威的权利。

4. 宗教信仰自由权利

公民有宗教信仰自由的权利，各宗教信奉者在法律面前一律平等。但《宪法》规定公民不得利用宗教活动进行违反国家法律和政策的活动。

5. 社会经济文化权利

越南《宪法》规定劳动和受教育既是公民的权利，又是公民的义务。越南初等教育免交学费，公民有获得通识教育和职业教育的权利，国家有义务为残疾儿童和处于特殊困难的儿童提供条件。公民有技术交流和文学创作的权利，保护著作权和专利权。国家规定对住院费的减、免制度，国家实行强制戒毒和免费治疗社会危险疾病。

在社会性别权利方面，越南《宪法》规定，男女公民享有同样的权利。严禁一切歧视、侮辱妇女的行为。妇女和男性同工同酬，妇女有享受产假的权利。

另外，《宪法》还规定伤残、患病军人和烈士家属享受国家优待政策。孤寡老人、残疾人、孤儿有权享受国家和社会的帮助。

(三) 国家机构

1. 代议机构

国民议会是人民的最高代表机关。国民议会每届任期 5 年，在上一届国民议会任期结束前两个月要完成新一届国民议会的选举。国民议会常务委员会召集每年举行两次会议。关于国民议会制定的法律和做出的决定，必须由半数以上的国民议会代表赞成才可生效。

国民议会是唯一享有立宪权和立法权的机关。越南《宪法》规定国民议会制定对内和对外基本政策，制定社会经济发展计划、国土防卫计划，确定国家机构组织活动和规范社会关系和公民活动的原则。国民议会享有制定和修改宪法和法律，明确立法和法令颁行的程序的权力和义务，制定国家社会经济发展计划，国家财政和货币政策，国家民族和宗教政策，规定人民武装部队的衔级制度，决定对外关系的基本政策等。

2. 行政机构

中央政府作为国民议会的执行机关，是最高行政机关。中央政府管理国家的政治、经济、文化、国防、外交等事务，中央政府向国民议会、国民议会常务委员会和国家主席报告工作。政府由总理、副总理、部长和其他成员组成，副总理协助总理工作。政府任期和国民议会任期相同。

政府领导各部级机关、向国民议会及常务委员会提交法律和草案，组织和领导国家统计和监督工作，管理外交活动，代表政府批准国际条约，执行社会、民族和宗教政策。政府总理领导各级政府议会的工作，对副总理、部长等其他政府成员的任免行使建议权。

3. 司法机构

越南的人民法院和人民检察院是越南的司法机关。其中，各级人民法院、军事法院、法律规定的专门法院和特殊情况下国民议会决定成立的特别法院是越南的审判机关。最高人民法院院长的任期和国民议会的任期相同。人民法院实行合议制，采取公开审判的方式进行。被告享有辩护权，法院保障各民族公民使用本民族语言和文字参加诉讼。最高人民法院是最高审判机关，负责监督和指导地方各级人民法院和军事法院的审判工作。最高人民法院院长向国民议会报告工作，闭会期间向国民议会常务委员会和国家主席报告工作，地方各级人民法院院长向同级人民议会报告工作。

最高人民检察院负责行使监督权和公诉权。地方各级人民检察院和军事检察院在法律规定范围内行使监督权和公诉权。人民检察院实行检察长负责制，最高人民检察院检察长任免地方各级人民检察院和各军区军事检察院的检察长、副检察长和检察员。最高人民检察院检察长对国民议会负责并向国民议会报告工作，闭会期间向国民议会常务委员会和国家主席报告工作。地方各级人民检察院检察长向同级人民议会汇报工作。

四、简要评析

第一，《宪法》强调共产党在整个国家政权中的领导核心地位。越南实行一党制，共产党作为越南唯一的政党，具有正确性和合理性，在国家整个政治生活中发挥着积极的作用。越南共产党是工人阶级、劳动人民和越南民族的先锋队，全国人民代表大会是越南共产党的最高领导机关。

第二，更加重视人民权利。《宪法》强调人民是国家权力的最高主体，国家承认公民的各种人权和公民权，新宪法还将第二章标题新增了"人权"，补充了新的权利内容。如公民有依法捐献角膜、人体部分器官和捐献尸体的权利，享有在清洁环境中生活的权利，选择交流语言的权利等。这些权利的规定符合越南加入的相关国际人权公约的精神。

第三，注重宪法的修改工作。《宪法》作为越南社会主义共和国的根本大法，具有最高的法律效力。新的宪法专列一章对制定和修改宪法的提议、决定，宪法起草委员会人员、数量、职责、权限，征求群众意见，民意测验工作，宪法的公布和生效等进行说明。

第三章　刑事法律制度

第一节　文莱刑事法律制度

文莱与中国联系密切，历史上诸多法律制度曾受我国法律文化和佛教文化的影响。15 世纪，伊斯兰教传入文莱。从 16 世纪开始，西班牙、葡萄牙、荷兰、英国、日本等国相继入侵文莱。因而，文莱现代的刑事法律制度同时受西方刑事法律和伊斯兰教法的影响，这也是目前文莱刑事法律实行普通法与伊斯兰刑事法双轨制度并行的缘由。

一、刑法发展历程

文莱现行的刑法存在两个体系：一是普通法下刑事法律体系，除最重要的《刑法典》（Penal Code）外，还包括《防止贿赂法》（1982 年）《反毒品法》（1978 年）以及《公共秩序法》（1983 年）等单行法规[①]；二是伊斯兰教义法下刑事法律体系，以《伊斯兰教刑法典》（the Syariah Penal Code，SPC）为代表，主要处理违反伊斯兰教教义的案件。

文莱先后有 1952 版、1984 版、2001 版和 2016 版《刑法典》。1951 版文莱《刑法典》制定于 1951 年，1952 年 5 月 1 日正式开始实施，共 22 章，分别于 1953 年、1980 年、1982 年进行了修正。1984 年 2 月 23 日，文莱达鲁萨兰国（马来语 Negara Brunei Darussalam，又称为文莱伊斯兰教君主国）成立，简称文莱（Brunei），是一个君主专制国家。这也开启了刑法制度体系化建设的进程，1984 版文莱《刑法典》共 22 章，先后在 1986 年、1988 年、1989 年、1997 年、1998 年进行了修正。2001 版《刑法典》共 22 章，于 2012 年、2014 年进行了修正。文莱目前适用的是 2016 修订的《刑法典》，2017、2018 两年文莱又曾对此法典进行了小幅度的修正。

文莱新的《伊斯兰教刑法典》于 2013 年 10 月 22 日颁布，从 2014 年 4 月

[①]　梅传强：《东盟国家刑法研究》，厦门：厦门大学出版社 2017 年版，第 366 页。

22日起分阶段正式实施,除某些条款仅适用于穆斯林外,法典其余条款适用于文莱境内的全体人员,包括文莱公民以及在文莱的外国人(含临时来文的外国游客)。2014年5月1日该法第一阶段生效,2019年4月3日该法第二、三阶段生效。第一阶段生效的法律,主要针对违反宗教管理的一般规定以及不当行为,如穆斯林未按时进行每周五的祈祷、对斋月不敬等,所涉刑罚主要包括罚款和监禁。第二、三阶段法律则主要针对盗窃、抢劫、强奸、通奸、谋杀和侮辱先知穆罕默德等罪行,刑罚涉及鞭刑、肉刑(断手足)、石刑和死刑等重刑。国际社会对于文莱新颁布的《伊斯兰教刑法典》指摘颇多,认为"非穆斯林和穆斯林均面临着遵守伊斯兰行为准则的社会压力"[1],不过文莱政府则认为此法颁布是文莱作为独立主权国家的权力体现,推行此部法典目的仅在于维护伊斯兰教的统治地位、阻吓犯罪、抵御外部世界的不良影响[2]。

鉴于《刑法典》是文莱刑事法律制度中最重要、也是最基础的部分,因此本书此节仅对文莱《刑法典》做简要介绍。

二、2016年《刑法典》主要内容

(一)基本结构

文莱现行《刑法典》体系分为章、条、款、项,共23章511条。《刑法典》前5章(包括第5A章)加上最后第23章属于刑法总则的内容,内容包括序言;一般解释;刑罚;一般例外;教唆与共同犯罪;以及预谋犯罪。第6至第22章为刑法的分则,分别规定了危害国家犯罪;与陆、海、空及警察有关的犯罪;危害公共秩序犯罪;公职人员犯罪或与公职人员有关的犯罪;藐视公职人员法律权威犯罪;伪证及危害公共司法犯罪;与硬币及政府印章相关的犯罪;与度量衡有关的犯罪;危害公共健康、安全、便利、体面和道德犯罪;与宗教相关犯罪;侵犯人身犯罪;侵犯财产犯罪;与文件、贸易或财产标志有关的罪行;与婚姻有关的犯罪;诽谤罪;恐吓、侮辱和骚扰犯罪。特别需要指出的是,其中第19章违反服务合同犯罪条文(第490至492条)已废除。

---

[1] Office of International Religious Freedom, "2020 Report on International Religious Freedom: Brunei", p. 2, U.S. Department of State, Available at https://www.state.gov/reports/2020-report-on-international-religious-freedom/brunei/,最后访问日期2022年9月10日。

[2] 《中国—东盟年鉴》编辑部:《中国—东盟年鉴·2015》,北京:线装书局2015年版,第42页。

(二) 基本原则

1. 疑罪从轻原则

《刑法典》第72条规定了刑罚的疑罪从轻原则,即如果一个人犯了数罪,如果对数罪中某个罪名认定尚未排除合理怀疑,就判处最低刑罚。

2. 累犯从重原则

《刑法典》第75条规定,对于任何被判处3年或3年以上监禁的人,或是在马来西亚或新加坡被判处有与上述任何罪行性质类似的罪行,即判处3年或3年以上监禁的罪行,此后每犯一次此类罪行,应处10年监禁。

(三) 适用范围

文莱《刑法典》第1章"序言"第2条明确规定,文莱境内的所有人都适用本刑法典,对于在境外犯罪的,如果依法可以在文莱境内审判的罪行,仍适用本刑法典。第3条则规定了在境外犯罪的文莱人应视同在境内犯罪一样适用本刑法。

这两条条款的规定反映了文莱《刑法典》在适用范围上遵循属地管辖为主,兼采属人管辖。

(四) 关于犯罪的规定

《刑法典》第2章"一般解释"第40条中规定了犯罪的三种含义:一是除第(2)和第(3)款提到的章节外,依据本法典应受到惩罚的行为;二是在第4章和第66、71、109、110等条文中,依据本法典或其他生效的法律应当受到惩罚的行为;三是在第114、176、177、201、202、212、216和441规定中,根据特别或地方法律应受惩罚的行为,应处以6个月或更长时间的监禁,无论是否罚款。从第5章到23章,该刑法典分别列举了危害国家、危害社会、侵犯人身及侵犯财产等各种类型的犯罪,基本囊括了各个方面的犯罪行为。

(五) 刑事责任与刑罚

《刑法典》第4章规定了适用该刑法典的"一般例外"情形,主要包括正当行为、合法行为、无刑事行为能力或限制刑事行为能力的行为、善意行为等。对于上述各种行为,《刑法典》规定不构成犯罪。例如刑法典第82条规定7岁以下的儿童做任何事都不构成犯罪,第83条规定7至12岁的儿童没有足够成熟的理解能力来判断当时的行为性质和后果,不构成犯罪。这部分规定与我国的相关规定也有相似之处。同时,在认定犯罪时,兼顾客观因素和主观因素,充分考虑行为人行为时的环境和主观目的，从而确定是否构成犯罪。

第 3 章 "刑罚"规定的种类有：死刑、终身监禁、监禁、没收财产、罚款和鞭刑。对于减刑，第 55 条规定，被判处死刑或实际刑期已执行 7 年以上的，司法部长可不经审判者同意将刑罚改为临时或永久驱逐出境。

三、简要评述

（一）主要特色

1. 特定术语解释统分结合

解释相关专门术语，是任何一部刑法典都无法回避的问题。通览世界各国刑法典，分散式解释是主流做法，即在相关犯罪章节中针对有关术语予以解释。我国刑法采取"总则 + 分则"的模式，即在总则中对部分术语予以解释，遵循总则管分则的适用原则。而在分则中也对部分术语予以解释，遵循适用该类犯罪的原则。

不过文莱《刑法典》却独具特色，一是在第 2 章中专门对刑法适用的相关术语予以统一规范解释。从第 6 至 52B 条，涉及条款之多、范围之广，效力适用于整个刑法典及其单行刑事成文法。如解释了数字、男人、女人、人、公众、政府、法官、法院、动产、不当得利等术语含义。二是各章节中涉及与犯罪相关的术语进一步予以明确。如第 5 章第 120A 条明文确定"犯罪共谋的定义"（Definition of criminal conspiracy），具体内容是：当两个或两个以上的人同意做或促成去做（1）非法行为；（2）或者通过非法手段完成合法行为，这样的行为构成犯罪共谋。三是对相关术语的内涵予以明确厘定。如第 293C 条对 293A 和 293B 中提及的"不雅或淫秽照片"的内涵做出了 9 种解释。文莱刑法典采用"专章解释 + 各章分别解释"的统分结合模式具有自身特色，减少了适用中的分歧，这是刑事立法技术的一大进步，值得世界各国学习与借鉴。

2. 采用"解释 + 案释"的释法模式

立法与司法要实现有效衔接和规范适用，刑法解释的作用至关重要。任何一部刑法典都力图通过修正条文解决适用不足的问题，但确保刑法相对稳定又是立法者审慎应对修法的重要考量。对此，大多数国家立法者试图通过刑法解释调试两者的紧张关系以实现良法善治，具体做法是对刑法条文的解释置于刑法文本之外，即法释分离。

而文莱《刑法典》采用的"解释 + 例释"的释法模式无疑是刑法解释上的一大亮点。具体表现在：一是从形式上看，在刑法典文本之内释法。即在刑法条文后直接予以解释。在本法典中，几乎每一条重要的且需要解释的条文之后都附有对条文的解释。如 108 条关于教唆犯的规定中，该条之后就附有两条解释，解释 1："即使教唆犯对不作为不负有特定义务，教唆他人不作为仍构成犯罪"；解释 2："教唆犯罪的构成无须被教唆者实施教唆行为或者实施被教唆的犯罪结果。"二是从效果上看，解释之后，还设有一个或者多个案例，俗称案释。还是以 108 条为例，其后设有 5 个案释，为裁判案件提供了更好的解决思路。"解释+案释"的释法模式不仅增强了法典的体系性、规范性，更为重要的是增强了司法操作，推动了立法与司法的有效衔接，使文莱《刑法典》成为一部独具特色的现代法典。

（二）存在的不足

1. 章节众多，条文设置不尽合理，整体规范性不够

一是体例上不像我国刑法有总则与分则的泾渭之分，文莱《刑法典》将本属总则的基本原则、刑事责任、犯罪分类等内容放到具体罪名和法条表述中予以体现，总则的统领性显得不足。同时，有些条文仅有法条之名而无其实（具体内容），有损刑法典的完整性。二是具体罪名部分的章节安排也有失规范。按照主流观点，分则应按侵犯的法益或者类型化内容予以排序，但该《刑法典》则有违主流标准，而是以行为实施的方式、行为的对象、主观目的、既遂与否等不同标准为据排序，内容的逻辑性和系统性不足，给人一种整体混乱之感。三是对具体犯罪保护的客体侧重点未遵循一般逻辑。我国刑法对犯罪保护的客体遵循国家主权、安全和发展利益—社会公共利益—个人利益的逻辑顺位，而该《刑法典》则将其中的公共安全类放到个人法益之中，而无法彰显刑法对公共利益的特别保护，有违刑法典章节设置之逻辑顺位。

2. 刑事责任年龄偏低不利于保护未成年人法益

依据文莱《刑法典》第 82 条、第 83 条的规定看，其最低刑事责任年龄是 7 岁。与当前大多数国家相比，特别是我国最低刑事责任年龄 12 岁相比，文莱对最低刑事责任年龄规定太低，不利于发挥刑法对未成年人的保护与教育、引导功能。我国《刑法修正案十一》将最低刑事责任年龄尽管调低到 12 周岁，但立法上对其适用做出了严格限制：一是适用罪名严格限制于故意杀人罪、故意伤害罪这两个罪名，二是危害后果严格限制在致人死亡或者以特别残忍手段致人重伤造成严重残疾，三是情节上严格限制于恶劣，四是程序上严格限制在必须经最高人民检察院核准追诉的。尽管我国降低了刑事责任年龄，但立法者采取了非常慎重和严格适用的原则，体现出刑法的谦抑与审慎品质。与我国刑法相比，文莱刑法则缺乏这样的人性化立法，这将不利于人权保障观念在刑法立法中的贯彻。

第二节　柬埔寨王国刑事法律制度

柬埔寨具有历史较为悠久的文明，柬埔寨刑法既有东方法文化的特色，也受到了西方刑法文化的熏陶。

一、刑法发展历程

在法国保护时期，柬埔寨以法国刑法为基础制定了1929年《刑法典》。此部法典对柬埔寨产生过极大影响，一直适用到1975年[①]。目前柬埔寨适用的《柬埔寨王国刑法典》（Criminal Code of the Kingdom of Cambodia），是柬埔寨司法部在法国协助与合作之下，根据国际法律体系主要原则以及柬埔寨本国刑法传统，于1998年开始编纂的。经过柬埔寨、法国等法学专家多年的努力和认真讨论，于2009年完成编纂并呈交内阁审议，同年获得国会、参议院表决通过，2009年11月30日由西哈莫尼国王签字颁布。

2009年柬埔寨《刑法典》是柬埔寨当下刑事法律制度最主要的渊源。除此外，柬埔寨的刑法体系还包括其他的单行刑事法规，如《打击拐骗、买卖和剥削人口法》（1996年）《禁止赌博法》（1996年）《毒品控制法》（1997年）等。这些单行刑事法规的颁布，目的是重点打击一些严重危害社会稳定和安全的刑事犯罪行为[②]。

二、《刑法典》主要内容

（一）基本结构

柬埔寨《刑法典》的体系结构分为卷、编、章、节、条，共6卷672条，分别为第1卷总则、第2卷危害人身罪、第3卷侵犯财产罪、第4卷危害国家罪、第5卷过渡条款以及第6卷最后条款。

第1卷总则下分为刑法、刑事责任和刑罚三编；第2卷危害人身罪下设立三编，分别为第一编种族灭绝罪、反人类罪、战争罪、第二编侵犯人身、第三编侵害未成年人和家庭；第3卷侵犯财产罪下设立恶意据有他人财产罪和侵犯财产两编，恶意据有他人财产罪包括盗窃及类似犯罪、诈骗及类似行为和滥用他人信任及类似行为，侵犯财产包括毁坏、破坏和损坏和信息技术领域犯罪；

[①] Hor Peng, Kong Phallack, Jorg Menzel (eds.), *Introduction to Cambodian Law*, Phnom Penh: Konrad-Adenauer-Stiftung, 2012, p. 200.

[②] 梅传强：《东盟国家刑法研究》，厦门：厦门大学出版社2017年版，第335页。

第 4 卷规定了危害国家罪，此卷之下设有四编，分别为侵犯国家主要机关、妨害司法、危害公共行政职能以及危害公共信任。

（二）一般原则与适用

柬埔寨《刑法典》在第 1 卷第 1 编第 1 章 "一般原则" 的第 1 条规定了刑法的适用范围，即：刑法对犯罪进行规定，确定被宣告对犯罪负有责任的人并规定刑罚，以及执行刑罚的方式。① 第 1 卷第 1 编第 2 章（第 9 至 11 条）规定了刑法的时间效力，在第 3 章（第 12 至 23 条）则规定了柬埔寨刑法的空间效力。

在时间效力方面，《刑法典》第 9 条明确了废除犯罪的任何新法应当立即执行，而在新法生效之前的行为不再受到起诉，正在进行中的起诉应当终止；针对已经宣告的生效判决，所判处的刑罚将不予执行或者停止执行。第 10 条对适用较轻的或者较重的法律的适用做出了不同的规定，新法规定的较轻刑罚应当立即适用，新法规定较重刑罚的，则只适用于该规定生效后所实施的行为。第 11 条为诉讼程序的有效性，即新法规定立即适用的不影响根据旧法进行的诉讼程序的有效性。

在空间效力上，第 12 至 16 条规定柬埔寨王国的领域包括与柬埔寨王国领土相连的领空和领海，包括悬挂柬埔寨国旗的船只或在柬埔寨注册的航空器或经国际协议授权检查或抓捕的外国船只；对于犯罪地点规定凡是构成犯罪的行为有一项发生在柬埔寨王国国内，就是在其领域内实施犯罪行为。除此之外，第 17 条规定柬埔寨刑法同样适用于在柬埔寨领域内开始实施的行为，包含域内的教唆行为或者同谋行为，且在国外实施的犯罪，但是此条规定必须符合两个条件，一是根据柬埔寨法律和外国法律该罪行都应该受到刑罚；二是犯罪事实是由外国法院的生效判决所决定的。第 18 条规定在柬埔寨王国内法人犯罪的认定，应由自然所受刑罚决定。第 19 条规定了柬埔寨法律同样适用于柬埔寨公民在境外实施的重罪或轻罪。第 20 条规定相关受害人为柬埔寨公民的，则柬埔寨法律亦将适用。第 21 条对将柬埔寨法律适用于境内犯罪行为的，规定提起诉讼的主体只能是检察机关。第 22 条规定了柬埔寨法律适用于在境外实施的五种特别犯罪种类。第 23 条规定了不累积指控和定罪，即任何人对于能够证明自己因同一事实而在国外已作出生效判决，以及在被判有罪的情况下已服完刑罚或刑

---

① ［柬埔寨］吴小龙译：《柬埔寨王国刑法典》，金边：柬埔寨成功印刷公司 2020 年版，第 1 页。

罚时效已过的，不得再对其提起任何追诉。①

（三）关于犯罪的规定

柬埔寨《刑法典》在第 1 卷总则第 1 编第 2 条中对犯罪做出了解释和分类，根据该《刑法典》，犯罪是指自然人或法人实施的引起社会动乱的行为，犯罪根据严重程度的不同分为重罪、轻罪和违警罪，重罪的定义是指判处有期徒刑的最高刑罚为无期徒刑的刑罚或判处 5 年以上、30 或 30 年以下有期徒刑的刑罚，轻罪犯罪是指判处的最高刑期为 6 天以上、5 年或 5 年以下的有期徒刑，违警罪是指判处有期徒刑的最高刑罚不超过 6 天。

此外第 4 条还对犯罪意图进行了规定，该条规定没有犯罪意图的行为则不构成犯罪，但是也规定由于不谨慎、粗心、疏忽或者是不履行某些特定义务可能构成犯罪。由此可见，柬埔寨根据犯罪意图的不同，将犯罪分为故意犯罪和过失犯罪。

（四）刑事责任与刑罚

柬埔寨《刑法典》专章规定了个人刑事责任，主要涉及对主犯、共犯、企图、教唆犯、同谋等刑事责任构成要素界定，对不负刑事责任或者减轻刑事责任的情形做了规定。

关于不负刑事责任的原因包括精神障碍、法律或当局允许、正当防卫、正当防卫的推定、必要情形、受到力量或强迫的影响。《刑法典》对刑事责任法定年龄规定为 18 周岁以上，这与我国法律规定相同。同时规定犯罪的未成年人主要进行纠正，因此拟对未成年人适用的措施为监视措施、教育措施、保护措施和援助措施。但是基于未成年人犯罪情节或人格特征考量，法院可对 14 周岁以上未成年犯罪人宣告刑罚。在法人刑事责任上，《刑法典》规定法人（国家除外）被宣告对其组织或其代表为其利益所实施的犯罪负有刑事责任，另外法人负的刑事责任并不排除自然人对同一行为应负的刑事责任，即采取"双罚制"。

同时，《刑法典》还规定了刑罚的种类、加重和减轻情节，量刑原则，数罪之适用规则，影响刑罚执行的一般因素，未成年人适用之刑罚，适用于法人的刑罚等。最后，对未成年人刑罚适用做出了规定，规定对未成年人判处刑罚时主刑应该进行缩减，并且还设置了未成年人犯罪刑罚的特别附加刑适用。此

---

① ［柬埔寨］吴小龙译：《柬埔寨王国刑法典》，金边：柬埔寨成功印刷公司 2020 年版，第 2-6 页。

外，规定监狱服刑的未成年人应当与成年人分开，监禁在特殊地方，特殊地方是指未成年人应该被监禁在个别的、可提供教育和职业培训的地方。

三、简要评述

(一) 主要特色

1. 重视对宗教的保护

《刑法典》第4卷第1编第5章专门规定了危害国家宗教罪。柬埔寨国家重视佛教，因此将危害佛教的一些行为纳入了犯罪打击的范畴。在第5章下规定的危害佛教罪包括无权穿着佛教衣装罪、盗窃佛教圣物罪、损坏宗教圣地或佛教圣物罪。此外《刑法典》还规定了危害僧侣、尼姑和居士的犯罪，包括暴力行为和侮辱行为实施的犯罪。

2. 注重对人身权益的保护

一国刑法罪名类型的排列顺序是该国对不同权益重视程度的集中体现。柬埔寨《刑法典》第1卷总则之后紧接着就将危害人身罪规定为第2卷，由此可见柬埔寨对人身保护的重视。在此卷中，《刑法典》还对侵犯尊严的犯罪做了较为广泛的规定，例如对死者应有尊重的侵犯与歧视等。

3. 重视对国家利益的保护

《刑法典》第4卷开卷第1编第1章规定了侵犯国王的犯罪。该章之下以侵犯国王的权益为中心，分为弑君罪、对国王使用酷刑或残酷行为罪、对国王使用暴力罪、造成国王截肢或残疾的加重情节、侮辱国王罪，此外还规定了相应的附加刑。

(二) 存在的不足

1. 各条义之间协调性不够

柬埔寨《刑法典》尽管罪名较多，但整体上各罪名之间协调性不足，具体体现在几个方面：

第一，罪名分类欠协调。从法典所规定的犯罪来看，较为突出之处是上位罪名难以涵摄下位罪名，使得部分罪名在分类上难以自洽。如反人类罪的规定，难以涵盖侵犯人类生命罪和对未成年人与家庭的侵犯罪。进一步讲，当前对侵犯人类生命罪、对未成年人与家庭侵犯罪的规定，使得罪名、保护的法益难以在逻辑上理顺。

第二，部分罪名设置欠规范。刑法典中罪名体系的确立与设置，应结合本国国情以体现发展的前后相继性与协调性。但柬埔寨刑法的罪名体系并未遵照这一规范惯例予以设计，条文不仅繁多且杂乱，既无观感，也影响适用。如199条的故意杀人罪（包括200—205条加重情形）与危害国家罪中的第440条弑君罪就存在较为明显重合的规定，故意杀人罪侵害的客体是人的生命权，弑君罪侵犯的对象是国王，国王既有代表国家权力象征的特殊客体，同时也具有作为个体生命权的基础含义，并且这两个罪名处罚的最高刑都是终身监禁。因此，从体系规范与协调的视角看，将弑君罪放置于故意杀人罪的加重情形之中，也是一种较好的选择。

2. 既、未遂同罚有违罪责刑相统一原则

如果不考虑减轻处罚情节，既遂处罚重于未遂这是大多数国家刑法所持的基本立场，争议较大的是坚持得减主义还是必减主义。我国刑法第23条就明确规定：对于未遂犯，可以比照既遂犯从轻或者减轻处罚。可见，承认既、未遂不同罚是基本惯例。

但柬埔寨刑法对轻罪未遂的，规定按照轻罪既遂处罚，如侵犯死者尊严、工作条件与人格尊严，雇员腐败等涉及的轻罪，如果存在未遂情形，应该按照轻罪既遂处罚。换言之，如果不考虑减轻处罚的情节问题，轻罪未遂也不允许从轻或减轻处罚。我们认为，按照距离既遂越远、对刑法保护的法益侵害危险性越小的原理，犯罪未遂所造成的危害结果要小于既遂造成的结果，其处罚也要轻于既遂，因此，该处罚原则存在明显的不合理性，与罪责刑基本原则相悖。

第三节 印度尼西亚共和国刑事法律制度

印度尼西亚自1950年8月独立成立共和国后，其法制发展逐渐走上正轨，开启了科学化、现代化的道路。整体看，印尼的刑法和刑法制度的发展深受欧洲大陆法系特别是荷兰刑法的影响，其刑法文化呈现多元化的特点。刑法渊源主要包括习惯法、伊斯兰教法和荷兰殖民时期的刑法和法规以及独立以后印尼制定的刑法法规。

一、刑法发展历程

（一）古代时期

公元3—7世纪，印尼领土上建立过一些分散的封建王国。依次为室利佛逝王国（7世纪中叶—1293年）、新柯沙里王国（222—1292年）、麻喏巴歇封建帝国（1293—1478年）。这一时期，印尼具有一千余年的封建帝国统治，此时，印尼的刑法并不具有完整的成文体系，多以习惯及规范形式存在。

(二) 殖民地时期

自公元 15 世纪始，以葡萄牙、西班牙、英国为首的帝国主义国家，为抢占印尼的丰富资源，先后对其发动了侵略战争。1596 年，荷兰侵入印尼，并于 1602 年成立具有政府职权的"东印度公司"。1915 年，荷兰为维护自身殖民统治，为印尼制定了刑法典，史称"1915 刑法典"。这部刑法典对印尼影响深远，即使在日本占领时期（1942—1945 年），印度尼西亚的刑法也没有发生重大变化①。

(三) 独立时期

1945 年日本投降后，印尼爆发八月革命，于 1945 年 8 月 17 日宣布独立，成立印度尼西亚共和国。印尼独立后，先后武装抵抗英国、荷兰的入侵，发动了三次独立战争。1947 年后，荷兰与印尼经过多次战争和协商，于 1949 年 11 月签订印荷《圆桌会议协定》。根据此协定，印尼于同年 12 月 27 日成立联邦共和国，参加荷印联邦。自此，印尼开始摆脱殖民国对其法律的约束，逐步建立适合自己本国发展的《刑法典》。

(四) 发展时期

1950 年 8 月，印尼联邦议院通过临时宪法，正式宣布成立印度尼西亚共和国。1954 年 8 月，印尼脱离荷印联邦。之后，印尼对在 1945 年《宪法》约束下的《刑法典》进行增减删改，直至形成如今具有宗教法性质的刑法典。

二、《刑法典》主要内容

(一) 基本结构

印尼现行《刑法典》的基础是荷兰殖民政府 1915 年 10 月 15 日颁布、1918 年 1 月 1 日正式生效的殖民法典（the Wetboek van Strafrecht voor Nederlandsch Indie），而后由印尼政府在此基础上修正而成。不过，修正后的《刑法典》直至 1946 年 2 月 26 日才在爪哇岛和马杜拉岛生效，至 1958 年 9 月 29 日才在印尼全国适用。可以说，印尼至今尚未形成自己的刑法典②。

---

① Yana Sylvana, et al., "HiStory of Criminal Law in Indonesia", *Jurnal Indonesia Sosial Sains*, Vol. 2, No. 4, 2021, p. 649.

② Irfan Ardiansyah, Duwi Handoko, "History of Naming and Criminal Code Applies in Indonesia", *Internasional Conference on Humanity, Law and Sharia (ICHLaSh)*. November 14 – 15, 2018, p. 131.

印尼《刑法典》共 3 编 569 条。第 1 编为一般规定，分为 9 章 103 条，对适用范围、刑罚、刑罚的排除适用与减轻和加重、预谋犯罪、刑事诉讼的提出与撤销、刑法术语等方面进行了规定。第 2 编是犯罪，从第 104 条至第 488 条，规定了危害国家安全罪、危害总统与副总统尊严罪、危害公共秩序罪、危害他人人身和财产安全罪、偷盗罪、欺诈罪、虐待罪、累犯犯罪等 31 个大类的犯罪行为及其构成要件。第 3 编是轻罪，对危害人身财产和公共健康的轻罪、违反公共秩序的轻罪、违反公共权力的轻罪、侵犯个人出身和婚姻的轻罪、违反营救义务的轻罪、违反道德的轻罪、关于土地、植被及房产的轻罪、公职人员所犯轻罪、以及与航行相关的轻罪等九类轻罪进行了详细规定。

（二）适用范围

根据《刑法典》第 1 章第 2 条的规定："印度尼西亚的刑事条款适用于本国境内及属国海域、海岛的任何公民。"第 1 章第 3 条规定："凡居住于印度尼西亚的一切居民，无论是土著还是外来者，均适用该法；对于所有刑事案件，除允许保留和采用习惯法的地区外，一律依该法典处理；即使在允许采用习惯法办理刑事案件的地区，司法审判也可以按照该法典处理案件。"

综上看，印度尼西亚刑法以属地管辖原则为主，属人管辖原则为辅。此外，根据《刑法典》第 1 章第 7 条的规定："对于在印度尼西亚境内触犯本法典所述罪行的伊斯兰教皇及教徒、外交官员等具有特殊身份者，可以适用特别法律定罪量刑。"因此，印尼《刑法典》的适用范围也有例外，因其境内同时适用《刑法典》与《古兰经》，故对于具有特殊身份的国民，可选择适用该刑法典。

（三）关于犯罪的规定

印尼《刑法典》在犯罪规定上主要包括第 2 编的"重罪和累犯"与第 3 编的"轻罪"。

第 2 编"重罪"包括危害国家安全、社会秩序、人民生命健康等犯罪，即将犯罪行为划分 17 类 31 章（第 104 至 485 条），分别为危害国家安全罪，危害总统、副总统尊严罪，危害友邦和国家元首、代表罪，违反国家义务和国家权利罪，危害公共秩序罪，决斗罪，侵犯人身和财产安全罪，伪证罪，妨害风化罪，诽谤罪，虐待罪，伪造、变造货币罪，侵害个人民事地位罪，敲诈勒索罪，职务犯罪，危害航空和航海安全罪，违背宗教罪等。第 2 编的"累犯"分 1 章共 3 条（第 486 至 488 条）。第 3 编轻罪共 9 章（第 489 至 569 条），分别为危害公共安全与公共卫生轻犯罪，危害公共秩序轻犯罪，危害政权轻犯罪，危害血统、婚姻轻犯罪，危害危急者轻犯罪，道德方面轻犯罪，房产方面轻犯罪，职务轻犯罪，航海轻犯罪。

由于印尼《刑法典》在一定程度上借鉴了荷兰的刑法典，因此其危害行为定性与罪名拟定方面深受大陆法系影响。如颇有古欧洲色彩的"决斗罪"的设立与沿用，反映出该国刑法典在犯罪规定上的多元化和差异化。

（四）刑事责任与刑罚

根据印尼《刑法典》第2章第10条A款规定，"印度尼西亚主要刑罚方式有四种，即死刑、监禁、轻度监禁、罚款。"并于本条B款规定了三种附加刑罚，即"剥夺某些权利、没收特定财产和司法判决的公示"。与多数国家一样，印尼刑罚仍采用"主刑＋附加刑"的方式，体现出一定的合理性与科学性。

同时，《刑法典》在第2章第12条中，对不同刑种的刑期也做了相关规定，即"轻度监禁须附解除期或中止期；临时监禁的期限不得少于1日，不得超过15年；监禁最多可持续20年"。印尼《刑法典》中对于不同刑种的刑期进行差别化规定，也从一定程度反映出该国刑罚适用的灵活性与差异化。

三、简要评述

（一）主要特色

总体而言，印尼《刑法典》做到将传统道德伦理、宗教文化等内容融入现有刑法规范体系中，较好地实现了伦理道德、传统文化与刑法的衔接继承与融会贯通，这是值得肯定地地方。其主要特色具体体现如下：

1. 早期印尼刑法深受习惯法影响

印尼独立前，大陆法和习惯法同时在印尼适用。尤其是在荷兰的殖民统治期间，印尼本国政治局势相对混乱，人口被分成三大部分，即欧洲人、亚洲人和印尼本地人。因各国列强割据的局面持续多年，故印尼境内每部分人都要适用不同的法律制度。以穆斯林人为例，伊斯兰教法规制婚姻家庭关系，而早期的印尼刑法以习惯法为主。

2. 具有殖民地刑法特征

因历史上印尼殖民国较多，故其法律文化呈现多元化的特点。其法律渊源主要包括习惯法、伊斯兰教法和荷兰殖民时期的法律和法令以及独立以后印尼制定的法律法规。加之印尼政局长期动荡，法制发展缓慢。1950年印尼独立之后，除与1945年宪法精神相违背的法律法规外，荷兰殖民地时代的法律仍被保留下来。时至今日，印度尼西亚仍然没有建立统一的刑事法律体系，荷兰殖民时代的《刑法典》还是调整其本国社会活动的主要法律。

3. 具有较为浓厚的宗教刑法色彩

印尼《刑法典》在总章中就对宗教的重要地位做出明确规定,即"印度尼西亚司法权属于最高法院及其各级法院。法院包括四种类型:普通法院、宗教法院、军事法院、行政法院。其中伊斯兰高级法院只适用于中爪哇地区,其他地方宗教法庭的裁定即为终审"。并在第 3 章犯罪中,直接明确了违反宗教的相关刑罚。此外,根据印尼《宪法》的规定,印度境内及其属国海岛领域《刑法典》与《古兰经》条文并存。可见,宗教注重运用刑法来维护其地位和秩序。

4. 具有多元化的特点

印尼现行《宪法》规定,以"建国五基础",即信仰神道、人道主义、民族主义、民主和社会公正为立国基础,其《刑法典》作为宪法影响下的重要法律,通过将危害以上五种利益的行为纳入刑法惩治的范围,尤其以危害宗教信仰及民主和社会公正为重点。因仍沿用荷兰殖民时代的刑法典,该法典已初显局限性。为此,印尼正集思广益制定相关提议及修正案。因此,印尼刑法典呈现多元化发展格局。

(二) 存在的不足

近年来,印度尼西亚经济社会的快速发展与现行《刑法典》相对滞后的矛盾逐渐暴露,立法者着手新刑法的起草与论证,但新的刑法典草案(RUU KU-HP)引发了较大的社会抗议活动,主要源于其部分条文涉嫌侵犯民众隐私权和过度介入伊斯兰教义,如将公共场合接吻、未婚男女同居、通奸行为等规定为犯罪行为。这些由伦理道德和伊斯兰教义调整的内容而由刑法予以规范,有刑法僭越道义与宗教调整范围之嫌,招致各方诟病与反对。

在我们看来,印度尼西亚刑法立法上主要存在两个技术性缺陷。第一,刑法规范科学性欠缺。如犯罪规定部分,有的章节规定了类罪名,有的章节则规定了具体罪名,与我国刑法共分为 10 章且每章规定了较为清晰的同类客体相比,其刑法典缺乏严谨性与科学性,体系结构还需优化与完善。第二,法定刑配置缺乏均衡性。如其刑法中涉及的危害公共安全的放火罪、爆炸罪、决水罪等犯罪的法定刑配置偏轻,相较于故意杀人罪最高刑为死罪相比,导致人员伤亡的最高刑只配置了无期徒刑,这明显有违罪责刑相统一的原则。

第四节 老挝人民民主共和国刑事法律制度

鉴于老挝曾被法国殖民的历史,故其刑法深受法国刑法影响。同时,老挝又是东南亚地区中仅有的两个社会主义国家之一,故现行刑法中带有苏联和中国刑法的基因。总体上看，老挝刑法注重吸收中西方刑法文明成果，并致力于结合本国国情，是其刑法特色。

一、刑法发展历程

自老挝 1975 年废除君主制成立人民民主共和国以来，其刑法经历了数次制定与修改：一是 1989 年 12 月 23 日国会通过，并于 1990 年 1 月 9 日生效的《刑法》；二是 2001 年 4 月 20 日国会通过，同年 4 月 25 日通过分则第 51 至 62 条以及总则第 7 条修正案；三是 2005 年 11 月 9 日国会通过，同年 12 月 9 日修正的《刑法》；四是 2017 年 5 月国民大会通过，2018 年 11 月 1 日正式生效的老挝新《刑法典》，这也是老挝独立后颁布的第一部《刑法典》。

2018 年老挝新《刑法典》是老挝国内经过数年密集的技术工作会议和磋商后形成的一部刑法典，不仅对 2005 年《刑法》进行了修订，而且还将《企业法》《外币管理法》《商业竞争法》《商业银行法》《证券法》《标准化法》《网络犯罪法》《知识产权法》《保险法》《电信法》《反腐败法》《反洗钱和打击资助恐怖主义法》《儿童权利保护法》等 20 余部法律中相关刑罚的部分整合在了这一部统一的刑法典之中。

二、《刑法典》主要内容

（一）基本结构

老挝现行 2018 年《刑法典》的体系分为编、章、条、款、附则，共 425 条。和中国刑法相同，老挝《刑法典》也分为总则与分则。

《刑法典》总则之下设有 8 章，分别为一般原则、刑法的地域管辖、犯罪和犯罪人、免于起诉和处罚、刑罚、量刑、免除刑罚的情形或刑满前的附条件假释、法院的再教育措施和治疗措施。第 1 章一般原则中规定了刑法的任务和刑事责任的根据。根据第 1 条的规定，老挝刑法的任务可分为针对国家层面、社会层面和个人层面。国家层面的任务主要为维护老挝人民民主共和国的政治、经济以及国家安全；社会层面的任务主要为维护社会制度与社会秩序，打击和预防犯罪；个人层面的任务在于保护人民的生命、健康、权利和自由，教育公民遵守法律。

《刑法典》分则则根据犯罪类型的不同分为 7 章，依次为危害国家安全和社会秩序的犯罪；侵害他人生命、健康、荣誉罪；侵犯公民权利和自由罪；侵犯国家、集体财产犯罪；侵犯个人财产犯罪；危害婚姻家庭关系、风俗犯罪以及经济犯罪。

(二) 适用范围

老挝现行《刑法典》总则第 2 编对刑法的地域管辖以及刑法的时间效力做出了规定。地域管辖的规定有 2 条，分别规定了域内和域外的适用。此外，和中国刑法相同，地域管辖的规定也对根据国际公约享有外交豁免权的外交代表或个人在老挝人民民主共和国境内犯罪的，规定通过外交途径解决。

(三) 关于犯罪的规定

《刑法典》第 3 章对犯罪做了专章规定。第 6 条规定了犯罪的定义，概括来说即一切危害国家、集体、个人的，由法律规定应受刑罚的作为或不作为就是犯罪。第 6 条值得注意的一点是，符合犯罪全部构成要件的所有作为和不作为，如果造成的损害在 50 万基普以下的不是犯罪，但累犯和将危害行为作为职业者除外。第 7 条规定了犯罪构成条件，老挝犯罪构成包括 4 个条件，即构成犯罪所必须的主观特征和客观特征，即实质要件（刑法规定）、客观要件（行为造成或意图造成对刑法所保护的社会关系的损害）、主观要件（犯罪人实施犯罪行为的态度和精神状态）和主体要件（行为人承担刑事责任所必备的生理条件）。第 8 条规定犯罪类型为三种，即轻微犯罪、较重的犯罪和严重犯罪。此外，缅甸《刑法典》中也对故意犯罪、过失犯罪、累犯、犯罪形态做了规定。第 8 章不仅对犯罪做出了解释，还对犯罪人的含义做了界定。根据第 16 条规定，犯罪人是指实施了危害社会的作为或不作为，且满足了法律规定的某个犯罪的全部构成要件的人。

(四) 刑事责任与刑罚

老挝《刑法典》第 4 章规定了免予起诉和处罚，第 5 章规定了刑罚，第 6 章规定了刑罚的裁量，第 7 章规定了免除刑罚的情形或刑满前的附条件假释，第 8 章规定了法院的再教育措施和治疗措施。

具体来看，第 4 章规定免予起诉的几种情形，分别为暴力和胁迫、合法防卫、紧急避险、执行职务、执行命令、体育运动等。第 5 章刑罚规定中，第 27 条明确刑罚目的不仅是为了惩罚犯罪人，也是对被处罚者的再教育，更是做出示范，避免未犯罪的人实施相同的罪行。第 28 条规定了刑罚种类为主刑和附加刑。主刑分为公开批评、不剥夺自由的再教育、剥夺自由、死刑。附加刑分为罚金、没收财物（特指与所涉及的犯罪相关的财物）、没收财产、剥夺选举权、软禁，其中罚金在某些情况下可以变成主刑。第 6 章规定了量刑，其中对危险犯的规定、对预备犯和未遂犯的量刑、对共同犯罪的量刑以及数罪并罚的刑罚裁量方式较有特色。如关于危险犯的危险程度是根据行为人故意或过失给他人的生命、健康、尊严、财产造成的损害程度确定犯罪的危险程度,这不得不说是危险犯立法技术上的一大进步。此外,第 42 条规定了在裁量预备犯和未遂犯刑罚时,将犯罪性质、危害程度、犯罪恶意的实施程度、犯罪未完成的原因等纳入考量因素。并且规定对于预备犯和未遂犯,法院是可以比照既遂犯处以较轻的刑罚,这一点与我国刑法规定相一致。

三、简要评述

(一) 主要特色

1. 刑种设置具有独创性

老挝《刑法典》第 28 条将主刑中规定具有开创性的刑种为公开批评、不剥夺自由的再教育;附加刑中具有开创性的刑种为软禁。公开批评的含义是在法庭上批评犯罪人,并且法院可以在必要的时候将公开的判决以报纸或其他方式公布;不剥夺自由的再教育是在犯罪人的工作场所或者其他场所实施的刑罚,期限不得超过 1 年,此外根据法院的判决,犯罪人工资总额的 5% 到 20% 要上交国家。软禁是指禁止犯罪人离开住所或禁止进入某些场所。并且规定,犯罪时不满 18 周岁的未成年人、怀孕的妇女,以及正在抚养不满 8 周岁的妇女可以不适用软禁。由此可见,附加刑和软禁刑的规定体现出较强的人道主义关怀。

2. 专门规定刑事责任的加重、减轻和免除情形

《刑法典》第 18、40、41 条分别规定了免除、减轻和加重刑事责任的情形。第 18 条明确规定了免除刑事责任的暴力和胁迫、合法防卫等 8 种情形;第 40 条规定有利于减轻刑事责任的情形有犯罪人未满 18 周岁、女性犯罪人正在怀孕等 10 种情形。第 41 条规定应加重刑事责任的情节包含累犯、有组织实施的犯罪等 12 种情形。

3. 规定较多的道德犯罪

《刑法典》第 2 编第 2 章侵害他人生命、健康、荣誉罪以及第 6 章危害婚姻关系、风俗犯罪中都规定了与道德相关的犯罪。如第 93 条见危不救罪不仅规定了有救助责任的人对生命或健康处于危险状态的人未履行救助义务时应受到的惩罚,还对无救助责任的人没有对健康或生命处于危险状态的人进行救助时应受到的惩罚进行了规定。再如第 126 条通奸罪,第 130 条僧侣发生性关系罪,第 135 条乱伦罪等,均能从中看出老挝《刑法典》浓烈的道德气息[①]。

---

① 唐丹:《浅谈道德法律化的界限问题》,载《西安石油大学学报(社会科学版)》2019 年第 4 期,第 79 - 84 页。

(二) 存在的不足

老挝《刑法典》中也存在着一定的缺陷与不足，主要体现在以下几方面：

1. 分则章节内容混乱

老挝《刑法典》在分则第 1 章规定了危害国家安全和社会秩序的犯罪。在该章之下规定了背叛国家罪、谋反罪、间谍罪等与国家法益密切相关的犯罪，也规定了内乱罪、赌博罪、流氓罪、非法行医罪、危害交通安全罪、非法生产或持有无线电通信设备罪、涉及化学武器罪等罪名。从此章规定的罪名来看，公共安全、国家法益、社会秩序、个人法益混杂于一章，同时也缺乏危害公共安全犯罪的专章规定。

2. 缺乏军事犯罪规定

老挝《刑法典》不论是在总则还是分则中，都未曾看见关于军事犯罪的规定，唯一涉及军事犯罪的规定仅为第 69 条的加入敌军、掩护反革命人员罪，规定在第 1 章危害国家安全与社会秩序罪之下。

3. 道德与法律混杂

如前所述，老挝刑法中规定了不少与道德相关的犯罪，比如见死不救、通奸、乱伦等等。《刑法典》将本应由伦理道德规范的内容而由刑法规制，导致伦理道德与刑法界限不清，两者功能混同，不得不说这是其刑法立法上的缺陷。

第五节 马来西亚联邦刑事法律制度

马来西亚刑法体系的发展不仅反映了英殖民刑法的发展特点与规律，更体现出了现代刑法理念与伊斯兰刑法思想的结合与交融，这一趋势也将长期影响马来西亚刑法体系的进一步发展，并进一步与其东南亚邻国尤其是东南亚伊斯兰教国家的刑法思想产生互相影响，产生一种以英联邦刑法体系为基础的，融合现代法治思想及伊斯兰刑法思想的复杂的刑法体系。

一、刑法发展历程

古代的马来西亚，法律更多是一种特权法，是君主维护其统治的工具，法律偏于形式化，而对于普通群众来说，法律的概念大多在于服从君主的意志和执行伊斯兰教义。1911 年，马来西亚成为英国的殖民地，法律开始近代化进程。马来西亚刑法的渊源包括成文法、不成文法和国际法规则 3 种，其中成文法在马来西亚刑法体系中体现为刑法典、单行刑事法律和附属刑事规范，单行刑事法律种类繁多，例如《证据法》《刑事诉讼法典》《危险毒品法》《计算机犯罪法》《反腐败法》《反洗钱法》等。

《马来西亚刑法典》是英国殖民统治时期的产物，而当时英国殖民地遍布世界，包括东南亚地区。因此《马来西亚刑法典》与《巴基斯坦刑法典》《缅甸刑法典》《文莱刑法典》《新加坡刑法典》《印度刑法典》具有高度的相似性。马来西亚刑法不成文法渊源包括英国普通法以及衡平法、判例、习惯法。总体来说，这几种不成文法渊源都与英国密切相关。

马来西亚《刑法典》最初于1936年开始施行，1976年3月31日起在马来西亚全国生效，之后在1997年进行过一次大的修订。目前马来西亚实行的仍是1997年修订版的《刑法典》。此外，马来西亚还对该《刑法典》进行过多达数十次的较小修正，包括以"刑法（修正案）"命名的法案，以及其他与刑法条文修改相关的联邦宪法、法院组织法、诱拐法、刑事诉讼法等法案[1]。《刑法典》最近的一次修正是在2017年。

二、《刑法典》主要内容

（一）基本结构

马来西亚《刑法典》结构分为章、条、款、项，共23章511条。马来西亚《刑法典》从第1章到第23章的章节名分别为前言、一般解释说明、刑罚、一般例外、教唆犯罪、共谋犯罪、危害国家罪、与恐怖主义有关犯罪、与武装部队相关的犯罪、破坏公共秩序的犯罪、与公职人员相关的犯罪、藐视公职人员合法权利、伪证与破坏司法公正罪、与硬币及政府印章相关的犯罪、与度量衡器相关的犯罪、影响公共卫生、安全、便利、礼仪与道德的犯罪、与宗教相关的犯罪、侵犯人身与生命的犯罪、侵犯财产罪、与文件、纸币和银行票据相关的犯罪、违反服务契约的犯罪、与婚姻相关的犯罪、刑事恐吓、侮辱和寻衅滋事、以及犯罪未遂。

在刑事立法技术上，该《刑法典》无论是总则还是分则部分，其条文抬头均设置了标题，目的在于简要揭示或载明该条的主旨或概要。标题之下为条文正文，正文之后大多附有"解释"和"举例"。"解释"是为正确理解和适用法条而作的立法释义；"举例"则是该法条司法适用中的判例。法典重分则性规定而轻总则性规定，这与英美法系国家刑法典具有相似性，分则内容在罪行设置上兼具英美法系所固有的注重经验及实用的立法观，使法典条文的内容相当详尽、细致，具有较强的可操作性，这与大陆法系国家刑法典强调严密的内在

---

[1] 梅传强：《东盟国家刑法研究》，厦门：厦门大学出版社2017年版，第105页。

逻辑性和层次性的规定存在较大区别。

(二) 适用范围

《刑法典》第1章"前言"之下规定了该法典的适用范围。第2条规定在马来西亚境内任何人实施了本法典规定的犯罪都适用本刑法，包括作为和不作为；第3条规定在马来西亚境外的犯罪行为依照本法典应当受到审判的，也适用本法；第4条规定了领域外犯罪的延伸管辖，详细列举了特定章节中具有管辖权的犯罪。特定章节规定的犯罪包括第6章国事罪、第6A章恐怖主义有关犯罪、第6B章有组织犯罪，并且在第4条第2款中对"犯罪""永久居住"的含义做出了明确规定。

总的来说，马来西亚《刑法典》的适用范围可分为属地原则、属人原则和保护原则。属地原则规定在马来西亚境内实施的犯罪适用本刑法；属人原则规定任何本国公民或永久居民在马来西亚境外的任何地方实施的犯罪适用本法；保护原则规定任何针对马来西亚公民实施的犯罪适用本法。

(三) 关于犯罪的规定

《刑法典》第2章"一般解释"中第40条对"犯罪"做了详细规定，并且"犯罪"一词在不同类型条款中的含义有所差别。归纳来说包含三层含义：一是依据本法典应受到惩罚的行为；二是依据本法典或其他生效的法律应当受到惩罚的行为；三是根据其他生效法律应该受到惩罚，并且根据该法应当处以6个月以上监禁，无论是否并处罚金，与前款规定具有相同的含义。

法典第52A条和第52B条以监禁10年为基准，将10年监禁以下的犯罪定为"不严重的犯罪"，10年及10年以上定为"严重的犯罪"。此外，第4章"一般例外"中第76条到第106条对不属于犯罪的行为也做了相关规定，如司法活动中法官的行为，不满10周岁儿童的行为等等，并且在每一条之下还做了例释，能更加直观清晰地理解和适用例外情形。

根据《刑法典》的规定，马来西亚将犯罪类型分为三种，即根据行为的积极性和消极性分为作为犯罪和不作为犯罪；根据主观意图的不同分为故意犯罪和过失犯罪；根据罪行的严重程度分为严重犯罪和不严重犯罪。《刑法典》第33条对"作为"与"不作为"的含义做出了解释；第39条对何为"故意"做出了规定，即一个人故意使用引起结果发生的方法或明知有理由相信使用这些方法会发生的结果，对后果发生持有的心理状态就是"故意"。对犯罪形态分为犯罪预备、犯罪中止、犯罪未遂和犯罪既遂，这与我国犯罪形态分类法一致。关于共同犯罪，第5A章第120A条对何为共同犯罪做出了定义，即两人或两人以上协商实施或促成一项非法行为或利用非法手段实施一项并不违法的行为则构成共同犯罪。第 34 条规定了多人共同参与实施共同犯罪如何承担刑事责任；第 35 条、第 37 条以及第 38 条规定了共同犯罪不同的适用情形，如第 35 条规定故意犯罪时，每一个共同行为的犯罪参与者具有相同的犯罪故意，都应该承担与其单独实施该犯罪行为时相同的刑事责任。综上所述，可以看出马来西亚《刑法典》对犯罪的规定较为细致，不过也存在体系杂乱的问题。

（四）刑事责任与刑罚

关于承担责任条件的规定内容，《刑法典》未作正面规定，而以第 4 章"一般性例外"专章规定了犯罪成立之排除及刑事责任之阻却的事由。在这些情形下，某一行为虽在客观上造成了一定的危害，但因缺少刑事责任主观方面要件或缺乏可罚性，而不认为是犯罪，自然也无须追究刑事责任。根据法典的有关规定，这些犯罪成立之排除及刑事责任阻却之事由包括：一是缺少刑事责任主观方面要件的事由；二是缺乏行为可罚性的事由；三是紧急避险和防卫行为等。

法典第 3 章第 53 至 75A 条对刑罚的适用原则予以明确。如刑罚分段计罚原则，刑法典第 57 条规定在分段进行刑罚的时候，无期徒刑应被计算成 20 年有期刑，也就是如果某一犯罪行为人犯数罪，同时应当承担有期徒刑和无期徒刑时，应将无期徒刑折算为 20 年有期刑，然后再进行合并刑罚。再如《刑法典》第 71 条规定了"数罪并罚的限制原则"，第 72 条规定了"疑罪定罪从轻原则"、第 75 条和第 75A 条分别规定了（曾犯有可处 3 年监禁）"再犯量刑从重原则"和"强制关押制度和最长刑期的两倍量刑原则"[①]。

三、简要评述

（一）主要特色

1. 设立专章术语解释

与我国刑法对术语解释散落在刑法规定之中不同，马来西亚《刑法典》对术语的解释则集中于专章之中。《刑法典》第 2 章第 6 至 52B 条对数十个专有刑法术语进行了详细的解释，并通过例释使规定更容易被理解和适用。在此章的规定下既有对人的规定，也有对物规定，还有对行为的规定。对人的规定包括了"男子""女子""人""公众""法官""公职人员"等，比如在第 21 条对

[①] 参见杨振发译：《马来西亚刑法》，北京：中国政法大学出版社 2014 年版，第 23 - 24 页。

"公职人员"的概念进行了规定,并规定了10款对公职人员的适用范围;对物的规定有"动产""不当得利""文件""胶片""有价证券"等,如第29条规定了"文件"的含义;对行为的规定包括了"不诚实""欺诈""合理信赖""伪造"等,如第24条规定"不诚实"是指为任何意图获得不当得利或者使他人不当失利而实施的行为,都被认为是不诚实的行为,不论实际上这个行为是否产生不当得利或者不当得利的结果。

2. 刑罚轻重有度

马来西亚整个刑罚体系宽严结合,刑罚程度有轻有重。第一,第2章第52A条和第52B条分别对"不严重的犯罪"和"严重的犯罪"做了规定,第3章对刑罚适用的基本原则做了规定,这体现了马来西亚刑罚宽严相济,轻重有度。第二,对青少年犯罪和未成年人犯罪特殊保护。如对已满18、不满21周岁的罪犯给予特殊的刑法保护。对未成年犯罪的刑罚中增加了监护人管理和社区劳动等规定。第三,"想象竞合犯"从一轻罪处罚。第72条做了类似于我国"想象竞合犯"从轻处罚的规定。第四,做了"亲亲相匿不为罪"的规定。这是我国儒家法文化对该国刑法影响的有力佐证。

(二)存在的不足

不可否认,马来西亚《刑法典》在体系结构和内容规定上有其特点与亮点,但其存在的不足也是显而易见。

1. 处罚严苛

马来西亚刑罚严苛,典型如死刑和鞭刑的规定。通过历次刑法修正看,《刑法典》中的适用死刑的罪名有扩张趋势。如2013年刑法修正案在恐怖犯罪中引入死刑制度。除此之外,对贩运武器、贩运毒品也规定适用死刑制度。

另外,鞭刑在马来西亚是一种古老的肉刑。在《刑法典》中,鞭刑主要用于严重犯罪。如海盗罪,武装暴乱、暴乱罪,企图谋杀,刑事杀人,故意使用危险武器或手段造成伤害或重伤害,意图勒索财物或实现非法目的的故意致人伤害,故意造成伤害或重伤害以勒索财产或强迫他人实施非法行为等等严重罪名规定中都有鞭刑规定,再者第377条规定人与动物发生性交的刑罚中也包含了鞭刑。

2. 法条规定过于细致而缺乏适用性

一方面,《刑法典》对于罚金刑的规定过于具体,适用性欠佳。众所周知,罚金刑受货币购买力的影响,如果罚金刑规定过于具体而缺乏弹性,随着通货膨胀的影响,会出现罚不当罪的问题而伤及刑罚功能。因此,罚金刑过低的问题则是该国刑法较为突出的适用问题,后来2007年与2013年的《刑法修正案》涉及的大部分修正案条款都是在解决罚金刑过低的问题。

另一方面,《刑法典》以金钱作为犯罪的立案标准过于具体,影响司法公正。如第 427 条与《新加坡刑法典》第 427 条在罪名成立的金钱数额立案标准与量刑尺度上基本保持一致[①]。2013 年,马来西亚大幅度提高了 427 条的量刑标准,即"处 1 年以上 5 年以下有期徒刑,或处罚金,或两者并罚"。而新加坡却保留原来的量刑标准,由于两国货币换算比例不一致,对于同一个罪名,马来西亚刑法罪名立案的金钱标准的条件要低于新加坡,但在量刑上,却明显重于新加坡刑法中的相应规定。究其原因,就是马来西亚刑法对立法标准规定过于具体所致,这难免带来司法适用缺乏灵活性的问题,进而可能引发司法不公。

第六节　缅甸联邦共和国刑事法律制度

缅甸具有悠久的历史,历史上英帝国曾发动过三次侵缅战争。缅甸沦为英殖民地后,普通法成为主宰缅甸的法律,缅甸具有深远的普通法传统。同时,缅甸也保留了对英殖民统治不构成威胁的法律,如有关婚姻、继承、宗教等方面的法律。因此,缅甸的刑法典也遵循这样的演化逻辑。目前缅甸刑事法律由刑法典、单行刑事法律和附属刑法构成,刑法典被规定在缅甸法典第 8 卷第 9 部分。

一、刑法发展历程

缅甸刑法的发展主要经历以下几个阶段:

(一) 封建阶段

缅甸的封建时期包括早期部落国家时期(1044 年之前)、蒲甘王朝时期(1044 年—1287 年)、南北朝时期(1287—1555 年)、东吁王朝时期(1555 年—1752 年)、贡榜王朝时期(1752 年—1885 年)。其中,缅甸的刑法受三个主要王朝影响较多,即蒲甘王朝、东吁王朝和贡榜王朝。在 800 余年的封建统治中,缅甸刑法以封建法典形式存在。

(二) 殖民阶段

历史上,英帝国发动过三次侵缅战争(1824 年、1852 年、1885 年),使缅甸沦为英国的殖民地。受此影响,英国法律体系对缅甸刑法产生了深远影响,普通法一度成为主宰缅甸的法律。也正是在英属印度时期,缅甸继承了英属印

---

① 杨振发:《马来西亚刑法体系的特色及发展趋势研究(代前言)》,载杨振发译《马来西亚刑法》,北京:中国政法大学出版社 2014 年版,"前言"第 3 页。

度 1861 年 5 月 1 日正式实施的《刑法典》。目前缅甸实行的《刑法典》就是在这一法典的基础上不断修正、完善而来，至今，缅甸的《刑法典》基本结构大体没有改变。

（三）独立阶段

1948 年 1 月 4 日，缅甸独立，逐渐摆脱殖民国的影响，其刑法逐渐走向开放、科学、民主，并形成较为规范完备的刑法法规体系。

（四）社会主义阶段

1962 年，奈温将军推翻吴努政府，开始实行由缅甸社会主义纲领党一党执政的一党制，并于 1974 年制定了带有社会主义性质的宪法，并在该部宪法的影响下，删改补足其刑法。随后，该刑法经多次修改，沿用至今。在缅甸两千余年历史中，第一次独立制定与政治统治与时俱进的刑事立法，体现出鲜明的时代特色。

进入 21 世纪后，缅甸国内对《刑法典》进行过多次修订，如 2016 年、2019 年都对《刑法典》进行过修订。2021 年 2 月 14 日，缅甸对《刑法典》进行了修正，主要是修改了第 121、124 条，以及增加了第 505A 条[①]。同年 8 月 24 日，缅甸政府再次修订《刑法典》，将灭绝种族罪名增添进入《刑法典》之中。

二、《刑法典》主要内容

（一）基本结构

与大部分国家刑法典相同，缅甸《刑法典》也根据法律规范的性质和内容有次序地划分为章、条、款、项，各编、章、节中的刑法条文，全部用统一的顺序编号。缅甸现行《刑法典》共 23 编 511 条，具体包括总章，刑罚的执行与消灭，量刑，个人防卫权，犯罪预备，危害国家安全罪，与陆、海、空三军有关罪行，侵犯巴勒斯坦人民安全罪，公职人员犯罪及其犯罪调查，侵犯选举罪，公职人员的合法权利，伪证与妨害司法罪，变造、伪造硬币和政府邮票罪，侵犯度量衡罪，侵害公众健康、安全、便利、伦理与道德罪，违反宗教罪，人身犯罪，刑罚的种类及刑期，暴力犯罪，绑架、奴役和强迫劳动罪，财产犯罪，扰乱社会秩序犯罪，贸易类犯罪等。

与我国刑法典类似，缅甸《刑罚典》首先对刑法的任务、基本原则和使用

[①] "Law Amending the Penal Code, Law Amending the Penal Code, Administration Council Law No (5/2021)", 14 February 2021, Available at https://www.icnl.org/wp-content/uploads/penalcode.pdf, 最后访问日期 2022 年 7 月 5 日。

范围做了相关规定，并对一些专业术语做出具有执行效力的解释。其次，对于什么是犯罪以及对犯罪分子适用何种刑罚进行了明确。同时，也明确了一些特殊情节，如未成年人及精神病人犯罪、教唆犯、犯罪未遂等量刑情节。进而为保护缅甸人民和国家的合法权益，对严重侵犯国家利益、公民人身利益、宗教信仰的行为入罪。缅甸《刑法典》在人身类、财产类及宗教类章目下犯罪众多，内容庞杂，分设若干条文，详细规定了相关犯罪及刑事责任。因此，该国刑罚典形成了关于犯罪、刑事责任和刑罚的一般原理的规范体系，为认定犯罪、确定刑事责任和适用刑罚提供了操作准则。

（二）基本原则

缅甸《刑法典》对刑罚种类及刑期、量刑情节做了详尽规定，力求涵盖各种犯罪，使刑法结构科学化，内容现实化。由此可见，缅甸刑法也坚持罪刑法定原则，即只有刑法明确规定的行为才是犯罪，才能受刑罚处罚。同时，缅甸《刑法典》对于公职人员犯罪及其犯罪调查也做出严格规定，体现了刑法面前人人平等原则，公职人员犯罪同普通百姓犯罪同罪同罚。最后，缅甸刑法对于未成年人、醉酒的人、精神病人犯罪，及犯罪未遂、犯罪预备等非常态犯罪行为的处罚都有别于基本犯罪处罚，也体现了罪刑相当原则。

（三）适用范围

缅甸《刑法典》第5章第107至120条对适用范围做出明确规定，凡是缅甸境内犯罪，除外交、宗教等特别事由外，均适用本刑法典；对于缅甸公民在境外犯罪，也应受本国刑法典约束；对于已签订的相关国际条约，违反该条约的公民，司法机关可对国际条约与刑法选择其一适用。可见，缅甸刑法的适用范围与世界各国刑法具有共通之处，坚持属人、属地和普遍管辖原则，有效保护缅甸国家及民众的合法权益。

（四）关于犯罪的规定

首先，总章中对于犯罪做出明确定义，即"任何危害缅甸联邦共和国国家主权完整、宗教信仰，违反本国宪法，破坏社会秩序，侵犯国家及公民财产，侵犯公民人身权利、民主权利和其他权利的行为，及严重暴力行为，严重背信行为，严重危害社会的行为，若依法应接受刑罚处罚，则皆为犯罪，有特别赦免情节者除外"，《刑法典》对于犯罪行为囊括广泛。

其次，在《刑法典》第1章第2条中又规定"任何应在缅甸联邦共和国领土范围以外所犯罪行而应受到审判的人，都视为犯罪。根据本法规定，缅甸人民在缅甸联邦共和国以外实施的任何犯罪行为,其处罚方式与在本国境内实施的犯罪行为相同。"即缅甸对于其本国公民在境内外实施的范围行为实行同案同判。

最后,缅甸《刑法典》自第 5 编至第 23 编,对各种犯罪进行了成文化、科学化、结构化的规定,并参考借鉴了国际先进的刑事立法经验。其中,对于侵犯人身类、财产类及违反宗教类犯罪规定最多,体现了刑法的民主化和文明化。

(五) 刑事责任与刑罚

首先,缅甸《刑法典》在第 1 章第 6 条第 A 款中,对于刑事责任年龄做出明确规定:"在缅甸联邦共和国境内,除一般例外规定外,7 周岁以下的儿童所做的任何行为均不构成犯罪;7 周岁以上、12 周岁以下的少年犯罪,视其理解能力做出相应责罚;12 周岁以上的成年人应对其违反刑法的行为承担相应的刑事责任"。可见,该刑法典对于刑事责任年龄的划定较为科学,12 周岁以上能够对于国家、社会、他人的合法利益的危害程度做出理性认知,因此应对自己侵害法益的行为负刑事责任。7 周岁以下的孩童身心发育尚未成熟,对自己行为所产生的后果难以认知,如果对其施以刑罚,不利于其教育与发展,对 7 周岁以下儿童犯罪不予惩罚,存在合理的科学依据。

其次,缅甸《刑法典》在第 6 章第 82 到第 85 条中,对行为人实施危害行为时的心理状态及健康状态也做了特别规定,即"精神不健全者、因醉酒而丧失判断能力者、受胁迫而被迫采取行动者等,以及其他违背行为人本人意志者,排除与其所造成的损害无关的影响因素后,再对其定罪量刑"。可见缅甸《刑法典》同世界上绝大多数国家一样,秉持人道主义原则,在对行为人的危害行为进行定性时,综合考量各种主客观因素,实现了主客观相统一,是颇为科学的计算原则。

最后,在第 2 章刑罚执行中,《刑法典》规定了刑种及刑期。有期徒刑、无期徒刑、死刑系缅甸主要刑罚种类。综合考虑震慑犯罪行为、惩治犯罪人及教育国民等原因,缅甸仍未废除死刑。但根据联合国 2018 年关于人权的相关调查,自 1962 年缅甸社会主义纲领党一党执政后,相较于 1948 年前的殖民地统治,缅甸境内死刑执行率逐渐趋于稳定,近年来甚至有下降趋势。这也体现了该国的慎刑主义和对于犯罪人生命权的尊重。

三、简要评述

(一) 主要特色

1. 从立法技术上看,分则部分罪名规定较为详细全面

这主要体现在几个方面:首先,体例上,个罪分类详细。分则部分按照侵

害的法益为据进行分类,如侵犯人身权利犯罪中,在专章规定的同时,还下设数十个具体的罪名,体现出对人身权益保障的重视和立法的精细化。其次,个罪罪名设置上详细全面。如将伤害行为与非法暴力侵害行为予以界分,不仅细化了对人身权益的保护,也体现出人权保障的全面性和系统性。最后是个罪要件列举全面详细。如在个罪立法上,行为主体、行为方式、行为对象、危害结果等要件规定详细、具体、全面。体现出立法技术的精细化和系统化。

2. 从立法趋势看,体现出多元化发展特色

这体现在从早期维护统治秩序与利益向中西合璧的转化。一方面,早期体现为维护统治秩序与利益的典型立法特色。早期曾受封建王朝影响,刑法根本目的还是为了维护封建统治阶级的统治,并非为了维护普通公民的合法权益,因而其《刑法典》在1885年之前具有不平等、苛刑等特征。缅甸沦为英国殖民地后,刑法典具有殖民地法律特征。在英国60余年的殖民统治中,理所当然地在缅甸推行适用其本国法律,因此缅甸《刑法典》也具有一定程度的普通法传统。另一方面,后续立法体现出较强的中西合璧特色。

实行社会主义制度后,缅甸《刑法典》开始初具社会主义刑法的雏形。从1962年到1988年间,缅甸的法制建设是以人民司法制度为基础,此时,大陆法系的传统开始左右该国刑法的发展,同时也融合了一些缅甸传统佛教法的因素。这一时期缅甸存在着较为动荡的政局,该国法制发展状况并不理想,此时的《刑法典》为后来其制定成文的社会主义刑法典提供了较为灵活、务实的经验积累与理论指导。

(二)存在的不足

1. 《刑法典》立法逻辑欠佳

首先,重分则轻总则的立法短板较为突出。虽在体例上未明显区分总则与分论,但在内容上呈现出从总到分的排序。从总则部分看,刑法基本原则、刑事责任、犯罪分类等具有统揽作用的内容并未予以体现,仅在分则中的具体罪名和法条表述中略有体现,这就削弱了总论在整部刑法典重的指导性和总领性作用[1]。再看分则,章节顺序与法益轻重存在诸多不合逻辑的地方,这在上面已有论述,此处不再赘述。其次,刑法条文存在重复规定,罪名分类缺乏科学性。如对公共秩序和公共安全在罪名设置和法益保护上不能兼顾与融合,导致存在较多重复规定之处而影响司法认定。

---

[1] 梅传强:《东盟国家刑法研究》,厦门:厦门大学出版社2017年版,第323页。

2. 道德与刑法功能混同，导致犯罪圈的扩大

犯罪圈的设置不仅是社会伦理道德和文明发展的风向标，也是国家治理水平与能力的标尺。道德与法律在调整社会过程中具有不同的功能，如果忽视两者的界限，必将损害社会治理的根基。缅甸《刑法典》就存在这样的问题，某些罪名体现出较强的道德色彩。如第 14 章危害公共安全、礼仪、道德的犯罪，其中危害公共道德的犯罪包括销售淫秽书籍、向年轻人出售淫秽物品、淫秽歌曲等，条文中虽未体现道德字眼，但第 14 章篇名以公共道德概括则足以表明。此外，将同性恋、堕胎和通奸规制为犯罪，明显有僭越道德领地之嫌，导致犯罪圈不必要的扩张。

第七节　菲律宾共和国刑事法律制度

菲律宾的岛国地理条件和曾为殖民地的遭遇，对其刑事立法、司法和执法产生了深远影响。解决西法（美国刑法＋西班牙刑法）东进问题，历来都是菲律宾刑事立法和司法的主要任务，这造就了其刑法在内容和体系上兼具大陆法系和英美法系的基因，在体例上又保留菲律宾法律编纂的传统惯例，体现出较强东西合璧的混杂色彩，形成"世界上独一无二的法律体系"[①]。

一、刑法发展历程

从菲律宾国家演进历史看，美国和西班牙都曾统治过菲律宾，1565 年菲律宾成为西班牙殖民地，直至 1898 年美西战争结束。菲律宾的法律体系受到这两个国家的极大影响，而在刑法上，身为大陆法系的西班牙对菲律宾的影响更深。

1932 年 1 月 1 日，菲律宾正式实施《修订刑法典》（The Revised Penal Code, Act No. 3815）。此部法典是在 1870 年《西班牙刑法典》的基础上于 1930 年 12 月 8 日修订完成，目前依然有效。之后，菲律宾《修订刑法典》并未作过重大的修改，故现行菲律宾刑法仍主要由 1930 年的《修订刑法典》、其他修正条款以及补充的相关法律共同构成[②]，其中较重要的有 1960 年《反腐败法》、1997 年的《反强奸法》（the Anti-Rape Law）、2006 年废除死刑的法案、2012 年《网络犯罪预防法》和《扩大打击人口贩运法》（the Expanded Anti-Trafficking in Persons Act）、2017 年修订罚金标准的法案、2020 年《反恐法》以及 1972 年《危险药物法》和 2002 年《全面危险药物法》等。

[①] 杨家庆译、谢望原审校：《菲律宾刑法》，北京：北京大学出版社 2006 年版，第 3 页。
[②] 梅传强：《东盟国家刑法研究》，厦门：厦门大学出版社 2017 年版，第 41 页。

二、《刑法典》主要内容

（一）基本结构

菲律宾现行刑法为20世纪30年代制定颁布的《修订刑法典》，该刑法典的体系为册、编、章、节、条、款、项，共367条。与大多刑法典一样，该刑法典也分为总则和分则，分则之后设附则，规定了该刑法典所废止的法案以及其他修正的刑事法案。

《修订刑法典》总则分为5编，分别是：重罪与影响刑事责任的要素、对重罪承担刑事责任的主体界定、刑罚种类、刑事责任的消灭、责任承担（包括民事责任）等。分则为14编，与一般刑法典分则划分标准类似，依据具体罪名排序，分别为：第1编危害国家安全和违反国际法罪、第2编违反国家基本法律罪、第3编危害公共秩序罪、第4编危害公共利益罪、第5编鸦片及其他违禁药物罪、第6编危害公共道德犯罪、第7编公职人员罪、第8编侵犯人身罪、第9编妨害人身自由与安全罪、第10编侵犯财产罪、第11编侵犯贞洁罪、第12编侵犯个人公民身份罪、第13编侵犯名誉罪、第14编准犯罪（独立成章，包括犯罪过失）。

（二）适用范围

《修订刑法典》第10条采用负面清单形式列出了不适用本法的犯罪情形，其规定为在现行的或将来的特别法中规定的犯罪，不适用本法。除非这些特别法有相反的规定，本法典将作为特别法的补充法予以适用。言外之意，除了不适用本法的情形，其他犯罪都适用本法。

（三）关于犯罪的规定

菲律宾《修订刑法典》第3条对犯罪概念做出了明确的规定，犯罪是指应受刑法惩罚的作为和不作为。犯罪既可以是故意也可以是过失。故意是指在蓄意的目的支配下实施行为，过失是指由于轻率、疏忽、没有预见或者缺乏技能而实施的过错行为。[①] 与我国刑法对犯罪定义的表述相比，菲律宾刑法对犯罪的定义属于形式概念，而我国刑法采用混合概念定义犯罪，并在刑法典中以但书形式予以出罪，即"情节显著轻微危害不大的，不认为是犯罪"。站在立法技术角度看，我国刑法对犯罪含义界定更为科学与合理。

---

① 陈志军译：《菲律宾刑法典》，北京：中国人民公安大学出版社2007年版，第3页。

同时，在《修订刑法典》第 6 条中规定了既遂犯罪、未遂重罪与企图重罪（菲律宾刑法中的未遂罪与企图罪分别类似于中国刑法理论中的实行终了未遂与未实行终了未遂）；在第 8 条中规定了犯罪共谋和犯罪教唆。共谋犯是指两个及两个以上的人就实施重罪犯罪行为达成协议并决定实施该协议；教唆犯是指已经决定实施某一重罪的人建议他人去实施该犯罪；在第 9 条中还就刑罚的严厉程度，规定了严重重罪、较重重罪和轻微重罪。

（四）刑事责任与刑罚

1. 关于刑事责任规定

菲律宾《修订刑法典》特点之一是刑法典中不仅规定了相应的刑事责任，还明确需要承担的民事责任。关于刑事责任的规定，在《刑法典》总则第 1 编第 2 章第 11、12 条中规定了正当化事由和免除刑事责任事由的具体情形，如在第 12 条中规定了对智障人群和精神病患者免除刑事责任的情形；第 3 章第 13 条规定了减轻刑事责任的事由，该条下又分为 10 款，前 9 款列举出了减轻刑事责任的具体情形。比如第 13 条第 1 款规定，在个案中，当前一章规定的正当化事由或者免除刑事责任的事由的必备条件未能全部备齐的（只符合部分条件）情形。[①] 第 10 款"与上述情形相类似的其他情形"则为兜底条款；第 4 章第 14 条则规定了加重刑事责任的事由，该条下共有 21 款具体情形，其中第 4 款将滥用信任关系和极度忘恩负义，以及第 16 款的背信弃义规定将承担刑事责任。这是以道德标准为出发点，将背弃信任，恩义的行为作为加重刑事责任的立法规定，不失为一种立法内容上的特色；第 5 章"酌定事由"则是相对灵活地对刑事责任加重或者减轻的事由，包括亲属之间的关系、醉态和犯罪人的知识和受教育程度。

第 2 编则是对承担刑事责任的主体做出了规定。如在第 16 条中，根据犯罪严重程度的不同规定了相应的承担责任的主体。其中针对严重犯罪和犯罪程度较重的承担责任主体为主犯、共犯、从犯，而针对轻微罪行的刑事责任承担主体不含从犯。接下来的第 17 条、第 18 条、第 19 条则分别详述了主犯、共犯和从犯的概念，第 20 条则规定了对从犯减轻和免除刑事责任的适用情形。

2. 关于刑罚规定

菲律宾《修订刑法典》总则第 3 编对刑罚做出了专编规定。第 1 章为刑罚的一般性规定，如可以科处刑罚的行为、刑法的溯及力问题、被害人宽恕对刑罚的影响以及不属于刑罚处理情形；第 2 章规定了刑罚的种类包括极刑、痛苦

[①] 陈志军译：《菲律宾刑法典》，北京：中国人民公安大学出版社 2007 年版，第 6 页。

刑、矫正刑、轻刑，以及分属于痛苦刑、矫正刑和轻刑的罚金。此外还另有附加刑；第3章规定了各种刑罚和各种刑罚的后果以及其他附加刑的刑罚，如第40条规定了对于死刑的附加刑：因为减刑或者被赦免而未被执行时，将从判决之日起适用无期徒刑，并将剥夺民事资格和权利30年，但赦免决定中明确免除这些附加刑的除外①。由此可见，菲律宾《修订刑法典》对刑罚的规定较为详细具体。

三、简要评述

（一）主要特色

1. 专编规定民事责任

菲律宾《修订刑法典》在总则和分则中对民事责任做了规定，这是刑事立法上的一大特点。总则第5编对民事责任做出了专章规定，具体涉及民事责任主体、责任形式、责任内容、责任确定、责任的承担以及责任的存续与消灭。分则中第100条到第113条都是关于民事责任的规定。其中，第101条规定了常见的精神病人、智障人员等限制民事行为能力人，以及避免利益被损害的人、使用暴力的人或导致恐惧的人的民事责任；第102条中规定了小旅馆、酒店和机构所有人的民事责任；第103条规定了雇主、教师、从事任何行业的自然人或法人等的民事责任。由此可见，菲律宾刑法典中对民事责任主体规定范围广泛。关于民事责任形式，涉及主要责任、次要责任和补充性民事责任。关于民事责任的内容主要有返还原物、损害赔偿和间接损害的赔偿。在108条中还规定了这三种承担责任方式的义务和请求履行这些义务的诉讼权利的继承，即返还原物，损害赔偿和间接损害的补偿转移给民事责任人的继承人，暗含"父债子偿"的继承逻辑。

2. 专章规定了过失犯罪

菲律宾《修订刑法典》在分则第14编准犯罪下单设了过失犯罪，集中体现在第365条关于轻率不慎与疏忽大意的过失犯罪的规定，并且立法赋予法官一定的自由裁量权。

3. 专门规定道德犯罪

分则中专门规定了与道德相关的犯罪是菲律宾《修订刑法典》的又一特色。其中，第6编"危害公共道德犯罪"下设赌博罪和妨害风化与良好风俗罪两章。其中，第2章规定的罪名与道德密切相关，如第200条严重丑行罪，第

---

① 陈志军译：《菲律宾刑法典》，北京：中国人民公安大学出版社2007年版，第12页。

201 条不道德说教罪、淫秽出版、展览罪与不道德演出罪,第 202 条流浪罪与卖淫罪。此外,第 11 编设有"侵犯贞洁罪",道德意味更为浓烈。其中,第 1 章通奸与纳妾罪中第 334 条规定了非法同居罪①。从立法规定看,菲律宾非法同居对男女双方的处罚是有所区别,对男性处矫正监禁,而对女性处流放刑。此外还可以看出菲律宾刑法典的非法同居还包括"在为人不齿的环境中与一个不是其妻子的女性性交"。这与我国对非法同居的概念规定是十分不同的。第 2 章淫荡行为罪、第 3 章诱奸、腐蚀未成年人与淫媒罪,第 4 章诱拐罪,第 5 章是关于本编前几章的共同规定。第 344 条对前 4 章罪名的起诉问题做出了说明,从该条内容来看,这些罪名都属于不告不诉的犯罪。第 345 条与如前所说的在刑法典中规定民事责任一致,规定了侵害贞洁罪的犯罪人的民事责任。

(二) 存在的不足

尽管菲律宾《修订刑法典》有其鲜明特点,却难以掩盖其宗教色彩浓厚、道德与法律关系界限不清、刑民和行刑不分等问题。

1. 宗教色彩浓厚

如第 80 条对未成年犯罪中止执行时,就规定法庭在移交未成年人时应当考虑这些未成年人、他的父母及其近亲属的宗教信仰,防止其被移交到不受其所属教派监管或者控制的私有机构;第 82 条规定判决的告知与执行以及对罪犯的帮助,赋予罪犯有他所信奉宗教的牧师在场的权利;第 84 条对在场见证的人做出了严格限定,其中包括对罪犯进行帮助的牧师。综上看,在刑法中对宗教的特殊保护,难免陷入特权主义窠臼,有违刑法面前人人平等的立法原则。

2. 道德与刑法界限不分

道德与刑法界限不分主要体现在第 2 章妨害风化与良好风俗罪中,该章之下设有严重丑行罪、不道德说教罪、流浪罪与卖淫罪,第 11 编为侵害贞洁罪,该编之下设有通奸与纳妾罪、淫荡行为罪、诱拐罪。将本属于伦理道德调整的对象也纳入刑法规制的范畴,让道德与刑法界限模糊,有违刑法谦抑性原则。

3. 刑民、刑行不分

菲律宾刑法典将本属于民事和行政法律规定的条文也纳入规制范畴。以民法为例,总则第 5 编专编规定了民事责任。从第 5 编的内容排列看,民法责任在该刑法典中的内容详实,对民事责任的承担方式、种类、消灭与持续都做出了详细的规定。这本属于民法调整的对象,却体现在刑法中,刑民不分可见一斑。

---

① 陈志军译:《菲律宾刑法典》,北京:中国人民公安大学出版社 2007 年版,第 122 页。

第八节　新加坡共和国刑事法律制度

人们普遍认为，"以刚为主，刚柔兼济"是新加坡刑法的内容特色[1]，而"刑法典+特别法"是其架构特色。目前，新加坡形成了以《刑法典》为本，以《腐败、贩毒和其他严重犯罪（利益没收）法》（Corruption, Drug Trafficking and Other Serious Crimes (Confiscation of Benefits) Act 1992），《有组织犯罪法》（Organised Crime Act 2015），《杂项罪行（公共秩序和滋扰）法》（Miscellaneous Offences (Public Order and Nuisance) Act 1906），《海事犯罪法》（Maritime Offences Act 2003），1955年的《刑法（临时规定法）》（Criminal Law (Temporary Provisions) Act，2020年修订，2021年12月31日起生效），《维持公共秩序、控制向新加坡的海上供应以及防止罢工和基本服务停工的临时规定的法》，《新加坡反贿赂法》和《恐怖主义（制止提供资助）法》为辅的刑法规范体系。

一、刑法发展历程

新加坡《刑法典》制定于1871年，1872年9月16日正式实施。之后，新加坡《刑法典》分别在1920年、1926年、1936年、1955年、1970年、1985年、2008年、2020年经历7次较大的修订。目前新加坡《刑法典》适用的是2020修订版，但在2021年三次对第23、25、33条进行了修正，修正后的三个条款分别于2022年3月1日、4月1日、1月14日正式生效[2]。

纵观其发展历程，新加坡刑法的三个阶段发展脉络清晰可见[3]。第一阶段是英国占领时期（1819—1866年）。这个时期的新加坡刑法基本沿用英国的刑法规范和刑事司法体系。第二阶段是殖民统治时期（1867—1963年）。随着殖民统治的推进，探索构建适应新加坡统治需要的刑法规范体系逐渐成为共识，经过各方博弈，以1860年《印度刑法典》为模板，于1872年颁布了新加坡历史上第一部刑法典；第三阶段是独立时期（1965—至今）。1965年，新加坡实现了民族独立，成立了新加坡共和国，翻开了新加坡刑法规范体系的新篇章。经过多次修改，新加坡建立了适应自己国家国情和经济社会发展需要的刑法规范体系。

---

[1]　刘涛、柯良栋译：《新加坡刑法》，北京：北京大学出版社2006年版，第1页。
[2]　"Legislative History of Penal Code 1871", *Singapore Statutes Online*, https://sso.agc.gov.sg/act/pc1871?ProvIds=xv-#xv-，最后访问日期2022年7月10日。
[3]　梅传强：《东盟国家刑法研究》，厦门：厦门大学出版社2017年版，第14页。

二、《刑法典》主要内容

目前新加坡适用的是 2020 年版的《刑法典》，于 2021 年 12 月 31 日正式生效。值得注意的是，《刑法典》中包含"释义"与"说明"两种立法形式。《刑法典》的基本结构、适用范围、犯罪设立和刑事责任与刑罚有关规定可概括如下。

（一）基本结构

新加坡《刑法典》分为总则、分则，共 23 章 512 条。除此外，还有一个附则，即"视为在新加坡所犯的特定罪行"（Specified Offences Deemed to be Committed in Singapore）。总则之下分为五个章节，按刑法典目录顺序排列分别为：序言、一般解释、刑罚、责任阻却、自卫、教唆、犯罪共谋。

分则共 18 章（以前的第 19 章已被完全删除），具体包括：国事罪、海盗罪、与武装力量有关的犯罪，破坏公共秩序罪，公务员犯罪或与之有关的犯罪，藐视公务员法定权力罪，伪证及破坏公正司法罪，与货币及政府印花票有关的犯罪，与度量衡有关的犯罪，危害公共卫生、安全、便利、礼仪和道德的犯罪，与宗教有关的犯罪，侵犯人身的犯罪，侵犯财产罪，与文件、流通券及银行票据有关的犯罪，与婚姻有关的犯罪，诽谤罪，恐吓、侮辱和骚扰罪，未遂犯罪。

新加坡《刑法典》总则与分则拉通排列，这种排序法与我国"97 刑法"总则和分则分别从第一章开始排序不同。

（二）适用范围

根据新加坡《刑法典》第 1 章第 2、3 条的规定，其适用范围分为：在新加坡境内实施的犯罪，即任何人在新加坡境内违反本条规定，实施构成犯罪的作为或者不作为，都应以本法之规定追究刑事责任；在新加坡境外实施的依法可以在新加坡审判的犯罪行为的处罚，即对任何人在新加坡境外实施的，依照本法规定构成犯罪并可以在新加坡审判的行为，与新加坡境内实施的犯罪行为一样受到刑法处罚。

（三）关于犯罪的规定

新加坡《刑法典》在犯罪规制上具有以下几个特点：第一，明确界定了犯罪的概念。如第 2 章第 40 条规定："（1）除了下面第（2）款和第（3）款提到的章、条之外，'犯罪'是指根据本法典的规定应当处罚的行为；（2）在第 4 章和第 5A 章中，在第 71 条、109 条、110 条……和 445 条中，'犯罪'是指根据本法典的规定或者当时有效的其他法律的规定应当处罚的行为；（3）在第141条……和441条中，'犯罪'是指其他当时有效的法律规定应当判处6个月或以上期限监禁的行为，无论是否附罚金刑。"第二，区别犯罪主观形态。《刑法典》在总则中对犯罪主观方面区分为故意（Intentionally）、明知（Knowingly）、轻率（Rashly）、过失（Negligently）几种形态，这与英美法系刑罚主观要件形态相同。第三，按照犯罪完成与否，分为犯罪既遂、犯罪未遂与犯罪预备各种形态，另外根据犯罪人在犯罪中的作用，《刑法典》规定了对教唆犯的惩处。

（四）刑事责任与刑罚

1. 关于刑事责任

新加坡《刑法典》对责任的规定重点在第4章"责任阻却"之中。在此章的规定中，责任阻却分为以下几种情况：一是依法应当实施的行为或者因事实错误而确信是依法实施的行为；二是司法审判中的审判行为；三是依照法院的判决或者命令实施的行为；四是依法实施的正当行为或者因事实错误而确信是依法实施的正当行为；五是实施合法行为过程中的意外事件；六是为防止其他伤害，非出于犯罪故意而实施的可能造成伤害的行为；七是针对特殊刑事责任年龄和刑事责任能力的情形；八是基于八种"同意行为"的情形。对责任阻却的实践探索，并推动立法的做法值得我国学习和借鉴。

2. 关于刑罚规定

新加坡《刑法典》在第3章对"刑罚"做出了系统规范。其中需要特别强调的是新加坡刑罚的种类分为死刑、徒刑、没收财产、罚金、鞭刑（鞭刑应当以藤条执行）。可见，新加坡也是当前为数不多保留鞭刑这种肉刑制度的国家之一。此外，新加坡《刑法典》在数罪并罚上形成了立法特色：如对数罪并罚的限制适用，对数罪中存疑的处理，对侵犯女佣犯罪的加重处罚；曾被判处3年以上监禁的人又犯应判处3年以上监禁之犯罪所应判处的刑罚。对上述刑法中疑难问题的立法探索和回应，体现出新加坡刑事立法技术的发展与进步。

三、简要评述

（一）主要特色

1. 体系严谨

新加坡《刑法典》在条款下，存在"释义"和"说明"两种形式。"释义"的内容主要在于解释条文，而"说明"的内容在于以举例方式说明什么样的行为构成犯罪或者不构成犯罪，以及构成何种犯罪。另外，将条文中需要释义的名词单独成章，从而构成了第 2 章"一般解释"，这是新加坡《刑法典》在体例上的特色之处。

2. 立足国情

新加坡《刑法典》注重立足于自身国情开展立法活动。典型如对宗教犯罪的规制，在第 13 章规定了 4 种有关宗教犯罪。目前，新加坡呈现出佛教、道教、伊斯兰教、基督教、罗马天主教并存的格局[①]，宗教犯罪的立法是对新加坡民族众多、宗教信仰多元客观现实的切实回应。另外，新加坡《刑法典》中还规定了海盗罪，这也是针对新加坡地处马六甲海峡交通要道，海盗猖獗而做出的回应性立法。

3. 刑罚严厉

新加坡法治的威严在国际上可谓有目共睹，这源于新加坡人对法治的尊崇，而鞭刑是新加坡刑罚严苛的集中体现。新加坡对鞭刑立法可追溯到英殖民时期，1871 年鞭刑已正式成为新加坡的法定刑之一，至今已有 150 多年历史。新加坡鞭刑不仅历史悠久，且具有广泛的法律基础[②]。如《刑法典》《刑事诉讼法典》《危险焰火法》《持械犯罪法》《绑架法》《移民法》《滥用毒品法》《监狱法》《道路交通法》《妇女宪章》《儿童和青少年法》《2008 放贷人法》等法律规定中都有关于鞭刑的规定。

（二）存在的不足

新加坡刑法特色鲜明，但这并不意味着新加坡刑法立法就完美无瑕，一般认为肉刑的保留以及浓厚的宗教色彩是新加坡刑法备受诟病之处。

1. 保留肉刑

鞭刑是新加坡刑罚的特色所在，但在人权保障和刑罚文明大趋势下，这一特色成为立法和执法上的瑕疵而饱受批评。站在实用主义立场看，目前鞭刑具有成本低、效果好等司法执法考量；同时，保留鞭刑还有社会治安、政治环境、政治体制等方面需求的考量[③]。因此，保留鞭刑具有政治、社会、法律等方面的现实需求。

2. 宗教色彩浓厚

之所以说新加坡刑法中具有浓烈的宗教色彩，是因为新加坡《刑法典》的

[①] 韩大元：《东亚法治的历史与理念》，北京：法律出版社 2000 年版，第 249 页。

[②] 蒋凌申：《新加坡鞭刑制度争议的实质及启示——以刑罚基本立场为视角的分析》，载《云南大学学报（法学版）》2016 年第 5 期，第 132－143 页。

[③] 李晨琪：《浅谈新加坡鞭刑》，载《广东蚕业》2018 年第 7 期，第 143－144 页。

条文深深体现出了这一点。新加坡《刑法典》分则第 15 章规定了与宗教相关的犯罪。在此章之下第 295 条至第 298 条的内容都与宗教相关。在这几条的规定中，内容包括对宗教、宗教场地、宗教活动的侮辱、扰乱与侵犯，甚至包括伤害他人宗教情感也视为宗教犯罪。

第九节　泰王国刑事法律制度

泰国是东南亚唯一没有沦为过殖民地的国家，刑法立法特色突出，特别是对毒品犯罪立法值得肯定与借鉴。泰国理论上归属于大陆法系国家，成文法仍是法院判决的主要依据。从刑事司法审判系统看，主要由宪法法院、军事法院、行政法院和司法法院构成。行政法院设有最高行政法院和初级行政法院两级，军事法院主要负责审理军事犯罪以及法律法规规定的其他犯罪，司法法院负责审理以上三院管辖之外的刑事案件。司法法院除了设立大法院、上诉法院、初审法院，还设立了从政人员刑事厅、司法委员会（管理所有法官任免、晋升、加薪和惩戒等事宜）。

一、刑法发展历程

泰国刑法制度的发展演变已有 700 余年的历史。在泰国刑法典发展和完善进程中，外来因素曾起了较大推动作用。古代泰国封建刑法吸收了印度《摩奴法典》的部分内容，并表现出了浓厚的神权主义和等级特权的色彩。近代泰国刑法在西方国家影响下，特别是法国法律体系的影响下，实现了从传统法典向现代法律体系的转变，一定程度上仍表现为外来法制的民族化和本土化。

泰国第一部《刑法典》颁布于 1908 年，该刑法典主要吸收了法国和比利时的刑法原则和制度，后被 1956 年 11 月 15 日颁布、1957 年 1 月 1 日实施的现行《刑法典》所取代[1]。1956 年的刑法典目前仍适用。

近年来，随着经济社会发展和国家治理的需要，立法机关通过修正案或者法令的形式对刑法典予以完善，主要体现在以下几个方面：第一，修正了关于刑法的适用范围。1997 年修正案第 3 条增加了 "在域外犯第 282、283 条关于风化的犯罪适用国内法处罚"。第二，在刑罚与保安处分上，1987 年刑法修正案第 3 条对适用罚金易服拘役的，提高了罚金折算数额，由原来的 5 铢改为 7 铢折算一日。对易服拘役 1 年以上、2 年以下的罚金由 1 万铢以上改为 4 万铢以上。第三，1983 年修正案第 4 条规定在数罪并罚的前提下，对其总和刑，依最

---

[1] 陈兴华：《东盟国家法律制度》，北京：中国社会科学出版社 2015 年版，第 205 页。

重犯罪最高法定刑的轻重给予 10 年、20 年、50 年等不同期限的限制。第四，为适应犯罪打击的需要，对分则一些条文进行了修改，提高了法定刑。如 1992 年修正案提高了妨害名誉罪的法定刑[①]。

二、泰国刑法典的主要内容

（一）基本结构

泰国现行《刑法典》于 1956 年公布，1957 年 1 月 1 日正式实施。其框架分为总则、分则和轻罪 3 编，共计 14 章 398 条。

泰国《刑法典》总则有 2 章，第 1 章名为"适用于一般犯罪的规定"，在第 1 章之下规定了"定义""刑法的适用""刑罚与保安处分""刑事责任"等 9 节。其中，具有立法特色的是第 1 条将有关刑法术语如欺骗、公共场所、凶器、暴力、文书等的含义进行了明确界定，避免了司法实践中的歧义，有利于准确理解立法原义和统一司法。第 2 章名为"适用于轻罪的规定"。

第 2 编"分则"是对具体犯罪构成的规定。泰国《刑法典》按照犯罪的类型划分为 12 个章节，按照犯罪客体为标准进行排序，分别为：关于国家安全的犯罪、关于公共管理的犯罪、关于司法的犯罪、关于宗教的犯罪、关于公共秩序的犯罪、关于公共安全的犯罪、关于伪造变造的犯罪、关于贸易的犯罪、关于风化的犯罪、侵犯生命和身体的犯罪、妨害自由和名誉的犯罪、侵犯财产的犯罪。

第 3 编是有关"轻罪"的规定。该部分涉及第 367 至 398 条共计 31 条，未分章节。按照总则第 2 章的规定，轻罪是指 1 个月以下监禁或者 1000 铢以下罚金或者两者并处刑罚之罪。具体包括轻微的妨害公务行为、轻微的危害公共安全或者公共秩序行为、轻微的侵害个人法益行为。可见，"轻罪"的规定是对分则中涉及的主观恶性较小、危害不大的行为进行的规制，在我国主要是指违反治安管理处罚的行为[②]。

（二）适用范围

泰国《刑法典》对于其刑法适用范围的规定非常详细。在其第 1 章第 2 节

---

① 申华林：《东盟国家法律概论》，南宁：广西民族出版社 2004 年版，第 226 页；何勤华主编：《法律文明史 第 12 卷 近代亚非拉地区法 上卷 亚洲法分册》，北京：商务印书馆 2017 年版，第 251－252 页。

② 吴光侠译：《泰国刑法典》，北京：中国人民公安大学出版社 2004 年版，第 367、372、396、374 页。

第 4 条至第 11 条明确了"刑法适用范围"。其中，第 4 条规定了属地管辖原则；第 5 条根据犯罪行为的实施、行为人预期的结果、行为的性质、预备犯或者未遂犯的特殊行为情况对《刑法典》的适用范围做出了规定。第 6 条对泰国领域内犯罪的域外共犯如何适用做出了规定；在第 7、8 条规定了域外犯罪《刑法典》适用情况；第 9 条对泰国政府官员在域外从事特殊犯罪适用刑法典的规定；第 10 条规定了在泰国领域外犯特定罪行并且符合第 10 条的特殊规定的，适用《刑法典》情形；第 11 条规定了泰国领域内犯罪涉及与外国法院协作的有关规定。

（三）关于犯罪的规定

泰国《刑法典》未对犯罪含义做出明确立法规定，但受法国刑法理论影响，理论上采取了犯罪构成三要件说，即法律要件、主观要件、客观要件[①]。具体来看，法律要件要求构成犯罪需有明确的法律规定为前提和准则，一个行为是否构成犯罪要看该行为是否满足刑法典所规定的模型。主观要件即罪过形式。在泰国刑法中，罪过形式也分为过失和故意两种。从泰国《刑法典》第 59 条第 1 款的规定："行为人，除法律规定应当对过失行为负责，或者法律明确规定即使非故意行为也应当负责外，仅对其故意行为负刑事责任。"可以看出，一般来说故意行为才具有可罚性，而过失行为可罚性需要法律明文规定，否则就不能认定为犯罪。客观要件通过一定的外部行为来证明行为人是否具有罪过，包括作为和不作为。

（四）刑事责任与刑罚

泰国《刑法典》第 59 条明确了"惩罚故意犯罪为主，惩罚过失犯罪须有法律明确规定"的责任追究原则。《刑法典》对"排除刑事责任的主体原因"规定值得关注，从《刑法典》中可以看到，犯罪构成三要件认定某个行为是否为犯罪，但是这并不等于该犯罪行为人就一定承担刑事责任，原因在于可归责性与不可归责性。在我国刑法中，犯罪主体是犯罪构成的基本条件之一，而在泰国刑法中，可归责性也是从行为主体角度出发，来认定行为人的刑事责任，因行为主体导致不承担刑事责任的原因就被称作"排除刑事责任的主体原因"。

对刑事责任年龄，泰国《刑法典》将其划分为四档：分别为 7 岁以下、7～14 岁、14～17 岁、17 岁以上。对精神状态，刑法典将其界分为四种：因精神障碍而致的无责任能力、因特殊身份而致的无责任能力、认识错误而致的无责

[①] 梅传强：《东盟国家刑法研究》，厦门：厦门大学出版社 2017 年版，第 150 页。

任能力、和受胁迫而致的无责任能力。如《刑法典》第 65 条规定：犯罪时不能辨认其行为的性质或者违法性，或者因心智缺陷、精神病或精神消耗而不能自我控制的，不予处罚；第 71 条规定丈夫或妻子对对方犯第 334 至第 336 条第 1 款、第 341 条至第 364 条之罪的，不应处罚。认识错误分两种即事实性错误和禁止性错误，所谓禁止性错误是指行为人不知道自己的行为系法律规定的犯罪行为。《刑法典》第 64 条规定，原则上不能因为行为人不知道其行为违反了法律而免除刑事责任，但法院可以给行为人举证的机会，如果法院认为行为人确为不知法而犯罪的，那么就必须减轻行为人的法定刑罚。

三、简要评述

（一）主要的特色

1. 注重对未成年人的保护

泰国《刑法典》关于未成年人犯罪的刑事责任年龄划分更为精细。具体来说，未满 7 周岁的未成年人犯罪不予处罚，而对 7 周岁以上但未满 14 周岁的未成年犯罪人不予以刑事处罚，但附加监护人一定的条件和法律后果，如第 74 条第 1 款规定："警告后放回，即法院认为适当时可以传唤其父母、监护人或者同居者，施以警告。"① 第 74 条之下规定了此款在内的 5 款处置方式。在第 75、76 条中分别对 14 周岁以上但未满 17 周岁的未成年犯罪人（判处刑罚的考虑因素为其责任感和其他个人因素）、17 周岁以上但未满 20 周岁的人犯罪（减刑幅度大且减刑情节多样）做出了规定。

2. 专门规定了保安处分

《刑法典》在第 1 章第 2 节第 2 目中规定了保安处分。保安处分包括管训、禁止进入特定地区、提供附加担保物的安全保证书、医院限居和禁止执业五种。在保安处分中，能明显看出对犯罪时未满 17 周岁的未成年人有一定的宽恕。例如在第 41 条中处以管训处罚的款项规定下规定：对犯罪时未满 17 岁的未成年人，不得依本条规定考虑管训②。

3. 专门规定与宗教相关的犯罪

佛教在泰国处于国教地位，在刑法中专章规定与宗教相关的犯罪。《刑法典》第 206 到 208 条规定，对侮辱宗教的行为、宗教活动以及宗教标志，宗教职业等规定了惩罚措施。

---

① 吴光侠译：《泰国刑法典》，北京：中国人民公安大学出版社 2004 年版，第 74 页。
② 吴光侠译：《泰国刑法典》，北京：中国人民公安大学出版社 2004 年版，第 41 页。

(二) 存在的不足

1. 缺乏单位犯罪的规定

从世界各国的刑事立法看，英美法系国家承认单位可成为犯罪主体，而大陆法系国家对单位犯罪由最初的否认到后来的概括承认法人可成为犯罪主体。纵观泰国《刑法典》，无论是总则还是分则，都未涉及单位犯罪的规定，这不得不说是立法内容上的一大缺陷。

2. 未区分部分既遂与未遂犯罪处罚

尽管在总则中明确了未遂的处罚，但在分则中，仍有部分犯罪将未遂与既遂处于相同的刑罚。如第107条规定："造成国王死亡的，处死刑，犯前款罪未遂的，处同样的刑罚。"通过梳理，这样的规定并非个例，还存在一定数量。我们认为对未遂之罪处以既遂之罪的刑罚，有违责任主义的原理。从世界各国的刑事立法看，在不考虑犯罪情节的情况下，大多国家都规定未遂处罚轻于既遂。这反映出泰国《刑法典》对这些未遂犯罪的苛严。

3. 部分章节排序合理性欠佳且部分重要罪名缺失

按照主流立法惯常，一般按照对法益侵害的程度由重到轻排序。但在泰国《刑法典》第2编具体犯罪的排序上，并非遵照这一惯常，出现时重时轻而缺乏协调性与规律性可循。同时，一个比较突出的问题是对实践中一些频发的犯罪存在立法规定不全的问题。如在规定危害公共安全犯罪上，具体罪名设置较少，对非法制造、买卖枪支、弹药、爆炸物罪，交通肇事罪等均无规定，这在国际恐怖主义抬头和交通事故频发的情势下，这部分罪名的缺失，不得不说是立法上的一大缺陷。

第十节　越南社会主义共和国刑事法律制度

越南紧邻中国，坚持走社会主义道路，这就决定了越南刑法典与中国刑法典具有千丝万缕的联系。当前，越南适用的是1999年12月21日颁布、并于2020年7月1日生效的《刑法典》，俗称"99刑法典"。该《刑法典》采用"总则+分则"的立法模式，总则共10章，分则计14章，《刑法典》共280个条文。

一、刑法发展历程

中国古代刑法对越南的影响深远，这源于公元10世纪前，越南北部曾归属中国缘由。当时，秦朝在如今的越南北方设立桂郡、象郡和交趾。公元1042

年,李太祖颁布了《刑书》,1483年黎圣宗按照中国法律制定了《洪德法典》;1815年阮朝颁布《皇朝律例》,又称为《嘉隆法典》,在这部法典中更是专编规定刑法制度。总体来说,在公元10世纪以前,越南刑法适用古代中国刑法,之后一段时间内也是仿照古代中国刑法,直到1945年越南民主共和国成立。由于长期处于战争状态,直到1985年才颁布第一部带有计划经济色彩的《刑法典》,之前越南仅在1980年颁行过一部《惩治贪污、贿赂罪条例》。此后,随着市场经济深入发展,越南因势因时颁布了第二部《刑法典》,于2000年7月1日生效。①

二、《刑法典》主要内容

（一）基本结构

越南现行《刑法典》由总则、分则两部分组成②。

越南刑法典中总则分为10章。在第1章中,规定了刑法典的基本条款,即刑法的任务、处罚原则等;在第2章中规定了刑法的效力;第3章中规定了犯罪;第4章规定了追究刑事责任、免予刑事责任的时效;第5章对刑罚的一系列问题做出了规定;第6章介绍了相关司法措施;第7章为刑罚的具体规定;第8章介绍了执行判决的相关规定;第9章对取消案籍做出了详细规定;第10章专章规定了未成年人犯罪,例如处理未成年犯罪的原则、对未成年人适用的司法措施等等。

在分则部分,根据犯罪类型的划分标准,分为危害国家安全罪、危害他人生命、健康、人格名誉罪、侵犯公民自由、民主权利罪、侵犯财产罪、侵犯婚姻家庭罪、侵犯经济管理秩序罪、破坏环境罪、关于毒品的犯罪、危害公共安全、公共秩序罪、破坏行政管理秩序罪、职务犯罪、妨害司法活动罪、侵犯军人义务、责任罪、破坏和平罪,反人类罪。越南《刑法典》直接将危害他人生命、健康、人格名誉罪以及侵犯公民自由、民主权利罪安排在危害国家安全罪之后,足以说明越南对人权的尊重和保护。

（二）适用范围

越南《刑法典》在第2章规定了其适用范围,即刑法的效力。具体分为刑法的空间效力和时间效力。空间效力包括在越南共和国领域内的犯罪的效力和

---

① 梅传强:《东盟国家刑法研究》,厦门:厦门大学出版社2017年版,第268页。
② 米良（译）:《越南刑法典》,北京:中国人民公安大学出版社2005年版,第1-3页。

在越南共和国领域外(包括越南公民、常住越南的无国籍人以及外国人)犯罪的效力。

时间效力指《刑法典》适用于生效后发生的一切犯罪行为。对于《刑法典》规定的新罪名、新的刑罚、新的从重情节或者限制对缓刑、免予刑事责任、免予刑罚、减刑、注销案籍等对被告不利的规定,一切依新《刑法典》的规定,而不适用法典生效前实施的行为;而对被告有利的规定在适用范围时,可适用于法典生效前实施的行为。

(三) 关于犯罪的规定

总则第三章对"犯罪"做了规定,涉及犯罪的概念、犯罪的种类等;同时,对故意犯罪、过失犯罪、刑事责任年龄、正当防卫、紧急避险、犯罪形态、共同犯罪、包庇罪、不告发罪等概念都做出了详细的解释。其中,第22条不告发罪中对告发者的身份和适用情形皆做了严格限定,即不告发者是罪犯的祖父母、父母、子女、孙子女、同胞兄弟姐妹、妻子、丈夫时,仅限于犯罪行为危害了国家安全犯罪或为第313条规定的特别严重犯罪时,才会承担不告发罪的刑事责任。[①]

(四) 刑事责任与刑罚

1. 关于责任规定

越南《刑法典》总则第4章对刑事责任追究、刑事责任时效做出了相关规定。在本章之下,第23条根据犯罪危害程度,对轻微犯罪、一般犯罪、严重犯罪和特别严重犯罪规定了不同的时效;第24条对不适用追究刑事责任时效做了规定;第25条下设3款,规定了刑事责任豁免情形。

2. 关于刑罚规定

越南《刑法典》总则第5至8章规定了刑罚的基本概念、基本理论和适用规则等内容,并强化刑罚的目的是预防犯罪而非惩罚,后者只是实现前者的手段,这种预防刑罚观与我国刑罚所持立场基本一致。但在刑罚适用上与我国不同,如警告、罚金、监外改造、驱逐等措施在越南属于主刑,在中国被赋予主刑功能的管制刑却被置于附加刑中,并且规定当罚金和驱逐不适用主刑时可以适用附加刑。第6章规定了司法措施,如没收财产、强制治疗等。第7章设立了决定刑罚,包括量刑情节和量刑制度,同时也对数罪适用规则做出了原则规定,此外,对犯罪形态的处罚也做了规定。第8章规定执行判决的时效、免予

---

① 米良译:《越南刑法典》,北京:中国人民公安大学出版社2005年版,第22页。

执行刑罚的情况以及减刑有关事宜。第9章设置了"取消案籍制度",这是对消除犯罪痕迹的积极探索,值得肯定与借鉴。第10章专章规定了未成年人犯罪刑罚适用。从具体内容看,对未成年人主要采取以教育和改造为主的原则。

三、简要评述

(一) 主要特色

1. 刑法溯及力上采"从新兼从轻"原则

我国刑法溯及力采取"从旧兼从轻"原则,但越南刑法典规定,某个行为被以前的刑法规定为有罪而现行刑法不认为有罪的不予以刑罚。如果案件正在侦查、起诉、审判的,必须终止。如果已经做出判决正在执行刑罚的,不再执行剩余刑罚;如果尚未执行或缓刑的,免于执行全部刑罚[1]。由此看来,越南刑法在溯及力上持"从新兼从轻"原则。

2. 规定了不告发罪(亲亲相隐)

越南《刑法典》总则第22条规定了不告发罪。越南《刑法典》分则第102条对不告发罪基于犯罪主体差异设置了两款规定。第1款明确为一般主体,适用情形是只要知道犯意正在预备、实施或者已经完成而不告发者,就必须承担第313条规定的责任;而第2款规定了特殊责任主体,即不告发者系罪犯直系亲属,且当犯罪为危害国家安全罪或者第313条规定的特别严重犯罪时,才承担相应刑事责任。

越南刑法中的亲亲相隐规定归因于中国传统亲亲相隐制度对其社会治理的深刻影响,这种制度的规定对犯罪嫌疑人来说不至于觉得被至亲抛弃而产生愤恨心理;对犯罪嫌疑人的亲人来说,使他们不必被迫大义灭亲,保护了他们作为人的选择权利;对社会来说,稳定了其发展的根基"人"。因此,越南刑法规定不告发罪是把握和尊重人性的具体体现[2],彰显了刑法威严之外的柔情和仁爱。

3. 关于"见死不救罪"规定

越南《刑法典》第102条规定了对生命处于危险境地者故意不救罪。此条之下分为3款,分别处以不同程度的处罚。第1款针对不救助主体为虽非危险制造者,但有条件救助却没有救助的;第2款针对不救助主体为不求助者本人就是危险的引起者或者有职务上或者法律上救助的义务;第3款规定可以对不

---

[1] 《越南社会主义共和国国会第十届六次会议关于施行〈刑法典〉的决议》。
[2] 郑莉:《论"亲亲相隐"制度之合理性》,《江苏经济报》2020年3月4日,第B03版。

求助者实施的从业禁止。"见死不救罪"在传统刑法理论中被认为是不作为犯罪。构成不作为犯罪有三个条件,即行为人有积极作为的义务、行为人有能力履行而未履行、行为人没有履行一定的作为义务而造成了一定的危害结果。可见,越南刑法对不作为行为的规制,是对市场经济条件下社会伦理道德水准下滑的干预与调控,是刑法发挥社会管理功能的直接体现,其进步意义显而易见。

4. 关于案籍取消制度规定

越南《刑法典》第9章专章规定了案籍取消制度。第63条对"案籍取消"做出了定义:被结案者可按本法第64条至第67条的规定取消案籍。被取消案籍者视为未被结案,并由法院发给证明①。取消案籍制度有利于罪犯在接受改造、诚心悔错之后更好地融入社会生活,防止再犯罪的发生。

(二)存在的不足

1. 《刑法典》的规定仍不够精细

如越南《刑法典》将玩忽职守行为造成的后果区分为财产损失和其他严重后果,如果造成财产损失则构成第144条的玩忽职守给国家造成严重损失罪;如果是非财产损失的严重后果,则构成第285条的缺乏责任心造成严重后果罪。立法把前者规制在侵犯财产罪一章,将后者规制在职务犯罪一章,这种根据先行行为造成的结果予以判断而忽视玩忽职守这个关键的先行行为,不得不说是犯了逻辑错误。这不仅暴露出立法技术不够科学的问题,也是刑法典缺乏精细的佐证。

2. 刑事立法尚不能适用市场经济建设需要

《刑法典》第142条规定的违法使用财产罪被打上深深的计划经济烙印。行为人以营利为目的使用财产,按照市场经济理论,既可能出于合法目的之使用,也可能有违法目的之嫌疑。进一步讲,如果是违法行为,其手段行为如果构成犯罪,就可能涉嫌盗窃罪、侵占罪等。而手段行为之后的使用行为无论是否以营利为目的,都应视为一种事后处分行为,是不可罚的。如果手段行为不构成犯罪,按照民法理论,只是一种一般违法行为或者无因管理行为,也不能以行为人是否有营利目的使用财产,对行为人进行定罪处罚。可见,将合法的市场行为纳入犯罪打击范围,反映出现行刑事立法带有明显计划经济思维。根据笔者梳理,这种立法逻辑并非个案,这表明越南刑事立法尚未适应市场经济建设这个大局。

---

① 米良译:《越南刑法典》,北京:中国人民公安大学出版社2005年版,第27页。

第四章 民事法律制度

东盟十国除泰国外，都曾在近代沦为西方列强的殖民地。其中，文莱、马来西亚、缅甸和新加坡曾是英国殖民地；柬埔寨、老挝和越南曾是法国殖民地；印度尼西亚和菲律宾分别被荷兰和美国殖民。由于深受殖民国家法律文化的影响，东南亚各国在民事法律制度上各具特色，有的形成了通行全国的民法典，有的继续追随英美法的判例体系，还有的国家兼具两大法系的特点。由于东南亚国家的经济基础及经济发展速度差异较大，法治进程也各有不同，有的国家制定了新的《民法典》，有的国家通过宪法确定了殖民时期的民事法律继续有效实施，必要时进行修改。此外，东南亚国家受宗教影响非常大，伊斯兰教、佛教、基督教等教义对民事关系的调整比其他法律部门更为突出；很多国家民族、族群众多，习惯法也深刻融入对民事关系尤其是婚姻家庭关系的调整；此外，还有的国家在不同地理区域实施不一样的民事法律制度，再辅之以人际法进行调整。以上种种因素，使得东南亚国家的民事法律制度呈现极大的差异性。因此，本章对有《民法典》颁布实施的国家将按民法典体系进行介绍；对既有《民法典》又有关于婚姻家庭法的国家则分别进行介绍；对没有统一民事法律制度的国家，则对该国调整民事关系的规则择要做简要介绍。

第一节 文莱民事法律制度

文莱因其历史原因，造成英国习惯法规则至今仍是其主要的法律渊源。15世纪传入的伊斯兰教是文莱的国教，此外，佛教和基督教对文莱的影响也较大，所以文莱的民事法律制度还具有浓厚的宗教色彩。因为在涉及民商事纠纷的问题上，文莱并没有成体系的民事法律制度，所以本节仅介绍文莱《合同法》及《婚姻法》的相关规定。

一、合同法

(一) 概　述

文莱《合同法》于1939年4月17日正式生效，那时的文莱仍处于英国殖民统治之下。文莱独立后，该法于1984年进行修订后继续适用。2015年，文莱对《合同法》再次进行了修订，目前在文莱适用的仍是此修订版的《合同法》，是调整文莱合同关系的制定法[①]法律渊源之一。

文莱《合同法》包括前言和正文两部分。正文分通知、承诺与撤销；合同、可撤销合同与无效协议；附条件的合同；合同的履行；准合同关系；违约责任；赔偿合同；担保合同；委托合同；代理；合伙共11章219个条款[②]。

(二) 合同的订立

根据《合同法》规定，在文莱，合同的订立需要通过要约和承诺两个步骤。

要约应具备的条件包括：要约人具有真实订立合同的意思表示、具有必要内容且有效送达受要约人。要约的通知、承诺和撤销被认为是一方当事人通过作为或不作为的方式实施的通知、承诺、撤销的行为。当事人通过该种行为意欲实现要约、承诺或撤销的通知或通知的效力。当受要约人知道其收到了要约，要约的通知完成；要约人可以在受要约人作出承诺前的任何时候撤销要约。要约可以撤销，要约人向受要约人发出撤销通知；要约中要求在明确期限内作出承诺，经过该期限承诺未作出，或要约中未明确承诺作出的期限，但经过合理期限承诺未作出；受要约人在作出承诺前未完成约定的条件；受要约人在承诺前知道了要约人死亡或精神失常的事实。撤销通知自向对方发出即完成，对于被通知人，当其知道通知时通知完成。

承诺必须是绝对的和无条件的。除非要约规定了承诺的方式，承诺应当以通常并合理的方式作出；若要约规定了承诺的方式，受要约人未按照规定的方式承诺，要约人可以在收到承诺后的合理期限内坚持要求承诺人按照规定的方式作出，若要约人未要求则视为接受承诺。对于要约人，承诺自受要约人向要约人发出即完成，对于受要约人，承诺为要约人所知时承诺完成。受要约人可

[①] 文莱合同法律制度渊源包括制定法和判例法。关于合同的制定法主要有《合同法》《货物买卖法》以及相关的司法解释。

[②] 文莱《合同法》英文本见 https://www.agc.gov.bn/AGC%20Images/LAWS/ACT_PDF/cap106.pdf，最后访问日期2021年8月20日。

以在承诺通知完成前撤销承诺。

按照该法规定，若协议由具有行为能力的主体自由达成，具有合法的约因与标的，且未被明确宣布为无效，则构成合同。合同的有效要件包括：有订约的意图、有合法的对价、有合法的标的、当事人有缔约能力。当对协议的同意是由胁迫、欺诈、误传及不正当影响诱导造成的，这个协议构成一个可撤销的合同。撤销权通常由因意思表示不真实而受损的一方当事人享有。

（三）无效合同、可撤销合同与附条件合同

根据文莱《合同法》的规定，导致无效协议①的原因主要有：协议的对价或合同标的违法；协议没有对价（例外情形除外）；限制交易；限制他人从事合法职业、贸易、商业活动的协议；限制通过正常的法律程序行使权利和限制行使权利时间的协议；内容不确定或无法确定的协议；赌博协议；其他原因，如约定实施不可能的行为的协议，约定实施某一行为的合同在合同订立后该行为变为不可能等。

《合同法》规定可撤销合同的情形主要包括：胁迫、不正当影响、欺诈、虚假陈述。由于对文莱法律的误解而订立的合同及仅由一方当事人对合同的误解所订立的合同，不属于可撤销合同。

另外，《合同法》还规定了附条件合同，即当事人对合同的效力可以约定附条件，也可以称为不确定合同。附条件合同包括：以将来可能发生不确定的事件作为条件的合同；以将来可能不发生不确定的事件作为条件的合同；以在固定的时间内不确定的特定事件的发生作为条件的合同；以在固定的时间内不确定的特定事件的不发生作为条件的合同。

（四）合同的履行与违约责任

对于合同的履行，合同双方必须履行各自的承诺或表示愿意履行各自的承诺，除非依法免除和豁免。履行合同的当事人须满足的要求包括：合同的履行必须是无条件的；必须在适当的时间和地点作出，并且在这样的条件下被提供履行的一方当事人可以有合理的机会确信提供履行的一方当事人能够并且愿意在此时此地履行其所承诺的全部内容；如果这种提供履行是对被承诺人交付任何物品，那么被承诺人必须有合理的机会保障被提供的物品就是承诺人承诺交付的物品。合同履行的主要规则还包括：履行的主体、履行的时间和地点、对有连带关系的履行、互惠性承诺的履行等。

---

① 这里的无效是狭义的无效，不包括合同被事后撤销导致的无效。

按照合同法规定，出现下列情形，当事人可不履行原合同：当事人同意用新合同取代旧合同，或者废除、变更合同；每一个被承诺人都可以全部或部分免除对其承诺的履行，或者延长履行时间，或者接受他认为满意的替代履行；有撤销权的一方撤销了合同，另外一方不需履行他的承诺，撤销合同的一方如有获益应当返还；当协议是无效合同或合同成为无效的，有获益的需返还。

《合同法》还规定了违约的相关内容。对违约的抗辩包括：同时履行抗辩、先履行抗辩及逾期违约；违约责任是以损害赔偿为主、以违约金和定金为补充的承担方式。

（五）赔偿合同与担保合同

赔偿合同是指为了挽回对方由于承诺方自身或其他任何人的行为造成的损失的合同。赔偿合同可以看作是为保障主合同的履行而设立的从合同。

担保合同是指由于一个人的违约而使第三方履行承诺或承担责任的合同。合同法对保证人担保责任的范围、连续担保、担保责任的免除、共同保证、担保人权利、无效担保作出了规定。

（六）准合同关系

这是英美法系所沿用的一个概念。基于公平合理原则，任何人不能利用他人的损失来获取利益，主要包括对无行为能力人提供必需品的给付、代为给付的清偿、无因管理、误解或胁迫下的不当得利等类型。

（七）代理与合伙

关于代理，文莱《合同法》规定，被雇佣为他人实施一定行为或代表他人与第三方从事交易的人叫代理人，被代为实施一定行为的人或被代表的人叫本人。在代理关系中的本人，应当是根据其所属国家的法律属于成年人且精神正常的人。本人对代理人的授权可以是明示也可以是默示。法律对代理人权限、代理效力、再代理、代理关系中的权利义务、无权代理及追认、代理终止撤销授权等问题作出明确规定。

合伙是两人以上为了实现共同的商业利益，共同投入财产、劳务或技术并共享收益而产生的关系。《合同法》对合伙财产的共有、利润分配、亏损承担、合伙事务的决定、入伙、退伙、合伙关系解除后的财产清算都作出了规定。

二、婚姻法

在文莱，涉及婚姻关系的法律规范主要是指 1948 年生效的《婚姻法》[1]。该法于 1984 年、2013 年分别进行过两次大的修订，1951 年、2005 年对一些条款也进行过小的修正。该法仅适用于一般的民事婚姻，而不适用于宗教婚姻，即根据穆斯林、印度教、佛教徒、达雅克人和其他受文莱国法律承认有效的婚姻法律或习俗管辖之人的习俗缔结的婚姻。文莱《婚姻法》实行一夫一妻制，只承认异性之间的婚姻，不承认同性婚姻的效力[2]。

文莱《婚姻法》共 5 章 41 条，包括正文以及 8 个附表。正文内容包括法律适用范围；缔约婚姻的资格、年龄；宗教、民事婚姻的相关规定；婚姻效力与无效婚姻的规定；对因虚假陈述、伪造文件、婚礼主持人员不合资格等行为的处罚；利害当事方向高等法院申请婚姻无效的请求等。8 个附表内容分别是禁止结婚的亲属等级、结婚通知书、正式发布禁令或正式展示通知的证明、教会婚姻登记册、民事婚姻登记册、许可证、在登记官面前举行结婚典礼上的声明、以及登记费用。

(一) 缔结婚姻的条件

1. 实质要件

婚姻缔结的实质要件包括：婚姻缔结年龄必须年满 14 周岁；缔结婚姻双方不得具有法律规定的亲缘关系；禁止重婚；精神正常；自愿缔结婚姻，不受他人强迫。

2. 形式要件

婚姻缔结的形式包括民事登记和宗教仪式两种。如果缔结婚姻女性未满 18 岁，那么在举行民事或宗教结婚仪式时，必须经其父亲同意；如果其父亲已去世，则应由其监护人或其母亲作出是否同意的表示。法律也规定，若这些长者作出不同意的决定具有不合理性，那么法院可以发出同意令以替代未成年人长者的同意。

宗教结婚是指在教堂等场所按照宗教的规定、习惯习俗、礼仪进行的结婚仪式。在双方决定缔结婚姻之前，需要将其缔结婚姻的意思通知牧师；结婚的意愿需经过公示，按规定的时间由有资质的牧师主持婚礼。婚姻缔结双方必须

---

[1] 文莱《婚姻法》英文本见 https：//www.agc.gov.bn/AGC%20Images/LAWS/ACT_PDF/cap076.pdf，最后访问日期 2022 年 7 月 20 日。

[2] 陈兴华主编：《东盟国家法律制度》，北京：中国社会科学出版社 2015 年版，第 496 −498 页。

向牧师以书面或者口头方式承诺自己与对方符合法律规定的婚姻缔结条件。牧师、缔结双方以及至少两名现场证人需在婚姻申请书上签字，并到官方婚姻登记处进行登记。登记之后，该宗教婚姻便可受到法律的保护。

民事登记结婚是指缔结双方按照婚姻登记机关的规定登记结婚。民事登记结婚要求除登记机关的登记人员和缔结双方之外，还需要两名可信度较高的证人在场，见证缔结双方的宣誓。民事婚姻的程序要求婚姻缔结双方递交通知书给婚姻登记处。结婚意愿需要进行公示，并按规定时间举行婚礼。但是不举办婚礼典礼并不必然导致该民事婚姻无效。缔结双方应当在登记机关工作人员面前宣誓之后方可获得婚姻登记。

（二）违反婚姻法的处罚

在《婚姻法》中，下列行为将被视为违反婚姻法的行为：即任何人为了获得婚姻登记而实施虚假宣誓、提供虚假信息或者虚假签字；为了达到登记结婚的目的，而违法作出同意缔结婚姻的决定；缺乏主持婚礼资格有故意主持或蓄意主持婚礼；有资格主持婚礼的主持人明知或故意在缺乏两位可信任的证人在场而主持婚礼；故意毁损婚姻登记簿、故意给不符合法律规定的当事人进行婚姻登记、故意不给予符合法律规定的当事人进行婚姻登记等。以上行为将被处以不同数额的罚款或监禁。

第二节 柬埔寨王国民事法律制度

柬埔寨的法律制度深受大陆法影响，但囿于经济发展相对落后，法律体系并不健全。在民事法律制度方面，《柬埔寨民法典》于2011年12月21日正式生效，这是柬埔寨法制化建设中的一个里程碑。尽管如此，在婚姻家庭等方面，宗教和民族习俗的影响仍旧颇深。

柬埔寨的《民法典》分为9编1305条。第1编规定了整个民法典的基本原则，如法律人格自由、意思自治、平等原则、公平原则等。这些原则对于规范财产法律关系和人身法律关系非常重要。第2编明确了"人"的概念，包括自然人和法人。自然人，不论出身、性别、职业、宗教信仰，均得以自己的名义享有权利并承担义务；在法人制度上，赋予组织以法人资格，以法人名义从事活动、承担责任；将法人财产与法人成员财产相分离。充分保障交易安全；该民法典将非营利性的注册协会和注册基金会都认定为法人并对非营利性法人进行了专门规定。第3编为"物权"。物权包括所有权、占有、用益物权等。所有权是绝对权，也是对世权；获得所有权的方式包括合同、继承、取得时效、添附等；共有是所有权的特殊形式。占有是对物的实际有效控制。用益物权是指基于合同或法律规定成立的永借权、用益权、使用权、居住权、地役权及土地特许使用权等。物权编还对国家、佛教寺院、少数民族及其他共同体的所有权及其他物权做了规定。第 4 编为"债权"部分。对债的产生、变更和消灭做了详细的规定。债包括合同之债、单方法律行为之债、无因管理之债、不当获利之债、侵权之债等。第 5 编规定了各种合同及侵权行为。在侵权之债的问题上，主张"无过错，无责任"的归责原则，但也有排除情形。动物所有人对动物伤人需承担侵权责任，这种责任承担方式是无过错责任原则的适用。第 6 编是担保编。担保指担保物权和保证。担保物权包括留置、优先权、质权、抵押权和让与担保。第 7 编是家庭编。规定亲属间应互相尊重互相帮助，严禁家庭暴力；对亲属的范围做了规定；收养关系与存在血缘关系的亲属间关系相同。第 8 编是继承编。规定继承人可以继承被继承人的全部权利和债务；继承分为法定继承和遗嘱继承两类。第 9 编是关于法典的生效条款。

可以看出，柬埔寨《民法典》是一种经典的大陆法系民法框架体系，本节对该法典中的部分内容进行简要介绍。

一、合　同

（一）合同的订立与生效

在柬埔寨，订立合同需经要约和承诺。订立的合同没有违反相关的法律即生效。年满 18 周岁或者未满 18 周岁但事后经监护人追认的，视为有完全民事行为能力。需采用书面合同才能有效的情况仅针对特殊合同而言，其他合同无需书面形式。

合同可因法律规定的原因被认定为为无效或者可撤销。合同应以适当的方式、在约定的地点、按照约定的时间和期限履行。法典规定，除非合同的性质决定该合同不得转让，一般情况下合同的义务和权利都可以按规定进行转让。

（二）特殊合同

《民法典》对销售合同、贷款合同、互易合同、承揽合同、雇佣合同、委托合同、保证合同、赠与合同、租赁合同、合伙合同等类型的合同进行了专门规定。

依法典规定，向他人借钱、借食品或相关的产品或其他谷物及可替代的物品且借期截止后将会归还同种类、同质量和数量的物品时，双方会形成消费借贷。如果双方签订了书面借贷协议并约定了利息，则可以支持利息，如没有约定利息的，可根据法律规定确定利息。在消费借贷中约定复利是合法的，而且约定违约金也是合法的，但有最高限额。

二、民事责任

（一）违约责任

合同一旦生效，当事人就有义务遵守其规定。如果没有履行、延迟履行或无法履行合同中规定的义务，则发生违约。债务人不履行义务的，债权人可以要求实际履行、损害赔偿或者终止合同。在违反合同的情况下，受害方有权获得赔偿，赔偿范围不仅包括合同价值，还包括因不履行合同而产生的任何费用。法院还可以对受害方提出的任何精神损害赔偿做出决定。此外，债务人和债权人可以分别提前确定支付损害赔偿金的条件和应支付的金额；但是，免除义务人因故意或重大过失而不履行义务的特别协议无效。

（二）侵权责任

被侵权人可以主张侵权人赔偿因为侵权行为造成的损失，或主张修理费等。如被侵权人死亡，被侵权人的继承人有权继续向侵权人主张赔偿以及精神损害赔偿金等。

（三）其他民事责任

法典定义了无因管理之债、不当得利之债、产品缺陷、土地及地上构筑物造成损害等几种情形。

（四）责任的免除

柬埔寨《民法典》规定可以免除行为人承担民事责任的情形有：受害人同意或认同发生损失或损害的；正当防卫或紧急避险情况下发生损害的；行为被当下社会标准认为恰当，不应当承担损害责任的。

三、不动产物权制度

柬埔寨《民法典》规定，不动产买卖合同的文本必须是由相关政府机关提供，并由公证机关公证签署后才能生效。不动产租赁合同的租期以15年划分，也可以不明确租赁期间。超过15年的租赁称永久租赁，这类租赁合同的租赁期最长不得超过50年；但是租期届满后可续租，续租期同样不超过50年；永久租赁合同必须以书面合同方式签署，需同时到土地管理部门进行备案。但是到土地管理部门进行备案并非永久租赁合同生效的要件，仅具有对抗第三人的效力。不动产的担保有四种方式：留置权、优先权、典权、抵押权。此外，还规定了土地特许经营权。土地特许经营权权利人与永久租赁人享有类似的权利。

四、婚姻家庭和继承法

柬埔寨《民法典》明确规定了家庭成员应互相尊重和支持、防止家庭暴力、禁止重婚、禁止近亲结婚等基本原则。法典中关于婚姻问题的相关条文，对柬埔寨的传统与风俗给予了极大的尊重①。

（一）婚姻关系

1. 婚　约

婚约及订婚仪式具有法律效力。婚约以结婚为目的而产生，可解除，解除时应退还婚约礼物，单方解除要对不当解除给对方造成的损失承担责任。

2. 结　婚

结婚需要双方有自愿缔结婚姻的合意。法典规定法定婚龄为18岁，如一方已满16周岁不满18周岁结婚的，需得到双方父母或监护人同意，或向法院申请裁决。女性离婚后再婚的，需至少间隔120天，除非有医生证明未怀孕。

结婚需提出结婚申请、经结婚预告登记、在婚姻登记官主持下缔结并进行婚姻登记。婚姻可因胁迫、未签婚姻合同、未做婚姻登记而无效；婚姻可撤销。对婚姻无效或撤销的认定及财产处理，法典有专门规定。

此外，夫妻有同居、互助、合作义务。夫妻财产可由双方约定，约定需符合法律规定的合法条件，书面签订协议；未进行财产约定的采用夫妻法定财产制，即除法定个人财产外，都是共同财产，夫妻双方共同使用共担义务，不得擅自处理共同财产。

3. 离　婚

按照法典规定，离婚必须通过诉讼方式，即使协议离婚也需获得法院批准。一方基于法定理由提起离婚诉讼，情感破裂且无恢复可能的，法院可判决离婚。离婚须妥善处理夫妻共同财产并对子女养育、监护、探视等问题做出约定。

（二）家庭关系

1. 收　养

收养分为完全收养和不完全收养。完全收养即意味着被收养人和其血缘父

---

① ［柬埔寨］孟查利亚、［日］田中和子：《柬埔寨〈民法典〉与〈民事诉讼法典〉的重新制定——在日本的法律技术援助之下》，梁鹏译，载北京外国语大学亚非学院编：《亚非研究（第二辑）》，北京：时事出版社2009年，第534页。

母彻底结束父母子女关系。形成完全收养关系的前置程序比较复杂，条件也较为苛刻。相对于完全收养，不完全收养的对象可以是任何不满 25 周岁并且符合法典要求的自然人。不完全收养不隔断被收养人和其血缘父母间的父母子女关系，被收养人仍然具有对其血缘父母财产的继承权。

2. 父母权利

父母权利主要是养育子女和管理子女财产，但父母权利也是义务，没有完成法定义务，行使父母权利者需要承担法律责任。

3. 监　护

未成年人的监护由法院按照法律的规定指定监护人。被指定的监护人可辞职，也可因法律规定的条件被解除监护权。法院对监护人依法典规定进行监督和管理。另外，《民法典》还对监护人的权利和义务以及应承担的法律责任、除未成年人监护外的一般监护进行了详细规定。

（三）继承关系

继承分为法定继承和遗嘱继承两类。按法定继承的相关规定，有三个顺位的继承人。第一顺位为被继承人的子女；如果被继承人没有直系卑亲属，则直系尊亲属为第二顺位继承人，如亲等不同，亲等近者优先；第三顺位为被继承人的兄弟姐妹。被继承人的配偶与以上继承人有同等顺位。如果继承人不止一个，则每个共同继承人均应按照其在继承人中所占份额的比例，继承死者的权利和义务；但本质上不可分割的权利和义务应继续不分割。共同继承人应为继承财产的共同所有人。

在遗嘱继承中，继承人可因下列原因丧失继承资格：因故意或企图造成死者或继承者中具有先后或同等地位的人的死亡而直接或间接被判处刑的任何人；知道死者已被谋杀的任何人未提出指控或投诉[①]；任何人以欺诈或胁迫手段阻止死者订立、撤销或更改与继承有关的遗嘱；以欺诈或胁迫手段诱使死者订立、撤销或更改与继承有关的遗嘱的任何人；伪造、更改、破坏或隐瞒死者遗嘱中有关继承的任何人。

此外，法典还对遗嘱能力、形式、遗嘱中应包括的事项、效力、遗嘱的撤销、执行、遗产的管理等问题做了专门规定。

---

① 除非该人缺乏辨别是非的能力或者谋杀者是该人的亲戚，否则是该人的配偶或直系亲属。

第三节　印度尼西亚共和国民事法律制度

印尼是一个传统的多民族多宗教信仰的国家，有 100 多个民族，爪哇族人口占全国总人口的 45%。在历史发展进程中逐步形成的民族习惯深深影响了印尼土著居民的行为，有一些习惯规则已被立法吸收到现代法律制度中。在印尼，被政府承认的宗教有多种，按照印尼建国时的基本原则，国民一定要信仰宗教。因此，宗教习俗也影响了印尼的民事法律制度。印尼是全世界信仰伊斯兰教人口最多的国家，伊斯兰教法源于《古兰经》，规定穆斯林的行为准则，其关于婚姻家庭等民事领域的制度规定与伊斯兰教法的道德与价值观念紧密结合①。而且印尼法律制度的发展深受欧洲大陆法系特别是荷兰法律的影响，但印尼却没有建立统一的民事法律体系，因为彼时荷兰殖民者对商业以外的不影响利益的关系都交由当地法调整，即使 1848 年制定了《民法典》，也只适用于境内的欧洲人与东方人，本地人仅在其社会需要的情况下适用成文法，习惯法继续有效。

因此，印尼的民事法律规范，尤其是"人法"，是民族习惯、宗教习俗、国家制定法、判例法同时并行的。由于不同法律对印尼不同人群有效，如果社会关系涉及不同类型的人群，往往需要通过法律适用规则——人际法来解决法律适用问题。这种精密的多元主义法律体系极具特色，但对于研习印尼民事法律制度来说，却带来诸多的影响和阻碍。

一、《民法典》

如前所述，印尼并没有通行全国的民事法律制度。本节介绍的《民法典》是 1848 年荷兰殖民时期颁布的，表面上已不再认为具有法典效力，但在说明适用于社会的现行不成文法的有关准则时成为法官参考和理解法律内容的法律渊源。因此，只要与 1945 年宪法的精神不相违背，《民法典》仍然可以适用②。该法典是对 1838 年荷兰民法典的复制，内容非常庞杂，总计 4 编共 1993 条。《民法典》4 编的内容分别为个人编、财产编、合同编、证据及时效编。其中财产编包括的内容较为宽泛。主要包括财产法总论、物权法、关于遗产和遗嘱的规定、债权及优先受偿权规定、保证与担保制度等。有关财产的规定直接来

---

① 参见《印度尼西亚》，中华人民共和国商务部网，http://policy.mofcom.gov.cn/page/nation/Indonesia.html，最后访问日期 2021 年 8 月 20 日。

② 何勤华主编：《法律文明史 第 12 卷 近代亚非拉地区法 上卷 亚洲法分册》，北京：商务印书馆 2017 年版，第 322－323 页。

源于已经定型的荷兰法，符合欧洲人在印尼的需求①。而在法学研究上，通常又将印尼的民法体系分为人身法、家庭法、财产法和继承法四个部分②。

本节对《民法典》中的人法、继承法及合同法的内容进行简要介绍。

（一）人　法

对于印尼的《民法典》，个人编的内容包括公民权利、民事登记、居住地或住所、婚姻、离婚、家庭法、监护权等。不过印尼《民法典》第1编中有关婚姻的规定已被1974年的《婚姻法》取代，不再适用。第1编规定的内容还包括：自然人的民事权利始于出生，终于死亡；从母体诞生的孩子，如果是死胎，应该被视为从未存在且没有任何民事权利；个人的主要住所地为其居住地；没有住所地的，其实际居住的场所也可被视为其居住地。

（二）继　承

继承只能发生于被继承人死亡以后。法定血亲之间以及存活的配偶均有继承权。法定血亲为子女、直系血亲后裔等三代以内或三代以上的直系血亲；同一亲等之间享有平等继承权。明确规定父母离婚后遗产的分割、兄弟姐妹间的继承权、父母一方死亡一方存活以及六亲等以上血亲不享有继承权。该法典对于婚生子女和非婚生子女在继承权上做了不同的规定：被继承人如果留有法律上认可的非婚生子，那么该非婚生子女也享有相应的继承权，其中包括了被继承人有配偶和法定继承人的，非婚生子可以继承1/3的财产；被继承人没有法定继承人或者配偶的，非婚生子可以继承一半的财产，但被继承人如果有其他晚辈直系血亲，或者兄弟姐妹以及兄弟姐妹的晚辈血亲，那么非婚生子也只能继承财产的1/3。这样的规定符合欧洲大陆国家对婚姻、家庭、血缘分三个等级看待的传统③。

法典还规定了遗嘱的概念、条件及法律效力；遗产的分割、法定份额的确定、分配及减少；遗嘱的形式和处置；遗嘱的失效；遗嘱执行人与管理人；遗产的复核；遗嘱的接受和拒绝；遗产的接管及管辖规则等内容。

---

① 陈兴华主编：《东盟国家法律制度》，北京：中国社会科学出版社2015年版，第244页。
② Irawan Soerodjo, "The Development of Indonesian Civil Law", *Scientific Research Journal*, Vol. IV, Issue IX, September 2016, p. 31.
③ 陈兴华主编：《东盟国家法律制度》，北京：中国社会科学出版社2015年版，第247－248页。

(三) 合 同

民法典合同编对于合同的订立条件、合同生效、无效合同、合同解除等进行了规范。

在印尼,具备合同各方合意、合同各方当事人均有适格民事行为能力、有明确标的物、合同标的物须合法等要件的合同为有效合同。根据《民法典》第1330条的规定,未成年人、被羁押人、以及被法律限制签订某些协议的女性,无签订协议的资格。另外,法典规定,不满21周岁且未根据民法典第330条已经结婚的人是未成年人,没有民事行为能力。但随着2004年《公证人法》的颁布,年满18周岁或已结婚之人视为成年人,《民法典》第330条的规定不再有效[①]。印尼法律规定合同须有明确的标的物,这样才能确定合同各方的权利与义务。

此外,签订合同的目的也必须符合法律的规定。当合同的各方达成一致,合同就已经成立,且不需要固定的格式,但特殊合同例外。生效的合同应当完全履行而不能随意解除。合同的订立是明确双方法定权利和义务的结果,在某种意义下也需要靠法律的强制力来保证实施。

《民法典》合同编还对付款、债务的代位清偿、债权债务关系的抵消、合并、豁免及合同的无效和失效问题进行了规定。合同编分论部分则对买卖合同、劳务合同、定金与订金合同、服务合同的承诺与履行、合伙及协议、法定经济实体、赠与保证、租赁、借贷、固定或永久资产、射幸、担保、转让等民商事合同进行规范。

二、婚姻法

印尼作为一个多民族、多宗教信仰的国度,有关婚姻家庭的规则具有明显的民族和宗教色彩。在印尼无论男女双方婚前所属何种宗教,婚后必须是一个宗教,具体怎么选择由当事双方自行协商。此外,由于印尼少数民族众多、岛屿零星分布,造成不同的岛屿区划间存有不同的婚姻习俗。由于各方对婚姻法的诉求并不一致,所以法律的制定经历了一个漫长而艰难的过程[②]。

本节介绍的是印尼1974年颁布的《婚姻法》,该法共67条。这部法律在婚姻制度、法定结婚年龄、婚姻登记程序、结婚后家长的监护权、夫妻法律地

---

① Irawan Soerodjo, "The Development of Indonesian Civil Law", *Scientific Research Journal*, Volume IV, Issue IX, September 2016, p. 33.

② 在印尼推行婚姻家庭法的难度在于:第一,需要面对当地穆斯林反对者的抗议;第二,关于婚姻法立法的实际作用以及在穆斯林者之间的冲突成为党派大选中争论最激烈的政治问题之一。

位以及夫妻家庭地位、见证离婚、司法离婚、离婚后的财产分割、对子女的监护以及子女对父母财产的继承等问题均做了规定。并且这些规定是原来的宗教婚姻、当地婚俗未明确说明的内容，给印尼人的婚姻缔结以及家庭生活带来了深远的影响[①]。

（一）婚姻家庭基本制度

根据印尼 1974 年《婚姻法》，合法婚姻是一夫一妻，欲娶多妻则必须向当地宗教法庭申请，法院对丈夫的财政能力、妻子安全、孩子能否得到公平对待等各种因素进行调查并作出决定。法律规定一个男人只能在妻子同意，或妻子残疾、不能生育的情形下，才可以娶第二个妻子。

夫妻双方都是平等的，都是印尼永久居民且住所由双方所有，夫妻共同承担维持家庭和照顾子女的责任。丈夫作为一家之主，在家庭中必须保护妻子，并尽最大可能为妻子提供可以获取的生活所需。而妻子的主要职责是管理家庭。

（二）结　婚

婚姻法规定最低结婚年龄为男子满 19 岁，女子满 16 岁，除非得到法院或者男女父母所指定的官员的特许。如果双方中有一方或者两方均未满 21 周岁，那么婚姻的缔结必须得到家长的许可。

对于印尼大部分地区而言，按原来的婚姻习俗，新人只需要进行宗教宣誓即可缔结为合法夫妻关系。而且，有的岛屿规定缔结婚姻可以不登记或者本身是不需要的，比如爪哇岛、巴厘岛。但《婚姻法》规定，缔结婚姻双方进行婚姻登记是一项法定义务，隶属于宗教事务部的登记机关负责登记穆斯林婚姻，隶属于国家内部事务部的民事婚姻登记机关则负责其他婚姻的登记。因此，为了防止缔结婚姻的当事人利用各岛屿的特殊规则尤其是利用巴厘岛无须登记的规则，《婚姻法》特别规定了巴厘当地人可以在婚姻缔结后再进行登记，但非巴厘人则必须在结婚 10 天前登记，否则婚姻无效。

（三）离　婚

《婚姻法》对离婚的实体和程序问题都做出了详细规定，比如离婚的方式及法定机关、离婚费用的增加及对一夫多妻或童婚等特殊婚姻的离婚问题，注重保护弱势群体利益。婚姻法规定经法院调解无效，作出判决后，夫妻双方可以离婚。根据伊斯兰法律缔结婚姻的男子想要离婚，必须向宗教法庭提交离婚

[①] 陈兴华：《东盟国家法律制度》，中国社会科学出版社 2015 年版，第 260 - 265 页。

通知信，并说明理由及其成因。如果符合婚姻法规定的理由且再无和解的可能，那么法院将给予见证离婚。

夫妻一方在其配偶有如下情况时，可以请求法官调解或寻求司法帮助，例如：配偶与人通奸、酗酒、吸毒、赌博以及其他恶习且屡教不改的；遗弃、无故虐待 2 年及 2 年以上或威胁生命的；生理缺陷或其他妨碍夫妻间婚姻权利义务的；被判处 5 年及 5 年以上有期徒刑的；长期不和并双方已无意愿继续生活的其他情况。

离婚后，在子女或前妻的请求下，法院可责令男方当事人按当地平均生活水平给付子女和前妻赡养费。离婚的双方对子女均有监护权，都要承担监护的责任。如果离婚时，双方在子女监护问题上有争议的，法院应宣布判决由父亲承担抚养和赡养的责任，如果其无法承担，法院可责令母亲分担相应的费用。

第四节　老挝人民民主共和国民事法律制度

老挝先后被法国、日本、美国占领，在较长时间内是法国的殖民地，导致老挝的法律制度兼具大陆法和英美法特点。老挝民事法律制度的法律渊源包括国内立法、司法判例、国际条约和国际惯例。

之前老挝的法律体系并不完善，立法主要体现为宪法、刑法以及与投资相关的法律制度。直至 20 世纪 90 年代，老挝在民事领域颁布了《合同法》《物权法》《侵权法》《家庭法》等法律规范后，法律体系逐渐完善。2018 年 12 月老挝国会第六次会议通过《老挝人民民主共和国民法典》，2020 年 5 月 27 日正式生效[①]，这是老挝国家历史上的第一部民法典。法典规定了自然人、法人以及组织的权利义务的产生、变更、终止的基本原则、规则和措施。法典第 1 条明确规定，制定本法的目的是维护社会平等、正义、合法性、平稳以及秩序，切实保护自然人、法人、组织、国家及集体的正当权利及利益，实现人民对物质、精神文明的需求，促进老挝各族人民的团结以及维护国家的优良传统习惯，促进社会经济发展[②]。自此，老挝民事法律制度具备了法典化形态。

老挝《民法典》共 9 编 630 条。总则编对民法的目的及民法的适用范围、民法典的基本原则、法律行为、代理、期间、时效等问题进行规定。本节对《民法典》的部分内容进行简要介绍。

[①] 法典生效后，前述 1990 年颁布的相关单行法律同时失效，老挝其他法律对民事关系的规定与法典不一致的，适用该法典的规定。

[②] 王竹、李春、刘忠炫、[老挝] 福萨南编译：《老挝民商经济法律汇编》，北京：中国法制出版社 2020 年版，第 1 页。

一、人　法

自然人及法人编中对自然人的法律能力、人格权、限制行为能力人或无行为能力人的监护、住所、失踪及宣告死亡作出规定。法人则涉及一般原则、协会和财团的内容。

（一）自然人

自然人的权利能力始于出生终于死亡。老挝国民平等的享有权利能力；外国人、永久居留的外国人、无国籍人，除法律或条约另有规定外，与老挝国民享有平等的权利能力。

自然人18周岁为成年，除行为能力受限或丧失外，具有完全民事行为能力。未成年人具有不完全行为能力。限制行为能力人，是指因毒瘾、精神药品成瘾或其他理由，不具有控制对自己以及他人的物或者利益造成损害的行为的能力或者缺乏预见损害结果发生的能力，法院判决行为能力受限的人。丧失行为能力人是指，依据其精神状态不具有行动能力或者无法认知自己行为的后果，法院判决行为能力丧失的人。未成年人可进行与其年龄相符且与日常生活相关的民事活动，此外，须征得父母或者监护人的同意，未经同意的，法律行为无效。经父母或监护人同意，未成年人可以依劳动法参加劳动、可以依法从事生产经营，在经营行为范围内享有与成年人同等的行为能力。父母、监护人、管理人或者有关机关，有权请求法院判定其照顾的人为限制行为能力人或者丧失行为能力；法院应指定监护人。认定的判决作出后，除日常生活所需的法律行为外限制行为能力人没有征得监护人同意或不是由监护人代理的法律行为归于无效，丧失行为能力人不得独自进行法律行为。能力恢复正常状态，本人或利害关系人有权申请法院撤销判决。

关于监护人，《民法典》规定了监护人须满足的条件、监护人的权利和义务以及监护人资格的撤销、辞去或变更监护人、监护的移交、监护的终止及终止的效力等问题。此外，《民法典》还包括对自然人的住所、自然人的失踪及死亡宣告的规定。

（二）法　人

1. 设立条件与方式

在老挝，成立法人须拥有章程、依照法律规定办理登记、设有法人代表和业务活动机构等组织机构。依法成立后的法人拥有财产以及能独立承担债务、享有独自进行法律行为的自由。

依照老挝法律批准设立的外国法人与老挝法人享有同等权利、负担同等义务，法律另有规定除外。法人的设立包括人的集合和物的集合两种方式——人的集合方式设立的法人，是为了以企业形态从事营利活动或者以协会形态从事非营利活动，两人以上具有相同意图及目的的自然人集合；物的集合方式设立的法人，是为了以财团形态从事非营利活动，具有相同意图及目的的人或者集体出资而成的资本、财产或者物资的集合[①]。

法人须明示法人设立的方式。法人可以由一人设立，此种法人称为一人公司。此外，法典内容还包括法人的名称、住所、组织机构及经营管理、责任、变更、合并、分立、解散、清算以及法人代表、变更、解任等问题。

2. 协会与财团

在老挝，法人的类型除一般常见类型外，《民法典》还专门列明了协会与财团。

协会是指任意设立，不以营利为目的，而是为了维护其成员或者共同体的权利与正当利益正常进行活动的社会性组织；依法设立的具有法人地位。对于协会的种类及活动范围，协会的设立要件，申请，章程，组织机构及经营管理，会员大会，合并、分立及解散问题，法典均作出了明确规定。

财团是指具有法人地位，拥有为实现公共利益使用的资本、特定财产，并且从事文化、教育、环境、保健、体育、科学、慈善、人道等领域的业务，不以营利为目的的社会性组织。财团的财产只能用于财团目的的实现，不得用于个人利益的满足。法典还规定了财团的活动范围，设立要件，设立申请，章程，组织机构及经营管理，财团的合并、分立以及解散。

二、物权与担保

(一) 物权关系

老挝《民法典》中，"物、所有权以及对物的其他权利编"对物权关系进行规定。物包括有体物（不动产、动产）和无体物（请求权、知识产权等）。物可分为主物与从物、可分物与不可分物、可替代物与不可替代物及视为一体之物。占有是指对物的保持及管理，有直接占有及间接占有、善意占有及恶意占有、有权占有及无权占有三种形态。所有权包括占有权、使用权、收益权、处分权；所有权形态包括国家所有权、集体所有权、自营所有权、民间所有权。

[①] 王竹、李春、刘忠炫、[老挝] 福萨南编译：《老挝民商经济法律汇编》，北京：中国法制出版社 2020 年版，第 25 页。

此外还对共同共有权、所有权的取得、所有权的终止、所有权的限制、所有权的保护、地役权、地上权进行规定。

（二）担　保

《民法典》担保编规定了担保的一般原则、法定担保、约定担保（包括动产质押、不动产质押、权利质押；不动产抵押、动产抵押；保证）、担保登记、优先权的放弃及担保的转让等问题。

二、债　权

（一）合同债务

《民法典》合同债务编规定了合同的一般原则、合同的订立、无效合同、合同的履行、合同履行的保障措施、合同不履行、合同的变更、解除及终止、债权人以及债务人变更、合同对第三人的效力等内容。合同种类包括：买卖合同、互易合同、附所有权移转特约租赁合同、赠与合同、附义务赠与合同、附买回特约买卖合同、消费借贷合同、借用合同、租赁合同、承包经营合同、保管合同、委托合同、服务合同、建设工程合同、雇佣合同、运输合同、保险合同及合伙合同。

（二）非合同债务

《民法典》非合同债务编所指的非合同债务是指不基于合同发生的法律关系。该编对非合同债务的一般原则、不法行为、无因管理、不当得利做出规定。不法行为是指，一人因故意或者过失实施的与法令相抵触的行为或者不作为；不法行为造成他人损害的行为人应当承担责任，但正当防卫、履行法定职责或者受害人过错除外；不法行为包括基于自己行为承担的不法行为责任；基于自己管理的他人的不法行为、动物或者物发生的责任。

四、婚姻家庭和继承

（一）婚姻家庭关系

《民法典》家庭编规定了与家庭有关的基本原则、婚约及订婚、婚姻（包括婚姻的要件及规制、涉外婚姻、无效婚姻）、夫妻之间的法律关系、夫妻财产、夫妻关系中止（包括离婚、涉外离婚、死亡、夫妻关系终止的法律后果及复婚）、父母与子女之间的关系（亲生子女、养子女、外国人收养子女、继子女）、父母及子女的权利及义务、未成年人监护人的选任。

1. 家庭关系

按照《民法典》的规定，家庭关系是指通过婚姻登记、生育子女、收养他人子女等产生，并在成员之间存在作为家庭的权利及义务的关系。家庭关系的形成不受出身、社会经济地位、人种、民族、受教育程度、职业、宗教、居住地及其他因素的影响。家庭关系由血亲以及姻亲构成。在家庭关系中男女平等、婚姻自由、一夫一妻、对母子利益优先考虑。

家庭关系中还包括有对夫妻关系、父母子女关系等问题的规定。

2. 结 婚

法典对婚约、订婚、婚约的不履行、订婚的不履行及损害赔偿、婚前性行为造成后果等问题均按照传统习俗进行了规定。

婚姻的要件包括三项：年满18岁；男女相爱并自愿达成合意；未婚，已离婚、配偶已经死亡且存在有法律效力的证明文件。禁止结婚的情形包括同性之间、近亲属之间①。继子女之间，父母离婚之后可以结为夫妻。

满足婚姻要件的应当向男女双方或任何一方居住地的市级公安局家庭登记官提交书面申请，双方到场并在三位证人在场见证之下进行婚姻登记。婚礼举办与否并不影响婚姻的法律效力。

3. 涉外婚姻

法典对涉外婚姻做了专门的规定。涉外婚姻包括：老挝国民与外国人、永久居留外国人、无国籍人在老挝境内、境外的婚姻；外国人、永久居留外国人、无国籍人之间在老挝境内的婚姻。老挝国民之间在老挝境外的婚姻。

4. 无效婚姻

违反婚姻要件及婚姻禁止情形为无效婚姻。夫妻一方、夫妻一方的父母、人民检察院检察长、家庭登记官以及具有利害关系的人有权向法院申请撤销无效婚姻。法院作出无效判决的，夫妻关系终止，胎儿或共同生活期间出生的子女视为法律上的子女；判决应同时分割共同生活期间获得的共有财产。

5. 离 婚

离婚分为自愿离婚和诉讼离婚。自愿离婚需双方合意并对子女问题、财产分割、夫妻债务承担没有异议，并在男女居住地的市级内务局进行登记；登记之前有冷静期的规定。

有下列情形之一可以向法院提起离婚诉讼：不贞行为；殴打、侮辱配偶、配偶父母及其他亲属存在重度酗酒、吸毒、赌博、挥霍无度等恶习；下落不明

---

① 近亲属包括：父母、祖父母、外祖父母及其长辈与子女、孙子女及其晚辈之间；养父母与养子女之间；继父母与继子女之间；亲生子女与亲生子女、养子女、继子女之间；养子女与养子女、继子女之间；叔父母与甥侄之间。

满三年，不联系家属或者不寄送任何生活所需物品；没有征得对方同意成为僧侣、见习僧、寺院助理或者尼姑满三年；被宣告失踪；获得五年以上自由刑、患有非常危险的恶性疾病、精神疾病，无法共同生活；不能进行正常性生活、无法维持夫妻共同生活，如信赖破裂、精神折磨等。无论自愿离婚还是诉讼离婚，都有离婚冷静期的规定。法院作出离婚判决应保护未成年子女及缺乏劳动能力无法维持生计一方的利益，对子女照顾、抚养费请求及财产分割作出判决。

涉外离婚也有专门规定。

（二）继承关系

《民法典》继承编规定，遗产是指死者生前所有的物，包括权利和义务；但是法律规定或者当事人约定需要死者生前亲自行使的权利和履行的义务除外。继承自被继承人死亡之日开始；法院对被继承人作出宣告死亡判决的，自判决确定之日开始。

继承包括法定继承和遗嘱继承。

法定继承发生应符合以下条件：没有立遗嘱的遗产、遗嘱无效、遗嘱继承人在继承开始前死亡、遗嘱继承人放弃继承、遗嘱继承后有剩余遗产。法定继承人分为五类；继承顺序、遗产分割、其他法定继承及代位均有明确规定。

《民法典》按照遗嘱人子女的多少对遗嘱范围作出规定，超出该遗嘱范围的部分归于无效，且需依照法定继承对超出部分进行分割。遗嘱可以书面或口头方式设立，可以变更也可以撤销。遗嘱可以基于继承人先死亡、继承人放弃、财产灭失或者被遗嘱人毁损而失去法律效力。无效遗嘱是指无行为能力人立的遗嘱、目的不明确的遗嘱、受强迫欺诈所立遗嘱及伪造的遗嘱、受遗赠人为法定的不能通过书面遗嘱受赠遗产之人。遗嘱遗产管理人、遗嘱执行人的选任及权利义务，法典都做了明确规定。

此外，法典还包括遗产的继承、放弃及继承权丧失、继承人对遗产管理以及被继承人债务的责任等内容[①]。

第五节 马来西亚联邦民事法律制度

马来西亚是一个多民族且社会结构多元的联邦制国家，民事法律制度呈现非常复杂的状态。因深受英国法影响，全国并没有一部统一的民法典，而是将

---

① 王竹、李春、刘忠炫、[老挝] 福萨南编译：《老挝民商经济法律汇编》，北京：中国法制出版社2020年版，第133－148页。

民事法律分为财产法、合同法、婚姻家庭和继承法、侵权行为法等。虽然各州的民法均以英国法为依据，但在具体内容上仍然会有所不同，因为各州法律都对英国法作了修改，且各州适用英国法的具体日期也不同。

马来西亚的法院在司法实践中除了适用成文法以外，还适用判例，不仅是适用本国的判例，其他英联邦国家的判例对其也有重要影响。马来西亚官方宗教为伊斯兰教，因此宗教规也占据一定地位。近代以来，马来西亚对伊斯兰教法也进行了改革，不断出现新的法律和司法判决用于扩展和改造适用于穆斯林的法律。从近年来的法律改革来看，马来西亚试图创造两种平行的、相对独立的法律体系，一种是世俗的，另一种是伊斯兰教的[①]。

一、合同法

马来西亚于1950年颁布了《合同法》。之后，为更有效地保障整个社会的经济秩序，妥善调整财产的流转关系并规制交易行为，马来西亚于1974年重新修订了《合同法》，其间也有几次小的修正。修订后的合同法仍称为《1950年合同法》，共计10章191条[②]。

（一）合同的订立

合同是指基于双方意思表达一致可依法执行的协议。合同的订立包括要约和承诺两个步骤。协议成立后，如协议依法不可执行则为无效协议，可执行时被称为合同。当事人一方中一人或多人选择可实施的协议，但另一方中一人或多人不选择可实施的协议是可撤销的合同。如果协议标的物合法、由适龄且头脑健全的当事人经自由协商同意后签订，则协议构成合同。

合同一旦成立并未经明示声明不得无效。一方当事人受到胁迫、不正当压力、欺诈、误传和错误时所做的意思表示不构成"同意"。

（二）无效合同

因以下情况签订的合同会导致合同无效：协议的原因和标的被法律禁止（无论非法的部分是局部或是全部）、与法律相抵触、欺诈、合同涉及对人的伤害或对他人财产的损害、法庭认定为不道德或与公共政策背道而驰、未成年人

---

① 陈晓律：《马来西亚——多元文化的民主与权威》，成都：四川人民出版社2000年版，第66页。

② "Contracts Act 1950 (Incorporating all amendments up to 1 January 2006)", *Malaysian Legislation*, http://extwprlegs1.fao.org/docs/pdf/mal197812.pdf，最后访问日期2021年12月19日。

在未成年期间与他人达成的婚姻约束合同、意思不确定的协议或意思本可以表示得更确定的协议、因赌博而订立的合同（赛马除外）。

无效合同自始无效，在协议或合同中已经获益的人应依照法律规定归还这些利益或者赔偿这些获益所得。

（三）合同履行与责任承担

《合同法》要求合同双方必须履行或提议履行各自的承诺。对于合同履行中出现的各种情况，法律作了可以变更和撤销的规定。如果一方当事人违反了合同，因此而蒙受损失的另一方有权从违约方处获得对自己所蒙受损失或损害的赔偿，这些损失或损害通常是在违约的过程中产生，或者双方在签订合同时，即知道违约可能会造成这样的损失或损害。

对于合同违约的赔偿只针对直接损失或损害。如果合同中确定了违约金的数额，或在合同中包含罚金方式的规定，守约的一方有权向违约方收取合理的赔偿金，但赔偿金不应超过约定的金额或规定的罚金[1]。

二、婚姻家庭和继承法

在马来西亚，调整婚姻家庭关系的规则相继受到中国法、印度法、英国法及伊斯兰教义的影响，因此，除主要民族传统文化习俗外，也有关于婚姻关系的制定法规则起到调整作用。事实上，马来西亚不存在统一适用于全国的婚姻家庭和继承法系统，世俗婚姻家庭关系与宗教婚姻家庭关系受不同规则的调整。占马来西亚人口多数的马来人作为伊斯兰教教徒，婚姻关系受到伊斯兰教家庭法调整。伊斯兰教家庭法对结婚、离婚以及由此发生的抚养、监护、亲权、继承等都有着详细的规范。而且，习惯法在马来社会也占据了较为重要的地位，马来人的婚姻兼有伊斯兰教法和土著习惯法的因素[2]。所以，马来西亚的婚姻家庭和继承规则是多种渊源混合并行的。

（一）婚姻家庭法

1. 婚姻关系

1976 年马来西亚《法律改革（结婚和离婚）法》制定，1982 年在马来西亚全境适用，最近的一次修正是在 2018 年。该法明确规定不适用于穆斯林或根据伊

---

[1] 陈兴华主编：《东盟国家法律制度》，北京：中国社会科学出版社 2015 年版，第 48—51 页。

[2] 何勤华主编：《法律文明史 第 12 卷 近代亚非拉地区法 上卷 亚洲法分册》，北京：商务印书馆，2017 年版，第 202 页。

斯兰教法律结婚的人；沙巴州、沙捞越州或者马来西亚半岛的任何原住民，其婚姻和离婚受当地习惯法或土著习俗管辖，除非其自愿选择根据本法缔结婚姻①。

（1）结　婚

《法律改革（结婚和离婚）法》确认一夫一妻制的婚姻关系。男女双方当事人需自愿结婚，法定婚龄为21岁。18至21周岁也可以结婚，但需经父亲或养父、母亲或养母②或行使父母权利的人同意；而16至18周岁人结婚需经婚姻长官特许；16岁以下禁止结婚。法律还禁止近亲结婚；禁止收养人与被收养人结婚。

法律还规定，结婚需要满足法律规定的各项时间及条件，在两名证人参加下，由婚姻登记官宣布结婚并进行登记注册。该法同时规定了无效婚姻、涉外婚姻等。

（2）离　婚

关于离婚，该法规定，婚姻自结婚之日起两年期限届满之前，不得向法院提出离婚申请，符合法律规定条件可以向法院申请离婚或司法分居。但法院在确定申请时，应考虑到任何婚姻子女的利益以及双方在规定期间之间是否有合理和解的可能性的问题。如果夫妻双方同意解除婚姻关系，可在结婚之日起两年内提出联合申请，法院如认为合适可作出离婚令。婚姻破裂是离婚的唯一理由；法院应考虑所有情况，包括当事人的行为，以及如果婚姻解除，任何子女或婚姻子女或任何一方的利益如何受到影响；鼓励和解。

《法律改革（结婚和离婚）法》2018年修正后，法院在发布离婚或司法分居令时，将婚姻财产分割时须考虑的因素进行了改变。法院在行使命令分割婚姻财产时，应考虑的因素包括：配偶为家庭利益支付的费用；未取得资产的另一方通过照顾家庭或照顾家庭对家庭福利的贡献程度；婚姻的持续时间。也就是夫妻双方共同努力获得的资产与配偶单独努力获得的资产之间的区别被取消，法院将更多地考虑配偶对家庭作出的非经济贡献。修正案同时规定，父亲在离婚后有义务抚养孩子，直到孩子完成高等教育或培训，而不再是以前规定的孩子年满18周岁即止。

根据伊斯兰教教义，穆斯林男性可以娶四个妻子。但马来西亚各州的态度与做法并不一致，条件也有所不同，但都规定必须公平对待各方妻子，多数州还规定需获得伊斯兰教法庭的认可。

在马来西亚，离婚主动权掌握在丈夫手中，不过法律规定离婚的理由可以

---

① 马来西亚《法律改革（结婚和离婚）法》英文本见 http://jafbase.fr/docAsie/Malaisie/Mariage&Divorce.PDF.，最后访问日期2022年7月10日。

② 2018年《法律改革（结婚和离婚）法》修正案明确规定，在同意未满21周岁孩子结婚时，母亲与父亲享有同等权利。而在以前，孩子首先须征得其父亲或养父的同意才能结婚。只有在孩子是非婚生子女、或其父亲或养父已故的情况下，才会接受其母亲或养母的同意。

包括丈夫不能供养妻子、不与妻子共同生活、妻子行为放荡等。法律也规定，离婚有3个月待婚期，丈夫可收回决定，但只能重复两次。马来人对女性比较开明，并没有严格的深闺制度，妇女可受教育、外出挣钱，妻子在家庭地位较高。马来妇女离婚可带走自己的独立财产，已离婚妻子还有权分享婚姻存续期间的夫妻共同财产。

2. 赡　养

马来西亚1950年颁布实施《已婚妇女和儿童（赡养费）法》①，1981年进行过一次修订。起初仅适用于马来西亚半岛，自1992年7月24日起适用于砂拉越州和纳闽联邦直辖区。该法规定，当出现以下情形，法院可下令维持妻子和子女的生活：忽视或拒绝抚养其妻子或无法维持自己的合法子女的，法院在适当证明后，可命令该人按其妻子或子女的生活按月支付津贴；忽视或者拒绝抚养其非法子女，且子女不能自理的，法院经适当证明，可以责令其每月给予津贴。该津贴应自该疏忽或拒绝之日起或从该命令中可指定的日期开始支付。

为弥补1950年法令的缺陷，配合法令的实施，马来西亚于1968年颁布实施了《已婚妇女和儿童（赡养费执行）法》，将法律的重心从授权法院下达赡养令转移到执行赡养令②，该法于2017年进行了修订③。

3. 收　养

马来西亚1952年颁布实施了《收养法》④，1981年进行了修订。该法仅适用于马来西亚半岛。根据该法规定，收养人必须年满25周岁，一般须较被收养人的年龄大20周岁；该法对事实上的收养也会给予登记，即被收养人未满18周岁且未结过婚，在登记日前已连续至少两年未被任何人或任何人与配偶当做子女共同抚养和教育⑤。

---

① 马来西亚《已婚妇女和儿童（赡养费）法》英文本见 http://www.commonlii.org/my/legis/consol_act/mwaca19501981391/，最后访问日期2021年5月15日。

② Ileama Latha Nair, et al., "A Review of Married Women and Children (Maintenance) Act 1950 and Married Women and Children (Enforcement of Maintenance) Act 1968", *European Journal of Business and Social Sciences*, Vol. 3, No. 4, 2014, p. 259.

③ 马来西亚《已婚妇女和儿童（赡养费执行）法》英文本见 https://www.ilo.org/dyn/natlex/docs/ELECTRONIC/106351/130403/F-2111327657/MYS106351%20Eng%202017.pdf，最后访问日期2022年7月10日。

④ 马来西亚《收养法》英文本见 https://www.jkm.gov.my/jkm/uploads/files/reg%20of%20adop%20act%20257(1).pdf，最后访问日期2022年7月10日。

⑤ 陈兴华主编：《东盟国家法律制度》，北京：中国社会科学出版社2015年版，第61-62页。

(二)继承关系

马来西亚承认遗嘱继承和法定继承两种形式。马来西亚关于财产继承的法律主要是 1959 年的马来亚联邦《遗嘱条例》[1] 和 1958 年的《无遗嘱继承分配条例》[2]。两个条例均不适用于伊斯兰教教徒。

《遗嘱条例》规定,凡 21 周岁以上精神健全的人均可订立遗嘱以处分其财产。《无遗嘱继承分配条例》适用于未立遗嘱而死亡于马来西亚的任何人,但不适用于伊斯兰教教徒或定居在马六甲及槟榔屿的印度教教徒。沙巴及沙捞越两州则根据《法规适用条例》适用英国法规。1958 年《无遗嘱继承分配条例》是以英国 1925 年《遗嘱管理法》为蓝本制定的,不过该条例列入了一夫多妻制家庭中的妻妾及子女的继承权。该法 1983 年进行过修订。

在马来西亚大部分地区,伊斯兰教教徒未立遗嘱而死亡时的继承适用伊斯兰教法,但各地又会因当地习惯而有所不同。

第六节 缅甸联邦共和国民事法律制度

缅甸是著名的佛教之国。经历了封建王朝统治、英国百年殖民统治、民族独立民主制宪的复杂、多样、动荡的历史阶段。党派林立、政权更迭、宗教民族问题尖锐等多种因素导致缅甸法律制度很不完善。在法律体系上,不仅受到大陆法和普通法的影响,还深受宗教法和习惯法的影响。在确定民事主体、调整有关平等主体之间的私法行为方面,缅甸尚未形成现代法治国家的基本法律体系,很多领域没有全面适用的专门立法,尤其是婚姻家庭关系,仍由风俗习惯法进行调整。

一、合同关系

(一)《合同法》

缅甸《合同法》于 1872 年颁布,目前仍在实施。该法由一般原则及特殊合同两部分组成,特殊合同主要是指赔偿、担保、保释、质押和代理。本节仅对一般原则做简要介绍。

---

[1] 马来西亚《遗嘱条例》英文本见 http://www.commonlii.org/my/legis/consol_act/wa19591988166/,最后访问日期 2022 年 9 月 15 日。

[2] 马来西亚《无遗嘱继承分配条例》英文本见 http://www.commonlii.org/my/legis/consol_act/da19581983244/,最后访问日期 2022 年 9 月 15 日。

合同成立由要约和承诺构成。合同是有强制执行力的协议,即如果协议是有权签订合同的各方根据自由意思同意,具备合法对价和合法标的,且未明确声明无效,那么协议均构成合同。

当事人的缔约能力应考虑三个因素:年龄、智力因素和订立合同的资格。当事人对合同的同意不应因为胁迫、不当影响、欺诈、虚假陈述及误解而受到影响,否则协议是可撤销的。任何标的或对价不合法的协议都是无效的;该法规定了 14 种明确的无效协议[①]。合同通常不需要书面形式,除非法律有明确要求。该法还对合同的履行、违约救济作出规定。

(二)《商品销售法》

缅甸《商品销售法》于 1930 年制定。该法规定了货物销售合同的订立、效力、履行,未收到货款的卖方对货物的权利,违反合同的救济途径等内容[②]。

1. 销售合同与销售协议

与英美法系国家的规定一样,缅甸《商品销售法》将货物销售合同和货物销售协议区别对待。如果卖方同意以某一价格将货物的所有权转让,并在合同订立时就交付的即为货物销售合同;如果货物所有权的转让附条件或者期限,则为货物销售协议;当所附期限届满或为转让条件完成,则销售协议就转化为销售合同。销售合同和销售协议的标的都是货物,包括现货和期货。

2. 合同订立与履行

当要约被接受时合同订立。法律对合同形式没有强制要求,合同的价款由双方在签约时或签约后约定,如未约定应按交易的具体情况支付合理的价格。合同中与货物有关的规定可以附条件或保证,所附条件包括事关合同主旨、必不可少的规定,违反该规定则可以解除合同;所附保证是指与合同的主旨间接有关的规定,违反了该规定只能要求赔偿损失,不能拒绝履行或解除合同。货物的质量应由双方约定,没有约定的需要满足法律的规定。

卖方应当履行合同所规定的交货义务,买方应履行的合同义务是付款;买卖双方可以在合同中约定买方是在卖方处提货还是卖方向买方处送货,履行地点和履行时间没有约定的要满足法律规定。卖方向买方交货的数量应与合同或协议的约定一致。如果卖方交货少于合同约定,买方可以拒收,但如果买方接

---

① [缅甸] May Thu:《合同构成要素研究——以〈缅甸合同法〉为研究对象》,林俊编译,载张晓君、[缅甸] 吴温敏主编:《中国—东盟法律评论 第 7 辑》,厦门:厦门大学出版社 2017 年版,第 157 - 170 页。

② 沈安波主编:《缅甸联邦经济贸易贸易法律选编》,北京:中国法制出版社 2006 年版,第 102 - 115 页。

受了货物，就应当按照接受的数量付款；如果卖方交货多于合同约定，买方可以接受合同约定的部分而拒收其余部分，如果买方接受了全部货物，则应按照合同约定的价款付款；如果卖方交货时混入了合同没有约定的货物，买方可以接受合同约定的货物而拒收其余货物或全部拒收。

3. 违约责任

法律规定，根据销售合同，如果货物所有权已经移交买方，而买方不按照合同约定支付货款，则卖方可以就货款起诉买方。如果根据销售合同买方应先付货款，而买方无理由不付或拒付，那么卖方无论是否向买方交货，也可就货款起诉买方；如果买方对于卖方的交货不予理会或拒绝接受，卖方可以买方不接受货物为由而起诉买方。

根据销售合同，如果卖方无理由不交货或拒绝交货，买方可以起诉卖方要求其赔偿。如果合同对卖方交付的货物有特殊的要求，但卖方的履行不符合合同的约定，那么法院可以根据原告的请求，作出其认为公正合理的由卖方支付赔偿金、返还货款或采取其他办法的判决①。

二、婚姻家庭关系

缅甸历史上没有一部统一的婚姻法。尽管佛教是缅甸国教，但社会中仍共存印度教、伊斯兰教、基督教等宗教，这些宗教都有自己的家庭法。从英国殖民统治开始，有关婚姻关系的案件是按照当事人所信仰的宗教来判决的。摆脱殖民统治后，在婚姻家庭的问题上，法庭仍以风俗习惯为基础进行处理。

本节主要对2015年通过并实施的缅甸《一夫一妻制法》以及针对佛教妇女制定的《佛教妇女特别婚姻法》进行介绍。因两部法律目前均未查询到英文译本，故本节所作介绍是基于两部法律当时的议案英文译本②以及学者对两部法律介绍的相关论文③为基础而展开。

---

① 张树兴主编：《东南亚法律制度概论》，北京：中国人民大学出版社2015年版，第98–100页。

② 缅甸《一夫一妻制法》2014年议案英文本见 http://www.asianlii.org/mm/legis/laws/mbhln2014411；缅甸《佛教妇女特殊婚姻法》2014年议案英文本见 Laws, decrees, bills and regulations relating to Family/Matrimonial/Personal Law (texts) | Online Burma/Myanmar Library (burmalibrary.org)，最后访问日期2022年5月15日。

③ See Hla Hla Win, "Practice on Monogamy of Myanmar", *16th Anniversary of Yadanabon University Research Journal*, 2015, pp. 1–8; Melissa Crouch, "Promiscuity, Polygyny, and the Power of Revenge: The Past and Future of Burmese Buddhist Law in Myanmar", *Asian Journal of Law and Society*, No. 3, 2016, pp. 85–104.

(一)《一夫一妻制法》

该法明确制定目的是为了建立以忠诚为基础的一夫一妻制的和平愉快的家庭，保护妇女不受侵犯，防止男性因一夫多妻行为而产生的犯罪。其适用主体为所有居住在缅甸的人、居住在缅甸以外的缅甸公民以及在缅甸居住期间与缅甸公民结婚的外国人。任何男女都可以根据现行法律或宗教或习惯结婚，但只有一夫一妻制才合法。

两名缅甸佛教徒之间符合缅甸习惯法的任何婚姻，佛教妇女与非佛教男子符合缅甸佛教妇女特殊婚姻法的婚姻，两个非佛教教徒根据各自的法律、宗教、习俗结婚，只要不违反《一夫一妻制法》的规定，即属合法。

自法律生效之日起或者以后，已经依照法律、宗教、习俗结婚的男女，在原婚姻仍然得到法律承认的时候，不得与他人结婚或者发生非法婚外情。任何男女，只有在宣布前一段婚姻并出示与前一配偶合法离婚的证据后，才能与他人另外缔结婚姻。

任何人在婚姻仍得到法律、宗教或习俗承认的情况下，与另一人结婚，该婚姻不合法，同时该人被视为犯婚姻罪，其配偶有权离婚。另外，法律还规定犯婚姻犯罪的人丧失全部财产权；即使第二任妻子死亡的，该人也无权继承。

(二)《佛教妇女特别婚姻法》

为规范与非佛教男性结婚的佛教女性在婚姻关系的权利地位，缅甸独立后通过了《含有佛教徒女人的婚姻和继承权内容的 1954 年特别法》①。鉴于历史的原因，该法未能得以很好的实施。2015 年，缅甸重新制定了《佛教妇女特别婚姻法》，于当年 8 月 26 日生效。缅甸制定这部法律的目的是为了使缅甸佛教妇女和非佛教男子在婚姻、离婚、财产分割方面享有平等的权利并对儿童的监护给予明确的规定。

年满 18 岁的缅甸非佛教男子和佛教妇女，精神健全且自愿的可以订立有效婚姻。妇女未满 20 周岁的，应获得监护人同意。结婚需书面向登记官提出申请并按程序规定注册。如二人已同居，根据缅甸习惯法被认为是有效婚姻的，自同居时起视为结婚并可随时要求登记。

非佛教男子应与原家庭信仰相分离，并遵守佛教宗教信仰的各项规定。如果非佛教男子违反了规定，佛教妇女可以与该男子离婚。该男子须放弃共有财产并支付赔偿，儿童由佛教妇女监护，同时男子应为未成年子女支付抚养费。

---

① 陈兴华主编：《东盟国家法律制度》，北京：中国社会科学出版社 2015 年版，第 377 页。

男子在与原信仰分离前死亡的,既得权利归妻子和子女获得。

第七节　菲律宾共和国民事法律制度

历史上,菲律宾先后成为西班牙和美国的殖民地,其民事法律自然也受到大陆法和英美法法律文化的影响。国内立法、司法判例、国际条约和国际惯例成为其法律渊源。一般认为,民事关系领域大陆法系的精神起主要作用。在西班牙殖民统治时期,菲律宾一直适用的是1889年《西班牙民法典》,直到菲律宾共和国成立。1949年6月18日,国会通过了《菲律宾民法典》,1950年8月30日生效。1987年8月4日,颁布了《菲律宾家庭法典》,1988年8月3日生效。《家庭法典》明文废除了《民法典》第一部分中3—9编、11、15编的相关规定。两部法典共同构成菲律宾现行民事法律制度的主要组成部分。

一、《民法典》

《菲律宾民法典》分为序言和四个部分的主体内容,共2270条[1]。序言第1至36条对基本问题作出了原则性的规定,包括法律的效力及实施问题、人权问题,确定了包括法不溯及既往、不得与宪法相抵触、公序良俗、平等、损害赔偿及尊重他人人格等原则。该法典的主体内容包括四个部分:人,财产、所有权及其变更,所有权取得的不同方式,债与合同。

(一)民事主体及相关权利

1. 自然人

自然人权利能力始于出生终于死亡。在菲律宾,21周岁为成年的年龄。根据法律的规定,自然人的权利能力和行为能力不因宗教信仰或政治立场而受限,行为能力可以获得亦可丧失,禁治产人在适当情况下需要为自己的行为负责。另外胎儿应被设想为当然出生而被赋予人格权,在推定存活制度中,无法证明死亡先后顺序的,推定同时死亡。

在自然人失踪案件中,利害关系人可以向法院提起失踪宣告,法院指定财产代管人。如果法定事由出现,代理人权利即终止。失踪满7年且无法确定其生死情况的,可推定为死亡。

与自然人民事地位相关的行为、事件和司法判决裁决应当进行民事登记。

---

[1] 菲律宾《民法典》英文本见 https://thecorpusjuris.com/legislative/republic-acts/ra-no-386.php,最后访问日期2021年5月15日。

应进行民事登记的事项包括出生、结婚、死亡、离婚、收养等。

2. 法　人

法人可以获得并占有财产，可产生民事或刑事法律义务；为公共利益设立的法人处理财产时应符合法律的规定，如无此种法律，应按对其所在地有利的目的来处理[①]。

3. 子女的权利

每个孩子都享有接受父母抚养和教育的权利、接受基础教育的权利等，同时负有尊重长辈和听从长辈教导的义务等。

一般情况下，母亲不得与7周岁以下的孩子分离，孩子原则上使用其父亲的姓氏，未经司法部门同意不得变更自己的姓氏和名字。

4. 葬　礼

在菲律宾，民众对于葬礼的重视程度很高，以尊重逝者生前意愿、宗教信仰、家人决定的顺序决定葬礼的举办。不尊重逝者、干扰葬礼，造成损失的赔偿损失，还应给予逝者家属精神和道德情感上的赔偿。

(二) 财产、所有权及其变更

在菲律宾，财产根据财产类型可以分为动产和不动产，根据财产所属区分为公共财产和私人财产。

所有权，是指对财产所有权人来说，所有权人有权享受和处分其所有物，这种权利不需要受到除法律之外的其他限制。所有权的取得方式分为自然成果、工业产出物和民事收入三种方式。该法典对埋藏物所有权、水资源的所有权、公共水资源的使用、私人水资源的使用和地下水的使用问题作出了规定。所有权的争议应当诉诸司法途径解决。

共有，是指未分开的物或权利的所有权属于不同的人，在没有合同及特别规定的情况下，按照法典的规定处理。占有是指对物的持有或者对权利的享有，分为善意占有和恶意占有。用益物权使得非所有权人享有使用他人财产的权利，并负有保护财产的义务。菲律宾《民法典》对地役权做了较为细致的分类。此外，法典还规定违反法律规定的干扰公民生活的行为应受法律制裁。

财产登记制度是国家对财产管控的方式之一。对公民而言，财产登记制有利于其财产的身份认定，有利于公民权利得到保障。

[①] 陈兴华主编：《东盟国家法律制度》，北京：中国社会科学出版社2015年版，第140—150页。

(三) 所有权取得方式

所有权取得的其他方式包括占有、智力创造、捐赠、继承和时效。

占有是指具有自然属性的无主物可通过占有而获得所有权。土地不能以占有方式取得所有权。智力创造对因智力创作取得所有权的范围进行规定，但著作权和专利权由特别法规定。捐赠是指无偿给予他人某物或某权利的自由行为。除法律特别规定外，一般人都能成为受捐者。捐赠无效的情形有三种。时效，是指根据法律规定的方式和条件，经过一定时间取得所有权和其他物权、丧失权利和诉权[1]。

继承也是获得所有权的方式之一。继承包括遗嘱继承、法定继承和混合继承。订立遗嘱是一项严格的个人行为，不能交由第三方决定，也不能靠代理人或律师帮助作成。遗嘱人须年满18周岁、心智健全且不是法律所禁止的人，遗嘱应书面作出并满足法律的各项规定。此外遗嘱继承的内容还包括遗嘱的效力、继承人、继承人的替补、附条件和附期限的遗嘱处分、应继份（应继份是法律为强制继承人（强制继承人）保留遗嘱人财产中遗嘱人所不能处分的那部分财产）及取消应继份、动产遗赠和不动产遗赠的内容。法定继承也称为无遗嘱继承，法典对亲属关系、代位继承权、继承的顺位进行了规定。此外还有关于继承的其他共同规定。

(四) 债与合同

按《民法典》的规定，债产生的原因有：法律、合同、准合同、依法惩罚的作为或不作为、准私犯。债的种类包括：无条件和有条件的债、附期限的债、有选择的债、共同连带的债、可分割和不可分割的债、附带罚金的债。债消灭的方式包括：清偿或履行、应交付物灭失、债务宽恕或免除、债权人债务人权利混同或合并、抵销、更新等。

关于合同，《民法典》主要包含合同的一般条款、合同的实质要求、合同条款的变更、合同的解释、可解除的合同、无效合同、未履行的合同以及无效和不存在的合同。合同的成立需缔约当事人同意、合同标的物确定、具有签订合同的原因。合同不论以何种形式缔结，都具有强制力。合同订立后可以变更，未附加条件的生前赠与、遗嘱、无效协议除外。合同条款的含义应以合同约定的字面意思为准，词语与当事人明显意图相反的，当事人的明显意图优先；合同的解释应尽量使合同有效、充分考量当事人行为、借鉴地方惯例及习惯。有效达成一致的合同符合法律规定的可以解除。

---

[1] 蒋军洲译，《菲律宾民法典》，厦门：厦门大学出版社2011年版，第111-156页。

合同可撤销或宣告无效的情形包括：一方当事人无缔约能力，因错误、暴力、胁迫、不当影响或欺诈的合同。下列合同不成立且自始无效：原因、客体、目的违反法律或公共秩序；绝对虚伪或虚假表示的合同；交易时原因或客体不存在的合同；客体在人类交易之外的合同；期望不可能的服务合同；不能确定当事人关于合同的主要客体和意图的合同；法律明确禁止的合同。

此外，《民法典》还规定了自然债、禁止反言、信托、买卖、互易或互换、租赁、合伙、代理、借贷、寄托、射幸、和解和仲裁、保证、质押抵押和不动产典质、非合同之债、损害赔偿、债权的并存和优先权。非合同之债包括准合同和准私犯。准合同包括无因管理、非债清偿（没有权利要求某物却予以了受领，并且物是因为错误被不当交付的，将产生返还义务）、其他准合同。因过错或过失地作为或不作为对他人造成损害的，应承担赔偿责任；当事人之间没有事先存在合同关系，这种过错或过失被认为是准私犯。而依法惩罚的作为或不作为被规定在损害赔偿之中。

二、婚姻家庭法

1988 年生效的《菲律宾家庭法典》共 12 编 257 条，法典曾于 1998 年、2004 年、2019 年进行过修正①。家庭法典深受宗教信仰影响，认为结婚是男女依法终生结合并建立婚姻家庭生活的一种特殊契约。婚姻是家庭的基础，其性质、后果及附属的权利义务均由法律规定。在法典允许的范围之内，婚姻财产关系可由契约规定②。

（一）结婚与司法别居

1. 结 婚

结婚实质条件包括结婚的必备条件和禁止结婚的条件，结婚的形式要件也须满足法律规定。此外，还规定了无效婚姻和可撤销婚姻。

2. 司法别居

菲律宾家庭法典规定了 9 种当事人可以申请司法别居的情形以及 6 种法院可以驳回别居请求的理由。

司法别居请求应先经法庭调解，调解不成的方可判决，如果显然是不可能调解的案件可以不必经过法庭调解的程序。司法别居判决具有法律效力，一旦司法别居判决生效，将会产生四种后果。在司法别居的审判过程中，若夫妻双方愿意和解的，

---

① 《菲律宾家庭法典》英文本见 https://www.officialgazette.gov.ph/1987/07/06/executive-order-no-209-s-1987/，最后访问日期 2021 年 5 月 15 日。

② 陈兴华主编：《东盟国家法律制度》，北京：中国社会科学出版社 2015 年版，第 154 页。

应经宣誓正式签署和解联合声明,并在同一司法别居诉讼程序中向法庭提出。

(二)夫妻关系与家庭

夫妻关系包括夫妻人身关系和夫妻财产关系。夫妻人身关系主要包括共同生活的权利义务、共同承担家庭责任以及自由择业的权利。《菲律宾家庭法典》将这些夫妻人身关系直接规定在法条中,可见菲律宾的宗教信仰以及社会伦理道德对立法的深远影响。除夫妻人身关系之外,夫妻财产关系是夫妻关系中相对更为重要的内容。《菲律宾家庭法典》的特色之处也就在于夫妻财产制的相关规定。法典对夫妻共同财产的范围和夫妻对共同财产的权利义务作了详细规定。

家庭是社会基本的组成部分。家庭关系包括丈夫与妻子的关系、父母与子女的关系、祖父母与孙子女和外祖父母与外孙子女的关系以及兄弟姐妹关系。家庭住所是指家庭成员居住的房屋及其坐落的土地,由丈夫或妻子或未婚家长共同商定。除特定情况外,家庭住所免予被执行、强制拍卖或扣押。经建房人及其配偶、达到法定年龄的成年受益人的书面同意,家庭住宅所有人可以将家庭住所出售、设定用益物权、赠与、转让或设定抵押,有争议的由法庭裁决。

(三)亲子关系与亲权

亲子关系因出生或收养而产生。因出生而发生的亲子关系具有婚生和非婚生两种情形,婚生子女与非婚生子女的判断依据是《菲律宾家庭法典》的特别之处。夫妻关系存续期间受孕或分娩的子女为婚生子女。合法婚姻外受孕并分娩所生子女是非婚生子女;非婚生子女的亲子关系证明采用与婚生子女相同的证明方法。非婚生子女应当随母姓,由母亲行使亲权①。非婚生子女的特留份为婚生子女特留份的一半。非婚生子女可以准正;准正在父母缔结有效婚姻后发生,无效婚姻的废除不影响子女准正。已准正的子女享有与婚生子女同等的权利,准正的效力溯及子女出生之时。

亲权是指父母对其未独立的子女人身和财产保护的权利和义务。父母的权利和责任包括照顾和培养子女,使子女具有公民意识和能力,保证子女身心健康和幸福,提高子女道德水平。亲权是父母必须履行的义务,不得放弃。亲权行使的一般规定、代理和特别亲权、亲权对人身和财产的效力、亲权的中止和终止,法典都明确做出了规定。年满18岁即为成年人,成年后即可自立。子女自立后,父母对子女人身和财产的亲权即终止。成年人以自己的名义行使民事

---

① 2004年修正案已经对这点进行了修改,允许非婚生子女使用其父亲的姓氏。该法案英文文本见 https://www.officialgazette.gov.ph/2004/02/24/republic-act-no-9255/,最后访问日期2022年10月15日。

权利和承担民事义务。

(五) 收养与抚养

依家庭收入有能力抚养照顾其婚生或非婚生子女、具有完全民事行为能力和法定权利的成年人，可以收养子女。对收养的条件、收养的效力、收养的解除，法典有明确规定。

夫妻之间，婚生的祖孙之间，父母及其婚生子女、婚生子女的婚生子女和非婚生子女之间，父母及其非婚生子女、非婚生子女的婚生子女和非婚生子女之间以及全血缘或半血缘、婚生或非婚生的兄弟姐妹之间负有扶养义务。扶养的费用分担、承担扶养义务人的顺序、扶养的方式依法典规定①。

第八节　新加坡共和国民事法律制度

新加坡原属英联邦国家，深受英国法律影响。虽然在独立后按照本国国情对法律制度进行改造，成为一个高度法制化国家，并形成了有自身特色的现代法律制度，但是制定法不可能也没有打算去解决某领域内的所有法律问题，判例仍是主要法律渊源②。而且，新加坡并没有明确的民事领域或商事领域的区分，虽然1878年就制定颁布了《民法条例》（1879年1月1日生效）、1909年制订统一的《民法》（1909年7月15日生效，分别于1920年、1926年、1936年、1955年、1970年、1985年、1988年、1994年、1999年、2020年进行过大的修订）③，但其并非调整民事关系的法律制度，而仅仅是为了统一新加坡境内民事领域的某些规定，例如该法令会规定新加坡法院拥有同时运用普通法和衡平法的权力、允许接纳英国的商业法和贸易法但也同时排除英国关于土地及财产的制定法等。因此，关于民商事方面的法律规定分散在数十部制定法及在新加坡适用的普通法当中④。

---

① 陈兴华主编：《东盟国家法律制度》，北京：中国社会科学出版社2015年版，第154－167页。

② 囿于新加坡国土面积小及案例本身并不丰富，当新加坡国内法出现"空白"的时候，有可能参照其他国家的判例，尤其是来自英国和其他英联邦国家的原则。借鉴外国判例，须与新加坡公共政策不相抵触。

③ See "Legislative History of Civil Law Act 1909", Available at https：//sso.agc.gov.sg/Act/CLA1909，最后访问日期2022年9月15日。

④ 何勤华主编：《法律文明史 第12卷 近代亚非拉地区法 上卷 亚洲法分册》，北京：商务印书馆2017年版，第150页。

本节简要介绍用于调整合同关系及婚姻家庭继承关系的制定法。

一、合同关系

新加坡传承了英美法系的合同制度。对于除土地外的一般财产和财产转让、授予方面的法律首先有1886年的《财产与财产转让法》。《财产与财产转让法》最近一次大修订是在2020年，于当年12月31日正式实施；2021年该法还进行过小的修正，修正条款于2022年4月1日实施①。该法对财产转让含义作了广泛的解释，包括财产销售、抵押、转让或者处理合同，也包括为了财产合同所产生的转让、租借、处置和担保合同②。除此外，1979年新加坡制订了《卖契法》，这是一部规范动产权利转让的法律。法律分别于1994年、1999年、2020年进行过三次大的修订，2021年该法通过新的修正案，修正条款于2022年4月1日生效③。所谓卖契，是指一方把自己对于某一动产享有的权利证书，为某一目的提供给另一方，约定在某一条件下或约定时间后将动产权利转移给受让方的契约。每一卖契在履行后的3天内要得到证明和登记，列明其对价，否则买卖行为不生效。卖契其实是一种担保形式。在这之后，新加坡还陆续制定了《新加坡货物买卖法》④和《合同（第三方权利）法》⑤等相关法律。

本节对新加坡调整合同关系的相关规定做简要介绍。

（一）合同的成立、效力及解除

1. 合同的成立

经由要约和承诺，合同成立。

要约是要约人发出的一项自愿的意思表示，表明经受要约人无条件承诺该确定内容的条款，要约人就受到这些条款的约束。如果合同成立的其他要素得到满足，如对价和设立法律关系的意图，则对要约的承诺会成立一个有效的合同。

承诺就是受要约人对要约条款无条件的同意。新加坡采取的是投邮生效的原则。

---

① 新加坡《财产与财产转让法》（整合至2021年12月31日前的所有修正条文）英文本见https://sso.agc.gov.sg/act/clpa1886，最后访问日期2022年10月9日。

② 潘伟等：《中国—东盟国家合同法比较研究》，南宁：广西民族出版社2013年版，第72页。

③ 新加坡《卖契法》（整合至2021年12月1日前的所有修正条文）英文本见https://sso.agc.gov.sg/Act/SGA1979?WholeDoc=1，最后访问日期2021年12月20日。

④ 新加坡《货物买卖法》（整合至2021年12月1日前的所有修正条文）英文本见https://sso.agc.gov.sg/Act/SGA1979，最后访问日期2022年9月15日。

⑤ 新加坡《合同（第三方权利）法》（整合至2021年12月1日前的所有修正条文）英文本见https://sso.agc.gov.sg/Act/CRTPA2001，最后访问日期2022年9月15日。

2. 合同的效力

年满 21 周岁且心智健全的自然人以及符合公司章程和成文法规定的公司具有缔约能力。未成年人、心智不健全人和醉酒者签订的合同不一定无效，如购买生活必需品等。

违反公共政策、不道德的或者违法的合同无效。如果合同依成文法或普通法规定应无效力，则合同自始无效。

订立合同时基于对合同基础或者对交易存在重大误解、通过胁迫或不当影响或违背良心的合同是可撤销的合同。

3. 合同的解除

合同因适当履行或者视同全面履行而解除。合同解除可因不履行或不适当履行并采用法律上的救济方式而解除、因未能履行不可归于任何法定的免责事由而解除、因合同落空而解除。

（二）违约救济

新加坡法律规定，于合同有关的司法救济手段包括：普通法上的损害赔偿救济及请求支付固定数目违约金之诉；衡平法上的实际履行救济及禁令救济。普通法的救济属于当事人的权利，而衡平法的救济依赖法庭的自由裁量。

（三）合同的分类

在新加坡，合同分为要式合同和非要式合同、束己合同与涉他合同、格式合同与非格式合同、有偿合同与无偿合同。束己合同主要是指严格依照合同相对性原则订立，合同仅约束双方当事人，第三人不能因合同享有权利承担义务。涉他合同则是指合同中为第三人设定了权利或约定了义务的合同，如保险合同①。

二、婚姻家庭关系

为了维持社会稳定，新加坡通过法律鼓励建立并维系家庭，营造以家庭为重、低离婚率、适合儿童成长的社会。1961 年，新加坡制定了《妇女宪章》②，其中规定了婚姻家庭关系调整方面的内容。随着社会的不断发展进步，新加坡

---

① 潘伟等：《中国—东盟国家合同法比较研究》，南宁：广西民族出版社 2013 年版，第 77-87 页。

② 新加坡是多种族多宗教和谐共存的国家，基于尊重，该《妇女宪章》并不普遍适用于所有的新加坡人，仍保留了信仰伊斯兰教的马来人的婚姻制度。但通过《妇女宪章》，新加坡境内的婚姻法律制度得到了统一。

先后对《妇女宪章》进行了多次修订，最近的一次修订是 2020 年①。《妇女宪章》的制订与完善使得新加坡保护妇女、明确夫妻的权利和义务、调整婚姻家庭关系的制度趋于完善。

《妇女宪章》明确规定"公民享有婚姻自由""公民实行一夫一妻制"。按照宪章的规定，任何在 1961 年 9 月 15 日《妇女宪章》生效以前已经依法律或宗教、习惯娶妻纳妾的，在婚姻存续期间不得再与任何人结婚；任何违反该规定的婚姻一律无效，违法重婚者应按照刑法关于重婚罪的规定处罚。

(一) 结　婚

1. 结婚的条件

在新加坡，结婚年龄为 21 周岁，即申请人达到 21 周岁以上，可以自由结婚。如申请人年龄在 18 周岁到 21 周岁之间，必须要得到父母同意才能结婚。父母以及两名成年证人必须同时携带居民证在场作证。如申请人的年龄在 18 周岁以下，需要申请获得特别结婚证。

2. 结婚的程序

2011 年 1 月始，年龄未满 21 周岁者注册结婚前须参加婚前预备课程，才能取得结婚证书。新加坡婚姻注册局是婚姻登记和证婚的机构。新加坡法律不承认仅依据习俗婚礼的结婚，但可按规定事后补办结婚登记。

依据《妇女宪章》的规定，在举行正式婚礼之前，必须提前 21 天到 3 个月向婚姻注册局申请注册结婚。1961 年 9 月 15 日以后缔结的婚姻应继续，法律规定的无效婚姻除外。不过因三种情形可以宣布解除：一方当事人死亡、根据主管管辖法院的命令或主管管辖法院宣布婚姻无效。

(二) 离　婚

在新加坡，任何离婚都必须经过诉讼程序，即使双方合意离婚。离婚诉讼的当事人一般都会聘请代理律师，在聘请律师之前，还可获得律师的免费咨询服务。无过错当事人可以请求法院让过错方支付其律师费用，而经济困难的当事人可以向法律援助局申请法律援助。

离婚诉讼原则上至少应在结婚 3 年后才能提起，但在原告遭受困难或者被告行为恶劣的情形下可以例外。

"不可挽回的婚姻破裂"是离婚的唯一理由。新加坡法律规定婚姻破裂的

---

① 新加坡《妇女宪章》（整合至 2021 年 12 月 1 日前的所有修正条文）英文本见 https://sso.agc.gov.sg/act/wc1961，最后访问日期 2021 年 12 月 19 日。

具体表现为：被告犯有通奸行为，原告认为与被告同住是不能容忍的；被告的行为方式，不能合理的期望原告与被告同住；被告在提交令状前连续遗弃原告至少2年；夫妻双方协议分居3年以上；一方单方面分居4年以上。离婚申请人须举证证明其至少符合以上5种情形之一，才能认定为婚姻已经破裂。此外，一方离家出走或失踪，也可以使离婚成立。离婚应做好养育子女的方案安排。

《妇女宪章》规定了司法分居。婚姻双方可以根据判断婚姻破裂的理由申请司法分居，法院做出司法分居判决的，不再强制原告与被告同住。

此外，《妇女宪章》还规定了夫妻之间的权利义务；家庭保护；赡养妻子、无行为能力的丈夫和子女；婚姻财产的认定及分割等问题。

三、继承关系

新加坡调整继承关系的制定法主要包括：1967年制订、2020年修订的《无遗嘱继承法》[①]，1934年制订、2020年修订的《遗嘱认证和管理法》[②]和1966年制订、2020年修订的《继承（家庭规定）法》[③]等。

（一）无遗嘱继承

无遗嘱继承，即法定继承，是指被继承人没有对自己的遗产留下遗嘱或者被继承人的遗嘱没有处分自己的全部财产，因而根据法律的规定对其遗产进行划分。根据《无遗嘱继承法》的规定，新加坡法定继承的顺序是：配偶首先获得遗产的1/2，之后依次为子女、父母、兄弟姐妹、祖父母、叔父、政府。该法还规定了代位继承制度，即继承人的子女可以代替其已经死去的父母获得被继承人的遗产。

（二）遗嘱继承

遗嘱包括通过遗嘱或具有遗嘱特性的书面文件行使设立遗嘱的权利处分财产或指定受益人的作为。任何人都可以根据法律的规定设立遗嘱赠与或处置其死亡时根据法律或者公理所享有的动产或者不动产。遗嘱的生效条件是：必须遵循已生效的法律；立遗嘱人须达到法定年龄，未成年人及21周岁以下的公民

[①] 新加坡《无遗嘱继承法》（整合至2021年12月1日前的所有修正条文）英文本见https://sso.agc.gov.sg/Act/ISA1967，最后访问日期2021年5月15日。

[②] 新加坡《遗嘱认证和管理法》（整合至2021年12月1日前的所有修正条文）英文本见https://sso.agc.gov.sg/Act/PAA1934，最后访问日期2021年5月15日。

[③] 新加坡《继承（家庭规定）法》（整合至2021年12月1日前的所有修正条文）英文本见https://sso.agc.gov.sg/Act/IFPA1966，最后访问日期2021年5月15日。

所立遗嘱无效；遗嘱应采取书面形式并签署。遗嘱应当由立遗嘱人签署，或由其他人在立遗嘱人面前依照立遗嘱人的指示签署；立遗嘱人是在 2 名或者 2 名以上同时在场的见证人面前作出自己的签署或者承认其他人的签署；每名见证人在立遗嘱人面前签署该遗嘱。但是，遗嘱不因见证人没有资格而无效。

（三）遗产中生活费保留

新加坡准许某些被赡养人向法院提出申请，要求从遗产中拨付生活费。能够提出申请的人包括：死者的配偶、未婚或身心残疾不能自立的女儿、未成年儿子、有身心残疾不能自立的儿子。这些人如认为得到处置的遗嘱不能为其提供合理的生活保障，可在遗产分配后 6 个月内提出申请，经法院审核，可以作出从死者净遗产中分配出适当的部分作为申请人的生活费的决议[1]。

第九节　泰王国民事法律制度

泰国属于大陆法系国家，法律制度受法国的影响最大，其民事法律制度是规定在《泰王国民商法典》及相关的特别法规之中。《泰王国民商法典》的起草经历了两个阶段，第一阶段是 1908—1916 年，由法国法学家完成；第二阶段是 1916—1934 年，由泰国法学家和法国法学家合作完成。其颁布、实施是从 1925 年开始，持续到 1935 年才全部完成[2]。

泰国的《民商法典》充分吸纳了 20 世纪先进法典立法理论，并深受法国、德国、日本及瑞士法律的影响，汇集了这些国家民法典的优点：有《法国民法典》之通俗易懂、有《德国民法典》之严密的逻辑体系和编撰体系、有《日本民法典》之简洁明了[3]。1974 年以后，泰国根据社会经济的发展对该法典进行了多处修改，最近的一次是在 2008 年。现行法典分为 6 编，共计 1755 条，明确规定其用于调整平等主体之间的财产关系以及人身关系。第 1 编是总则，包括自然人、法人和法律行为；第 2 编债权，包括债的担保和合同的一般规定；第 3 编合同分则，包括各类合同、典当、代理人、票据法、股份与公司法；第 4 编物权法，包括所有权、占有、居住权；第 5 编家庭法；第 6 编继承法。

---

[1] 参见何勤华、李秀清主编：《东南亚七国法律发达史》，北京：法律出版社 2002 年版，第 493 - 497 页。

[2] 参见米良：《〈泰王国民商法典〉制定的历史背景》，载《云南大学学报（社会科学版）》2018 年第 2 期，第 132 - 133 页。

[3] 参见张树兴主编：《泰国法律制度概论》，成都：西南交通大学出版社 2017 年版，第 117 页。

本节对除商事关系外的其他内容做简要介绍。

一、人 法

（一）自然人

自然人的民事权利能力始于出生终于死亡。胎儿享有法律上规定的权利，但须以分娩出生为条件。自然人的民事行为能力始于成年（20周岁）或结婚。未成年人在作出各项法律行为时需征得法定代理人的同意，如未得到法定代理人同意，均视为无效。但以下三种为例外情形：行为结果使未成年人取得权利或解除义务；该行为同未成年人身份相适应，且满足其合理需要；在年满15周岁后作出遗嘱。另外，法定代理人拒绝同意的未成年人经营业务的要求，法院经未成年人申请后，如认为对未成年人有利，可发出授权命令，许可未成年人经营上述业务。

法院可宣告精神不健全人为无行为能力人，但须依与其有关人员的申请。该人的行为，除经监护人同意者外，都可被取消。由于生理上或心理上的缺陷或者由于惯常性挥霍浪费或酗酒而不能处理自己事务的人，也可以被宣告为准无行为能力人，由其监护人监管。

（二）亲 权

亲权是法典中的一项重要的法律制度。亲权具有以下特征：被亲权人为无民事行为能力和限制民事行为能力人、亲权人为完全民事行为能力人、亲权人的职责是由法律规定的。

法典规定，亲权人的职责主要有：保护未成年人的身体健康和人身安全，防止未成年人受到不法侵害；照顾未成年人的生活；对未成年人进行管理和教育；妥善管理和保护未成年人的财产，对于未成年人财产的经营和处分，应尽善良管理人的注意；代理未成年人进行民事活动；代理未成年人进行诉讼，以维护其合法权益；亲权人不履行亲权职责或者侵害未成年人合法权益，给未成年人造成财产损失的，应当承担赔偿责任。亲权关系终止的事由是亲权人或未成年人死亡和未成年人成年。

法典中，监护依设立的方式可分为指定监护和遗嘱监护。监护人的主要职责是及时制作被监护人的财产清单。监护关系的终止事由主要有：被监护人死亡或成年；监护人死亡；监护人得到法院许可后辞职；监护人成为禁治产人或准禁治产人；监护人成为破产人。

(三) 法 人

对于法人来说，只能按照《民商法典》和其他有关法律的规定成立，其权利能力和行为能力自成立时产生，终止时消灭。

(四) 有效法律行为要件

有效的法律行为必须具备的条件是：行为人的行为能力；意思表示是自愿的；符合法律行为的格式，如土地抵押合同必须为书面形式且经有关部门登记。无效的行为自始无效且不得予以承认。

二、债 权

《民商法典》对债权的规定体现在该法典的第 2、第 3 编①中。从债权种类来说包括了合同②、无因管理和不当得利；民事法律责任包括违约责任和侵权责任；此外该法典还规定了 10 年、5 年和 2 年三种时效期间。

(一) 合同关系

合同的成立要具备以下事项：当事人、双方意思表示一致、合同标的。合同的效力须符合的条件是：合同标的不为法律所禁止或者不与公共秩序、社会公德和诚实信用原则相违背；合同应符合法定形式；当事人须符合法律规定且具备相应的民事行为能力。

合同的解除包括根据合同本身约定的解除和法定解除两种情形。法律规定的解除原因包括：当事人一方没有履行义务；如果履行要求在特定期间进行，而另一方当事人没有该期间履行；如果由于债务人的原因而导致合同全部或部分不能履行，债权人可以解除合同。

合同可以分为双务合同和单务合同，合同的类型主要有买卖合同、赠与合同、租赁合同、承揽合同、运输合同和借贷合同等。

(二) 不当得利和无因管理

无因管理是指某人未经他人委托或无权以任何方式代替他人处理事务而代为管理他人事务，该人须以符合本人的利益或按本人的真实意愿或按可推测的本人意愿的方式处理事务；否则管理人应就处理行为导致的损失向本人承担损

---

① 第 3 编中涉及的商事关系，不在此章节进行介绍。
② 在泰国，合同分为双务合同、单务合同以及为第三人利益签订的合同。

害赔偿责任,即使没有过错也不可免责。

不当得利是指无法律上的原因而受益,致他人遭受损失,应负返还义务。不当得利的取得不是由于受益人针对受害人而为的违法行为,是由于受害人或第三人疏忽、误解或过错造成。《泰王国民商法典》规定,受损失的一方自可以请求偿还不当得利之日起 1 年内或者自不当得利发生之日起满 10 年,超过此期间,不得再提起返还不当得利之诉。

(三) 民事法律责任

《民商法典》对违约责任和侵权责任都做了相关规定。违约责任是指一方当事人不履行合同义务或履行合同义务不符合合同约定而应承担的民事责任,其构成要件包括违约行为和主观过错。违约形态包括:不能履行、延迟履行、不完全履行和拒绝履行[1]。

侵权责任是指某人故意或过失地非法侵害他人生命、身体、健康、自由、财产或其他权利并致使其遭受损失的,该人为侵权行为人,并赔偿对他人造成的伤害损失。侵权责任包括一般侵权责任和特殊侵权责任;赔偿的方式和数额由法院根据侵权的情况和轻重程度裁量,赔偿损失的范围包括直接损失和间接损失。

三、物 权

《民商法典》第 4 编规定了物权相关法律。法典确立了物权法定的原则,即物权只能依据本法典或其他法律的授权才能设定。物权分为动产物权和不动产物权,不动产物权以登记为其公示方法,不登记不发生效力。所有权权能分为占有、使用、收益、处分四项;所有权的原始取得包括有先占、拾得遗失物、发现埋藏物、善意取得和添附五种方式。抵押权主要包括不动产抵押、动产抵押和共同抵押;抵押财产担保的范围必然包括债及利息、未履行债务的赔偿、实现抵押的费用等附属费用。此外,法典还对共有及占有进行了规定。

根据第 4 编的规定,国家公共财产是指各种为了公共利益或者为了维护公共利益的财产;对于国家公共财产,不得以诉讼时效对抗。

居住权是指居住人按规定的期限居住或终生居住房屋的权利,居住权的期限不得超过 30 年,期限届满可以延长,自延长之日起不得超过 30 年;居住权不得继承,当居住权消灭时,房屋应归还给房屋所有人。

泰国实行土地私有制,土地所有人有权将其土地让与他人持有和支配,并

---

[1] 张树兴主编:《泰国法律制度概论》,成都:西南交通大学出版社 2017 年版,第 159 页。

允许该人成为在土地上建造的住房、建筑物、种植的作物的所有权人。土地支配权的期限可以是终生的，也可以是规定具体期限的。如当事人没有约定土地支配权的期限，任何一方可以在任何时候取消支配权，但必须通知对方当事人；如果是支付租金取得的支配权，则必须提前1年通知对方。土地支配权消灭，支配权人须使土地恢复原状；如果土地所有权人不让拆除或铲除的，应当与支配权人协商，按市价购买。

四、婚姻家庭与继承法

（一）婚姻家庭法

法典第5编为家庭法。该法确立了男女平等的原则，男女双方需互相照顾和抚养，男女双方在财产方面享有平等权利。

男方须满17周岁，女方至少满15周岁才能结婚。如一方为无完全行为能力人，须获得一方的双亲或活着的父亲或母亲表示同意。按照年龄的不同，结婚的程序要求也不相同。此外该编还规定了五种不允许登记结婚的情形。

离婚则分为夫妻协议离婚或法院判决离婚两种形式。协议离婚，应具备书面形式，并对子女的监护问题达成协议，且至少有两位证人签字证明。此外具备法律规定的条件，任何一方均可向法院提出离婚申请。法院判决离婚的主要事由包括：通奸、虐待、遗弃、失踪、不履行抚养义务等违反夫妻相互忠诚对待义务的情形。离婚时应对双方财产进行清理及确定子女抚养等问题。

（二）继承法

法典第六编规定了继承法律制度。继承分遗嘱继承和法定继承两种。遗嘱继承下，任何人可按照自己意愿以遗嘱处分他去世后的财产，亦可排除其妻子和子女继承[①]。法定继承的原则是：近亲优于远亲。配偶和子女属于第一继承人，享有同等继承权；在没有配偶和子女时，其他近亲属才有继承权。

第十节　越南社会主义共和国民事法律制度

越南20世纪80年代以后开始"革新开放"的体制改革，"民主与法制"成为其核心价值追求。由于其长期受中国传统文化的影响，"革新开放"后大胆吸收借鉴中国以及其他国家法律制度的成功经验，制定法成为其立法模式的

---

① 实践中，这一规定难以实施，因为遗嘱人在伦理和道义上都有扶养妻子和子女的义务。

选择，同时授权中央政府、最高法院检察院制定实施细则。

一、《民法典》

越南1980年开始起草《越南社会主义共和国民法典》，1991年第一稿起草完成，多次征求意见及修改后，第一部《民法典》于1995年10月在第九届国民大会上得以通过并于1996年7月1日生效。2005年，第十一届国民大会通过了经修订的《民法典》，2006年7月1日起施行。经过十年的发展，2015年第十二届国民大会通过了新《民法典》，2017年1月1日起正式生效。

该民法典在结构和内容上进行了优化和精简，不仅更符合《民法典》的法律系统，还将越南的传统道德价值、交易习惯与现代社会的新形势相结合，体现了对前两部民法典的传承和创新，具有较大的进步性[①]。法典分为6编27章共689条。

（一）总则编

法典总则编共10章157条。明确了民法典的调整范围、基本原则和适用规则；民事权利的确立、行使与保护；自然人、法人、家庭户和合作组的民事法律主体地位；财产、民事行为、代理、期限和时效等内容。

值得一提的是，该法典在总则编明确规定了法律适用规则，即其他法律的规定不得违反民法典的基本原则，也就是当其他法律没有规定或者违反民法典基本原则的适用《民法典》的规定；而《民法典》与越南所加入的国际条约规定不一致的，按国际条约条款执行；当事人没有约定且法律没有规定的，按习惯执行；没有习惯的，可适用相近法律的规定。如不能适用相近法律的，则适用《民法典》所规定的基本原则或案例、公理。此外，法典还详尽规定了人身权的内容[②]，并对每项人身权利的内容和实现的保障进行了具体规定。

（二）财产所有权及其他权利

本编共4章116条。规定了财产所有权和其他权利确立、行使的原则；财产所有权的内容和形式；占有的类型；相邻权、用益权、地上权等内容。法典

---

① 伍光红、黄氏惠译：《越南民法典》，北京．商务印书馆2018年版，第4页。
② 人身权包括姓名权，姓氏变更权，名字变更权，确定、重新确定民族成分的权利，出生登记、死亡登记权，国籍变更权，肖像权，生存权，生命、健康、身体安全保障权，名誉、人格、威信受保护的权利，人体细胞、器官的捐献、接收以及遗体捐献、使用的权利，重新鉴定性别的权利，性别变更权，个人生活隐私、个人秘密、家庭秘密权，婚姻与家庭关系中的人身权等多项人身权利，并对每项人身权利的内容和实现的保障进行了具体规定。

对财产所有权及其他权利的限制中明确规定了环境保护义务,即在行使财产所有权、其他权利时,权利的主体应遵守环境保护相关法律的规定;如对环境造成污染的,则应停止污染行为,并采取相应措施去除污染与赔偿损失。所有权形式包括全民所有、私有及共有三种。

(三) 义务和合同

本编共6章335条。其中义务[①]部分规定了义务发生的依据以及义务的履行方式;履行义务的各种担保措施;违反义务的法律责任。合同部分规定了合同的订立过程;合同内容和履行;合同的变更、撤销、无效及其法律后果等。此外还对一些常用合同类型,悬赏与有奖比赛,无权代理行为,非法占有、使用财产、不当得利的返还义务,合同之外的侵权赔偿责任等内容进行了规定。

义务即因其他一个或多个权利主体的利益,义务方必须转交物品、转让权利、支付钱款或有价证券、执行或不得执行某项指定事项。义务的产生依据包括以下情形:合同;单方法律行为;无权代理行为;没有法律依据占有、使用财产或不当得利;因违法行为造成损害;法律规定的其他依据。合同是各方之间关于确立、变更或终止民事权利和义务的协议,包括下列几种主要合同:双务合同,即双方都应履行针对彼此义务的合同;单务合同,即只有一方履行义务的合同;主合同,即效力不附属于副合同的合同;副合同,即合同效力附属于主合同的合同;为第三方利益的合同,即合同各方都必须履行义务且第三方从中获取利益的合同;有条件的合同,即合同的执行取决于某一特定事件的发生、变更或终止的合同。一些常用的合同包括:财产买卖合同、财产交换合同、财产赠与合同、财产借贷合同、财产租赁合同、财产借用合同、关于土地使用权合同、合作合同、服务合同、运输合同、加工合同、财产寄存合同、委托合同。

(四) 继 承

继承编共4章54条。规定了遗嘱继承、法定继承及遗产的清算与分割等内容。自然人有权立遗嘱分配自己的财产;将自己的财产依法留给继承人;根据遗嘱或法律继承遗产。非自然人可以根据遗嘱享有继承遗产的权利。每个人将自己的财产留下来给他人的权利,以及根据遗嘱或法律继承遗产的权利都是平等的。继承人在继承开始时必须是活着的自然人,或者是在被继承人死亡前已经成为胎儿、继承开始后出生并存活的自然人。遗嘱继承人为非自然人的,必

[①] 可以理解为传统民法法系及理论中的债。

须于继承开始时存在。

（五）涉外民事关系的法律适用

本编共 3 章 26 条。规定涉外民事法律关系中关于个人和法人、财产关系、人身关系等法律选择和适用的问题。

二、婚姻家庭法

越南于 1959 年制定了第一部社会主义性质的《越南婚姻家庭法》，但该法当时只能在北越实施。1976 年越南实现了统一，直到 1986 年越共"六大"的召开，才通过了适用于越南全境的《婚姻和家庭法》。该法曾于 2000 年 6 月进行过修订，2014 年《婚姻和家庭法》再次修订，修订后的条文于 2015 年 1 月 1 日生效。该婚姻家庭法共 9 章 133 条。该法最大的特点在于取消了对同性婚姻的禁令[①]以及批准了人道目的的代孕[②]。

（一）基本原则

《婚姻和家庭法》确立的婚姻家庭制度的基本原则包括：夫妻平等的自愿、进步和一夫一妻制；婚姻受法律尊重和保护，不受国籍、宗教信仰的限制；建设繁荣、进步、幸福的家庭；家庭成员有相互尊重、照顾和帮助的义务；不歧视地对待儿童；保护和支持儿童、老年人和残疾人行使婚姻和家庭权利；协助母亲妥善履行崇高的母职职责；实施计划生育；发扬和弘扬越南民族优良的婚姻家庭文化传统和伦理道德。

（二）缔结婚姻

1. 结婚的要件

缔结婚姻须满足的要件包括：结婚须男女双方自愿，男子年满 20 周岁，女子年满 18 周岁，具备相应的民事行为能力，且在国家主管机关进行登记。

如果存在以下禁止性条件的，则不允许缔约婚姻：假结婚；未成年人结婚、强迫结婚、欺骗结婚、阻挠结婚；已婚人士与他人结婚或同居，或未婚人士与

---

① 虽然只是在禁止性规定中取消了同性婚姻，但在东南亚国家也属罕见。参见《越南废除同性婚姻禁令修法生效 可举行同性婚礼》，中国新闻网 https：//www.chinanews.com.cn/gj/2015/01-09/6954368.shtml，最后访问日期 2021 年 12 月 19 日。

② 参见《越南通过新婚姻法 2015 年起允许人道代孕》，中国日报（中文网）http：//world.chinadaily.com.cn/2014-06/20/content_17605410.htm，最后访问日期 2021 年 12 月 19 日。

已婚人士结婚或同居;同一直系血统的人或三代以内的亲属结婚或同居;在婚姻中索要财产①。

2. 非法婚姻撤销

被强迫、被欺骗结婚的人有权自行向法院请求撤销非法婚姻。存在有未达结婚最低年龄、重婚、无民事行为能力、近亲婚等情形的,非法结婚者的父母、子女、监护人或其他法定代表人、重婚者的配偶;负责家庭的国家管理机构及国家儿童事务管理机构及妇女联合会②有权向法院提起撤销非法婚姻。他人、机构或组织发现有非法婚姻存在时,可以向负责家庭管理的国家机构、国家儿童事务管理机构及妇女联合会提出请求法院撤销该婚姻。

法院审理撤销非法婚姻的请求时,如果双方符合法律规定的婚姻条件并请求承认其婚姻关系的,法院应予承认。在这种情况下,婚姻关系自双方完全满足法律规定的婚姻条件之日起建立。

法院宣告非法婚姻无效时,双方终止夫妻关系;财产关系在保障妇女儿童合法权益的基础上可由双方协商决定,协商不成时依民法典处理。

(三) 离 婚

法律规定允许离婚,国家和社会鼓励双方离婚时进行基层调解。不论是双方自愿离婚还是一方申请离婚,都要向法院提起;但在妻子怀孕、分娩、哺乳不满12个月的孩子时,丈夫无权要求离婚。未经结婚登记而要求离婚的,法院也应受理。

法院受理离婚案件后,首先应进行调解。双方自愿离婚并达成能保障妻子和孩子合法权益协议的,法院同意离婚;不能达成协议或不能保障妻子和孩子权益的,由法院进行处理。一方提出离婚,经调解不成,且法院有理由认为配偶一方实施家庭暴力、严重侵害夫妻权利义务,使婚姻恶化、使他们的共同生活不再可能、使婚姻目的无法实现,法院应准许离婚。被法院宣告失踪的人的配偶要求离婚时,法院应准许离婚。

另外,《婚姻和家庭法》还对夫妻离婚后的财产分割及对子女的抚养教育都做出了明确的规定。

---

① 婚姻和家庭制度中其他禁止的行为包括:假离婚;强迫离婚、欺骗离婚、阻挠离婚;在婚姻中索要财产;用于商业目的的辅助生殖技术分娩、商业代孕、产前性别选择、克隆;家庭暴力;利用婚姻和家庭权利进行人口贩卖、劳动剥削或性虐待、或为谋取私利而实施其他行为。

② 被强迫、被欺骗结婚的人也可以提议由这些个人或组织向法院请求撤销其非法婚姻。

(四) 其 他

《婚姻和家庭法》还详细规定了夫妻之间的各项权利和义务关系、父母与子女关系、各家庭成员之间的关系、赡养义务、涉外婚姻家庭关系。

值得一提的是，该法明确规定了利他代孕。在利他代孕的情况下出生的孩子是从孩子出生时就要求进行此类代孕的夫妻的共同孩子。利他代孕应以当事人自愿为基础，签订书面的利他代孕协议并公证。

利他代孕须夫妻双方完全满足以下三项条件，才能提出代孕要求，即：妻子经主管卫生机构证明即使使用辅助生殖技术也无法怀孕和分娩；夫妇没有共同的孩子；夫妇接受了健康、法律和心理咨询。另外，代孕人必须满足以下条件才可进行代孕：是要求代孕的妻子或丈夫的近亲；已经生育过一次且只能代孕一次；处于合适的年龄，并经主管卫生组织证明有资格进行妊娠代孕；如果已婚，则须获得丈夫的书面同意；接受过健康、法律和心理咨询。

此外法律对代孕协议内容、代孕请求方和代孕方的权利义务、代孕纠纷的解决都做了明确的规定。

第五章 公司法律制度

本章以公司法为主,但鉴于东盟十国中有的国家没有单独的公司法,公司法律制度是融合于国家企业法律制度之中的。为保留所介绍制度的完整性,本章在写作中尽量尊重每一国家关于公司(企业)法律制度的实际情况。

第一节 文莱公司法律制度

1956 年,文莱颁布《公司法》(Companies Act, 1957 年 1 月 1 日正式实施),之后于 1957、1959 年进行两次修订。现行的公司法于 1984 年文莱独立后颁布,但基本沿袭了 1956 年《公司法》的框架。自 1998 年始,1984 年《公司法》历经近 20 次的修订,共计 11 个部分 324 条,并 14 个附件清单。最近的一次修订于 2020 年 10 月 31 正式实施。同时,文莱还新制订了《公司(控制人和董事提名登记)规则》(Companies (Register of Controllers and Nominee Directors) Rules),与《2020 年公司法(修订)令》(Companies Act (Amendment) Order, 2020)同日生效。

文莱《2020 年公司法(修订)令》进一步强调了公司治理的相关规定,要求公司遵守国家的法律制度。为配合打击洗钱、恐怖主义等犯罪,《2020 年公司法(修订)令》还要求当地公司或外国公司公布所有受益人以及最终财产所有人的信息。

一、公司设立

文莱《公司法》中所指的"公司",是指在文莱境内成立、合并或存在的任何法人团体,以及在文莱境外注册成立并在文莱境内开展业务的公司,包括私人公司、外国公司、关联公司、有限公司、担保责任有限公司(Company Limited by Guarantee)、无限公司以及有限责任合伙企业(Limited Liability Partnership)①，但非商业目设立的任何公共机构或政府机构的法人团体、其他的独资公司或商业合作社（Co-operative Society）以及工会组织除外。

文莱自 1957 年第一部《公司法》始就没有规定一人公司，因此设立公司需有两个以上（含）的发起人。《公司法》明确规定，7 名或以上的发起人（私人公司发起人应为 2 至 50 人之间）满足合法之目的即可成立有限或无限公司（第 4 条）。而当公司在成立之后其股东减少至法定最低人数以下时，该公司将禁止开展经营业务，若其成员在明知的情况下仍继续开展业务，则其成员将承担公司在此期间的全部债务并可能承担相应法律责任（第 31 条）。另外，2010 年修正案增加了对公司相应的限制，即任何超过 20 人以上的公司、团体或合伙企业，除非依本法注册为公司或者依文莱其他成文法或任命状（Letters Patent）② 成立，否则不得从事以获取收益为目的之商业经营。但以上规定并不适用于仅因或主要因从事特定专业或行业而成立的团体或合伙企业。

二、公司登记

公司设立由登记（注册）官负责注册登记，登记官包括副登记官和助理登记官，由文莱苏丹任命。2017 年公司法修正案对于公司登记规定有新的变化，即要求公司应自成立之日起需登记在文莱境内可通讯的办事处，若办事处地址发生变更则须在变更之日起 28 日内将变更情形报送登记官。

自登记注册并签发营业执照，公司便取得法人资格。公司申请设立时，须将公司基本章程和公司章程细则一并提交登记官，由登记官保留并登记注册。2010 年修正案增加了登记官可拒绝公司登记注册的条件，即拟设立公司可能被用于非法目的或有损于文莱国公共和平、福祉或良好秩序目的或者拟设立公司可能会违反文莱国家安全或利益的，登记官均有权拒绝为公司进行登记注册。

另外，文莱《公司法》对于公司登记时的名称有严格的限制，规定公司不能申请登记以下名称：与现有公司相同或相似的名称；与任何有限责任合伙企

---

① 根据文莱《公司法》的规定，担保责任有限公司是指股东责任以其在公司基本章程中做出的保证、当公司停业清算时向公司承担提供资产数额为限的公司；股份有限公司则是指股东责任是以公司基本章程所确定的认购股份为限的公司；有限责任合伙企业则规定在 2010 年《有限责任合伙企业令》（Limited Liability Partnerships Order, S 117/2010）之中，法令第 5 条明确指出有限责任合伙企业是独立于企业合伙人、具有法人资格的实体；而私人公司不能对外发行股份和债券，向公众自由地转让股份也有相当的限制。

② 由国家或国王公开颁发并授予个人或公司的任命状，包含国王所作的公示命令并加盖国玺的文书，主要是用来对个人或公司授予某种特权活动的权利。有时还用来设立贵族爵位，或用于颁授出庭律师的位次。参见薛波主编：《元照英美法词典》，北京：法律出版社 2003 年，第 833 页。

业相同的名称；与在境外设立但在境内开展业务的公司相同或非常相似的名称；与已登记注册的商业企业相同或非常相似的名称；登记官认为可能在公司性质或目标方面误导公众的名称；登记官认为下流、暗示与市政或地方当局有关以及财政部长认为不可接受的名称；包含"商会"（Chamber of Commerce）"建筑协会"（Building Society）"皇家"（Royal）Di－Raja、"文莱"（Brunei Darussalam）"储蓄"（Savings）"合作"（Co－operative）"信托"（Trust）或"信托人"（Trustee）等字词的名称。

三、股份公司股份或股本的变更

经股东大会表决后，股份有限公司或担保有限公司可以变更其股份和股本（第53条）。公司发生股本合并、股份转换、赎回优先股、股本增加或减少等事项时，公司均须在1月之内向登记官详细说明；有股本公司在其股本增加之时，其增加股本的决议应在通过后15日内提交说明；否则公司与公司中应承担责任之人可能会被处以罚金（第54、55条）。另外，有股本的有限责任公司也可以通过公司决议增加股本的票面金额。

与增加股份或股本一样，履行合法程序之后，公司可以减少其股份或股本。文莱《公司法》第58至63条规定了公司减少股份或股本的条件。公司股份或股本的减少须在公司章程细则中有相关规定，同时这种股份或股本的减少不能损害公司一般性权力，在依《公司法》所规定的特别决议并经法庭确认、履行特别程序之后才可实施。另外，为保护他人的权利，文莱《公司法》还规定了股东对股份减少情形下的责任承担，如公司债权人对不知公司股本减少情形下股东的责任、股份减少时分担人之间的权利、公司董事或其他高级职员隐瞒债权人的责任等，此类责任轻则处以罚金，重则触及刑律应处以1年的监禁。

四、公司治理机构

（一）公司会议

文莱《公司法》规定，私人公司由所有成员共同决定公司事务，共同按其职责范围管理公司并开展业务。股份公司由全体股东组成股东大会，并分为年度股东大会、法定股东会议和股东特别大会。年度股东会议的召开时间，中间间隔不得超过15个月，由2名以上的股东提议或董事会召集，或法院经公司成员的申请发出强制令要求公司召集。法定股东大会不得晚于公司开展经营活动后的3个月内，由董事召集全体成员参加。股东特别大会由至少1/10的有表决权的股东一致同意后启动，大会上分别采用多数表决制和特定多数表决制以通过特别决议。

对于股东大会的召开，2010 年修正案作了较大幅度的修改，规定公司至少应每自然年内举行一次股东大会，且距上次股东大会的召开日期不能大于 15 个月，若公司在成立之后的 18 个月内已召开首次股东大会，则公司无需在成立当年或下一年召开。但经公司（合理理由）申请、登记官批准后，两次股东大会的间距时间（15 个月内）以及首次股东大会时间（18 个月内）均可适当延长。

股份有限责任公司、担保有限责任公司和有股本的公司（私人公司除外）自开展经营之日起 1 至 3 月内，须召开所有股东参与的法定会议（statutory meeting）。董事会应在法定会议召开 7 日前，向所有股东提交法定报告（statutory report）。法定报告须载明股份数额、股本总额、截止报告之日 7 天内公司收付款情况摘要、公司董事等高级职员的姓名和地址、相关合同的详情及变更等内容。法定报告须不少于两名以上的董事以及审计师（如有）进行认证，同时提交登记官进行登记。

公司可视情形召开临时股东大会，即股东特别大会。持有实付资本 1/10 以上且拥有投票权的股东或者在无股本公司中拥有 1/10 以上总投票权的股东，可申请召开临时股东大会。若公司董事自股东申请交存之日 21 日内未召开临时股东大会，则申请人或占董事总投票权一半以上的董事可自行召开会议，不过此类会议不得在 3 个月内再行召开。

无论因何种原因导致公司无法召开以上各类型的会议，法院均可决定（自行决定或应任何董事或任何有投票权股东申请决定）要求公司召开会议。对公司未按本法规定召开股东大会和法定会议的，则被判定为失职的高级职员有可能承担相应的刑事责任并被处以罚款。2017 年公司法修正案还补充规定，以上各类会议召开的通知时限不得早于会议召开前的 21 日或公司章程细则规定的更长时限；无论公司基本章程或章程细则的规定如何，股东有权出席公司召开的任何类型股东大会且有权在会议上发言。

（二）公司董事

文莱《公司法》规定，公司至少应有 2 名或以上的董事，2010 年公司法修正案将董事成员须为文莱公民修改为应居住在文莱[①]。担任董事职务之人须年满 18 周岁且具完全法律行为能力，由本人或其代理人书面同意，并在注明了不

---

① 文莱《公司法》第 138 条规定，如公司只有 2 名董事则其中 1 名须居住在为文莱；如公司有 2 名以上的董事，则至少有 2 名董事居住在为文莱。

少于其任职资格股份数量①的公司基本章程上签字认可,关于在公司基本章程上签字认可的规定不适用于无股本的公司、私人公司、在成为公共公司前是私人公司的公司。

2010 年公司法修正案增加了法院发出董事资格取消指令的法定情形:其一,公司被用于危害国家安全或利益之目的,法院可应财政部长的要求而做出;其二,董事因犯有欺诈罪行被处以 3 个月或以上监禁时,法院可自行决定做出。2010 年修正案还规定,依 2010 年《有限责任合伙企业令》(Limited Liability Partnerships Order)规定被取消了董事资格的任何人均不得以任何方式直接或间接地参与或介入公司管理。

《公司法》规定董事应诚实及合理勤勉履行其职务。公司的高级管理人员及其代理人不得不当使用因其职务而获得的任何信息,直接或间接地为本人或他人谋取利益,或对公司造成损害。否则将可能因违反此规定而向公司承担责任,甚至被追究刑事责任。

五、公司破产制度

文莱《破产法》(Bankruptcy Act)制订于 1956 年,1957 年 1 月 1 日正式生效,后于 1984 年进行过修订。文莱《破产法》共八章,142 条②。文莱《破产法》的立法基础是香港 1932 年制订的《破产条例》(Hong Kong Bankruptcy Ordinance),故而其立法精神甚至法律条文均与香港的《破产条例》大多雷同,详细规定了从破产的申请、宣告及对破产财产的管理与分配、破产责任等相关内容。

(一)破产申请

在文莱,破产申请借鉴了英国 1914 年《破产法》[③] 的相关规定,无论是债权人还是债务人均可提出破产申请。不过,债权人提出破产申请,须以债务人已构成法律上破产行为为前提条件。

---

① 文莱《公司法》第 140 条规定,担任董事要求的股份数量规定在公司章程细则之中,董事如在被任命前未满足此要求,则其有义务在获得任命后 2 个月内满足此要求,否则董事之职位应予以撤销。
② 文莱《破产法》英文译本见 https://www.agc.gov.bn/AGC%20Images/LAWS/ACT_PDF/cap067.pdf,最后访问日期 2022 年 12 月 2 日。
③ "香港的破产法,是以英国的 1914 年《破产法》为蓝本。"参见李春霖、赵桥梁:《香港与大陆地区破产制度期刊问题的比较》,载《新疆社会经济》1998 年第 1 期,第 89 页。

根据文莱《破产法》第 3 条的规定，除向法院①提交破产申请或无力偿还债务的声明外，其余应视为破产的行为，包括将其在文莱境内或境外的作为债权人的利益转让其他受托人；在境内、外将其财产进行欺诈性转让、赠与、交付或转让；若为抵销或延迟债务，试图离开文莱、其居住或公司营业地点、或将其财产转移至法院管辖范围之外；其货物已被法院查封或被法警出售或保有达 21 天；已向其他债权人发出通知，说明其已暂停或即将暂停偿还其债务等。

在文莱，公司的债权人有权对公司提出破产申请，并可就公司的任何合伙人或控制或管理公司业务的任何人就公司业务所犯的破产行为对公司发出接管令。在与公司财产或债权人相关的所有情况下，破产行为应视为与公司业务相关，如果与其财产或债权人有关，则应视为上述合伙人或个人的破产行为。

（二）破产裁决与破产撤销

文莱《破产法》规定，法院根据债权人或债务人宣告破产申请，可予作出接管令（Receiving Order），以保护债务人之财产。不过，法院在审理任何债权人或债务人有关破产的申请之时，破产事务官（Official Receiver）②亦可出庭并传召、讯问及盘问任何证人，他可支持或反对法院作出的接管令。

法院一旦作出接管令，破产事务官即成为债务人财产的接管人；如法院认为有必要，亦可在接管令颁发之前，任命破产事务官为债务人全部或部分财产的临时接管人。债务人财产受接管之后，债权人不得采取任何程序（包括民事诉讼）向债务人追偿所欠债务。

法院在颁发接管令后，应尽快公开审查债务人及其财产或经营业务状况，将债务人提出的有关债务清偿的和解方案，呈破产事务官并转债权人。若双方未能就债务清偿的和解达成一致，或债务人并不愿提出任何和解方案的，法院即宣告债务人破产。债务人被宣告破产后，应由债权人会议选任破产财产受托人（Trustee）；如未有选任，则应由法院委任破产事务官或其他适当之人为破产财产之受托人。

债务人在被宣告破产后，法院可依破产人申请开启破产撤销程序，或依破产事务官、受托人或业已证明之债权人申请主动开启此程序。法院经公开审理后，可作出撤销令。法院颁发撤销令两年后，破产人如能提供证据，证明无须遵照该令指定条件办理之必要时，法院可修改此令或颁布其他命令。法院依破产事务官、受托人或业已证明之债权人申请主动开启破产撤销程序时，如破产

---

① 在文莱，破产案件由最高法院破产法庭审理。
② 在文莱，破产事务官由文莱苏丹任命，其本身应是法院法官。

人不能依法院命令按期到庭的，法院可给予破产人藐视法庭罪论处。

(三) 有关破产的犯罪

文莱《破产法》第8章规定了有关破产的犯罪行为。《破产法》第129规定，任何已被判定破产或已就其遗产发出接管令之人，须向受托人充分、真实地披露其所有财产。如若他没有诚信披露其财产或故意隐瞒其财产，或者其阻止或参与阻止任何影响相关文件的出示，甚至在任何陈述中作出较为重大的疏漏或失实，均可能被判处犯下欺诈行为，并被处以罚款或两年的监禁。第130至141条还规定其他相关破产的犯罪行为，如破产人将其以赊账方式获得、但未付款的财产移送出文莱境内之行为；迁移、隐匿、毁弃或伪造与其财产或事务相关文书之行为；破产申请或接管令颁发前12个月内，以伪冒或欺诈所为赊骗任何财物而不付款者之行为；以冒骗或诈欺方式骗取债权人同意其破产之行为；债务人所雇之人有以上的任何行为，等等。《破产法》还规定，法院审理相关破产的犯罪，适用简易程序，由治安官法庭进行审理。

第二节 柬埔寨王国商业企业法律制度

柬埔寨于2005年5月19日颁行《商业企业法》(Law on Commercial Enterprise)，这是柬埔寨国内最重要的有关公司和企业的法律制度。《商业企业法》是以"四角战略"[①]为基础、以便推动证券市场建立[②]的柬埔寨王国历史上第一部综合性的公司和企业制度法律。《商业企业法》共分8章304条，除总则、过渡性规定和最后条款3章外，其余5章分别就普通合伙企业 (General Partnerships)、有限公司及公众有限公司 (Public Limited Company)、外商企业 (Foreign Business)、派生诉讼 (Derivative Action)、犯罪、惩罚与救济措施进行了实质性规范。

根据柬埔寨《商业企业法》的规定，合伙企业包括普通合伙企业和有限合

[①] 2004年，柬埔寨政府提出以优化行政管理为核心，加快农业发展、加强基础设施建设、吸引更多投资和开发人才资源的"四角战略"，旨在通过有效管理和深入改革，促进柬经济增长，解决民众就业，保障社会平等与公正，其意义内涵可以浓缩为"增长、就业、平等、效率"四个方面。参见毛鹏飞：《"一带一路"与柬"四角战略"对接发展——中柬经贸互联谱新篇》，中华人民共和国中央人民政府网http://www.gov.cn/xinwen/2018-01/08/content_5254422.htm，更新日期2018年1月8日；曲凤杰等：《走向印度洋："丝绸之路经济带"东南亚—南亚—印度洋方向重点国别研究》，北京：中国市场出版社2016年版，第213页。

[②] 许家康、古小松主编：《中国—东盟年鉴2006》，北京：线装书局2006年版，第281页。

伙企业（Limited Partnerships）组成，公司则分为私人有限公司、公众有限公司两类。无论是合伙企业还是公司，均需使用高棉语显示其名称，且在柬埔寨需要持续存在一个经登记注册的办公处或代理人。合伙企业或公司的年度申明（Annual Declaration）向商务部（Ministry of Commerce）提交，另外如果合伙企业或公司在未能向商务部全额支付应付的费用、罚款、利息或罚金之前，将会被禁止在柬埔寨提起任何诉讼或在任何民事诉讼中进行辩护，但为确定是否应付这些费用或罚金的诉讼除外。

一、合伙企业

（一）普通合伙企业

在柬埔寨，普通合伙企业（General Partnership）是指由两个或以上的主体以口头或书面形式，组合其资产、知识或行为共同开展业务获得利润的企业。普通合伙企业拥有独立的法律人格，在柬埔寨境内设有营业场所和登记注册处、且超过51%的企业所有权益由柬埔寨公民或法人持有的合伙企业才可被视为是柬埔寨的合伙企业。合伙企业在依照《商业规则和商业登记法》（Law on Commercial Rules and Register，1995年颁行、1999年修订）的规定进行注册登记后，享有法人资格，可以以自身名义拥有动产和不动产、开展经营业务、订立合同、参与诉讼，但不得向公众发行证券或可转让票据。

合伙企业的合伙人允许以现金、实物或服务向合伙企业出资，以专业知识或行为等服务方式向合伙企业出资不能包括公职人员的影响力。普通合伙企业的合伙人享有共同管理、决策合伙企业的权力，共享企业利益，共同承担企业亏损，对企业的义务承担连带责任；合伙人无权因其经营活动获得报酬，对其过失造成企业损失的应承担责任；经全体合伙人一致同意后，合伙企业可接纳新的合伙人、驱逐未履行义务或妨碍企业经营活动的合伙人、允许部分合伙人退出后企业持续经营、转让企业权益、以企业的资产或利润为合伙人义务提供担保。沉默合伙人（Silent Partner）[①]对第三方承担与声明普通合伙人（Declared General Partners）相同的义务。

企业解散的法定事由包括：依据协议规定解散；企业经营目的到达；无法继续经营；全体合伙人同意解散。合伙人一致同意的，可延长企业的经营期限继续合作。企业解散后，普通合伙人停止进行企业业务，但合伙人的代理人可继续代理行为，并不得影响第三人之权利。

---

① 指没有声明的普通合伙人。

普通合伙企业可因合伙协议约定而解散，也可因正当理由而由法院宣布解散。合伙企业解散时应连续四周在企业所在地或商务部规定的出版物上发布解散通知，并指定一名清算人进入清算程序。清算时，优先偿付员工工资、税款和其他优先债务后，偿还出资，之后才以剩余资产按合伙人的权利比例（若无则平均）进行分配。

在清算期间，普通合伙企业的法人资格继续存在。普通合伙企业如因违反证券或可流行票据发行、或因企业解散、合伙企业合同中各合伙人分担损失义务的规定均不得对抗善意第三人。

（二）有限合伙企业

有限合伙企业是由一名或以上对企业承担有限责任的有限合伙人（Limited Partners）以及一名或以上承担无限连带责任的普通合伙人（General Partners）经口头或书面协议设立的合伙企业。有限合伙协议约定的期限不得超过99年，但可以延长。有限合伙企业的登记注册与普通合伙企业一样，需按照《商业规则和商业登记法》的规定进行。

有限合伙人负有向企业以货币或资产出资的义务，不得参与企业的管理（因普通合伙人不能履行职务而代为执行企业简单管理行为除外），但享有可不时检视企业运营报告、针对企业管理提出建议的权利，可从企业领取薪酬，并以其出资的金额或财产价值范围内对企业债务承担责任；而普通合伙人则可以现金、实物或服务出资，承担授权管理企业的职责，不得从企业领取薪酬，对企业经营中的债务承担无限连带责任。合伙人在有限合伙企业可以既是有限合伙人，又是普通合伙人；如合伙协议中未明确有限合伙人身份信息的，则其应被视为普通合伙人；同时兼任普通合伙和有限合伙的合伙人，享有普通合伙人的权利和义务。

经绝大多数合伙人同意且企业余留资产足够清偿企业债务时，有限合伙人可撤回其出资；经所有合伙人一致同意后，有限合伙人也可转让其在企业的权益。普通合伙人不能履行职务且在120天内不能更换的，有限合伙企业解散。其他规定则适用普通合伙企业的相关规定。

二、私人有限公司与公众有限公司

（一）一般规定

柬埔寨《商业企业法》中所指的公司是指私人有限公司和公众有限公司两类，但依据该法设立的公司，无论是私人还是公众有限公司，均不得从事经营银行、保险或财政的业务。

私人有限公司一般由2至30名股东组成（只有1名股东的私人有限公司称为个人独资有限公司 single member private limited company）。私人有限公司不得对外公开发行证券。公众有限公司则是指向公众公开发行证券以募集资金的公司。

（二）公司设立及公司权能和权利

一名或以上的自然人及法人均可向商务部下属的登记官员（Director of Companies）[①]提交章程而创设有限公司。在柬埔寨境内设有营业场所和注册办事处、且柬埔寨自然人或法人持有公司有表决权股份大于51%时，公司才可被视为是柬埔寨公司。公司在提交公司章程并缴纳注册费用后，由登记官员签发公司注册证书（Certificate of Incorporation），公司取得注册证书后即具有法人的权能、权利或特权，可在柬埔寨境内、境外开展经营业务。

（三）公司章程

公司章程应由全体股东签署，载明以下事项：公司名称；柬埔寨境内的注册办事处；公司的经营范围以及可能的限制；资本金额；公司授权发行的股票种类、最高股份数额以及每股面值；股票所附权利、特权、限制和条件；限制股票发行、转让或所有权的声明；股东的姓名和完整地址；董事人数。公司还可以通过章程细则来规范公司的业务或事务。

经特别决议，公司章程可对公司名称、经营范围、股份数量、股本金额、公司经营期限、注册办事处等各事项进行更改。但就更改第236条所规定的6类事项（如股份类别所附带的权利、特权和限制；不同股份类别的最大股份数量；创建更高等级的新股票类别等）时，此类股份的持有人将有权作为一个类别单独进行投票。

（四）公司治理结构

董事应在公司成立后12个月内召集年度股东大会，也可随时召集临时股东大会。股东大会也可应股东的请求或法院的命令召开。股东大会讨论之议案均可经有投票权所有股东签署以书面决议达成，所有有权在股东大会上就某项决议进行表决的股东签署的书面决议与该项决议在股东大会上通过具同等法律效力。

根据柬埔寨《商业企业法》规定，公司董事法定人数的下限依公司的性质

[①] 根据柬埔寨《商业企业法》第88、91条的规定，Director of Companies 是指由商务部任命、实施本法的官员，有限公司设立需向 Director of Companies 提出申请。

（私人或公众）不同而不同，私人有限公司董事人数至少为 1 人，公众有限公司董事则至少为 3 人。董事的职权包括：任命、罢免高级职员；确定董事、高级职员的薪酬；决定发行公司股份、债券、票据或其他债务凭证；提议修改或废止公司章程；提议公司合并、解散或清算；提议公司资产出售、抵押、质押或设立担保；发放股息和利润；等。

公司的监事制度内容规定在了 2011 年 12 月 21 日生效的柬埔寨《民法典》之中。《民法典》第 62 条规定，除无限责任法人协会（Unlimited Liability Incorporated Association）以外的任何法人团体均需设立 1 人以上的监事，根据公司章程、股东大会或董事会的决议任命，但已担任法人团体董事或公司员工不得任职监事。第 63 条规定监事的职责有：检查公司工作及资产状况；监督董事的行为，并可代表公司对董事损害公司行为提起诉讼；要求公司董事报告公司经营业务状况；审查董事拟向股东大会和董事会提交的议案和文件；对监事的任免和报酬发表意见；提议召开临时股东大会或董事会会议；等等。

（五）外国企业

在国外登记设立的法人，可在柬埔寨开展活动并进行登记，活动具体包括：设立商业代表处或办公室；设立分支机构；委托代理人；雇佣员工；从事活动或提供服务。但外国企业在柬埔寨从事以上行为超过 1 个月，则应被视为在柬埔寨实施经营行为。以任何形式开展活动的外国企业应受柬埔寨法院的管辖。

外国公司可在柬埔寨王国注册成立具备独立法人资格的子公司，外国公司持有至少 51% 股份的为外资企业。

三、公司破产制度

柬埔寨的破产制度主要是由 2007 年制订的《破产法》（Law on Insolvency）[①]。该法适用于所有企业（包括经营独资企业的自然人），但银行、金融机构、保险公司或上市公司，不能根据破产法启动破产程序，而是须遵守特定行业的要求。实际上截至 2020 年，在柬埔寨被启动的破产程序仍是寥寥无几[②]。

（一）破产申请与裁决

1. 破产申请

在柬埔寨，只有依法设立的合伙企业、法律实体或在柬埔寨境内拥有资产

[①] 直译时可以译为《资不抵债法》。

[②] Jay Cohen, "The Bankruptcy System in Cambodia", in *Regional Guide to Bankruptcy Law*, 2020 Tilleke & Gibbins International Ltd., p. 3.

(可为有形资产,也可是无形资产,但须依法注册登记)并在柬埔寨有注册地址的外国实体才能启动或针对其启动破产程序。

在柬埔寨,债务人、债权人、检察官或商务部长均可提出破产申请。《破产法》规定,当企业无法履行超过 500 万瑞尔的有效债务时,除债务人外,债务企业的董事、合伙人或经理均有法律义务提交破产申请。如果债务人一方未能提起破产程序,则债权人、检察官或商务部长亦可以提起破产程序。债务人一方提出破产申请应在超过 500 万瑞尔债务未能履行之日起的 30 天内提出,如果法律上有义务提交破产申请的个人之一未能在 30 天法定期限内提交,则债权人可以要求额外的损害赔偿,债权人可向他们要求承担个人责任。破产申请必须以书面形式提出,并应载有关于债务人和申请人、申请依据、证据等信息;若申请是债务人提出,则还需在申请中附上已知债权人的基本信息。而债权人的申请书,或商务部长、公司董事或检察官提出的破产申请书应在向法院提交申请书后七天内送达债务人。

柬埔寨《破产法》还规定,从当事人破产申请提出到法院发布其是否启动破产程序的裁决之时,法院可根据债务人、债权人、商务部长、公司董事或检察官的书面申请任命债务人财产的临时管理人,而临时管理人应采取一切必要或适当措施保护债权人的利益,包括向法院申请救济令,冻结债务人的资产或中止有担保或无担保债权人对债务人或其资产提起诉讼。

2. 对破产申请的裁决

破产申请在提交法院后,法院应尽快进行审理。《破产法》规定,债务人提出的申请,法院须在 7 日之内进行审理;而对于债权人、商务部长、公司董事或检察官提出的申请,则最晚不应迟至申请书送达债务人后的 14 天之内。债务人、任何债权人、商务部长、公司董事和检察官均应有权参加审理。

法院可在对于申请进行审理后,依职权作出对债务人是否启动破产程序的裁决。是否启动破产程序的裁决应在审理后的 14 天内作出。债务人或任何债权人可在裁决作出后的 7 天内对此裁决提出上诉。《破产法》还规定,如果债务人的资产可能不足以支付破产程序的费用,则法院应驳回破产申请且裁决不启动破产程序,除非债务人预付了足够的款项以支付此类费用。

(二) 破产程序启动后的效果

柬埔寨《破产法》明确规定,一旦破产程序启动,将会产生如下效果:

1. 所有其他程序俱行中止

在法院裁决破产程序启动后,债权人及其代理人不得对债务人或破产财产提起或继续任何诉讼、程序或进行任何执行。但破产财产管理人若以书面方式允许有担保债权人取消抵押权、收回和出售担保资产，或者以任何其他方式利用其担保权并通过个人诉讼获得偿付的不属中止之列。

2. 破产财产产生

破产程序启动后，破产财产的范围则应包括债务人在破产程序启动之日或该日之后拥有的所有权益或以其他方式有权享有的所有资产、权利和债权。但若债务人是自然人，其个人主要居住房产价值未超过 2000 万瑞尔、其个人服饰的总价值未超过 40 万瑞尔或依《民事诉讼法》的规定已免除对债务人执行的资产、权利或债权的则不产生前款规定的影响。

3. 破产财产的管理与权力归属管理人

破产程序启动后，破产财产的管理和权力均给予管理人。管理人有权为破产程序的目的代表债务人并管理债务人的企业；接收债务人的邮件和发给债务人的任何电子信件，但明显属于私人性质的邮件和信件除外；开展为实现破产程序目标所必需的债务人业务；接收破产财产，包括债务人的账簿和记录；召集债权人会议；开启、承担、辩护、放弃或解决债务人为一方且与破产财产相关的司法程序；等等。管理人甚至可以向法院提出申请，在法院作出宣誓后，就与债务人业务有关的问题询问其他人。但管理人如若通过私人协议出售不动产、将破产财产的任何部分出售或转让给相关人员、或进行任何不可逆转地阻止和解方案的提出、批准或实施的交易之行为，则需要取得债权人之同意才可为之。

（三）清算和债权清偿

柬埔寨《破产法》规定，除破产财产中不能被出售的资产外，管理人应在清算开始后 6 个月内完成破产财产的清算和销售收益的分配。法院也可应管理人的申请，将破产财产清算和销售收益分配的期限最多再延长 6 个月。

对于破产财产的清算，《破产法》规定的分配顺序如下：第一是有担保债权，但其最高限额不应超过权利要求担保部分的价值或担保资产有效出售的净收益。第二是其他未支付的行政费用，包括法庭费用、临时管理人和管理人的报酬和费用、以及由临时管理人或管理人产生的其他行政费用和花费。第三是债务人所欠员工的薪金。法律规定，每位员工在清算中最高可获得 120 万瑞尔的欠薪。第四为其他无担保的债权。《破产法》规定，在第一、第三分配顺序中超出法律限额而未获得清算之部分，均列入此处作为一般无担保债权。

清算结束后，破产程序即行终止，未得到清偿的债权不再清偿。债权被列入债权清单但未得到全额清偿的任何债权人，可在破产程序终止后 1 年内向法院提出恢复破产程序的书面申请。如若存在以下之情形，法院则不应解除债务人未清偿的债务：债务人被判定犯有与债务人企业破产有关的欺诈或不诚实罪行；在破产程序启动前的最近 3 年内，债务人故意或因重大过失，对其经济状况作出了不正确或不完整的书面陈述，以获得信贷、从公共资金中获得付款或避免向公共机构付款；在破产程序启动前的最近 10 年内，债务人在另一破产程序中获得过未清偿债权的解除；在破产程序启动前的最近 1 年，债务人因故意或重大过失，导致不合理的负债或资产浪费而损害债务人信用，或推迟了破产程序的启动导致没有改善债务人的经济状况；债务人故意或因重大过失未履行破产申请须在债务未能履行之日起 30 天内提出之义务；在破产程序过程中，债务人因故意或重大过失违反了其提供信息与合作的义务或者作出虚假或不完整的信息。

第三节　印度尼西亚共和国公司法律制度

在印度尼西亚，公司法相关立法主要是《有限责任公司法》（Law on Limited Liability Company）。印尼独立后的第一部《有限责任公司法》制定于 1995 年，1996 年 3 月 7 日正式生效。这是对荷兰占领印尼期间于 1847 年制订的公司法律制度的第一次重大修订[①]。1998 年 1 月 17 日印尼又颁布实施了《有限责任公司条例》。2007 年，印尼通过 2007 年第 40 号法（Law No. 40 of 2007）对《有限责任公司法》再次进行了修订并重新颁布。新修订的《有限责任公司法》共 14 章 161 条，自颁布之日（2007 年 8 月 16 日）即行生效，主要包括公司的成立、股份、组织机构、公司破产和清算等内容[②]。

一、公司设立

两个或以上的发起人依据经过公证的契据，向法律与人权部（Ministry of Law and Human Rights）[③] 提出申请，认购公司股份，经法律与人权部批准后取得法人资格。证券公司、银行、保险公司等金融机构和国有公司的设立另行规定。契据上应载明公司的章程和其他资料，在契据成立后 60 天内，通过法人管

[①] Benny S. Tabalujan, "The New Indonesian Company Law", *University of Pennsylvania Journal of International Economic Law*, Vol. 17, Iss. 3, 1996, pp. 883-884.

[②] 印尼《有限责任公司法》英文全文见 https://cdn.indonesia-investments.com/documents/Company-Law-Indonesia-Law-No.-40-of-2007-on-Limited-Liability-Companies-Indonesia-Investments.pdf，最后访问日期 2022 年 12 月 6 日。

[③] 印度尼西亚法律和人权部前身为 1945 年成立的司法局（Department of Justice），之后曾陆续更名为法律法规局（Department of Law and Regulations, 1999 年）、司法与人权局（Department of Justice and Human Rights, 2001 年）、法律和人权局（Department of Law and Human Rights, 2004 年），2009 年确定为法律和人权部。法律和人权部负责法律事务和人权事务，隶属于总统并对总统负责。

理部门的电子技术信息系统填写表格并提交。

在印尼，法律与人权部部长负责对公司进行注册登记，公司注册登记须在报纸上公示公司的登记资料。若公司章程以下事项有变更的，仍须得到法律与人权部部长的批准：公司名称和（或）住所；公司的宗旨和目标以及业务活动；公司成立期限；授权资本金额；减少已发行和实收资本；公司状态从私人公司变更为发行人或其他。

公司设立后60天内召开第一次股东大会，通过决议，开展公司业务并由公司承担责任。未设立前公司的行为，由全体董事或成员共同实施以及共同承担责任。

二、资本制度

公司的授权资本包括股份的总面值。其注册资本金不得少于5000万印尼盾，可以现金或其他形式出资，但应至少发行并实缴注册资本金的25%。以不动产形式支付股本的，须在签署公司成立契据或股东大会决议支付该股份后的14天内，在1份以上的公开发行报刊上进行公告。公司之后再进一步发行股份以增加已发行资本的，则必须全额付清欲增加的资本金。对公司有债权的股东，未经股东大会批准和法律规定，不得以债权抵扣其应缴股款。

公司可依《有限责任公司法》第37条所规定的条件回购已发行的股份。公司持有回购股份不能超过三年，董事对无效回购的损失承担连带责任。此外，公司持有的回购、转让、赠予等方面的股票不能用于股东大会的投票、不能计入章程所规定的对法定票数的统计、不能参与分红。

公司依股东大会决议增资或减资。所有股东对新增股份根据持股比例享有优先购买权。减资通过减少股份或减少股票价值等形式实现，应在股东大会通过决议后7天内登报公告。债权人对异议无果的，可向法院起诉。

股票的价值应以印尼盾写明，不得发行没有票面价值的股票。董事会有义务制作股东登记簿和关于董事持股情况的特别登记簿，登记内容包括股东的姓名和住址、持股数量、代码及日期、股票类别、每股实收金额、保证人或信托人的名称及地址，保证日期和登记日期等。

股票可分为：有投票权和无投票权的股票；有董事会和监事会成员提名权的股票；要回购或与转换成其他股票的股票；累计或不累计分红的股票；对公司剩余资产进行优先清算的股票。

股权转让应当以权利转让契据的形式进行，须经得公司机构的同意，公司也可在收到通知后90天内书面拒绝。股票也可以质押或作为信托担保。

三、公司治理结构

印尼《有限责任公司法》规定,公司的治理机构包括股东大会、董事会和监事会①。

股东大会是指在法律和(或)公司章程规定的范围内,未授予董事会或监事会会权力的公司机构。股东大会包括年度股东大会和其他股东大会,其召开地应为公司住所地或主营业务所在地,公开上市公司在上市的证券交易所的住所召开股东大会。股东有权或授权代表出席股东大会,并按所持股份的类型和数额行使表决权。股东大会需享有表决权的股东过半数出席才为合法。

董事会是指有权并完全负责根据公司宗旨和目标为公司利益管理公司的公司机构,同时根据公司章程的规定在法庭内或法庭外代表公司。董事会由股东大会任命,负责公司的管理工作。

监事会对公司的营运进行监督并向董事会提出建议。董事和监事的报酬由股东大会决议来确定,对因自身失误和疏忽的履职行为导致的公司损失,应对此损失承担全部个人责任。《有限责任公司法》第109条规定,根据其时的伊斯兰原则开展业务的公司,除设立一般监事会外,还应设立伊斯兰监事会(Syariah Supervisory Board),其目的是监督公司活动以符合伊斯兰原则。

四、公司合并、分立和解散

公司合并分为并购与整合。被并购公司和存续公司的董事会应当准备并购方案,方案获得各个公司监事会批准后,提交各自的股东大会批准。被并购、被整合的公司依法解散,其资产和责任依法转移至并购后存续的公司,被兼并的公司的股东依法成为并购后公司的股东。董事会自并购或者合并的生效日后30天内,应在报纸上公告结果。收购以从公司董事会或者从股东手中收购公司已发行或者拟发行股票的形式进行。

根据《有限责任公司法》第135条的规定,公司分立分为单纯的公司分立和非单纯的公司分立。单纯的公司分立指公司所有资产和负债依法转移至两个或以上的公司,进行分立的公司应依法解散。非单纯的公司分立指公司的部分资产和负债转移至一个或以上的公司,且进行分立的公司仍然存在。

公司解散原因包括:股东会决议解散;章程规定的营业期限届满;法院裁决解散;商事法院做出的破产声明被撤回,但公司的财产不足以支付破产费用;公司资不抵债,暂停偿还债务;公司被吊销营业执照。公司决定解散后,公司

---

① 在印尼,监事会亦译为专员委员会(Board of Commissioner)。

应进行清算。由股东会指定清算人或董事会为清算人，法院也可指定管理人开展清算事宜。自解散之日起，公司的对外文件都应注明"在清算中"的字样。清算结束，清算报告获得股东会或者法院的认可后，公司注销其法人资格。

五、公司破产制度

还在荷兰殖民时期，印尼分别于 1905、1906 年制定了相关破产的立法。1998 年，印尼颁布独立后的第一部《破产法》（Law No. 4 of 1998），对 1905、1906 年的相关立法进行了修订。2004 年新的《破产和债务清偿义务中止法》（Law of Bankruptcy and Suspension of Debt Payment Obligations, Law No. 37 of 2004）颁布生效，前述所有法律即行失效。2004 年《破产和债务清偿中止法》共 7 章 308 条[①]。

（一）破产与破产申请

2004 年《破产和债务清偿义务中止法》区分了"破产"（bankruptcy）和"资不抵债"（insolvency）两个概念。根据破产法，破产被定义为对所有债务人资产的一般没收，这些资产将由管理人在本法规定的监督法官的监督下管理和清算。另一方面，资不抵债被定义为无力偿还债务的状态。因此，在某些情况下，公司宣布资不抵债，但却不必定就是破产。

在印尼，债务人、债权人、出于维护公共利益之检察官、中央银行（如果破产主体为银行企业）、金融服务管理局（如果破产主体为证券交易所、清算和担保机构、存款和结算机构）以及财政部长（如果破产主体为保险和再保险公司、养老基金或国有企业）均可以向法院申请启动破产程序。

破产申请须向债务人住所（如果债务人是法人，则为其公司章程中规定的住所）具有管辖权的商事法院提出。如果作为法人的债务人在印尼没有住所，则破产申请应向债务人驻印尼办事处的法定住所具有管辖权的商事法院提出。

（二）破产审理、上诉与复审

破产申请在法院登记后的 3 日内，法院须安排首次听证会。首次听证会必须在破产申请登记日后的 20 日内（应债务人申请，最迟可 25 日内）举行。债务人、债权人均应出席听证会。同时，法院必须在破产申请登记之日起 60 日内作出是否宣告破产的决定。

[①] 印尼《破产和债务清偿义务中止法》英文本见 https://www.studocu.com/id/document/universitas-pelita-harapan/bankruptcy-law/2004-indonesia-bankruptcy-lawenglish/3319820，最后访问日期 2022 年 12 月 6 日。

在法院对破产申请作出裁决之前,任何债权人均可向法院申请对债务人的部分或全部资产进行扣押,法院可任命 1 名债务人资产的临时管理人。法院批准债权人之扣押申请发出扣押令后,债务人将不得转让、抵押或租赁受扣押令约束的资产。在批准扣押令时,法院可要求提出申请的债权人向法院提供担保。

对于商事法院宣告破产与否的决定,债务人、债权人可在决定发布 8 日内通过商事法院书记官向最高法院提出要求撤销商事法院决定的上诉请求。商事法院书记官须在上诉提出后的 14 日内向最高法院提交原判有关的所有文件。最高法院对于上诉的审理,应在上诉请求提出后 20 日内开始,并在上诉请求提出之日 60 日内作出最终裁决。

无论哪一级法院作出裁决之后,如果当事人发现有新的证据足以推翻先前裁决的或者发现法院在适用法律方面有严重过失的,当事人还可通过商事法院书记官向最高法院提出复审请求。

(三) 宣告破产的影响

法院宣告债务人破产后,债务人便失去管理和处置其破产财产的能力,同时任何与担保或其他事项相关的强制执行程序将得以延迟、法院作出的任何扣押令也均被解除。自此,就债务人破产财产相关诉讼应诉的权力全部移交给管理人[1]。

就破产财产提起任何法律诉讼的权力也移交给管理人。破产财产包括宣告破产时破产债务人的所有资产(包括破产期间获得的资产,但不包括《破产法》第 22 条规定的资产)。如若破产主体为有限公司而非自然人,则公司股东所需要承担的最大责任仅限于其未足额缴纳的出资额。

印尼《破产和债务清偿义务中止法》对债权人作出了区分,分别是优先债权人(Preferred Creditor)、有担保债权人(Secured Creditor)和无担保债权人(Unsecured Creditor)。因此,当债务人被宣告破产后,对三类不同债权人影响各有不同。优先债权人,具有法律赋予的特别权利,拥有法律赋予的在债务人资产清算时获得清偿的优先权利。有担保债权人,对债务人的特定资产或财产持有特定担保,该类债权人有权执行其持有的担保。无担保债权人(在印尼也被称为并行债权人 Concurrent Creditors),是指包括所有其他债权人的类型,优

---

[1] 法院宣告债务人破产后,将会指定 1 名破产财产管理人(Curator)和 1 名监督法官。破产财产管理人负责破产财产的管理与清算,监督法官则负责监督管理人在破产财产管理和清算方面的行为。此外,法院还可根据管理人、监督法官或破产债务人的请求,随时增加任命 1 名破产财产管理人。法院还可依职权指定由 3 名成员组成的临时债权人委员会。不过在实践中,印尼法院很少设立债权人委员会,除非债务人的资产数额巨大且债权人人数众多。

先债权人和有担保债权人在受偿债务人的剩余资产后,再按比例分配给无担保债权人。

(四)债务清偿义务中止程序

债务清偿义务中止(Penundaan Kewajiban Pembayaran Utang,PKPU)程序是印尼破产法律制度的一大特点。当债权人预计债务人将无法在债务到期之时偿付债务以及债务人无法或预计无法偿付其应付债务之时,均可向有管辖权的商事法院提出债务中止清偿的申请。

如果法院同时接收到破产申请和债务中止清偿申请,则债务清偿义务中止程序优先。因为债务清偿中止的目的是为债务人提供更多时间以便履行其义务或与债权人达成重组债务的协议。但如果债务清偿中止不能成功,则此程序可转化为破产程序。

根据印尼《破产和债务清偿义务中止法》的规定,申请人在提出中止清偿债务申请时或提出申请之后,须向法院提交其与对方的债务重组协议。双方的债务重组协定应规定债务人偿付债务的时间表、债务须全部或部分偿付、偿付条件等内容。通常,债务重组协议须在债权人会议上获得通过。

法院如同意债务清偿中止,则债务人无需在约定中止期内偿付其债务。在此期间,在获得管理人和(或)监督法官的授权后,债务人仍可管理或处置其资产,甚至获得贷款并为其无担保资产提供担保。但如出现以下之情形,法院可依管理人、监督法官或债权人的请求或者依其职权主动终止债务清偿义务中止程序:申请人在债务清偿中止期间有恶意损害其资产或债权人利益之行为;债务清偿中止期间,申请人未经管理人授权管理或转让其全部或部分资产;申请人忽视执行法院在债务清偿中止期间下达的命令,或忽视管理人为债务人资产利益而提出的要求;因申请人资产状况,债务清偿中止程序不可再继续;申请人已不可能履行其按时偿付之债务。

第四节　老挝人民民主共和国企业法律制度

在老挝,相关公司的法律制度规定于《企业法》(Enterprise Law)之中,因为公司是大中型企业的法律形态,合伙企业和独资企业是小型企业的法律形态[①]。1994 年老挝第一部《企业法》制订颁布,2005 年老挝对该法进行了修

---

① 邓蕊主编:《中国—东盟国家公司法律制度概论》,成都:西南交通大学出版社 2016 年版,第 296 页。

订。2013年老挝国民议会再次对《企业法》进行修订，修订后的《企业法》自2014年9月17日起正式实施，2005年《企业法》即行失效。新修订的2013年《企业法》减少了条文的数量，修改了企业注册登记、合营公司份额等内容。法条共计10章221条，包括总则、企业、个人企业、合伙、公司、国营公司、混合企业、企业管理和检查、奖励和制裁、最后规定[①]。本节介绍的老挝《企业法》主要以2013年新修订的《企业法》为依据。

一、企业基本制度

老挝《企业法》规定，企业是指具有自身名称、资产、管理制度和办事处并依照本法注册的个人或法人商业组织。

（一）企业组织形式

在老挝，企业的组织形式分为个人企业、合伙企业和公司。

个人企业是指单个自然人设立的拥有注册资金100万基普或以上的经营性单位，个人对企业的所有债务负责。企业成立后，可以通过向社会募集股份、发行股票、新股东投资入股或原股东增加投资扩大股权，从而增加企业的资本金。

合伙企业是由2个以上发起人以营利为目的在老挝境内设立的合伙组织，分为普通合伙企业和有限合伙企业。合伙企业以联合体的形式开展经营。普通合伙企业是普通合伙人基于信任而设立的组织。合伙人均具有股东地位并且对企业的全部债务负无限连带责任，新加入的合伙人须对企业过去已有的债务承担责任。有限合伙由有限合伙人和普通合伙人共同组成，有限合伙人以其出资额为限对有限合伙承担责任，普通合伙人对合伙债务承担无限连带责任。

公司分为有限公司和公众公司。有限公司是由两个以上创始人把货币或实物等资本金作价为相同价值的等额股金以设立公司的经营性组织。其股东人数不超过20人，股东以其缴纳的股金承担公司债务等责任。公司在登记后，可动用资本金用以公司经营。其治理机构由股东大会、董事会、审计员以及1名或多名经理组成。公众公司是由7名以上发起人设立，把以实物或货币出资的股金分为若干等额股份的组织形式。公众公司可以公开发行股份以筹集资金，股份可转让、出售，股东仅以其出资对公司债务承担责任。公众公司的治理机构由股东大会、董事会以及经理组成。

[①] 老挝《企业法》英文译本参见 https：//laotradeportal.gov.la/kcfinder/upload/files/Enterprise_ Law_ ENG2013.pdf，最后访问日期2022年8月16日。

根据老挝《企业法》第13条规定，企业形式和种类可以进行转换。即个人企业可以通过增加合伙人的数量和（或类型），从而转变为合伙企业。据此成立的合伙企业，个人企业之前的负债成立为新合伙企业的负债，个人企业在转变前已完成清算的除外；合伙企业变更成公司的，则该企业应合法解散并已清算完毕，之后才能重新申报注册。

（二）企业类型

2013年《企业法》将企业的类型区分为私营企业、国有企业、混合制企业（Mixed Enterprise）和合作制企业（Cooperative Enterprise）。

国有企业是由老挝财政部负责，国家独资设立或与其他企业合资，但国家持股不得少于51%的经营性组织。国有企业可以向境内外银行和金融机构贷款融资，或公开发行股票或债券以筹资，并以企业自身的财产承担债务。国有企业由3至11人的董事会进行管理，董事长由财政部任命。

混合企业是国有企业和国内、国外企业之间共同持股、共同经营的经营性组织。包括在国有企业中由其他部门持股以及国有部门持有企业中其他部分的股票。

对于合作制企业，老挝《企业法》对其设立及运作不作规定，由单独的法律规章进行规范。

（三）企业登记与变更

企业设立应当向相关工商部门登记处递交企业登记申请。负责登记官员在接收相关申请后，应核实申请人打算进行的商业活动是否在法律所规定的负面清单之中。除非申请的商业活动被列入负面清单，则负责登记的官员应在收到申请10日内对申请进行审议；如申请的商业活动处于法律规定负面清单之中，涉及的审议程序将繁琐并时日更长。

企业在完成注册登记后依法成立。企业成立后应进行税收登记，同时凭《企业注册登记证》向公安部门申请印章的制作。

企业完成登记后，如其形式、类型或真实性全部或部分发生错误的，可以申请变更。不能被变更的，则依法宣布解散。对法律禁止或者违法进行企业登记的，企业登记无效。企业登记被宣布为无效或企业被解散的，并不免除企业的责任。但若企业目标或资本等相关登记事项需要变更的，企业可在约定变更事项之日起1个月内向登记官员通报。如超过此时限，无论当事人是否故意，都不能免除企业对无辜外部人员的责任。

二、合伙企业

对于合伙企业的相关规定是《企业法》最重要的内容之一。《企业法》对于个人企业的内容只有 5 条（第 32 至 36 条分别规定了个人企业的登记、企业所有人的权利和义务、个人企业的经理及其聘用合同、解散和清算），但对于合伙企业的内容却有 46 条之多（第 37 至 82 条）。合伙企业又分为普通合伙企业和有限合伙企业两种类型。

（一）普通合伙企业

普通合伙企业合伙人对普通合伙企业的债务承担无限责任。合伙人可以现金、实物或劳务的方式出资设立普通合伙企业，以实物或劳务出资的，应以现金进行评估。不过法律禁止在普通合伙企业的资产负债表中记录劳务出资的价值。普通合伙企业在登记前，合伙人必须按照约定全额出资，合伙人的出资以企业向其发行的股票为证明，普通合伙企业的股票不可转让。

普通合伙企业合伙人以人数（而非股份额）拥有投票表决权。经所有合伙人一致同意，普通合伙企业可以任命或罢免企业经理人（被选举或罢免为经理的合伙人无投票权）、可接纳新的合伙人、合伙人之间相互转让股份、与其他合伙企业进行合并、决定企业解散等事项。

新合伙人的加入可以通过受让企业原有股份或购买企业新发行股份的方式来实现。新加入的合伙人将对普通合伙企业的全部债务承担责任，合伙人间另有约定的除外。普通合伙企业因股份转让或其他原因导致只余一名合伙人的，普通合伙企业解散。

《企业法》第 51、52 条规定，普通合伙企业的合伙人禁止从事以下与普通合伙企业有竞争的行为或经营活动，但全体合伙人一致同意或者未对合伙人在加入合伙企业之前行为或经营活动提出异议的除外：代表自己或他人开展与普通合伙企业目标类似的业务；成为其他合伙企业（无论普通或有限合伙企业）的合伙人。对于违反此条规定的合伙人，合伙企业有权要求主张该合伙人此类行为无效或经营业务所产生的全部利润或者可要求对其采取法律行动直至解散普通合伙企业。

（二）有限合伙企业

《企业法》第 74 条规定，有限合伙企业合伙人对有限合伙企业的债务承担的责任不超过其未支付的股份金额。

与普通合伙企业的合伙人不同，有限合伙企业合伙人可以现金或实物形式向有限合伙企业出资，劳务出资不被认可。合伙人出资的方式和时间应取得所有合伙人的同意。

在未经其他合伙人的同意，有限合伙企业的合伙人可转让其持有的企业股份。在告知负责登记的官员并进行登记后，企业股份可向非股东进行转让。当有限合伙企业破产时，破产企业合伙人的股份须依《企业破产法》的规定向清算委员会出售并进行移交。

三、公　司

在老挝，公司分为有限责任公司和公众公司（Public Company）。

（一）有限责任公司

设立有限责任公司，应有两名及以上的发起人。发起人除须认购一定股份外，还必须对认购人的以下任何行为承担责任：为自身利益开展的经营业务；隐瞒与有限责任公司设立相关的收入或费用；不属于有限公司设立目标范围的费用或合同；高估自身的资产；以及法律规定的其他责任。如因认购人的上述行为给他人造成损害的，发起人应当负责赔偿和解决。另外，发起人还应对其在有限公司成立期间与外部人员订立的合同或与有限公司成立有关的费用承担连带和无限制责任，除非该合同或费用已被法定会议批准且有限责任公司已获准注册登记。

当股东人数超过30人时，有限责任公司须召开股东大会特别会议。获得出席会议2/3以上股东（其所代表的股份需达公司总股份的80%以上）同意之后，有限责任公司才可继续经营。如有限责任公司无须再维持或继续经营有限责任公司的方案没有在股东大会特别会议获得通过，有限责任公司则应变更其登记，按照公众公司设立程序和原则开展运营或解散本公司。相反，如有限责任公司只余1名股东之时，公司名称应变更为"一人有限公司"（Sole Limited Company）。一人有限公司的经营须满足《企业法》第175至183条的规定，如公司注册登记前，股东须以实物或现金形式足额缴纳资本金；公司股份在企业注册登记后不可撤回，转让和继承除外；公司有权聘用经理人，但经理人无权开展与一人有限公司具有竞争性的业务；等。

有限责任公司的股份可以现金或实物出资，也可以经股东大会特别会议表决通过后发行新股或增加每股股值的方式增加注册资本。有限责任公司的股份可以分为普通股和优先股两种类型。持有普通股的股东称为"普通股股东"（common shareholder），持有优先股的股东称作"优先股股东"（preferred shareholder）。二者均有权对公司业务提出意见、参与公司经营活动、支付到期股份、获得权益保护、对公司高级职员的损害行为提出诉讼等权利。"优先股股东"

还对剩余资产和股息享有优先购买权、在公司处于盈利状态下能够撤回其股份等权利，但"优先股股东"无权参与选举公司董事。

有限责任公司股份的每股金额不得少于 2000 基普，即使公司同意通过减少股份或每股金额方式来降低公司注册资本的，公司股份的每股金额也不应低于此数。公司股份可由一名或多名股东持有，但所有股东对公司股份未支付部分承担连带责任。股东持有的股份可以依法转让，除非出现股份出售金额不足、法律规定股份不应转让（如限制外国人、永久居民或无国籍人在特定类型的企业中持股）、公司处于资产扣押期和股东名册关闭期等情形。

公司的章程依据效力的不同分为绝对必要记载事项、相对必要记载事项和任意记载事项。公司的章程可以变更，但须经持有公司资金总额 2/3 以上股东的同意。

（二）公众公司

《企业法》第 184 条规定，公众公司的创始股东不能少于 9 名、外加 1 名审计师。股东人数少于 9 人的公众公司应依法解散。

公众公司的法定会议须在公司成立且股份已全部认购后的 90 日内召开。法定公议因特殊情况需要延期的，公司应书面通知负责注册的官员。

公众公司的股东应以现金或实物形式全额出资，每股金额不得超过 10 万基普。公司注册登记之后，股东不得要求法院允许其撤回股份，但可以向公司内部或外部人员进行转让。

公众公司还可以进行合并或兼并，也可以公开发行债券，但债券的发行需取得股东会议特别会议决议后才可进行，且应符合相关股票出售法律规章之程序和规则。

《企业法》还规定，适用有限责任公司关于企业登记、发起人责任、增资或减资、董事和董事会、股东大会、财务、审计和清算的相关规定，公众公司亦比照适用。

（三）国有企业和混合制企业

1. 国有企业

2013 年《企业法》新增了第 6 章"国有企业"相关内容。第 196 至 201 条分别规定了国有企业的定义、经营业务范围、经营基本原则、企业董事会及其权利和义务、企业的资本来源等相关内容。

《企业法》第 196 条规定，国有企业是指国家出资额占总资本 50% 以上的企业，或者经投资者同意将其企业转归国有的企业。若国有企业以公司法律机制设立、管理、经营，则其被称为国有公司。

在老挝，国有企业主要经营的业务是：不向其他企业开放商业活动的国家重要和关键性的商业；提供其他企业不提供的公用事业的商业；财务状况良好、经济上可行并提供资本积累机会的业务。国有企业的经营需遵守人民革命党的方针政策、政府的社会经济发展规划、现行法律法规，服从相关机构的监督和审计，做到管理制度的良好、透明和现代化的，提高经营效益。

国有企业董事会自企业成立之日即设立，其职责为指导并引领企业的管理战略和计划。

2. 混合制企业

《企业法》第七章关于"混合制企业"相关内容也是 2013 年修订时新增的。第 202 至 204 条规定，混合制企业是由国有企业与其他企业共同投资的企业。在国有企业和其他企业相互投资情形下，其他企业持有国家企业的股份不得超过 50%，而国家企业持有其他企业的股份没有上限，但此情形并不代表此企业据此可变更为国有企业。

四、企业破产法

老挝于 1994 年颁布的《企业破产法》（Law on Enterprise Bankruptcy）涵盖了破产申请、破产申请的审查、企业重整和产业出售、破产宣告和破产责任等方面的内容，共 9 章 56 条[1]。目前老挝管理破产相关事项的立法是 2019 年 12 月 26 日颁布、2020 年 6 月 9 日正式生效的《企业破产和重整法》（Law on Enterprise Bankruptcy and Rehabilitation），1994 年《企业破产法》同时废止。新修订的《企业破产和重整法》共 11 章 103 条，适用于在老挝境内成立的申请破产的所有企业（商业银行、接受存款的小额信贷机构和保险公司除外）[2]。相较 1994 年的破产法，新法条文增加了近一倍。另外，企业如自愿进行清算的，相关内容已并入 2013 年的《企业法》进行规定，此处仅论述《企业破产和重整法》的相关规定。

（一）破产申请与审查

1. 破产申请

有资格向法院提出破产申请的申请人包括：其未被清偿的债务达到 1000 万

---

[1] 老挝 1994 年《企业破产法》英文译本见 https：//www. vientianetimes. org. la/Laws%20in%20English/24. %20Law%20on%20Bankruptcy_ Decree%20（1994)%20Eng. pdf，最后访问日期 2022 年 12 月 8 日。

[2] 老挝《企业破产和重整法》英文译本参见 http：//laoofficialgazette. gov. la/kcfinder/upload/files/Law%20Rehabilitation%20and%20Bankruptcy%20of%20Enterprise_ promulgated_ updated%20English%20version. pdf，最后访问日期 2022 年 12 月 8 日。

基普的债权人、连续 3 月未领得工资的雇员或工会、破产企业或濒临破产的企业、持有企业 20% 表决权股份的合伙人或股东、以及合作社 1/5 以上的成员。后三类人员还可以向法院提出对于破产企业的重组申请。

申请人向法院申请债务人破产的条件包括：企业债务超出自身清偿能力；经债权人书面催示债务人达 3 次以上，且每次间隔至少 20 天，仍预计债务人不能按期偿还债务。

2. 破产审查

各省和首都万象法院中的商事法庭对企业破产和重组申请案件具有管辖权，老挝地区人民法院的商事法庭可以审理相关案件的上诉和终审。

具管辖权的法院在收到破产和（或）重组申请之日起 5 个工作日内以书面形式将结果通知债务人和债权人。如法院同意受理破产申请请求，被请求企业应在收到法院书记官书面通知的 15 日内向法院提交其辩护书、财务报表和其他证明文件；之后申请将随其他文件一并移送法官。如果破产和（或）重组申请是由债务企业或其成员（股东）提出的，则法院应在接收案件之日起 5 个工作日内颁发重组和（或）破产案件启动的裁决令；如果破产和（或）重组申请是由债权人或其企业的员工或工会提出的，则法院颁发裁决令的时限为 10 个工作日。《企业破产和重整法》第 17 条规定，法院颁发的重组和（或）破产案件启动裁决令具终局性。

一旦法院颁发重组和（或）破产案件启动裁决令，法院应任命破产财产管理人（管理人相关的资格详细规定于《企业破产和重整法》第 33 条之中），同时针对债务人及其资产的所有法律行为中止，但国家采取的非金融措施（如刑事诉讼、环境、安全、社会福利等）、债务人用以担保的资产在重组期间可能会贬值或毁损、用作担保的资产对重组不重要也不必要等情形除外。

根据《企业破产和重整法》的规定，首次债权人会议应由案件审理法官在 30 日内召集召开，其后的债权人会议需经破产财产管理人、债权人委员会[①]或债务占全部债务总比 25% 以上的债权人召集，半数以上的债权人（且其代表的债务需占全部债务价值的 2/3 之上）出席才可召开。债权人会议的决议经出席并代表所有债务价值至少 2/3 的债权人过半数决定后生效。如有债权人不同意债权人会议决议，可提请法院裁决撤销该决议，并向债权人会议提出复议。债

---

① 债权人委员会（Committee of Creditors）是 2019 年《企业破产和重组法》新设立的机构，由 3~5 名债权人或其他人组成，其享有的权利和义务有：检查破产企业的资产、负债、财务状况和继续经营的能力；监督检查破产企业的经营活动和管理者的活动；监督检查破产企业资产的管理和使用情况；监督检查清算过程；召集债权人会议；对委托人企业和（或）管理人提出的重组或清算计划提出意见；履行债权人会议赋予的权利和其他职责。

权人会议决议一旦生效,则对所有债权人有效。

破产争议审理前,法院应派调解员对债权人和破产企业进行调解以期双方能够达成和解并制作调节备忘录。双方达成和解的,法院应通知所有债权人,包括和解协议的副本和其他相关文件。双方不能达成和解或者债权人会议不批准和解协议,法院应当裁定企业破产;法院也可应管理人、债权人或破产企业的提议(需有合理根据)随时撤销和解协议,裁定企业破产。

(二)破产宣告和清算

法院做出破产裁定后,债务人或债权人均可在裁定做出的20日内提出上诉;上诉审理应在60日内完成。

在破产裁定生效后,债务人企业的所有资产将被清算,以偿付债权人会议与管理人协商后确认的资产清单和债务金额。破产企业的资产范围包括:不动产和动产,包括租赁资产、回购或出借资产;现金、银行账户;其他企业的股份、债券、政府债券;应收账款;知识产权;其他资产。对于个人企业所有人和合伙企业中的普通合伙人,法律规定了一定金额以下的财产属豁免管理资产,如价值未超过200万基普/件的必要家庭用品;价值未超过300万基普/人的衣物、宠物和植物;价值未超过500万基普/件的个人工作所需的工具和设备等。

《企业破产和重整法》第84条规定,破产企业资产清算的法定顺序为:截至破产程序开始日的员工工资(包括未支付的社会保险费用);用于重组的贷款的资金和利息;有担保债务;对国家的债务(如税款);无担保债务。破产财产在偿付了上一顺序的债务之后,才可偿付下一顺序的债务,同一顺序的债务不能足额偿付的,按比例清偿。

在清算过程中,债权人、债权人委员会均有权监督和检查破产企业的清算过程。如果此程序不符法院裁定,债权人、债权人委员会可要求法院终止此清算。判决执行机构(Judgment Enforcement Agency)应向法院和检察机关报告破产企业的清算情况。

当破产企业偿付完所有债务或者没有剩余资产可供清偿时,判决执行机构应发出清算终结命令。如有合理根据,判决执行机构也可以重启清算程序。

最后,《企业破产和重整法》第97、98条规定,对执行本法表现突出的个人、法人或者组织将给予表彰或者奖励,而对于违反本法的个人、法人或组织将可能会受到再教育、警告、罚款、纪律处分、给予赔偿等处罚,严重的违法行为甚至可能会被追究刑事责任。

第五节　马来西亚联邦公司法律制度

马来西亚的公司法律制度体系较为复杂，除议会制订的《公司法》(Companies Act) 立法外，还有针对法律某些条款的《实施指引》(Practice Directive)、《实施备注》(Practice Note)、《指南》(Guideline) 等。本节主要介绍马来西亚的《公司法》。

马来西亚的《公司法》最早制订于 1965 年，后历经多次修正。2016 年马来西亚对《公司法》进行了较大幅度的修订，新法降低了成立私人有限公司的最低要求、简化了私人有限责任公司必须遵守的强制性合规规定、修改了股权的相关规定等。马来西亚目前适用的 2016 年《公司法》绝大多数条款于 2017 年 1 月 31 日正式生效[①]，共 5 编 620 条，另有 13 个附件[②]。2019 年，马来西亚对《公司法》第 66、72、84、93、247、253、304、340、386、409、433 条进行了修正，同时增加了第 580A 条[③]。

一、公司的分类和限制

马来西亚《公司法》所称的公司是指在马来西亚境内外设立的以商业为目的的法人团体，包括外国公司、有限责任合伙企业、外国有限责任合伙企业，但不含政府公共机关或机构、非商业目的设立的法人 (Body Corporate)、独体法人 (Corporation Sole)、社会团体以及工会。

根据 2016 年《公司法》第 10 条的规定，马来西亚允许的公司类型为股份有限责任公司、担保有限责任公司 (Company Limited by Guarantee) 和无限责任公司三类。公司股东责任限于股东所持股份的未付金额，该公司为股份有限责任公司；公司股东责任限于公司清盘时其保证提供的资产金额，公司为担保有限责任公司；公司股东的责任没有限制，公司则为无限责任公司。

股份有限责任公司和无限责任公司可以是私人公司或公众公司，担保有限责任公司只能是上市公司。任何公司成立后，不得变更为有股本的担保有限责任公司。20 人以上以营利为目的的团体或合伙企业，必须依法成立为公司。

[①] 《公司法》第 241 条和第 3 编第 8 节分别于 2019 年 3 月 15 日和 2018 年 3 月 1 日生效。

[②] 2016 年修订的《公司法》英文本见 https://www.ssm.com.my/Pages/Legal_Framework/Document/Act%20777%20Reprint.pdf，最后访问日期 2022 年 12 月 10 日。

[③] 2019 年《公司法修正案》英文本见 https://www.ssm.com.my/Pages/Legal_Framework/Document/Companies%20(Amendment)%20Act%202019.pdf，最后访问日期 2022 年 12 月 10 日。

二、公司设立及治理

(一) 注册登记

所有公司设立均应在马来西亚设办事处以办理注册登记事宜。公司发起人依《公司法》第14条之规定向《2001年马来西亚公司委员会法》（Companies Commission of Malaysia Act 2001）所指定的负责注册的官员提交申请文件。负责注册官员审核后确定登记日并预告登记，申请人缴纳费用后，负责注册官员予以登记。但负责注册官员认为拟设立的公司可能被用于非法目的或有损马来西亚公共秩序、道德或安全目的的，则注册官员会拒绝公司的注册申请。

除担保有限责任公司外，公司可不设章程。公司章程包括公司的目标、能力和权利或者特权、以及其他法定或公司认为应当规定的内容。公司章程经公司特别决议形式通过后才可正式有效，向注册官员提交，对公司和所有董事、成员均有效。公司章程的修改也需通过特别决议才可进行，特别决议通过公司章程修改之日起30日内，公司需向负责注册官员提交一份修改后的章程副本。公司从无限责任公司转换到有限责任公司、在私人公司与公众公司间的相互转换，都必须向注册官员提交转换通知，并说明公司名称的变更。

另外，在马来西亚，除担保有限责任公司外，不得注册成立具有以下目标的公司：提供娱乐或消遣；促进工商业；促进艺术；促进科学；促进宗教；促进慈善事业；促进养老金或养老金计划；或促进对社区或国家有用的任何其他目标。《公司法》第561至579条，还对外国公司在马来西亚禁止开展的业务、注册登记的要求、代理人、外国公司名称、注册办事处的要求等等作出了详细的规定。

(二) 资本制度

马来西亚《公司法》第42、43条还规定，私人公司的股东人数不得超过50名，也不能停止持有股本和限制股份转让，更不允许发行或提供股票、债券或对外吸纳存款（无论计息与否）。

《公司法》第69、73条规定，公司可以发行不同类型的股份，股份可以赎回、转让、被授予资本或收入分配的优先权，也可以按股份的数额和类型分配利润和决定表决权（股份亦可不被授予投票权）。

股份公司由公司年度大会或董事会分配股份以及规定对应的权利，按成员登记簿登记配股，并向登记员提交配股申报表以明确配股股份的数量、金额、支付方式、配股类别和被分配人信息。股东经催缴仍未按期足额缴付股款的，会被没收分配的股份。股份发行的佣金可以股份作价支付，但金额不得超过股份发行价的 1/10。公司变更股本的情形依第 84 条之规定：合并和分割股本；将已足额缴付的股份转化为股票，或将股票转化为股份；拆分细化股份。

除非股东特别要求，公司无须发放股权证书，但应将所有股东的名称记入股东登记簿。但任何公司均禁止发行不记名的认股权证。股东的基本权利包括行使表决权、接受通知、接受股息以及其他股份所附的权利。任何股东或债券持有人可通过书面文书转让部分或全部股份或债券，公司按转让文书进行登记，董事会可在收到转让文书后 30 日内作出拒绝或延迟转让登记之决定。股票和债券可转让，也可依遗嘱或遗产管理书继承，公司收到通知之日起在 60 天以内予以登记。

公司在清偿能力不足时或经法院确认，可通过特别决议通过以下方式减少股本：终止或减少公司未缴足股本的股份；减少亏损股本或可用资产计算股额的股；退还超过公司需要的已收股本。但如果债权人对公司减少股本特别决议有异议的，可在公司特别决议之日起 6 周内向法院申请撤销该决议。

公众公司可向任何人授予认购其未发行股份的期权，自授予期权之日起不超过十年。公众公司的股东享有和其持有的股份相匹配的权利。大量持有公众公司股票或持有具表决权的股票不少于 5% 以上公司有表决权的股票的股东，称为大股东。《公司法》第 137 至 140 条详细明确，一旦成其为或不再是公司大股东的，须向公司书面通告基本信息以及其享有的与特定股份有关的权益，公司须将所有变更信息随即计入股权登记簿。法院对大股东不履行如实通知义务的，可依第 145 条之规定限制大股东的权利或指令大股东出售股份。

（三）公司内控机制、账目与审计

在马来西亚，所有公众公司或其子公司均应制定内部控制制度（System of Internal Control），以确保公司的资产免受未经授权的使用或处置。

《公司法》第 247 条详细规定了同一集团相关公司的会计期间，公众公司及其子公司财政年度统一的 14 项要求和限制，包括：非外国公司控股公司的董事应采取必要措施，确保在任何公司成为控股公司子公司后两年内，公司的财政年度与控股公司的财政年期一致；如果非外国公司的控股公司的财年与其各子公司的财年一致，控股公司董事应始终采取必要措施，确保控股公司或其任何子公司的财政年度不发生变更；如果控股公司的董事认为有充分的理由说明其任何子公司的财政年度不应与控股公司的财政年一致，则董事可以书面形式向注册官员进行申请，授权任何子公司继续拥有或采用与控股公司的财政年度不一致的财政年度；等等。

另外，《公司法》还规定公司董事和经理得在公司设立后的 18 个月内或财政年度结束后 6 个月内编制财务报表公司，编制报表应遵守 1997 年《财务报告法》（Financial Reporting Act 1997）中规定的"经批准的会计准则"（approved accounting standards），即"核定会计准则"适用于公司的财务报表或控股公司的合并财务报表；董事会对公司成员或公司年度大会提交的财务报表或公司合并财务报表应根据"核定会计准则"进行编制（除非董事认为不能真实反映公司状况）；如果未按"核定会计准则"进行编制，则董事须加以原因说明并在附注中详细说明对财务报表或合并财务报表的量化财务影响；按《财务报告法》的规定向权力机关进行真实陈述；本法与"核定会计准则"有冲突的，以准则为准。公司应向每一个成员、有权收到年度大会通知的人、审计员、向公司提出要求的债券持有人和登记员分发财务报表和财务报告的副本。

公司董事和经理还应按要求保存公司账目，并编制真实、公平的损益表和资产负债表以及要求随附的文件，促使公司账目能够方便和适当地被进行审计。公司账目应保存在公司的注册办事处或董事会认为合适的地点，保存期限为7年，应随时开放供董事会查阅。

公司的财务部长批准品行良好、有履责能力的申请人成为审计员，下列六类人不能申请：欠公司债务超过两万五千林吉特；公司高级管理人员的配偶、合伙人、雇员或和高级管理人相关联的人的配偶、合伙人、雇员；在境内、外未解除债务的破产人等。审计员的权利义务包括：向成员报告财务报表、公司账目以及相关记录；说明报表的真实性并作出表态；查阅账目和公司记录；在报表上附随背书；接收年度大会的通知并发言；对违法行为或高级管理人员的不诚实或欺诈行为向登记员报告。

三、公司终止

公司终止分为自愿清算和强制清算两种方式。

公司章程规定的存续期满或解散事由出现，依据公司全体大会的决议或公司的特别决议自愿清算。清算程序可依成员的自愿清算决议或债权人的自愿清算决议进行。清算人由公司委任，以及债权人可在债权人大会上另行委任，负责公司事务的清算和资产的分配。清算人指定逾期的，法院也可以委任清算人。债务人以不能清偿债务为由清算公司的，报法院许可后，方能解散。如果公司因无力偿还债务已被提起强制清算，则公司不得在未经法院许可的情形下进行自愿清算。

在马来西亚，强制清算也称法院清算，指如果公司存在第465条规定的自成立之日起1年内未开业或停业1年、公司无成员、公司无力偿还债务等12种情形，则公司、债权人、出资人或其代理人、清算人、分担人或已故分担人的代理人、破产管理人或破产人分担人的遗产破产总干事、注册登记官员、马来西亚中央银行、马来西亚存款保险有限公司等均可向法院提起强制清算申请。如果公司因被用于非法目的或者有损害或不符合马来西亚和平、福祉、安全、公共利益、公共秩序、良好秩序或道德而被要求强制清算的，其清算的提起人为国家注册登记官员；如果公司是依 2013 年《金融服务法》（Financial Services Act）或 2013 年《伊斯兰金融服务法》（Islamic Financial Services Act）获得牌照的机构，但不是 2011 年《马来西亚存款保险公司法》（Malaysia Deposit Insurance Corporation Act）所规定的成员机构，或者如果公司是 2013 年《金融服务法》或《伊斯兰金融服务法》所指定的支付系统的运营商，则破产清算的提起人为马来西亚中央银行；如果公司是 2011 年《马来西亚存款保险公司法》所规定的成员机构，则破产清算的提起人为马来西亚存款保险有限责任公司。

《公司法》第 527 条规定，清算应优先支付所有无担保的债务，其支付顺序为：清算成本、工资和报酬（包括奖励和津贴）、对工人的补偿金、与员工休假或死亡相关的薪酬、社保和公积金或与退休金或退休福利计划相关的所得税、联邦应征税额。以上同一顺序的债务应同等、全额支付，但若公司破产资产不足以全额支付的，则可减少支付，但减少率应相等。

对清算中高级管理人员的违法行为，法院可依据第 536 条的规定，要求清算人承担责任；构成犯罪的，视犯罪行为及情节轻重，可单处或并处 3 至 10 年不等的监禁、50 万至 300 万林吉特的罚金。

四、公司破产法律制度

1967 年马来西亚首次颁布了《破产法》（Bankruptcy Act），1988 年马来西亚对该法进行了修订。之后，《破产法》历经多次修正，最近的一次是在 2020 年，将债权人针对债务人提出破产申请的债务金额从 50 令吉增加到了 100 令吉。除此之外，马来西亚还颁布有《沙捞越破产条例》（Bankruptcy Ordinance of Sarawak）、《沙巴破产条例》（Insolvency Ordinance of Sabah），本节此处仅叙述马来西亚目前适用的、1988 年修订的《破产法》，包括破产的认定、破产的申请、受理和审查、破产的宣告和解除等方面共计 8 章 139 条[①]。

（一）破产与破产申请

1. 法定破产行为

马来西亚现行《破产法》第 3 条规定了应认定破产的 9 种行为[②]：债务人

[①] 2017 年的修正内容较多，删除了多条法律条文，实质上的法律内容已不足 139 条。《破产法》英译本见 https://www.mdi.gov.my/images/documents/Laws/new/Act360-Reprint2017.pdf，最后访问日期 2022 年 12 月 10 日。

[②] 有一类行为已在 2017 年修正时删除，即债务人向 2 名以上债权人提出和解协议，在达成协议后的 14 日内，没有将契据进行登记的。

将与全体债权人利益相关的财产交付、转让给受托人；债务人将其财产以欺诈手段赠与或转让他人；债务人被判破产时，将财产优惠出让或抵押给他人；债务人为拒付或拖延债权，长期离境、逃离居所、停止营业，假装服从对其不利的付款判决或法院训令；债务人财产被查封，且对债务人须支付1000林吉特以上还款的判决正在执行的；债务人向法院提交破产申请或无法偿清债务的宣誓书；债务人通知债权人其无法按期偿还债务的；法院对破产终审判决后，债务人未清偿债务和利息，也未向法院提出反清偿要求的；执行查封令的官员发现债务人已无可供查封的财产。

2. 破产申请

根据马来西亚《破产法》第5至8条的规定，债务人或债权人均可向法院提交破产申请，但对于债权人提交申请设置有一些限定条件。

债务人作为申请人，只需在申请书写明债务人无能力偿付其债务申请破产，法院随即可依此申请作出破产令。如果债务人的申请是以某商号的名义代表该商号提出的，则法院不得裁定该商号的成员破产，除非商号成员已获法院认可或经宣誓作证并令法院采信而证明其为商号的合伙人。此外，未经法院同意，债务人的申请书在提交后不得撤回。

债权人作为申请向法院针对债务人提出破产申请，须满足以下条件：拖欠的债务总额达5万林吉特[①]；确定金额的债务须立即或在之后的一个具体时间清偿；破产申请提交前6个月内债务人发生了破产行为；债务人经常居所地或营业地在马来西亚，或其曾以股东的身份在境内从事经营活动或作为合股成员。如果申请人是有担保的债权人，则其须在申请书中附加说明，如果债务人被判定破产，其愿意为了债权人的利益放弃其担保，或者对其担保的价值作出估计。另外，如果债权人对债务提出破产申请，则债权人将无权针对社会担保人以及社会担保人以外的担保人提起任何破产诉讼，除非申请债权人已获得法院同意。

申请人同时可以申请对债务人的财产保全，请求法院接管债务人财产。债权有担保的债权人提出申请应作担保声明，承诺担保债权人愿意为债权人的共同利益而放弃其担保的价值。

（二）破产申请审查与破产管理

1. 破产申请审查

法院收到申请后，有权要求申请人书面提供其资产、持有债券、债务情况、破产行为及相关的证明文件，依此为据决定是否驳回申请、推迟受理申请或直

[①] 2017年《破产法》修正前为3万林吉特。

接受理申请。债务人如无合理理由而不提交的，将可能以藐视法庭罪被判处刑罚。法院需接管对债务人财产的，将委任破产管理人接管债务人财产、账簿、契约、证件和其他法律文书。法院接管后，停止债权人对债务人和债务人财产的诉讼行为和其他行为。法院对债务人藏匿、逃逸、未经许可离境的或者隐藏、销毁货物或相关文件的行为，可采取扣押破产人的护照或旅行证件、对其进行逮捕并处以民事监禁以限制其人身自由等措施。

法院作出接管令后，应召开债权人会议，并在指定的日期对债务人的行为及个人财产进行公开审查。债权人会议讨论是否接受债务人提出的和解计划，协商债务人的破产性质是否有利，债务人财产的处置等，以人数和债权额多数表决通过相关决议。法院须听取破产管理官的意见、债务人行为的报告和会议代表提出的反对意见后，决定是否批准和解协议之前。

除非债务人民事行为能力受到限制或其他特定事由，债务人必须出席公开审查。破产管理官应参与审查。审查过程中，债务人应履行如实回答义务，并将审查要点进行书面记录。该书面记录具有证据效力。公开审查后，债务人没有和解计划的，或法院不予批准和解协议，法院可直接宣告债务人破产。尽可能一次性分配破产人的资产。

2. 破产管理

由马来西亚财政部部长或副部长委任破产管理官、管理助理和其他管理人员。破产管理官监管债务人以及管理破产资产，向法院负责。

破产管理应履行的监管职责还包括：调查债务人行为，向法院报告说明其是否有违法犯罪或违反破产解除令禁止之行为；在对债务人的公诉案件中，协助检察官。除管理债务人资产外，管理官还应履行下列职责：为债权人利益筹措或预支款项；召集债权人会议；向债权人通报和解建议；就接管令、债务人公开审查日期及其他事务进行公告；按法院的训令和法律规定移交债务人所有款项并处理其债券和股份。

（三）破产的解除

被宣告破产之后，债权人会议可通过特别决议接受债务人偿还债务的和解建议或协议计划，经法院批准，撤销破产令，将破产财产有条件地交还给债务人或法院指定的人。马来西亚高等法院对破产案件行使管辖权，有权决定优先权在内的所有争议。

破产宣告后，破产人可向法院提出解除破产的申请，法院予以受理并公示后，作出解除、不予解除或暂时解除破产令的决定。法院可以不予解除破产令的情形包括：破产人没有对破产前3年的营业和财务情况进行真实的登记；明知没有偿还能力而继续经营的;投资、赌博、疏忽大意等原因导致破产;接管令作出前3个月之内提供给债权人不适当的优惠;曾因为欺诈或者失信而被判有罪;拖欠其无力偿还的债务;以不诚信方式拖延应偿债务。对破产解除申请的审查日期确定后,法院须提前14天以法定形式通告给每个债权人。

《破产法》第35条规定,破产解除后并不免除破产人的以下责任:对政府或任何国家政府的任何债务;因欠下国家公共税收或保释金而被提起的诉讼;因欺诈产生的债务;以及因所犯罪行被判处的罚金。

(四)小额破产

小额破产(Small Bankruptcy)制度是马来西亚规定的一个特别制度。《破产法》第6章第106至108条规定了小额破产的条件和要求。

资产被接管的债务人清偿有担保债权人的债权后,剩余资产不足1万林吉特时,法院通过简易程序处理破产争议,此即小额破产。在小额破产程序中,破产人不得对法院作出的任何令状提出上诉;在可行情况下,债务人的资产应以单一股息的形式进行分配;除规定小额破产第6章中相关破产审查或解除内容外,其余相关破产的规则均可根据财政部部长制定的规则进行修改。

马来西亚的《破产法》对于工薪人(目前或曾经每月工资不超过500林吉特受雇于其他公司或企业的人)的破产有特别的保护制度。其一,对于针对工薪人进行的小额破产案件,除非法院命令破产人公开出席接受讯问,否则法院在处理债务人的资产及其分配时不得进行公开讯问;其二,如果工薪人的债务在随后6个月可能超过其收入金额,则法院一般应要求债务人出席破产总监部长会议并向破产总监部长报告,除非有相反的理由,否则法院不能作出要求债务人偿付判决所要求的债务或拘押债务人的命令。

第六节 缅甸联邦共和国公司法律制度

1914年,还在英国殖民时期,缅甸即颁布实行了公司法律制度。这是缅甸历史上的第一部《公司法》,实质上却是一部地地道道的英国立法[①],反映的是当时英国普通法的原则。1914年《公司法》经1940年《缅甸公司条例》(Burma Companies Rules)、1950年《特别公司法》(Special Company Act)补充以及其后的数次修正,一直沿用至2017年。2017年,缅甸制订了独立后的第一部

---

① 参见张乐:《缅甸新〈公司法〉述评》,载《国际工程与劳务》2018年第8期,第49页。

《公司法》，共 8 编 32 章 476 条①，自 2018 年 8 月 1 日正式生效。

一、公司设立和登记

根据 2017 年《公司法》1 至 4 条的规定，1 人及以上的发起人可以按规定成立私人有限责任公司、公众有限责任公司、担保有限责任公司和无限责任公司；商业团体、外国公司以及其他团体可依法进行登记。除其他通常的要求外，在缅甸设立和登记的公司，还需要满足至少 1 名常住缅甸的董事、公众公司董事不少于 3 名、私人公司股东人数不能超过 50 人且不得向公众发行股份、债券或其他证券。

设立和登记公司，需按第 6、8 条的要求诚实提交公司名称、营业地址、董事及股东相关信息、股份与股本情况等材料，对设立公司申请所提交的材料不属实的，可被处以 250 万缅元的罚款。公司自登记之日起成立，应有可供通讯联络的注册办公室。公司除有权履行公司职能之外，还享有永久存续权。

按照缅甸《公司法》，公司类型可以进行变更，私人公司和公众公司可相互变更、担保责任有限公司和无限责任公司可变更为公众公司或私人公司。公司类型变更需由公司特别决议作出，按规定向负责登记的官员提交申请，并在国家公报及在缅甸境内公开发行的报刊上刊发变更公告。

所有公司均需以缅文（可同时以英文）制订公司章程，公司、董事会、董事和股东享有法律规定的权利、权力、责任和义务，公司以及所有股东（包括公司成立之后加入的股东）均应遵守公司章程。

公司章程应列明公司目标、登记的地址等常规性内容。对于有限责任公司、担保有限责任公司和无限责任公司，《公司法》第 13 至 15 条规定了各类公司章程的附加要求，如公司名称后缀的写法、发行的股份种类及股份的计价货币、股东的担保金额等。

公司章程需变更的，应以公司特别决议通过，其后在 28 日内向登记官员申请变更登记，否则公司章程的变更无法律效力。

二、资本制度

缅甸《公司法》规定，公司可依法和公司章程发行期权股份、可转换为股份的证券和其他权益。公司股份可以代价方式发行，股份和证券均可使用非现

---

① 2017 年缅甸《公司法》中文译本见翁艳等译：《缅甸联邦共和国公司法》，《南洋资料译丛》2018 年第 4 期、2019 年第 1、2 期连载；英文译本见 https://www.dica.gov.mm/sites/default/files/document-files/final_mcl_english_version_6_dec_president_signed_version_cl_0.pdf，最后访问日期 2022 年 12 月 10 日。

金方式对股份进行定价。公司股份或其他证券属可转让的动产，且一份股份即赋予股东在公司决议中享有一票表决权。股权证是证明股东持股和出资情况的证明文件，股东亦凭此享有表决权、接收通知权、获得分红权利以及获得其他股份附属的权益。

股份有限责任公司可以发行新股以增加公司资本金，可以合并或分割公司现有全部或部分股本，将普通股与优先股进行相互变更、或赎回可赎回的优先股或回购股份，也可以按115条规定减少公司股本。公司股份数量发生变更时，应在规定的期限内通知负责登记的官员，否则公司将可能被处以100万缅元的罚款，若公司董事或其他管理人员故意或明知许可公司此行为的，则应分别承担同等的处罚。公司等额减少资本，由公司股东大会作出普通决议即可，但若公司选择性减资，则需公司股东大会作出特别决议或公司股东大会全体普通股东一致通过。公司未遵照法律规定进行减资的，对公司或者对故意或明知许可公司此行为的董事或管理人员的罚款将达至500万缅元。公司回购股份，须按《公司法》相关规定或执行法院的命令才可实施，否则公司不得自购股份。另外，公司不得对本公司或母公司的股份进行担保，也不能向子公司发行或转让股份，除非受让股份的子公司只是信托方且未获得任何股份权益或者转让行为由母公司为之且受让股份的子公司亦为母公司的子公司。

在缅甸境外设立或即将设立的公司，依法在缅甸境内进行登记后，可以在缅甸发行股份、债券或证券，但须向负责登记的官员提供一份至少由2名董事签字认证且由管理机构决议批准的招股说明书副本。

三、公司治理结构

年度股东大会应自公司成立之日起18个月内举行，之后每个日历年内应至少举行一次股东会议，且召开时间与上一次年度股东大会间距不能超过15个月，但小型公司[①]除外。

公众公司、有股本的担保有限责任公司应自公司成立之日起28日至6个月内召开一次公司成员股东大会，即公司法定会议（Statutory Meeting）。会议召开需编制法定会议报告，报告的内容需包括分配的股份总数、股份收入的现金总额、截止报告编制7日内的公司收入及付款情况概要以及其他第148条要求之内容。

其他时候，董事会主席、持有不少于1/10的投票权的股东以及公司章程所

---

① 根据《公司法》的规定，小型公司是指除公众公司及其子公司以外，满足下述条件的公司：(1) 公司及其子公司的员工人数未超30人或在本法规定的员工人数范围内；(2) 公司及其子公司上年度收入总额在5000万缅元以下或在本法规定的收入总额范围内。

确定之董事或其他人员均可召集特别股东大会（Special General Meeting），董事会主席可随时召集。

任何董事可在恰当的时间内向其他董事发送书面通知召集董事会，出席董事会的法定参会人数不得少于 2 人或公司章程的规定，法定参会董事须全程出席董事会，董事会主席对董事会决议享有一票决定权。

根据 2017 年《公司法》的规定，须公司特别决议的事项包括：公司变更名称、章程、公司类型、股本、股东权利；发行优先权；对公司提供的财政援助；决定对公司开展清算等。在缅甸，"特别决议"是指在股东大会上，以不少于 3/4 有投票权股东的多数通过的决议，该股东需亲自或委托代理人（如允许）出席，并且公司已正式发出通知说明拟将该决议作为特别决议被提出。

除特别决议事项之外的事项，如法律或公司章程没有明确规定，一般都以通过作出普通决议来执行。普通决议即为以简单多数原则表决通过的决议。

一人公司的股东决议、只有一名董事公司的董事决议、所有董事均签署同意（最后一名董事签字后决议即生效）的决议、私人公司所有有表决权的成员均签署同意（最后一名董事签字后决议即生效）的决议，可以书面决议代替会议。所有股东大会和董事会的书面决议程序遵照第 157 条相关规定。

四、公司破产法律制度

2020 年 2 月 14 日，缅甸颁布新的《破产法》（Insolvency Law），新法共 11 章 425 个条文[①]，于 3 月 25 日正式生效（第 10 章"跨境破产"除外）。新法废除了英国殖民时期制定的 1909 年《仰光破产法》（Yangon Insolvency Act）和 1920 年《缅甸破产法》（Myanmar Insolvency Act），构建了一个统一、新型的破产制度，建立了破产从业人员名册，整合了 2017 年《公司法》中相关公司清算的制度规定。随后缅甸最高法院于当年 4 月 28 日颁布 2020《破产实施办法》（Insolvency Rules），1924 年的《破产实施办法》即行失效。因篇幅所限，《破产法》关于中小企业的破产、跨境破产等内容略过不作介绍。

（一）破产从业人员监管

对破产从业人员的监管是缅甸新《破产法》极大的亮点，新法在第 3 章即专章规定了"破产从业人员监管"内容，对从事破产的人员名册、行为规范、执业证书、法律责任等诸多方面进行了详细的规定。

---

① 2020 年《破产法》英文译本见 https：//www.nortonrosefulbright.com/-/media/files/nrf/nrfweb/knowledge-pdfs/insolvency-law-2020——myanmar.pdf? la=en-au&revision=。

1. 破产从业人员

缅甸《破产法》中所指的破产从业人员是破产财产的接管人、破产重组管理人、破产重组顾问、破产重组计划监管人、清算人（含临时清算人）、破产财产信托人。

根据《破产法》的规定，破产从业人员必须在破产从业人员监管委员会（Myanmar Insolvency Practitioners' Regulatory Council）进行注册，由理事会颁发执业证。执业证有效期为1年，有效期届满前须向理事会提出续期申请，否则执业证将于有效期的最后一天失效。

破产从业人员申请执业证，只要不属第10条被排除在外不得从事破产之人员范围（如申请人还未解除破产或被判犯有应被剥夺从业人员资格的罪行等）且已满足理事会在教育、实训及经验方面规定的所有要求，则监管委员会一般不得拒绝申请，也不得发出受条件或限制的执业证，除非邀请申请人进行辩护或提交书面陈述。

2. 从业行为规范

《破产法》要求破产从业人员执业，应当合法、合理、谨慎、勤勉、诚实且善意，不得不当利用其职位为自己或他人谋取利益，接受监管委员会的监督，遵守监管委员会制订的执业和道德标准、执业程序与指南等。所有破产从业人员在从业过程中均需按要求购买相应的责任保险，或者是职业赔偿保险（Professional Indemnity Insurance）或者是忠诚保证保险（Fidelity Insurance）。

法律还规定，任何人为获得或续期执业证而作出虚假陈述或欺骗行为的，其将面临250万缅元以下的罚款并可被提起司法诉讼；而任何人在不具备资格的情况下从事破产事务的，接受的处罚为500万缅元。

（二）公司破产申请与重整

缅甸2020年的《破产法》对于公司破产规定了更多重整①方面的内容。因此，与大多国家的《破产法》不同，缅甸《破产法》在规范公司破产事宜时，一开始就直接规定了接管。

1. 破产申请与接管

公司一旦发现有资不抵债情况发生时，其财产将立即被接管。董事会、有担保的债权人、以及应公司或清算人或董事或债权人请求的法院均可以指定公司财产的接管人。

---

① 在缅甸，重整也称为再生（Rehabilitation）。缅甸《破产法》规定，破产重整的目的，是为了能尽量恢复公司的持续经营、确保尽可能多的业务继续存在或者对债权人整体而言实现比公司清算更好的结果。

接管人享有如下权力：经营公司业务或将业务转交子公司；以公司名义签署任何契据或文件、代表公司作出各种妥协和安排；保有、汇集公司财产；拍卖、出售、租赁公司财产或对公司财产提供担保来筹集资金；代表公司提起仲裁或诉讼；支付履行职能所需的款项；催缴公司未实缴的资本；清理债权；提出公司清算请求；等等。接管人也需按照第 31 至 39 条的规定承担职责、履行相应行为和需注意的义务、发布有关通知或信息等。

2. 公司救助与重整

救助与重整（Rescue and Rehabilitation）是缅甸《破产法》极重要的一章（第 5 章）内容。

法律规定，破产重整有两个阶段，即救助和方案（实施）阶段。在救助阶段（Rescue Stage），债权人就破产重整的方案进行探讨，并就决定公司的未来；到方案（实施）阶段（Plan Stage），债权人则需要批准并实施对于破产重整的具体方案。在救助阶段，公司或代表公司或公司重整管理人（Rehabilitation Manager）出具的发票、订单、商业信函或公司网站，须附公司正在进行重整的声明；未经法院许可或重整管理人的书面许可，不得对公司财产采取任何执行措施，也不得将原属他人而公司正在使用的财产或者公司保有但正租赁给他人的财产转让第三人；在此阶段，由重整管理人召集债权人会议，董事停止行使权力。当重整方案在债权人会议通过之后，即进入方案（实施）阶段，公司将任命方案实施监督人（Plan Supervisor）。在此阶段，方案实施监督人以公司代理人身份行事，由公司或代表公司或方案实施监督人签发的发票、订单、商业信函或订公司网站，均须附公司正接受重整方案约束的声明，法院也可以限制有担保债权人或所有人或出租人的权利。尽管债权人有权做出救助计划并决定实施，但根据第 42 条的规定，破产重整管理人以及方案实施监督人均要接受法院的监督。

经过救助与重整之后，如果达成公司重整目标，则方案实施监督人宣布重整方案终止或变更；如果未能达成重整目标，则债权人会议或法院均可提出重整终止，公司进入清算。

（三）清　算

清算分为自愿清算及由法院作出的清算，自愿清算又有成员自愿清算和债权人自愿清算。

公司发生章程规定的解散事项且股东大会已通过清算决议、公司通过特别决议决定清算、或救助与重整后公司进入清算程序的，称之为成员自愿清算。公司债权人或出资人要求公司自愿清算的，为债权人自愿清算。由法院进行的清算事由包括：公司通过特别决议决定由法院对公司进行清算；公司自成立之日起一年内未开业或已停业一整年；公司已无力偿债；法院认为有正当理由或为维护公共利益（包括公司无董事、故意欺诈债权人或其他人等）而应当由法院进行清算的。因公司自愿清算可能权益会受损的出资人也可向法院申请进行清算。

成员自愿清算时，由股东大会任命一名以上的清算人，清算人应召集债权人会议，并向会议提交有关公司资产、债务和负债详情以及债权人信息与其持有证券情况等声明。债权人自愿清算时，公司召集债权人会议，债权人会议任命清算人，董事须向债权人提交公司资产负债表。基于破产向法院提出的公司清算，须由董事或债权人向法院提出申请。法院受理公司破产案件并认为应当开始清算的，应任命清算人，开启破产听证会，也可以作出临时性或其他令状，同时中止或限制对公司提起的诉讼。

清算一般应在一年之内完成，未能如期完成的，清算人须向登记官员提交清算程序和清算情况的相关说明。

公司清算时，在偿付了有担保的债权之后，破产财产按以下顺序支付：破产从业人员支出的费用；法院任命清算人的费用、破产从业人员的劳务报酬、公司所欠雇员的薪金和报酬（包括休假时）、公司所欠雇员遣散费、员工工作中遭受的伤害需进行的赔偿、公司重整期间的债务、其他债务。

第七节　菲律宾共和国公司法律制度

菲律宾最早的《公司法》制定于1906年，分为2章192条，1906年4月1日生效，其后该法历经多次修订。1980年，菲律宾制订颁布了新的《公司法典》（Corporation Code），共计16章149条，新法取代了1906年的《公司法》。2019年，菲律宾对已经适用了近40年的《公司法典》进行了修订并重新颁布，称为《修正公司法典》（Revised Corporation Code）。《修正公司法典》共17章188个条文，2019年2月23日开始正式实施[①]。《修正公司法典》不再限制公司创始人最少数量，许可一人公司制度；取消了股份有限公司法定股本须内部认购数量及认购时需实缴数额的限制；提高了在菲律宾开展业务的外国公司的保证金；将公司存续期限从以前规定的50年修改为可永久存续；以控制原则确立了公司国籍的标准。

---

① 菲律宾2019年《修订公司法典》英文本见 https://www.officialgazette.gov.ph/downloads/2019/02feb/20190220 - RA - 11232 - RRD.pdf，最后访问日期2022年12月12日。

一、公司与公司设立

（一）公司类别

根据菲律宾公司法律制度的传统，在菲律宾的公司类型被划分股份公司（Stock Corporation）或非股份公司（Nonstock Corporation）两大类。股份公司是将股本分成股份并有权根据所持股份向持股人分配股利或盈余利润的公司，其他公司则为非股份公司。非股份有限公司可以出于慈善、宗教、教育、专业、文化、服务等目的而成立，公司应在必要或适当之时将经营业务所产生的利润用于促进公司设立之目的，而非将经营收入的任何部分作为股息分配给其成员、受托人或高级职员。

在菲律宾，特殊公司还包括教育公司、宗教团体和一人公司，它们都属于非股份公司。有关非股份公司的法律管理规定与股份公司基本一致。

（二）公司设立

私营公司的发起人可以是自然人、公司或企业、协会或社团等，发起人的数量须不少于1人不超过15人，只有一位发起人的公司则为一人公司，封闭型公司（Close Corporation）[①]的股东不能超过20人。股份有限公司的发起人至少须持有公司股本的一份股份。发起人为自然人的，须达到法定年龄。《修订公司法典》第12条明确，设立股份有限公司不再有最低股本的要求。

公司设立需向菲律宾证券交易委员会（Securities and Exchange Commission）申请注册登记。如果公司提交的拟用名称与已登记公司名称或已被申请留用的名称有别且并不违法，则公司提交的拟用名称将为申请公司保留。之后，公司发起人向委员会提交公司章程申请注册登记。如果委员会认为提交的文件和信息完全合法合规，则委员会将向公司颁发营业许可证。公司自许可证上载明的日期成立。

（三）公司章程

所有公司均应向证券交易委员会提交以官方语言书写并有所有发起人签名认证的公司章程。公司章程的内容包括公司名称、公司成立的目的、主营业所、公司存续年限（如果公司非永久存续）、发起人和董事或理事（董事或理事人

---

① 在菲律宾，除矿业公司、石油公司、证券交易所、银行、保险公司、公用事业公司、教育机构和根据《修订公司法典》规定宣布为公共利益的公司以外，其他公司均可以注册成立为封闭型公司。

数不能超过 15 人）的个人信息、股份有限公司的股本以及股份数额和面值、发起人认购的数额、非股份有限公司的资本金、以及发起人的信息和其出资金额等。《修订公司法典》第 13 条规定，公司章程及其后章程修改文本均可以电子文件形式进行提交。

关于国内公司章程大体上的基本格式要求，从公司名称到最后的确认签名总计 11 项，《修订公司法典》第 14 条均给出了明确的范例。非有其他特例事项，公司章程只需按要求详细填写即可。股份有限公司的章程变更应获得公司董事会或理事过半数同意、并还需获得外部持股有表决权股东 2/3 以上的赞同或书面同意。非股份有限公司的章程须获得理事过半数以及 2/3 以上成员的赞同或书面同意才可进行修改。公司章程或修改后的公司章程如果与第 14 条规定的大体格式不符、公司目的明显违法或不道德、股本金额弄虚作假、菲律宾人持有股本的金额不满足法律规定的最低限额，则证券交易委员会可不批准公司章程或修改后的公司章程。

二、公司治理结构

（一）董事会或理事会

根据《修订公司法典》的规定，董事会或理事会（Board of Trustees）行使公司权力，管理所有业务并控制公司的所有财产。公司高级职员参与公司管理并履行公司章程细则和董事会规定的职责。

董事从登记的股东名册中选举产生，每届任期为 10 年；理事则从公司成员中选举产生，每届任期不超过 3 年。从事金融业务或金融中介的公司（如银行、准银行、证券、典当、信托、保险等公司）中独立董事的人数不得少于董事总人数的 1/5。

（二）公司决议

公司决议由董事会、理事会、股东或成员大会作出，有定期会议和特别会议。定期会议即为年度会议，特别会议可在必要或章程规定的时间内举行。股东或成员的定期（年度）会议应在章程细则规定的日期举行，如章程细则未有规定，则应在每年 4 月 15 日后董事会或理事会确定的日期召开。第 49 条阐明的法定事项必须列入股东或成员年度大会进行审议，其他事项的列入可由董事、理事、股东或成员也可在定期会议上提出。

出席董事会或理事会（无论定期还是特别会议）的人员通常不应少于董事或理事的一半，且决议的作出应由参加会议的董事或理事过半数同意。出席股东大会（无论定期还是特别会议）的法定人数应不少于代表外部股本金一半以上股东或者非股份公司一半以上的成员。对于公司存续期限的变更、公司增加或减少资本金、处置公司财产或资产（包括出售、租赁、交换、抵押、质押等）、优先认股权（Preemptive Right）的拒绝、出售公司全部或几乎全部财产或资产、投资其他公司、宣布股息、签订管理合同、公司合并或兼并等事项，《修订公司法典》第36至43、76条明确要求必须单独或者共同获得董事会过半数同意、外部持股有表决权股东2/3以上的赞同。

三、公司解散

根据菲律宾法律的规定，公司解散分为自愿解散和非自愿解散（也称为法定解散）。

公司自愿解散可以依据董事会或理事会的决议以及股东或成员大会的决议做出，但公司自愿解散时应向委员会提交经核实的解散请求，说明解散理由、董事会或理事会以及股东或成员会议通知发出情况、同意解散的董事或理事或股东或成员的姓名、表决的日期和地点、在报刊公示的信息等详情。公司还应向提交同意解散决议的副本（需经半数以上的董事或理事签名认证且由公司秘书会签）、公司解散信息在报刊公示之证明等。一般情况下，委员会不得批准银行和准银行机构、保险公司、信托公司、典当行、从事存贷或货币业务机构和其他金融中介机构提交的解散申请。

如果公司有第138条之情况，即自成立五年内未开展业务或其后连续五年无力营业、法院决定解散公司、公司是通过欺诈方式而设立、股东明知公司实施或协助实施违法或贪腐行为、公司故意并多次容忍其董事或理事或雇员的贪腐行为或其他非法行为，则证券交易委员会可依职权或其他利害关系方的投诉而强令公司解散。

公司宣告解散后，对其财产开始清算。公司停止经营且不得随意处分自己的财产，组成清算委员会对公司未完结的业务进行处理和清理债权债务。公司解散后还可存续3年，处理公司的原有诉讼、结束公司业务以及依法律规定，为股东、成员和债权人的利益处分其财产。

四、公司破产制度

菲律宾最早的《破产法》于1909年颁布实施，该法确立的暂停付款、自愿破产和非自愿破产三种破产申请方式至今仍影响着菲律宾的破产法律制度。该法曾于1976年、1999年、2000年、2009年进行过修正。2010年菲律宾国会颁布《财政重整与破产法》（Financial Rehabilitation and Insolvency Act，以下简称

2010 年《破产法》），共 10 章 150 条，强调了破产重整制度，帮助破产人尽可能重新恢复[①]。

（一）破产申请与受理

菲律宾法律所规定的破产申请分为自愿与非自愿两类。

债务人[②]不能清偿到期债务，其自愿向债务人营业所在地法院提出宣告公司破产的，为自愿破产申请。自愿申请需由公司决议作出——独资公司由所有人作出、合伙企业由合伙人过半数决定、股份有限公司需董事会或理事会过半数并占流通股份（Outstanding Capital Stock）2/3 以上股东许可、非股份有限公司则由 2/3 以上成员同意。

非自愿申请是指，当债务人的债务总额达至 100 万比索或者 1/4 以上的认购资本或合伙资本金（以高者为准），债权人即可向法院提出申请债务人破产。但只有是债务人在债务到期后 60 天仍未履行支付或者债务人普遍未能履行应偿还的到期债务义务的，债权人才可向法院提交申请。

无论是自愿申请还是非自愿申请，均需向法院提交公司的重整申请。申请中须写明债务人无力偿债的事实与原因、申请理由、债权人及所欠债务信息、重整方案等事项并附相关文件。

如果破产申请书形式与实质内容符合要求，则受案法院将在接受申请后 5 日内发出破产申请启动令（Commencement Order）。启动令一旦发出，重整程序即行开启。之后，法院将任命重整管理人、将启动令公布于公开发行的报刊上、规划法院初次听审破产案件的时间、暂停对债务人的诉讼和执行等程序。法院在对破产案件初次听审后，如果发现债务人资不抵债或者无法、无能力进行重整的，则指令案件进入清算程序。

（二）重 整

菲律宾《破产法》中所指之重整，即是通过各种方式恢复破产债务人的财务状况和生存能力，包括但不限于第 62 条规定之债务免除、债务重新安排、重组或准重组，和解与补偿、债转股和出售企业（全部或其部分）作为持续经营

---

① 2010 年《财政重整与破产法》英文本见 https：//lawphil.net/statutes/repacts/ra2010/ra_10142_2010.html，最后访问日期 2022 年 12 月 12 日。

② 根据 2010 年《破产法》第 5 条的解释，债务人一词不包括银行、保险公司、预需求公司（Pre-need Company）以及国家和地方政府机构或单位。菲律宾的预需求公司是指获得授权或者依法取得执照可以向普通的菲律宾公民销售或提供预需求养老金计划（Pre-need Plans）产品的公司。

企业、设立新的企业实体等方式。在菲律宾，具体实施、监督实施及协调实施重整方案的分别是重整管理人、重整管理委员会和债权人委员会。

只有菲律宾公民或居住在菲律宾、品行端正、具有破产和相关商业法规知识、与破产案件无利害关系的自然人才可担任重整管理人。债权人和债务人均可提名重整管理人，法院可接受也可拒绝此提名；过半数债权人的提名且有令人信服证据的，法院任命被提名人为重整管理人。重整管理人应核实破产申请书中信息、评估债权和债务的情况和数额、保管和控制债务人所有财产并保全其价值、起诉并追回债务人的债权与相关财产、执行经法院批准的重整方案、按要求向法院报告重整方案执行状况。根据第47条的规定，债务人的任何支出、付款、财产的转让或出售或者任何可能影响财产权益的行为，均须由重整管理人和（或）法院批准。

重整管理委员会（Management Committee）是债务人的管理机构并承担其管理机构的权利和职责。管理委员会的成员是法院官员，具体职责则由其程序规则（Rules of Procedure）规定。

债权人可自行组成债权人委员会（Creditors' Committee）。债权人委员会应当由有担保债权人、无担保债权人、贸易债权人和供应商（Trade Creditors and Suppliers）、债务人雇员的代表组成。债权人委员会的主要职责是联络重整管理人与债权人，并协助他们进行沟通。债权人委员会并不代表任何债权人行使或放弃任何权利或给予任何同意（有债权人书面特别授权的除外）。

如果债务人未提交重整方案或重整方案被法院驳回、重整方案的实施未能实现既定目标、重整方案的批准是采欺骗手段获得等，则重整程序终止，清算程序即行启动。

(三) 针对公司的破产清算

1. 清算申请

2010年《破产法》第90至92条将公司破产清算申请区分为自愿清算、非自愿清算以及法院清算三类。

自愿清算是指债务人因资不抵债自愿向法院提出清算请求；非自愿清算为3名及以上债权人（总债权大于100万比索或者1/4以上的认购资本或合伙资本金，以高者为准）可以向法院提出债务人清算的申请书；法院清算则是在法院监督实施重整方案期间或债权债务人自行协商重整方案实施期间，因重整方案不可行或无法再继续或者依债务人的自愿申请，法院依职权下令将重整转换为清算。

债务人提交的自愿清算申请需写明债权人信息及债权、债务的状况，并列明其资产清单；债权人提交的清算申请则应注明债务人未在 180 天内支付应付债务或者债务人已普遍未能支付到期债务的情况，且债务人重整失败或不可能实施重整方案。

2. 清算令及清算

针对公司的清算申请，法院经认定债务人的确资不抵债且应当进行清算的，法院会发出清算令，对债务人的清算即开始。

清算开始后，债权人选举清算人。如果出现债权人没有选出清算人或者选出的清算人不符合法律规定的资格等情形，法院可依职权直接任命清算人。

清算人应采取一切合理措施管理和处分债务人的资产，以期最大限度地完成清算向债权人付款。因此，清算人在其上任后 3 个月内，须向法院提交清算计划，清算计划经才法院批准后，清算人应严格按清算计划向债权人付款。2010 年《破产法》没有详细规定清算时破产资产的支付顺序，对于破产资产在清算时的支付顺序应按照《民法典》第 2241 至 2244 条的规定以债权的类型（动产或不动产、是否有担保等）来区别进行支付。

第八节　新加坡共和国公司法律制度

新加坡《公司法》于 1967 年颁布，以普通法的公司登记管理制度为立法基础。从制订之初，该法已历经上百次的修订或修正（含其他法律修正时涉及公司法条款变更），最近一次大的修订是在 2020 年。2021 年以及 2022 年初新加坡还对其中的一些条款进行了修正。新加坡的《公司法》共 12 章 411 条并 16 个附录，主要包括公司的成立、治理、股东和股份、公司的重整和解散等相关内容[1]。除此之外，新加坡还有 20 余项涉及公司的规章办法，相关内容包括公司控制人登记与董事提名、章程范本、注册转让、财务报表摘要、财务准则等诸多内容[2]。

一、公司及类型

在新加坡，公司按股东承担责任的范围和形式可分为有限责任公司和无限责任公司，有限责任公司又可分为股份有限责任公司和担保有限责任公司；按股份是否可对外公开发行可分为私人公司与公众公司。

有限公司成员仅以出资为限对公司债务承担责任，其经营人住所和公司住

---

[1] 新加坡《公司法》（2020 年修订版，整合到截至 2021 年 12 月 31 日前的所有修正条文）英文本见 https：//sso.agc.gov.sg/Act/CoA1967，最后访问日期 2022 年 12 月 15 日。

[2] 相关公司的规章办法及全文可见网址 https：//sso.agc.gov.sg/Act/CoA1967?ViewType=Sl，最后访问日期 2022 年 12 月 15 日。

所都可以设在新加坡境外。无限责任公司的成员对公司债务以成员个人资产承担无限连带责任；还可分为本地公司和公共担保公司。本地公司又称普通公司，包括私有公司和本地上市公司，本地公司都须有至少一名新加坡人、创业准入证持有人或新加坡永久居民担任公司董事。公众担保公司的设立不以营利为目的，没有股份，出资人不分配公司所得，成员以设立时自己担保的金额承担公司债务或其他责任。

对公司成员和管理人责任的限制包括：公司的管理人开展业务时，不能合理预估公司承担债务的能力导致拖延债务的，可要求管理人承担全部或部分债务；公司解散，管理人或公司成员为欺瞒债权人而对公司的资产、财务记录等进行处分的，欺诈人或知情不报的其他人应承担全部或部分债务；公司的董事或经理分配利润超过公司可分配利润的范围，对债权人承担责任；个人通过公司行为逃避个人应履行的义务，法院把个人行为和公司行为联系在一起；公司的发起人欺骗善意投资人的，发起人承担责任。

有股本的公司可以注册成立私人公司，但法律要求其股份不可转让且公司发起人不得超过 50 人。

二、公司设立

（一）公司设立申请

根据《公司法》第 17 条的规定，20 名或以上成员以营利为目的开展经营业务的组织均须成立为公司，但特定职业的从业者可以例外，如法律执业者依据《法律职业法》的规定组建超过 20 名成员以上的合伙企业。

公司设立，需由一名或以上年满 18 周岁的发起人向新加坡会计和商业注册局（Accounting and Corporate Regulatory Authority）提交申请表格、公司章程等指定文件并缴纳相应费用，登记官员只作形式审查并予以注册登记。对于公司章程的内容，《公司法》第 22 条规定要求必须符合相应的要求，同时还应注明公司名称、地址、宗旨及经营范围、公司类型、成员责任、股本与股份等信息并由发起人签名认证。金融、保险、通讯、交通企业以及会影响环境的制造性企业的成立，发起人需向特定政府管理部门提出申请；对于可能被用于非法目的的公司或有损于新加坡和平、福祉或良好秩序或有违国家安全或利益的公司，注册官员不得允许其设立或登记。

公司按规定设立并完成注册登记后，作为独立法人资格者可永久存续。

（二）公司权力与限制

《公司法》第 23 明确规定，公司享有依法或依章程开展或从事业务活动及交易行为的完全能力、权利及特权，公司章程可明确限制公司的行为能力、权利、权力或特权。

《公司法》第24至42条则详细描述了公司的某些特定权利及权利实施的条件或者对公司权利的限制，如公司有在停业或歇业时为其员工制订规则的权利；有经特别会议变更公司章程的权利；有修改公司名称、转换公司类型的权利；有追认在其设立之前已成立的合同或进行的交易的权利；限制为提供娱乐或促进工商业、艺术、科学、宗教或其他类似目的而成立的公司保有土地，除非经会计和商业注册局局长批准；公司不得主张其任何行为以及任何财产的转让因公司无此行为能力或权力而无效；公司类型转换的限制条件；为保护善意与公司交易人的利益，有权约束公司的董事或其他人的权力并不受公司章程的限制；限制担保有限责任公司的章程或决议赋予任何人以非成员身份参与公司利润分配；等等。

三、公司资本制度与治理结构

（一）资本制度

股东或成员以出资额或认购的公司股份享有权利，包括按章程参与公司管理、分配公司利润、分配公司解散后的剩余资产、任免董事，但公司章程可规定未支付应缴款项或未付清欠缴款项的股东无投票权。

《公司法》规定，公司股票为无面额股票，并适用资本维持原则。公司不得向成员或股东退资；公司资本减少的时候，成员有继续出资的责任；公司没有充分的利润时，公司不得以表面合法的形式进行任何实质上向股东退资的行为。但公司可将股本进行合并或分割，也可以将已缴足股款的股份与股票进行相互转换。

特殊情况下，公司可用可支配的利润回购公司的股份，但不得损害债权人利益。拥有股本的公司可以发行无须向发行公司支付对价的股票，也可以在其章程有明确规定时发行可由公司赎回的优先股，但股金未足额缴付的除外。

经法院许可股东大会的特别决议（公司章程有规定），公司可以减资以减免出资人责任、减少亏损资产或返还公司不需要的资本。

（二）治理结构

公司的权力机构是股东大会，公司的管理由董事会负责，公司的成员可以协助董事会开展义务。公司的日常管理由董事会任命的经理和高级管理人员具体实施。

另外第157条规定了董事作为普通法上的受托人有为公司利益行事的义务，包括：应忠实勤勉为公司工作；使公司利益最大化；避免个人和公司利益冲突；不得为个人目的使用公司信息；不得为个人利益损害公司利益。认定董事违反信托义务，单处或并处罚金和监禁。

四、公司重整、解散和破产

（一）重整与解散

公司处于财务困境时，召开公司股东会或所有成员会议以提出重整计划，并在债权人会议上经债权占比 3/4 或以上的债权人表决通过。计划经法院认可后，对包括债权人和公司成员在内的所有人生效。

公司、公司董事或单个债权人认为公司已无力清偿债务的，可向法院申请司法接管。法院认为公司还可以继续经营或有可能进入重整程序的，或公司不解散有利于债权人利益的，由法院指定的司法人员接管公司或公司资产。

法院可以强制公司解散，也可由股东会或成员通过特别决议自愿解散。自愿解散的清算人由公司指定，但当公司资产不能足额清偿债务时，转变为债权人主导解散，召集债权人大会重新指定清算人。由清算人核实公司资产，公告债权人向清算人申报债权，按法定顺序清偿债权人，并将全部清偿后的剩余资产在股东或成员间平均分配。清算人认为公司对特定债权人有不当优待，应追回公司财产重新清偿。清算人查明公司和第三人有不当交易的，法院宣布撤销交易后追回财产。公司完成清算程序后，申请注销登记。

（二）公司破产

新加坡于 1995 年颁布《破产法》（Bankruptcy Act），其后分别于 1996、2000、2009 年进行过三次大的修订。鉴于《破产法》与《公司法》中公司破产制度部分重合，故新加坡于 2018 年颁布《破产、重整与解散法》（Insolvency, Restructuring and Dissolution Act）。《破产、重整与解散法》将个人破产和公司破产制度进行了整合，共 25 章 527 条并 3 个附件[①]。该法于 2020 年 7 月 30 日正式生效，相关的 48 项附属条例也于同日实施[②]。

[①] 新加坡《破产、重整与解散法》（2020 年修订版，整合至截至 2021 年 12 月的所有修正条文）英文本见 https：//sso.agc.gov.sg/Act/IRDA2018？ValidDate＝20220630，最后访问日期 2022 年 12 月 15 日。

[②] 相关附属条例详情见 https：//sso.agc.gov.sg/Act/IRDA2018/Uncommenced/20200728145449？DocType＝Act&ValidDt＝20200730&ViewType＝Sl&PageIndex＝0&PageSize＝20&RefinePhrase＝System.String%5B%5D&RefineWithin＝System.String%5B%5D，最后访问日期 2022 年 12 月 15 日。

1. 申请与受理

债务人不能清偿到期债务也无法提供债务担保的、债务人和债权人无法达成和解或和解破裂的，债权人可向新加坡高等法院破产法庭提交宣告债务人破产申请。债务人董事或成员也可以因企业经营困难，向法院申请破产宣告。除此之外，债务人的代名人（Nominee）、破产清算人、司法接管官员或法定破产管理官员也可以向法院提出破产宣告申请。

《破产、重整与解散法》第311、314条规定，无论法人或自然人的债务总额需达1.5万新加坡元或以上[①]，且债务人申请无力偿还债务的或者债权人向债务人送达的法定偿付通知已过21天而债务人仍不清偿也未向法院申请撤销通知的，法院即受理破产申请，并经审理后决定颁发破产令或驳回申请；但如果债务人财产可能会存在大幅减少情况之时，21天的时限可以不受限制，债权人可以此时限内向法院提交债务人破产的申请。

在接收破产申请后，法院可颁发令状以中止针对债务人人身或财产的任何诉讼、强制执行或其他法律程序。法院也可在接收破产申请后、颁发破产令前，视情形指定官方受让人临时接管债务人的财产，临时接管人可保有债务人财产以及与债务人业务相关的任何账簿和文件。之后，债务人须按要求向临时接管人提供财产清单和其他相关信息。

针对同一债务人提出两项或两项以上破产申请，法院可视情况决定合并处理破产申请。破产程序并不必然因债务人去世而终结，但法院可因申请方在破产程序时限界满（通常规定为一年）前未采取任何具体步骤或程序而撤销破产申请，申请被撤销后法院也可再依当事方申请而恢复。

2. 破产宣告

任何人的破产自法院破产令颁发之日立即生效。

破产令一旦作出，破产人的财产无需任何法律程序即正式授予官方受让人，并可根据债权进行分割。此后，破产人对其财产的任何处置无法律效力，但获得法院同意或事后批准的除外；破产人对银行或他人再发生的债务也无效，但银行或第三人知道债务人已被宣告破产的除外。在债务和破产费用被清偿或设置担保后，法院可废除或附条件解除破产令，除特定债务外，债务人的其他债务归于消灭。

另外，依《破产、重整与解散法》第329条的规定，破产人以信托方式为他人持有的财产，破产人工作所需的工具、书籍、车辆和设备，破产人及其家

[①] 2020年实施的《新型冠状病毒（临时措施）法》（COVID-19 (Temporary Measures) Act）曾临时将疫情期间破产债务总额的起算标准分别提高至法人10万、个人6万新加坡元，且追偿期最长可达6个月。但此条规定已于2020年10月19日终止。

庭生活所需的服装、床上用品、家具、家用设备和用品,被其他成文法排除的破产人财产,破产人收入在每月扣除破产供款后的剩余部分,作为破产人收入部分的年度奖金或年度工资补贴等,不能视为破产财产。

3. 债权人会议

破产程序开始后,破产财产官方受让人应在法院的指令或占债权价值 1/4 以上的债权人书面要求下召集债权人会议。债权人会议应通过普通决议选举产生债权人委员会,债权人委员会的委员应从有投票权的债权人中产生,成员不超过 3 人。

债权人会议的召集需至少提前 21 天进行通知。债权人会议可通过特别会议决议(须人数过半且所代表的债权金额超过 3/4 的债权人书面同意),与债务人达成和解并批准债务人债务偿付的计划方案。如果债权人会议通过此和解及债务偿付方案,则官方受让人可签发破产解除证,以解除破产人的破产;如果此和解及债务偿付方案被所有债权人接受,则官方受让人可以签发撤销法院破产令的撤销证。如果债权人会议不能达成此和解结果,则破产财产进入清算。

4. 破产财产清算

《破产、重整与解散法》第 352 条对破产财产清算时的分配顺序进行了详细说明。破产财产在清算时,分配顺序如下:官方受让人产生的行政或其他费用和支出;破产令申请人的费用以及债务人代名人产生的费用和支出;员工工资或薪金(包括津贴或补偿等);员工福利以及企业因裁员或重整付给员工的特惠金;员工工伤赔偿金;破产令颁发前、后各一年内应支付的员工连续 12 个月的员工退休金或公积金;员工休假时以及去世时应支付的薪金;应支付的财政税金;2015 年《终身健保计划法》(MediShield Life Scheme Act)和 2019 年《终身健保与长期护保法》(CareShield Life and Long-Term Care Act)确立的医疗人寿保险费。

5. 小微企业破产

新加坡破产法对企业和解、企业破产程序的规定和前面公司法中所述基本一致。《破产、重整与解散法》增设了小微企业破产以简化程序。进入简化破产程序后,停止清偿债务。法院如认定债权占比至少 2/3 的债权人要求直接进行债权清偿的,则无须召开债权人会议,批准进入破产程序。司法接管人作为清算人,如接管人认为债务人的可变现资产不足以支付债务的,无须召开债权人会议即可实施清偿计划。

第九节　泰王国公司法律制度

泰国目前的公司法律制度主要体现是《民商事法典》第三卷第22编"合伙企业与公司"[①] 以及《公众有限责任公司法》[②] 之中。《民商事法典》中规定的有限责任公司法律制度内容实际规范的是私人有限责任公司，对于公众有限公司的规范则是1992年制定的《公众有限责任公司法》（最近的修订是在2022年5月）。

在泰国，商业组织形式有个人独资、合伙、私人有限责任公司和公众有限责任公司。合伙以及私人有限责任公司的内容均规定在《民商事法典》第三卷第22编之中，2017年已获国会通过的《一人公司法》（One Person Company Act）还未正式对外颁布。鉴于泰国公司法律制度的多样化，以下按公司类型分别进行介绍。

一、两合公司（有限合伙）

泰国《民商事法典》将合伙分为普通合伙和有限合伙。普通合伙与个人独资目前在泰国承担的都是无限责任，《民商法典》第1025、1050条明确规定，普通合伙企业中的所有成员对合伙企业的债务承担无限连带责任。

两合公司在《民商事法典》中被称为有限合伙，由一名或以上有限责任合伙人和一名或以上的无限责任合伙人组成，有限责任合伙人以其认缴的出资额对企业债务承担责任，无限责任合伙人对企业债务承担无限连带责任。

（一）公司设立

有限合伙设立需进行登记，登记册需申明企业性质（有限合伙）及经营宗旨，并载明企业名称、承担有限责任和无限责任合伙人的姓名地址以及出资的金额、合伙管理人信息及其权限、以及其他需要公开的信息。登记册上所有的内容均需每一合伙人签名并企业盖章确认。

有限合伙的名称不得使用任何承担有限责任合伙人的名称，否则此名合伙人须对第三人就公司任务承担无限责任，但合伙人间的责任仍按合伙协议确立。

[①] 泰国《民商事法典》的中文译本参见米良：《泰王国民商法典》，北京：社会科学文献出版社2018年版；英文译本见 https://asean.org/wp-content/uploads/2016/08/Thailand199.pdf，最后访问日期2022年12月16日。

[②] 泰国《公众公司法》英文译本见 https://www.samuiforsale.com/Law-Texts/public-limited-companies-act.html，最后访问日期2022年12月16日。

(二)有限责任合伙人的权利与义务

《民商事法典》第3卷第22编第3章"有限合伙"用了相当数量的条文规范了有限责任合伙人的权利与义务,涉及出资、企业红利分配、管理、解散与清算等诸多方面。

1. 出资与分红

《民商事法典》规定,有限责任合伙人可以货币或非货币财产出资,有限责任合伙人无须征得其他合伙人同意即可转让持有的股份。

有限责任合伙人除企业的经营利润外不能参与股份红利或其他红利的分配。

2. 经营管理

有限合伙必须由无限责任合伙人进行管理,如果有限责任合伙人干预合伙企业经营,则其将对合伙企业的所有债务承担无限连带责任,但对合伙企业管理人的选任或署名提出建议或意见的不属于对企业经营的干涉。

不过,有限责任合伙人可以从事与合伙企业性质相同的经营活动,也可以在有限责任合伙解散时担任清算人。

3. 解散与清算

有限责任合伙不因有限责任合伙人去世、破产或丧失民事行为能力而解散,合伙协议有规定的除外。有限责任合伙人如去世,由继承人替代其合伙人的身份;有限责任合伙人破产的,其在合伙企业的股份将作为破产资产被出售。

合伙企业债权人不能在合伙企业解散前对有限责任合伙人提起诉讼,但企业宣告解散后,债权人可以向有限责任合伙人追索以下费用:有限责任合伙人未缴纳的合伙企业出资、从合伙企业中撤出的投资、违规获得的企业股份红利和其他红利。

二、私人有限责任公司

泰国法律对私人有限责任公司的规范规定在《民商事法典》第3卷第22编第4章"有限责任公司"之中。在泰国,私人有限责任公司是指公司资本由若干份额相等的股份构成、股东以其认缴的出资额为限承担责任的公司,且公司不得向公众发行任何股票和债券。

(一)公司设立

3人及以上的发起人可以申请设立私人有限责任公司。自然人作为发起人的,需年满20周岁。通常情况下,外国人只能占49%的股份,对特定项目,基于泰国的投资优惠政策,外国人可以持有全部股份。

在所有以现金支付的股票被认购后，发起人应召集由所有认购人参与的发起人大会，也称为股东法定会议（Statutory Meeting）。在发起大会通过公司成立决议后，发起人即向董事会移交公司所有业务，之后董事会应要求发起人和股票认购人立即用现金支付不少于25%比例的股金。此认购资金完成支付后，董事会应在发起人大会召开之日3月内向住所地的登记机关提交公司设立申请。公司设立申请除包括申请设立书外，还应有包括公司名称、住址、经营范围、股份数量及总金额、发起人个人信息及其所认购的股份、董事个人信息等内容，并附至少一名董事签名的公司章程和发起人大会备忘录的副本。

公司在登记设立前，其股票数量应全部认购完成。公司股票发行价格可高于但不得低于其名义价值，以高于股票名义价值发行股票的，需在公司章程中有说明，且首次付款时应一并支付高于名义价值的部分。在泰国，认购私人有限责任公司股票的首次付款不得低于股票名义价值的25%。

公司发起人应对发起人大会未批准之债务和支出承担无限连带责任。私人有限责任公司董事对公司债务的承担责任可以是无限的，这一情形应在公司章程载明，且其无限责任应在其离职2年后予以解除。

根据《公众有限责任公司法》第5章的规定，私人有限责任公司可以在修改公司章程、选举董事和审计师之后，申请转换为公众有限责任公司。

（二）资本制度

《民商事法典》规定，私人有限责任公司的每股股票价格不得低于5泰铢，每股股票不得再分割。两人或以上的人共同持有一股股票，则应指定其中一人行使股票权利，且持有一股股票的数人应对公司连带承担缴纳出资的责任。

认购股票的股东应在规定时间内缴纳出资，超出期限仍未缴纳的，董事会可以挂号信函通知其应缴纳的出资及利息；若仍不缴纳的，则董事会可宣布没收其认购的股票并将没收的股票进行拍卖，拍卖收入用于抵扣其未缴纳的出资和利息，剩余部分退还该股东。

私人有限责任公司的股票可以自由转让，且股东转让股票无须征得公司的同意，公司章程中如规定记名股票可自由转让的也可照章程办理。转让记名股票，须以书面形式进行，出让人和受让人签名确认并至少一名证人作证。但在将转让事宜、受让人个人信息载入股东登记册以前，该转让不能对抗公司和第三人。另外，公司可以拒绝未足额缴纳出资的股票进行转让。

公司可以通过发行新股增加资本金，也可以通过减少股份数量或降低每股价值的方式减少资本金。若非在全体股东大会通过决议，否则新股只能首先按持股比例向股东配售；而减少后的公司资本金不能少于原资本金的1/4。

(三) 治理结构

董事（会）和股东大会是私人有限责任公司的管理机构。私人有限责任公司至少应有一名董事，接受股东大会的监督并严格依公司章程履行职责。董事人数超过 3 人时，公司应成立董事会。董事会的决议需半数以上董事投票赞同方可通过，在表决票数相同时，由主持人决定。一名董事无论任何时候都可以召集董事会。

股东人会决定公司董事的聘任、解聘及薪酬等事宜。未经股东人会表决通过，公司董事不得从事与公司经营相同和有竞争的商贸活动，也不能成为有上述性质公司的合伙人。

公司成立后的第一次股东大会须在公司登记设立后的 6 个月内召开。其后每年召开一次年度股东大会，董事会或者持有公司股票 20% 以上的股东认为有必要时，可召集特别会议，当公司资本金亏损达一半时，董事会应立即召集股东特别会议。股东大会须由持公司股票 1/4 股份以上的股东或其代理人出席，否则股东大会不能作出任何决议。

股东人会的表决，如以举手表决，则一人一票；其他时则一股一票。但股东若没有按要求足额缴纳股金，则其不具有表决权。

(四) 解散与清算

公司如果出现章程规定的解散事由、成立期限届满或任务完成、破产、股东大会决定解散等情形，公司可自行宣布解散；而如果出现成立之初即有过错、自登记之日起 1 年内未营业或停止营业已满 1 年、公司长期亏损无盈利希望、股东数量已不足 3 人，则法院可强制宣布公司解散。

公司宣布破产和决定解散的，应进行清算。公司管理人或董事在公司解散时应成为清算人，法院也可依检察官或其他相关人员的建议指定清算人。清算一般应在一年内结束，不能结束的清算人须在年度股东大会上进行详细说明，同时清算人应每 3 个月向登记机关呈报一份公司清算情况，并接受合伙人、股东或者债权人的查询。

《民商事法典》第 1272 条规定，自清算结束之日起两年内，任何人不得对公司、股东或清算人的债务提起诉讼。

三、公众有限责任公司

在泰国，公众有限责任公司是可以向公众发售股份、股东以认购的股份金额为限承担责任的公司。

(一) 公司设立

15 名及以上的发起人可以发起设立公众有限责任公司。公众有限责任公司的发起人须具民事行为能力,半数以上在泰国有住所,另曾有犯罪记录或被宣告破产的人不得任发起人。发起人以现金认购或认缴股份并全额支付,认购股份的总金额不得低于注册资本的 5%,持股时间自公司注册之日起不得少于 2 年,但经股东大会批准同意的除外。

当发起人认购的股份达到或超过股份募集数量的一半时,发起人应召集发起人大会,即法定会议。发起人大会对公司章程、发起人从事的经营活动、公司设立费用、董事和审计师的选任及相关费用等事项进行审议。发起人大会的决议以一股一票进行表决,过半数即为通过。之后,发起人将公司业务及全部文件移交董事会。董事会即向认购人发出书面通知,认购人应自通知接收之日 14 日内全额支付其认购股份的金额。自发起人大会召开之日 3 月内,董事会须书面提交公司登记设立申请,申请所需提交的详细资料见《公众有限责任公司法》第 39 条的规定。当登记官员接受公司登记申请之后,公司即设立。

如果发起人大会未能就公司设立达成一致意见的,发起人应对与公司设立有关的活动承担连带责任,对发起人大会未表决通过的所有债务和支出承担无限连带责任。公司登记成立后,股东不得因错误、胁迫或欺诈作为理由请求法院命令撤销其购买的股份。

(二) 资本制度

公司每一股股票价值相等。公司可以高于登记的票面价格发售股份,如果经营一年以上的公司发生亏损,经股东大会审议通过并在招股说明书中明确说明折价比率,公司也可以低于登记的票面价格价格发行股份。

公司股份可以转让,股份转让未登记列入公司股份登记册的,转让不能对抗第三人。优先权转换为变通股须公司章程有规定,否则优先股不得转换为普通股。公司一般情况下不能持有自有股份,但根据第 66 条的规定,公司可以在特定情况下回购一部分公司的股份。对于公司持有自有股份的,也不得将股份进行质押。

公司可以通过发行新股增加注册资本,但前提条件是公司发行的全部股份已售罄并缴足,或者未售出的剩余股份是为行使可转换公司债券或认股权证项下的权利而发行的股份,并且发行新股的决定须出席股东大会并有表决权的股东总票数的 3/4 以上通过。公司也可以通过降低每股面值或者减少股份数量的方式减少注册资本,但减少后的公司资本不得少于原资本总额的 1/4。

公司章程至少应载明股份的发行和转让、股东大会、董事的人数及选任或离任、董事会及权力、财务与审计、优先股发行与转换等事宜。公司章程只有在股东大会上以出席股东大会并有投票权股东 3/4 通过才可修正。

(三) 治理结构

1. 股东大会

股东大会分为年度股东大会和特别股东大会（也称临时股东大会）。

年度股东大会一般应在公司会计年度最后一天后的 4 个月内召开；董事会认为有必要时可召集临时股东大会，占已售股份 1/5 以上的持股股东或者占全部股份 1/10 以上且达 25 人以上的持股股东也可以要求董事会召开临时股东会。出席股东大会的股东或其代理人法定数量不得少于 25 人或股东总人数的一半，且参加股东大会的股东所持股份应占已售股份总数的 1/3 以上。

股东大会作出一般决议只需出席会议股东过半数赞同即可，对于《公众有限责任公司法》第 107 条第 2 款规定的公司业务出售或转让、公司购买或接受转让其他公司业务、相关公司租赁协议或管理委托或业务合并等事项的，需要出席股东大会有投票权股东 3/4 以上投票赞同。

2. 董事会

董事会的主要职责是按照公司宗旨、章程规定以及股东大会的决议管理公司。

董事会的成员不少于 5 人，其中一半以上的董事应居住在泰国境内。未曾因侵犯财产罪被判入狱、因不诚实而被免除公职、被宣告破产的具完全民事行为能力的自然人可被选举为董事，公司股东也可担任董事之职。董事会每年应改选 1/3，公司设立后的前两年以抽签方式决定离任的董事，之后一般任职时间最长的董事应离任。

董事会主席一般为董事会会议召集人，两名或以上的董事也可要求召开董事会会议。董事会的每次会议须半数以上的董事参与，出席会议董事人数过半数才可作出决议。

董事会的决议方式为多数同意表决制。董事对公司资金的缴纳、文书账簿的保管、股息红利的分配、股东大会决议的执行承担责任。

3. 解散与清算

当公司破产或出席股东大会并有表决权股东 3/4 以上多数表决同意之时，公众有限责任公司可自愿宣布解散。持股 1/10 以上的股东，可以在出现下列情形之一时向法院申请解散公司：发起人违反发起人大会、公司设立编制报告相关规定；董事会违反股份支付、公司财产转让、股东名单编制或公司登记相关规定；股东人数已不足 15 人；公司长期亏损，没有转亏为盈希望的。法院在给予最长为期半年的改正期后，以上情形仍不能改变的，法院发出解散公司的命令。

公司解散，应进行清算。《公众有限责任公司法》明确规定，清算只能处理公司未决业务，包括处理与公司相关的诉讼、债权债务、处置与分配公司财产等，不能办理任何新的业务，否则清算人应对公司的损失承担赔偿责任。清算一般应自清算开始之日一年内结束。清算人在办理清算过程中，认为公司财产不足以清偿全部债务也不能与债权人达成和解时，清算人应请求法院裁定宣告公司破产。

四、公司破产制度

泰国的破产法律制度制订较为早远，1911 年泰国就颁布了《破产法》。1941 年 1 月 1 日泰国正式实施 1940 年《破产法》，共计 7 章 181 条，1911 年《破产法》及其 1927、1931 年的修正案同时废止。泰国目前适用的依旧是 1940 年制定的《破产法》，截至目前已经修正有 10 次，最近的一次修正是在 2018 年[①]。

（一）破产申请

居住在泰国境内或者在泰国境内开展业务、资不抵债的债务人，可以向法院申请破产。债务人如果出现以虚构或欺诈手段转让或交付其财产、为拖延付款而离开泰国或其住所或者不返回泰国或转移财产、在收到债权人发出的两次付款通知（两次付款通知须间隔 30 天以上）后仍不能付款等《破产法》第 8 条规定的 9 种情形时，法律推断债务人资不抵债。当自然人的债务总额达到 100 万泰铢、法人的债务超过 200 万泰铢时，债权人才能对债务人提起破产诉讼。公司法人的清算人也可以在公司资不抵债时向法院提交公司破产申请。

法院同意受理破产诉讼，则向债务人发出破产接管令（Receivership Order）。如有证据表明债务人离开或离开法院管辖地、企图隐瞒或处分财产或者转移印章、账簿或文件的，法院可以向债务人发出允许破产接管人进驻债务人住所或营业地、要求债务人提供担保的司法令状，甚至可对不能提供提供的债务人签发拘留令或逮捕令、对藏匿财产之地发出搜查令。

---

① 泰国《破产法》（整合第 1—7 次修正案）以及第 8、9、10 次修正案的英文译本分别参见 https：//www.led.go.th/doing/pdf/ba2483.pdf、https：//www.led.go.th/doing/pdf/bano8.pdf、http：//web.krisdika.go.th/data/document/ext804/804445 _ 0001.pdf 和 https：//www.led.go.th/dbases/pdf/e－book－bact－10－en.pdf，最后访问日期 2022 年 12 月 20 日。

在法院发出破产接收令后,债务人的财产、印章、账簿及其未完业务全部移交接管人。除非经法院、接管人、财产管理人或债权人会议的批准,债务人不得就财产或经营业务采取任何行为。

第71条规定,在被认可的诚实债务人已将50%以上的财产偿付债务后,法院可发布破产撤销令。破产解除后,破产人仍有义务根据接管人的要求,协助处置和分配接管人保管的财产。

(二)债权人会议与债权人委员会

破产接收令签发后,接管人应尽快召集第一次债权人会议。之后的债权人会议可由接管人召集或法院命令召开或者占申请债权1/4以上债权人提出书面申请。接管人应主持每次债权人会议,有资格在债权人会议上投票的债权人必须是有资格提交债务偿还申请并在债权人会议前已实际提交申请的债权人,但债权人或其代理人不得就任何使债权人或其代理人、债权人的合伙人或其代理人能够从债务人财产中获得任何直接或间接收益的事项进行表决,但债权人正当获得的份额应除外。

债权人会议可从债权人或其代理人选举产生债权人委员会,委员会由3至7人组成。债权人委员会的决议需一半以上委员出席会议且出席会议委员半数以上赞同方可通过。

第一次债权人会议结束后,法院应对债务人经营业务、财产、破产原因、债务人行为(是否有不当或违反破产法的规定等)进行公开审查。审查结束,法院应发布结束审查的命令,并向接管人提供审查报告的副本。

债权人会议可通过特别决议达成与债务人的和解方案,和解方案须经法院批准方对所有债权人产生效力。债务人或接管人可向法院申请批准或不批准该和解方案,和解方案的批准与否由法院根据《破产法》第53、54条的规定依职权自行决定。

(三)债务重整

在泰国,债务人的重整不完全与破产有必然联系。根据《破产法》第90条的规定,无论是否开启破产程序,债权人、债务人或有义务监督债务人业务的国家机构均可提出债务人重整申请——债务人未能偿付债务总额超过1000万泰铢时,债权人或者债务人均可在向法院提交重整申请;当债务人是商业银行、金融和证券公司或信贷融资公司,由泰国中央银行提出申请;债务人是证券公司,由证券交易监管局(Office of Securities and Exchange Commission)提出申请;债务人是保险公司,则由保险局(Department of Insurance)提出申请。但如果法院已针对债务人发出破产接收令或者法院已宣布债务人解散的,则不能再提出债务重整申请。

法院在收到重整申请后,应对此展开调查,并应至少在一份广为传播的日报上两次或以上公布接受申请的命令以及指定调查的日期(每次公告须间隔7天以上)。法院经调查发现事实确凿、理由充分的,则向债务人发出重整令。

债务人重整期间,没有获得法院的许可,任何人不能就债务人的财产对债务人提起民事诉讼,不能要求法院发出解散任务人的命令,负责登记官员不得发布解散债务人法人的命令或进行解散登记,泰国中央银行、证券交易监管局、保险局或其他相关国家机构不得命令吊销债务人经营许可证或命令债务人停止经营。

如果重整未能达至目的,则法院应撤销债务人重整令,债权人此时恢复法律规定的权利,可以申请债务破产或对其财产提起诉讼。

(四)债务清偿

破产宣告后,债务人可以提出债务清偿协议。在这种情况下,第六部分有关清偿债务的破产前和解的规定应比照适用。但是,如果债务人先前提出的清偿债务的和解建议未能取得成功,则债务人不得在最后一次清偿债务和解未能取得成功之日起4个月内提出清偿债务的重整建议。

如果法院批准债务清偿和解,法院有权发布撤销破产命令并恢复债务人管理其财产的权力,或发布其认为适当的任何其他命令。

破产裁决后,债务人必须尽其所能协助所有债权人处置和分配财产。如有证据证明债务人离开或将离开法院司法管辖区域或企图阻止或延迟破产程序或者有任何欺诈行为,法院可对债务人签发不超过6个月的拘留令。

在法院签发破产接收令或宣布债务人破产后,除余留债务人及其家人必要的生活费用外,其余债务人的财产将必须交付接管人,同时债务人须每6个月向接管人报告一次帐户的收入和支出。

《破产法》第130条所规定的破产财产分配顺序如下:管理已故债务人遗产所产生的费用;接管人在管理债务人财产方面发生的费用;用于已故债务人生活条件的丧葬费用;与债务支付申请有关的上诉费;法院或接管人确认的债权人及其律师的费用;债务人所欠的税款和关税,以及雇员应收劳务费;其他债务。

第十节 越南社会主义共和国企业法律制度

越南《企业法》历经1999年的《企业法》、2002年的《国营企业法》再到2005年《企业法》的演变。越南2005年的《企业法》规定了促进企业发展相关政策，也明确了对企业法人进行监管的方案，构成了越南国家从计划经济向市场经济过渡时期企业发展的坚实基础[①]。2014年11月越南国民议会颁布新的《企业法》，共计10章213条，包括共同规定、成立企业、责任有限公司、国营企业、股份有限公司等方面内容。

一、企业设立

根据《企业法》第18条第2款的规定，个人和组织不得设立企业的六种情况包括：政府机关以及军警单位利用国家资产设立企业，并为单位自身谋私利；政府公务员；军警干部；国营企业管理干部；无民事行为能力或限制性行为能力者；服刑人员以及贪污受贿的公职人员。企业登记前成立人须缔结营业目的之合同，并提交身份证件和相应的法律文件。登记机关应在3日内审核，并书面通知创始人并作出说明。审核合格者发给营业登记证明，创立人可申请变更营业登记证明书内容，包括企业名称、入股资产及估值、办公场所、章印、机构和办事处等。

二、企业类型

（一）有限责任公司

有限责任公司的形式包括2名成员以上之有限责任公司和单一成员有限责任公司。

有限责任公司股东上限为50名。股东在取得营业许可后即刻建立公司成员簿，于90天内出资，未履行出资义务者自动丧失股东资格。公司的股份可转让，还可以继承、赠与，或在成员丧失行为能力的情况下由监护人行使股东的权利。但不能发行股票。公司成员按出资额享有第50条所载明的与入股资金等额的各项权利，包括但不限于：表决权；按公司利润获得收益；公司清算后取得剩余财产；优先增股；对董事会或公司机构的诉权；股份额占比10%及以上的股东还另外享有对公司会计簿、财务报告、会议记录等文件的审核抄录权，对公司决议可向法院请求撤销。公司成员均享有的法律义务包括：以出资额为限承担债务和其他法律责任；除法律另有规定外不得回抽资金；遵守公司章程和董事会决议；违法、以公司名义经营个人财产造成他人损失以及在公司可能发生财政危机时提前清偿未到期债务时均应由股东个人承担责任。

---

① Ngo Huy Cuong, "Some features of commercial Law in Vietnam", *VNU Journal of Science*, Law Vol. 27, 2011, p. 252.

公司的组织机构包括董事会、董事长和总经理。董事会包括所有公司成员；董事长由公司推选，可兼任经理或总经理。公司董事可以自己名义或公司名义对以上管理人提起民事诉讼。

单一成员有限责任公司由一个组织或一个自然人为所有人。所有人在公司登记后90天内足额出资，在公司章程资金范围内对公司债务和其他资产承担责任，且不能发行股份。如因未按规定出资造成公司损失，所有人以自己的所有财产承担责任。依第75条公司所有人享有以下权利：决定并修改公司章程；决定公司发展战略和计划；决定公司组织机构的管理和人员任免；决定公司的投资、市场、贷款、资产、资金、破产及清算等事项。所有人依第76条应承担的义务有：出资；遵守公司章程；区分公司资产和所有人财产，并将所有人个人及家庭消费与董事长、经理的消费分开；所有人和公司之间的相关交易应遵守法律规定；未按法律规定撤资者，对公司债务承担连带责任；不得提前提取公司利润等其他义务。所有人权利义务可通过公司资金转让、公司合并、继承以及监护人代为执行转给其他组织或自然人。组织为所有人的公司，其组织机构为公司主席或成员董事会、经理或总经理及监察员。所有人指定3~7人组成董事会。自然人为所有人的公司，组织机构为公司主席、经理或总经理。

（二）国营企业

国营企业分为100%股权国家所有企业和部分股权国家所有企业。其组织机构和有限责任公司相同，董事长或公司主席、董事和监察员由所有人单位指定。国营企业应定期在互联网上公布基本信息、章程、年度生产经营计划、年度财务报告、招投标任务和结果报告，公司结构及管理状况等基本信息。另外，还应依第109条在事发后36小时内公布不正常之资讯。

（三）股份有限公司

股份有限公司由最少3名以上的团体或自然人股东组成，股份为公司章程资金的若干等额份组成，股份可转让、出售或由公司回购。股东仅以其出资对公司债务承担责任。公司可以公开发行股份以筹集资金。公开发行之股份为股东会决定出售以募集资金之各种股份总额，包括登记和未登记的，并据此调整公司资金，股票则为公司发行的书面证明。股份分为普通股份和优先股份，优先股份持有人享有表决、股息、退还等优先权。公司有权发行债券，但公司不能足额清算已发行债券的本息，或连续三年不能偿还到期载物的，不能发行。

股份有限公司的组织机构包括股东会、董事长和经理或总经理，如有不足11名股东持股占公司总股额50%以上，则另设监察会。董事会推选得票率最高的董事任董事长。经理或总经理可由兼任董事长,也可由董事会推选。监察会理事长则须由专业会计师或审计师资格。

(四) 两和公司

至少要有 2 人为公司共同负责人,在一个公司名义下共同经营。其成员必须是自然人,并以个人全部财产对公司承担责任。在成员外可另增出资人,出资人仅以出资额承担公司债务。公司不得发行任何债券。公司成员未足额部分视为成员欠公司债务。公司的资产除成员的出资、公司名下财产,还包括以公司或成员个人名义经营所获利润。所有成员组成理事会,并推举一名成员担任理事长。

(五) 个人投资企业

个人以自己的全部财产成立个人投资企业并负责其所有经营活动。个人只能成立一家企业,并不得兼任个体户或两合公司成员。个人投资企业也不得出资或成立任何其他公司。企业的资本包括货币以及其他资产,并不得发行任何股票债券。

个人决定企业的经营管理。可将企业租赁于他人,租赁期间,个人仍需以业主的身份承担企业的法律责任。有权出售企业,但须负责企业转让登记前的债务。

(六) 公司群组

指各公司之间通过控股、出资或其他形式建立关系。并非一种法人组织,不用登记。公司掌握另外一家公司的资本或股份额 50% 以上即构成控股子公司。子公司不得再购入控股公司股份,子公司之间不得交叉控股或出资。并依第 190 条及第 192 条相互行使权利、履行义务并提交财务报表。

三、企业重组、解散和破产

有限责任有限公司和股份公司可基于第 192 条列举的状况,将公司的组织结构以及资产按比例或进行分割,以成立一家或多家新公司。被分割公司在各家新公司营业许可登记后不复存在。有限责任公司和股份公司可通过转移公司现有的部分资产的方式另外成立一个或多个相同类型的新公司,相应的一部分权利义务也转移至新公司。而被分割公司继续存在。数家公司可以合并成一家新公司,同时被合并公司将终止存在。一家公司可以通过将其全部资产、权利、义务以及合法利益并入另外一家公司,同时被裁并公司将终止其存在。国营公司和有限责任公司可转型为股份公司，股份公司可转型为有限责任公司或二人以上股东有限责任公司，个人投资企业也可转为有限责任公司。

企业有权暂停经营。企业解散的情况、条件和程序须符合第 201 条、第 202 条之规定。企业还可被撤销营业登记认证解散，或被司法解散。

四、企业破产制度

于 1994 年 7 月 1 日生效的越南《破产法》，在企业破产的申请和受理范围、债权人会议以及和解整顿等制度上具备鲜明的越南特色。

（一）破产申请与受理

无担保债权人、有部分担保债权人和工会代表或职工代表有权向企业住所地法院提出予以债务人企业破产宣告的申请。《破产法》适用于依《企业法》得以成立的所有类型企业。

法院受理破产申请后，10 日内提交省一级法院评估并裁定是否受理企业破产。省级法院裁决受理后应指定审判长和审判员，再由审判组选任管理人组成财产管理组。同时，破产企业的董事长和董事会成员继续负责企业的经营管理，但要受到审判长和财产管理组的监督。全体债权人均有权参加债权人会议，并集体行使职责和权利。

裁定受理企业破产的同时，审判长应当要求企业制定和解协议和企业整顿措施，经债权人会议审查讨论通过。通过后法院裁定中止破产宣告申请，由企业代表根据和解协议重新经营企业并实施企业整顿方案，整顿措施的期限为 2 年。如整顿措施有效，企业有权提出申请，请求法院裁决终止破产宣告申请。

（二）破产宣告

法院裁定宣告企业破产的情形包括：企业代表没有提供和解方案和整顿措施；企业代表没有在债权人会议上履行自己义务的；债权人会议未通过和解协议和整顿措施的；整顿期满后，企业经营仍无起色的；企业严重违反和解协议；企业主逃匿或死亡而无继承人的。

法院宣告企业破产，按相应顺序分割企业剩余资产。债权人和破产企业均有权提起上诉，检察院可提出抗诉，并由最高人民法院复审庭审理。

（三）判决的执行

企业破产宣告判决由当地司法局的案件执行处执行。执行处指定执行员，并成立资产清查工作组。

第六章　贸易与投资法律制度

东盟与中国是近邻，有地理优势，双方很多产品进出口运输成本低，可就近互通有无。自 2010 以来，中国已连续 10 年是东盟第一大贸易伙伴，而且 2020 年、2021 年东盟已连续两年成为中国第一大贸易伙伴，排名第二位的是欧盟，第三位的是美国。中国与东盟的密切经贸关系最根本的原因是双方经济互补性强，东盟需要中国的资金和技术，中国需要东盟的市场和能源。东盟成员国全都是"一带一路"倡议的响应者，有的已从中受益匪浅。例如，越南和老挝大力推进共建"一带一路"的合作对接，正在实现中越国际联运、中老国际联运与中欧班列对接。随着一批基础设施项目建设已在东盟国家展开，东盟同中国的经济合作日渐深化。

2020 年 11 月，《区域全面经济伙伴关系协定》（RCEP）正式签署。该自贸协定涵盖了全球 30% 的人口、30% 的经济总量和 30% 的对外贸易，是迄今全球最大的自贸区。2021 年 11 月 4 日，东盟秘书处（RCEP 保管机构）发布通知，宣布 6 个东盟成员国（文莱、柬埔寨、老挝、新加坡、泰国、越南）和 4 个非东盟国家（中国、日本、新西兰、澳大利亚）已向东盟秘书长提交正式批准书，达到协定生效条件，因此 RCEP 于 2022 年 1 月 1 日对上述十国正式生效。截止到 2022 年 9 月 5 日，东盟十国中只有菲律宾还暂时未递交批准书。此外，《东盟服务贸易协议》也于 2021 年 4 月 1 日生效。东盟国家还是华侨华人居留人数最多的地区，约在 2500 万人左右。在新加坡，华人约占其总人口的 3/4。深远的历史渊源，错综复杂的情感纽带，以及饱受西方殖民统治的共同遭遇，使得中国同东盟国家的经贸合作关系具有坚实深厚的基础。

东盟单一窗口（ASW）的设立是连接和整合东盟成员国国家单一窗口（NSW）的信息平台。该窗口是实现东盟边境贸易相关文件的电子交换，促进贸易便利化，优化营商环境的有效手段，最终有利于东盟经济一体化。2019 年 12 月，东盟所有十国加入了单一窗口开始运营，允许基于东盟贸易协定给予优惠关税待遇，交换的货物协议电子原产地证书（ATIGA e – Form D）。从 2021 年开始，所有东盟国家可以通过东盟单一窗口交换贸易文件。

第一节 文莱贸易与投资法

文莱于 1993 年 12 月 9 日加入关贸总协定，1995 年 1 月 1 日成为世界贸易组织（WTO）成员。作为东盟成员，文莱享受东盟—中国、东盟—日本、东盟—韩国、东盟—印度、东盟—澳新自贸区、文莱—日本经济合作伙伴、跨太平洋战略经济伙伴协定等自由贸易协定的优惠待遇。2021 年 10 月 11 日，文莱向东盟秘书长交存了 RCEP 批准书，成为第 6 个批准 RCEP 的国家。

一、贸易法规与政策

（一）贸易法规体系

在文莱，与贸易相关的主要法律包括《不公平合同条款法》（Unfair Contract Terms Act 1994）、《消费者保护（公平贸易）令》（Consumer Protection (Fair Trading) Order 2012）、《货物买卖法》（Sale of Goods Act 1999）、《海关令》（Customs Order 1954，最近一次修订在 2006 年）、《海关（进口货物）估价条例》（Customs Valuation of Imported Goods Rules 2001）等。

文莱作为东盟成员也适用若干贸易协议的优惠措施和协定，比如 2010 年生效的《东盟货物贸易协定》、2012 年生效的《东盟全面投资协定》、2014 年生效的《东盟海关协定》、2021 年生效的《东盟服务贸易协议》等。此外，文莱签署的自由贸易协定还包括：文莱—日本经济伙伴关系协定（BJEPA）、东盟—澳大利亚—新西兰自由贸易协定（AANZFTA）、中国—东盟自由贸易协定（ACFTA）、东盟—印度自由贸易协定（AIFTA）、东盟—日本自由贸易协定（AJFTA）、东盟—韩国自由贸易协定（AKFTA）、东盟—香港自由贸易协定（AHKFTA）。

（二）贸易主管部门

文莱财政与经济部（Ministry of Finance and Economy，简称 MOFE）是文莱对外贸易管理部门，牵头参与对外贸易谈判、签署自由贸易区协定、负责对外贸易促进等工作。

（三）贸易管理规定

文莱一直奉行自由贸易政策，除某些禁止进口、需申请许可证或配额限制的商品外，绝大部分商品均放开经营。

1. 进口管理

出于环境、健康、安全和宗教方面的考虑,文莱海关对下列商品实行进口管理。其中禁止进口商品种类包括:鸦片与蝉毒、爪哇禾雀、"SALK"脊髓灰质炎疫苗、非法出版物、鞭炮、源自中国台湾的疫苗、没有健康警示的香烟、铅笔状注射器、泰国饲养或出口的猪、用于孵化目的的鸡蛋和新鲜鸡蛋(除非此类鸡蛋清楚地用不可擦除的墨水或类似物质在蛋壳上印上"进口"字样)、任何纤维组成的薄纸织物和任何其他物品(该纤维或薄纸或其他物品带有任何国家/地区已发行或曾经发行过的任何纸币、钞票或硬币的印记或货币)。

限制进口商品种类包括:任何活植物或种植材料(沙捞越和北婆罗洲除外);活牛和鸟类(沙捞越和北婆罗洲除外);针桌、水果机、老虎机和任何其他类似性质的桌子或机器,无论是否涉及偶然因素;波斯胶;毒药和有害药物;稻谷及其制品;分离的脱脂或换脂牛奶;糖、盐和木材;车龄3年或以上的车辆(汽车、摩托车、机动货车、公共汽车、拖拉机和拖车);烈酒;任何放射性物质;牛肉、肉(冷冻、冷藏或新鲜)、骨头、兽皮、皮蹄、角、内脏或动物的任何其他部分,或任何其他物品(除非已在屠宰场屠宰并获得文莱宗教事务部长的授权书);家禽、肉类(冷冻、冷藏或新鲜)、骨头、皮肤或动物的任何其他部分(除非已在屠宰场屠宰并获得宗教事务部长的授权书批准);烟花、烟斗、烟草,包括烟草制品和包括电子烟油的汽化器;旧轮胎;犀牛角和犀牛尸体的所有其他部分或产品;氢氟碳化合物。

2. 出口限制

文莱禁止出口的商品种类有:虾渣和椰肉饼;石头和碎石。

限制性出口的商品种类有:鱼藤属植物(大号);油棕;稻谷及其制品;木材类别1A、1B、1C,泥蓬藤;酒精饮料;糖;优质汽油、普通汽油、柴油和煤油;文莱制造或发现的具有古董或历史性质的物品;烟火、烟斗、烟草,包括烟草产品和蒸发器以及电子液体;旧轮胎;氢氟碳化合物。

(四)进出口商品检验检疫

根据文莱2013年进行修订的《公共卫生(食品)条例》(Public Health (Food) Regulations)规定,所有进出口物品均需满足该法规定的各项要求,包括食品标准、特殊标签要求及样品,面粉、米粉、肉类、鱼类产品、食用脂肪和植物油、牛奶和奶制品、冰淇淋和冷冻甜食、调味品、糖和糖制品、坚果、水果与果酱、茶、咖啡、可可、酒类(其中包括谷物酒和中国酒)、非酒精饮料、盐和香料以及其他特殊用途产品(如糖尿病食品、婴幼儿食品)等,都规定了相应的技术标准。该法对食品的生产日期、保质期、食品包装容器及农药残留、抗生素、金属残留、霉菌毒素、着色物质、增味剂、化学防腐剂等均有明确的规定。

需要注意的是，根据文莱《清真肉法》（Halal Meat Act 1999），所有食品无论是进口还是本地产品，必须符合伊斯兰教清真食品要求，尤其对肉类和脂类商品的进口实行严格清真检验。

（五）海关管理规章制度

1. 管理制度

文莱 2006 年《海关法令》对特别关税、关税返还、处罚方式等做了原则性的规定。皇家关税和消费税部对进口关税和消费税进行修订，旨在提高商业环境中的竞争力，尤其是在发展私营部门和国家投资方面。为了简化文莱国内货物的税收结构，以支持其他经济关键目标，例如提高商业和投资的竞争力以及履行与几个国家在双边或多边基础上的自由贸易协定（FTA）下的某些承诺，文莱 2017 年 4 月 1 日施行《海关进口税和消费税（修正）法》。该法调整了部分日常消费品的进口关税和消费税，比如大幅降低汽车零配件、新轮胎进口关税，以减轻民众养车成本并提高汽车安全性；对含高量糖分、味精的食品饮料新征收消费税，同时调高塑料商品的消费税，旨在引导民众选择更加健康的生活方式。

2. 关税税率

2017 年文莱将《关税和贸易分类》（Tariff and Trade Classification）纳入了《东盟统一关税命名法》（AHTN），该分类法基于世界海关组织（WCO）开发的 8 位商品名称和编码协调系统命名法（HS）。《东盟统一关税命名法》是由东盟成员国共同制定的，旨在通过拥有共同的商品分类系统或命名法来促进东盟内部的贸易。文莱通过对商品分类的一致、可预测和统一解释，不仅仅促进东盟成员国之间的贸易便利化，也是东盟区域深化经济合作的一个重要里程碑。对于非东盟成员国的进出口货物，文莱遵循协调关税制度（HS）。对于东盟成员国之间的进出口货物，文莱遵循东盟协调关税（AHTN）。

文莱总体关税税率低。截止到 2021 年 9 月，根据文莱财政部公布的关税信息，所有的进口商品税率表中，仅对毯子、毛巾、旅行睡袋、VCD 和 DVD、鞋类产品、家具类产品、床垫、磁铁、拼图、香皂、乒乓球类用品、漂白洗涤剂、破布旧衣服类征收 5% 的进口关税；圣诞或派对所用的装饰品、节日娱乐产品、乐器类征收 10% 的关税，其他类别货物进口关税均为零。

二、外商投资法规与政策

(一) 投资法规体系

为了促进文莱的经济发展及相关经济目标的实现,激励工商业及其他经济产业的建立和研发,文莱政府于1975年和2001年颁布了鼓励投资的法律。文莱现行的《投资促进令》(Investment Incentives Order,简称IIO)于2001年6月1日生效,并分别于2010年和2011年进行修订,分别延长了对部分投资行业的税收优惠期。根据《投资促进令》的规定,根据不同条件,优惠产业或企业被认定为先锋产业、先锋服务公司、出口型生产企业、出口服务企业、国际贸易企业等,资格认定后将享受不同程度的减免税、亏损结转和津贴等其他优惠待遇。2011年文莱政府还颁布了《先锋产业和先锋产品令》(Pioneer Industry and Pioneer Products Order),并于2013年进行修订。

(二) 投资主管部门

文莱投资主管部门是经济发展委员会(Brunei Economic Development Board,简称BEDB),隶属于财政和经济部。该委员会成立于2001年11月,其目标旨在促进文莱经济发展及多样化,以实现文莱"2035宏愿"(Wawasan Brunei 2035)。该委员会作为促进外国投资进入该国的前线机构,与投资者密切合作,了解他们的业务需求。该委员会协助提供有关当地投资环境、发展要求、法律法规、经营成本和项目特定信息的信息。为实现"2035宏愿"的经济目标,2021年1月7日,文莱财政与经济部发布了《国家经济发展蓝图》。

2015年11月,文莱苏丹改组内阁,新设"外国直接投资及下游产业指导委员会"(Foreign Direct Investment and Downstream Industry Steering Committee)和"外国直接投资行动与支持中心"(FDI Action and Support Center,简称FAST Center),负责外资项目审批及协调落实工作。此外,2016年文莱又成立"达鲁萨兰企业"(Darussalam Enterprise,简称DARe),专门负责外资项目用地及项目落地后的管理服务工作。

(三) 投资行业规定

1. 禁止准入的行业:武器、毒品及与伊斯兰教义相悖的行业等。
2. 限制准入的行业:林业。
3. 鼓励投资的行业:化工、制药、制铝、建筑材料及金融业等行业。其中,文莱"2035宏愿"计划中将石油及天然气下游产品、制造业和其他服务业、食品业、旅游业、信息通信技术五大产业列为优先投资行业。

（四）投资方式

文莱对新设公司没有规定外资企业投资方式和本地股份占比，对外国自然人投资也没有特殊限制，仅规定公司董事至少1人为当地居民，或者如果有两名以上的董事，那么至少需要两名为文莱常住居民，但满足某些条件就可以取得豁免。文莱注册公司程序简单，2016年新设一站式服务平台，优化缩减各类行政审批、决策流程。外资在文莱投资可成立有限责任公司、股份有限公司、合伙企业、独资公司或办事处。

（五）行业鼓励和优惠政策

根据文莱《投资促进令》及2010年和2011年修正案的规定，结合2013年《先锋产业和先锋产品令》的修正案，文莱在以下产业投资享受税收优惠：

1. 先锋产业

在文莱，投资者申请先锋产业资格需满足以下要求：（1）符合公共利益；（2）该产业在文莱未达到饱和程度；（3）具有良好的发展前景，产品应具有本行业的领先性。如果获得先锋产业资格证书，该企业可享受多重优惠，比如免公司所得税，或者免交进口机器、设备、零部件、配件及建筑构件的进口税、原材料进口税，享受结转亏损和津贴等。

先锋产品的范围有：航空食品、搅拌混凝土、制药、铝材板、轧钢设备、无线电、电视及通信设备和器械、化工、造船、纸巾、纺织品、听装、瓶装和其他包装食品、家具、玻璃、陶瓷、胶合板、纸和纸板、塑料及合成材料、肥料和杀虫剂、玩具、工业用气体、金属板材、工业电气设备和供水设备、宰杀和加工清真食品、废品处理，以及非金属矿产品的制造和生产等。

先锋服务企业可享受免所得税以及可结转亏损和补贴等待遇。非金融服务相关的先锋服务企业的免税期为8年，可延长，但不超过11年；与金融服务有关先锋服务企业的税收减免为5年，可再延长5年。

2. 出口型生产企业

出口型生产企业是指产品出口额不低于销售总额的20%，年出口额不低于2万文莱元的从事农业、林业或渔业的企业。这些企业一旦被政府认定，就会获得资格证书。出口型生产企业资格认定可以续期，每次续期不得超过5年，总期限不得超过20年。

出口型生产企业若符合下列两个条件中任意一个条件，即可获得长达15年的免税期：一是固定资产已投入或者将要投入不低于5000万文莱元；二是固定资产支出在 50 万文莱元至 5000 万文莱元之间，本地公民或持居留证人员占股 40% 以上，且该企业对文莱经济或科技发展起到了促进作用或未来能够起到促进作用。

出口型生产企业可享受所得税，机器设备、零部件、配件或建筑结构的进口税和原材料进口税的免除优惠。

3. 服务出口企业

企业从事下列工作服务出口企业的，可获得自服务提供日起最长 11 年的免除所得税以及抵扣补贴与亏损的优惠待遇：提供建筑、分销、设计及工程服务；提供顾问、管理监督、咨询服务；从事机械设备装配以及原材料、零部件和设备采购；从事数据处理、编程、计算机软件开发、电信及其他信息通信技术服务；从事会计、法律、医疗、建筑等专业服务；教育、培训服务；从事文莱工业与初级资源部认可的其他服务工作。

4. 国际贸易企业

从事国际贸易的企业，若符合下列条件之一，可获得自进出口业务开展之日起 8 年的免税期：

（1）从事合格制成品或文莱本地产品的企业国际贸易年出口额超过或有望超过 300 万文莱元；

（2）从事合格商品转口贸易的企业年出口额超过或有望超过 500 万文莱元。

5. 经济特区优惠

文莱政府为吸引外国投资在国内已建有 8 个产业园区。如大摩拉岛化工产业园区、双溪岭工业区（Sungai Liang Industrial Site）主要用于油气下游和高科技产业。文莱政府为产业园区吸引更多外国投资，采取了完全免税、提供各种融资合资平台、享受各类政府补贴等优惠政策：

（1）免税政策。项目可申请获得先锋产业资格，可享受最长达 11 年的免税待遇。如数据中心和操作中心的项目多为周边国家客户，项目可申请被认定为出口型服务行业，可享受长达 20 年免税政策。

（2）融资平台。文莱财政部下属股权投资机构可为项目提供可靠的融资合资平台。

（3）政府补贴。项目完成投资后在运行的同时如有新产品在文莱开发，可申请研发补助金，可享受最高 500 万文莱元的补助。对本地员工的技术培训可申请培训补助金。

（4）东盟经济共同体。文莱作为东盟成员国，项目可享受东盟经济共同体的贸易税收政策。

（5）优惠的价格成本。在基础设施完备的东盟国家中，文莱包括用地、用电和用水的成本低廉。

（6）宽松的雇佣政策。文莱的雇佣政策宽松，允许外国投资者在合理的情况下雇用外国劳动力。

（六）对外国公司承包当地工程的规定

文莱外国公司承包工程的主管部门是文莱发展部（Ministry of Development）和其下属的公共工程局（Pulic Works Department），财政部下属的招标委员会负责大型政府项目的招标。文莱对外国公司从事工程承包工作没有规定专门法律。外国公司不能直接参与政府工程的投标，须采取以下方式：

（1）与文莱当地公司合作投标工程。

（2）分包单项工程。外国公司向已中标的文莱公司分包工程。

（3）与本地公司合资成立建筑公司。外国公司须向公共工程局申请建筑工程执照。

文莱采用英国的投标承包制，政府各部门在其公告栏和每周的政府公报刊登招标公告，承包企业可以向公告载明的相关部门索取或购买招标文件。

（七）投资争议解决途径

2016年，文莱最高法院宣布成立商事法院，处理商事相关案件。除了法院诉讼外，仲裁也是文莱常见的争议解决方式，文莱出台了规范国内和国际仲裁的《仲裁令》（Arbitration Order 2009，简称AO）和《国际仲裁令》（International Arbitration Order 2009，简称IAO）。根据AO和IAO的要求，仲裁协议须以书面形式确立，并满足《联合国国际贸易法委员会国际商事仲裁示范法》（UNCITRAL Model Law on International Commercial Arbitration）第7条规定仲裁协议的法律要求，即仲裁协议可包含在双方当事人签署的书面文件中，或者包含在记录该协议的信件来往、电报、传真、电子邮件或其他通讯方式中。2016年5月，文莱总检察长办公室宣布成立文莱仲裁中心（Brunei Darussalam Arbitration Centre，简称BDAC）。BDAC提供仲裁和调解服务以满足国内和国际投资者解决商业纠纷的需求，但截至目前BDAC几乎没有被投资者选择采用，他们基本更愿意选择成立于2005年的文莱仲裁协会（Arbitration Association of Brunei Darussalam，简称AABD）作为争端解决的首选方案。

文莱是《解决国家与其他国家国民之间投资争端公约》（Convention on the Settlement of Investment Disputes Between States and Nationals of Other States，简称《华盛顿公约》）的成员国，也是《承认及执行外国仲裁裁决公约》（Convention on the Recognition and Enforcement of Foreign Arbitral Awards，以下简称1958年

《纽约公约》)的签署国。外国投资者更倾向于通过国际仲裁解决投资争议,根据上述公约,文莱对同为缔约国领土上做出的裁决给予承认与执行。

第二节 柬埔寨王国贸易与投资法

柬埔寨自 1999 年成为东盟成员国和 2004 年加入 WTO 后,经济发展较快,进出口贸易和吸引外资呈逐年增长的态势。世界银行发布《2020 年营商环境报告》显示,柬埔寨在全球 190 个经济体中排名第 144 位,排在老挝(154 位)和缅甸(165 位)之前。柬埔寨吸引外资的优势主要在于,一是实行开放的自由市场经济政策,经济活动较为自由;二是柬埔寨享有发达国家(美国、加拿大、日本等国)给予的普惠制待遇(GSP),如对于来自于柬埔寨的纺织服装产品,美国给予宽松配额和减免进口关税的优惠待遇;三是柬埔寨劳动力资源丰富,人口红利明显。但是值得注意的是,2020 年 2 月和 8 月,欧盟以人权理由取消了柬埔寨部分出口商品免税、免配额进入欧盟市场的决定。英国脱欧后,给予柬埔寨的普惠制于 2021 年 1 月 1 日正式生效。

2020 年 10 月 12 日,中国与柬埔寨正式签署双边自由贸易协议。根据协议规定,中方对柬埔寨最终实现零关税的产品达到全部税目数的 97.53%,具体关税减让商品包括服装、鞋类、农产品等。柬方对中方最终实现零关税的产品达到全部税目数的 90%,具体关税减让产品包括纺织材料及制品、机电产品等。这是两国迄今以来所有自贸协定中减免关税优惠的最高水平。

一、贸易法规与政策

(一)贸易法规体系

柬埔寨与贸易相关的法律法规主要包括《货物进出口法》(1989)、《海关法》(2007)、《海关申报规定与程序》(2007)、《海关关税税目表》(2017)、《海关清关手册》(2015)、《贸易便利化法》和《签发原产地证书令》(2013)等。

(二)贸易主管部门

柬埔寨商业部(Ministry of Commerce)为柬埔寨贸易主管部门,提供与贸易、新市场相关的所有服务,并实施柬埔寨的贸易政策,以促进国家发展,增进私营企业和人民的利益。柬埔寨经济和财政部(Ministry of Economy and Finance)领导国内经济金融领域国际合作和柬埔寨融入世界经济的战略政策的实施,特别是柬埔寨在东盟框架内的经济一体化,其下属的海关总署(General Department of Customs and Excise,简称 GDCE)、商业部下属的进出口检验与反欺诈总局(Cambodia Import – Export Inspction and Fraud Repression Directorate – General,简称 CAMCONTROL)联合负责进出口商品的检验。

(三)进出口管理制度

柬埔寨 2007 年《海关法》规定,如果发生以下情形,政府可以禁止或限制某些货物的进出口:国家安全;公共秩序和体面和道德标准;保护人类、动物或植物的健康和生命;保护具有艺术价值、历史价值或考古价值的国宝;自然资源的保护;遵守柬埔寨王国现行法律的规定;履行《联合国宪章》规定的义务。

1. 进口管理

根据柬埔寨《海关法》的规定,所有要出口的货物必须在海关总署署长确定的海关办公室或其他地点报告。经济和财政部长可以通过部长令确定与出口货物的报告、移动、储存和运输有关的时间、方式、文件要求、情况和例外情况。

在货物向海关报告之前,任何人不得从到达柬埔寨的运输工具上卸下货物。海关可以在关税和税费缴纳前,在海关监管下,在完成海关手续后,授权将货物放入海关临时仓库,或放置在海关保税仓库,或在海关领土内或通过海关领土进一步运输到目的地。进口货物在进口时,如果能证明该货物将被转出口,海关可以放行临时进口。临时进口货物在满足临时进口条件之前,应当接受海关监管。进口货物报关,应当申报该货物的税则归类、原产地和完税价格,以便计算和评估关税和税款。海关核实进口货物的税则归类和原产地。

此外,所有进口的集装箱货物都需要进行扫描,并交纳扫描费,但以下情况除外:具有外交豁免权的大使馆或组织的货物,对于国际组织,所有政府正式承认的非政府组织;赠款援助物资、政府信用贷款进口的捐赠物资以及政府机构进口的物资;最佳贸易商团体(经海关总署认证)的商品。

2. 出口管理

柬埔寨出口商或被授权贸易公司应向当地海关局长申请出口货物的许可。当地海关负责人检查申请及所附文件,如无异常,准予出口。获得许可后,出口商应按照《海关清关手册》进行报关。

所有通过柬埔寨国内港口和海关出口的集装箱货物都需要进行扫描,并交纳扫描费,但以下情况除外:服装成品;具有外交豁免权的大使馆或组织的货物,政府正式承认的国际组织和政府出口的货物;空集装箱;其他经济财政部允许的免除此项义务的特别许可。

3. 进出口优惠政策

柬埔寨投资委员会和省市投资委员会批准的出口型合格投资项目（Qualified Investment Projects，QIP）分为三种：（1）国内合格投资项目；（2）出口合格投资项目；（3）配套产业合格投资项目。

国内合格投资项目进口的生产设备和建筑材料免征关税。如果合格工业园区有能力直接出口其制成品的任何部分或已为出口行业供应，则在进口时征税并随后用于生产直接或间接出口的货物的生产投入品的数量经审查季度报告后有权免除关税。

出口合格投资项目是指将其产品的一部分出售或转让给柬埔寨王国以外的购买者或受让人。此类项目进口的生产设备、建筑材料和生产必需品免征关税。但是，对于在海关保税仓机制下运作的合格投资项目，关税豁免应符合适用于该机制的现行法律法规。对未出口的加工生产投入品，经季度报告审查后，应缴纳进口时适用的关税和税费。

配套产业合格投资项目是指其产品100%出口而不是进口原材料和配件的合格投资项目。配套产业合格投资项目进口的生产设备、建筑材料和生产投入品免征关税。但是，如果未能将其制成品100%供应给出口行业或直接出口其产品，则产业合格投资项目用于生产这些商品的生产投入的数量应按照季度报告审核后的数额缴纳关税和税费。

（四）海关管理制度

1. 海关程序简化

东盟海关过境系统（ASEAN Customs Transit System，简称ACTS）于2020年11月2日正式启动，将便利东盟地区货物陆路跨境运输。该系统在柬埔寨、老挝、马来西亚、新加坡、泰国和越南实施。一旦适用该系统，进出口商只需办理一次海关申报手续，即可实现在其他东盟成员国之间自由运输货物。

柬埔寨海关采用海关数据自动化系统（ASYCUDA）进行电子单据的统一报关（SAD），进出口文件全部遵循自动化海关处理系统的流程。

2. 关税税率

根据柬埔寨2015年修改的《海关关税手册》，进口关税主要由四种税率组成：0%、7%、15%和35%。进口特别税有以下几种：0%、4.35%、5%、10%、15%、20%、25%、30%、45%和50%。柬埔寨对进口的汽油和柴油还征收附加税。出口关税税率分别为0%、5%、10%、15%、20%、50%，绝大部分货物缴纳10%的出口关税。

作为东盟的成员国，柬埔寨根据《东盟自由贸易协定》的共同有效优惠关税（CEPT）计划，只要满足原产地规则中的条件，就可以对来自其他东盟成员国的进口产品适用较低的关税税率。根据柬埔寨与中国、东盟其他成员国、日本、澳大利亚、新西兰、韩国、印度等国签订的双边或多边贸易协定，柬埔寨绝大部分商品的关税已经逐步降至 0%。

二、外商投资法规与政策

（一）外商投资法律体系

柬埔寨早在 1993 年就颁布了第一部投资法，该法于 2003 年进行修订。随着柬埔寨加入 WTO、东盟一体化的深化和国内贸易的繁荣，电子商务和金融科技等部门衍生产品的出现，2015 年柬埔寨开始起草新的《柬埔寨王国投资法》（Law on Investment of the Kingdom of Cambodia），于 2021 年 10 月 15 日正式颁布。柬埔寨政府希望新的投资法成为推动经济足够增长的强大动力，使柬埔寨在 2030 年成为中上收入经济体，在 2050 年成为中高收入国家。2021 年《投资法》规定的法律框架更加透明化，对国内外投资尽量实施平等保护，以期吸引更多投资并实现工业多元化发展目标。

（二）投资主管部门

柬埔寨发展理事会（Council for the Development of Cambodia，简称 CDC）是柬埔寨政府对私营和公共投资的最高决策层，也是监督和管理合营共建、私人投资和经济特区等工作的一站式服务性机构。其中由柬埔寨总理担任主席，以及其他相关政府机构的高级部长共同组成理事会。柬埔寨发展理事会下属三个机构分别是：总秘书处、柬埔寨投资委员会（Cambodian Investment Board，简称 CIB）和柬埔寨经济特区委员会（Cambodian Special Economic Zone Board，简称 CSEZB）。CIB 负责处理经济特区（SEZ）以外的投资项目，而 CSEZB 负责经济特区内的投资项目。两个机构都审查投资申请，并对符合投资法规定的要求的投资项目给予奖励。

柬埔寨在各省市也设立省市投资委员会，负责对私人投资的审查及决定，以及解决与投资项目有关的争议。

（三）投资行业

柬埔寨《投资法》（2021）的规定，将符合国家发展需求目标的产业、政府未来 5 到 10 年重点吸引的产业等归入特殊类别，并在现有的法律基础上增加优惠措施，包括长达9年的"免税期"、进口原材料和生产机械税务减免等，19个领域投资项目将享有投资优惠等。

1. 鼓励投资领域

为了鼓励国内和国外的投资者扩大对柬埔寨的投资，柬埔寨政府特别针对19个领域的投资企业提供优惠待遇，具体是：（1）具有创新及研究发展的高科技产业；（2）提供具有附加值、创新和高竞争力的新兴产业或制造业；（3）服务于区域和全球生产链的产业；（4）农业、旅游、制造相关的支持性产业、服务于区域和全球生产链的产业以及与连接供应网的产业；（5）电气和电子产业；（6）备件装配及安装产业；（7）机械与机器产业；（8）服务于国内市场或出口的农业、农工业、农产品加工业和食品加工业；（9）优先领域中的中小企业、中小企业集群发展、工业园、科技和创新园区；（10）旅游业及与旅游相关的活动；（11）经济特区的发展；（12）数字产业；（13）教育、职业培训和提高生产力领域的投资；（14）卫生领域的投资；（15）发展实体基础设施；（16）对物流领域的投资；（17）对环境、生物多样性管理保护以及循环性经济的投资；（18）对绿色能源及有助于适应和减缓气候变化的科技领域的投资；（19）在柬埔寨政府认为具有社会经济发展潜力的，而本法未列出的其他领域投资活动。

2. 重点支持行业

《投资法》规定，企业用于建造宿舍、适当的食堂、托儿所和提供舒适安全的交通工具的支出，可享受150%的特殊税收减免。

柬埔寨政府重视发展农业潜在资源，如芒果、香蕉、龙眼、食品加工和农业加工、橡胶和木薯。对生产机械升级的最高150%税收减免和对这些农业工业系统的进口免税的激励措施，对提高柬埔寨农业现代技术有重要影响。

在绿色和可再生能源领域，严重依赖进口石油燃料会造成环境问题，且易受到价格波动、地缘政治等因素的影响。因此，柬埔寨迫切需要实现能源多元化。截止到2021年底，柬埔寨再生能源（包括水力、太阳能和生物能发电）发电已占总能源的40%。近年来，柬埔寨政府出台一系列可再生能源政策和法规，提供税收优惠和电力购买协议等，以吸引投资者和开发商参与光伏发电和地热能发电等投资项目。鉴于欧盟对使用可再生能源的高标准要求，这一政策转变对服装和鞋类行业来说将是一个受欢迎的举措。

3. 禁止投资的行业

柬埔寨实施负面清单制度对外国投资实体领域进行管理。这些禁止外商投资行业和活动如下：（1）精神药物和麻醉药物的生产或加工；（2）国际法规或世界卫生组织禁止使用的化学物质生产有毒化学品、农药、杀虫剂和其他影响公众健康和环境的产品；（3）利用从国外进口的任何废物加工和生产电力；（4）林业法禁止的林业开发活动；（5）法律禁止的投资活动。

4. 土地政策

投资者为实施投资项目目标服务的土地所有权，仅批准持有柬埔寨国籍的个人拥有。投资者有权根据柬埔寨现行法律及司法规范文件，通过经济土地特许权或永久租赁权，和规定期限租赁等方式使用土地。

（三）合格投资项目的注册与实施

柬埔寨2021年《投资法》修改和精简了合格投资项目注册的行政和体制机制，强化一站式服务机制，取消之前法律规定的"有条件注册证"和"最终注册证"两步制。新法规定企业或者自然人如果有意实施合格投资项目，或合格投资项目扩展计划或仅获得投资担保的投资项目，应向柬埔寨发展理事会或省市投资委员会提交书面的注册申请。注册申请可以通过信息技术平台操作。

柬埔寨发展理事会将通过单一窗口机制对该申请进行审查和决定。单一窗口审查机制，是由驻柬埔寨发展理事会的有关部门机构，由该部门与非官方翻译机构领导及主管委派代表的机制，在柬埔寨发展理事会的协调下进行审查和决定。如果该申请的投资项目不在法律规定的负面清单上，柬埔寨发展理事会在不超过20个工作日内向申请人出具注册证书。

已获得注册证书的投资项目可开始自行实施，并根据柬埔寨发展理事会规定的具体时间表提交关于投资项目实施情况报告。报告模板的格式与详细程序，由柬埔寨发展理事会发布的指导确定。

（四）税收优惠

柬埔寨2021《投资法》第26条规定，投资者在柬埔寨注册为合格投资项目（QIP）的投资活动，有权在以下两种基本优惠选项中选择任何一项：

1. 第一种选择

根据投资行业与活动，豁免3年至9年的所得税，免税期将在取得首次收入始计。其投资行业和活动及所得税的免税期，将由财政管理法和/或法令规定。所得税的免税期结束后，合格投资项目（QIP）有资格以相对于应付税款总额的增长率获得所得税优惠，具体如下：前两年为25%；接下来两年为50%；最后两年为75%。

在所得税豁免期间，豁免所得税预缴税款。通过应有的独立审计报告，获得豁免最低税款。获得出口免税，除非其他法律及法律文件中另有规定。

2. 第二种选择

根据柬埔寨现行的《税法》规定，所有权通过特殊折旧，抵扣资本支出。在长达9年中的其他具体支出，享有高达200%的税收返还。有关投资行业和活动与具体支出以及抵扣期限，应在财政管理法和/或法令中规定。

根据《财政管理法》和/或法令中规定的行业和投资活动，在一定时期内获得所得税退还。必须有独立审计报告，以获得豁免最低税款。获得出口免税，除非其他现行法律与法律文件中另有规定。

3. 其他优惠措施

新投资法明确规定，除了以上鼓励措施之外，投资者还将获得以下优惠政策：

（1）服务于出口的合格投资项目，和属于服务于出口的合格投资项目的支持产业，投资者有权进口建筑材料、建筑设备、生产设备与材料，进口关税、特别税及增值税由国家承担。

（2）服务于国内市场的合格投资项目，投资者可以进口建筑材料、建筑设备、生产设备与材料，而进口关税、特别税及增值税由国家承担。对于生产材料的鼓励措施，应在财政管理法和/或法令中规定。

与此同时，位于经济特区的合资投资项目，同样有权享有与本法所述的其他合资投资项目的鼓励和保护。

较大力度的税收优惠是新投资法的一大亮点。根据新《投资法》第27条规定，企业用于调研、开发、创新和员工培训等的支出，政府也将提供150%的税收返还。

（五）投资项目的并购

合格投资项目获得的权利、特权或其他权利不得转让给任何第三方，除非通过投资项目的收购、出售与合并的转让。

如果投资项目的收购、出售或兼并符合柬埔寨现行法律法规，应依照法定程序，向柬埔寨发展理事会或省市投资委员会提出书面申请，才能继续获得投资项目已享有的相关鼓励和优惠政策。

（六）投资促进与保护

1. 投资保障

根据新《投资法》第15条规定，如果投资者的投资因武装冲突或国内动乱或在国家进入紧急状态下受到损失，若柬埔寨政府在任何合理的赔偿与补偿问题上有相关的法律与政策，则投资者将在获得赔偿、补偿或其他具有经济价值的解决方案方面受到无任何歧视的平等待遇。除柬埔寨宪法和所有现行法律所述的有关土地所有权之外，外国投资者不会由于是外国国籍而受到歧视。另外，柬埔寨国家对柬埔寨投资者的财产不实行国有化政策。

柬埔寨不会直接或间接或者通过类似征用的措施，实行导致影响已批准投资项目的征用，但服务于公共利益的征用除外，且须根据以下条款进行征用：（1）不歧视；（2）公平公正的补偿；（3）根据现行的征用法律和程序。

2. 投资保护

柬埔寨政府不得规定投资项目生产的产品价格和服务价格；投资者可以通过授权银行系统自由购买外汇，并将这些外币汇往国外以结算与其投资有关的财务款项；投资者的知识产权受柬埔寨王国相关知识产权法的法律及司法规范文件的保护。

（七）投资争议解决途径

投资者之间发生与投资项目有关的争议，任何一方可向柬埔寨发展理事会或省市投资委员会提出书面申请，由柬埔寨发展理事会或省市投资委员会按照现行程序调解机制进行解决。在收到书面调解申请书后的30天内，柬埔寨发展委员会或省市投资委员会应根据需要为投资者和其他相关者进行安排争端的调解，以找到合适的解决方案。如通过上述调解机制无法解决争议，可以通过以下方式解决：（1）争议双方同意的国内或国际仲裁；（2）柬埔寨王国的法院。

柬埔寨自1960年1月5日起成为《承认及执行外国仲裁裁决公约》（即《纽约公约》）的缔约国。2001年柬埔寨又颁布了《承认及执行外国仲裁裁决法》，要求柬埔寨法院根据《纽约公约》承认和执行外国仲裁裁决，并进一步规定了柬埔寨承认及执行外国仲裁裁决的程序。2006年《商事仲裁法》颁布实施。根据2006年的柬埔寨《商事仲裁法》以及2009年的《关于国家商事仲裁中心组建和运营次级法令》，柬埔寨国家商事仲裁中心（NCAC）于2013年正式投入使用，并于2014年通过第一部仲裁规则，现行仲裁规则于2021年3月颁布了新的版本。

第三节　印度尼西亚共和国贸易与投资法

印尼有关贸易投资法律法规较为健全，进出口贸易和利用外资快速增长。世界银行《2020年营商环境报告》显示，印尼在全球190个经济体中，营商便利度排名第73位。中国对外承包工程商会和中国出口信用保险公司联合发布的《"一带一路"国家基础设施发展指数（2021）》中显示，印度尼西亚在基础设施发展指数上连续多年排名榜首,其发展环境、发展潜力和发展趋势指数均排名前列。截止到 2022 年 1 月,印尼缔结了 73 个双边投资协定(BIT),22 个规定有投资争议解决条款的多边条约(TIP)。

根据中国人民银行与印度尼西亚银行 2020 年 9 月 30 日签署的谅解备忘录,中国人民银行和印度尼西亚银行宣布自 2021 年 9 月 6 日起正式启动中印尼本币结算合作框架。该举措是中国和印尼两国央行深化货币金融合作的重要里程碑,有助于人民币/印尼盾直接报价,扩大两国经贸往来中本国货币的使用,促进贸易投资进一步便利化。

一、贸易法规与政策

2022 年 8 月 30 日,印尼议会正式批准《区域全面经济伙伴关系协定》(RCEP),该协定于 2002 年 12 月 1 日起对印尼生效。

(一)贸易法规体系

印尼与贸易有关的法律主要包括《海关法》(2006)、《对出口货物征收出口关税的政府条例》(2008)、《贸易法》(2014)、《关于禁止和/或限制货物的进出口监管》(2015)、《创造就业法》(2020)等,与贸易相关的其他法律还有《关于贸易领域实施细则》(GR 29/2021)等。

(二)贸易主管部门

印尼主管贸易的政府部门是贸易部,主要职能包括制定外贸政策、外贸法规,有权发布进出口活动的批准、证照、要求、检验、义务和禁止事项。在印尼,贸易部是有权监督和制裁违反进出口活动有关政策及规定的主体,下设国内贸易总局、对外贸易总局、国际贸易谈判总局、消费者保护和有序商业总局、国家出口发展总局、商品期货交易监管部、贸易政策局等机构。

(三)贸易管理规定

1. 进出口单一窗口机构

2007 年年底,印尼贸易部设立进出口单一窗口机构(Lembaga National Single Window,LNSW)。该窗口旨在通过在进出口部门实施和管理综合电子系统,以电子方式处理与出口和/或进口相关的海关文件、检疫文件、许可文件、港口/机场文件和其他文件。在与进出口贸易便利化、货物运输监管和国家收入优化方面提供技术支持,以简单、透明、一致和可衡量的方式组织公共服务。截止到 2021 年印尼至少有 15 个部委和机构加入国家单一窗口,该制度大大简化了管理程序。

此外,印尼还设立全国物流生态系统(National Logistcs Ecosystem,,NLE),协调货物从运输工具到达仓库的国际货物流和单证交通,通过政府和私人机构之间的合作,进行数据交换、流程简化、消除重复和复制,提供技术系统支持,包括所有相关物流流程和连接现有物流系统的信息。

2. 进出口许可证制度与进出口限制

在印尼经营的出口商或进口商必须持有许可证(NIB)。除此之外,在印尼进口某些特定类型的产品,还必须持有贸易部颁发的特殊进口许可证。进口产品原则上应为全新产品,只有经贸易部批准,才可以进口已使用过再出售的二手产品。出口某些特定类型的产品,还必须持有贸易部颁发的出口商营业执照(出口登记或出口批准),具体取决于出口的产品类型。

2021年4月,印尼贸易部发布了新的进出口禁止清单规定(2021年第18号印度尼西亚《贸易部关于禁止进出口货物产品的规定》(MOT Regulation No. 18 of 2021 on Goods Prohibited from Being Imported and Exported)。此前,印尼禁止进出口的商品清单分散在各种法规中,包括(1)贸易部2020年第12号关于禁止进口货物的规定(MOT Regulation No. 12 of 2020 on Goods Prohibited for Import);(2)贸易部2019年第45号关于禁止出口货物的规定(MOT Regulation 45 of 2019 on Goods Prohibited for Export);(3)工业和贸易部长关于禁止进口危险和有毒废物的第520/MPP/Kep/8/2003号令(Decree of the Minister of Industry and Trade No. 520/MPP/Kep/8/2003 on the Prohibition on Imports of Hazardous and Toxic Waste)。

2021年第18号规定撤销了所有以上规定,并将原来禁止进口清单和禁止出口清单合并在了一起,将禁止进口货物从以前的116类增加到149类、禁止出口的货物从以前的39类增加到了275类,于2021年12月1日开始生效。此前印尼政府规定禁止进出口的产品符合标准为:(1)与保护人类、动物、鱼类、植物和环境的健康、安全相关的产品;(2)与国家安全、国家利益或公共利益(包括社会、文化和公共道德利益)相关的产品;(3)需要保护的自然植物和野生动物。2021年新规定对禁止进出口产品的类别进行了以下细分。

禁止出口的产品包括:(1)林业类产品;(2)肥料补贴类产品;(3)矿业类产品;(4)文化遗产类产品;(5)废物和废金属类产品。还需要注意的是,印尼出台的政府条例禁止出口的产品(包括镍矿原料、水洗铝土矿、铜精矿等矿类资源)将于2023年6月11日生效。

禁止进口的产品包括:(1)特定的糖类制品;(2)特定的大米制品;(3)破坏臭氧层的材料;(4)旧包,旧包装袋/布袋,旧衣物及其相似产品;

(5) 装有冷却系统，在空装和实装状态下均使用氯氟化碳（CFC）和氟氯烃22·（HCFC-22）的产品；(6) 特定药品和食品；(7) 危险和有毒材料（B3级），以及经注册过的非危险和有毒废料（非 B3 级废料）；(8) 手工工具（成品）；(9) 含汞的医疗器械。

3. 出口程序

在印尼出口货物必须通过填写出口申报文件提前向海关报告。出口申报文件上必须包括公司进出口许可证号，必须在预计出口日期前 7 天和出口货物进入海关区域前提交。海关清关文件包括：发票和装箱单；州税前价格的付款收据；海关出境付款收据（出口货物需出境）；相关技术机构出具的文件（如果出口货物受到禁止和/或限制）。如果出口货物需缴纳出口关税，则支付出口关税。经海关检查出口货物的实物和文件后即可获得批准出口，交付给承运人。

4. 进口程序

印尼贸易部负责执行与进口许可证规定相关的法令。在印度尼西亚进口产品的程序包括，第一步呈交所需文件，经海关总局核实，并查验进口产品；第二步进口商填写产品进口报关表并向海关申报；第三步进口商向海关总局申领海关标识符（NIK），以确保遵行各项海关规定；第四步向贸易部或投资协调委员会申领进口许可证（API）或者特别进口许可证（NPIK）。两种许可证均须每五年续期一次。

进口许可证（API）分为两种类别：一般进口许可证（API-U）和生产商进口许可证（API-P），法律规定任何公司只可申领一种进口许可证。公司持有一般进口许可证则可以进口产品用于国内贸易或分销，若持有生产商进口许可证，则只可以进口产品自用，比如进口常见的用于生产的工业设备及原材料等。

如果企业需要进口电子产品、玩具、鞋履、纺织品、米、糖、玉米和大豆等产品，那么需要申领特别进口许可证（NPIK）。

印尼自 2017 年 1 月 1 日起，对包括轮胎在内的进口产品，执行进口配额限制政策，且在发货前需提供装箱单、发票及 SNI 标志（Standar Nasional Indonesia，又被称为印尼国家质量标准）[1]。若要进口 SNI 强制认证范围之外的产品，

---

[1] SNI 为 Standar Nasional Indonesia 的缩写，英语写法为 Indonesia National Standard，意为印度尼西亚的国家标准。由印度尼西亚技术委员会制定并由印尼国家标准局定义，关于印度尼西亚境内的商品、服务、系统、流程和人员的标准。SNI 是印度尼西亚全国唯一适用于产品和服务的标准，用于确定产品标准质量的符合性。生产商通过了印度尼西亚产品认证方案才可以使用印度尼西亚的质量标记。SNI 证书有效期为四年，每年都需要接受监督审核（年审、抽样和测试）以维护证书的有效性。

需提供箱单、发票及相应的测试报告并申请验货。印尼国家认证标准 SNI 中 90% 为推荐性标准，只有 10% 为强制性标准，自愿性较强。其中标准水平较高的领域有：农产品（如亚热带水果种植技术）、经济作物类（如橡胶）、石油、天然气产品等。SNI 认证是印尼多项非关税进口限制之一，如所有出口到印尼的管制产品都必须有 SNI 标志，否则不能进入印尼市场。自 2007 年 9 月 7 号起，截至 2021 年 10 月，印尼已经发布多达 227 种强制 SNI 标准认证的目录，其中包含约 119 种产品。未通过 SNI 认证的产品，在印尼市场将予禁售，若已流入市面则强制下架撤离。

（四）进出口检验检疫规定

印尼拥有严格的食品和农产品进口程序。进口管理的部门有：国家食品药品管理局、农业部、贸易部、海关总署、海洋渔业部、卫生部等。国家食品药品管理局（BPOM）是印尼国家层面具体负责食品监督管理的机构，负责包括对食品补充剂、加工食品进行上市前的评估和预警、上市后的监管，并负责产品的注册。农业部是农业方面的主管部门，负责制定农业方面的法律法规，负责《动物、鱼类和植物检疫法》《新鲜植物源性食品进出口安全管理措施》等法律法规的实施，农业部下属的农业检疫局（IAQA）负责进出境动植物检疫工作。

（五）海关管理的相关规定

2020 年 10 月 15 日，"中国—印尼原产地电子信息交换系统"正式运行，两国之间开始实时传输原产地证书和流动证明电子数据。此举简化了两国海关之间协作通关手续，进一步推进了两国进出口货物合规通关的便利化。

根据印尼《海关法》，印尼最高进口关税税率为 40%，但大部分进口商品的关税都介于 0% 到 15% 之间。所有进口到印尼的应税货物都须缴纳 10% 的增值税（特殊类别可调整范围为 5%~15%）。印尼出口应税货物适用 0% 的增值税。在实施 PMK199/2019 法案之前，除增值税和进口税外，应税货物还应征收 10% 的所得税。该法案出台后，进口商仅须为进口到印尼的纳税项目支付 17.5%，比之前的 27% 低 9.5%。

印尼海关接受经认证的经营者（AEO - AuthorizedEconomic Operator）和海关主要合作伙伴（MITA - MitraUtama），给予被认定为 MITA 或者 AEO 的企业通关上的便利。譬如，定期付税，优先放行等便利。这样能够有效提高印尼通关效率、降低物流成本和促进企业的业务扩展。

二、外商投资法规与政策

印尼政府一直致力于完善投资法规和政策，简化投资一站式服务并不断更新税收优惠政策和措施，对外资有巨大吸引作用。新加坡、中国、日本和中国香港是印尼的主要投资来源国。2021年佐科总统发布第11号总统令，成立加快投资工作小组，该小组主要职责是为营商便利扫清障碍，推动经济和就业增长。2021年至2022年度，印尼全国实现直接投资617亿美元，100%完成了政府设定的年度目标。

（一）投资主管机构

印尼主管投资的政府部门有投资部（原投资协调委员会，BKPM）[①]、财政部、工业部和能矿部。印尼投资部负责招商引资，统一管理工业部和下属服务部门的投资活动（金融服务领域除外）。财政部负责管理金融服务投资活动（包括银行业和保险业）。能矿部负责能源项目的审批，其下属机构负责执行与矿产有关的项目。

（二）投资法规及政策

印尼涉及投资政策的法律有《投资法》（2007），《创造就业法》（2020），《投资与业务领域总统令》（简称2021年《新投资清单》）等。

虽然《创造就业法》名称是"就业"，但其规定的内容并不局限于创造就业，实际上该法在很大程度上直接修改了印尼2007年《投资法》，并对与投资相关的多项法律法规进行了根本性的变革，其中涉及劳工标准、移民、环境标准、业务许可证制度、建筑工程许可等多个领域，备受投资者关注。

根据2021年《新投资清单》，印尼所有商业领域都被视为对外国投资开放，除非这些领域不允许投资或者这些领域只能由中央政府进行控制（如国家安全和国防）。尽管新的投资清单仍然对外资进入几个商业领域施加了某些条件（如最大外资持股门槛，与当地合作伙伴合作的要求，为合作社和微型、小型和中型企业（"合作社或中小企业"）保留某些领域），但受此类条件约束的业务领域远不如当前负面投资清单中规定的业务领域广泛。

（三）投资行业及市场准入

印尼投资部自2021年6月起实施在线一站式网上申请系统（OSS），协助

---

① 2021年4月，印尼投资协调委员会（BKPM）改名为投资部。

外国投资者完成投资注册和许可证照办理。外国投资者在印尼设立公司通过OSS系统进行注册，以获得业务识别号（NIB）及营业执照（如需要）。印尼政府还设立国有咨询机构（PT Surveyor Indonesia，简称为 ID Survey），专门向政府部门和印尼企业提供服务。为推动外商项目落地，2022年7月，印尼投资部委托ID Survey统计和征集拟来印尼投资的外资企业等难题/困难等，协助投资者解决问题、推进项目落地和运营。

1. 投资主体

印尼政府规定外商直接投资的法人实体必须以印度尼西亚有限责任公司（Perseroan Terbatas，PT）的形式进行，公司至少两名股东，法人或自然人均可。所用资金可以是外资形式，也可以是与印尼国内投资者合资的形式。外国投资公司的最低注册资本额为100亿印尼盾，实缴资本额最低为25%，也就是25亿印尼盾，其中投资资本额不包括土地和建筑物的价值。

2. 2021年《新投资清单》

在印尼外国投资者可投资绝大部分行业或者领域。2021年2月2日，印尼政府公布《新投资清单》，于2021年3月4起生效。《新投资清单》是在2016年公布《投资负面清单》基础上修订而成的。《新投资清单》对外商投资的限制模式发生了重大转变，放宽了之前对外商投资的诸多限制性条件，由原先的"负面清单"政策转变为现在的"正面投资清单"准入政策，并进一步放开有关行业的外国投资，以此吸引更多外资。

（1）禁止投资行业

根据印尼《新投资清单》和《创造就业法》规定，有6种类别的行业仍然被禁止投资，包括：一级麻醉品（包括毒品）的种植和交易；赌博业及与赌场有关的业务；捕捞《濒危野生动植物物种国际贸易公约》（CITES）所列举的鱼类的活动；采集或利用特定珊瑚或珊瑚礁制作建筑材料、纪念品、珠宝等；化学武器制造；有关工业化学品和工业臭氧消耗物的业务。

（2）优先发展行业

优先行业的外国投资者可以享受印尼政府的优惠政策，比如税收减免、免税期、投资补贴以及取得营业执照的便利。优先行业包括：（1）国家战略计划项目或国家优先行业；（2）投资密集型行业；（3）劳动密集型行业；（4）高科技行业；（5）先锋行业业务；（6）以进出口代销为导向的行业；（7）以研究、开发及创新为导向的行业。如制药、化工、基础设施、可再生能源、新能源汽车、矿冶等，属于印尼政府优先鼓励投资的领域和行业。

（3）专为合作社以及中小微企业保留行业

《新投资清单》列出112个外国投资者和印尼国内大型企业不能从事的行

业，只有合作社及中小微企业才能开展此类行业的投资和经营。中小微企业（UMKM）是指净资产低于 100 亿印尼盾或年销售额在 3 亿至 500 亿印尼盾之间的企业。这 112 个行业需要符合以下三个要求：一是不使用技术或仅使用简单技术的商业活动；二是特殊工艺流程、劳动密集型、传承文化遗产的商业活动；三是投资总额不超过 100 亿印尼盾（其中不包括土地和建筑物的价值）的项目。

（4）必须与合作社及中小微企业合作的行业

《新投资清单》列出 51 个行业，作为必须与合作社及中小微企业合作的行业。外国投资者和印尼大型企业若要从事此类业务，需要与合作社和中小微企业签订强制性的合作协议。此举旨在促进合作社和中小微企业参与大型的供应链和产业链。实践中，合作方式可以采用合营（kerja sama operational）、利润分成、分包、外包或分销等形式。

（5）有条件开放的行业（即外商投资限制行业）

《新投资清单》列明 46 个行业作为有条件开放的行业，对外商投资的限制形式包括：最高持股比例限制（如外资持股比例限制为 49%）；或须经有关政府部门审批或许可；某些行业仅初创企业能够投资。

（6）允许投资的行业

除了上述五大领域的特殊规定外，其他行业均为允许投资的行业。

3. 热门投资行业准入条件

（1）批发贸易行业。印尼将向外国投资者重新开放批发和分销贸易行业，根据《新投资清单》规定，外国投资者可以 100% 持有批发贸易公司的股权，在此之前，2014 年外国投资者投资批发贸易领域公司的最高持股比例为 33%，2016 年外资最高持股比例提高至 67%。

（2）制药业。制药业（此前限制外资持股不超过 85%）以及药品批发/分销行业外国投资者可 100% 持有股份，同时制药业也被列为鼓励优先类的行业。

（3）电商行业。此前外国投资者若想在印尼投资电商行业，外资最高持股比例为 49%。如外资需 100% 持股，需满足投资额不低于 1000 亿印尼盾以及最低的雇工人数要求。然而现在电商领域将完全向投资者开放，同时取消了 1000 亿印尼盾的最低投资额要求。

（4）发电厂。外国投资者投资独立发电厂（IPPs）可 100% 持股。在此之前，发电量在 1 至 10 兆瓦的发电厂外资最多只可持有 49% 的股权，发电量在 10 兆瓦或以上的发电厂外资最多可持有 95% 的股权。

（5）种植业。外国投资者可持有股权从最高 95% 提高至 100%。在农业生产方面，外国投资者投资生产蔬菜、水果和受印尼园艺法约束的种子可以 100% 持有股份，此前外资可持有股份比例仅为 30%。

（6）医疗行业。外国投资者投资牙科、护理和康复的行业（klinik utama 类别）可以100%持股，此前仅为67%。需要注意的是，综合门诊、基本医疗设施以及私人产科诊所（klinik pratama 类别）仅开放给印尼境内的中小微企业投资，因此外国投资者尚无法投资此类行业。

（7）快递行业。根据2021年《关于快递业务的法令》中，规定外资持股比例限制在49%；此外，从事邮递业必须获得特殊许可，并取消了外资持股比例的限制。

（8）电子商务行业。对于备受外国投资关注的电子商务领域，尽管上述新投资清单规定对外商投资企业全面开放，但是根据2021年第49号法令的规定，印尼依然将食品和酒精饮料、烟草、化学品、制药、化妆品和实验室设备的电子商务领域（47911，印度尼西亚标准行业分类）、纺织品、服装、鞋类和个人设备的电子商务领域（47912）和家庭和厨房设备的电子商务领域（47913）列在限于本地的合作社、小型企业和中型企业投资经营，因此现在上述领域也已不再对外资开放。

（四）投资促进与保护

1. 优先行业优惠

投资优先发展行业可享受以下印尼政府规定的一系列优惠措施，如全部或部分免税、税收津贴、投资津贴优惠等。

2. 经济特区优惠

截至2021年7月，印尼已有19个经济特区（KEK）投入运营。外商投资位于经济特区的企业可以享受：对资本货物的进口免征增值税、奢侈品销售税和进口关税；进口原材料免税；出口目的地商品免征增值税；土地的建设权和使用权长达80年等优惠。

（五）投资争议及解决途径

如果投资者之间，或者投资者与印尼政府之间发生投资争议，除了在印尼法院起诉，争议各方当事人还可以指定提交给独立仲裁庭申请仲裁。与印尼缔结双边协定或者多边条约的国家的投资者，还可以诉诸双边协议多边条约中的投资争议解决条款。

以中国与印尼签订的双边协定为例，中国投资者若发生投资争议可以要求印尼政府：（1）如中国投资被征收，应当按照市场价格给予足够补偿；（2）对投资给予公平合理的对待；（3）鼓励投资者在其境内投资并为之创造良好投资条件；（4）通过独立的仲裁解决争议（仲裁裁决以国际商事仲裁类似的方式可执行）；（5）提供最惠国待遇，任何给予其他外国投资者的保护也必须给予中国投资者；（6）不得给予中国投资者低于其给予本国投资者的待遇。此外，中国投资者还可以向位于美国华盛顿的国际投资争端解决中心（ICSID）提起仲裁解决争议。而且中国—东盟投资协议也规定了较为自由的选项，投资者可选择提交 ICSID 仲裁，也可以提交联合国国际贸易法委员会进行仲裁，还可以选择双方同意的其他仲裁规则进行仲裁。

第四节　老挝人民民主共和国贸易与投资法

1997 年 7 月老挝正式加入东盟，成为东盟新四国之一。目前老挝是中国—东盟自贸区成员（10+1）及大湄公河次区域（GMS）经济合作成员。老挝于 1997 年 7 月提出申请加入 WTO，1998 年 2 月被列为观察国，2001 年完成外贸备忘录，2013 年 2 月 2 日正式加入 WTO。2015 年，老挝批准了《贸易便利化协定》（Trade Facilitation Agreement，TFA），成为第 18 个正式接受 TFA 的世贸组织成员。目前，老挝已与 28 个国家或地区签订双边贸易协定，并于 2019 年成为《联合国国际货物销售合同公约》的第 92 个缔约国。2021 年 11 月 25 日，老挝从联合国认定的最不发达国家行列毕业，其享受的联合国给予的优惠市场准入、扶贫项目、商品贸易优惠等特许权继续不变。全球 38 个国家和地区为老挝提供贸易普惠制（GSP）的政策，其中，欧盟 EBA 计划给予老挝出口到欧盟的所有产品（武器和弹药除外）提供免关税准入。自 2020 年 12 月 1 日起，中国对原产于老挝的 97% 税目产品实施零关税。

一、贸易法规与政策

（一）贸易主管部门

老挝主管贸易的部门有老挝工业商务部（Ministry of Industry and Commerce，简称为"工商部"）、农林部、科技部、信息文化部等。工商部的主要职责是制定并实施进出口有关的法律法规，牵头与他国的经济贸易沟通与合作，对市场和商品价格进行管理，指导商会或经济咨询机构，以及管理原产地证明的发放等。

（二）贸易法规体系

老挝涉及贸易的法律有《投资促进法》（2016 修订）、《货物进出口法令》（2011）、《海关法》（2020）、《矿产品出口法》（2008）、《多式联运法》

(2012)、《进出口货物管理指南》(2015) 等。

(三) 贸易管理规定

根据老挝政府 2020 年颁布实施的《海关法》，老挝所有自然人和法人都享有对外贸易经营权，都可以从事货物或服务的进出口贸易，但禁止进出口和有许可证限制的少数商品除外。

1. 禁止进出口物品

结合老挝《海关法》和 2021 年 9 月 13 日工商部下达了第 0848 号决定，禁止进出口的相关物品名单如下：

禁止进口物品：工商部公布的危险化学用品；子弹及制品、武器、军车、地雷、引爆装置、烟花；违禁药品、禁药相关物品；书籍、淫秽书籍、影响社会和谐的书籍；印钞机、熔币机器、印钞纸张、印钞墨水；电子废品、老式电炉；《华盛顿公约》规定的各类野生动物以及其制品；《华盛顿公约》规定的各类森林植物；各类放射性矿物；有害性农药；射频干扰器、Simbox 设备、窃听器；电子烟。

禁止出口物品：国家遗产文物；废纸；各种森林自然木材、木炭；工商部公布的危险化学用品；《华盛顿公约》规定的各类野生动物以及其制品；《华盛顿公约》规定的各类森林植物；各类放射性矿物。

以上物品一律不得进出口、转运、移动、交易或者持有。

2. 限制进出口物品

因社会安全、国家安全、卫生、动植物卫生、环境保护等原因，相关法律规定应当接受海关监管的货物。受限制的货物必须经政府或法律规定的有关部门许可，方可进出口、转口、储存和移动。

3. 知识产权保护措施

知识产权权利人有确凿证据表明进出口或者中转货物侵犯其知识产权的，权利人可以向海关提出申请，要求其对货物进行查验和临时扣押。海关工作人员掌握知识产权侵权信息的，海关工作人员可以扣押货物并依法提起公诉。

(四) 海关管理制度

2011 年老挝政府颁布的《货物进出口法令》取代了 2001 年颁布的《商品进出口管理法令》，对货物进出口作了更为详细的规定。2020 年老挝政府颁布实施修订后的《海关法》，对海关的便利化和现代化服务、海关手续和进出口清关、海关估价、认证经营者（AEO，Authorized Economic Operator）、海关风险管理、国际货物过境、货物的预先裁定、海关仓储制度、免税区和免税店的设立、关税豁免与退还、申诉和救济措施、海关违法行为及处理等作了相关规定。

在关税管理制度方面，老挝使用2017版关税目录，货物按照东盟共同关税代码（AHTN）归类，符合世界海关组织（WCO）的HS编码。该关税目录每五年更新一次，以跟上技术和新产品的变化。

此外，财政部和老挝海关部门目前实施老挝国家单一窗口（LNSW）的网络平台，旨在简化外贸手续，推进贸易便利化计划。该网络平台涵盖了政府实体和老挝贸易共同体之间的所有流程，包括进出口和过境提交标准化信息和文件，与专门的银行和电子纳税申报系统（ASYCUBA）连接，提供清关业务，促进老挝的国际贸易，并打开通往东盟地区单一窗口的大门。

二、外商投资法规与政策

老挝2016年11月颁布了新修订的《投资促进法》。修改后的法案共有12个部分109条，规定了新的投资方式和投资类型，取消了严格的注册资本要求，简化了审批程序和一站式投资服务平台，颁布投资指导目录和优惠政策，专门规定经济特区开发投资，划分中央与地方管理职能等内容。其中，特许经营项目的最长投资期限缩减至50年，但有特殊情况可报当地省政府或国民议会，批准后可延长特许经营项目的投资期限。该法规修订的目的在于为投资者扩大特许权范围，最大限度促进投资者在老挝的投资效益。随后，老挝颁布《投资促进法实施条例》，更为详细地列出投资活动的税收优惠清单。

（一）投资主管部门

老挝主管投资实务的主要部门有工商部、计划投资部（Ministry of Planning and Investment）、政府办公厅、能源与矿产部。其中工商部管理外国投资中的一般投资，计划投资部管理特许经营投资和经济特区投资。此外，老挝政府在中央和地方均设立了投资促进管理委员会（CPMI）。

（二）投资方式

外国投资者可以选择新设独立的外商直接投资法律实体，或与老挝投资法人在不成立新法人的基础上联合经营，或通过收购现有企业股权实现商业目的。就新设企业而言，外国投资者可以选择7种方式到老挝投资。

1. 代表处。离岸公司在本地的代表处，不得从事商业活动。

2. 分公司。合伙企业或没有独立法人地位的公司的部门，实际上仅限于航空公司、银行和保险部门。

3. 合伙企业。合伙人创建的契约式企业，可以是一般合伙也可以是有限合伙。

4. 有限责任公司。2 至 30 名股东的私人有限责任公司，这是外商投资者选择的最为普遍的商事组织形式。

5. 一人有限公司。只有 1 个股东的私人有限责任公司。一人有限公司仅适用于允许外商完全参与的行业领域。

6. 公众公司。公众公司也称上市公司，至少由 9 名股东出资设立。上市公司的股份可自由公开转让，不论是以实物出资还是现金出资。此外，上市公司股东应当在成立之日足额缴纳股本。

7. 国有公司。老挝政府最初持有 100% 股份的有限责任公司，可能减持股份至 50.1%。

老挝的投资环境总体开放，尚未通过不同的审查方式对外资准入作过多干预，比如老挝目前还没有对外商并购进行国家安全审查制度。如果一般行业投资者在向一站式窗口提交申请后获得了营业执照，特许行业投资者在向一站式投资服务窗口提交申请后获得营业执照，那么也就是符合了外资并购安全审查。老挝政府还鼓励国内外投资者共同投资公私合作公司，参与基础设施和公共服务项目的开发。

（三）投资行业规定

老挝《投资促进法》根据准入条件的不同，把老挝境内的外商投资活动分为以下三类：禁止投资的行业、政府专控的行业、专为老挝公民保留的行业。2019 年 1 月 10 日，老挝颁布了关于"限制经营行业清单及特许经营行业清单"的总理令。该总理令出台之后，2015 年老挝工商部颁布的《关于外国投资者经营活动列表的通知》即告失效。

1. 禁止投资的行业

《投资促进法》规定对国家安全、公共秩序、国家优良传统和社会环境影响的行业属于禁止投资行业：一类化学危险品；有放射性物质的各种矿产；各种武器、子弹（除专项批准用于工业的炸药）和用于战争的工具；罂粟、颗粒罂粟、罂粟花、罂粟籽、干罂粟花、其他源自罂粟制品、可可叶、各种类型的大麻、可卡因及其衍生品；印纸币的纸、印纸币的墨、纸币打印机和硬币铸造机器设备；老挝法律禁止经营的其他行业等。

2. 特许经营行业

特殊经营行业是指政府根据法规授权投资者开发和经营业务的投资，如土地特许经营、经济特区开发、出口工业加工区、采矿、电能开发、航空和电信等行业。投资促进部网站列明主要行业有：承包国有土地种植植物（橡胶树除外）或养殖动物；矿产开采及加工、原油和天然气开发；电力业（包括开发水电、风电、太阳能、热电）。

3. 专为老挝公民保留的职业

采集山珍野味或植物野果；具有老挝民族特色的布料手工纺织（包括设计、编织、绒绣图饰和蜡防印花等）；生产其他木制品、藤条、麦秆、篾片制品；印刷业；生产陶瓷和瓷制碗盆餐具等；生产首饰和首饰配件；生产人造假首饰和配件；发电、输变电和配电（装机容量在15000千瓦以下的非特许经营模式的水电站）；电力安装（房屋内部电力安装服务经营权）；输水管道安装、保暖设施和空调安装；注册资本低于40亿基普的非特定商品批发；注册资金低于40亿基普的商品零售；城区及周边的陆路客运；其他陆路客运（出租车业务除外）；经营陆运日常服务（此条特指保护客运站相关经营活动）；住房短期租赁（旅馆或3星级及以下的酒店、度假村）；新闻报纸、报纸、杂志印刷；歌曲和音像制品的出版经营活动；无线电广播；电视播放；金库，基金和其他金融机构；信用贷款；经营建筑和工程行业，以及提供相关技术咨询；还未归类的其他职业，科学和技术方面的经营活动（如老挝语翻译行业的经营）；就业中介机构；一般建筑物的保洁工作；职业技术教育；还未归类的其他教育行业（向外国人教授老挝语的经营活动）；老挝国内各类、各性质及各级私人诊所经营权；鞋和皮具的修理业务；布料衣服和羽绒产品湿洗干洗业务；理发及美容（非整容）；殡葬服务和相关业务；装潢业务。

（四）投资促进和保护措施

老挝对外国投资给予税收、制度、措施、提供信息服务及便利方面的优惠政策。老挝目前实行全国统一的税收制度，外国企业和个人与老挝本国的企业和个人同等纳税。老挝计划投资部下属的投资促进司管理的网站[①]及时发布投资者在老挝开展商业活动所需的信息，其中包括企业可以用来分析老挝的投资趋势的统计信息，投资申请表以及如何获得商务签证，老挝的经济特区以及中央和省级政府鼓励投资的特定领域，以及影响企业运营的重要政府公告等信息。

1. 税收优惠政策

企业在老挝投资生产可以享受以下四种税收优惠：年净利润用于扩大生产经营的，可以免征下一会计年度的企业利润税；进口直接用于生产，且生产的是老挝境内无法提供的进口设备、零件、车辆和原材料的，可以免除进口关税和其他税收；生产产品用于出口免征出口关税；企业经营前3年，可以将上年

[①] www.investlaos.gov.la，2022年11月25日最后一次访问。

度亏损在下一年度的盈利中直接予以扣除。

2. 行业和地区鼓励政策

（1）行业鼓励政策

老挝《投资促进法》将鼓励类投资分为三类：一类投资：特别鼓励的投资业务；二类投资：一般鼓励的投资业务；三类投资：较为鼓励的投资业务。老挝鼓励外国投资的行业包括：出口商品生产；农林、农林加工和手工业；加工、使用先进工艺和技术、研究科学和发展、生态环境和生物保护；教育、体育、人力资源开发、劳动者素质提高、医疗保健；基础设施建设；重要工业用原料及设备生产；旅游及过境服务。

（2）地区鼓励政策

老挝政府根据不同的经济发展水平将投资地区划分为三类地区，分别给予三种不同优惠政策。一类地区为基础设施十分匮乏的山区、高原和平原地区，政府为在一类地区的投资项目提供了最为优惠的税收政策：从事一类投资的企业可以享受为期10年的利润税免税待遇；从事二类投资的企业可以享受为期6年的利润税免税待遇；从事三类投资的企业可以享受为期4年的利润税免税待遇。二类地区为具备基本基础设施条件的山区、高原和平原地区，此地区投资的优惠政策为：从事一类投资的企业可以享受为期6年的利润税免税待遇；从事二类投资的企业可以享受为期4年的利润税免税待遇；从事三类投资的企业可以享受为期2年的利润税免税待遇。三类地区为基础设施相对完善的山区、高原和平原地区，在三类地区从事一类投资的企业可以享受为期4年的利润税免税待遇；从事二类投资的企业可以享受为期2年的利润税免税待遇；从事三类投资的企业可以享受为期1年的利润税免税待遇。企业免征利润税的时间从企业正式营业之日起算。对于使用新的产品制造方法和从事新技术研发的企业，免征年限从该企业开始盈利之日起算。如采用新技术从事林木种植项目，免征年限从企业获得利润之日起算。

（3）经济特区优惠政策

截止到2019年底，老挝政府共批准设立了13个经济特区和经济专区，占地近2万公顷，其中包括5个经济特区和8个经济专区。5个经济特区分别为：沙湾—色诺经济特区，金三角经济特区，川圹经济特区，占巴塞经济特区，琅勃拉邦经济特区。8个经济专区为：磨丁丽城经济专区、万象工业和贸易区、赛色塔开发区、普乔经济专区、塔銮湖经济专区、万象隆天经济专区、东婆西经济专区、塔克经济专区。各经济特区和经济专区的优惠政策不尽相同，比如，普乔经济专区规定：投资金融业、教育业、公共卫生事业享受3~6年内免除利润税，之后按3%~4%的标准收取公司利润税；投资旅游业、体育业、农业享受 3~7 年内免除利润税，之后按 4%~5% 的标准收取公司利润税；投资贸易业、运输业、服务业享受 3~9 年内免除利润税，之后按 6%~7% 的标准收取公司利润税；轻工业 3~9 年内免除利润税，之后按 6%~7% 的标准收取公司利润税；工业 3~10 年内免除利润税，之后按 7%~8% 的标准收取公司利润税。

3. 投资保护

根据老挝《投资促进法》相关规定，老挝政府充分承认并保护投资者权益，不没收或征收投资者财产及权益，除非为了公共利益的需要给投资者带来损失，将按照双方付款的方式和当时的市场价格向投资者进行补偿。

(五) 投资争议解决途径

在老挝发生争议或者纠纷，投资主体可以在当地法院进行诉讼。此外，老挝司法部的经济纠纷解决中心也提供调解、仲裁服务解决经济纠纷。但是老挝法院解决纠纷的时间可能长达数年，且以往的判决无法为公众所了解，审判需要用老挝语进行，对于外国投资者来说并不是解决纠纷的有效方法。

老挝不是国际投资争端解决中心（ICSID 公约）的成员国，所以外国投资者常常选择新加坡国际仲裁中心和香港国际仲裁中心来解决争端。但老挝于 1998 年 6 月 17 日加入 1958 年《纽约公约》，在符合三个条件的基础上，可承认并执行外国或国际经济争端解决组织的仲裁裁决。

第五节　马来西亚联邦贸易与投资法

马来西亚于 1957 年加入《关税和贸易总协定》，是 WTO 的创始成员国。马来西亚也是东盟的创始成员国。马来西亚长期奉行全方位开放的贸易政策，投资贸易法律体系完善，国际标准广泛适用于各个行业。截至 2021 年 10 月，马来西业已经与 16 个国家和地区签署了 16 个自贸协定（其中包括 7 个双边贸易协定和 9 个区域自由贸易协定）。2021 年 6 月 21 日马来西业向东盟秘书处提交《东盟服务贸易协定》（ATISA）在马来西亚生效的通知书。2022 年 3 月 18 日，马来西亚国际贸易及工业部宣布，RCEP 的条款正式在马生效，进一步促进了马来西业进出口贸易的增长。

一、贸易法规与政策

(一) 贸易主管部门

马来西亚对外贸易主管部门是国际贸易和工业部（Ministry of International

Trade and Industry，MITI），其主要职责是：负责制定和实施投资、国际贸易及产业发展政策；吸引高质量国内外投资；提高产业的生产力和竞争力；促进双边、区域和多边贸易关系和合作；提供标准化认证和合格评定服务；促进和加速采用数字化和采用创新技术；促进本土产业在内的中小企业和土著社区的发展。另外，国内贸易、合作社和消费者保护部（Ministry of Domestic Trade, Co-operatives and Consumerism，MDTCC）也有权利规制经济贸易活动。

（二）贸易法规体系

目前，马来西亚主要对外贸易法律有《海关法》（Customs Act 1967，最近的一次修正是在2007年）、《战略贸易法》（Strategic Trade Act 2010）、《保障法》（Safeguards Act 2006）、《关税令》（Customs Duties Order 2022）、《反补贴和反倾销税法》（Countervailing and Anti-Dumping Duties Act 1993）、《反补贴和反倾销税条例》（Countervailing and Anti-Dumping Duties Regulations 1994）等。

（三）贸易管理规定

马来西亚政府奉行开放的外贸政策，绝大部分商品都可以自由进出口，只有部分特殊商品的进出口会受到许可证或其他特殊程序的限制。

1. 进口管理

马来西亚海关将限制进口的商品分为以下四类：

（1）禁止进口类商品，其中包括含有冰片、附子成分的中成药，45种植物药，13种动物药及矿物药。[①]

（2）需要事先申请许可证的进口产品，主要涉及卫生、检验检疫、安全、环境保护等领域，包括禽类和牛肉（清真认证）、爆炸物、安全头盔和烟花。

（3）临时限制进口的商品，目前主要涉及牛奶、咖啡及部分钢铁产品。

（4）设有产品质量标准的进口品，包括动植物及产品、香烟、土壤、动物肥料、电子设备、安全带及仿制武器。

根据马来西亚《海关（禁止进口）令》（2017）的规定，在开展进口活动之前，进口商或其代理人必须参照该法令检查拟进口的货物是否属于禁止或限制进口的货物类别，并取消了以下产品的进口许可证要求：房车；摩托车头盔；旧轮胎；面粉等。

---

① 详细清单可见马来西亚的《海关（禁止进口）令》（2017年），http://www.federalgazette.agc.gov.my/outputp/pua_20170404_P.U.（A）103_Import.pdf，最后访问日期2022年9月5日。

2. 出口管理

马来西亚海关禁止出口的产品包括：（1）有毒化学品和矿物质：阳起石、铁石棉、直闪石、青石棉（蓝石棉）、多溴联苯、多氯联苯、多氯三联苯、透闪石、磷酸酯。（2）蒙特利尔议定书规定的物质：三氯氟甲烷、二氯二氟甲烷、氯丙二氟二氟乙烷等。（3）濒危物种，除非按照《2008年濒危物种国际贸易法》所规定的方式出口。

马来西亚需要申请出口许可证才能出口的商品种类为：（1）用于播种或种植的橡胶树无根扦插、芽木、带芽树桩、幼苗和种子。（2）棕榈活组织（来自棕榈树的任何部分，包括根、叶和芽）、棕榈果（鲜果串［FFB］和小果子）、棕榈种子或坚果，棕榈花粉。（3）棕榈油类的脂肪。（4）菠萝片。（5）新鲜的、腌制的或者冷冻的菠萝。（6）竹木制品。（7）矿物质、矿石、煤炭、焦煤、泥炭等。（8）所有沙类。（9）锡矿渣。（10）军事用途的衣服、鞋类、纺织品等。（11）糖类。（12）水泥熟料。（13）硅酸盐水泥。（14）金属类废弃物。（15）可回收的纸或者纸板。（16）所有出口到以色列的商品。（17）1993年《禁止发展、生产、储存和使用化学武器及销毁此种武器的公约》所规定的有毒化学品和物质。（18）乙酰溴。（19）乙酰氯。（20）1988年《联合国禁止非法贩运麻醉药品和精神药物公约》所规定的化学品和物质。（21）《蒙特利尔议定书》附件C中第1组涵盖的氢氯氟烃气体（HCFC）。（22）《关于汞的水俣公约》所规定的汞和汞类物质。

马来西亚规定43类产品需经过特殊地区特殊部门特殊程序批准才能出口，主要产品分类如下：（1）任何活的或死的家禽、家畜及其任何部分，包括水牛、牛、绵羊、山羊的内脏，鸭、火鸡、珍珠鸡和鸽子，包括它们的蛋；以及制备药品所需的新鲜、冷藏、冷冻或以其他方式保存的动物腺体和其他动物产品，但法律另有规定除外。任何昆虫，野生的除外。爬行动物及其肉类部分，野生的除外。（2）动物皮肤，动物毛皮，羊毛或动物粗细毛；爬行动物的皮肤；经装饰的皮毛；精仿羊毛或其他动物毛；皮制品。（3）任何家畜以外的动物或鸟类，也不包括鲸鱼、海豚等动物。（4）任何家畜以外的动物或动物制品，饲养或圈养的动物；任何活的或死的植物，或者人工繁殖的植物。（5）任何野生动物和植物。（6）任何来自野生动物的皮制品。（7）食用燕窝。（8）鱼类及水产品，和鱼蛋等其他渔业产品。（9）活鱼或水中植物等，以及其他用于消费的鱼产品。（10）所有淡水鱼和海洋鱼类，硬珊瑚和软珊瑚。（11）牛奶和奶制品，婴幼儿食品。（12）酵母。（13）猪油和家禽脂肪，牛油，羊油等动物硬脂肪。（14）肉肠或者血类制品。（15）其他肉类熟制品。（16）肉、鱼或甲壳类动物、软体动物和其他水生无脊椎动物的提取物和汁液。（17）意大利面。

（18）乳类冰淇淋、冰淇淋粉等。

马来西亚还取消了以下产品出口许可证要求：石脑油；砖块。签发水泥和熟料的出口许可证已转交给国内贸易、合作社和消费部（KPDNKK）负责。由于新冠疫情的影响，马来西亚在2020年《海关（禁止出口）令》中规定，口罩出口由国内贸易和消费者事务部供应总监根据《供应控制法》签发批准函。

3. 进出口转运流程

马来西亚国际贸易和工业部（MITI）作为负责马来西亚贸易便利化的部门，于2008年成立了国家单一窗口业务流程再造（NSW BPR）工作组，负责制定和推荐进口加工重构和出口流程，其目标是确定进出口流程的最佳做法，以解决差距或壁垒，并提高总体国际贸易的效率。该工作组已主动与相关政府机构和行业协会讨论确定进出口程序中的问题和最常见的做法，特别是有关文件要求、所需时间和进出口过程所涉及的成本。该工作组选取了巴生港的贸易业者，为巴生港的9项进出口活动制定并确定了18项标准流程，从进出口文件准备、清关程序、技术控制、港口码头装卸以及内陆运输等方面的流程，以供马来西亚其他进出口关口参考。

4. 关　税

马来西亚签订的双边贸易协定、区域性贸易协定和多边框架协议以及其项下的协议，与马来西亚公司的国际贸易适用各协定项下的优惠税率。马来西亚遵循统一关税制度对商品进行分类。进出口商需要通过获取正确的货物关税代码[①]来确认要进出口的货物是否需要缴纳任何关税。

（四）服务贸易

为了加速服务行业的发展、提高服务质量和标准以及竞争力，马来西亚向外国参与开放了重要的服务行业，比如电脑研发、工程建设、会计审计税务、房地产、咨询、教育、健康行业、旅游和运输等行业。马来西亚国际贸易和工业部（MITI）牵头和协调服务贸易（金融和运输服务除外）的发展和自由化的任务。此外还成立马来西亚服务发展理事会（MSDC）、国家专业服务出口委员会（NAPSEC）、马来西亚服务供应商联合会（MSPC）对服务业予以支持和合作。马来西亚服务业自由化有以下几种途径：通过签订单边、双边、区域和多边贸易协定。

---

① 马来西亚关税代码可前往马来西亚海关网站查询，http：//mysstext.customs.gov.my/tariff。

(五) 海关管理制度

1. 管理机构

马来西亚皇家海关（RMCD）是管理商品的进出口、边境控制以及贸易便利化的政府部门，旨在通过执行和遵守法律来增加政府收入并提供贸易便利化，以刺激经济增长、维护国家安全和公共福利。

2. 在线办理海关业务

马来西亚海关官网除了提供公司信息、组织和海关相关事项，还提供在线服务，例如商品编码查询、外汇汇率、授权经营商（AEO）、在线公共投诉系统、资产管理监控系统、国际事务纲要和销售和服务税务在线系统等服务。

此外，马来西亚秉承国际口岸管理的先进理念和通行规则，也已加入东盟单一窗口（ASW）。

二、外商投资法律与政策

马来西亚涉及外商投资法律主要有：《投资促进法》（1986）《工业协调法》（1975）《所得税法》（1967）《销售税法》（Sales Tax Act 1972）《消费税法》（Excise Act 1976）以及《自由区法》（Free Zones Act 1990）。这些法律规定了多项外资税收优惠、鼓励与促进措施。大体上，马来西亚所给予的投资激励取决于投资行为类型、地点、投资规模、增值水平、使用的技术、产业联系以及其他当地利益。为进一步提高马来西亚作为投资地点的吸引力，马来西亚还可以根据公司在预先打包激励计划下的要求定制激励方案。预先打包的激励计划涉及直接向财政部申请针对特定投资量身定制的激励。

(一) 投资主管部门

马来西亚投资主管部门分散，主要包括：（1）国际贸易与工业部下设的投资发展局（MIDA）；（2）总理府经济计划署（EPU）；（3）国内贸易、合作与消费事业部（MDTCC）等。其中，投资发展局为主管制造业和服务业领域投资的政府部门，在管理外商投资领域发挥着最重要的作用。

(二) 投资行业规定

马来西亚政府为了吸引更多外资，并未明确规定禁止外商投资的行业或领域，仅对部分行业的外资股权、外资企业股东的构成以及外资企业产品的内外销比例做出相应规定。比如：外商投资保险业的股权不得超过70%；通信公司的外资作为应用程序服务提供商（ASP）可以持有100%股权。但作为网络设施提供商（NFP）和网络服务提供商（NSP），只允许最多持有70%的股权；油气行业中外资股权占比不得超过49%。

（三）投资方式

外国投资者可以在马来西亚进行的投资形式有直接投资和间接投资两种。其中，直接投资包括以现金投入、设备入股、技术合作以及特许权等方式设立新的法人实体，或者对现有法人实体进行增资入股或收购。

1. 新设法人实体

马来西亚新设法人实体的方式包括：(1) 个人独资企业；(2) 合伙企业，包括合伙企业和有限责任合伙企业；(3) 公司，包括担保有限公司、无限责任公司、股份有限公司；(4) 分公司；(5) 代表处。一般来说，外国投资者设立企业的形式主要包括公司、有限责任合伙企业、分公司和代表处，且不得设立个人独资企业。

对于管制行业，马来西亚政府通过适用法律、法规、政策和准则等方式对外国投资者与当地公司或个人共同设立的合资企业进行监管。例如，在管制行业发放的经营许可以一定外资参股比例为前提。另外，从事某些战略性活动和业务（例如制造业、石油相关行业和电信业）也需要特定的执照和许可，此类执照和许可的发放有时也要求一定的参股比例。马来西亚相关监管部门通常基于相应行业的具体要求和战略特性制定并实施上述参股比例条件。上述监管要求、准则和政策因行业而异。

2. 股权收购

马来西亚对外国投资者进行股权收购没有特别的法律限制，只需遵从公司法、合同法的相关规定即可。如果外商收购上市公司的股份，那么需要通过马来西亚证券交易所的公开市场进行交易，此时应遵守马来西亚证券委员会和交易所的相关规定。需要注意的是，如果外国投资者收购的企业涉及航空服务业和通信行业时，参与股权收购的相关方达到一定规模可能会触发经营者集中申报，相关部门会对并购交易进行审查。

（四）投资促进和保护

投资激励门户（I-Incentives）是马来西亚一个门户网站[①]，提供有关马来西亚联邦政府提供的投资激励措施的信息。门户网站中存储的激励信息适用于所有三个经济部门：制造业、服务业和初级产业。该网站还涵盖联邦政府提供

---

① I-Incentives 门户网站的网址为 https://incentives.mida.gov.my。

的所有类型的激励措施；免税、赠款、软贷款和其他类型的激励措施，例如股权融资、区域机构地位、培训和其他便利计划。

该门户网站由MIDA的激励协调与合作办公室（ICCO）开发，旨在改进所有激励产品的中央协调。该举措旨在通过提高透明度、消除重复并将投资激励与绩效挂钩来提高政府激励机制的有效性。

1. 税收优惠

税收优惠主要为先锋行业优惠（PS）以及投资税收减免（ITA）。先锋行业优惠是指对于从事特定产业和生产特定产品的企业，马来西亚政府给予5到10年税收减免，减免幅度为70%~100%。投资税收优惠是指对于合格资本支出，企业可以享受长达10年的税收减免，减免幅度为60%~100%。但PS和ITA两者只能选择其一，不可同时适用。税收优惠主要集中在制造业、农业、生物科技、环境保护业、信息技术、航空与运输业、服务业、数字经济等行业。

其他有资格获得优惠的行业是：酒店和旅游；后勤；医疗旅行（私立医院和门诊护理中心）；教育（国际/私立学校和技术、职业和科学培训机构）；环境管理，包括可再生能源、能源效率、回收和废物管理；区域运营，例如运营总部（OHQ）、国际采购中心（IPC）和区域配送中心（RDC）；业务和其他支持服务，例如研发、测试和设计活动。这些行业可以获得以下优惠：先锋行业5年或10年的部分或全部所得税豁免；5年或10年合格资本支出的60%或100%投资税收减免（ITA）；免征进口机械、设备、材料、组件、备件/替换件和消耗品的进口税和销售税；外派职位考虑。

2. 行业优惠

（1）清真食品加工及认证

马来西亚的清真产业在穆斯林国家有较强的优势，其清真认证标识是通往多国的证书。从事清真食品行业的企业，对第一笔合格资本支出日起5年内的支出，可享受100%税收抵扣。

（2）鼓励发展清洁能源产业

近年来，马来西亚大力鼓励外商资本投资清洁能源行业，给予该行业的诸多优惠政策：享有所得税减免和投资税收减免。对清洁能源行业开发企业，自2016年至2025年享受70%法定所得税的减免；对清洁能源行业运营企业，免除全部法定所得税或者合格资本支出所得税；对于清洁能源行业管理企业，自2016年至2025年享受70%法定所得税的减免。

3. 地区优惠

马来西亚政府为平衡国内不同区域的发展，陆续推出六大经济走廊（北部经济走廊、东海岸经济区、沙巴发展走廊、沙捞越可再生能源走廊、马来西亚伊斯干达、大吉隆坡），基本涵盖了马来西亚东西半岛的大部分区域。凡投资这些地区的公司，可申请享受 5~10 年免除所得税，或者 5 年内合格资本支出的全额补贴。根据不同区域投资不同的行业，还可获得合格资本支出的 80% 的抵减额，且抵减额可用于冲销其财政年度 85% 的法定所得。

4. 投资激励门户网站

（五）投资争端的解决机制

马来西亚商业纠纷解决主要途径是诉讼和仲裁。考虑到跨国执行的难度，多数投资者选择国际仲裁途径解决争端。马来西亚是《解决国家与他国国民间投资争端公约》（也称《华盛顿公约》）、《建立多边投资担保机构公约》（MIGA 公约）、《纽约公约》等重要公约的成员国，故国际仲裁机构作出的仲裁裁决可以通过当地法院执行。

吉隆坡区域仲裁中心（Kuala Lumpur Regional Centre for Arbitration，KLRCA）为亚非法律协商组织（Asian–African Legal Consultative Organisation，AALCO）于 1978 年在亚洲设立的第一个常设仲裁机构，2018 年 2 月 7 日已正式更名为亚洲国际仲裁中心（Asian International Arbitration Centre，AIAC）。这是在马来西亚境内最常用于国际仲裁的仲裁机构。

第六节　缅甸联邦共和国贸易与投资法

缅甸是《关税与贸易总协定》的创始国、WTO 成员国，并已加入东盟全面投资协定、东盟—澳大利亚—新西兰自由贸易协定等多边贸易体系。缅甸已与中国、印度、日本、韩国、老挝、菲律宾、泰国等国签署并批准了若干双边贸易协定。作为联合国认定的"最不发达国家"之一，缅甸还享受来自全球 30 多个国家（如美国、欧盟、日本等国家）给予的贸易普惠制（GSP）待遇。自 2011 年缅甸民选政府执政后，缅甸政府大力推进政治转型、经济改革和对外开放，吸引了越来越多的外国投资者，市场竞争日益激烈。缅甸 2021 年 2 月发生政变后，缅甸一直处于紧急状态且不确定的紧急状态，虽然有部分外国投资者退出缅甸，但缅甸政府吸引外资的意愿和对外开放力度并未改变。2022 年 5 月 1 日起，RCEP 正式对缅甸生效，协定生效有利于缅甸继续吸引外商投资。

一、贸易法规与政策

（一）贸易主管部门

缅甸主管贸易的政府部门为缅甸商务部，商务部下设部长办、贸易司、边贸司、消费者事务司和缅甸贸易促进组织等机构。缅甸商务部的主要职能包括办理批准发放批发零售许可证、签发进出口许可证，开设贸易中心举办展览会、实施边境经济合作区项目、研究缅甸对外经济贸易问题、管理经济特区等。缅甸允许私人从事对外贸易，可申请许可证在国家政策内从事对外贸易活动。

（二）贸易法规体系

目前，缅甸与贸易相关的主要法律有：《海关进出口程序》（1991）、《联邦进出口贸易法》（2012）、《重要商品服务法》（2012）、《消费者保护法》（2019）、《关税表》（2017）、《进口保护法》（2020）等。

（三）贸易管理制度

1. 关税制度

2017 年缅甸根据世界海关组织 H.S2017 及 2017 年东盟统一关税命名法（AHTN）编制新版关税表。世界海关组织所有成员国关税代码都是 6 位数字，东盟所有成员国关税代码都是 8 位数字。2017 年缅甸海关税则为 10 位数字，在 AHTN8 位数字的基础上增加 2 位数字进行统计。

2. 进出口管理

缅甸进口商品分为需提前申请进口许可证的特许商品和无需申请进口许可证的普通商品。2020 年 3 月 6 日，缅甸正式加入东盟单一窗口系统。缅甸可在东盟区域内以电子化方式交换原产地证书，以减少纸面文书工作。缅甸进出口商可以更轻松地获取和填报原产地证书。

2020 年 4 月 1 日，缅甸商务部宣布进出口商可通过网站申请进出口许可证。91 种进口商品和 73 种出口商品在网上办理申请手续。允许网上办理进口手续的商品包括：药品、医用设备、食品、化肥、食用棕榈油和油料作物、奶和奶制品、电子产品、能源产品、成品油、摩托车、自行车等。允许网上办理出口手续的商品包括：农产品、铅矿、白糖、天然气等。另外在抗击新冠肺炎疫情期间，减免所有药品的进口许可证费用，并减少其他一些进口商品的进口许可证费用。同时放宽对 2000 多种出口商品的限制。

2021 年 12 月 31 日，缅甸商务部网站发布进出口新政策：自 2022 年 1 月 1 日开始，所有进出口货物都必须申请相关许可证。按照 2017 年缅甸关税表的规定，必须申请许可证的商品包括关税代码 6 位的 1428 类货物和关税代码 10 位的 3070 类货物。货物种类分：电子产品、部分食品、化妆品、日用品、纸类、建材类等。

之后，缅甸再次调整进口特许商品清单，规定自 2022 年 3 月 1 日起，新增

1277 种需提前申请进口许可证的商品。根据缅甸商务部这些新政策和规定，需获得进口许可证后方可进口的商品从此前的 7001 种增加至 8278 种。对于特许商品，无论从国外海运、空运还是边贸进口，均需依规申请进口许可证后方可进口[①]。

二、外商投资法规与政策

2016 年 10 月 5 日，缅甸国民议会投票通过新的《投资法》，新《投资法》是在两部旧法（《缅甸公民投资法》和《外国投资法》）的基础上，参照国际投资准则以及缅甸与部分国家签订的双边投资条约内容补充修订而成，于 2017 年 3 月 30 日生效。同时，2017 年 3 月缅甸还颁布了《投资法实施细则》，进一步规范在缅投资的操作流程。

（一）投资主管部门

缅甸投资委员会（Myanmar Investment Commission）是主管投资的部门。其主要职能：根据《投资法》的规定，投资委对申报项目的资信情况、项目核算、工业技术等进行审批、核准并颁发项目许可证，在项目实施过程中提供必要帮助、监督和指导，同时也受理许可证协定时限的延长、缩短或变更的申请等。

（二）投资行业的规定

根据缅甸 2016 年《投资法》及《投资法实施细则》，在缅的投资必须遵守下列规定。

1. 禁止投资类项目

（1）可能导致危险或有毒废弃物进入缅甸的投资项目；

（2）可能带出境外的处于试验阶段或未取得使用、种植和培育批准的技术、药物和动植物的投资项目，但以研发为目的的投资除外；

（3）可能影响缅甸国内民族地方传统文化和习俗的投资项目；

（4）可能危害公共利益的投资项目；

（5）可能对自然环境和生态系统带来重大影响的投资项目；

（6）现行法律禁止的产品制造或服务项目等。

2. 限制类投资行业

限制性的投资行业被分为以下四类：一是只允许国营的行业；二是禁止外

---

① 具体清单见缅甸商务部官网。

商投资的行业；三是外商只能与本土企业合资经营的行业；四是必须经相关部门批准才能经营的行业。

（1）只允许国营的行业有以下 9 个行业：依据政府指定的与安全及国防相关的产品制造业；武器弹药制造及服务业；仅限政府指定邮政运营主体运营的邮政服务及邮票发行；航空交通服务（包括航班信息服务、警告、航空咨询服务、航空管理）；导航；天然林管理；放射性物质（如铀、钍等）可行性研究及生产；电力系统管理；电力项目监管。

（2）禁止外商投资的行业包括以下 12 个行业：缅甸语或缅甸少数民族语言的新闻出版业；淡水渔业及相关服务业；动物产品进出口检验检疫；宠物护理；加工制造林产品；中小型矿产勘探、开采及可行性研究；中小型矿产加工与冶炼；钻探浅层油井；印制与发行签证及外国人居留证照；勘探开采玉石和珠宝、导游服务、小型市场及便利店。

（3）外国投资者只能与本土企业合资经营的行业包括以下 22 个行业：建设渔业码头及渔业市场；渔业研究；兽医；农业种植、销售及出口；制造并销售塑料产品；使用自然原料制造化学品及国内销售；制造易燃品及国内销售；制造氧化剂和压缩气体及国内销售；制造腐蚀性化学品及国内销售；制造工业化学气体及国内销售；制造谷物加工产品及国内销售；生产糕点及国内销售；加工食品（牛奶和奶制品除外）及销售；生产麦芽酒及国内销售；生产加工酒精及非酒精饮料及国内销售；生产饮用纯净水及国内销售；生产冰块及国内销售；生产肥皂及国内销售；生产化妆品及国内批发；住宅开发、销售及租赁；本地旅游服务；海外医疗；交通服务业。

（4）必须经相关部门批准的行业有 126 个行业。譬如，使用麻醉品和精神药物成分生产及销售药品行业须经内政部批准；使用外语出版刊物、广播节目等 6 个行业须经信息部批准，海洋捕捞、畜牧养殖等 18 个行业须经农业畜牧与灌溉部批准；机动车检验、铁路建设及运营等 55 个行业须经交通与通讯部批准。

（三）投资方式

缅甸法律法规并不禁止自然人在当地开展投资合作。但是，出于项目风险隔离以及规范操作的考量，通常投资者会设立项目公司进行项目的落地操作。项目公司的股东可以是法人也可以是自然人。

外商在缅投资可以根据缅甸《公司法》设立公司法人（私人有限公司或公众有限公司）和海外法人（Overseas Corporation）[①]。在不违反限制投资行业有

---

① 相当于分公司或代表处。

关规定的前提下，外商可以自由选择采取独资、合资、合作或者并购等方式进入缅甸。在合资和并购缅甸公司方面，2018年新的《公司法》放宽了外国投资者在本土"缅甸公司"的持股比例，并允许外国投资者在"缅甸公司"的持股比例至多可以达到35%。如今外国投资者可以更大限度地通过合资方式参与仅限于"缅甸公司"开展的经济活动，如土地开发、在仰光证券交易所上市等。缅甸《公司法》对于公司股东出资形式没有限制，现金、设备或技术投资等都可以作为股东出资方式。缅甸并不禁止外国投资者以二手设备出资，但在向缅甸投资委员会申报投资许可以及设备进口清单时应当列明设备有关情况。

缅甸土地为国家所有，任何个人和公司不得拥有土地。根据缅甸《投资法》规定，取得缅甸投资委员会许可或者认可的企业，有权长期租赁土地或建筑物，租赁期限最长可达70年。

（四）投资促进和保护

为更好地吸引外资，便利投资流程，缅甸投资委员会设立了一站式服务中心，其中包括不同行业主管部门派驻的相关人员，可以对于投资者感兴趣的问题提供法律政策方面的指引。缅甸《投资法》规定的税收优惠主要有三类，即所得税的减免，进出口关税的减免以及外国劳动者个人所得税税收优惠。

1. 行业鼓励政策

2017年4月1日，缅甸投资委员会发布2017第13号通知《鼓励投资行业分类》。根据行业清单有如下20类行业被列为缅甸鼓励行业：农业及其相关服务（烟草和烤烟的种植和生产除外）；森林养护、植树造林及相关工作，畜牧生产，渔业育种和生产及其相关服务，制造业（不包括香烟、烈酒、啤酒及其他有害产品的制造）；建设工业区；新城镇建设；公路、桥梁、铁路线；海港、河港、无水港的建设；机场管理、运营和维护；飞机维修和养护服务；供应链和运输服务；发电、输电和配电；可再生能源生产；电信行业；教育服务；健康服务；信息科技服务；酒店和旅游；科技研发等20个鼓励性行业。符合鼓励清单范围的行业，可以享受所得税的减免优惠。

2017年6月，缅甸投资委员会再次发布公告设立以下10个行业为优先投资领域：农业及相关服务行业；农产品增值加工；畜牧业及渔业育种和生产；出口促进行业；进口替代产业；电力部门；物流业；教育服务业；医疗保健行业；经济适用房建设；工业园区建设。

2. 地区鼓励政策

根据缅甸《投资法》第75条，缅甸实行分区优惠制度，不同区域或地区的企业享受不同优惠待遇。欠发达地区被分为"一区"，包括13个省邦的160余个镇区，位于一区的投资最多可享受 7 年免税期；一般发达地区被分为"二区"，包括 11 个省邦的 122 个镇区，位于二区的投资最多可享受 5 年免税期；发达地区指定为"三区"，包括曼德勒省的 14 个镇区和仰光省的 32 个镇区，位于三区的投资最多可享受 3 年免税期。

3. 经济特区政策

缅甸于 2014 年修订出台了新的《经济特区法》，2015 年发布了《经济特区细则》。其中，《经济特区法》第 29 条对在经济特区投资的外国投资者可享受税收优惠待遇，但因投资区域不同税收优惠待遇也有所差别。经济特区主要有三类：免税区（Free Zone）、促进区（Promotion Zone）和其他区域（Other Zone）。一般来说，经济特区税收优惠包括企业所得税优惠政策和关税优惠政策。

对投资者和开发商的税收优惠政策如下：

投资者或开发商	免税区投资项目	促进区投资项目
进口基础设施及办公室建设所需材料、机器设备、汽车和工作材料的，免征关税及其他税收	进口建设工厂、仓库、办公室所需的生产原材料和设备、必要零件、建筑材料、汽车等免征关税及其他税收	自运营起第一个 5 年，进口设备以及零件、建设工程、仓库和办公室所需的建筑材料、业务所需的车辆和其他材料的，免征关税及其他税收
—	进口从事免税批发贸易、出口贸易和运输服务所需的贸易货物、运输货物、汽车和其他材料的，免征关税及其他税收	第二个 5 年，前述进口商品免征 50% 的关税及其他税目

缅甸企业所得税的优惠政策如下：

优惠政策	免税区	促进区
所得税减免	自商业运营之日起 7 年	自商业运营之日起 5 年
所得税 50% 减免	免税期届满后 5 年	免税期届满后 5 年
利润再投资额 50% 减免	上述期限届满后 5 年	上述期限届满后 5 年

(五) 投资争议解决途径

缅甸《投资法》和《投资实施条例》对外国投资者与东道国之间的争端解决作如下规定：各方当事人应友好协商解决争端，如若不成，一是可以在有关协议中没有规定争端解决机制的，应按照所适用法律向法院起诉或向仲裁庭申请进行调解或裁决；二是按照协议规定，遵循争端解决条款规定予以处理。

根据缅甸2016年《仲裁法》规定了国内仲裁和国际仲裁，具有涉外因素的投资者之间的争议可以适用双方同意的法律进行国际仲裁。然而，缅甸仲裁制度在实践中还不完善，投资者很少利用仲裁方式处理投资争端。根据缅甸与各国所签订的投资协定，缅甸将诉讼作为投资争端解决的主要方式。

对于承认和执行外国仲裁裁决，缅甸在2013年7月已加入《纽约公约》，并于2016年《仲裁法》承认了其效力。因此，其他《纽约公约》成员国作出的裁决，除属于拒绝承认和执行外国仲裁裁决的情形（如程序瑕疵、可仲裁性问题以及公共政策等）外，在缅甸都可以得到承认与执行。

第七节 菲律宾共和国贸易与投资法

菲律宾属于出口导向型经济，对外贸依存度较高，不仅是WTO、亚太经合组织（APEC）成员国，还与38个国家和地区签订了双边自由贸易协定。世界经济论坛《全球竞争力报告（2021年）》显示，菲律宾在2019和2020年的141个国家和地区排名中分别位居第58位、第88位。菲律宾虽然已经签署《区域全面经济伙伴关系协定》（RCEP），但截止到2022年11月，菲律宾国会还未批准该协定。

一、菲律宾贸易法规与政策

（一）贸易法规体系

菲律宾与贸易相关法律主要有：《海关现代化和关税法》（Customs Modernization and Tariff Act 2016）、《出口发展法》（Export Development Act 1994）、《反倾销法》（Anti-Dumping Act 1999）、《反补贴法》（Countervailing Act 1999）和《保障措施法》（Safeguard Measures Act 2000）、《零售贸易自由化法》（Retail Trade Liberalization Act 2000，RTLA，2022年修订）。

（二）贸易主管部门

菲律宾管理贸易的主要部门是贸易和工业部（Department of Trade and Industry，简称"贸工部"DTI）。贸工部的主要职能包括制定工业发展和贸易政策、投资贸易协定的谈判、创造和维护公平竞争的贸易市场、扶持中小企业发展以及保护消费者权益等。

（三）贸易管理规定

1. 进口商品管理

菲律宾《海关现代化和关税法》将进口商品分为四类：自由进口商品、管制进口商品、限制进口商品、禁止进口商品。

（1）禁止进口商品

在菲律宾，禁止进口的商品包括：（a）任何形式的书面或印刷品，含有任何鼓吹或煽动叛国、叛乱、煽动叛乱菲律宾政府或强行反抗菲律宾任何法律的事项，或载有任何威胁夺取菲律宾境内任何人的生命或造成人身伤害的书面或印刷品；（b）为进行非法堕胎而设计、打算或改装的货物、工具、药物和物质，或刊登广告、描述或直接或间接提供非法堕胎地点、方式或由谁实施非法堕胎的任何印刷品；（c）书面或印刷品、底片或电影胶片、照片、版画、石版画、物品、绘画、素描或其他淫秽或不道德人物的形象；（d）全部或部分由金、银或其他贵金属或合金制造的任何货物，以及印章、品牌或标记不表明金属或合金质量的实际细度；（e）任何违反相关法律法规掺假或贴错标签的供人类消费的食品或商品，或任何掺假或贴错标签的药物；（f）《知识产权法》和相关法律所定义的侵权商品；（g）主管当局颁布的法律或规章明确禁止进出口的所有水獭货物或其部件。

（2）限制进口商品

限制进口的商品类目有：（a）炸药、火药、弹药和其他爆炸物、火器和战争武器或其部分；（b）轮盘赌轮、赌博装备、上好的骰子、有标记的卡片、机器、装置或用于赌博或分发金钱、雪茄、香烟或其他物品的机械装置（如果此类分发取决于运气），包括头彩和弹球机或类似设备或其部件；（c）彩票和抽奖彩票，但其中的广告和图纸清单除外；（d）大麻、鸦片、罂粟、古柯叶、海洛因或其他麻醉品或合成药物，这些麻醉品或合成药物是或以后可能被菲律宾总统宣布形成习惯的，或任何化合物、人造盐、衍生物或其制剂，除非由菲律宾政府或危险药物管理局正式授权的任何人出于医疗目的进口；（e）鸦片烟斗或其零件，不论何种材料；和（f）限制进出口的任何其他货物。

上述货物的进出口限制包括过境限制。

（3）管制进口商品

受管制的货物只有在进口或出口之前获得必要的货物申报或出口申报，清关，许可证和任何其他要求后才能进口或出口。在进口的情况下，应允许在货物到达后但在海关放行之前提交要求，但仅限于管辖法律或法规规定的情况。

（4）自由进口商品

除非法律或法规另有规定，否则所有货物都可以自由进出口到菲律宾，而无需进出口许可证，清关或许可证。

2. 出口商品管理

出口商品按照《海关现代化和关税法》（CMTA）规定，菲律宾政府针对不同的商品类别，以列举式的规定载明需要审批类的出口产品和禁止出口的产品。其中商品类别不同，审批机构也不同。

禁止出口的商品类别为：金矿产品；八类鱼、虾蟹等水产品；沙巴香蕉种植材料；马尼拉麻种子和苗、武里棕榈种子、金丝草纤维等；红树林物种、雨树等、硬木木材及其他半成品和违禁树种等；钟乳石、石笋；陆地野生动物；成熟椰子及幼苗。

需政府机构审批方可出口的产品类别有：濒危动植物；动物及动物制品；鱼类贝类及制品；植物；大米；放射性材料；糖及糖蜜糖浆类；铜精矿；活体动物和生物制剂等；枪支弹药类；高风险控制性化学制品和炸药类制品等。

（四）海关管理规章制度

根据菲律宾《海关现代化和关税法》规定，菲律宾关税委员会制定并公布进口关税税率，海关总署确定出口关税的税率。菲律宾进口关税税率一般为0－30%，根据对应的不同双多边贸易协定有不同安排。比如，菲律宾依据《东盟自由贸易协定》的安排，对东盟成员国进口的全部产品实行零关税。菲律宾政府为了鼓励商品出口奉行宽松的出口税收政策，除了原木出口需要征收20%的关税外，其他产品一般不收取出口关税。

菲律宾关税查询系统（PTF）[①] 是由关税委员会（TC）开发的在线查询平台，旨在满足公众对菲律宾关税税率快速准确信息的需求。只需要互联网连接就可以免费提供与菲律宾有关的所有关税表，用户只需输入关键字或东南亚国家联盟（ASEAN）统一关税命名法（或 AHTN）代码即可进行查询。

二、外商投资法规与政策

（一）投资主管部门

菲律宾主管投资的职能部门也是贸工部。贸工部负责制定、实施和协调投

[①] 该系统的网址是 http://finder.tariffcommission.gov.ph/index.php。

资政策，并推行投资便利化措施。贸工部下设的投资委员会（Board of Investments，BOI）、经济特区管理局（Philippine Economic Zone Authority，PEZA）为外商投资制定和实施激励政策，管理外商投资并提供服务。

菲律宾还提供一站式在线投资服务系统（One Window Network，BOI-OWN）通过提供在线投资便利的客户关系管理（CRM）应用程序/系统促进完全的透明度和问责制，投资者在投资前和投资后的疑问和顾虑、入境代表团的要求和合资企业的便利化。2022年，菲律宾新设机构间投资促进协调委员会（Inter-Agency Investment Promotion Coordination Committee，IIPCC）以整合贸易和工业部、财务部、投资委员会等不同投资促进机构和政府部门出台的各种投资促进政策，为外国投资者提供便利服务。

（二）外商投资法律体系

菲律宾规定外国投资政策的法律主要是《外国投资法》（Foreign Investments Act，2022）《公司法》（Corporation Code，2019）和《企业复苏和税收优惠法》（CREATE，2020）。2022年3月，菲律宾通过共和国11647法案（Republic Act 11647）对1991年《外国投资法》进行进一步修正，降低了对外商投资企业雇佣菲律宾籍雇员人数等方面的限制性要求。

（三）投资行业的规定

菲律宾政府将所有投资领域分为三类，即优先投资领域、限制投资领域和禁止投资领域。

1. 优先投资领域

菲律宾政府会定期公布"投资优先计划"（IPP），列出政府鼓励投资的行业和领域，引导内外资向国家指定行业投资。2022年6月，根据BOI、私营部门、财政激励审查委员会（FIRB）和其他管理税收优惠的政府机构共同确定的投资优先项目，菲律宾政府发布"战略投资优先计划"（SIPP）。该战略计划将优先投资的行业清单列为三个层级：第一层为鼓励投资行业，第二层为重要行业，第三层为最高级别行业。

战略投资优先计划的三层级行业清单如下表所示：

层　级	行业类别	行业清单
鼓励投资行业	A. 优先级行业	a. 与抗击新冠相关的产业；b. 为商业活动较少的地区投资创造就业机会；c. 制造业；d. 农业、渔业和林业；e. 战略服务业；f. 医疗保健与减少灾害风险；g. 公众住房；h. 基础设施和物流业；i. 创新驱动产业；j. 包容性商业模式（满足贫困用户的需求）；k. 环境或气候变化相关项目；l. 能源
鼓励投资行业	B. 出口行业	a. 出口产品的生产和制造；b. 服务出口；c. 关于帮助出口商的行业
鼓励投资行业	C. 特别法（括号内为相关监管法律）	a. 工业树木种植园（PD NO. 705）；b. 采矿（RA NO. 7942）；c. 书籍出版/印刷（RA NO. 8047）；d. 石油产品的精炼、储存、营销和分销（RA NO. 8479）；e. 残疾人的康复和自我发展（RA NO. 7277）；f. 可再生能源（RA NO. 9513）；g. 旅游业；h. 能源效率和节约（RA NO. 11285）
鼓励投资行业	D. 邦萨摩洛自治区棉兰老岛穆斯林（BARMM）投资项目名单	a. 出口型产业；b. 农业、农业综合企业、水产养殖和渔业；c. 基础工业；d. 基础设施和服务；e. 工业服务设施；f. 工程设施；g. 物流业；h. BIMP-EAGE 相关投资企业；i. 旅游业；j. 卫生和教育服务；k. 清真产业；l. 投资业务（RA NO. 11439）；m. 能源
重要行业	A. 绿色生态系统产业 B. 与健康有关的产业 C. 与国防有关的产业 D. 工业价值链差距 E. 与粮食安全有关的产业	
最高级别行业	A. 研发 B. 制造和生产高新技术产品和服务 C. 建立支持创新的相关设施	

2. 外国投资负面清单

根据菲律宾《外国投资法》规定，政府每两年更新"外国投资负面清单"（Foreign Investment Negative List，FINL）。但是近年来受新冠疫情影响，FINL 的起草和修订不断推迟，直到 2022 年 6 月菲律宾才发布第 12 版最新的"外国投资负面清单"（菲律宾第 175 号行政令）①。不属于负面准入清单内的项目，外资持股比例可达 100%，亦无需经过额外的行政审批，仅需在菲律宾证券交易委员（Securities and Exchange Commission）或菲律宾贸工部完成注册；属于负面投资清单范围内的行业，外资持股比例不得超过清单规定的相应限度，并可能需要获得相应行政机关的额外审批。第 12 版 FINL 包括清单 A 和清单 B，清单 A 列出了根据宪法或其他特别法律规定禁止外商投资、限制外资比例最多 25%、30% 以及 40% 的行业；清单 B 则是出于安全、国防、健康和道德风险以及保护中小型企业的原因，外资比例受到限制的行业。

（1）第 12 版 FINL 降低了对外商进入零售业的门槛。外商投资菲律宾零售业的最低实缴资本由之前规定的 1 亿 2500 万比索（约 250 万美元）降为 2500 万比索（约 50 万美元），大幅调低进入门槛。新规定还删除对实际控制人的海外净资产、海外分店数以及海外业绩记录等营业资格限制；单一门店的投资金额降至 1000 万比索（约 20 万美元）；取消了 BOI 对外资投资零售贸易的资格预审；降低了违法处罚力度。

（2）取消了对制造、维修、储存和分销需要国防部（DND）许可的产品的 40% 外国股权限制，还允许电信、大众传媒、航空、机场、高速公路、铁路、收费公路等行业外资 100% 控股，同时根据菲律宾法律增加了 6 类不允许外国人从事的职业。

（3）新修订的《公共服务法》只对投资以下行业的外资有 40% 股权的限制，即配电和输电、石油和石油产品、管道传输系统、供水管道分配系统和废水管道系统（包括污水管道系统）、海港、公用事业车辆（包含卡车运输）。

3. 禁止外资进入的行业

菲律宾外国投资负面清单中有以下行业禁止准入：（1）专业领域，包括放射技术和 X 光技术，法律及犯罪研究、船舶甲板人员和船舶发动机人员；（2）合作社；（3）私人侦探、保全和保安业务；（4）小规模采矿；（5）利用海洋资源和湖泊资源；（6）驾驶舱的所有权、运营和管理；（7）核武器；（8）生化及放射性武器；（8）鞭炮和其他烟火设备制造。

---

① 菲律宾第 12 版"外国投资负面清单"文本见 https：//www.officialgazette.gov.ph/downloads/2022/06jun/20220627 - EO - 175 - RRD.pdf（2022 年 11 月 25 日最后一次访问）。

(四) 投资方式的规定

在菲律宾投资可以设立个人独资、合伙、非股份公司、股份有限公司、分支机构及代表处等商事组织作为投资主体。

1. 外国公司和国内公司

外国公司与股份公司除了外资持股超过 40% 之外，其他没有特殊要求。外国公司如涉及某些特殊行业，按照菲律宾法律规定不能获得经营许可证，且外国公司不能在菲律宾购买土地及带地房产。

菲律宾国内公司及股份公司除了要求外资持股在 40% 以下，其他没有要求。按照菲律宾的法律及外国投资负面清单表，菲律宾政府对某些特殊行业只对菲律宾国内公司颁发营业执照。

2. 分公司和代表处

外国公司可以在菲律宾设立分公司，可以获得菲律宾证券交易委员会的许可，可以在菲律宾获得营业收入并开具正式发票。但此类分公司不具有独立法人资格，其债务由外国公司承担。设立分公司实缴资本最低为 20 万美元或等值比索，且经营业务主要是出口业务，其中至少 60% 来自菲律宾的产品或者服务到海外市场。

代表处是外国公司在菲律宾与客户之间的联络点。代表处无法在菲律宾开具正式发票，无法获取收入，可以开展的业务类型非常有限。代表处不具有独立的法人资格，债务由外国公司承担。设立代表处的实缴资本最低为 3 万美元或等值比索。

此外，菲律宾还允许投资主体以资产并购或者兼并、BOT 等的方式进入该国市场从事商业活动。

(五) 投资优惠

1. 行业优惠和税收优惠

如上文所述，菲律宾对于不同区域，不同行业的投资给予不同优惠措施。2021 年 4 月 11 日《企业复苏和税收优惠法》(CREATE) 生效后，在 BOI 注册的企业如何最大化享有其激励政策成为最值得关注的问题之一。新注册的企业能够享受的优惠条件包括财税优惠和非财税优惠。财税优惠包括 4~7 年的所得税减免、进口设备及零部件进口关税的免除、免除进口码头税和出口税费等；非财税优惠包括无限制使用托运设备、简化进出口通关程序等优惠。

2. 经济特区优惠

根据 PEZA 发布的最新数据，菲律宾目前共有各类经济区 417 个。根据各

经济区内的企业从事不同性质的活动,可享受的优惠政策包括:

(1) 根据地点和行业重点,出口企业可获得 4 至 7 年的所得税免税期(ITH)。

(2) ITH 后,出口企业可享受 5% 的企业所得税或 10 年优惠扣除。

(3) 资本设备、原材料、备件或配件的免税进口。

(4) 进口免征增值税,在上述项目或活动注册期间,直接或专门用于出口企业注册项目或活动的商品和服务的本地采购零税率。

(5) 国内销售津贴高达总销售额的 30%。

(6) 在 5% 的 SCIT 激励措施期间免缴地方政府税费。

（六）投资争议解决途径

菲律宾有比较完整的争议解决制度。在菲律宾,企业通过法律手段解决投资或贸易纠纷,可以采取的途径有法院诉讼、仲裁与和解等。其中,《菲律宾仲裁法》规定,争议双方可通过合同约定或事后双方同意提起仲裁。根据菲律宾《2004 年非诉讼争议解决法案》《2004 年非诉讼争议解决法案执行办法》和《2004 年非诉讼争议解决法案关于法庭的特别规定》等法律法规规定,菲律宾争议解决中心受理各类仲裁请求。

此外,菲律宾也是 1958 年 6 月 10 日《承认及执行外国仲裁裁决公约》(《纽约公约》)缔结时的签字国之一,并于 1978 年 9 月 26 日签署《华盛顿公约》。因此,如果发生投资争议除了可以诉诸菲律宾国内法律救济途径,还可以依据双边、多边投资协定关于争议解决条款的规定提起仲裁。

第八节　新加坡共和国贸易与投资法

新加坡地理位置优势明显,但国内市场规模小,属于高度依赖外贸和投资的经济体。新加坡政府一直积极参与并推动全球贸易自由化和投资便利化进程,以其稳定的政治环境、宜商的策略方针以及独特的技术强国经济模式稳居全球营商环境前列。2022 年 11 月,经济学人智库（Economist Intelligence Unit,简称 EIU）发布经商环境排名（Business Environment Ranking）显示新加坡在 82 个国家和地区中排名第一,预计未来五年仍将继续是全球经商环境最佳的国家。紧跟其后的是加拿大和美国,分别排在第二名和第三名。

新加坡是亚太经合组织（APEC）、WTO、亚欧会议（ASEM）、东盟、RCEP、印度洋沿线协会等区域合作组织的成员,已与 21 个国家（地区）的 27 个贸易伙伴签订了自贸协定,是世界上签订双边、多边贸易协定最多的国家之一。此外，新加坡还牵头起草《数字经济协定》（DEA）并推进多国的谈判进程，制定数字经济国际制度框架，以促进标准和系统的可操作性，为新加坡企业从事数字贸易和电子商务提供便利性。

一、贸易法规与政策

新加坡与贸易相关的主要法律有《货物销售法》（Sale of Goods Act 1979，2020 年修订）、《进出口管制法》（Regulation of Imports and Exports Act 1995，2020 年修订）、《海关法》（Customs Act 1960，2020 年修订）、《自由贸易区法》（Free Trade Zones Act 1966，2020 年修订）、《战略物资（管制）令》（Strategic Goods［Control］Act 2021）、《反补贴与反倾销税法》（Countervailing and Anti-Dumping Duties Act 1996，2020 年修订）等。

（一）贸易主管部门

新加坡主管商务的部门是贸易工业部（Ministry of Trade and Industry，简称"贸工部"或 MTI）。2018 年 4 月 1 日其下属新加坡国际企业发展局和标新局已合并为一个机构，成立了新加坡企业发展局（Enterprise Singapore，简称"企发局"）。企发局是新加坡主管对外贸易的政府机构。企发局的主要职能包括通过制定国家标准和质量，建立对新加坡产品和服务的信任，以及与公司合作帮助新加坡发展成全球贸易和投资企业的中心。

（二）进出口管理

新加坡与世界 123 个国家和地区的 600 多个港口建立业务联系，大部分商品进出口关税为零。新加坡仅对少数商品禁止进出口、限制进出口或者征收进口税，如对濒危物种和含毒中成药禁止进出口、禁止销售，对医药品、危险废物、影视作品、军火等影响公众健康、公共安全及环境卫生的产品必须办理进出口或者过境许可证。新加坡政府投资建设国际高标准的物流基础设施，并投资开发贸易网络（TradeNet）、港口网络（PortNet）、海事网（Marinet）、空运社群（Cargo Community Network）等电子系统平台，积极打造自由贸易网络。

要在新加坡开展进出口和转运业务，首先必须在新加坡注册并成立一家公司，取得公司注册编码 UEN（Unique Entity Number）后，登录新加坡海关网站申请海关账户。激活账户后即获得海关进出口牌照，可以合法开展进出口贸易，进行保管、清关、缴纳税收等相关事宜。此外，所有货物的进出口，还必须通过 TradeNet 取得进出口许可证。

1. 进口程序

所有货物进口到新加坡时，进口商需向新加坡海关申报。如果进口货物属于受管制物品，还需要履行额外的清关手续。根据新加坡《海关法》规定，进口商品分为应税货物和非应税货物。应税货物需要缴纳关税，包括烟草产品、酒、石油产品和机动车 4 类商品，其他所有商品均为非应税货物，无须缴纳关税。进口到新加坡用于消费的商品将被征收 7% 的消费税（GST）。

2. 出口程序

取得海关出口许可证后可以将货物从新加坡出口到海外，出口货物无需缴纳消费税和关税。但若出口受管制的货物，必须在出口前获得相关主管机构的许可。

3. 转口贸易

新加坡是世界上知名的转口贸易港。货物从一个国家或地区转运至另一个国家或地区，新加坡作为中间停靠港，将产品转口至欧洲、美洲等国家和地区。由于货物不属于进口到新加坡用于消费，故无须缴纳消费税。从事货物转运仍然需要获得新加坡海关许可证，以及接受管控商品类的检查。

（三）进出口商品检验检疫

新加坡对大部分进口商品不实施检验检疫，仅对受控货物进行检验，受控货物主要指涉及安全、卫生、环境、健康和反欺诈的商品。

1. 进口受控的货物

进口受控货物主要有以下 54 类（不含与部分国家双边协议规定的禁止进口商品）：动物、禽类及其产品、鱼类及渔业产品、油料作物、食品、水果、木材与木料、蔬菜、人参、兽医用药剂、脱脂奶粉（动物食用）、牛奶、有机肥料、带泥土或不带泥土的植物、花及种子、陶瓷、水晶玻璃等餐桌用品与厨房器皿，犀牛角及其制品、磁盘磁带、光盘、鞭炮、警报器、消音器、娱乐机器、玩具货币等。

对进口受控的货物的检验检疫，新加坡强调出口国官方的职责。这些货物进口到新加坡前，必须持出口国官方证明且符合新加坡法律法规规定的标准和要求，并向新加坡有关主管部门提交准入申请并获得批准。比如，向新加坡出口鱼类产品应符合新加坡的《健康肉类及鱼类法案》（Wholesome Meat and Fish Act）《健康肉类及鱼类（进出口及转运）通则》（Wholesome meat and fish (import, export and transhipment) rules）及《食品销售法案》（Sale of Food Act）《2019 年食品（修正）条例》（Food (Amendment) Regulations 2019）等法律法规的要求。

2. 出口受控货物

出口受控货物主要有 23 类（不含与部分国家双边协议规定的货物）：农产品、动物、鱼类与渔业产品、肉类与肉类制品、犀牛角、木材与木料、人参、米、橡胶、镉或汞制电池等。出口受控货物必须事先取得新加坡相关主管机构的批准或许可，例如，出口植物或植物产品必须申请由局长签发的许可证，农业官员依据局长签发的命令进行检疫工作。

（四）海关管理规章制度

新加坡海关是新加坡财政部的下属部门，是贸易便利化和执行税收的牵头机构。新加坡海关负责维护海关法及贸易法，以建立国际社会对新加坡对外贸易体系的信任，促使贸易便利化并征收关税[①]。

TradeNet 是新加坡的国家贸易申报单一窗口，为新加坡的贸易和物流界提供了单一平台服务，以满足所有进出口和转运相关的监管要求。新加坡也加入了东盟海关过境系统（ACTS），可供在东盟跨境运输货物的运营商使用。

二、外商投资法规与政策

新加坡鼓励外商投资，对外商投资实行国民待遇、最惠国待遇和内外资全国统一的税收制度，与其他国家签订的双多边自贸协定规定了对投资者的若干优惠承诺。

（一）投资主管部门

新加坡主管外商投资的政府机构是经济发展局（Economic Development Board，简称"经发局"或 EDB）。经发局隶属新加坡贸工部，是外商投资促进机构，负责规划和战略、招商引资，旨在推动制造业和国家可交易服务业的投资及产业发展，加强新加坡全球商业、创新和人才中心地位。经发局下设投资处（EDB Investments，简称 EDBI），也是专属投资公司，对通信技术、新兴科技、医疗健康以及策略性增长计划（Strategic Growth Programme）下的特定产业集群等知识和创新密集型产业的进行投资，构建新加坡的未来产业格局。

（二）投资法规与政策

新加坡对外资企业一律给予国民待遇，因此并未出台专门规制外商投资的法律法规。除国防和个别特殊行业外，新加坡外资准入几乎没有门槛。外资企

---

① 查询进出口货物的关税情况可以登录新加坡海关网站 https://www.customs.gov.sg/。

业和本地企业一律适用当地相关法律法规。

新加坡与投资相关法律主要包括《公司法》（Companies Act 1967，2020年修订）、《合伙企业法》（Partnership Act 1890，2020年修订）、《可变资本公司法》（Variable Capital Companies Act 2018）等。企业的补贴及优惠政策措施主要依据《经济发展激励（所得税免除）法》（Economic Expansion Incentives [Relief from Income Tax] Act 1967，2020年修订）、《所得税法》（Income Tax Act 1947，2020年修订）等。

（三）投资方式

新加坡对外国投资者实行国民待遇，在新加坡设立公司可以享受本国公司适用的各种商业和税收优惠。除房地产、金融、媒体、经营特殊管制商品等行业需向主管部门报批外，其他行业对外资的股权占比无限制性条件。

1. 新设公司

新加坡给予外国投资者国民待遇，外国投资者可依照相关法律，申请设立私人有限公司、独资公司、有限责任合伙、外国公司新加坡子公司、可变资本公司、非营利组织基金会等企业组织形式，可在新加坡会计与企业管制局（ACRA）网上平台Bizfile上完成注册业务。

2. 外资并购

外资可以对新加坡上市公司和私营企业进行并购交易，但应遵守《公司法》《证券期货法》《商业信托法》及《新加坡收购及并购守则》等法规定的收购与合并相关的条件和要求。新加坡对并购中的外国买家不需要进行外商投资审查，但需要提请反垄断申报，比如并购后的实体可能拥有40%的市场份额，可能导致相关市场的竞争大幅减少，新加坡竞争与消费委员会（CCCS）会建议要约人提交并购许可申请。

某些行业的并购还需申请监管部门的批准，比如：房地产行业需要向新加坡土地管理局、建屋发展局和裕廊集团报批；金融服务与银行业需要向新加坡金融管理局（MAS）提请报批。

3. 代表处

外国投资者还可在新加坡境内注册代表处作为企业的临时办公点，用于进行市场测试或从事调研活动。不同的行业需要向新加坡不同的政府部门提出申请，比如银行、财务和保险业需要向新加坡金融管理局提出申请；法律行业需要向新加坡法律服务管理机构提出申请；其他产业（制造业、国际贸易、批发、贸易和贸易相关的业务板块）需要向新加坡企业发展局提出申请。

（四）投资行业准入

新加坡对外国投资没有特别行业限制，对外商投资无投资负面清单，本地和外国投资者均适用相同的法律和法规。但仍存在一些受管制的行业，包括银行和金融服务、保险、电信、广播、报纸、印刷、房地产、游戏等，对这些行业的投资需取得政府批准。在这些特殊行业中，有专门法律法规对其设置外国股权限制、特殊许可或其他要求的规定。

外国投资者可以和本国投资者一样，登录新加坡政府的网上商业许可服务"gobusiness"一站式门户网站[①]，输入拟从事的行业的关键词，系统会提供10－20个问题，了解项目具体情况，之后会针对投资者的回答，建议投资者取得何种批准和许可。投资者可以选择自己提交申请，也可以选择委托政府代理提交申请，整个操作非常方便和简捷。

（五）投资促进和保护

1. 优惠政策

新加坡投资优惠政策的主要依据是双边条约或多边条约中的相关投资优惠条款以及每年的政府财政预算案，政府出台税收优惠、贷款支持、专项津贴、股权融资和非金融援助等措施。新加坡采取的优惠政策主要是为了鼓励投资、出口、增加就业机会、鼓励研发和高新技术产品的生产以及使整个经济更具有活力的生产经营活动。如对涉及特殊产业和服务（如高技术、高附加值企业）、大型跨国公司、研发机构等给予一定期限的减、免税优惠或资金扶持等。政府推出的各项优惠政策，外资企业基本上可以和本土企业一样享受。

2. 行业优惠

（1）先锋企业优惠（Pioneer Certificate Incentive，简称PC）。先锋企业由新加坡经济发展局界定。享有先锋企业优惠的公司有资格获得企业所得税免除优惠，或者某些业务收入部分享受5%或10%的优惠税率。优惠期限原则上为5年，若企业承诺继续扩大生产规模，可延长优惠期限。

（2）发展和扩张优惠计划（Development and Expansion Incentive，简称DEI）。期望在新加坡的扩展和升级业务或将产业转移到全球领先行业的公司均可申请享受此项优惠。此类公司从政府规定之日起，可以享受所有收入免税或在5年内按10%的税率征税。根据DEI，公司在满足下列标准时可获得DEI资格：为新加坡劳动力增加新技能、新专业知识和新资历的新就业机会；增加新

[①] 网站地址 https://www.gobusiness.gov.sg。

加坡经济的商业支出总额；致力于在新技术、技能和诀窍方面增加新功能。

（3）全球贸易商计划（Global Trader Programme，简称GTP），其符合条件的公司贸易收入可享有5%或10%的优惠税率，为期3年或5年。符合条件的贸易收入包括实物交易、衍生品交易收入，以及来自融资、财务活动和与并购相关的咨询服务的收入。申请加入GTP的公司需满足以下5个要求：从事合格产品的国际贸易，并希望在新加坡建立其交易基地；拥有覆盖全球的贸易和分销网络，并拥有良好的业绩记录；在新加坡进行广泛的产品交易，包括能源和化学品、金属和矿物、农业商品、消费品、工业产品和电子产品；将新加坡作为主要离岸贸易活动、业务活动的基地，活动包括市场开发及规划，投资业务的规划及协调，物流管理；公司承诺雇佣大量经验丰富的贸易行业人士，充分利用新加坡的银行、金融基础设施、物流、仲裁和其他支持服务。

（4）初创企业特殊情况基金（Special Stuation Fund for Startup，SSFS）。SSFS由新加坡经济发展局投资处（EDBI）管理，旨在支持各个阶段、前景广阔的初创企业发展。初创企业可以在新加坡经济发展局投资处的官网上查看基金的资格标准。

（5）金融与财资中心（The Finance and Treasury Centre，简称FTC）。FTC优惠旨在鼓励企业提高财务管理能力，并将新加坡作为其开展战略性金融和财资管理活动的基地。FTC公司提供服务或业务收入享受8%的优惠税率，对于公司运营产生的银行、非银行金融机构以及经批准的网络公司的利息支付（例如：贷款）可免于征收预提税。优惠期限为5年，如果公司承诺进一步扩大FTC业务，可以考虑延长优惠期限。

（6）企业研究优惠计划（The Research Incentive Scheme for Companies，简称RISC）通过支持科技领域的项目，鼓励研发能力和科技的发展，以及在新加坡设立技能中心。符合RISC优惠的公司，符合条件的业务收入部分最高可享有50%的补贴；在新加坡产生的合规研发费用可在计算企业所得税时享受250%的加计扣除。

（7）知识产权发展优惠计划（IP development Incentive，简称IDI）是新加坡政府在2017年预算案中推出的，旨在鼓励研究与开发活动所产生的知识产权的使用并将其商业化。符合IDI条件的企业自2018年7月1日起，一定比例的合格知识产权收入可享受5%或10%的优惠税率。比例上限为100%，优惠期不超过10年。

此外，新加坡政府还设置飞机租赁计划、商业园区、特殊工业园区、自由贸易区、海外工业区、能源资源效率补助金、土地集约化津贴等特殊优惠或经济政策，更加集约有效利用国家资源，鼓励企业走向海外进行投资，促进产业集群发展，带动整体经济增长。

（六）投资争议解决途径

在新加坡，解决投资纠纷的方式主要有行政救济、诉讼、仲裁、调解。在诉讼或仲裁中，法院或仲裁庭可以适用新加坡或外国法律解决争议；若适用外国法律，当事人有对外国法律的内容进行举证的责任。

新加坡于1986年7月21日加入《纽约公约》，并将《纽约公约》转化为国内法《仲裁（外国裁决）法令》，于1986年11月19日颁布施行。在新加坡申请承认与执行外国仲裁裁决案件的管辖法院为新加坡高等法院。法院非常支持仲裁这种纠纷排解机制以及仲裁参与方的自主权，也很尊重仲裁庭的专业判断，对裁决的承认和执行采取积极支持的态度，不会轻易地拒绝执行外国仲裁裁决。

新加坡是世界公认的争议解决多元化中心之一，政府也鼓励和支持国际仲裁。新加坡有联合国常设仲裁院、新加坡国际仲裁中心、国际争议解决中心新加坡办事处、国际商会国际仲裁院、新加坡调解中心、新加坡国际调解中心、麦士威国际争议解决中心、世界知识产权仲裁与调解中心等诸多争议解决机构，已经形成国际争议解决多元化的亚洲大本营。根据伦敦玛丽皇后大学进行的2018年国际仲裁调查，新加坡国际仲裁中心（SIAC）在亚洲首选仲裁机构中排名第一，全球排名第三。2021年3月26日，新加坡国际调解中心（SIMC）和国际投资争端解决中心（ICSID）于2021年3月26日通过线上方式签订了两机构之间的《总体安排协议》，旨在解决投资者与东道国家之间的争端（特别是涉及亚洲投资者或国家的争端）中增加调解的解决方式。

第九节 泰王国贸易与投资法

泰国是WTO缔约国，东盟创始国和成员国，也是东盟经济共同体（AEC）（前身为东盟自由贸易区）的创始成员国，与中国、日本、韩国、印度、澳大利亚、新西兰、欧盟、秘鲁等国家或地区有双边优惠贸易安排，已签署并批准《区域全面经济伙伴关系协定》（RCEP）。泰国作为东盟国家乃至亚洲地区经济较为发达的实体，在货物、服务、资本和劳动力的贸易和投资方面秉承开放包容的自由政策，有着独特的区域价值。

一、贸易法规与政策

(一) 贸易主管部门

泰国主管贸易的政府部门是商务部（Ministry of Commerce）[①]，管理泰国国内国际贸易、服务贸易和知识产权等行业。对内职能包括监控农产品价格，保护消费者权益，促进货物、服务和知识产权的贸易和保护等。对外职能包括开展国际贸易谈判，组织和管理进出口等。

(二) 贸易法规体系

泰国与贸易相关的法律主要有：1960 年《出口促进法》（Export Promotion Act）、1979 年《出口和进口商品法》（Export and Import of Goods Act）、1979 年《出口商品标准法》（Export Commodity Standards Act）、1999 年《反倾销和反补贴法》（Anti-Dumping and Countervailing Act）、2017 年《海关法》（Customs Act）和 2007 年《保障措施法》（Safeguard Measure against Increased Imports Act）等。

(三) 进出口管理

1. 违禁物品和限制商品

根据泰国相关法律，进口商或出口商进口或出口法律规定的禁止物品，将构成犯罪，被没收物品和根据泰国法律遭到检控。违禁物品如：瘾性物品；色情刊物与物品；商标仿冒、侵犯版权和其他知识产权的物品；假银币和假银纸；列入《濒危野生动植物种国际贸易公约》（CITES）管制名单上的受保护野生动植物。

限制物品是依据泰国法律规定需要有关部门批准许可进口或出口到国外的物品，因此，限制物品的进出口必须得到有关政府机构的书面授权和必须在清关时出示，或在电子系统中提交授权文件。主要限制物品以及许可部门分别为，佛像，艺术品，古董品（许可部门：美术部）；枪支，弹药，爆炸物和人工枪支（许可部门：内政部省行政厅）；植物及其部位（许可部门：农业部）；活体动物和动物遗骸（许可部门：畜牧发展部）；食品，药品，化妆品和膳食补充剂（许可部门：食品药品监督管理局）；车辆零件（许可部门：工业部）；香

[①] 泰国商务部官方英文网站：https://www.moc.go.th/en/page/item/index/id/6，最后访问日期 2022 年 12 月 2 日。

烟、烟草和酒精（许可部门：消费税署）；无线电通信工具通信设备（许可部门：国家广播电视委员会办公室）。

2. 进出口管理

泰国奉行开放的进口贸易政策，仅对少数特定产品实行进口限制、关税配额和保护措施等管制规定。进口限制产品主要是涉及保护国内某些幼稚铲压、公共安全和健康、国家安全等产品。关税配额产品主要包括特定农产品，如龙眼、棕榈油、大米等 23 种农产品，但关税配额不适用于从东盟成员国的进口。

近年来，泰国政府不断取消了出口商品的配额管理，还从融资方面给予企业大量的支持，以推动泰国商品的出口。泰国的出口保护措施有出口登记、出口配额和出口税等其他限制措施。

3. 原产地证书

从东盟国家、其他缔约国和第三国的产品出口到泰国或者产品从泰国出口至这些国家，需要具备产品的原产地证书，该证书有如下两种类型：常规的原产地证书（Regular certificate of origin）和合格的原产地证书（Qualified certificate of origin）。

常规的原产地证书只规定了原产国。通常不享有进口关税优惠。在泰国可能签发此类原产地证书的主体包括但不限于泰国商会（The Thai Chamber of Commerce）、对外贸易部和泰国工业联合会。如果出口货物在泰国完成，泰国商会将会签发原产地证书。为此，只要在泰国将各个子产品组装成最终产品即可。

合格的原产地证书被认为是在产品签发国生产的，并进而享受特殊的海关待遇，甚至可能免税。该证书必须向有关主管部门申请，并且只有在满足一定条件时才能签发。基本上，对比原始产品而言，要求最终产品必须发生了重大变化（即附加值）。合格原产地证书要求对下列标准进行认可：加工标准（processing criterion）或者占比标准（The share criterion）。

（四）海关管理规章制度

从国外进口到泰国的商品需缴纳进口关税。泰国财政部下属的海关厅负责征收关税以及进出口环节的增值税和消费税等。关税是根据交易商品的类别，双多边自贸协定规定的税率而定。如，泰国和中国签署的《中国与东盟全面经济合作框架协议》，建立了东盟—中国自由贸易区（ACFTA），某些产品可通过签发原产地证书享受免税进口。此外，2022 年 3 月 25 日，中泰两国海关签署《中泰"经认证的经营者"[①] 互认行动计划》，力争尽早实现两国 AEO 互认，提

---

① 英文为 Authorized Economic Operator，AEO。

升境内外通关便利化水平。

根据泰国《海关法》的规定，泰国政府根据管理需要会对商品代码分类和海关关税进行不定期调整[1]，比如2022年3月泰国海关为了响应政府推动国家经济林业可持续发展政策，调整木材出口相关税率。其中沉香出口关税从40%降至10%。

二、外商投资法规与政策

（一）投资主管部门

泰国主管投资的政府部门是泰国投资促进委员会（BOI），其职能主要包括颁布和制定投资政策，负责促进泰国投资优惠政策项目的审核和批准，以及设立专门的办公室为投资者提供咨询与协助服务等。此外泰国还设置外国商业委员会（FBC）每一年对禁止准入的投资行业清单进行复核。

2022年9月，BOI批准了泰国未来五年新投资促进战略（2023—2027）。该战略将侧重于通过鼓励技术进步、向绿色和智能产业过渡、人才培养及创造力和创新性发展，加强泰国作为区域性商业、贸易和物流中心的地位，使泰国步入一个崭新的经济时代。新战略围绕以下三个核心概念来推动投资和恢复国家经济活力：一是创新、技术和创造力；二是竞争力和快速适应能力；三是包容性，同时考虑环境和社会可持续性。

（二）主要投资法规

泰国有关外商投资的法规主要有《外国商业法》（Foreign Business Act，简称FBA，2007年修订）、《投资促进法》（Investment Promotion Act，2001年修订）及其他关于公司注册运营的法律规定和部门规章。

（三）投资方式及行业规定

泰国是世界贸易组织成员，是《服务贸易总协定》（GATS）和《与贸易有关的知识产权协定》（TRIPS）的缔约国，一般情况下允许外国投资者在泰国经营业务。外国投资者可选择以下形式：代表处、区域办事处、合资企业、分支机构、合伙、有限公司等组建商事组织。外国投资者设立公司最低注册资本额为200万泰铢，若从事限制类行业，注册资本额不得低于300万泰铢。

---

[1] 有关法令和公告可在泰国海关厅网站上查询，网址为：www.igtf.customs.go.th/igtf/en/main.frame.jsp。

泰国1999年《外商经营法》列出了鼓励、限制和禁止外籍人士经营的项目。其中禁止类和限制类的行业有：

1. 绝对禁止外国人经营的行业。例如：经营广播电台或电视台、出版报纸和买卖土地财产等。

2. 需要获得商务部部长的同意（依据内阁决议）的行业。例如：制造枪支和弹药、泰国古董或艺术品交易以及采矿。外国公司从事此类业务时，需有一个泰国少数股东持股40%或以上（若通过内阁批准和部长许可，可降至25%），并且有不少于2/5的董事为泰籍。

3. 需要通过商业发展厅总干事的许可和外国商业委员会（"FBC"）的批准的行业。例如：建筑、旅游或广告业务。

未列入上述清单的行业和业务对外国投资者开放。但依据泰国签订的双多边协定还存在以下例外情形：美国公民可以获得优惠待遇（泰国和美国的《友好和经济关系条约》），澳大利亚公民在某些类型的业务中获得优惠待遇（《泰国—澳洲自由贸易协定》），日本公民在某些类型的业务中获得优惠待遇（《日本—泰国经济伙伴关系协定（JTEPA）》，东盟公民在某些类型的业务上获得优惠待遇（《东盟服务框架协议（AFAS）》），并在服务业务上获得优惠（《东盟全面投资协议（ACIA）》）等。

（四）投资促进和保护

泰国BOI为本国公司和外国公司提供一系列的优惠政策，包括税收优惠和非税收优惠。税收优惠主要是税收减免期（tax holiday）和关税豁免（duty exemptions）。非税收优惠主要包括：允许外国人100%拥有一家公司；拥有土地的权利。外国雇员更容易获得签证和工作许可；以及特别保障和投资保护。BOI投资促进旨在促进有价值的投资，包括泰国的投资和泰国海外投资以提高国家竞争力，克服中等收入陷阱，并根据自给自足经济的理念实现可持续增长。

1. 行业优惠

根据BOI 2014年发布的第2/2557号公告，泰国投资促进委员会修改了投资促进政策和标准以应对国内外经济和投资格局的重大变化。根据投资项目所属行业类别，向投资者提供税收优惠和其他非税收优惠权益（如特别服务、融资担保等）。BOI将投资项目分为A类行业和B类行业，分别规定了不同的优惠政策和措施。BOI未来5年投资促进战略（2023—2027）也适用于所有上述投资优惠。

行业类别划分及各行业类别可享受的优惠权益列示如下：

A1行业：知识型产业可享受8年免企业所得税的优惠（无免税上限）；减

免机器及原材料进口税；非税收优惠权益；

A2 行业：发展国家基础设施或软件数字服务的行业可享受 8 年免企业所得税的优惠（有免税上限）；减免机器及原材料进口税；非税收优惠权益；

A3 行业：高科技行业可享受 5 年免企业所得税的优惠（有免税上限，除非另有特别说明）；减免机器及原材料进口税；非税收优惠权益；

A4 行业：增加国内原材料价值以加强产业链发展的行业可享受 3 年免企业所得税的优惠（有免税上限）；减免机器及原材料进口税；非税收优惠权益；

B1 行业：特定配套产业可享受免机器进口税优惠，原材料进口免税 1 年的优惠；非税收优惠；

B2 行业：不属于 B1 的配套产业可享受原材料进口免税 1 年的优惠；非税收优惠权益。

如果利用自动化或机器人系统来促进现代化和自动化机械制造，那么 B 类行业还可以申请获得免 3 年企业所得税，上限为不超过 50% 的投资额（不包括土地和营运资本）；如果至少 30% 的自动化系统的价值与泰国自动化行业有关，上限将提高到 100% 的投资额（不包括土地和营运资本）。对于符合条件的促进和升级节能、替代能源利用或减少环境影响的技术和机械，以及鼓励研发和先进工程设计参与以提高生产效率的企业，免征机械进口关税，现有项目收入占该措施下投资额的 50%（不包括土地成本和流动资金），免征 3 年企业所得税。企业所得税免征期自颁发促进证书后取得收入之日起计算。

2. 项目价值的优惠权益

按照项目价值给予额外优惠权益，判断项目价值的主要依据是：提高竞争力，带动地区繁荣；以及促进工业区发展。符合条件的企业将获得额外的企业所得税豁免，期限不超过 13 年。

（1）提高竞争力：根据投资/开支类型以及符合要求的投资/开支在促投公司所占比例，可给予额外的企业所得税减免优惠。符合要求的投资/开支达到特定比例，即可提高企业所得税减免上限，同时延长企业所得税减免期限。

（2）带动地区繁荣：BOI 划定 20 个人均收入低的省份可享受优惠，比如，加拉信、猜也奔、那空帕侬、楠府、汶干、武里南、帕府、玛哈沙拉堪、莫达汉、夜丰颂、益梭通、黎逸、诗色吉、沙缴、素可泰、素林、廊磨喃蒲、乌汶叻差他尼、安纳乍能。在 20 个地区的投资项目可享受以下优惠权益：额外免征 3 年企业所得税；该项目若属于 A1 或 A2 类行业，在原有的免企业所得税期满后，可再免 50% 的企业所得税，为期 5 年；双倍扣除运输、水、电费，为期 10 年；可把基础设施的安装和建设费的 25% 作为成本予以额外扣除。

3. 特定地区的优惠权益

泰国南部边境地区工业发展投资：特定税收优惠适用于泰国南部五个边境省份的活动，即那拉提瓦、雅拉、沙敦、宋卡和宋卡的四个区，包括 Jana 区，Natawee 区，Saba Yoi 区和 Taypa 区）。设立于上述工业园区的投资项目，增加免企业所得税期限 1 年，但免征总期限不得超过 8 年。

东部经济走廊投资：位于东部经济走廊（EEC）区域，即北柳、春武里和罗永的某些指定区域的目标行业，可享受税收和非税收优惠，其中包括：外资可 100% 持股，可以获得土地所有权，可以获得为期 50 年的土地租赁权，且还可以续租 49 年。2022 年 5 月，泰国经济特区政策委员会再次批准四个特别经济区，分别是北部经济走廊（NEC）、东北经济走廊（NEEC）、中西经济走廊（CWEC）和南部经济走廊。

经济特区（SEC）投资：截止到 2021 年 5 月，泰国政府已设立 10 个经济特区，分别位于达府、莫达汉、沙缴、宋卡、哒叻、清莱、廊开、那空帕农、北碧和那拉提瓦。

4. 鼓励企业在泰国证券交易所上市

在泰国证券交易所主板市场（SET）和二级市场（MAI）上市的企业，将有资格获得额外的企业所得税豁免，占投资资本的 100%。泰国投资促进委员会批准的项目虽然已经产生了收入，但可以根据这项措施申请权利和激励措施。2021 年泰国投资促进委员会再次发布公告，宣布出台优惠政策对于已上市并获得税收减免优惠的法人，可以再享受 100% 的税收减免（不含土地价格和周转资金）。对于已经获得优惠促进政策的项目，即使已经有收入仍可以申请此项优惠。

此外 BOI 还设立"贸易和投资支持办公室"（Trade and Investment Support Office，简称 TISO），专门为没有资格获得任何投资优惠和促进的企业服务。此类企业必须满足下列条件：一是年度销售和行政费用至少为 1000 万泰铢；二是经 BOI 批准的商业计划和业务范围。满足条件的企业可以享受非税收的优惠待遇，主要是可享有 100% 的外资所有权，以及部分土地所有权（不超过 5 年的办公室建设用地等）。

（五）投资争议解决途径

泰国法律允许外国投资者通过调解、诉讼或仲裁解决投资争议。目前泰国国内主要的仲裁机构有泰国仲裁学会（Thai Arbitration Institute）、泰国商会（The Thai Chamber of Commerce）和泰国仲裁中心（Thailand Arbitration Centre）。泰国于 1960 年加入了《纽约公约》。根据泰国已参加的国际公约、条约或协议规定,不论仲裁裁决由哪个缔约国作出,仲裁裁决均应被认为对仲裁当事人具有约束力,均可根据当事人向泰国有管辖权法院提出的申请在泰国得到执行。

此外,泰国与许多国家缔结了双边和多边的投资条约。条约中都包含仲裁条款,外国投资者或东道国可以根据双边或多边条约提请仲裁来解决纠纷。

第十节 越南社会主义共和国贸易与投资法

目前,越南是新兴市场经济体中最具吸引力的投资目的地之一。越南于2007年加入WTO后,进出口贸易和投资得到强劲发展。随着2019年越南国会批准《全面与进步跨太平洋伙伴关系协定》(CPTPP),2020年批准《欧盟—越南自贸协定》(EVFTA),2020年12月签署《越英自由贸易协定》(UKVFTA),2022年1月1日RCEP生效并出台《2022—2026年RCEP协定实施计划》,越南对外贸易和投资的"朋友圈"不断扩大。截至目前,越南已签署并生效的自贸协定高达13个。在这些自由贸易协定框架下,作为发展中国家的越南可以直接享受欧盟、美国、日本等发达经济体的"让利",同时还能实现与发达国家市场的联通,这使得越南在全球自由贸易网络中的"枢纽"地位日益凸显。此外,越南业已成为中国"一带一路"倡议,尤其是海上丝绸之路组成部分路线的主要参与者,并成为亚洲基础设施投资银行的主要融资机构和创始成员国。

一、贸易法规与政策

越南长期奉行"鼓励出口,限制进口"的贸易政策,许多商品出口价值在世界都占有重要地位。国际贸易商在越南从事国际贸易活动,需要清楚地了解越南进出口相关的法规和程序。

(一)贸易主管部门

越南工业与贸易部(Ministry of Industry and Trade,简称贸工部或MOIT)是统筹管理工业和商业的政府机构。主要职能包括向政府提交法律、条例草案、中长期发展战略,批准投资项目,组织管理工商法律法规的传播,制定国家标准,公布投资项目清单等36项任务。

(二)贸易法规体系

越南与贸易相关的法律法规主要有:《对外贸易管理法》(Law on Trade Foreign Management 2017)、《进出口关税法》(Law on Import Duty and Export Duty 2016)、《电子商务条例》(Regulation on E-commerce 2022)、《海关法》(Law on Customs 2014)、《企业法》(Law on Enterprises 2020) 等,对于外商在越南从事进出口贸易有明确的法律规定。

(三) 贸易管理相关规定

1. 进口管理

越南为了扩大出口,已签订15个双多边自由贸易协定,并承诺完全遵守国民待遇原则,保证透明度、公开性、公平性和简化行政程序,保障国家和各经济部门经营者的合法权益,结合进口管理,促进国内生产和出口的发展。

禁止进口的商品主要包括:(1) 武器、弹药和爆炸物(工业用途或军事技术设备除外);(2) 各种鞭炮(交通部批准的海上安全照明弹除外)、天窗和干扰车辆速度计的设备;(3) 禁止发展、生产、储存、使用和销毁化学武器及化学品;(4) 二手消费品,二手医疗设备,二手机械设备及二手车辆;(5) 禁止传播、流通的文化产品种类;(6) 使用信息技术产品的货物。(7) 野生动物活体或死体及其衍生物。

2. 出口管理

越南禁止出口的商品主要涉及与国防和安全有关的货物,尚未获得国家主管部门的出口许可,或与公共安全、传统文化相关的商品。具体细目包括:(1) 武器、弹药和爆炸物(工业爆炸物和军事技术设备除外);(2) 用于保护国家机密信息的密码产品。(3) 文物、古董和国宝等文化遗产;(4) 禁止传播和流通的出版物(如邮票);(5) 圆木,木材等各种天然林木;(6) 濒危、珍贵和稀有的野生动植物及其标本;(7) 禁止发展、生产、储存、使用和销毁化学武器及化学品。

此外,越南法律还规定暂停进出口措施、限制进出口、进出口配额、关税配额、商品原产地证明、临时进口再出口等制度管理对外贸易。

(四) 海关关税制度

越南海关受国家委托,对进出口货物进行监管征税。越南进口税率有三类:普通税率、优惠税率和特殊优惠税率。优惠税率适用于与越南建立最惠国关系的国家进口的货物。特殊优惠税率适用于与越南签订自由贸易协定的国家进口的货物,如东盟成员国、中国、日本、韩国、欧盟等国家或者地区。所有商品的关税税率可在越南海关总局网站上进行查询。大多数进出口的货物都要缴纳关税,但是过境货物、从免税区出口的货物、从外国进口到免税区并只在免税区使用的货物、从一个免税区域转运到另一个免税区的货物不用缴纳关税。出口关税从零到45%不等,以离岸(FOB)价格进行计算。

总的来说，根据越南与不同国家签订的自贸协定，越南对进出口货物征收若干种不同类型的关税。消费品（特别是奢侈品）需要缴纳较高比例进口关税，而生产所需的机器、设备、材料和用品，特别是那些越南国内没有生产的物品，则享有较低的进口税率，甚至零税率。进口货物的税率包括优惠税率、特殊优惠税率和标准税率，具体取决于货物的来源地。

向越南海关办申报清关时需要填写进口/出口关税申报单。出口关税必须在海关清关申报后 30 天内支付。对于进口货物，必须在提取货物前支付进口关税。

二、外商投资法规与政策

外国直接投资（FDI）是越南经济增长的主要来源之一。越南 2014 年颁布《投资法》（Law on Investment），并于 2020 年重新进行了修订，用于管理在越南的商业投资活动和越南对外投资活动。

（一）投资主管部门

越南主管投资的中央政府部门是计划投资部（Ministry of Planning and Investment），计划投资部下设外国投资署（FIA）主要职能包括对内投资和对外投资的管理职能，制定、评估和批准外国直接投资的项目清单、国家投资发展总体规划，综合、评估和协调投资促进活动等。

（二）投资方式

根据越南《企业法》和《投资法》规定，外国人可以通过多种方式投资越南，包括设立新企业、收购或兼并现有企业，建立分支机构或代表处等。

对于外国投资者而言，较为常见的企业组织形式有代表处（Representative office，RO）、分支机构（Branch Office，BO）、外国独资公司（100 percent foreign owned enterprise，FOE）、合资企业（Joint venture，JV）、公私合营（Public Private Partnership，PPPs）。越南投资企业的组织形式可见下表。

组织形式	目　的	优　势	劣　势
RO	·非独立法人 ·市场调查 ·与海外母公司联络	·注册程序简单	·无法开展营利性活动 ·母公司承担责任

续 表

组织形式		目 的	优 势	劣 势
BO		·非独立法人 ·商业活动仅限于母公司营业范围	·可将利润汇出国外	·限于某些行业 ·母公司承担责任
FOE	有限责任公司	·独立的法人实体	·责任仅限于资本 ·经营范围不受限制	·无法发行股票 ·最多50名股东
	股份有限公司	·独立的法人实体	·责任仅限于资本 ·经营范围不受限制 ·可以公开发行股票	·3名以上股东 ·多数需要建立监事会
JV		·公司或者个人基于特定目的合伙关系	·对非特定行业的出资无具体要求	·国内投资者的参与特定行业有最低出资要求 ·组建期限需2到4个月
PPPs		·国内外企业与政府对基础设施建设项目	·政府积极推动	·PPP模式多样 ·投资者回报不确定

（三）投资领域和行业限制

自2015年7月开始，越南开始利用"负面清单"方法来管理外商投资领域和行业。2020年越南新《投资法》正式规定，对外商投资项目实行负面清单管理制度。

1. 禁止投资项目及行业清单

越南《投资法》规定禁止投资的商业投资的行业有：麻醉药品贸易；化学品和矿物贸易；《濒危野生动植物种国际贸易公约》附录1规定的野生动植物物种标本贸易；附录3中I组濒危、稀有和珍贵野生动植物物种的天然标本；卖淫；贩运人口或人体组织和器官；与人的克隆有关的商业活动；鞭炮；商账追收。与上述前三种产品（麻醉药品贸易、化学品和矿物贸易、野生动植物物种标本贸易）相关的生产和经营活动，在用于分析、试验、科研、医疗、药品生产、刑事侦查、国防安全保障等目的时，必须遵守政府的规定。

《2021年第31号法令》第2节和附件一《限制外国投资者准入市场的行业

和职业清单》规定了关于市场准入行业和职业的负面清单，进一步规定 25 个禁止准入行业：（1）在贸易领域享有国家垄断的商品和服务清单下的商品和服务的贸易。（2）任何形式的新闻活动和新闻收集活动。（3）捕捞或开采海鲜。（4）调查和安全活动。（5）司法行政服务，包括司法鉴定服务、回发服务、资产拍卖服务、公证服务、财务主管服务。（6）根据合同将工人带到国外工作的服务。（7）投资建设公墓和墓地基础设施，转让与基础设施有关的土地使用权。（8）直接从家庭收集废物的服务。（9）民意调查服务（民意调查）。（10）爆破服务。（11）武器、爆炸物和辅助工具的生产和商业。（12）进口和拆毁用过的远洋船舶。（13）公共邮政服务。（14）货物转口业务。（15）临时进口再出口业务。（16）外国投资者或外商投资经济组织对属于外国投资者商品清单的货物行使出口权、进口权和分销权，不得行使出口权、进口权和分销权。（17）在武装部队各单位收集、购买和处置公共财产。（18）生产军事物资或设备；为武装部队、军用武器、设备、技术、武器、军事和公安专用车辆、零部件、零部件、特殊材料和设备以及专门制造它们的技术进行军事和军用业务。（19）知识产权代表服务业务和知识产权鉴定服务。（20）建立、运营、维护海事信号、水域、公共航道和海上航线的服务；为公布海事通知提供水域、公共航道和航道调查服务；水海图、海港、航道的勘测、建造和释放服务；制定和发布海事安全文件和出版物。（21）监管服务确保水域和公共航道的航行安全；海事电子信息服务。（22）为运输工具（包括车辆系统、总成、设备和部件）提供检验（检查、测试）和证书服务；为运输中使用的专用车辆、设备、集装箱和危险品包装设备提供技术安全和环境保护证书的检验和签发服务；为海上石油勘探、开采和运输车辆和设备提供技术安全和环境保护证书的检验和颁发服务；对安装在运输车辆和海上石油勘探、开采和运输的车辆、设备上安装的对职业安全有严格要求的机器和设备提供职业安全技术检验服务；渔船登记服务。（23）天然森林调查、评估和采伐服务（包括伐木和狩猎、珍稀野生动物捕获、作物基因基金管理、牲畜和农业用微生物）。（24）在农业和农村发展部评估和评价之前，研究或使用新的宠物品种遗传资源。（25）旅游服务业务，但为前往越南的国际游客提供服务的国际旅游服务除外。

2. 限制性投资的行业及职业清单

限制性投资的行业，是指出于国防安全、社会秩序安全、社会道德或者社会福祉等原因，商业投资活动必须符合一定条件的行业。《投资法》附件四规定了限制性投资的行业及其清单。

《2021 年第 31 号法令》第 2 节和附件一《限制外国投资者准入市场的行业和职业清单》中规定的 59 个有条件准入行业名单为：（1）制作和分发文化产

品，包括录像。（2）制作、发行和放映电视节目和歌舞表演、戏剧和电影。（3）提供广播和电视服务。（4）保险；银行；证券交易和其他与保险、银行、证券交易有关的服务。（5）邮政和电信服务。（6）广告服务。（7）印刷服务和出版物发行服务。（8）测量和制图服务。（9）空中摄影服务。（10）教育服务。（11）勘探、开采和加工自然资源、矿物、石油和天然气。（12）水力发电、海上风电和核能。（13）通过铁路、航空、公路、河流、海运和管道运输货物和乘客。（14）水产养殖。（15）林业和狩猎。（16）博彩业务，赌场。（17）保护服务。（18）建造、运营和管理河港、海港和机场。（19）房地产业务。（20）法律服务。（21）兽医服务。（22）与外国服务提供商在越南的货物采购和销售直接相关的货物和活动的采购和销售活动。（23）技术检查和分析服务。（24）旅游服务。（25）保健服务和社会服务。（26）体育和娱乐服务。（27）造纸。（28）生产超过29个座位的运输工具。（29）发展和运营传统市场。（30）商品交易所的运作。（31）内陆零售收集服务。（32）审计、会计、簿记和税务服务。（33）估价服务；咨询，以确定企业价值，以实现私有化。（34）与农业、林业和渔业有关的服务。（35）飞机的制造。（36）制造机车和铁路车厢。（37）烟草制品、烟草原料、烟草专业机械设备的生产和销售。（38）出版商的活动。（39）建造和修理新的船舶。（40）废物收集服务和环境监测服务。（41）商业仲裁和调解服务。（42）物流服务业务。（43）沿海航运。（44）种植、生产或加工珍稀作物、珍稀野生动物育种和加工和处理这些动物或作物，包括活体动物及其制剂。（45）建筑材料的生产。（46）建筑和有关技术服务。（47）组装摩托车。（48）服务涉及体育、美术、表演艺术、时装表演、美容和模特考试以及其他娱乐和娱乐活动。（49）空运支援服务；机场和机场的地面工程服务；机上餐食服务；监测导航信息服务、航空气象服务。（50）船舶代理服务；船舶牵船混合服务。（51）与文化遗产、版权和相关权利、摄影、录像、录音、艺术展览、节日、图书馆和博物馆有关的服务。（52）与旅游促进和推广有关的服务。（53）为艺术家和运动员提供代表、招聘和预约和管理服务。（54）与家庭有关的服务。（55）电子商务活动。（56）墓地业务、墓地服务和丧葬服务。（57）飞机播种和喷洒化学药物服务。（58）海事领航服务。（59）根据国民议会、国民议会常设委员会、政府和总理的试点机制投资的行业和职业。

3. 可享受投资优惠的项目和行业

为吸引外国投资者到越南投资，在越南特定领域或特定产业投资的实体可享受优惠政策。优惠政策主要包括：企业所得税优惠，进出口商品免征进口税，免征或者减征土地使用税、土地租金，计算应纳税所得额时加快资本折旧等。

根据越南 2020 年《投资法》规定，有资格获得投资优惠的行业包括：（1）高新技术活动、高新技术配套产业产品；研究和开发活动。（2）新材料、新能源、清洁能源和可再生能源的生产；制造附加值至少为 30% 的产品和节能产品；（3）电子产品、关键机械产品、农业机械、汽车及汽车零部件的制造；造船。（4）制造纺织服装和皮革鞋业的配套工业产品，以及上述第（3）款规定的产品。（5）信息技术产品、软件和数字内容的制造。（6）农林水产品的种植、加工；种植和保护森林；制盐；渔业和渔业物流服务；植物品种、动物品种和生物技术产品的生产。（7）废物收集、处理、回收或再利用。（8）投资于基础设施的开发、运营和管理；在城市中心发展公共交通。（9）学前教育、普通教育、职业教育、高等教育。（10）医学检查和治疗；药品生产、药用成分、药品保鲜；用于生产新药的制备技术和生物技术的科学研究；医疗设备制造。（11）为残疾人或专业人士建设体育锻炼和体育设施；保护和提升文化遗产的价值。（12）投资老年病和精神病治疗中心；投资老人、残疾人、孤儿和无家可归儿童收养中心。（13）人民信贷基金、小额信贷机构。（14）为创造或参与价值链、产业链而生产商品、提供服务。

对于外国投资者而言，在全球化走向区域化、全球产业链重构的当下，越南以下行业或者领域既具有潜在商机也充满挑战：工业新能源、先进技术加工制造业，数字经济，生产洗涤用品和化妆品，农产品加工，进出口和分销，房地产，餐厅或酒吧，物流和运输，二手车经销等。

（四）投资促进和保障措施

根据越南《投资法》第 10 条关于"财产所有权保证"规定，投资者的合法资产和资本投入不能通过行政手段进行国有化或征收。国家只能出于国防安全、国家利益、紧急状态或应对国家灾难等原因，强制收购或者征用投资者资产的，投资者有权依法获得购买款项或者补偿。同时，越南《投资法》还规定，越南不得强制投资者优先购买和使用国内商品和服务，或从国内商品生产商或服务提供商处购买商品和服务。越南也不会对投资者要求生产商品的出口比例，或进口比例。

此外，外国投资者还可享受各类投资优惠，包括知识产权、市场准入，以及将资本和资产汇出越南等方面的保护。国家保护投资者资产所有权、资本、收入以及其他的合法权益。

（五）投资争议解决途径

外国投资者在越南从事贸易投资活动，若发生争议可通过谈判和调解解决。

协商、调解不成的,可提请仲裁或法院解决。外国投资者在下列机构或者组织中选择一种进行解决:①越南法院;②越南仲裁;③国外仲裁;④国际仲裁;⑤争议各方按照协议约定进行仲裁。如果属于外国投资者与越南国家主管机关在越南境内进行商业投资活动的争议,应由越南仲裁或法院解决,合同另有约定或越南为缔约方的条约另有规定除外。

越南于1995年加入《纽约公约》,除此外还分别与中国、俄罗斯、捷克、斯洛伐克、波兰、匈牙利、保加利亚、古巴、老挝、朝鲜、乌克兰、白俄罗斯、法国和蒙古国签署了14项关于承认及执行外国法院民事判决和裁定、外国仲裁裁决的司法协助条约。越南司法部公布的数据显示,自2012年1月1日至2019年9月30日,在83份执行外国仲裁裁决的申请中,30份申请被拒绝执行,其余53份申请被批准[①]。

[①] 参见越南司法部网站,识别和执行判决、外国法院判决、外国仲裁裁决的数据库,https://moj.gov.vn/tttp/Pages/dlcn-va-th-tai-VietNam.aspx,最后访问日期2023年7月24日。

第七章　知识产权法律制度

东盟十国对于知识产权的法律保护十分不同，不仅法律框架有所差异，保护的客体也是千差万别。老挝、菲律宾和越南制订了统一的《知识产权法》，将所有知识产权法律规范整合于这一部分法律之中；柬埔寨和泰国将专利和产品外观设计的法律集合成一部《专利法》；而文莱、印度尼西亚、马来西亚、新加坡等受英美法系影响较大的国家则分别制定有单一的《著作权法》《专利法》《产品外观设计法》《商标法》，有的国家还有《地理标志法》《集成电路布图设计法》；泰国还有保护其传统医药的《传统医药法》。在东盟十国知识产权法律制度中，有的国家专利保护客体包括发明、实用新型和产品外观设计，如泰国、越南等；有的国家却并不保护实用新型，如新加坡；有的国家将实用新型专利称之为小专利或简易专利，如印度尼西亚和老挝。

基于此，为照顾中国读者的思维惯例，同时顾及本书的篇幅，本书的编写参照中国知识产权法律的体例，仅对东盟十国著作权、专利、商标法律制度进行概要论述，同时在论述中尊重各国知识产权法律相关特色，尽量在不改变其法律体系结构的基础上叙述各个国家知识产权保护的相关内容。对地理标志、植物品种保护、集成电路布图设计等相关内容，期望今后在对知识产权法律制度的探究过程中，再进行深入系统地论述。

第一节　文莱知识产权法律制度

文莱的知识产权制度起源于殖民时代，因此具有很深的英美法系的烙印[①]。文莱没有一部统一的《知识产权法》，相关规定散见于各知识产权客体保护的法律制度之中。

文莱早在1994年就已加入《建立世界知识产权组织公约》和《WTO与贸易有关的知识产权协议》（TRIPS协议），2000年之后又陆续成为《保护文学和

---

① 宋志国等：《中国—东盟知识产权保护与合作的法律协调研究》，北京：知识产权出版社2014年版，第81页。

艺术作品伯尔尼公约》（简称《伯尔尼公约》）、《国际承认用于专利程序的微生物保存布达佩斯条约》（简称《布达佩斯条约》）、《商标国际注册马德里协定有关议定书》（简称《马德里议定书》）、《保护工业产权巴黎公约》（简称《巴黎公约》）、《世界知识产权组织著作权条约》（简称《WIPO 著作权条约》）、《世界知识产权组织表演和录音制品条约》（简称《WIPO 表演和录音制品条约》）等众多国际知识产权保护公约的缔约国。为履行 TRIPS 协议于 2000 年 1 月 1 日在其国内生效的承诺，文莱先后在 1999 年颁布了多项与知识产权相关的命令，如《紧急（专利）令》《紧急（著作权）令》《紧急（布图设计）令》《紧急（产品外观设计）令》等。之后，文莱不少《紧急令》直接转变为法律适用，如《紧急（著作权）令》《紧急（产品外观设计）令》，有的方面则又重新进行了立法，如《专利法》等①。

文莱知识产权事务的主管机关是隶属于总检察署的知识产权局，对专利、外观设计、商标、植物品种、著作权的登记、审批或授予等行使管理职责。

一、著作权法

文莱目前的著作权法律制度仍旧适用 1999 年的《紧急（著作权）令》（Emergency [Copyright] Order，下文简称文莱《著作权法》），该法一些条款于 2013 年进行了修正，称《著作权修正案》（Copyright [Amendment] Order）。文莱《著作权法》分序言、正文（共 3 编）和总则三个部分，共计 215 条，于同年 5 月 1 日生效；2013 年修正案对于侵权人的刑事责任进行了较多的修改，修正案于当年 12 月 4 日施行。②

根据《著作权法》，文莱成立了特殊的著作权法庭（Copyright Tribunal），著作权法庭由 1 名主席、1 名副主席以及 2 至 6 名成员共同组成。著作权法庭负责审理与著作权登记证书相关的争议案件。

（一）著作权客体与内容

1. 受保护的作品

文莱公民、居住在文莱的公民或者根据文莱或相关国家法律依法成立的机

---

① 目前文莱有关知识产权的法律制度的汇总可见知识产权局官网，http://www.bruipo.gov.bn/SitePages/legislation.aspx，最后访问日期 2022 年 12 月 15 日

② 文莱《紧急（著作权）令》以及 2013 年《著作权法修正案》英文译本见 http://www.bruipo.gov.bn/Shared%20Documents/PDF/Legislation/CR/Copyright%20Order%201999.pdf 和 http://www.bruipo.gov.bn/Shared%20Documents/PDF/Legislation/CR/Copyright%20Amend%20Order%202013.pdf，最后访问日期 2022 年 12 月 15 日。

构首次在文莱或相关国家公开或出版的由文字或语言形成的文学作品、由雕塑或图形或图片等构成的艺术作品以及戏剧作品、音乐作品、计算机程序等都是受著作权保护的作品。对于文莱缔结的国际公约规定应受保护的作品，在文莱也受著作权保护。

2. 著作权内容

在文莱，著作权包含人身权[①]和经济权利。《著作权法》所规定的人身权是较为特殊的，包括身份识别权、反对作品受贬抑权以及隐私权。经济权利一词在《著作权法》条文中较少使用，实际上人身权利除外的其他权利描述基本就是作者通过作品发表、出版、复制、传播等方式而获得的经济收益的权利。

身份识别权是指作者及影视作品导演身份的被识别权，即在文学、戏剧、音乐、艺术、建筑等作品或影视作品在公开、发表、出版、录制、发行、展览或以其他方式向公众传播之时，其作者或导演的身份有权被识别。反对作品受贬抑权是指文学、戏剧、音乐或艺术作品的作者和影视作品的导演，有权在作品改编、编排或转录、播放等方式使用作品时，有权要求禁止对作品歪曲并有损作者或导演荣誉或声誉的权利。隐私权只涉及某类照片或影视作品，即受托为私人或家庭而拍摄的照片或制作的影视作品，其作者或制作人有权不将此作品向公众发布、展示、广播的权利。《著作权法》特别规定，对于作品或影视作品存在虚假作者或导演标识的，被标识的作者或导演在去世后 20 年内仍旧拥有指控此虚假标识的权利。

(二) 著作权归属与行使

1. 著作权归属

作品的著作权属于创造作品的作者，合著作品的著作权属于合著作者，合著作品中的每一个作者对作品的贡献不加区别。因雇佣关系而在受雇期间创作的文学、戏剧、音乐或艺术作品，雇主视为作品的第一所有人，有任何相反协议的除外。

2. 转让与许可

《著作权法》第 93 条明确，著作权视为动产，可以通过协议、遗嘱以及其他合法的方式进行转让与许可。但人身权利不可转让，当作者去世后，作者的身份识别权、反对作品受贬抑权以及隐私权将出其继承人或代理人行使。

在文莱，著作权的转让与许可协议不可包括"未来著作权"，即各类作品

---

① 东盟十国绝大多数国家的著作权法均采用精神权利 (Moral Right) 这一概念，为顾及读者阅读，本书均采用人身权概念以替换。

将可能在未来产生的著作权,此类协议的受让人则为"预期所有权人",其将因此类协议而获得预期的著作权。

3. 合理使用

对于著作权合理使用的规定被详细规定在了《著作权法》"与著作权作品相关的许可行为"一章之中。《著作权法》对于不属侵犯著作权的"许可行为"不仅细致,甚至可以说烦琐。法律不仅规定了为科学研究或教学或个人学习之目的而合理使用、复制、摘录[①]著作权作品的,属于法律许可的行为;因评论、新闻报道、简短引用等目的而合理使用、复制、摘录作品的,也属于法律许可的行为;法律还对音乐、绘画、雕塑、音像制品、广播等各类作品或产品的使用规定了极细致的条款,甚至列出某些教育机构对作品的复制在每季度不得超过作品的1%。

(三) 相关权利

《著作权法》正文第2编规定了表演者的权利。表演者享有被认定为表演者、保护表演完整并反对对其表演歪曲及有损其名誉或声誉的人身权,表演者也享有经其同意录制或使用其表演并由此获得经济收益的权利。表演者可以书面形式放弃其人身权利,但此权利不可转让;如果表演者死亡,接受其人身权的个人有权放弃此权利。

(四) 法律保护

1. 保护期限

在文莱,著作权的法律保护自作者去世年末的第50年后失效,无法确认作者身份的作品著作权,则自作品在完成之日、首次公开或出版之日起算50年。合著作品著作权自最后一位作者去世年末的第50年后失效,如果其中涉及部分作者无法确认,则著作权自最后一位已确认身份的作者去世年末的第50年后失效。文莱《著作权法》还特别强调了,由计算机生成的作品,其著作权的保护期只截止至创作完成之日的50年后。

音像制品的保护期则自音像录制完成之年末的第50年后失效,如果音像制品在此期间发行的,则保护期截止发行日之年末的第50年。广播节目的保护期为节目播出日之年末的第50年届满,节目重复播出的不再享有权利。《著作权法》第16条强调,广播节目如果被出版发行,则对此节目的保护期只有25年,

---

① 法条原文使用的是 fair dealing with,但从条文规定的具体手段和方式来看,大致包括有使用、复制等。

自首次出版发行日之年末起算。

对于政府和国会享有著作权的作品，《著作权法》第 167 至 172 规定了与上述保护期不一样的保护年限，某些作品的最长保护年限可达 125 年。

2. 法律责任

《著作权法》第 18 条规定，任何未经著作权人授权或许可，从事或授权他人从事受著作权限制的任何行为，均构成对作品著作权的侵犯，如复制（包括以电子形式将作品进行存储）、改编、翻译、录制或转录、播放、编排、出售、租赁等。未经著作权人许可，明知是侵权作品而仍予以进口的，构成对作品的二次侵权。

对于侵权人，著作权人可以向法院提起侵权之诉。在诉讼中，著作权人可以要求通过损害赔偿、法院禁止令等方式获得救济。法院可依著作权人之申请对侵权作品或相关设备颁发扣押、查封、没收等令状，也可判处侵权人给付额外的赔偿金。

对于侵权构成犯罪的，法院可依性质和情节对侵权人单处或并处监禁或罚金，相较 2000 年的《著作权法》，2013 年《著作权法修正案》对各类不同的犯罪行为规定了非常详细的处罚，同时提高了对于处罚的刑期和罚金数额。

二、专利法

2011 年文莱颁布现行《专利法》（Patents Order），2012 年又颁布实施《专利法》的《专利实施条例规则》（Patents Rules 2012），二者于同一天（2012 年 1 月 1 日）正式生效。2011 年《专利法》共 20 章 115 条[1]，废除了 1925 年制订、1984 年修订的《发明法》（Inventions Act）和 1999 年的《紧急（专利）令》（Emergency [Patents] Order 1999），破除了只有获得英国、新加坡或马来西亚的专利授权时，在文莱的专利才能受到保护的相关规定，因而首次在文莱确立了一个独立的专利制度。

2011 年《专利法》近年分别于 2017、2020、2021 年进行过修正，2021 年修正案已于 2022 年 3 月 18 日与其实施条例一起生效。

---

[1] 文莱 2011 年《专利法》英文文本见 https://www.agc.gov.bn/AGC%20Images/LAWS/Gazette_PDF/2011/EN/S057.pdf；2017 年修正案英文文本见 http://www.bruipo.gov.bn/Shared%20Documents/PDF/Legislation/PA/Patents%20（Amendment）%20Order%202017%20S32.pdf；2020 年修正案英文文本见 https://www.agc.gov.bn/AGC%20Images/LAWS/Gazette_PDF/2020/EN/S004.pdf，最后访问日期 2022 年 12 月 16 日。

（一）专利权客体

在文莱，专利权客体只有发明专利。根据 2011 年《专利法》第 30 条的规定，具备新颖性、创新性和工业实用性的产品或制造产品的方法可被授予发明专利，可授予专利的发明可以是为问题提供新技术解决方案的产品或方法。专利持有人必须能够证明该发明是新颖的、具有创造性并且具有工业应用。文莱专利授予是在"先申请"制度下运作，这意味着一旦申请获得批准，在文莱司法管辖区提交知识产权的第一个人或实体将拥有该权利。

科学发现和数学方法，文学、戏剧、艺术等作品，经营活动、游戏规则或方法；诊断、治疗和手术的新技术或方案，描述性信息，违反法律或公共秩序的发明等，在文莱不能被授予专利。对于有损文莱国防或公共安全的发明，文莱将拒绝授予专利。已经授予专利的，文莱政府有权申请撤回；对于因此而遭受经济困难的申请人，文莱政府可予以补偿合理报酬。

（二）专利申请与授予

专利申请人应向主管机关专利注册处提交注册表格（Patent Form 1 - PF 1）、申请及相关文件，外国人通过专利代理人提交申请。申请人提交的材料包括：申请人；发明人；说明书；委托书；权利证明；首次申请说明；发明的内容、图示和保护内容。

注册处收到完整申请书之日为申请日，同一发明在《巴黎公约》成员国先提出申请的，可请求优先权。注册处对申请内容进行形式审查、专利检索和实质审查。认定审查合格的予以注册，依据申请人的诉求发给专利授权证书并公示。文莱加入了东盟专利合作审查计划，对东盟成员国申请人实行专利注册的简易程序。

已公开或发表的技术均不能被授予专利，包括：在申请日或优先权日之前已经公开传播、被使用或者其他方式被公开的技术；申请的技术已经被记载入已申请或已授予专利的内容中。

（三）专利权

发明人为专利权人。合作发明由合作者或者合作者的继承人共同享有专利权。职务发明，指发明是在雇员的职责范围内作出的，或者是雇主分派给雇员的事务，即使雇佣合同没有专门注明，雇主为专利权人。另外，发明为雇员履行职责中衍生的结果，专利也属于雇佣人。

专利权人享有实施、转让或抵押以及许可他人使用专利的权利，还可以申请恢复已过期专利或放弃专利权。任何人可以依法定事由向法院提起撤销专利的请求，注册官员可以依职权命令撤销专利。此外，任何利害关系人可以依据第 57 条的规定，向法院提出专利强制许可。如果强制许可被法院接受，则受益人应当向专利权人支付合理报酬。因公共非商业原因或者因国家紧急或危急情形下，文莱也可根据第 58 条规定将发明专利用于政府服务。

（四）法律保护

在文莱，专利保护的有效期自申请日起算为 20 年，每年均需缴纳年度续展费（Annual Renewal Fees）。根据《专利法》第 36 条规定，如果专利权人提出证据主张注册官员在授予专利方面存在不合理的延迟或者专利包括有作为药品的活性成分物质的，专利所有人可提出延长专利期限申请，专利延长的期限不得超过 5 年。

如未经专利权人授权或许可，在文莱生产、制造、处分、使用或者出口受专利保护的产品或相关设备，均属侵犯专利权的行为。专利权人可向法院提起侵权救济诉讼。对于与专利相关的犯罪行为，《专利法》第 17 章作了详细规定：如对于伪造专利登记册的犯罪嫌疑人可单处或并处 5000 文莱元以下的罚金、12 个月以内的监禁，对未经授权主张即专利权或专利申请的犯罪嫌疑人可单处或并处 1 万文莱元以下的罚金、12 个月以内的监禁，公司或法人团体实施了侵权犯罪行为的，同意或纵容单位行为或疏忽管理的高级职员应承担相应的刑事责任。

三、产品外观设计法

文莱对于产品外观设计的保护独立于专利法律制度。目前文莱产品外观设计法律制度适用的仍旧是 1999 年的《紧急（产品外观设计）令》（以下简称《外观设计法》），共 9 章 85 条。2014、2020 年，文莱对《外观设计法》内容进行了较多的修改[1]。

（一）外观设计保护的客体

文莱《外观设计法》所保护的"外观设计"是指能应用于产品并表达产品形状、配置、图案或装饰特征，具有可视性和吸引力的且具新颖性的外观设计。

因此，《外观设计法》第 2、3、9、10、11 条规定，任何与申请日或优先权日前相同或相似的外观设计均不满足新颖性要求；任何不考虑美学因素的外观

---

[1] 文莱《紧急（产品外观设计）令》（合并 2014、2020 年修正条文）英文译本见 https://www.agc.gov.bn/AGC%20Images/LAWS/BLUV/INDUSTRIAL%20DESIGN%20ORDER%20（FEB%202020）.pdf，最后访问日期 2022 年 12 月 16 日。

设计、物品的构造方法或原理、仅为以及仅由物品必须履行功能或物品外观所决定的形状或配置均不得进行外观设计注册；文莱对于违反公共秩序或道德的工业设计拒绝注册。

(二) 申请与注册

在文莱，符合注册条件的产品外观设计人可以向知识产权局下属的产品外观设计处提出注册申请。申请应包括注册申请表、7套相同的设计表示、适合工业生产以及新颖性的说明、申请人信息、其他相关文件等，申请应同时缴纳规定的申请费。

产品外观设计处对于注册申请仅进行形式审查而并不进行实质审查。如果注册申请符合基本要求，注册官员将会在登记册中申请的外观设计进行登记，记录外观设计权人（包括申请人以及提出了申请的权利继承人），同时向权利人签发注册证书并向此注册在官方公报进行公布。

(三) 权利内容

设计申请人拥有外观设计及其权利，有多名申请人的，外观设计及其权利由共同申请人拥有，外观设计及其权利不可分割。

《外观设计法》第32条明确规定，外观设计及其权利属于动产，可与其他动产相同的方式进行转让和抵押。无论是全部或部分转让或抵押，必须签署书面协议，转让人或其代理人签名认证，否则此转让或抵押将无法律效力；如果转让人为法人单位，则转让协议还须加盖法人印章。外观设计及其权利还可以依法继承。

在为保护国家安全、国家出现紧急或危急情形、为公共非商业目的且之前政府已采取措施无法以合理条件获得所有权人许可之时，法律规定文莱政府可以授权他人代表政府使用该外观设计。但此使用只能在文莱境内行使，且不得向公众出售，所有权人有权获得合理报酬。

(四) 法律保护

文莱产品外观设计的保护期为5年，自注册申请提交日开始计算。期满3个月内，权利人可以申请注册期限的延长。延长的申请2次为限，每次申请延长的期限仍为5年，即外观设计的保护期限最长为15年。

对于受侵犯的外观设计，权利人可向法院提起侵权救济。法院可向侵害人发出查封、扣押、没收等禁止令，同时也可要求侵害人承担损害赔偿、没收所得利润等，在同一侵权行为中赔偿与没收利润的处罚二者只能取其一。

侵犯行为构成犯罪的,《外观设计法》第8章详细规定了刑罚种类与具体量刑。对伪造登记册的犯罪人,法院可单处或并处5年以下监禁、5万文莱元以下的罚金,教唆或引诱获此罪的,法院对犯罪人单处或并处2年以下监禁、5万文莱元以下罚金;谎称已获外观设计注册或滥用产品外观设计注册处名称的犯罪人,法院仅判处罚金,数额分别为不超过1万、5万文莱元;单位犯罪的,同意或纵容单位行为的高级职员承担相应刑事责任。

四、商标法

文莱《商标法》(Trade Marks Act)于2000年颁布,2014年进行了修正。2016年文莱申请加入《国际商标注册马德里议定书》(Protocol Relating to the Madrid Agreement Concerning the International Registration of Marks)后,于2017年对《商标法》进行了两次修正,主要对商标申请和注册、商标管理和保护等方面做了补充[①]。2018年5月28日,《商标(国际注册)规则》(Trade Marks (International Registration) Rules)生效,2000年6月1日《商标(侵权货物进口)规章》(Trade Marks (Importation of Infringing Goods) Regulations)实施。

(一)可注册的商标

《商标法》明确,商标是用来识别商品或服务的标志,是文字、字母、数字、图形、颜色以及商品的形状和包装等元素或元素的组合。

商标如果不具有独特性、仅由货物或服务的种类、质量、数量、用途、价值、地理来源、生产时间或提供服务时间、以及违反公共政策或公认的道德原则、具有欺骗性质、法律禁止使用的商标(如皇家军队的徽章或类似的标志;苏丹的皇冠、旗帜或类似图案;苏丹或皇室成员的肖像或与其相似的肖像;误导公众认为申请人获得皇室授权;文莱国旗;含巴黎公约或世贸组织徽章或其成员国国徽的;与苏丹授予个人的纹章相似且足以误导公众)、恶意申请的商标、与申请日或优先权日之前相同或近似的商标等,均不得申请或允许注册。

---

① 文莱2000年《商标法》英文译本见http://www.bruipo.gov.bn/Shared%20Documents/PDF/Legislation/TM/TM-Cap98.pdf;2014、2017年修正案英文译本分别见http://www.bruipo.gov.bn/Shared%20Documents/PDF/Legislation/TM/TM%20Act%20(Amendment)%20Order%202014%20S42.pdf,http://www.bruipo.gov.bn/Shared%20Documents/PDF/Legislation/TM/TM%20Act%20(Amendment)%20Order%202017%20S3.pdf,http://www.bruipo.gov.bn/Shared%20Documents/PDF/Legislation/TM/TM%20Act%20(Amendment)(2)%20Order%202017%20S89.pdf,最后访问日期2022年12月16日。

(二) 商标注册申请

文莱公民或公司、居住在文莱的公民均可向文莱知识产权局商标注册处提交商标注册申请。住所在境外的申请人由代理人提交申请。同一商标只能申请注册一个具体商品或商品类别。商标注册处受理后确认申请日，并从申请日起检索在库已有商标，进行形式审查和实质审查，有异议的以书面形式提交理由。审查合格的或异议不成立的，商标被核准并予以公布，商标注册处将注册商标及权利人信息载入登记册。

(三) 商标权

商标权属于商标申请人所有，共同申请人共同享有商标权，商标权不得分割；未经其他共同权人同意，任何所有权人不得单独转让、授权使用、转让或抵押其享有的商标权。未经商标所有权人同意，他人不得在同类或类似商品或服务上使用与注册商标相同的标识。

《商标法》第5条规定，注册商标是一种财产权利。注册商标可以转让或抵押，但须以书面方式进行，未经转让人或其代理人（法人单位转让或抵押的应由单位签章）签字确认的，转让或抵押无效。商标权人可以授权许可他人使用注册商标，包括独占许可和非独占许可。独占许可人享有和注册所有人同样的救济和包括诉权在内的权利，可以和授权人协议被许可人的权利范围。

(四) 商标权保护

商标的有效期从注册之日起算为10年，可无限次续展，每次续展有效期为10年。商标注册期满后6个月内仍未续展的，商标将被移除并公示。商标被移除后6个月内，商标权人可申请复活商标，但需要缴纳续展费和复活费。

贸易过程中使用和注册商标相同或相似的标记，且构成侵权的，商标权人可向税控官书面请求没收海关管制下的商品，海关官员应依据利害关系人提供的信息对侵权商品和行为进行调查并作出裁决。此外，海关可扣留涉嫌侵权的商品，但不能认定为侵权行为的，或法院作出不予扣留裁定的，海关应放行被扣留的商品。

侵权行为构成犯罪的，法院根据行为性质和犯罪情形可对侵害人单处或并处监禁从1年以下至5年以下不等、罚金从1万以下至10万文莱元以下。对于单位犯罪的，同意或纵容单位行为或疏忽管理的高级职员应承担相应的刑事责任。

第二节 柬埔寨王国知识产权法律制度

柬埔寨颁布过许多与知识产权保护相关的法律,如《商标、商品名称和不正当竞争行为法》(Law on Trade Marks, Trade Names, and Acts of Unfair Competition, 2002)、《专利、实用新型认证和产品外观设计法》(Law on Patents, Utility Model Certificates and Industrial Designs, 2003)、《著作权及相关权法》(Law on Copyright and Related Rights, 2003)、《种子管理及育种者权利法》(Law on Management of Seeds and Breeders' Rights, 2008) 等。除这些正式立法之外,柬埔寨还颁布了执行这些法律的子法令和条例,如《关于实施商标、商号及不正当竞争法的子法令》(Sub-Decree on Implementation of the Law on Trade Marks, Trade Names, and Acts of Unfair Competition, 2006)、《关于授予专利和实用新型证书程序的部长令》(Prakas on Procedures for Granting Patents and Utility Model Certificates, 2006)、《关于产品外观设计注册程序的部长令》(Prakas on Procedures for Registration of Industrial Designs, 2006)、《商品地理标志法》(Law on Geographical Indications of Goods, 2014) 等。

为了制定统一的国家知识产权政策,柬埔寨于1999年成立了国家知识产权管理委员会,商务部长和工业、矿产和能源部长分任主席和副主席,知识产权部长担任秘书长(2008年改革后,国家知识产权管理委员会秘书处设在知识产权部),成员还包括文化和美术部长以及信息部长。2007年,改组后的知识产权部下设注册处、地理标志和商业秘密处、诉讼处、国际合作与法律事务处。

一、著作权法

柬埔寨《著作权和相关权利法》于2003年颁布并实施,共7章69个条文[①]。2016年7月5日,柬埔寨文化和美术部(Ministry of Culture and Fine Arts)发布《关于集体管理组织的宣言》(Prakas [Declaration] on the Collective Management Organization)以强化对著作权的管理。

(一)著作权客体与内容

1. 著作权客体

根据柬埔寨《著作权和相关权利法》的规定,著作权是指权利人对其创作

---

① 柬埔寨《著作权和相关权利法》英文译文参见https://cambodiaip.gov.kh/DocResources/2536fcc7 - e801 - 4855 - a157 - a8de52f77008_ c786a043 - b88d - 4f64 - 9429 - 60a330efdc5f - en.pdf,最后访问日期2022年12月16日。

的文学、艺术、科学或音乐作品享有的人身和财产权利。具有原创性的书籍、雕塑、建筑、计算机程序、绘画、照片、音乐作品和其他类型一些作品均属著作权法保护的范畴。

法条第3、7、8条详细规定了受著作权保护的作品及其衍生作品或数据库的汇编，包括：柬埔寨公民或经常居住地位于柬埔寨的自然人与法人的著作、唱片或表演者作品；首次在柬埔寨出版的著作、唱片或表演者作品（若作品首次向公众发布后的30天内在柬埔寨出版视为首次在柬埔寨出版）；其制作人总部或经常居住地位于柬埔寨的视听作品；位于柬埔寨境内的建筑作品、融合了建筑或其他结构的艺术作品；总部位于柬埔寨境内广播组织的广播或从柬埔寨境内发射的广播；其他柬埔寨有义务依国际条约给予保护的作品等。同时法条在第10条明确规定"涉及各类法律和条例、国家公告或决定通知等、法院判决或令状以及其上的相关翻译，并电子创意、形式、操作方法、概念、原则、发现或纯粹的数据"不受著作权法的保护。

2. 著作权内容

柬埔寨著作权法规定，所有权人对作品享有专有权利，可对除所有权人以外的其他任何人强制执行，这些权利包括人身权利和经济权利。

在柬埔寨，人身权包括对作品的专有权、披露权、署名权、修改权，并有权反对对其作品内容进行任何形式的歪曲、毁损或修改的行为。人身权具永久性，不可被剥夺、不可被侵犯。

著作权的经济权利指著作权人通过授权复制，向公众传播作品并创造衍生作品以获得收益的独占权利，包括翻译权、改编权、复制权、引进权、发行权、公演权、展示权和广播权等。

(二) 著作权归属与行使

1. 著作权归属

作者当然享有作品的著作权，包括以笔名或匿名方式发表作品的作者。为此，出版商或最初披露作品之人必须持有协议，以确认作者的身份、笔名或匿名。另外，如果作品为合著完成，则合著者共同享有合作作品的著作权，合著者须一致并达成书面协议才可行使其权利。《著作权和相关权利法》特别指明，视听作品的合著者还包括导演、场景作者、改编者、音乐作品作者、动画作品作者等。

《著作权和相关权利法》第13、16条还特别规定，传播的作品中已公开披露姓名的自然人或法人单位，才是该作品的著作权人；作品如因工作合同而被创造，则作品的经济权利应视为由雇主享有；但有相反证据或协议的除外。

2. 转让与许可

在柬埔寨，著作权可以继承和转让，转让可以是全部或部分转让。继承情形下，著作权一般按遗嘱规定转移给继承人或第三人；如果著作权人没有继承人，此项权利将由文化和美术部代表国家行使。

著作权的经济权利转让必须采取书面合同形式，否则转让将可被视为无效。转让合同应列明经济权利转让的内容、范围、期限等，甚至可包含转让的地理区域。合作作品经济权利的转让须获得所有作者的同意，若合著者无法达成一致的，由法院进行裁决。法律还规定，个人可以利用其参与创作的合著作品，但其利用不得对合著作品的利用造成任何损害。

3. 合理使用

《著作权和相关权利法》第25至28条亦规定，向亲朋好友等亲密群体进行的私人陈述；为保存或研究之目的而对图书馆内的作品副本进行处理；因教育而非经济利益目的使用作品；将高棉语作品及少数民族语言文字作品进行互译的；基于批判性、辩论性、教学性、科学性或信息性的工作而对作品进行的分析和简短引用的；对新闻评论广播的；通过新闻或电视广播向公众进行演讲的；基于原作改编的漫画、样式或漫画艺术的，均无须征得所有权人的同意，不过分析引用、演讲或改编需使用人对作品作者姓名和作品来源作出明确的说明。

（三）相关权利

《著作权和相关权利法》第3章第41至48条规定了与著作权相关的权利，此类相关权利包括了表演者的权利、唱片制作人的权利、视频制作人的权利和广播组织的权利，具体为：表演者通过各种形式的舞台表演对作品、传统或风俗进行再现而享有的专有权和使用权；对以声音呈现出来的录音制品的专有权和使用权；对以图像或影音形式呈现的录像制品的专有权和使用权；广播电视和电台对其录制的通信作品的专有权和使用权。

不过，法条第50条也对相关权利进行了限制，即在未经权利持有人授权和未支付任何报酬的情况下，允许以下行为：新闻报道对新闻事件（只从表演或录音材料或广播中提取短片段）的报道；仅为科学研究目的进行的复制；仅为教育目的而进行的复制，但为教育目的制作的表演或录音制品除外；从表演、录音或广播中提取的简短引文，但前提条件须是此类引文符合合理使用并被证明为具适当的信息目标；构成受本法保护作品有关例外情形的其他用途；为实现典礼、会议或其他国家性活动目的而使用的全部或部分同步广播的图像和声音记录；等等。

（四）法律保护

1. 保护期限

《著作权和相关权利法》规定，著作权的人身权永久受法律保护。经济权利的保护期覆盖作者终身及作者死亡之日后 50 年；合作作品的保护期及于最后死亡作者去世后的 50 年；以匿名或假名方式出版的作品，自作品首次出版日起的 75 年内受到保护；集体作品、视听作品和遗作的经济权利，保护期亦从首次出版之日起算 75 年；作品若在完成后 50 年内未公开的，保护期则从公开之日起算为 100 年。

《著作权和相关权利法》规定，与著作权相关权利的保护期限为 50 年，即自表演固定在音像之日起或未固定于音像之中的自表演发生之日起、唱片出版之日起或唱片未出版的则自唱片录制之日起、广播节目播出之日起后的 50 年为止。

2. 法律责任

《著作权和相关权利法》规定，任何人著作权或相关权利遭受或可能遭受侵犯时，均可向法院提出禁止、阻止侵权行为并要求赔偿的诉讼。法院有权对侵权作品或相关设备采取没收、销毁、扣押等措施。海关亦可以对侵权作品或相关设备采取相应的边境措施。

对任何侵犯他人著作权构成犯罪的行为，法院可对生产或复制侵权行为人判处 6 至 12 个月的监禁和/或 500 万至 2500 万瑞尔的罚金，对进出口侵权行为人判处 6 至 12 个月的监禁和/或 200 万至 1000 万瑞尔的罚金，若为再次犯罪的则适用双倍的处罚。

对于相关权利的侵权行为，法院可对唱片、录音录像制作或复制侵权人处以 6 至 12 个月监禁和/或 500 万至 2500 万瑞尔罚金，对进出口唱片、录音录像侵权人处以 1 至 3 个月监禁和/或 200 万至 1000 万瑞尔罚金，对违法广播的侵权人可处以 1 至 3 个月监禁和/或 100 万至 1000 万瑞尔罚金，重复犯罪的则适用双倍处罚。

二、专利法

柬埔寨于 2003 年颁布《专利、实用新型认证和产品外观设计法》，共 9 章 137 条，包括总则、发明专利、实用新型、专利申请、工业外观设计、普通程序、处罚、暂时条款和附则[①]。2017 年，柬埔寨对该法第 37、38、109 和 136

---

① 柬埔寨《专利、实用新型认证和产品外观设计法》英文译文见 https：//wipolex. wipo. int/en/text/567453，最后访问日期 2022 年 12 月 16 日。

条进行了修正。

(一) 专利客体

发明专利包括在特定科技领域解决问题的技术方案、生产制造中的新方法或新发现。根据《专利、实用新型认证和产品外观设计法》第5条的规定，一项发明需同时具备创造性、新颖性和工业适用性，才可申请专利。但在第4条中规定，对于以"发现、科学理论和数学方法；开展业务、进行纯粹的心理活动或玩游戏的计划、规则或方法；通过手术或疗法对人体或动物体进行治疗的方法，以及对人体或动物体实施的诊断方法；本规定不适用于以任何这些方法使用的产品；医药产品；微生物以外的植物和动物，以及生产植物或动物的主要生物过程；植物品种等"申请者，不能授予专利。对于计算机软件，如若满足"过程发明，全部或部分由计算机执行并由计算机指导的步骤组成；或者由计算机实现的发明的要素组成的产品发明，尤其包括：存储在诸如软盘、计算机硬盘驱动器或计算机存储器等有形介质上的机器可读计算机程序代码；和一种通用计算机，其对现有技术的新颖性主要源于其与特定计算机程序的结合"这一要求，则可对计算机软件申请专利。

实用新型指具备新颖性和实用性的可用于工业流程或产品制造的新发明。申请注册条件除创造性要求外，其余与发明一致。在柬埔寨，如若申请的实用新型专利违反公共秩序或道德、对人类或动植物生命或健康有害、严重损害环境、或法律禁止，均不得授予专利证书。

《专利、实用新型认证和产品外观设计法》规定受保护的工业外观设计，是指通过线条、图案、颜色、三维体等元素或元素的集合，能清晰体现出产品或手工艺品的特殊形态且能被识别的设计。不保护产品外观设计中仅用于获得技术成果的任何东西和任何违反公共秩序或道德的工业设计。

工业外观设计申请的条件只需要新颖性即可，新颖性是指此外观设计未在申请日或（如适用）优先权日之前以有形形式或使用或以任何其他方式在世界任何地方向公众公开过。

(二) 专利申请与授予

申请专利，发明人需向工业部提交申请文件，联合发明人需共同提交。两人以上独立完成，分别提交的，在先申请人优先。工业部对申请进行形式审查和实质审查，如具有对审查合格的专利，颁布发明专利证书并进行登记。柬埔寨已加入《巴黎公约》，专利的申请人或代理人属于公约的成员国国民的，可取得在先注册优先权。

《专利、实用新型认证和产品外观设计法》第75、76条规定了专利申请与实用新型申请的相互转换，同一技术，专利申请被工业局拒绝的，可以转而申请实用新型；申请实用新型的，在注册前都可以转为对专利的申请。具体即：专利申请人在授予或者驳回专利之前的任何时候，在缴纳法律规定的申请认证费用之后，可以将申请转为实用新型证书申请；同样，实用新型证书申请人在授予或者驳回实用新型证书之前的任何时候，在缴纳法律规定的申请认证费用之后，可以将申请转为专利申请。此申请转换仅一次为限。

工业外观设计向工业部申报，提交申请书和其他资料。持簿官员受理申请后告知申请人注册受理日期，并进行形式和实质双重审查，如设计图案在申请日前未被传播或使用，也未被世界各地的人认识，且符合法律规定的条件，在受理日进行注册并发给注册证书。

（三）专利权

专利权人享有对专利的专有权和使用权。其他人实施专利技术用以生产、销售、使用、出口或储存产品的，均需取得专利权人的许可，否则构成侵权。需注意的是，雇佣合同未经约定的，专利权属于发明人；专利权人对自己的发明命名并署名；专利人可以通过转让许可协议转让专利或授权他人使用专利技术。

（四）法律保护

专利有效期从注册之日起20年，有效期内需缴纳年费，年费逐年递增。未依照法律规定缴纳年费的，视为撤回专利申请或者专利权失效。不过法律第65、66、67条也规定，任何利益相关方均可以专利不适当、不新颖、不具创造性和工业适用性，或者具其他违反公共秩序、道德或被禁止之情形等理由请求宣告已授予的专利无效，被宣告无效的专利、权利要求或权利要求的一部分，自专利授权之日起视为无效。

实用新型的保护期从注册之日起算为7年，保护期届满后不得续展。未按期支付年费的，将导致申请被撤回或授予的实用新型证书失效。任何利害关系方亦可在实用新型证书颁发后申请其无效，无效的理由包括：发明不是或不涉及产品或工艺；缺乏新颖性或工业适用性；发明违反公共政策；发明属于明确排除在保护范围之外的类别；对发明描述不充分；不清楚、冗长或不能支持的诉求；缺乏理解发明所需的图纸；实用新型证书所有人不是发明人或其所有权继承人。

工业设计的有效期从注册之日起算为5年。在按时交纳年费之后，可以申请续展两个连续的五年期。《专利、实用新型认证和产品外观设计法》第 110 条亦规定,任何利害关系人均可请求主管法院宣告产品外观设计注册无效。

三、商标法

柬埔寨《商标、商号和不正当竞争法》于 2002 年颁布,共 16 章 72 条[①]。柬埔寨另于 2006 年颁布了《商标法实施法令》以完善商标的注册和保护。从柬埔寨关于商标法的名称来看,其立法目的和宗旨正如法条第 1 条所述,即是为了防止柬埔寨境内的企业在商标和商号的创建、使用方面的不正当竞争行为。

(一) 可注册的商标

商标由文字、字母、签名、数字、图案、三维结构、照片、徽章、颜色或上述元素的各种组合构成,用来在生产、销售或服务中区分不同企业的商品和服务。在柬埔寨,商标分为商品商标、服务商标、集体商标和立体商标。集体商标主要用来区分商品的原产地和认可该类产品的行业组织。商号是企业的营业名称,用来识别不同企业的名号。商号无需登记仍然被法律所保护。

因此,以下标识不能在柬埔寨获得商标注册:无法区分其他企业的商品或服务的标识;违反公共秩序、道德或良好习惯的标识;可能误导公众或商界(特别是有关商品或服务的地理来源或其性质或特征)的标识;无法与其他人、国家、政府间组织或国际组织的纹章、旗帜和其他标志、名称等相区别的标识;与其他在柬埔寨企业相同或类似商品或服务的商标或商号相同或容易混淆的标识;与在柬埔寨注册的知名或驰名商标或商号相同或相似的标识;可能构成欺骗或引起混淆的标记。

(二) 商标注册申请

在柬埔寨申请注册商标,申请人或代理人需向商务部知识产权司提出申请和各类所需文件。由商标注册处进行形式审查和实质审查。审查合格的商标,由知识产权司在官方公报上发布公告,公告在 90 天内无异议的,在申请人缴纳费用后商标注册处予以注册登记。但如若存在以上法律规定不能授予商标之七种情形的,则应驳回申请人之申请。

《商标、商号和不正当竞争法》第 6 条规定,若商标权人要求商标注册优先权的,则申请人需在申请中附加一份声明,要求申请人或其权利前任在《巴黎

---

① 柬埔寨《商标、商号和不正当竞争法》英文译文见 https://www.cambodiaip.gov.kh/DocResources/3fa818a0-0d4a-48fa-b0fc-2cefe207a533_c786a043-b88d-4f64-9429-60a330efdc5f-en.pdf,最后访问日期 2022 年 12 月 16 日。

公约》任何成员国提交的在先国家或地区申请的优先权,且其声明的效力应符合《巴黎公约》的规定。

(三) 商标权

对于商标权的具体内容,《商标、商号和不正当竞争法》规定内容较简洁。法律规定,注册商标已注册的任何商品或服务,须经商标权人同意才由他人使用。商标权人除享有相应使用、授权使用、许可他人使用的权利外,还享有对侵犯商标权的行为实施救济措施或向法院提起诉讼。

此外,法律还规定,商标权人依法享有商标专有权,但每隔5年需向知识产权司提交使用情况报告,不及时报告的,商标权可被取消;商标权人可许可他人使用商标并收取费用。

(四) 商标权保护

在柬埔寨,商标的有效期从注册之日起算为10年。有效期期满前6个月内可以申请续展,续展有效期为10年,但注册所有人须按法律规定支付续展费。

对未经权利人同意擅自在类似商品上使用注册商标(包括驰名商标)的,伪造注册商标或伪造商标以生产、销售商品的,商标权人可向法院提起诉讼要求侵害人停止侵害行为并赔偿损失,权利人亦可向海关或者主管机关、法院申请暂停对涉嫌假冒商品的通关。损害结果严重,扰乱国家经济秩序的,应对侵害人进行刑事处罚。

《商标、商号和不正当竞争法》第23条明确规定了与商标相关的不正当竞争行为,即通过不正当手段故意混淆商标,违反诚实信用原则以达到不正当竞争经营的目的。具体包括:以任何方式对竞争对手的营业场所、商品或工业、商业或服务活动造成混淆的所有行为;贸易过程中的虚假指控行为,其性质使竞争对手的机构、商品或工业、商业或服务活动名誉扫地的行为;在贸易过程中使用的指示或指控可能会在商品性质、制造过程、特性、其用途的适用性或数量方面误导公众的行为。对因与商标相关的不正当竞争行为,《商标、商号和不正当竞争法》在"刑罚"一章(第15章第62—70条)规定,可视情节轻重判处500万至2000万瑞尔的罚款,情节特别严重的,可单处或并处1个月以上1年以下的监禁。

第三节 印度尼西亚共和国知识产权法律制度

为保护知识产权，印尼先后颁布《专利法》《商标法》《著作权法》《商业秘密法》《工业设计法》《集成电路布图设计法》《植物品种保护法》等知识产权法律规定。同时印尼也是世界知识产权组织（WIPO）的成员国，先后参加了《巴黎公约》《专利合作条约》《商标法条约》《伯尔尼公约》以及《WIPO 著作权条约》《WIPO 表演和录音制品条约》、TRIPS 等国际性条约。

印尼于 1998 年设立的知识产权总局，以建设支撑国家发展且高效、具国际竞争力的知识产权体系为目标，实施印尼知识产权制度，负责知识产权相关的审批和行政管理事务。另外，自 2001 年始，印尼将与知识产权相关的一审案件改由商事法院审理，但各地方法院依旧受理与知识产权相关的刑事案件以及相关植物品种、商业秘密和边境管理措施类的案件[①]。

一、著作权法

印度尼西亚独立后制订的第一部《著作权法》于 1982 年颁布。该法之后分别于其后历经 1987 年、1997 年、2002 年、2014 年多次修订。目前印尼适用的是 2014 年第 28 号法（Law No. 28 of 2014）修订后重新颁布的《著作权法》，2014 年 10 月 16 日正式生效，共 19 章 126 条[②]。

（一）著作权客体与内容

1. 受保护的作品

根据印尼《著作权法》的规定，在印尼受保护的著作权作品是指印尼公民和法人所创造的作品或具有相关权利的产品；非印尼公民、法人在印尼首次出版的作品或具有相关权利的产品；以及与印尼签订有双边著作权保护协议或共同加入过著作权保护国际公约的他国公民或法人的作品或具有相关权利的产品。

《著作权法》第 40 条明确规定了受著作权保护的 19 种作品形式，具体包括：数据、电脑程序、论文等编印类文字作品；演讲、讲座等言语作品；科教等视觉作品；音乐、舞蹈、木偶、哑剧、戏剧作品等；绘画、雕刻、书法、雕刻、雕塑等美术作品；应用艺术作品；建筑作品；地图；蜡染艺术作品或其他

[①] 宋志国等：《中国—东盟知识产权保护与合作的法律协调研究》，北京：知识产权出版社 2014 年版，第 79 页。

[②] 印度尼西亚《著作权法》英文译本见 https://wipolex-res.wipo.int/edocs/lexdocs/laws/en/id/id064en.pdf，最后访问日期 2022 年 12 月 18 日。

图案艺术；影像作品；翻译、文选和数据库等转换作品；肖像和电影作品；等等。数据库指由电脑读取的以任意形式编辑，但须具备创造性的对数据选择和整理的智力行为。

在印尼，《著作权法》规定不受著作权保护的作品有：未以有形形式体现的作品；已在作品中表达、陈述、描述、解释或纳入的每一想法、程序、系统、方法、概念、原则、发现或数据；仅为解决技术问题或满足功能需求而创建的工具、对象或产品。因而，国家机关召开会议形成的作品；法律法规；政府官员的讲话；司法机关的判决和裁决；经文或宗教符号等不受著作权法的保护。

2. 著作权内容

在印尼，著作权仍旧包括人身和经济两项权利。人身权是作者享有的永久且固有的权利，具体是：姓名权（包括使用别名或假名的权利）、改编权、以及当其作品被歪曲、篡改时，有权通过合理的方式捍卫其人身权的权利。

印尼《著作权法》规定，著作权的经济权利是指作者或著作权人对获得作品的经济利益而享有的专有权利，第12条还特别注明了个人肖像的经济权利。作者或著作权人可以通过发表或出版、复制、翻译、改编、传播、出租等方式予以实现。法律明确，任何人行使上述出版、复制等经济行为，均需获得作者或著作权人的许可，否则禁止任何人对受保护的作品进行复制和/或商业使用。

（二）著作权归属与行使

1. 著作权归属

在印尼，被称为是作者的人享有作品著作权。《著作权法》明确规定，作品中列明其姓名之人、作品作者确认之人、作品注册证上注明之人、列入作品总登记册之人、演讲人、领导与监督整部合著作品完成之人[①]为作品的作者。在公务员制度下完成的作品由公务员所在的政府机关单位享有著作权，因雇佣或委托关系而完成的作品，则由雇佣方或委托方享有著作权。

2. 转让与许可

《著作权法》明确，著作权是一种无形动产，可以通过继承、授予、协议或其他合法的方式予以全部或部分转让，也可以根据法律规定用以抵押、担保等。但第18条规定，图书以及所有文字类作品、歌曲或音乐作品（无论是否有曲谱）在出售或转让的25年后，其著作权必须归还作者。

在印尼，作者去世后，可以通过遗嘱或其他法律法规规定的方式转让人身

---

① 如果领导和监督整部作品完成之人不存在，则在不损害作品各部分著作权的情况下将作品组合在一起的人被视为作者；如果整部作品由一人规划，作品在规划人的指导和监督下而他人完成，则此规划人被视为作品作者。

权的行使，但继承人可书面方式放弃或拒绝实施所赋予的人身权。经济权利则是作者通过授权其作品出版、改编、翻译、租赁等各种方式而从其作品中获得经济利益的专有权利。

3. 合理使用

除第 43 条不被视为侵犯版权的行为（如国歌国徽、政府公文、法律法规、新闻报道等使用）外，如果因以下各种原因使用作品，且已披露相关作品的作者信息的，则构成对作品的合理使用，不构成侵权：出于教育、研究、撰写科学作品、报告、评论的目的，且不损害著作权人公平利益的；为国家安全和组织以及司法程序之目的；在不损害著作权人公平利益情形下进行的非商业性表演或演出；为非商业目的为残疾人提供便利的（例如盲文或有声读物）；因技术考量而改变建筑作品的。

因个人使用而进行数量有限（法律规定为 1 份）复制的，亦为对作品的合理使用，但对建筑或其他构筑物的建筑作品、图书或乐谱的全部或大部分、数字形式数据库的全部或大部分、计算机程序、以及违反了作者或著作权人合理利益而进行的复制不属合理使用。

（三）相关权利

印尼《著作权法》规定，与著作权相关的权利是一种专有权利，包括表演者的人身和经济权利、唱片制作者和广播组织者的经济权利。经济权利可以转让，但歌曲或音乐作品表演的经济权利在转让或出售的 25 年后归表演者所有。

表演者的姓名权、保护表演完整权等人身权利为表演者所拥有，不随其经济权利的转移而消除。表演者可通过演出、唱片或音像固定、传播、出租等方式获得经济收益的权利。未经作品作者事先的授权，任何人均将相关表演用于商业用途，但须通过集体管理组织向表演作品的作者支付报酬。

唱片或音像制作者可以在唱片或音像复制、出售、出租等方式中获得经济收益；广播组织可以在节目的广播、转播、录制或复制等方式中获得经济收益。因唱片用于商业目的，唱片制作者须向表演者支付获得报酬的一半，除非双方另有约定。

《著作权法》第 26 条还规定，相关权利的保护应将作为教材出版的演出和唱片除外，同时因教育和科学发展目的，允许他人在未经表演者、录音制作者或广播组织者许可的情况下使用相关权利的产品。

（四）法律保护

1. 保护期限

在印尼，作品的保护期因作品种类、持有人的不同而有所不同。《著作权法》第 58 条规定，文字、戏剧、音乐、美术、地图、蜡染艺术等九类作品的保护期及于作者终身及其死后 70 年。如果作品由 2 位以上的作者拥有，则作品著作权的保护期将及于最后一位作者去世后的 70 年。但若著作权由法人持有，则作品的保护应自其首次出版之日起开始计算，保护期只有 50 年。第 59 条规定，摄影、肖像、电影、电子游戏、计算机程序、以及其他因翻译或改编而成的作品或作品集，保护期只有 50 年，自作品首次发表之日开起计算为 50 年；而应用艺术作品[①]的保护期是自其首次出版之日起算 25 年。

对于表演者、唱片和广播制作人或组织的相关权利，《著作权法》分别规定了 50 或 20 年的保护期。表演者，自表演固定在录音或视听节目之日起，其权利保护期为 50 年；唱片的制作者，自唱片固定之日起，其权利保护期为 50 年；广播组织，则自广播工作首次播出之日起，其权利保护期为 20 年。

2. 法律责任

在印尼，若因著作权发生争议，双方可以选择通过仲裁、商事法院[②]或其他替代性争议解决方式解决争端。争议双方可以先行通过调解解决争端，之后其中一方可以要求提起刑事诉讼。《著作权法》第 105 条规定，对于著作权侵权的经济索赔并不有损于作者和（或）有关权利所有人提起刑事诉讼的权利。

法院在受理著作权侵权案件之后，可应著作权人的请求发布中间禁令：以防止涉嫌侵犯著作权或相关权利的作品流入市场；扣押并保留相关证据；即行要求停止侵权行为。

法院经审理后可对侵害行为追究民事责任和刑事责任。《著作权法》第 17 章第 112 至 120 条详细规定了各种侵犯著作权行为的刑罚。相比 2002 年的《著作权法》，2014 年修订后的《著作权法》对著作权侵权行为的刑事处罚更为严厉。如对于非法移除、更改或损坏著作权的管理信息或电子信息的行为（第 7 条），可被判处 2 年以下监禁，并可处 3 亿印尼盾以下的罚金；侵犯著作权人相关经济权利的行为（第 9、23 条），可视情形被判处 1 至 4 年的监禁及 1 至 10 亿印尼盾不等的罚金，而对于严重的盗版行为，可判处的刑期可至 10 年、罚金可达 40 亿印尼盾；经营场所的管理人员，如因故意和明知而允许销售和（或）复制侵权作品的，可被处以最高 1 亿印尼盾的罚金；著作权集体管理组织如未获得相关经营许可而征收任何特许权使用费的，其负责人将可能被判处 4 年以下监禁及 10 亿印尼盾以下的罚金。

---

① 印尼《著作权法》规定，应用艺术作品是指通过将艺术应用于产品而创作的美术作品，该产品具有满足实际需要的美感，尤其是在产品上使用绘图、图案或装饰。

② 印尼商事法院是解决著作权争议的唯一一类法院，商事法院以外的法院无权处理著作权争端。

二、专利法

印尼1989年颁布了《专利法》(Law No. 6 of 1989)，1991年8月1日正式生效。1997年和2000年分别对该法进行了修订，2016年重新进行了修订（Law No. 13 of 2016）。2016年的新《专利法》共20章172条，主要规定了专利申请、专利授予、专利权、专利转让和许可以及专利保护等内容[①]。

（一）专利权客体

根据印尼《专利法》的规定，受法律保护的专利包括发明专利和简易专利（Simple Patent）。发明专利指具备新颖的、具有创造性且能在工业上应用的技术。新颖性指发明在申请之日以前不与任何在先的技术公开相同。但申请日前6个月内在官方承认的国际或国内展览会上展出过的发明，或发明人在印尼为研究和开发实验而进行的实施，不应被视为已公开。发明仅具备新颖性和实际使用价值的，可以申请简易专利。而简易专利则是针对现有产品或工艺、易应用于工业的新发明或改进。

在印尼，不能授予专利的发明包括：违反现行法律、宗教道德、公共秩序或者伦理标准；适用于人或动物的检查、处理、治疗的方法；科学和数学领域的理论和方法；除微生物外的所有生物；以及培育动、植物（非生物或微生物除外）所必需的任何生物学上的方法。

（二）专利申请与授权

在印尼有住所或经常居住地的申请人可向知识产权总署提交印尼语书写的申请书及相关材料（用外语编写的发明说明书须提交译成印尼语的文本）。在境外居住的申请人应通过代理人提交专利申请。《巴黎公约》缔约国公民享有申请优先权，具有优先权的申请须在自优先权日算起的12个月内提交。

印尼《专利法》第24、41条规定，一件申请应当仅包含一项发明或者多个小发明相互联系且构成一项整体的发明。如果一件申请中包括的是多个小发明相联构成的一项整体发明，则申请人可提出分项申请（Divisional Application）。分项申请可以通过一件申请提交，也可以在多件申请中单独提交，但每件申请中请求的保护范围不得超出已提交申请中请求保护的范围。

印尼知识产权总署在登记了专利申请后，将进行实质审查和形式审查。实

---

① 2016年印度尼西亚《专利法》英文本见http://peraturan.go.id/common/dokumen/terjemah/2018/Lembaran%20Lepas%20Batang%20Tubuh%20ttd%20Dirjen.pdf，最后访问日期2022年12月18日。

质审查请求须以书面形式提交并缴纳相关费用,实质审查的请求应在专利申请提交之日后的 36 个月内提出,若未在此日期内提出实质审查请求的或未缴纳相关费用的,均视为申请人撤回申请。审查合格后,专利局授予申请人专利,且在授予专利的通知发出后 2 个月内专利局应向申请人颁发证书并在知识产权局编印的公报上公示。审查不合格,则专利局应将结果书面通知申请人或其代理人,并说明拒绝的理由。如果专利局认为发明申请涉及国防或国家安全,该发明可不予授予专利。对于专利局拒绝的申请,申请人可自申请被拒绝之日起 3 个月内向专利上诉委员会(Patent Appeal Commission)提出上诉请求。

(三)专利权

1. 权利归属与一般使用

发明人或者发明人权利的继受者有权获得专利。由多人共同完成的发明,权利属于所有发明人。申请中首次被宣称为发明人的应当被视为发明人。雇佣发明,属于发明人职务范畴的,或雇员利用工作中获得的数据或设备作出的发明,专利权属于雇佣人,发明人有权请求报酬。

专利权人享有对专利或专利产品的制造、使用、销售、进口、出租、分销权,或者使专利产品可以用于销售、出租和分销。为教学、研究、试验或者分析而使用专利的行为除外。

2. 转让与许可

专利权可以通过继承、捐赠、书面协议或其他合法的理由转让全部或部分权利。

专利许可分为协议许可和强制许可。协议许可有排他性或非排他性的许可协议,许可协议应被登记和公告,且缴纳费用。而如果专利持有人在专利被授予后的 36 个月内未履行其在印尼制造产品或使用方法的义务时,或专利持有人或被许可人以损害公共利益方式实施专利时,或从先前授予的专利发展而来的专利不能在不侵犯其他受保护专利的情况下使用时,此项专利可被授予强制许可,故强制许可是非排他性的。《专利法》第 100 条还规定,如果强制许可涉及半导体技术,则强制许可持有人只能在非商业公共利益或者基于法院或相关机构关于专利实施构成垄断或不公平竞争的命令或决定的情况下使用该强制许可。强制许可费的数额参照普通专利许可或类似协议中的费用。不服强制许可决定的当事人,可向商业法院提起诉讼。

3. 政府强制使用

印尼《专利法》第 8 章专章共 11 条(第 109 至 120 条)规定了专利政府使用的情形、范围以及相关费用等。《专利法》第 109、110 条规定,印尼政府可基于国防和国家安全或者相关公众利益的极端紧迫之情形下使用专利。可使用专利的范围包括：武器、弹药、军用炸药、拦截、窃听、监视、加密装置和加密分析装置、用于国家防御和安全的其他方法或装置、用于治疗流行病及构成国际关注的公共卫生突发事件疾病的昂贵和（或）必要的医药或生物技术产品、粮食安全所需的化学和（或）生物农产品、处理病虫害和地方性动物疾病所需的兽药、克服自然灾害和（或）环境灾害的方法和（或）产品。

政府使用专利，仍需向专利持有人提供合理的报酬，以示补偿。政府对于专利使用费由印尼国家预算支付。如果专利权人不同意政府给予的报酬金额，专利权人可向商事法院提起诉讼。

（四）法律保护

发明专利的保护期限自申请日起算为 20 年，简易专利的保护期为 10 年。二者的保护期限法律规定均不能续展，且专利的起算日和届满日均应被登记和公告。专利持有人或被许可人都必须在保护期内按规定支付年费，首次缴纳的年费须自专利证书颁发之日起 6 个月内缴纳。

《专利法》明确规定未经专利权人授权或同意，任何人不得生产、使用、销售、进口、租赁、移交任何专利产品，不得使用专利生产工艺生产货物或者从事任何受专利保护的行为。对于犯罪的，根据不同的犯罪行为，法院可单处或并处的监禁期限从最高 2 年至最高 10 年、罚金从最高 5 亿至 35 亿印尼盾不等。

三、产品外观设计法

2000 年，印尼颁布《产品外观设计法》（Law No. 31 of 2000），共计 13 章 57 条，于当年 12 月 20 日正式施行①。印尼目前对外观设计保护的仍适用这一法律。

（一）外观设计保护的客体

印尼《产品外观设计法》所指的外观设计是由物品形状构造或者线条、颜色组合而成的具有美感的二维或三维图案，此图案可用于产品的生产或工商业或手工艺技艺。法律所保护的外观设计必须具备新颖性，在申请日或优先权日前已被披露过的外观设计，则不具有新颖性。第 4 条明确规定，违反现行法律法规、公共秩序、宗教或道德的产品外观设计，不得被授予产品外观设计权。

---

① 印尼《产品外观设计法》英文译本见 https：//wipolex. wipo. int/en/text/182125，最后访问日期 2022 年 12 月 18 日。

(二) 申请与授予

设计人或从设计者那里获得权利的人可以向印尼知识产权总局提交外观设计权申请。申请书须以印尼语提交，并由申请人或其代理人签字确认。申请书至少应包含的信息包括：设计师和申请人的信息（如果申请由代理人提交则需提交代理授权书）、对设计的表示和描述、外观设计为申请人或设计人的财产申请、如果要求优先权的则需要提交优先权数据。

知识产权总局对于外观设计申请首先进行形式审查。在接收符合条件的申请后，知识产权总局会将申请进行公示，在异议期内无第三人提出异议的，3个月届满后外观设计申请自动获得注册，知识产权总局将为申请颁发产品外观设计权证书。在公示期内有第三人提出异议的，知识产权总局会对相关申请进行实质审查，异议会通知申请人，申请人有权提出反对意见。实质审查结束后，总局根据相关意见做出授予或不授予外观设计权的决定，被拒绝授予权利的申请人可以向商事法院提起诉讼。

(三) 权利内容

产品外观设计人或从设计者那里获得权利的人均可以申请获得外观设计权，法律规定首先提出申请之人为外观设计权人。设计是由多人共同完成的，则共同享有产品外观设计权。因工作关系而于工作环境完成的设计，外观设计权应归属创造方（即雇佣方）所有；因委托而创作完成的设计，外观设计权属于委托方；双方另有相反约定的除外。

第9条规定，外观设计权人拥有使用其产品外观设计的专有权，并可以禁止他人未经其同意生产、制造、使用、销售、进出口、分销已被授予外观设计权的产品。法律允许以实验和教育为目的使用外观设计的，但不能损害外观设计权人的正常利益。法律第31条也规定，外观设计权人也可以将工业设计权通过法定继承、遗嘱、捐赠、协议等方式进行转让。转让应在知识产权总局进行登记，并按规定缴纳相关转让费用。

(四) 法律保护

印尼对产品外观设计权的保护期限为自申请日（记录于外观设计总登记册中并在官方公报公布之日）起10年。

《产品外观设计法》第46、47条规定，对于故意无权实施了侵权行为的任何人，权利人或被许可人可以向商事法院提起侵权诉讼，要求损害赔偿；当事人之间也可以仲裁或其他替代性争议解决方式解决相关的侵权纠纷。对于实施侵权行为构成犯罪的，法院可根据犯罪行为的类别和情节对犯罪人处以不超过 4 年监禁和/或不超过 3 亿印尼盾罚金的刑事处罚。

四、商标法

印尼独立后的第一部相关商标的法律是制定于 1961 年的 21 号法（Law No. 21 of 1961），即《企业与商业商标法》（Law on Corporate Marks and Commercial Marks），10 月 11 日颁布并正式实施。1992 年印尼重新制定《商标法》（Law on Marks，Law No. 19 of 1992），于 1993 年 4 月 1 日正式生效。印尼加入世界贸易组织后，曾于 1997 年、2001 年对 1992 年的《商标法》进行过修正、修订。目前印尼的商标法律制度主要是 2016 年重新制订并颁布实施的《商标和地理标志法》（Law on Marks and Geographical Indications，Law No. 20 of 2016），共 20 章 109 个条文，主要对于商标的范围、申请程序和保护期限进行了补充和修改[①]。

（一）可注册的商标

根据印尼《商标法》的规定，商标被区别为商品商标（Trademark）、服务商标（Service Mark）和集体商标（Collective Mark）。商品商标是指生产者（包括法人实体）为区分类似商品而所使用的标识；服务商标是指服务者（包括法人实体）为区分类似服务而使用的标志；集体商标则是数个所有人共同占有并使用的某个商品和（或）服务商标。因此，印尼《商标法》明确规定了地理标志及其保护。在印尼，地理标志是指标识商品源自某特定区域的标志，因其地理环境因素（包括自然、劳动力或两者的结合）可致商品拥有特定的声誉、质量和特征。

2016 年的《商标法》规定，商标的范围除文字、字母、数字、图形、形状、颜色组合以及以上要素的组合外，立体商标、声音商标和全息图也允许注册为商标。这是印尼新商标法极为重要的修改。

不予注册的商标包括：违反法律、宗教价值、善良风俗和社会秩序的；不具有显著识别性的；公共财产；属于商品和服务的相关信息；带有欺骗性，误导公众对商品质量等特性或产地认识错误；对商品或服务的质量、用途、特性有不符的描述；与他人、国家或组织的名称、图徽、旗帜类似；申请具有恶意性质；等等。

[①] 印尼《商标法》英文译本见 https：//internationalipcooperation. eu/sites/default/files/arise – docs/2019/Indonesia_ Law – on – Marks – and – Geographical – Indications – 20 – 2016. pdf，最后访问日期 2022 年 12 月 18 日。

（二）商标注册申请

申请人应当以印尼文书写的文书或电子件向印尼知识产权理事会提出商标申请。在印尼没有居所或永久住所的申请人须通过代理人提交申请。申请人可以是一个人或者数人，也可以是单位。《商标法》第 6 条规定，一份申请中可包含商标所使用的一类以上的货物和（或）服务，也就是申请人可申请将该商标用于两类或以上的商品或服务中。

理事会初步审查合格后以收到完整的申请材料之日为申请日，理事会在 30 日内进行实质审查，2 个月内无异议的进行注册并公告注册内容。对于被拒绝的申请，申请人或其代理人可以书面形式于拒绝之日 90 日内向商标上诉委员会（Mark Appeal Commission）提出上诉，商标上诉委员会的决定应在收到上诉之日起 3 个月内做出。若商标上诉委员会拒绝其上诉，则申请人或其代理人可在收到上诉委员会拒绝上诉决定之日起 3 个月内向商事法院提起诉讼，对于商事法院的判决，当事人还可向最高法院提起上诉。

《保护工业产权巴黎公约》或 WTO 成员国公民可以主张申请优先权，但优先权的申请必须在两公约其他缔约国收到最初申请之日起 6 个月内提交。

（三）商标权

印尼《商标法》明确规定，商标权是指授予注册商标所有人在一定期限内使用其商标或授权他人使用其商标的专有权利。商标权可以通过继承、遗赠、捐赠、书面协议或其他法律规定的方式转让全部或者部分权利。

根据《商标法》第 42 条，商标许可分为普通使用许可和独占使用许可，亦即允许使用人将商标用于部分或全部类型的商品和（或）服务。商标许可协议须登记备案，否则不能对抗善意第三人的权利。另外，商标许可协议不得包含直接或间接损害印尼经济或阻碍印尼获取和开发技术能力的限制性条款。

（四）商标权法律保护

注册商标的保护期自申请之日起为 10 年。商标到期日前 6 个月内可申请续展，到期日后 6 个月为续展宽展期。申请人对拒绝续展的异议，可向商标上诉委员会提出上诉。商标权人在注册证核发之日起 18 个月内不领取注册证的，视为自愿放弃，理事会删除该注册商标。

印尼 2016 年《商标法》对商标侵权的刑事处罚非常严格。最高可单处或并处 5 年监禁和 20 亿印尼盾的罚款。如侵权行为不利于人体健康和社会环境的，或引发死亡的，最高可单处或并处 10 年监禁和 50 亿印尼盾的罚款。

第四节 老挝人民民主共和国知识产权法律制度

老挝对知识产权法律保护的规制源起于 21 世纪初先后发布的相关专利、商标保护的法令及条例。2008 年 4 月 14 日，老挝第一部《知识产权法》生效。2008 年的《知识产权法》将前期保护专利、商标的法令和条例整合其中，形成了对工业产权、植物新品种、著作权及相关权利保护的法律框架，共计 11 编 137 条[1]。

2011 年，老挝国民议会通过修订后的《知识产权法》，法律条文增加到 165 条，共 10 编。新法沿袭了 2008 年《知识产权法》将知识产权保护划分为工业产权、植物新品种、著作权及相关权利三类的法律框架[2]。但对于工业产权的范围在原有专利、小专利（Petty Patent）[3]、产品外观设计、商标、集成电路布图设计、地理标志、商业秘密七大类的基础上，增加了对商号（Trade Name）的保护。2011 年《知识产权法》对于植物新品种的含义则缩减为经改良和新发现两类植物新品种，对著作权客体的规定则增加了不少内容。

2017 年老挝对《知识产权法》进行了修订，新修订的《知识产权法》承继了旧法的结构以及对知识产权框架的分类。相比 2011 年的《知识产权法》，2017 年新法没有带来重大变化，仍旧 10 编，条文增加了 5 条达 170 条。2017 年新法修订的内容包括将 3D 图像和动画等图形纳入为可注册为商标范畴，采取新的专利和商标申请公告系统及异议程序，缩小了行政救济的范围，授权海关官员没收侵权商品等[4]。

此外，老挝还通过 2011 年的《药品和医疗器械法》、2015 年的《商业竞争法》和 2016 年的《投资促进法》等相关法律对知识产权进行保护。

一、著作权

老挝《知识产权法》第 5 编详细规定对著作权及相关权利的法律保护。

---

[1] 2008 年《知识产权法》英文译本见 https：//wipolex.wipo.int/en/text/180117，最后访问日期 2022 年 12 月 20 日。

[2] 2011 年《知识产权法》英文译本见 https：//wipolex – res.wipo.int/edocs/lexdocs/laws/en/la/la025en.pdf，最后访问日期 2022 年 12 月 20 日。

[3] 东盟国家专利中的小专利对应于我国的实用新型专利。

[4] 2017 年《知识产权法》英文译本见 https：//internationalipcooperation.eu/sites/default/files/arise – docs/2019/Lao – PDR_ Law – on – Intellectual – Property – No – 38_ 15 – 11 – 2017_ Eng.pdf，最后访问日期 2022 年 12 月 20 日。

（一）著作权客体与内容

1. 受保护的作品

《知识产权法》第92至95条规定，受著作权保护的作品有三类，包括绘画、雕塑、建筑设计、地图、戏剧、音乐、电影等艺术作品；图书、杂志、论文、演讲、讲座、布道、故事、诗歌、计算机程序和数据汇编等文字作品；以及构成智力创造的文字或艺术作品集或汇编。对原始作品进行翻译、改编等而来的衍生作品同样受著作权保护，但新闻报道、操作方法、数学概念、立法、官方文本等不受保护。

2. 著作权内容

著作权人享有作品首次发表或出版、署名等人身权利，对其作品歪曲、毁损若未经授权的修改，可提出反对的权利。作者在有生之年未行使作品首次发表或出著作权利的，除非经作者书面同意，否则此权利在作者去世后即终止。

著作权人也可因授权、协议或继承等方式享有作品因复制、汇编、翻译、播放、传播、出售等带来的经济权利。著作权及其经济权利可通过合同或通过继承转让。任何通过合同或继承获得的著作权及其经济权利之人，能够以自己的名义行使这些权利并充分享受这些权利带来的利益。

（二）著作权归属与行使

1. 著作权归属

《知识产权法》第99条第1、2款规定，作者即为署名作品的著作权人；合著作品的著作权由所有作者共同有享。因雇佣关系而创造的作品，著作权由雇主享有，另有约定的除外。

2. 转让与许可

在老挝，著作权及其经济权利可以通过协议或继承方式进行转让。任何人可因转让协议或继承获得著作权及其经济权利受法律保护，受让人或继承人能以自己名义行使这些权利，并充分享受这些权利带来的利益。

3. 合理使用

《知识产权法》第115条规定了对享有著作权和相关权利作品的合理使用范围，无需著作权人同意、也无需支付报酬，但合理使用作品时不得无理损害著作权人的合法利益。合理使用范围包括：对合法公开作品的引用，前提是合理目的及范围均为合理；用于教学或科学研究目的之合理且公平使用；对美术作品、照片和其他艺术作品以及应用艺术作品的附带内容（非作品客体）进行的复制；为视障人士进行的翻译；符合授权条款的计算机程序复制；因备份或存储目的对电子媒体作品进行的复制。

法律还规定,对作品合理使用不能适用于对建筑工程的复制(包括工程施工)以及对需要规避著作权或相关权利保护的技术措施或者未经授权需要删除或更改的电子著作权管理信息的复制。

(三) 相关权利

居住在老挝境内的老挝公民、外国人或无国籍人以及总部位于老挝境内的广播组织在老挝国内、外从事的表演或录制的唱片与音像制品或者传输广播节目或加密或未加密的卫星信号;外国人在老挝境内的表演、制作唱片或音像制品、传输的广播或加密或未加密的卫星信号;受老挝加入的国际公约所保护的表演、录音制品、广播以及加密或未加密的卫星信号,均属老挝《知识产权法》所规定的受保护的表演者、录音制品制作者、广播公司或广播组织的相关权利相关权利。

对表演或电影作品作出创造性贡献的人(包括导演、编辑、摄影师、舞台设计者、作曲家、编剧、音响师、灯光师等等),在《知识产权法》中均被视作电影作品的共同作者。

(四) 法律保护

1. 保护期限

著作权的保护期是作者有生之年及作者去世之后的 50 年,合著作品则及于最后一位作者去世之后的第 50 年。未署名或以假名发表的作品,则著作权的保护期为作品合法公开之日起算 50 年。对于电影作品的保护期也是 50 年,自电影作品公开之日起算;但对于应用艺术和摄影作品,保护期则为自创作之日起 25 年止。

老挝法律规定相关权利保护的期限为:对于表演者,保护期应自表演之日开始,并持续至表演固定于录音录像后的 50 年;对于唱片制作人,保护期应自唱片发行之日起算,唱片未发行的则自唱片首次固定之日起算;对于广播公司和广播组织,应自广播之日开始并持续至节目首次广播结束后的 50 年结束。

2. 法律责任

《知识产权法》第 103、123 条规定,未经著作权人及相关权利人授权的任何署名、发表、出版、复制、播放、翻译、汇编以及录制、广播、传播等行为均构成对著作权人或相关权利的人身权和经济权的侵犯。

对于侵犯著作权的行为,著作权人或相关权利人可向法院提起诉讼,并要求侵害人停止侵害行为、对侵权产品或相关设备实施扣押或暂停办理手续、予以赔偿等。

法律规定，法院视侵权行为性质或情节可对侵权的自然人、法人或组织处以教育或警告、纪律处分、罚款、民事赔偿和/或刑事处罚。教育或警告处罚措施适用于初次、非故意且造成的损失低于 50 万基普的侵权人；纪律措施适用于侵权的政府官员；故意实施侵权但未构成犯罪的侵权人，应被处以所造成损失 1% 的罚款，但如侵权属多次或重复实施，则侵权人承担的罚款将达至所造成损害的 5%；对于侵权行为构成犯罪的，《知识产权法》没有规定具体的刑罚措施，只要求法院视情况而进行处罚。对于法人或组织实施侵权犯罪的，法院也可以对侵权人采取暂停或吊销营业执照、扣押与犯罪相关的侵权产品或设备等措施。

二、工业产权

关于专利和产品外观设计的保护，2002 年老挝总理曾签发《有关发明、小专利和产品外观设计专利令》（Decree No. 01/PM of Prime Minister on Patent, Petty Patent and Industrial Designs），2003 年老挝科学技术与环境署颁发《关于执行专利、小专利和产品外观设计令的第 22/STEA – PMO 号条例》（Regulation No. 22/STEA – PMO on the Implementationof Decree on Patent, Petty Patent and Industrial Designs）。两个法令构成了老挝独立后对于专利保护的法律基础。现今这些制度基本均由 2017 年的新法所吸纳。

（一）专利及产品外观设计

1. 保护客体

在老挝，具备新颖性、更先进技术和工业（包含农、渔、商和服务业等）实用性的发明可被授予专利，具备新颖性、一定技术改进和工业（包含农、渔、商和服务业等）实用性的发明可被授予小专利，具备新颖性、装饰性、特殊性的外观设计可被授予产品外观设计证书。

不过虽然三者申请均要求有新颖性，但实质所内含的新颖性要求则是有一定差异的。《知识产权法》第 13 至 15 条规定，作为专利所要求的新颖，是在提交专利申请或专利优先权申请之日以前在老挝以及世界其他任何地方尚未存在、也未曾被公开过或实际使用过的发明；作为小专利所要求的新颖，则是在提交专利申请之日以前的 1 年之内在老挝国内尚不知晓或未曾实际使用过的发明；而作为外观设计的新颖性，则是要求在提出外观设计申请或申请优先权之日前，此外观设计从未在老挝或世界其他任何地方以任何方式披露过、实际使用过或展示过。

对于自然界中存活的生物体或其部分、不具实用性的科学原理或理论以及数学算法或商业及游戏规则、医疗手段或治疗方法、任何动植物（微生物除外）均不能称作为发明或实用新型，不可被授予专利或小专利。除此之外，有悖民族文化、优良传统、社会秩序和道德，有违国家安全与和平，有损人类、动植物生命或健康，可能对环境造成严重损害的发明或实用新型，老挝将拒绝授予其专利或小专利。而由产品技术特征决定的外观设计（不具装饰性）以及有违社会秩序和民族优良传统的外观设计不能被授予产品外观设计证书。

2. 申请与授予

老挝的公民或在老挝有居所的自然人或依法在老挝设立的实体或组织、《关于保护工业产权巴黎公约》或对老挝生效的与工业产权相关的其他国际协定缔约国的公民或定居于这些缔约国的自然人或者在以上缔约国境内拥有真实有效工商业的自然人、法律实体或组织，均可以在老挝申请专利和产品外观设计保护。

专利和产品外观设计申请应向老挝科学技术部或老挝加入的国际知识产权登记组织提交。提交申请文件应包含申请表、代理授权书、专利（或产品外观设计）请求、专利（或与工业设计有关的货物类型）说明、摘要及费用支付收据等。所有文件须以老挝语言提交，涉及原始说明等文件为英文的，须在提交申请之日 90 日内补充老挝语译文。

老挝科学技术部对于发明或实用新型申请须首先进行形式审查（Formality Examination）。对发明或实用新型的形式审查完成后，应在申请日后的第 19 个月将此申请公布在老挝官方的工业产权公报上；对于产品外观设计，则在形式审查完成后即刻公布于老挝官方的工业产权公报。第三方对发明、实用新型和产品外观设计有异议的，须在官方公报公布之日 90 天内提出。之后，老挝科学技术部将对专利申请进行实质审查（Substantive Examination），对发明、实用新型的实质审查时限分别为自申请之日起 32 个月内或优先权日起 12 个月内。工业外观设计注册无须进行实质性审查。

所有审查完成后，科技部将对所有符合法律规定应予登记的申请进行登记注册，并在官方工业产权公报上公布注册信息。无论是发明、实用新型还是产品外观设计，第三方均可在注册信息于官方工业产权公报公布之日 5 年内提出注销注册的申请。

3. 专利权

在法律规定的保护期内，权利持有人享有实施自己注册的专利、小专利或工业外观设计的权利，也可将此权利以授权、出售、继承等方式部分或全部进行转让。但法律也要求权利持有人须承担相应的因转让或继承等产生的国家财政义务，同时还须负责监督检查权利使用情况，鼓励并促进权利互利性使用、提供有关侵权信息及进行相应的救济。另外，在出现以下情形之时，国家可以授权使用相关发明或实用新型：出现紧急或严重危急情况时（如灾难、流行病或战争）；为满足公共利益所需的政府非商业之用（如国防和公共秩序、食品或公共卫生）时；经司法机关判定需对反竞争行为进行救济时；以及有利于国家合理需求时。

当保护期届满、权利所有人未能更新登记并支付费用、权利被宣告为无效或者权利被授予后一直未能实际应用被法院宣告权利终止之时，专利、小专利和产品外观设计登记依法终止。

4. 法律保护

根据《知识产权法》第48至50条的规定，专利的保护期为20年，小专利的保护期为10年，工业外观设计的保护期为15年，均自申请提出之日起计算。权利人为维持权利保护期，需提前支付年费和服务费（产品外观设计需提前5年支付）。

《知识产权法》第121条规定，任何未经权利人同意的第三方制造、销售、进口或使用专利产品或体现有产品外观设计的物品均为侵权。受侵害的权利人可以提起诉讼，也可以要求他人进行赔偿。但对于不符合保护条件、保护期限界满、权利失效、临时或因意外进入老挝境内的外国运输工具（航空器、船舶或车辆）因自身需要而在其装置和设备中使用有关专利的，老挝法律规定为不构成侵权。

对于专利、小专利或产品外观设计侵权，可应视情节轻重要求侵权人承担相应责任：对侵权造成的损失低于50万基普的，可要求其接受教育或给予警告；对于构成侵权（未构成刑事犯罪）的政府官员，应接受纪律处分；故意实施侵权行为给他人造成损失但还未触犯刑律的侵权人，除应当承担赔偿责任外，还应被处以损失金额1%的罚款，若第二次或多次故意实施侵权行为的，则罚款金额将为损失金额的5%；侵权构成犯罪的，则应承担相应刑事责任。

（二）商　标

1995年、2002年，老挝先后颁布《商标注册令》（Decree No. 06/PM of Prime Minister on Trademarks Registration）和《商标注册办法》（Regulation No. 466/STEA–PMO of Prime Minister on the Registration of Trademarks）。2011年，老挝在制定《知识产权法》时，将商标及其保护的相关内容整合其中，将其列入受保护的工业产权之中。2017年新的《知识产权法》承袭了2011年法律对商标保护的法律框架。

1. 可注册的商标

老挝《知识产权法》将商标分为商品商标、服务商标、集体商标和认证商标。

根据《知识产权法》第 16 条的规定，任何文字、个人姓名、字母、数字、图形、3D 图像、动画、产品包装以及颜色或以上元素的组合均可以申请注册为商标。但申请注册的商标不能与先前已注册商标、驰名商标或地理标志相同或类似，另外法律第 23 条规定了 18 类标志不能申请注册为商标，包括具欺骗或误导性标志；未经授权使用生者、民族英雄或领袖的姓名、肖像或二者组合而成的标志；未经授权使用包含有文化符号或历史遗迹的图像而成的标志；对他人或组织有贬低或虚假暗示的标志；有可能玷污竞争对手的标志；有违国家安全、社会秩序以及文化和民族优良传统的标志；等等。

在老挝，商号是用于商业运营的企业名称。商标名受《知识产权法》的保护，无论是否构成商标的一部分，均无须提交注册①。

2. 商标注册申请

与专利一样，《知识产权法》第 27 条规定，商标申请应向老挝科学技术部或老挝加入的国际知识产权登记组织提交。提交的申请应当包括申请表、代理人授权书、标记的清晰图形或图像样本、相关商品或服务说明、费用支付收据等。

之后，科技部在完成对商标申请的形式审查后，应将其申请即刻公布于老挝官方的工业产权公报上。第三方可于公报公布之日 90 天内提出异议。

所有审查完成后，科技部将对所有符合法律规定应予登记的商标申请进行登记注册，并在官方工业产权公报上公布注册信息。第三方可在商标注册信息公布于官方工业产权公报之日 5 年内提出注销商标注册的申请。

个人、合伙企业或公司都可以单独或共同向老挝科技署提交申请注册商标的义件，请求注册商标。与大多数东盟国家所采用的使用优先制相区别，老挝采用注册优先制，即两个或以上的申请人申请注册同一个商标，商标授予给先申请人。

3. 商标权

在保护期内，商标所有人享有使用自己注册的商标权利，也可将此权利以授权、出售、继承等方式部分或全部进行转让。但对于连续 5 年未使用的商标、仅用于象征性的商标、或未诚信使用的商标，任何个人、法人或组织均可向科学技术部申请取消或撤销此商标的注册。

---

① 老挝《知识产权法》规定无需提交注册申请的还有商业秘密。

4. 商标权保护

根据《知识产权法》第51条的规定，商标的保护期为10年，自申请提出之日起计算。期限届满后，保护期可以无限期延长，但每次申请的延长期为十年。商标所用人为保持保护期，应提前10年支付相关费用和服务费。对商号的保护无限期，直至所有人停止使用商号名称。

对于侵犯商标权益的自然人、法人实体或组织的法律责任，法律规定内容与专利、小专利或产品外观设计侵权人的责任一样，应视情节轻重要求侵权人接受教育或给予警告、纪律处分、赔偿、罚金处罚，构成犯罪的则应承担相应刑事责任。

第五节　马来西亚联邦知识产权法律制度

马来西亚先后颁布过《商标法》《专利法》《著作权法》和《外观设计法》，同时也是《巴黎公约》《伯尔尼公约》和《马德里协定》等国际公约的成员国。马来西亚成立了专门的知识产权公司作为管理机构①，同时在法院内部也有专门知识产权法庭审理相关案件。

一、著作权法

马来西亚《著作权法》于1987年颁布，共8章61条②。1990年马来西亚加入《保护文学和艺术作品伯尔尼公约》，之后《著作权法》经多次修正以加强著作权的保护。《著作权法》最近的一次修正是在2022年，3月18日新法正式生效。2022年修正案对于将数字领域的盗版（Digital Piracy）纳入法律规范之中、同时加重了对于著作权侵权的刑事责任③。

除此之外，马来西亚还制订有多个有关著作权的实施条例，如《著作权（著作权法院）实施条例》（Copyright [Copyright Tribunal] Regulation 2012)、

《著作权（特许机构）实施条例》（Copyright [Licensing Body] Regulation 2012)、《著作权（自愿申报）实施条例》（Copyright [Voluntary Notification] Regulation 2012）等。

---

① 关于知识产权公司的详细内容见马来西亚2002年制订的《知识产权公司法》（Intellectual Property Corporation of Malaysia Act 2002)。

② 马来西亚《著作权法》英文本见 https://wipolex.wipo.int/en/text/583950，最后访问日期2022年12月20日。

③ 2022年《著作权法（修正案)》（the Copyright [Amendment] Act 2022）英文译本见 https://www.myipo.gov.my/wp-content/uploads/2022/03/Copyright-Amendment-Act-2022-Act-A1645.pdf，最后访问日期2022年12月20日。

（一）著作权客体和内容

1. 受保护的作品

根据《著作权法》第7、8条的规定，在马来西亚受著作权保护的作品形式有文学作品、音乐作品、艺术作品、电影、录音、广播以及对上述作品进行的翻译、改编、汇编等而生成的衍生作品。任何思想、程序、操作方法或数学概念以及不具原创性的作品不能受著作权保护。

在马来西亚，受著作权保护的文学作品有8大类，但政府或法律文本、司法判决、政治性演讲和辩论、诉讼中的发言以及对上述文本文字的翻译不受著作权保护；为音乐伴奏而创作的作品在内的所有音乐作品受著作权保护；有关集成电路的布图设计被排除在受保护的艺术作品之外；受保护的广播包括了以加密信号对公众传输的视觉图像、声音或其他信息；受保护的表演不含现场直播、新闻播报、体育活动以及有观众参与表演。

在马来西亚，实行著作权自愿申报（登记）制度，马来西亚公民或永久居民可向相关机构进行著作权申报。通过著作权申报，可以确认著作权权属、为作品遗失时提供作品备份、增强企业竞争力[1]。

2. 著作权内容

在马来西亚，著作权分为人身权利和专属控制权（Exclusive Right to Control）。人身权利包括对作品的署名权、发表权、修改权以及保护作品完整性（作品不被曲解或随意删减）、维护作者名誉或声誉等权利。《著作权法》第13条所指之专属控制权，是指文学、音乐或艺术作品、电影、录音或衍生作品的著作权人可以对作品的复制、流通、出售或出租享有控制权，实际上也就是从这些控制权所指之行为中获取经济利益。

（二）著作权归属与行使

1. 著作权归属

《著作权法》第26条规定，除非有相反协议，著作权最初归属于作者所有。作品因雇佣或委托关系而进行创作完成的，著作权属于雇主或委托人所有。作品如属匿名或假名出版，则出版商应被视为匿名或假名作者的代表人，有权行使作者权利；对于作者身份不明但有充分理由推定其为马来西亚公民的未出版作品，则作品著作权由马来西亚负责文化事务机构的部长代为行使。

---

[1] 参见中国（深圳）知识产权保护中心：《马来西亚著作权登记程序》，载中国（深圳）知识产权保护中心网 http://www.sziprs.org.cn/szipr/hwwq/fxydzy/bjzy/content/post_816673.html，最后访问日期2022年8月20日。

受政府或政府机构部长指令或控制下创作完成的作品,作品著作权由政府享有;此著作权由马来西亚著作权机构或政府部门代表政府负责管理和控制,有关机构或政府部门也可授权国家档案馆馆长代表政府管理和控制该作品的著作权。

2. 转让与许可

根据《著作权法》的规定,著作权属于个人动产,可以继承、授权许可使用,也可以进行转让。转让与许可授权均须签订书面协议,否则转让或许可授权将无法律效力。

著作权人通过转让、许可或通过遗嘱对作品的处分,可以针对将来的作品,也可以针对目前著作权还不成立的作品。

3. 合理使用

马来西亚《著作权法》允许公众、政府、公共组织可以为正当目的使用著作权作品,包括:为非商业的研究、学习、评论和报道的合理使用;为教学教育目的而使用;在非经营性场合免费进行演出;对公开展览的作品的拍摄;将非公开展示的作品作为背景进行拍摄或录制,但私人住宅不在此列。对翻译作品实施强制出版许可。

(三)表演者的权利

在马来西亚,法律特别规定了歌舞、戏剧、言语类等节目的表演者享有人身权利以及专属控制权。录音录像制作人以及广播人的权利一并规范在了著作权之中。

表演者的人身权利包括被认定为表演者的权利、维护其表演以及反对有损表演者声誉的权利。表演者去世后,其权利由表演者授权之人或机构行使。同样,专属控制权是表演者对进行表演、录制、出售、出租、传播等相应行为有控制权,即为从事此行为而获得经济收益的权利。

同样,仅为私人和家庭使用、科学研究或教学目的、新闻或时事报道、评论以及为听视觉残疾人士提供协助等目的而制作的录音或视频,不属于表演者的控制权范围,但使用者应向表演者支付合理的表演报酬。

(四)法律保护

1. 保护期限

对于文学、音乐或艺术作品著作权的保护期限为作者终生及其死亡后 50 年;作者生前未发表的作品,著作权自作品首次发表之年的第二年起保留 50 年;使用化名或匿名发表的作品,著作权保护期限自作品自创作完成、首次发表或公开之年的第二年起保留 50 年(以最新日期为准)。对录音和电影作品,保护期限为发表之年的第二年起的 50 年,作品若未发表则保护期限为自首次完成创作之年的第二年起的 50 年。对广播作品，保护期限为自作品首次完成创作之年的第二年起的 50 年；表演者权利，则自表演活动发生或形成录音制品之年的第二年起的 50 年。

2. 法律责任

任何人未经著作权人许可作出或致使其他人作出违反著作权法之行为，即为侵权，包括将侵权作品进口至马来西亚、为赢利之目的传播或展示作品或未赢利目的传播或展示却对著作权人造成了不利影响等。

对于侵权行为，著作权人可向法院申请禁止令，并要求侵权人对其侵权行为进行赔偿。著作权法院可依法对侵害行为追究民事责任和刑事责任，对侵权人的犯罪行为单处或并处监禁和罚金。2022 年的修正案将罚金提高至 20 万林吉特，监禁则可达 20 年。而且如果公司被认为参与了侵权的违法行为，则公司董事、首席执行官以及其他高级职员等可能需要为此承担个人责任。

另外，马来西亚的行政机关可对著作权实施保护，特别执行小组负责《著作权法》的执行：特别小组有权进入怀疑存放侵权复制品的建筑物；搜查和没收侵权复制品和设备；对涉嫌犯罪的侵害人实施逮捕。

二、专利法

马来西亚《专利法》于 1983 年颁布，所保护的专利包括发明专利和实用新型。其后《专利法》进行过多次修正，最近的一次修正是 2022 年，修正后的条款于 2022 年 3 月 16 日正式生效[①]。知识产权局是马来西亚专利管理、申请接收与授予的专门机构。

（一）专利权客体

马来西亚《专利法》保护的客体只涉及发明专利和实用新型两类。《专利法》明确规定，具有新颖性、创造性和工业应用性，能够在实践中解决技术领域特定问题的发明可授予发明专利；对产品或方法的任何创新或者对能够进行工业应用的已知产品或者方法的新改进措施，可授予实用新型专利。

与中国法律不同的是，马来西亚实用新型保护的客体既可以是产品也可以

---

① 2022 年《专利法（修正案）》英文译本见 https：//www.myipo.gov.my/wp–content/uploads/2022/03/02–PATENTS–AMENDMENT–ACT–2022.pdf，最后访问日期 2022 年 12 月 20 日。1983 年制订以及至 2006 年修正后的《专利法》全文的中文译本参见重庆知识产权保护协同创新中心、西南政法大学知识产权研究中心组织翻译：《"一带一路"国家知识产权法律译丛（第二辑）》，北京：知识产权出版社 2018 年版。

是方法①。《专利法》第 14 至 16 条规定，根据现有技术无法预见的发明（即创新没有被现有技术覆盖），即具备新颖性；考虑到现有技术，新的发明对普通专业技术人员来说并非显而易见，则发明具有创造性；而新发明能在任何工业领域中被制造或被运用，发明即可被认为满足工业实用性要求。

在马来西亚，不能授予专利的发明有：科学发现和方法；新的动植物品种及动植物的繁育方法（人造微生物除外）；商业活动、智力行为以及游戏中使用的图表和方法；对人体或动物进行诊疗或手术的新技术或方案法。而现有技术均不能被授予专利，包括：在申请日或优先权日之前已经公开传播或被应用的技术；申请的技术已经被包含在已经申请或已授予专利的内容中，法律另有规定的除外。

（二）专利申请与授予

马来西亚《专利法》规定，专利申请应向主管机关马来西亚专利登记局提出，且马来西亚居民应首先在马来西亚境内向相关机构提交专利申请，未经注册官员书面同意，不得在马来西亚境外提交或安排提交专利申请，除非同一专利在境内提出申请 2 个月前已向外国提出申请，且注册官员未对专利公开有损国家利益之情形作出任何指令或者作出的指令已被撤销。根据 2022 年《专利法（修正案）》的解释，马来西亚居民的范围包括居住在马来西亚的马来西亚公民、已获得马来西亚永久居民身份或马来西亚有效通行证并经常居住在马来西亚的外国人、依马来西亚法律设立或注册的法人或非法人团体（外国公司除外）。

外国人须通过专利代理人提交申请；专利机构的雇员，在其任职期间或离职后 1 年以内，不得申请专利或获得其他任何专利权利。同一项专利申请在进行中可变更是否申请发明或实用新型的相关内容，但不得请求两种专利保护。

申请人提交的材料包括：申请人；发明人；说明书；委托书；权利证明；首次申请说明；发明的内容、图示和保护内容。以登记局收到申请书之日为申请日。登记局对受理的申请进行形式审查和实质审查，认定申请合格的，申请人缴纳费用后授予专利并予以公示。

（三）专利权

发明人为专利权人。合作发明由合作者共同享有专利权。两人各自独立完成的发明，在先申请人有获得专利的优先权。雇佣发明和委托发明，合同没有另行注明的，专利权属于雇佣人。但发明的经济价值远超过合同成立时当事人

---

① 参见曲淑君主编：《世界实用新型专利运用指南》，北京：知识产权出版社 2019 年版，第 54 页。

双方能预见到的，双方就报酬另行协商。发明不在雇佣合同规定的工作范畴内，但雇员利用雇主的资料和设备完成发明，专利属于雇佣人，报酬单独协商或法院依据发明的经济价值来确定。

专利权人享有使用专利和对专利产品的制造、使用、进口、许诺销售、销售以及储存专利产品用以使用、许诺销售、销售权。未经专利权人同意，限制、禁止和阻止未授权人制造、使用、销售或进口专利产品；限制、禁止和阻止未授权人制造、使用、销售或进口专利产品或使用专利方法或以该方法制造的产品。

马来西亚《专利法》第19条规定，专利申请或者专利所主张的发明的基本要素非法源于他人享有专利权的发明的，该他人可以申请法院命令向其转让该专利申请或者专利。2022年《专利法（修正案）》将此种专利转让申请的年限从5年修改为6年，即自专利授予之日起6年后，法院不再受理。

专利许可实施中会在下列行为中受到限制：不以营利为目的的科学研究；大型交通工具在马来西亚过境；善意第三人在申请人前已经着手实施专利用以生产或使用该专利方法的。

（四）法律保护

发明专利的有效期，自申请日起算为20年。实用新型的有效期，自申请日起算为10年。均可最多申请两次专利续展，每次为期5年。所有专利的最长保护期限不得超过20年。

法律规定，未经专利权人许可或授权，制造、销售、进口、使用专利产品的行为均构成侵权。专利权人对侵犯其专利权的行为，可在侵权行为发生之日5年内提起向法院诉讼。对因侵权而构成犯罪的行为，法院可视犯罪情形及情节轻重判处2年以下监禁，或者单处或并处1.5万林吉特以下罚金。法人单位犯罪的，同意或纵容法人犯罪行为的高级管理人员则承担相应个人刑事责任。

三、产品外观设计法

马来西亚《产品外观设计法》于1996年颁布实施。2013年马来西亚对该法部分内容进行了修正，扩展了新颖性的含义、延长了保护期限、将注册外观设计增加为可设定担保权益的标的、权利转让需要登记注册等。目前马来西亚适用的仍是2013年修正的法律，共9章50条[①]。此外，马来西亚还在1999年颁布实施《产品外观设计条例》（Industrial Design Regulations），以规范并细化《产品外观

---

① 马来西亚《产品外观设计法》英文译本见https：//www.myipo.gov.my/wp – content/uploads/2016/09/INDUSTRIAL – DESIGNS – ACT – 1996 – ACT – 552.pdf，最后访问日期2022年12月20日。

设计法》的实施,条例亦于 2013 年进行了修正,共计 46 条 4 个附件[①]。

(一) 外观设计保护的客体

在马来西亚,"工业品设计"是指通过任何工业工艺或方法应用于物品的形状、配置、图案或装饰的可视性特征,但工业产品的构造方法或原理、仅由产品功能决定或取决于另一产品外观的特征除外。

(二) 申请与授予

产品外观设计的原所有人有权申请注册工业品外观设计,如果多人拥有一项工业设计的权益,则所有拥有权益之人有权共同提出产品外观设计注册申请。外观设计的注册申请须具备新颖性,即申请注册的产品外观设计,应与其他工业品的外观设计存在实质性的差异,且优先权日之前未曾在马来西亚境内外公开披露过(申请日前 6 个月内在官方展览或官方认可的展览中披露以及因申请人或其继承人或其他人非法行为被披露的除外),并不得违背公共秩序或道德规范。

申请书按订明格式提交给产品外观设计登记机关,并附上设计所应用的物品、新颖性陈述和申请费。马来西亚境外的申请人须通过代理人进行申请。两个或以上的外观设计可以在同一申请中提交,只要都是和同一类产品或产品组合相关。申请人可以是创作人、受让人、职务发明的雇佣人或方案设计的资金提供者。

外观设计的申请、审查和注册登记程序与专利申请基本一致。

(三) 所有权内容

《产品外观设计法》第 29 条规定,产品外观设计为个人财产,其所有权人享有的权利与其他个人财产权具有相同的性质和内容,能够通过法律的实施像其他个人财产或动产一样进行转让、传播或处理。

已注册的产品外观设计或产品外观设计注册申请的转让,必须由转让人与受让人或他们的代理人以书面形式进行,否则转让协议无效。而且权利转让须向登记机关申请记入登记簿,未登记的,不得对抗善意第三人的权利。两人或两人以上共同登记为权利人的,每人享有对该设计相等的不可分割的权利,每人均有权无须经其他共有人同意,为自己的利益使用设计,但转让或许可他人使用,须经所有共有人同意。

[①] 《产品外观设计条例》英文译本见 https://www.myipo.gov.my/wp-content/uploads/2016/09/id-regulation-incorporated-01072013.pdf,最后访问日期 2022 年 12 月 20 日。

未经权利人许可,任何人不得将设计或模仿的设计用于产品外观设计注册相关的任何物品之上,或者将以上侵权的产品进口至马来西亚或在马来西亚销售或许诺销售侵权商品。否则,行为即构成对产品外观设计的侵权,所有权人可对侵权行为或可能发生的侵权行为提起诉讼。

(四)法律保护

产品外观设计的保护期限自申请日起算 5 年,可以申请 4 次续展,每次续展期为 5 年,保护总期限不超过 25 年。但法律要求延期申请须按规定提出,并且延期费用也应在当前期限届满之前支付,未按规定提出延期申请或未支付延期费的,产品外观设计的注册失效。不过,在产品外观设计注册失效通知于马来西亚官方公报上公布的 1 年之内,所有者或其所有权继承人可根据《产品外观设计法》第 26 条的相关规定申请恢复产品外观设计注册。

四、商标法

马来西亚《商标法》最早于 1976 年颁布,并多次修改。2019 年马来西亚为加入《马德里协定》,在协定的框架下对旧法做了较大幅度调整,后于同年 7 月通过了新的《商标法》,新法于 2019 年 12 月 27 日正式生效,共计 183 条并 2 个附件[①]。与新《商标法》同日生效的还有 2019 年《商标实施条例》(Trademarks Regulations)[②],1976 年《商标法》和 1997 年《商标实施条例》即行失效。

(一)可注册的商标

2019 年《商标法》第 3 条明确规定了对于商标的定义和类型,是指能显著区分不同企业商品或服务的图形标志,包括集体商标和证明商标。

新的《商标法》将可申请注册的商标从文字、字母、数字、图形、照片、徽章及其组合,扩大到颜色、声音、立体结构、动画以及商品的形状和包装等元素的组合,甚至气味、全息图、定位和运动顺序等组合在马来西亚也可申请注册为商标。但如果有法律第 23、24 条其中之一情形的,商标将不允许被注册。商标被拒绝注册的理由包括:仅包含商品本身性质或属于商品本身的形状;仅由国家名称组成;包含或由公认的地理标志组成;属于商品和服务的通用名

---

① 2019 年《商标法》英文译本见 https://www.myipo.gov.my/wp-content/uploads/2019/12/ACT-815-TRADEMARKS-ACT-201.pdf,最后访问日期 2022 年 12 月 20 日。

② 2019 年《商标实施条例》英文译本参见 https://www.jpo.go.jp/e/system/laws/gaikoku/document/index/malaysia-e_trademarks_regulations.pdf,最后访问日期 2022 年 12 月 20 日。

称；带有欺骗或容易混淆、误认或者违反法律规定的标记；包含或由任何丑闻或冒犯性内容构成；有损国家利益或安全；未经他人或其继承人同意，包含或由他人姓名；在商品或服务的来源、质量、性质方面和驰名商标类似的标记；违反公共利益和道德；侵犯优先权人权利或有损驰名商标权利；等等。

（二）注册商标申请

住所在境内的个人或营业所在地在马来西亚境内的公司均可向马来西亚商标局或其分支机构提交商标注册申请和相关材料。住所在境外的申请人须由代理人提交申请，《商标国际注册马德里协定》的成员国公民享有申请优先权。申请同一商标可同时指定多个类别。商标注册申请人也可以依《保护工业产权巴黎公约》的规定对在马来西亚境内或马来西亚政府认可的国际展览会上作为展览主题的商标临时保护主张优先权。

商标局受理申请后确认申请日，只有新提交的商标申请才会生成申请日期，需要补正申请内容的，补正之日为申请日。商标局从申请日起检索在库已有商标，进行形式审查和实质审查。审查合格的，商标被初步核准并在知识产权局刊发的公报上予以公示，其他人30天内无异议的，或异议不成立的，予以注册并向公众公示。

商标权人连续3年在注册时确定的同类商品上和服务中不使用该商标，第三人可向商标局申请撤销该商标。但商标权人能够提供合理原因的，其商标不予撤销。商标注册后成为商品和服务的通用名称，以及商标造成公众对商品的性质、质量和来源误会的，也可申请撤销。另外，商标权人可以自愿申请注销商标注册；法院也根据权利受侵害人的申请，宣告商标注册无效。

（三）商标权内容

商标权属于商标申请人，商标权人可以在申请的商品或服务类别上使用注册商标。如果是多人共同申请注册商标的，则共同申请人均可享有不可分割的商标权利。但未经另外一方的同意，任何共有人不得授权许可他人使用商标，也不得将商标权进行转让或抵押。

《商标法》第64、69条明确规定，注册商标可与其他个人财产或动产一样进行以转让，也可以授权许可他人使用。注册商标进行转让的，应向商标局或其分支机构提出申请，并将转让信息载入注册商标登记册。许可应以书面方式订立，并由授予人或其代表人签字认可，否则该许可无效。另外，注册商标的使用许可对授予人的所有继承人具有法律约束力。

(四) 商标权保护

商标的有效期从注册之日起算为 10 年，并可无限次续展，每次续展有效期也为 10 年。如果未按照规定进行续展注册，则该商标被视为撤销。商标被视为被撤销后，注册人可以在撤销之日起 6 个月内，按照法律规定的形式和要求，缴纳恢复费用后，请求恢复其被撤销的注册；自撤销之日起 6 个月内，未按规定申请恢复的，商标即停止注册。

在商标注册保护期内，商标权人可以自行使用或授权他人使用该商标，也可以像其他动产一样依法转让注册商标。任何人未经商标权人同意，将相同或近似的商标运用于与注册商标相同或类似的商品或服务上，即构成侵权。不过《商标法》第 55 条排除了商标侵权的四类情形（具体 10 余种具体行为），包括：更早地使用与注册相同或类似的商标；商标使用人真诚地使用商标，目的是为表明其姓名或营业地点的名称，或者是为表明商品或服务的种类、质量、数量、预期用途、价值、地理来源或其他特征或者生产商品或提供服务的时间；等等。

侵权如被证实，涉及侵权的商品将会被法院禁止进行贸易或者被扣押或者扣押，侵权人也应承担相应的损害赔偿，法院还可裁定要求侵权人承担额外的损害赔偿。

第六节　缅甸联邦共和国知识产权法律制度

缅甸国内的知识产权制度要追溯至英国殖民时期。早在 19 世纪，缅甸就引入英国的知识产权制度制定了《商品标志法》（Merchandise Marks Act 1889），之后又陆续制订了《著作权法》（1914）和《专利与外观设计（紧急规定）法》（Patent and Design [Emergency Provisions] Act 1946）。至缅甸独立，这几部法律一直继续适用，1996 年缅甸还曾颁布《传统医药法》。缅甸加入 WTO 之后，修订国内的知识产权制度成为必须。缅甸尽管在 2006 年已完成知识产权法的起草，但因其享有 WTO 最不发达成员国可延长过渡期的权利，故缅甸最终决定推迟颁布这些法律。2014 年，新的《著作权法》《专利法》《商标法》和《产品外观设计法》草案相继颁布并提交议会审议。2019 年，四部知识产权法律终获通过并正式施行。不过，除 TRIPS 协议外，缅甸目前仍尚未加入《巴黎公约》《马德里协定》及其议定书等相关知识产权的国际公约[1]。

---

[1] 宋志国等：《中国—东盟知识产权保护与合作的法律协调研究》，北京：知识产权出版社 2014 年版，第 85 页。

根据 2019 年新制订的四部知识产权法，缅甸成立了知识产权中央委员会（IPRCC）。后按知识产权中央委员会的决议，缅甸重组了知识产权局（IPD），隶属于商务部，负责知识产权申请的接收、审查和授予。

一、著作权法

缅甸最早《著作权法》颁布于 1914 年。2019 年 5 月 24 日，缅甸颁布了新的《著作权法》，新法共 24 章 102 条[①]，于 2020 年 5 月 24 日生效实施，1914 年《著作权法》即行失效。

（一）著作权客体与内容

1. 受保护的作品

缅甸 2019 年《著作权法》保护的是缅甸公民或居住在缅甸的作者、首先在缅甸出版的作品[②]、总部或经常居住地位于缅甸的制作人制作完成的音像和电影作品以及于缅甸境内建成的建筑作品或者位于缅甸境内建筑物或其他结构中的艺术作品。《著作权法》还保护缅甸公民或居住在缅甸的表演者、在缅甸境内进行表演的外国表演者的权利，保护唱片制作人、广播组织的相关权利。

具体来说，《著作权法》保护的客体是具有原创性的文学和艺术作品，包括：书籍、文章、诗歌、小说、计算机程序、演讲、布道、戏剧或为舞台表演创作的作品、音乐作品、视听作品、电影作品、建筑作品、绘画、雕刻、陶器、手工艺品、摄影作品、纺织设计、其他应用艺术作品、与地理地形或建筑科学相关的三维作品、以及对原作品的翻译和改编、对文学和艺术作品的汇编等等。

与大多数国家的《著作权法》规定一致，对于思想、程序、系统、概念、数学概念、原理、发现或数据，以及新闻报道、法律规章和法院判决、政府部门或政府组织发布的规则、指令等不受《著作权法》的保护。

2. 著作权内容

著作权人享有人身权利和经济权利。人身权包括发表权、署名权、修改权和保护作品完整的权利；经济权是指著作权人通过复制、发行、展览、表演、放映、广播、改编、翻译、出租或许可使用等方式获得经济利益的权利。

[①] 2019 年《著作权法》英文译本参见 https：//www.lincolnmyanmar.com/wp-content/uploads/2020/11/Copyright-Law-English-1.pdf，最后访问日期 2022 年 12 月 20 日。

[②] 在他国出版后 30 天内又在缅甸出版的作品，视为在缅甸首先出版。

(二) 著作权归属与行使

1. 著作权归属

缅甸《著作权法》规定，通常作品上标明的姓名之人即为作品作者，享有著作权。不过《著作权法》特别强调著作权人经济权利的享有。根据第22条的规定，作品的原创作者享有作品的经济权利，合著者共同享有合著作品的经济权利。对于视听或电影作品，经济权利通常由制片人享有，但其经济权利的享有不得侵犯视听或电影所依据的文学艺术作品原作者的经济权利。

因雇佣合同而创造的作品，经济权利由雇主享有。对于摄影师已按协议取酬的摄影作品，摄影作品的经济权利人为委托创作之人。

2. 转让与许可

《著作权法》第34条规定，著作权的经济权利的全部或部分可以通过继承、赠与、许可等方式进行转让。受让人在支付了约定的费用后，可向著作权相关部门申请转让登记。因为在缅甸，著作权及相关权利的所有人可以自愿向负责登记的官员提出登记申请，登记有误或者有侵犯他人或公共利益的，任何人均可申请撤销此登记，对登记或撤销登记有不服的，可向相关的著作权管理机构申请上诉。

3. 合理使用

《著作权法》第26至28条规定，任何出于个人目的、教学或科学研究目的、评论目的或简短摘录等目的而对作品进行使用或复制的，均可不经著作权人的授权或许可。

另外，法律还规定，如果被使用的作品是享有电子著作权的作品，任何个人可仅出于个人目的复制已出版的作品，无须征得电子版权所有人授权或同意。但此类复制不得构成对文学艺术作品的滥用或影响著作权人的合法权利。

(三) 相关权利

《著作权法》第14章详细规定了表演者、音像制作者以及广播组织者的相关权利。表演者具有独立于经济权利的人身权，即表明表演者身份、保护表演完整性、反对损害其声誉的权利。[①] 当然，表演者可以享有因表演、表演录制、演出播放、复制、音像制品或复本的出售或出租等方式而产生的经济权益。音像制作者以及广播组织者有权因进行或授权音像制品的复制、出售、出租、节目播放或录制等获得经济收益。

---

① 尽管法律没有使用表演者人身权这一术语，但表述的内容还是很清晰的。

对于仅因科学研究、教学而使用、复制相关权利产品的，无须获得权利人的同意。

（四）法律保护

1. 保护期限

根据第 17 条的规定，著作权人的人身权保护期不受限制，为原创作者终身并死后永久。经济权利的保护期为作者终身及逝世后 50 年，合著作品则为最后亡者逝世后 50 年；视听或电影作品经济权利的保护期应向公众公开之日起算 50 年；以匿名或假名出版的作品，50 年应自作品制作完成、首次公开或出版之日算起；第一著作权人为政府部门或政府组织的政府作品保护期亦为首次公开或出版后的 50 年；应用艺术作品的经济权利保护期为制作完成之日起 25 年。经济权利保护期的计算均从原作者去世或原创作品创作完成、公开或首次出版的次年 1 月 1 日开始。

表演者的经济权利自表演被录制之日起的第 50 个日历年失效，如果表演没有被录制的，则自表演之日起算 50 年。表演者的人身权利不因表演者死亡而受任何限制。音像制作者与广播组织者的经济权利分别自音像制品发行或广播之日的第 50 个、第 20 个日历年失效，音像制品没有发行的则自音像录制之日起算 50 年。

2. 法律责任

著作权受到侵害之人可以向设在最高法院的知识产权法庭提起申请权利保护，要求法庭对侵权人采取民事赔偿或刑事制裁。

知识产权法庭可应申请人的申请，颁发禁止侵权产品入关、保全相关证据、维持或撤销海关指令、侵权承担损失赔偿等相关令状，也可以颁发令状以查封、扣押、没收、销毁或以其他方式处理侵犯著作或相关权利的物品或侵权使用的设备。

对于因未经著作权人授权而有商业目的（如保有、买卖、进口或生产相关设备）的行为，构成侵犯著作权犯罪，法院可对行为人判处 3 年以下的监禁，并处或单处 100 万以下缅元的罚金；对于再次犯此罪的，监禁可至 10 年、罚金可达 1000 万缅元。对错误颁发或著作权或相关权利注册证或登记有误构成犯罪的，则法院可判处行为人 1 年以下监禁，并处或单处 20 万缅元以下的罚金。

二、专利法

1945、1946 年，缅甸分别制定《专利与外观设计法》和《专利与外观设计（紧急条款）法》，但 1945 年的《专利与设计法》一直未生效。缅甸实际长期适用的是 1911 年《印度专利与外观设计法》和 1946 年的《专利与外观设计

（紧急条款）法》。2019 年 3 月 11 日，缅甸颁布《专利法》，这是缅甸独立后第一部专门针对专利保护的立法。2019《专利法》共 26 章 119 条[①]，目前还未生效，但鉴于已经通过了政府立法程序并在政府公报上颁布，故下文仍对新法进行简要介绍。

（一）专利保护客体

根据缅甸 2019 年《专利法》的规定，专利保护的客体包括发明、小发明（Minor Invention）。具有新颖性、创造性和工业适用性的发明可授予发明专利；针对产品的新形式或产品部件的新结构或者为提高效用或性能的产品部件的技术创造授予小发明专利，小发明专利只需要满足新颖和工业适用性，即可获得授予。

《专利法》明确规定，在申请日前或优先权日前不存在的技术，满足新颖性要求；申请专利的发明如果在相关领域不易被专家理解，则满足创造性；而工业适用性应广泛包括在手工业、农业、畜牧业、渔业、贸易和服务业等行业的生产或使用。《专利法》第 14 条也明确了科学发现或理论、游戏或商业规则、纯计算机程序、动植物生产工艺（非生物和微生物生产工艺）等 8 类发明不能被授予专利。另外法律还特别强调，在 2033 年 1 月 1 日前缅甸不会对药品以及药品的生产工艺授予专利保护。

（二）专利申请与授予

专利申请人应使用缅语或英语提交专利申请。申请书应载明申请人或其代理人相关信息、对发明的完整描述和简要说明、授予专利的请求。除此外，申请还应附上解释发明的文字或图纸、优先权请求说明以及其他相关文件材料。对于同一发明，申请人不得同时或者连续提交小发明专利申请和专利申请。

专利局在接受申请后，注册官员应在满足形式要件的申请日后 18 个月内，就符合规定的申请发布公告，受理相关异议，发明专利和小发明专利的异议期限分别为 90 天和 60 天。在异议期限届满未有异议或异议不成立的，注册官员可决定授予专利，并向申请人颁发专利证书。注册官员如决定不授予专利的，应将决定通知申请人并进行公告。任何人对注册官员所作出的决定不服的，可在宣布该决定之日起 60 天内向知识产权局提出上诉；对知识产权局决定不服

[①] 缅甸 2019《专利法》英文译本参见 https://myanmar-law-library.org/law-library/laws-and-regulations/laws/myanmar-laws-1988-until-now/national-league-for-democracy-2016/myanmar-laws-2019/pyidaungsu-hluttaw-law-no-7-2019-patent-law-english.html，最后访问日期 2022 年 12 月 20 日。

的，还可向知识产权法院上诉。

（三）专利权

发明人一般即为专利权申请人，发明的被许可人和受让人亦有权申请专利。最早的申请人或优先权人享有专利权。共同发明人共同享有专利权。因雇佣合同而完成的发明，雇主才有资格申请专利，雇佣双方另有约定的除外。

专利权人有权阻止或禁止他人未经批准制造、使用、要约出售或销售或进口其专利产品或专利生产工艺。但法律也规定，仅非商业或个人使用专利、为实验或研究目的而使用专利、在专利申请日或优先权日前善意使用或准备使用专利、根据注册医生或牙科医生的处方在药店为个人配制药物等8类行为，不属于侵犯专利权。

《专利法》第15、16章规定，专利权可以转让，也可授权许可他人使用。专利权的转让或授权许可，应当向注册官员申请登记，否则转让或授权许可无法律效力。另外法律也规定在国家安全、紧急状况、涉及不正当竞争等5类情形时，任何人均可根据规定向注册官员申请专利强制许可。在强制许可下，专利权人有权获得合理报酬或补偿。

（四）法律保护

《专利法》规定的发明专利保护期限为20年，小发明专利的保护期限为10年，均自专利申请提交之日起开始计算。专利权人应按规定缴纳年费，逾期缴纳的将承担逾期罚款，而超出宽限期未缴纳的，专利将失去法律保护。

对未经批准制造、使用、要约出售或销售或进口其专利产品或专利生产工艺的侵权行为，专利权人可对侵权人提起民事诉讼。法院可对侵权行为或侵权产品发布相关令状或要求侵权人进行赔偿。对构成犯罪的，法院应对犯罪人单处或并处不超过1年监禁、不超过200万缅元的罚金。对以虚假陈述提交专利申请的，一经定罪，法院可单处或并处6个月以下监禁、200万缅元以内的罚金。

三、产品外观设计法

2019年，在通过《专利法》的同时，缅甸议会也通过了《产品外观设计法》。3月，《产品外观设计法》公开颁布，共24章87条[①]。同样，2019年

[①] 缅甸《产品外观设计法》英文译本参见 https：//www.myanmar–law–library.org/law–library/laws–and–regulations/laws/myanmar–laws–1988–until–now/national–league–for–democracy–2016/myanmar–laws–2019/pyidaungsu–hluttaw–law–no–2–2019–industrial–design–law–burmese.html，最后访问日期2022年12月20日。

《产品外观设计法》是缅甸独立后颁布的第一部有关外观设计保护的法律，但至今还未生效。

（一）保护的客体

《产品外观设计法》第 7、8 章明确规定了符合以及不符合保护条件的工业设计。在缅甸，具有新颖性、没有模仿的外观设计属于法律保护的客体。在申请日前或优先权日前已被使用或公开过的外观设计，或者与公众已知外观设计没有明显不同的外观设计，不能视为满足新颖性要求。与技术或操作方法相关的发明、有损侵犯缅甸和平安宁或民族尊严或信仰和文化的工业设计不得授予工业外观设计权利。

（二）申请与注册

外观设计人或有权利申请注册之人可以向知识产权局申请外观设计注册。注册申请应以缅语或英语书写，注册申请应包括注册申请书、申请人或代理人信息、外观设计的完整描述、包含外观设计或由外观设计形成的产品描述以及其他相关的材料文件。

符合形式要求的申请在递交注册官员后，注册官员对申请进行审查，之后注册官员将申请及其相关信息进行公示，接受异议。对于外观设计的公示异议期限为 60 天。对于异议期内未有异议或异议不成立的申请，注册官员应允许外观设计进行注册并向申请人颁发产品外观设计注册证书。

任何人对注册官员决定不服的，均可在注册官员决定之日 60 天内向知识产权局申请上诉；对知识产权局的决定不服的，可在收到知识产权局通知之内 90 天内，向知识产权法院提出上诉。

（三）权利内容

外观设计权属于外观设计申请人，外观设计申请应授予最先提出申请之人。外观设计人及其法定继承人或受让人可以申请外观设计注册。共同完成外观设计的设计人，有权共同申请外观设计注册。如果外观设计是依雇佣协议而完成，则雇主有权申请外观设计的注册，但如果雇主未能在设计完成之日的 6 个月内申请注册，则雇员有权申请该外观设计注册。

外观设计权人享有对外观设计的专有权（雇主对外观设计的权利非专有），权利人可按照第 16、17 章的相关规定转让或授权他人许可使用经注册的外观设计，共同完成外观设计的人平等享有外观设计权。外观设计权的转让或授权许可均需以书面形式行使，同时应向注册官员申请转让或许可登记并支付相应费用，否则转让或授权许可无法律效力。

(四) 法律保护

在缅甸，外观设计的注册期限为 5 年，自提交申请之日起开始计算。注册期限届满后，可以申请延期，最多可延长 2 次，每次延长时期为 5 年。也就是，外观设计的注册保护期在缅甸最长为 15 年。

未经权利人同意或授权，为商业目的生产、销售或进口受法律保护的外观设计均属侵权。对侵权行为，权利所有人可以提起民事诉讼。但因非商业目的的私人使用、因实验或科学研究目的使用，或者因参考或训练而进行的复制均不属侵权。对侵权之诉存在合理根据的起诉，法院可判处相关的赔偿或签发相应的禁止令。对构成犯罪的侵权人，根据《产品外观设计法》第 72 条的规定，法院可单处或并处 1 年以下监禁、200 万缅元以下的罚金。

四、商标法

缅甸于 2019 年 1 月 30 日颁布第 3 号法令《商标法》，以代替现存的商标登记制度。但因各种原因，原定于 2020 年实施新《商标法》目前仍未生效。新《商标法》共 24 章 186 条[①]。

(一) 可注册商标

2019 年缅甸新《商标法》的保护对象有商标、地理标志、驰名商标和商号。

根据缅甸《商标法》的规定，商标是指能区别不同商品或服务的名称、字母、数字、图案、颜色等结合而成的可视性标志，包括商品商标、服务商标、集体商标和证明商标。商品和服务商标用于区别不同的商品和服务，集体商标由工商业组织或协会持有，证明商标具体规定为在商标权人监管之下使用而用以证实商标所属商品或服务的原产地、质量、种类或其他信息。

关于地理标志、驰名商标以及商号的概念，与我国或其他国家的解释差异不大，大体相同。2019 年缅甸新《商标法》对商标元素的说明还较为传统，新型的声音、三维动画等元素及其组合还未加入商标元素之中。

(二) 商标注册申请

根据缅甸《商标法》，任何人均可向知识产权局提交新的商标专有权申请，

---

① 2019 年《商标法》中文译本见翁艳等译：《缅甸联邦共和国商标法》，载《南洋资料译丛》2020 年第 4 期。

居住在境外的申请人以委托书授权代理人提交申请。申请文件可用缅语或英文书写，但负责注册官员认为需要翻译的，申请人应按要求进行翻译。

知识产权局对商标注册的申请应进行形式和实质审查。除形式要件外，法律还规定知识产权局不得将存在以下情形的标志注册为商标：不具有显著性；仅包含或可能导致误解的描述商品或服务的质量、数量、功效、价值或其他特征的标识或标志；有损公共秩序、社会道德、信仰、民俗文化的；当今或传统表述中的普遍用词、习惯用语以及贸易领域的实用术语；未取得授权而使用他国或组织的国旗、国徽、名称等符号的；缅甸加入的国际协定专门保护的标志符号；与其他商标雷同或近似的标志；未经他人同意而使用影响其权利、声誉的标志；恶意申请注册的商标；等等。

负责注册的官员可对不符合规定的申请要求进行修改，申请人应自收到要求修改的通知之日起30日内进行修改，否则视为自动放弃注册申请。审查合格后的商标注册申请进入公示程序，接受第三方异议。异议人可自注册申请公示之日起60日内向负责注册官员提交异议申请。异议未被批准或在公示期内没有提出异议的，知识产权局即向申请人发放商标注册证。

（三）商标权

在注册商标有效期内，商标权可自己使用或许可他人使用注册商标，也可将注册商标权相关权利转让他人。商标权人转让已注册商标所有权或者商标注册申请人转让其申请权，均须按规定向注册官员申请进行登记，否则商标权转让或商标注册申请权转让的行为视为无效。

（四）商标权保护

注册商标有效期是自注册申请日起10年。商标权人可在届满前6个月内缴纳续展注册费用后申请续展注册，每次续展申请亦为10年；商标权人在有效期届满后6个月宽展期内申请续展注册的，还需额外缴纳相应的滞纳金。注册商标自申请注册之日起3年未使用或连续3年暂停使用的，利害关系人可申请撤销；属于不应注册情形的，利害关系人也可提出申请要求宣布无效。

对于商标侵权案件，由设在缅甸最高法院的知识产权法院负责审理。权利人可向知识产权法庭申请民事或刑事制裁，法庭可根据需要颁发临时性措施命令，要求禁止侵权商品入关或进入贸易领域或销毁侵权商品，判决侵权人承担经济赔偿；对于构成犯罪的侵权行为，最高可依法判处10年以下监禁，并单处或并处1000万缅元以下的罚款。

第七节　菲律宾共和国知识产权法律制度

在菲律宾，受保护的知识产权类别包括著作权及相关权利、商标和服务标志、地理标志、产品外观设计、专利、集成电路布图设计、未公开信息的保护。

菲律宾于 1997 年颁布了《知识产权法典》（Intellectual Property Code），包括知识产权局、专利法、商标法、著作权法、最后规定五编。2001 年菲律宾通过第 9150 号法，制定了《集成电路设计保护法》，修正了《知识产权法典》第 112 至 120 条的相关专利制度规定。2008 年，菲律宾通过《质优价廉药品供应法》，对不可授予发明的药品、药品的强制许可等与知识产权的相关内容进行了详细规定。2013 年，菲律宾又通过第 10372 号法修正了《知识产权法典》的一些规定，如在菲律宾知识产权署内设立著作权和其他相关权利局、赋予知识产权署总干事及其副职特定的执法职能、厘清著作权侵权具体行为、著作权的合理使用的例外以及对通过互联网传播的享有著作权的作品实施技术保护措施和权利管理信息等。经过多次修正后，菲律宾对 1997 年的《知识产权法典》于 2015 年重新进行了颁布，修正法结构与原法保持一致，共 5 编 242 个条文[①]。

为保护以上知识产权的内容，菲律宾成立了知识产权署（Intellectual Property Office），不仅负责审查授予发明专利申请，对实用新型和产品外观设计进行审核登记，同时还负责审查商标、地理标志、集成电路注册申请，还对知识产权的使用许可、发展和保护进行专门管理、对知识产权争议诉讼进行行政裁决。知识产权署下设专利、商标、法律事务、文档信息和技术转让、管理信息系统和电子数据处理、行政财政与人事事务、著作权与相关权利 7 个局。

一、著作权法

《知识产权法典》第 4 编共计 20 章 60 个条文对著作权进行了规定。另外，菲律宾是《伯尔尼公约》《罗马公约》《世界著作权公约》等著作权公约的成员国，其著作权保护体系相对完善。

（一）著作权客体及内容

1. 受保护的作品

根据《知识产权法典》第 172、173 条规定，受著作权保护的原创作品和衍

[①] 菲律宾《知识产权法典》（2015 年修正版）英文本见 https：//wipolex.wipo.int/en/text/488674，最后访问日期 2022 年 12 月 20 日。

生作品表现为图书、论著、报刊、口头表述（包括演讲、布道等）、信函、戏剧编剧、音乐、绘画、雕塑、建筑、设计、应用艺术、图表、制图、摄影、幻灯片、音像、广告、计算机软件等文学和艺术作品，以及对这些文学和艺术作品的改编、翻译、汇编、删节等。菲律宾早在1972年就将计算机软件列入了著作权保护的客体之内[①]。但法典第175、176条规定思想、程序、系统、方法或实际操作、概念、原则、发现或单纯的数据、新闻报道、法律法规以及政府的公文等作品不受著作权保护。

作者及其继承人或受让人享有对作品的著作权。《知识产权法典》还专门规定，除作者及其继承人或受让人授权的出版外，出版商还享有对已出版作品的复制权。

2. 著作权内容

著作权包括署名权、修改权、维护作品完整性等人身权和为实施、授权或阻止某些行为而获得相应经济收益的财产权。

《知识产权法典》第195、196条规定，作者可以通过书面文书放弃自己的人身权，但如果作者允许他人使用自己姓名（包括在自己未创作的作品上署名）、作品标题，或者允许的作品改编会实质地损害他人的声誉，那这一放弃则无法律效力。对于集体作品著作权的人身权，除非集体作品的作者明确提出保留，否则视为作者放弃其人身权。

财产权的内容依第177条之规定包括：对作品或作品的实质部分进行复制；对作品进行剧本改编、翻译、改写、删节、整理等；出售或转让原创作品或副本的首次公开发行；租赁视听或电影作品、录音作品、计算机程序、数据和其他材料汇编或图形形式的音乐作品的原创作品或副本；将原创作品或其副本公开进行展示；作品的公开表演；作品的公开传播。

《知识产权法典》第200条还专门规定，作者或其继承人有权参与其绘画或雕塑原作于首次处分之后的每一次销售或租赁收益的分配，但其所享分配比例不得超过销售或租赁总收益的5%。此项权利的实施期限与财产权的保护期一致，即在作者生前及其死后50年内。

（二）著作权归属与行使

1. 著作权归属

根据《知识产权法典》第178条的规定，合著者共同享有共同创作作品的

---

① 林宣佐等主编：《知识产权法理论与实务》，北京：中国商务出版社2019年版，第30页。

著作权，除非作者分别创作的作品可以区分为单独使用的部分；雇主对雇佣产生的作品享有著作权，但作者对其工作职责范围以外创作的作品享有著作权，即使作品创作于工作时间或使用了雇主的设备和材料；委托作品，委托人享有对作品的所有权，著作权归属创作者，但有相反协议的除外；视听作品的制作人、脚本作者、作曲者、导演以及作品改编者享有著作权；信函的写作人享有著作权。另外，匿名或化名作品的著作权属于出版商。

2. 转让与许可

著作权的全部或部分可以通过书面协议进行转让，否则著作权不得视为在作者生前进行转让或授权许可。作品在报纸杂志上发表，如未有其他授权的，视为作者仅许可在刊发载体上的发表许可。对于合著作品，未经其他所有人的事先书面同意，任何一方都无权转让或授予许可。

3. 著作权限制

《知识产权法典》第184条还规定了对著作权行使的限制，公众、政府、社会公共组织或特定职业的从业人员均可以为公共利益、学习研究等目的正当使用受著作权保护的作品，如朗诵作品、对作品的合理引用、大众媒介或非营利目的的传播、因教学和研究所需、复制以满足特定人群所用等等。

（三）相关权利

《知识产权法典》第203、212条规定，表演者享有通过广播或其他方式公开传播其表演影像、授予他人录制或复制其表演影像、授权公开发行发售或出租其表演资料或副本、授权商家固定使用其表演影像制品等方式获取经济收益的权利。表演人的人身权利独立于经济权利，主要表现为表演者有权在其现场或录制的视听表演中表明身份，并对其表演作品进行维护的权利。

录音录像制品制作人通过对录音制品原件及复印件的复制、出售和出租获得经济收益。因商业或赢利之目的出版、传播或许可他人使用录音录像制品的，应另行支付给表演者合理酬金。

广播组织者享有可安排节目重播、为传播目的使用节目的录音录像资料等权利。

（四）法律保护

1. 权利保护期

著作权的人身权利应是作者生前及死后永久有效。著作权的财产权保护期为作者终身及其死亡之日起的50年，法律有相反规定的除外。

合著作品的著作权共同属于合著者，合著作品著作权的财产权期限延伸至最后死亡作者死亡后的 50 年。未发表的作品或匿名发表作品分别自作品完成或首次公开发表之日起算 50 年的著作权保护期。实用艺术作品的保护期，从创作之日起算为 25 年。摄影作品和视听作品的保护期为自作品出版之日起 50 年，如作品未出版，则应为作品创作完成之日起算 50 年。

对于未固定于录音录像中的表演者，其权利的保护期自演出结束之日起 50 年终止；对于其表演已固定于录音录像中的表演者，其权利保护期则截止到其表演被固定之日后的 50 年。对于广播或电视，则广播组织者的权利保护期为广播播出之日起算 20 年。

2. 法律责任

《知识产权法典》第 216 条第 1 款规定了著作权受到侵害之时可获得的司法救济方式：法院可要求侵权人停止侵害行为、颁发侵权商品禁止入关的禁止令；要求侵权人将侵权非法所得返还著作权人；销毁复制品和复制设备；支付包括精神和惩罚性赔偿金在内的损害赔偿金；没收和扣押侵权商品；等等。法院判处的损害赔偿金一般不得低于 5 万比索，对于不知或非故意侵权的实施人，法院判处的损害赔偿金可降低至 1 万比索。

对于实施、帮助实施或教唆他人实施侵害行为的侵权人构成犯罪的，依第 217 条的规定，法院可对初犯者判处 1 至 3 年监禁，并处 5 至 15 万比索的罚款；对再犯者可判处 1 年以上、6 年以下的监禁，并处 15 至 50 万比索的罚款；对第三次犯罪之人则量刑可提高至 6 年以上、9 年以下的监禁，并 50 至 150 万比索的罚款。

二、专利法

专利法的相关内容规定在《知识产权法典》第 2 编之中，共分 13 章，自第 20 至第 120 条。这是菲律宾知识产权法内容最多的一部分。

（一）专利权客体

在菲律宾，专利法所保护的客体同样是发明专利、实用新型和产品外观设计和集成电路布图设计。

任何具有新颖性、创造性和产业应用性用以解决具体问题的技术方案在菲律宾均可被授予专利，此种技术解决方案可与产品、工艺或上述任何改进有关。因此，发明可以是装置、产品、装置或产品的技术改进、微生物培育、具体运用方法等。《知识产权法典》第 22 条规定了 6 种不能获得发明专利的技术方案，具体为科学发现、科学理论、数学方法、药物的新特性或新用途；心理行为、游戏或商业计划、规则与方法，以及计算机程序；对人体或动物体进行诊疗的方法；动植物品种或繁育过程（微生物或非生物除外）；美学创作；违反公共秩序或道德的行为。除此外，如果提交申请的发明是现有技术的一部分、申请日之前在世界其他地方已被公开，或者不能在任何产业中被生产或运用，则不满足法律规定之新颖性产业应用性，此发明也不能被授予专利证书。

实用新型只需具备新颖性和产业实用性。违反公序良俗的或仅仅是使用技术产生的效果不能注册专利。

产品外观设计保护的是新颖的或具装饰性的线条或颜色的组合或者任何与线条或颜色相关或不相关的三维形状，这些组合或形状为工业产品或手工艺品提供了特殊的外观图形，且不能违反公共秩序、健康或道德。集成电路布图设计保护的具原创性、被认定为是创作者自身智力劳动成果、作为整体集成电路的布图设计。

（二）专利申请和授予

申请人向知识产权署下属的专利局提交申请书及相关材料，使用英语或菲律宾语书写均可。申请人应分别向专利局提交实质审查和形式审查所需书面文件，包括请求书、说明书、附图、权利要求、摘要、申请人或代理相关信息等相关内容。

专利局首先对申请人的申请进行形式审查，对不符合形式要件的申请，专利局可要求申请人补充并完善所需要材料。在确定的申请日6个月内，申请人应向专利局提出实质审查的书面请求，否则专利申请将视为自动撤回。

自确定的申请日或优先权日起18个月期满后，知识产权署编印的公报上会公告相关专利申请以及由知识产权署或代表知识产权署引用反映现有技术文案而创建检索文件。任何人均可申请查阅相关资料并提出异议。对于无异议或异议不成立的申请，由专利局授予专利证书。专利授予亦需在知识产权署编印的公报上刊发公告，专利保护即自知识产权署公报首次公告的专利授予日开始。

（三）专利权

1. 权利归属

《知识产权法典》第28至31条规定，专利权属于专利权人。联合发明由共同发明人共同享有专利权。两人或以上各自独立完成的发明，在先申请人有获得专利的优先权。雇佣发明，属于发明人职务范畴的，专利权属于雇佣人；但发明不属于工作要求或劳动结果的，发明人享有专利权。因委托业务而产生的发明，如无相反协议，专利权归属委托人。申请人如根据菲律宾缔结的相关国际公约规定，在他国提交申请12个月内又在菲律宾提交专利申请的，享有在先权。

2. 专利权具体内容

专利权人享有的权利包括：对专利或专利产品的制造、使用、使用许诺销售、销售、进口、转让以及许可权。专利权人还可以限制、禁止和阻止未授权人制造、使用、销售或进口专利产品；限制、阻止或禁止未授权人使用该方法或直接或间接采用该方法制造的产品。

《知识产权法典》第72条还规定了6种专利权受限的情形，即如果专利产品所有人明确同意、专利用于非商业性质或科学研究或教育目的、药物经合法使用与制造或销售、药物是为个别病例而制备、专利被用于临时或意外进入菲律宾领土的外国船舶或飞行器上，专利权人无权阻止第三方合理使用其专利。另外，第74条第1款也规定了5种专利合理使用的情形：公共利益之需、专利权人对专利的使用被相关机构裁定为不正当竞争的、国家因紧急状况需使用发明药物的、专利权人无合理理由将专利药物公开用于非商业目的、专利药物没有满足由卫生部部长确立的充分范围与合理期限的要求。

3. 转让与许可

专利权可以转让，但发明专利的出让人必须把所有权利全部让与给受让人。出让人和受让人以书面形式协商一致，报请专利局认证，由专利局予以登记和公示。专利还可以继承和赠与。

专利许可分为协议许可和强制许可。协议采用书面形式，应当包括下列内容：管辖选择和法律适用条款，仲裁程序应适用菲律宾仲裁法或国际商会的仲裁规则；被许可人使用专利期间，技术提升和改进成果的权利归属；转让费及其税负承担。法律事务局或专利局在专利保护期满3年后，未经专利权人授权，强制允许有能力实施专利发明的其他人使用专利技术。

《知识产权法典》第93条规定了可适用强制许可的6种情况包括：国家宣布紧急状态后使用专利；国家为满足公共利益使用专利；专利使用行为被认定构成不正当竞争；专利权人未有合理理由将公开专利用于非商业目的、发明专利无正当原因未在菲律宾进行商业性制造或使用、专利药物没有满足由卫生部部长确立的充分范围与合理期限的要求。强制许可使用人应向专利人支付费用。

(四) 法律保护

发明专利保护的有效期自申请之日起算为20年。实用新型保护的有效期自申请日起算为7年，不可申请续展。外观设计的有效期为5年，续期不能超过2个连续5年。集成电路布图设计保护有效期为10年，不可申请续展。权利人如果未按要求缴纳专利年费，则专利申请被视为撤回，专利自年费到期日后的第二天失效。

依《知识产权法典》第76条之规定，对于侵犯专利权的行为，专利权人可向法院提起侵权之诉，并可获得法院颁发的禁止令状以及相应的赔偿。法院可裁定不超过实际损失的3倍的赔偿金。

对于多次实施专利侵权行为的侵权人或者在法院民事判决成立专利侵权后仍继续实施侵权或纵容他人继续实施侵权行为的侵权人，应对侵权行为承担刑事责任。依第84条的规定，侵权人及纵容实施侵权行为的人将可能被处以6个月以上3年以下的监禁，单处或并处10万至30万菲律宾比索的罚款。

三、商标法

除《知识产权法典》作为菲律宾的商标基本立法之外，2017年菲律宾还颁布了《关于商标、服务标志、商号以及印有商标或印章货物容器的规定》（Rules and Regulations on Trademarks, Service Marks, Tradenames and Marked or Stamped Containers），以此作为商标立法的实施细则加以适用。

（一）可申请注册商标

在菲律宾，商标是指能够区分企业货物或服务的任何可见标志，包括了印有商标或印章的货物容器。由文字、字母、数字、图形、照片、徽章、颜色或商品的包装等元素或元素的组合构成。可分为立体商标和彩色商标，彩色商标须标注确切的颜色。

菲律宾《知识产权法典》所指之商标亦区分为商品商标、服务商标和集体商标。根据《知识产权法典》的解释，集体商标是指能够区分原产地或其他通用特征（包括在集体商标权人控制下使用该标志的不同企业的商品或服务质量）的任何可视标志；商号则用以识别或区别企业的名称或称号。

（二）商标注册申请

住所为菲律宾的自然人或主营业所在地在菲律宾的公司可向知识产权署下属的商标局提交商标注册申请，住所在境外的申请人在菲律宾境内使用商标满2个月后，可以通过代理人提交申请。申请书可菲律宾语或英语书写，申请书需包含的内容详见第124条第1款。《巴黎公约》成员国的公民享有申请优先权。但《知识产权法典》第123条第1款明确规定了包含不道德、有欺骗性或贬抑性的标志；由菲律宾或其他外国或机构的国旗、国徽或标识或模仿这些标识而成的标志；未获授权使用仍在世的自然人或已故菲律宾总统及其遗孀的姓名、肖像或签名形成的标志；与其他商标相同或相似的标志；对驰名商标翻译而来的标志；仅包含货物或服务的种类、质量、数量等特征的标志；有违公共秩序或道德的标志等，均不能获批成为注册商标。

商标局经检索在尼斯分类上没有发现同类商品种有近似商标的，确认申请日并通知申请人提交包含商标使用证明在内的全部资料。商标局从申请日起24

个月内，进行形式审查和实质审查。审查合格的，商标被初步核准并在知识产权局刊发的公报上予以公示，30 天内无异议的，或异议不成立的，申请人缴纳费用后予以注册并向公众公示。

(三) 商标权

商标权人对商标有专有权，未经商标权人同意，不得将相同或相类似商标在同一或类似商品上使用。商标权人可以书面合同许可他人使用商标，并报商标局公示登记。商标或商标申请还可以转让和继承，转让与继承商标或商标申请，均应以书面方式进行，同时报商标局登记并进行公示。但《知识产权法典》第 148 条也规定，商标的注册不应赋予所有权人此种权利，即阻止第三方善意使用其名称、地址或与其货物或服务的种类、质量、数量、目的地、价值、原产地或生产或供应时间有关的确切标识，不过第三方对这些标识的使用仅限于识别或提供信息，不能在商品或服务的来源方面误导公众。

根据《知识产权法典》第 124 条 2 款、第 145 条的规定，商标权人应在申请提交之日起算的 3 年内以及商标申请之日满五周年后的 1 年之内向商标局提交一份商标被实际使用的声明，并附相应的证据。若无合理理由该注册商标自申请之日起 3 年内或者商标使用之后连续 3 年以上未在菲律宾使用或不再使用注册商标的、或商标权人不提交相应声明的，则商标局可决定撤销该注册商标。

(四) 商标权保护

商标的有效期从注册之日起算为 10 年，可无限次续展，每次续展有效期为 10 年。

商标权人可对侵权人误导、欺骗、混淆商标的不正当竞争行为，或对商标的虚假陈述行为提起诉讼。未经商标权人同意而在商业销售使用、进口、复制注册商标及其包装容器或者复制、仿造注册商标或其主要特征并将其运用于商品或服务之上或进行广告宣传的任何人，均应承担相应的法律责任。

对侵犯商标权的行为人，法院可判令其赔偿损失并同时发布要求其停止侵权的禁止令。法院判决的损害赔偿金的基准为权利人在无侵权时本应获得的合理利润或侵权人实际获得的利润。在无法估量损害赔偿金额时，法院可根据侵权人的销售总额或与商标或商号相关价值确定合理的百分比来进行裁定。如果侵权人有故意误导公众或欺诈权利人之行为，则法院可酌情决定将损害赔偿金额翻倍。对于行为或后果特别严重构成犯罪的，法院可依据《知识产权法典》第 169 条和 170 条对侵权人进行行政或刑事处罚。刑事处罚依据犯罪行为情节轻重为 2 年至 5 年的监禁，并处 5 万至 20 万比索的罚金。

第八节　新加坡共和国知识产权法律制度

新加坡的知识产权制度在全世界都处于领先水平。新加坡在世界经济论坛 2019 年全球竞争力报告知识产权保护方面的排名位世界第二、亚洲第一；在 2021 国际产权指数位列第二；在 2021 年世界商标评论知识产权局创新排名中排名第三[①]。新加坡先后颁布的知识产权法律包括《专利法》《商标法》《外观设计注册法》《著作权法》《集成电路布图设计法》《植物品种保护法》以及《地理标志法》等。另外，新加坡参加了《巴黎公约》《马德里协定》《布达佩斯条约》、TRIPS、《建立世界知识产权组织公约》等诸多国际条约。2001 年成立的新加坡知识产权署（Intellectual Property Office of Singapore，IPOS）是律政部下属的知识产权管理机关。此外，在新加坡设立的世界知识产权仲裁与调解中心（World Intellectual Property Organization Arbitration and Mediation Center）是除设于日内瓦的世界知识产权组织（WIPO）仲裁与调解中心外唯一的知识产权国际仲裁机构。

一、著作权法

2021 年 9 月，新加坡颁布了新的《著作权法》，共计 12 章 541 条[②]。新法绝大多数条款已分别于 2021 年 11 月 21 日和 2022 年 4 月 1 日实施，只有第 9 章"集体管理组织监管"和第 11 章"杂项规定"中的个别条款截至目前尚未生效。2021 年 11 月 21 日同时生效的还有《著作权条例》（Copyright Regulations）、《著作权法庭（程序）条例》（Copyright Tribunals [Procedure] Regulations）、《著作权（边境执法措施费用）条例》（Copyright [Border Enforcement Measures Fees] Regulations）和《著作权（音乐唱片特许使用费）条例》（Copyright [Royalties for Musical Records] Regulations）。

新的《著作权法》取代了 1987 年的《著作权法》，对著作权的相关内容进行了较大的革新——受委托创作的特定形式的作品著作权法律默认归委托方所有、明确创作者和表演者有被识别身份的权利、新增了禁止销售用于访问侵犯著作权作品的设备和服务内容以及用于计算数据分析作品的例外规定、将"公平处理例

---

① "Singapore's Global Innovation Ranking", *Intellectual Property Office of Singapore*, https://www.ipos.gov.sg/resources/singapore-ip-ranking, 最后访问日期 2022 年 12 月 20 日。
② 新加坡 2021 年《著作权法》英文本见 https://sso.agc.gov.sg/Acts-Supp/22-2021/Published/20211231?DocDate=20211007&WholeDoc=1, 最后访问日期 2022 年 12 月 20 日。

外"（Fair Dealing Exception）改称为"合理使用"（Fair Use），等等①。

（一）著作权客体与内容

1. 受保护的作品

在新加坡，法律明文规定已创作完成或已公开出版的文学、戏剧、音乐或艺术作品均受著作权保护，具体形式除小说、著作、戏剧、音乐、绘画、雕塑、照片、建筑物及建筑物模型等，还包括音像制品、电影、电视和广播表演等文学艺术作品的客观载体，以及电脑软件和网络数据等科学作品以及带有智力创造的各种改编和汇编。在马来西亚创作的作品，或者作者的国籍或住所在新加坡的，且作品首次在新加坡发表或出版的，受《著作权法》保护。在伯尔尼公约成员国创作的作品，或作品首次发表或制作完成时，作者是伯尔尼公约成员国国民或居民的，同样享有著作权。从作品创作完成之日或作品被客观载体记载并可以复制时，著作权被保护。

2. 著作权内容

在新加坡，著作权同样也分为人身权和财产权。

新加坡2021年《著作权法》规定的人身权除规定有发表权、署名权、保护作品完整权外，还专门提出了"识别权"（Right to be Identified），即作品在发表、展示、复制、传播、改编、表演或者向公众提供之时，应当识别作品的作者或表演者。作者（或表演者）的真实姓名或化名（团体作者或表演者所用的团队名 Group Name）均可用以被识别。事实上，"识别权"应属于署名权，鼓励作品创作或表演应进行真实署名，禁止未经作者许可在作品上使用其名字，如第378、392条明确规定任何人不能在其作品或表演中列入或暗含没有实际参与创作或表演之人的姓名，否则即为侵犯了"反对虚假识别权"（Right against False Identification）；对于有多人创作的作品或表演，此类侵权视为对每一位共同作者或表演者权利的侵犯；第379条规定艺术作品作者有不被识别为非作品复制品作者的人身权。

财产权指著作权人通过出版、表演、传播、翻译、改编、销售、租赁作品或作品的复制品，以获取收益的权利。

（二）著作权归属与行使

1. 著作权归属

根据《著作权法》的规定，作品的创作者是默认的第一著作权人，包括作

---

① Intellectual Property Office of Singapore, *Copyright Factsheet on Copyright Act* 2021, 19 November 2021.

者、已出版作品的出版商、录音录像制作人、广播持牌人、有线节目提供人。新加坡2021年《著作权法》第134至136条规定，在工作或职务中完成的作品，法律默认由完成创作的员工享有作品著作权，有相反协议的除外；受托创作的摄影、肖像画、雕刻、录音或电影等作品，法律默认委托方是作品的第一著作权人；受政府或相应国际组织指令或控制下完成或出版的作品，政府或相应的国际组织是作品的第一著作权人。

2. 转让与许可

作者或表演者的人身权可以放弃但不可转让。作者或表演者人身权的放弃必须以书面方式作出且由作者或表演者签名确认。作者或表演者放弃的人身权可以针对作者或表演者通常或特定的作品或表演或者目前或将来的作品或表演，也可以表述为有条件或无条件地放弃全部或部分人身权或者表明此放弃为可撤销。

根据《著作权法》第137条的规定，著作权属于个人的动产，可能通过继承、让与、赠与或其他法律形式进行转让。转让经济权利的全部或者部分均须以书面协议进行。另外，艺术作品的复制产品超过50件时，应依《注册外观设计法》注册为外观设计后加以保护。

3. 合理使用与强制许可

2021年《著作权法》允许合理使用作品、表演或其录音。判断合理使用的标准具体考虑的事项包括使用的目的和性质、作品或表演的性质、相关作品或表演使用部分的数量和实质、以及使用对作品或表演潜在市场或价值的影响等。法条第192至194条详细列明了合理或不合理使用的数种情形。

出版人或制作人还可向著作权法庭申请强制许可令，为教学、科研目的印刷、出版或制作已公开发表的作品的译本，但应向著作权人支付费用。另外，通过法令许可使用著作权作品的情形有：为司法适用、专家建议而使用作品；在信号发送或接收时，暂时性使用作品；电脑软件的学习或测试，为判断程序的基本原理而使用程序；将作品作为背景进行拍摄或录制；公开朗诵作品的片段。

（三）相关权利

新加坡《著作权法》明确规定了表演者的人身权利。这一人身权利与作者一样，包含着表演者被识别的权利，即表演在公开演出之时、在传播之时、在音像录制之时，表演者（包括参与共同演出的每一个表演者以及演出团体）均有被确定身份、姓名或艺名以及反对虚假身份的权利。表演者的人身权利不可转让，但可以书面方式进行放弃。

第七章　知识产权法律制度　363

除此之外，表演者、音像制作者、广播组织者可因表演、音像录制或复制或出租或出售、广播、传播等获得经济上的收益。

（四）法律保护

1. 保护期限

总体上，对文学、戏剧、音乐作品以及其他非摄影性质文艺作品的著作权法律保护覆盖作者终身以及死亡之后的 70 年内，但一般要求作品需在创作完成之日起 50 年内首次公开出版（包括出版以外方式公开向公众提供）。

2021 年《著作权法》第 114、115 条详细规定了作品著作权 70 年保护期的条件与例外，如作品虽在创作完成之后的 50 年内首次出版（包括出版以外方式公开向公众提供）但作者身份不能确定的（如匿名或假名出版），则作品著作权保护期限仅维持到作品创作完成之日后的第 70 年；如果作者的身份在作品完成之日 70 年内能被确定，则作品著作权保护期限依旧包含作者终身及其死亡后的 70 年，否则著作权保护期限只能延续至作品创作完成之日的第 70 年；对于 2022 年 12 月 31 日以前已公开出版不能确定作者的作品、2022 年 12 月 31 日以前作者已去世的作品、2022 年 12 月 31 日以前首次公开发表的照片以及在政府指令或控制下文学、戏剧或音乐作品或雕刻作品等著作权的保护期限只及于作品创作完成之日后的 70 年。

录音作品和电影作品的著作权有效期一般是从作品首次发行时间起算为 70 年，但要求是其首次发行须在固定于录音录像完成之日起 50 年内或者于 2022 年 12 月 31 日前，否则著作权的有效期只能从作品固定之日起算 70 年。电影作品在完成之日 50 年内以发行以外的方式公开向公众提供的，视为发行。广播（含电视广播）或有限电视节目的著作权有效期从节目公开那一年起算 50 年后终结，《著作权法》第 129 条又规定广播节目在原播发年份结束后的 50 年内进行重播的，重播节目依然享有为期 50 年的著作权。表演者的权利从演出之日至结束后的 70 年内受法律保护。

2. 法律责任

未经著作权人的许可或授权同意，其他人直接或间接使用、复制、进口、租售、播放享有著作权保护作品或表演等，即为侵犯著作权的行为。受侵害的著作权人可向法院提起侵权诉讼，诉讼时效为侵权行为发生日的 6 年之内。法院可采取的救济方式可包括颁发禁止令或予以没收、销毁、扣押等方式的处分令（Disposal Order）、要求承担损害赔偿和所获利润等；如果存在侵权人恶意侵犯著作权、侵权行为性质严重或具有商业性质等情形，法院还可在一般的损害赔偿之外要求侵权人按每件作品或每项表演承担不超过 1 万新加坡元（针对诉讼标的的所有作品或表演总额不超过 20 万新加坡元）的法定赔偿金。构成犯罪的，法院可视情节单处或并处侵权人 5 年以下的监禁和单件作品 1 万、总额不超 10 万新加坡元的罚金；对于单位犯罪的，则罚金可至单件作品 2 万、总额不超 20 万新加坡元。

二、专利法

新加坡的《专利法》保护的客体仅限于发明专利；《外观设计注册法》（Registered Designs Act）保护的是产品外观设计。到目前为止，新加坡的专利法律制度没有专门保护实用新型的法规。

新加坡《专利法》于 1994 年颁布，历经 1995、2002、2005、2020 年 4 次大的修订。目前适用的是 2020 年修订后的相关规定（2021、2022 年又进行了一些小修正），共 20 章 117 条[①]。

（一）专利权客体

新加坡《专利法》保护的客体只是发明专利。第 13 条规定，具有新颖性、创造性和工业应用性的发明可授予专利，但具有攻击性、不道德或反社会行为的发明不可授予专利。但行为是否具有攻击性、不道德或反社会性的判断不能仅以新加坡的现行法律进行判断。

新加坡《专利法》所定义的新颖性是指发明没有构成现有技术的一部分，则该发明被认为是新颖的。现有技术一般是指申请日或优先权日以前没有在世界任何国家或地区披露过的技术。而如果发明对本领域技术人员来说不是显而易见的，则认为一项发明具有创造性；发明可以在包括农业在内的任何类型工业中进行制造或使用，则该发明被视为能够工业应用。

（二）专利申请与注册

在新加坡，具备新颖性、创新性和工业实用性的发明可向知识产权署下属的专利注册处提交国内申请，也可依据新加坡加入的国际条约或公约其他成员国的国内法提出国际申请。具有侵犯性或反社会性以及有违道德的发明不可授予专利。

新加坡居民未经注册官员的许可，不得在境外提出专利申请，除非同一申请在境外申请前 2 个月内已在境内提交，并且不得有损新加坡的国防和公共安

[①] 新加坡《专利法》（2020 年修订本，整合至 2021 年 12 月所有修正条文）英文本见 https：//sso. agc. gov. sg/Act/PA1994? ValidDate = 20220610&WholeDoc = 1，最后访问日期 2022 年 12 月 20 日。

全。注册处收到申请书之日为申请日。同一发明在《巴黎公约》成员国先提出申请的,可主张申请优先权。

专利注册处对国内申请进行形式审查和实质审查,国际审查局依据《国际专利合作条约》审查国际申请。审查合格的,申请人缴纳费用后对其专利予以注册,并在专利期刊上公示。新加坡现在适用全球专利审查高速路(GPPH)和东盟专利合作审查计划,分别与包括英国、俄罗斯、澳大利亚在内的全球17个国家或其他东盟成员国实行相互审查并注册专利的简易程序。

(三)专利权

1. 专利权归属

新加坡《专利法》明确规定,就任何专利或申请而言,专利权包括对该专利本身的权利以及对专利提出申请的权益。

专利权授予给实际创造发明的个人,专利权人享有专有权。依第19、46、49条的规定,发明也可以授予发明人的继承人,或者依据新加坡境内外的法律法令、国际条约或发明人在发明前所订立的可被执行的条款授予给其他人或其继承人;在无相反协议时,两人或以上之人共同持有的专利,每一持有人均有权在专利权中享有同等的不可分割的份额;雇主对雇员工作职责范围内的发明享有专利。

2. 转让与强制使用

《专利法》第41条规定,任何专利或专利申请均为个人财产。因此,任何专利或专利申请或其中的全部或者部分权利均可以依书面形式进行赠与、转让或抵押,权利的赠与、转让或抵押须在专利注册处进行登记。

《专利法》规定,任何利害关系人可向法院提出因反竞争行为救济所需而请求专利许可。由此获得的强制许可不具独占性,也不得进行转让,使用人须根据双方约定或法院确定的金额向专利权人支付报酬。

按第56条的规定,政府因公共非商业目的(如国防所需)或在国家处于紧急状况或极端危急之时,在不构成对专利侵犯的情况下可授权他人使用专利。但对于涉及集成电路的专利,政府或经政府授权获得专利许可的第三方均不得出售该发明专利。因政府服务目的而使用专利的,被授权方与专利权人需要签订书面许可或转让协议,并有权获得报酬。

(四)法律保护

专利的保护期自申请日起为20年。符合第36条规定的法定情形并按规定提交续期申请经注册官员批准的,专利保护期可以延长。专利保护期延长时,需获得专利保护期延长证书，证书中将注明专利延长的期限，并亦可能注明其权利受到相应的限制。

未经专利权人同意而使用、制造、进口、处置发明专利的行为均构成侵权，但因非商业性或实验目的或因临时制备药物所需或者因临时或意外原因进入新加坡境内的航空器、船舶或车辆中装置或使用专利等 8 种情形（第 66 条第 2 款），不定义为侵权。对于侵犯专利权的行为，法院除对侵权人进行民事处罚外，还可以对侵权人处以 12 个月以内的监禁，单处或并处 1 万新加坡元的罚金。

三、外观设计注册法

新加坡的《外观设计注册法》制订于 2000 年，2001、2005、2020 年有过三次大的修订。目前适用的是 2020 年修订版，共 7 章 77 条[①]。

（一）外观设计保护的客体

《外观设计注册法》所保护的外观设计指的是能应用于任何物品或非实物产品（non-physical product）上的形状、配置、颜色、图案或装饰特征，这些特征造就了该物品或非实物产品的外观特性。非实物产品是由设计于表面或介质（包括空气）中的投影所产生的无实物形态的事物，除能描绘事物外形或传递信息外，还具有内在的实用功能。

具有新颖性的单件或成套的物品或非实物产品可以申请外观设计注册。因此，与在先申请或首次申请日以前的物品或非实物产品相同或近似的外观设计不得申请注册。另外，有违公共秩序或道德的外观设计、计算机软件或集成电路布图设计也不得申请外观设计注册。

（二）申请与注册

外观设计注册申请向新加坡知识产权署下属的外观设计注册处提出，并按规定缴纳申请费。外观设计的注册申请书需包含以下内容：注册外观设计的请求、申请人的姓名和地址、对外观设计的清晰表述。申请人也可根据相应的国际公约就外观设计注册申请主张优先权。

注册官员就注册申请会进行形式和实质审查。对于申请不符合形式要求的，可通知申请人在规定的期限内修改或补充；对符合形式要求的申请，注册官员应尽快将申请详情登记入册并公开，同时向申请人颁发外观设计注册证书。

[①] 新加坡《外观设计注册法》（2020 年修订，整合至 2021 年 12 月的所有修正条文）英文本见 https：//sso. agc. gov. sg/Act/RDA2000? ValidDate = 20220610&WholeDoc = 1，最后访问日期 2022 年 12 月 20 日。

（三）权利与保护

外观设计注册的保护期自外观设计注册之日起 5 年，期满后权利所有人按规定缴纳延期费用后可申请延长两个 5 年。

外观设计的设计者为权利所有者，雇员在受雇期间创作的外观设计，其雇主应被视为该外观设计权利的所有者。除非有相反协议，共同注册申请人在该外观设计权利中享有同等的不可分割的份额。《外观设计注册法》第 32 条规定，注册的外观设计及其下的任何权利受法律保护的个人财产，可转让、继承或由权利人授权许可他人使用。转让、继承或授权许可需签订书面协议，并在外观设计注册处进行登记。

未经权利人许可，任何为租售或贸易或商业目的制造、使用或进口与注册的外观设计相同或近似的物品或非实物产品的行为均属侵权，但第 31 条规定的第三人继续使用、第 45 条规定的政府使用等情形除外。对于侵权行为，法院可裁判侵权人承担赔偿、销毁或没收侵权产品等民事责任，对构成犯罪的可判处不超过 12 个月的监禁，单处或并处 1 万新加坡元的罚金。

四、商标法

1998 年底，新加坡颁布新的《商标法》以取代之前 1992 年的《商标法》，新《商标法》于 1999 年 1 月 15 日正式生效（第 54 条作为例外于 2000 年 10 月 31 日才生效）。其后新法于 1999、2005、2020 年历经三次大的修订。目前新加坡沿用的是于 2020 年修订后的相关规定，共 11 章 109 条[①]。此外，新加坡还颁布有多项与商标相关的规则，如《商标规则》（Trade Marks Rules）、《商标（国际注册）规则》（Trade Marks [International Registration] Rules）、《商标（边境执法措施）规则》（Trade Marks [Border Enforcement Measures] Rules）等。

（一）可注册的商标

在新加坡，商标是指能够以图形方式表示并能够区别不同企业或自然人所处置或提供的商品或服务的标志。商标由文字、字母、名称、数字、图形、式样、颜色、结构、声音、气味等元素或元素间的组合构成，此外还包括动作商标、位置商标、全息图商标等非传统商标，商标具有显著的用来识别商品或服务的特征。《商标法》第 7 条明确，不符合法律对商标定义的标志，无显著特征

---

① 新加坡《商标法》（2020 年修订版，截至 2021 年 12 月的所有修正条款）英文本见 https：//sso.agc.gov.sg/Act/TMA1998? WholeDoc＝1，最后访问日期 2022 年 12 月 20 日。

的标志,仅用于表明商品种类、形状、质量、数量、价值、地理来源等特征的标志,以及完全由当前语言或善意的既定贸易惯例中的习惯构成的标志均不能申请注册成为商标。

(二) 商标注册申请

住所在新加坡境内的个人,以及营业所在地在境内的合伙企业或公司可向知识产权署下属的商标注册处申请商标注册。住所或营业所在地在境外的申请人通过代理人提交申请,《巴黎公约》的成员国公民享有申请优先权。商标注册申请书须按照第5条的形式要求,陈请请求、列明申请人信息、商标使用以及申请人对商标善意使用的情形等。彩色商标申请材料须附6个图案样本,商标包含文字信息的,须陈述文字的含义。

商标局受理申请后确认申请日,对商标进行审查和检索,经检索发现同类商品中有近似商标的,通知申请人在4个月内进行答辩,否则视为申请撤回。对审查合格的商标予以2个月的公示,公示期无异议的进行注册并颁发权利证书。对缺乏显著性特的商标、已经被他人先申请的商标、与同一类别产品或服务相同或相类似的商标、与驰名商标容易混淆的商标、以恶意注册的商标、或者违反公共秩序和道德的商标,注册处不予登记。

(三) 商标权内容

《商标法》第26、36、38条明确规定,商标权是个人财产,商标权人拥有法律规定的使用或授权他人使用注册商标的专有权利,与其他动产一样可以继承、转让或授权他人使用。除有相反协议外,共同持有注册商标的每一个人均有权在注册商标中享有同等的不可分割的份额,未经一方同意,另一方任何人均不得授予使用或转让或收取该共同所有人在注册商标中的份额。继承、转让或授权许可使用均应以书面协议为之,并将继承、转让或授权许可的情况在商标注册处进行登记。

商标权人在商标申请书中须声明从申请阶段开始,申请人是商标的使用人,并以此对抗其他人的权利。商标可以通过书面协议转让,并在注册处登记才能对抗善意第三人。

(四) 商标权保护

注册商标的权利保护自注册之日起为10年,可申请续展,每次续展的有效期也为10年。但商标权人在注册后连续5年内在新加坡商贸中未实际使用的或使用后连续5年停止使用的,或者注册商标已成为被注册商品或服务通用名称或在表明商品或服务的性质、质量、地理来源方面会误导公众的，该注册商标将会被撤销。

未经商标权人同意，在相同或类似的商品或服务（包括商品包装或与商品或服务相关的广告、发票、商业信函或其他文件）上使用了与注册商标、驰名商标相同或易混淆的标志，则构成对商标的侵权。法院对于商标侵权行为，可判定的救济措施包括禁止令、损害赔偿、补偿所得利润等。对于假冒商标的侵权行为，第 31 条第 5 款还规定了所得利润之外的法定赔偿（Statutory Damages），即对每类商品或服务不超过 10 万新加坡元、总额不超过 100 万新加坡元（有证据显示此侵权行为造成的实际损失已超过 100 万新加坡元的除外）的赔偿金。侵害人构成犯罪的，可单处或并处不超过 5 年的监禁、少于 10 万新加坡元的罚金。

第九节　泰王国知识产权法律制度

泰国的知识产权立法历史较为悠久，早在 20 世纪初泰国就制定了《作者所有权法》（1901 年）和《商标与商品名称法》（1914 年）[1]。之后泰国陆续制定了相关专利权、著作权、商标权、商业秘密、植物品种、集成电路布图设计、地理标识、传统泰医药保护的法律。

泰国早在 1997 年就在曼谷设立了中央知识产权和国际贸易法院，专门审理涉知识产权和国际贸易方面的民、刑事的一审案件[2]。对于中央知识产权和国际贸易法院的判决，当事人只能向上诉法院提起一次上诉请求。另外，泰国也设立了由来自科学、工程、工业、工业设计、农业、制药、经济和法律等各领域专业人士所组成的专利委员会，主要负责对《部长条例》的制订提供建议或咨询、对知识产权司司长就专利和小专利发布的命令或作出的决定提出上诉。委员会委员不多于 12 人，由主管商务的副国务部长任委员会主席。

一、著作权法

1994 年泰国颁布新的《著作权法》，于 1995 年 3 月 21 日生效，以取代 1978 年制订的旧《著作权法》。1994 年《著作权法》共 8 章 78 条，其后分别

---

[1]　2008 年参加中泰知识产权研讨会代表团：《泰国知识产权概况》，载国家工商行政管理总局国际合作司编《借鉴：国家工商行政管理总局出国（境）考察报告辑录（2008—2009）》，北京：中国工商出版社 2011 年版，第 142 页。

[2]　世界华商经济年鉴杂志社编辑：《世界华商经济年鉴（2007—2008）》，世界华商经济年鉴杂志社 2009 年版，第 85 页。

于 2015 年、2018 年进行了修正①。2022 年年初，泰国通过对 1994 年《著作权法》的再一次修正，新的修正案已于同年 8 月 23 日正式实施。

为保护著作权人的权利、保障《著作权法》的实施并为商务部长条例的制订提供建议，泰国设立了著作权委员会。委员会主席由商务部常务秘书担任主席，委员不超过 12 人，由内阁任命，其中至少 6 名委员需是著作权人或表演者协会代表以及著作权或表演者权利使用人的代表。委员每一届任期为 2 年，任期届满可以连任。

（一）著作权客体与内容

1. 著作权客体

根据泰国《著作权法》第 4、6 条的规定，在泰国受保护的著作权作品共计 9 类，具体包括文学、戏剧、艺术作品、音乐、视听、电影、录音、音像广播作品以及其他作品。2015 年《商标法修正案》将互联网作品也纳入著作权保护范畴。

不过，《著作权法》也规定，受保护的著作权作品不应延伸至任何思想、使用或操作的方法或过程或系统程序、科学或数学的概念原理或发现等。另外，新闻报道、国家宪法和其他立法、各部委或任何其他政府机关的规章条例或通知命令等公文及其翻译或汇编、司法判决与官方报告等也不得享有著作权。

2. 著作权内容

泰国《著作权法》并没有像其他国家那样在条文中非常明确地将著作权内容区别为人身权与财产权。但《著作权法》所规定的内容实质上包括了人身与经济两方面的权利。《著作权法》明确，著作权人享有作品复制或改编权、向公众传播权、计算机程序或其他视听或音像作品原件或复本租赁权、经济利益让与权等独占性权利，但著作权人在行使复制或改编权、传播权、租赁权时不得限制公平竞争。但第 18 条又规定，作者有表明身份的权利、有保护作品不受歪曲或可能损害作者声誉或尊严的权利。作者去世后，其继承人还可通过诉讼要求法院保护作者这一权利。这事实上是规定了作者的人身权利。

（二）著作权的归属与行使

1. 著作权归属

在泰国，著作权属于作者；作者有多人的，著作权属所有作者共同所有。

---

① 泰国 1994 年《著作权法》（包含 2015、2018 年修正条款）英文译本见 https：//www.ipthailand.go.th/images/3534/2564/Copyright/Copyright_ Act_ ENG.pdf，最后访问日期 2022 年 12 月 20 日。

但对于未公开发表的作品,泰国公民或居住在泰国的人或者与泰国共同加入的著作权保护国际公约缔约国的公民或居住于该国的人,其作品著作权才在泰国受保护。对于已公开发表的作品,须在泰国或与泰国共同加入的著作权保护国际公约缔约国首次出版,或者虽不是在泰国或与泰国共同加入的著作权保护国际公约缔约国首次出版但在首次出版日 30 天内在泰国或在该国出版的,作品著作权也受泰国保护。依泰国法设立的法人单位的作品与泰国公民作品同等对待。

作者在受雇过程中创作的作品著作权归作者所有,但除非另有书面约定,雇主有权根据雇佣目的向公众传播该作品。受托创作的作品著作权归委托人所有,另有约定的除外。经著作权人同意改编、编辑或合成作品的著作权归改编人、编辑人或合成人所有。

2. 转让与许可

泰国《著作权法》对著作权转让或许可的内容规定较少,只在第 17 条简短地说明,著作权人可以全部或部分转让著作权,也可以规定转让的期限或者转让整个保护期的著作权。除继承外,著作权的转让须以书面形式进行,如果转让协议未约定转让期限,则法律默认为 10 年。

3. 侵犯著作权的例外情形

对在著作权保护期内的作品合理使用与法定许可在泰国被称为侵犯著作权的例外以及特殊使用。

法律规定,因研究或学习目的使用、因个人利益而使用或与家庭成员共同使用、为评论或介绍作品以及新闻报道而使用(须认可作品著作权人)、为司法或行政目的而使用、为教学目的而进行复制或改编(包括满足图书馆所需进行的复制)著作权作品等行为,不被视为侵犯著作权侵权。

为照顾因视力、听力、行动、智力而受损的残疾人利益,非营利地复制、改编、传播作品或作品复本,以及对作品进行合理的叙述、引述、模仿、参照的,也不被视为是侵犯著作权的行为。陈列于公众场所的绘画、雕刻、模塑、石版印刷、摄影、电影摄制、视频广播等(建筑作品除外)艺术作品,以及获得授权的官员为政府利益而复制各类受著作权保护作品的,也均不得视为侵犯著作权。

对于戏剧、音乐作品,如果组织者(须为协会、基金会或其他具有公共慈善、教育、宗教或社会福利目的之组织),表演者未从公开演出中获得利益或报酬,也没有直接或间接收费,则公开演出不得视为侵犯著作权。

另外,《著作权法》第 54 条还规定了一种著作权作品的特殊使用情形,即如果使用者因学习或研究之用而无盈利目的时,可向知识产权司司长提出将其他语言的作品翻译为泰语,前提条件是使用者曾就翻译申请被著作权人拒绝,且申请翻译的作品自首次出版后 3 年内未被翻译或未授权任何人进行翻译或者曾有泰语译本但此译本自最后一次出版已超过 3 年。

(三) 表演者的权利

泰国著作权法对于著作权的其他权利只规定了表演者的权利，具体规定在《著作权法》第 2 章。

对于表演者的人身权利，《著作权法》第 51 条明确，表演者表明身份的权利，也有权禁止权利的受让人或其他任何人歪曲、删减、改编或做出任何违背表演、损害表演者声誉或尊严的行为。表演者去世后，除非另有书面协议，不然表演者的继承人有权在保护期内申请法院保护表演者的权利。

《著作权法》第 44 条则规定了表演者的经济权利，如果表演者是泰国公民或居住在泰国境内，或者表演主要发生于泰国或与泰国共同加入表演者权利保护国际公约成员国，则表演者对与其表演有关的行为享有通过录音录像记录表演、复制录音录像、通过广播或电视播放表演的专有权利。

表演者的权利可以转让，以继承以外方式转让权利的，必须签订书面协议。转让协议未约定期限的，法律默认为 3 年。

(四) 法律保护

1. 保护期限

《著作权法》规定，作品的著作权保护期包括作者有生之年以及作者去世后 50 年内有效。合著作品著作权的保护期持续至最后去世作者去世之日后的 50 年。如果作品在所有作者去世前未公开发表或者匿名或化名的作品未公开发表，则作品著作权保护期自完成之日起算 50 年；匿名或化名的作品在 50 年的保护期内公开发表的，则作品著作权保护期应自首次出版之日起算 50 年。作者是法人单位的，著作权保护期自首次出版之日起的 50 年；未公开出版的，则自作品完成之日起算 50 年。2022 年修正案将摄影作品与音像、电影等作品相区别，对于摄影作品著作权的保护期与上述作品保护期一致。

对于音像、电影、录音制品或音像广播作品的著作权保护期，《著作权法》规定应为作品创作完成之日起算 50 年，作品在此期间发行的，则保护期自首次发行之日起 50 年。应用艺术作品著作权自创作完成之日起算 25 年，但作品如在此期间出版，则著作权自首次出版之日起 50 年内受保护。

另外，表演者权利保护期限是自表演所在公历年最后一天起持续 50 年，如果表演有被录音录像，则保护期应自演出录制日公历年最后一天起持续 50 年。

2. 法律责任

《著作权法》第 27 至 31 条规定，未经著作权人同意或许可，任何人复制、改编、传播、租赁、转播受保护著作权作品，或者为牟利而出售或预约出售、出租或预约出租、租赁或预约租赁、传播、经销、进口侵犯著作权作品的行为，均构成侵权，但法律规定可合理使用、法定许可使用或特殊使用的情形除外。法律还规定，任何人为商业目的公开、直接使用或播放演出录音或录音复本，必须向表演者支付公平的报酬。法律还规定，任何人如未经表演者同意或未按规定支付报酬而行使了上述行为，即为侵犯了表演者的权利。

《著作权法》第 8 章规定了侵犯著作权的法律责任。对于没有商业目的的侵权，通常的处罚只处罚金，根据侵权情形罚金数额从 1 万至 20 万泰铢不等；对于有商业目的的侵权，处罚一般为单处或并处罚金和监禁，罚金数额比非商业目的侵权更高，通常为 10 万至 80 万泰铢，监禁刑期则视性质和情节 3 个月至 4 年不等。另外，对于在五年内再次违反本法规定之人，对其处罚将翻倍实施。

除实施侵权行为的人应承担法律责任外，《著作权法》还规定不配合著作权法委员会发表声明或提供材料之人，也将被单处或并处 3 个月以内的监禁或不超过 5 万泰铢的罚金。

二、专利法

泰国《专利法》颁布于 1979 年，之后于 1992、1999 年进行过较大的修正，共计 6 章 88 条[①]。2020 年 10 月 31 日，泰国《专利法》修正案草案结束为期一个月的公众评议，但到目前为止，新的修正案还未最终公布。除此外，泰国的专利法律制度还包括商务部公布的相关费用收取与免除以及法律实施程序的《部长条例》[②]。

（一）专利权客体

泰国《专利法》保护的客体包括发明专利、小专利（Petty Patent）与产品外观设计。泰国《专利法》保护的客体范围与定义与中国《专利法》所规定的内容最为接近。

泰国的发明专利授予条件应包括新颖性、创造性、工业实用性。根据《专

[①] 泰国《专利法》（整合了 1992、1999 年修正条文）英文译本见 https://www.ipthailand.go.th/images/633/Patent-Act-Edit.pdf，最后访问日期 2022 年 12 月 20 日。

[②] 泰国《专利法》第 4 条规定，商务部部长（Minister of Commerce）应负责并控制《专利法》的实施，部长有权任命主管官员并颁布《部长条例》（Ministerial Regulations），以规定相关费用以及《专利法》施行之其他程序。《部长条例》须在政府公报上公布后生效。

利法》第9条规定，天然存在的微生物及其成分、动植物或动植物的提取物、科学或数学规则或理论、计算机程序、人与动物疾病的诊疗或诊疗方法、有违公共秩序、道德、健康或福利的发明均不能获得专利保护。

新颖的工业品（包括手工艺品）外观设计可授予外观专利。申请日前已为他人广泛知晓并使用的外观设计、已在国内外印刷物中公开的外观设计、已进行公开的小发明以及与以上设计极为类似的模仿设计均不满足新颖性的要求。另外，违反公共秩序或道德的外观设计、由皇家法令规定的外观设计也都不能被授予专利。

具备新颖性、工业实用性的发明可授予小专利（即为中国专利法中的实用新型）。小专利的新颖性和工业实用性要件与发明专利中二者的要件相同。

（二）专利申请与授予

根据《专利法》和《部长条例》（第25号）①的规定，泰国公民及法人、对泰国生效的相关知识产权保护国际公约或协定的缔约国的公民及法人、允许泰国公民或法人在其国可申请专利的国家公民均可向泰国商务部知识产权司或者知识产权司司长确认的省级商务办事处或政府办事处提出专利申请。对泰国生效的相关知识产权保护国际公约或协定的缔约国的公民及法人在泰国提出专利申请的，享有在先权。不在泰国境内的申请人应由泰国的代理人提交申请。

申请人可在登记前，请求将发明专利申请转化为小专利进行申请；同一发明同时申请发明和小专利的，应视为只申请小专利。如果两个或以上的申请人分别独立完成相同发明，其中一个申请发明专利，另一个申请小专利，则在先申请人获得相应权利。

知识产权司或其他经授权的办事处在接受申请人的专利申请后，由知识产权司对申请进行形式和实质审查。审查合格的申请按《部长条例》规定的程序进行公示。90天的公示期无异议或异议不成立的，则由知识产权司司长下令在申请人缴纳相关费用后的15日内授权发明人发明专利。但如果专利自权证颁发之日2年内，无正当理由专利未被生产制造或使用的、也未有在泰国进口或销售任何专利产品或衍生产品的或售价过高的，知识产权司司长可要求专利委员会撤销专利。

（三）专利权

发明人享有对发明的署名权和专利申请权。《专利法》第10条明确，发明

---

① 《部长条例》（第25号）英文译本见https://www.ipthailand.go.th/images/633/law2/Ministerial_ Regulations_ No_ 25. pdf，最后访问日期2022年12月20日。

人有权申请专利并在专利中署名。发明人、小专利申请人、外观设计人的专利申请权可以通过继承或协议进行转让。

专利权属于专利权人，专利权人依《专利法》第36、53（1）条之规定享有利用专利生产、销售、使用并占有相应产品的权利，专利权人也可放弃专利权及权利要求。专利权人可以通过许可协议授权他人实施专利权，专利权也能转让或继承。如一项专利的实施可能构成对他人的专利权的侵害，实施人可依据第47（2）条规定向知识产权司司长申请他人专利的强制许可并支付许可费用。政府机关也可以基于国家防御或安全所需（须经内阁批准由总理下令）使用专利并支付费用。对于小专利，《专利法》第65条规定，小专利权人有权在产品、产品容器或包装上或在产品的广告中使用"泰国小专利"（Thai Petty Patent）一词或其缩写或其同义的外文。

专利权人可以放弃专利权或部分权利要求。利害关系人可向法院请求撤销专利，知识产权司司长可以请求专利委员会撤销专利权。

两人以上共同完成的发明，专利权属于共同发明人；两人或以上分别独立完成的发明，最先提出申请的申请人享有专利权。为履行劳动合同或者从事某项工作的合同所完成的发明，如无相反协议，专利权属于用人单位或者委托人。但如果用人单位或委托人从发明中受益，则发明人（雇员或受托人）有权获得其正常工资以外的报酬。

（四）法律保护

发明专利的保护期为申请之日起20年，外观设计专利权保护期从自申请日起10年，小专利的保护期则为申请之日起6年以内。小专利保护期限界满前90天内，小专利的专利权人可向主管官员提交续期申请，续期申请可延长两次，每次为2年。

未获得泰国法律许可的任何人不得在任何产品或产品包装上或在任何广告中使用"泰国专利""泰国小专利"等词语或这些词语的缩写或与这些词语同义的外文词汇。除已提出申请的专利申请人外，任何人不得在任何产品或产品包装上或在任何广告中，使用"正在申请专利""正在申请小专利"等词语或近义的词语。

未经专利权人同意，他人不得在制造产品时使用该专利设计，也无权出售、占有、要约出售或进口体现该专利设计的产品，但为学习或研究目的而使用专利的除外。对于侵犯专利权人的行为，专利权人可向法院申请民事救济；构成犯罪的侵权，根据《专利法》第81至88条的规定，法院可视行为性质、情节轻重单处或并处犯罪人6个月至2年不等的监禁或2万至40万泰铢的罚金。对于以虚假陈述获得各类专利的,法院可单处或并处犯罪人6个月以下的监禁或5000泰铢以下的罚款。单位犯罪的,法定代表人或单位负责人也应接受相应的法律制裁。

三、商标法

泰国最早的《商标法》制订于1931年,1961年进行了修正。1991年,泰国重新制定并颁布了新的《商标法》,共6章123条。1991年《商标法》之后又分别于2000年和2016年进行了修正①。

为更好地实施商标法,泰国成立了商标委员会,由知识产权司司长担任主席之职,委员会成员则由泰国司法委员会秘书长(或其代理人)、总检察长(或其代理人)以及由内阁任命的在法律或商业领域具有知识产权或商标实践经验的8至12人员组成。其职责与专利委员会的职责类似,只是处理的事务范围只涉及商标。

(一)可注册的商标

根据泰国《商标法》的定义,商标(服务商标)是指用于或拟用于货物(服务)上或与货物(服务)相关的图片、绘画、徽标、名称、单词、短语、字母、数字、签名、颜色组合、形象元素、声音或各种元素组合而成的标记,用于区别不同经营者的货物(服务)。

在泰国,具有显著识别性、不被法律所禁止且与他人注册的商标不相同或不相似的商标可以申请注册。如果商标中包括有《商标法》第8条所明确列出的13种标识的商标不得申请注册,如任何国家的国旗国徽、国际组织徽章和旗帜、泰国王室或官方印章或皇室勋章、表示国王或王后或王位继承人或王室成员的姓名或字母或元素的以及违反公共秩序或道德或公共政策的标记;等等。

(二)商标注册申请

根据《商标法》和《部长条例》(B. E. 2535)的规定,商标注册应由申请人向商务部知识产权司或知识产权司司长公告确认的省级商务办事处或其他机构提出申请。

不同于旧法的"一标一类"申请原则,2016年泰国新《商标法》规定申请人可就不同类别的商品或同一类型中的特定商品提出注册同一商标的申请。注

---

① 泰国《商标法》(包含两次修正的条款)英文译本见 https://www.ipthailand.go.th/images/781/_ _ _ . _ _ _ 1_ 1. pdf,最后访问日期2022年12月20日。

册官员应审查申请书,并可以传唤申请人进行陈述、要求申请人翻译外文资料,通知申请人提供信息、发表意见和作出解释等。同时,新《商标法》改变以前法律规定同一申请人的相同或近似商标须注册为联合商标的做法;2016年新《商标法》规定,注册官员认为同一类型产品商标相同或存在相似商标会误导公众的情形,则其将直接确定在先申请人为商标所有人,且在此之前注册的联合商标无效。

负责注册的官员应将审查结果以书面形式告知申请人并给出理由,审查合格的申请在泰国商业部编印的公报上进行公示,60天内无异议的,即可在商标局登记注册,注册官员将按《部长条例》规定的格式向申请人颁发注册证书。公示期有异议的,异议人应向注册官提交异议申请。对注册官最终决定授予或不授予商标注册结论有不同意见的申请人或异议人,可在收到通知之日起60日内对注册官员的决定向商标委员会提出上诉。对商标委员会作出裁决仍有不同意见的当事人,可在收到裁决之日起90日内向有管辖权的法院提交上诉申请,法院的判决为最终裁判决定。

(三)商标权

商标注册申请以及注册商标均可以转让和继承。商标注册申请以及注册商标转让应签订书面转让协议,转让人与受让人应共同向负责注册的官员提出申请;商标注册申请以及注册商标的继承要向负责注册的官员报告被继承人的死亡和继承的相关文书。负责注册的官员经审查符合转让或继承要件的,则将在登记册中更改商标注册申请或注册商标详情;如果认为不符合转让或继承要件的,注册官员应书面通知申请人自收到修改通知之日起60日内进行修改,如果申请人未能按要求进行修改的,转让或继承注册申请或注册详情变更申请视为放弃。

商标权人许可他人使用自己所有的商标,要签订书面许可协议,并向注册官员提出申请并办理注册登记。注册官员认为双方的许可协议不会误导公众也不会违反公共秩序、道德或公共政策的,可允许登记此许可协议,亦可为此许可施加某些条件或限制,不然注册官员应拒绝登记此许可协议。对于注册官员的决定,相关当事方如有异议,可在收到注册官员决定之日起60天内向商标委员会提出上诉,否则注册官员的决定视为最终决定。根据《商标法》第69条的规定,商标委员会就许可协议上诉所作出的裁决为最终裁决。

(四)商标权保护

泰国《商标法》规定,商标注册的有效期自注册之日起算为10年。注册商标的有效期届满后，商标使用人可以申请续展，每次续展的有效期也为 10 年，自上次注册有效期届满之日开始计算。泰国以前法律没有规定续展宽展期，注册有效期届满前 90 天内须提出延长商标注册期限申请，否则商标失效。2016 年新《商标法》规定商标注册有效期续展申请可在有效期届满后 6 个月内提出，但宽展期内缴纳的续展费需增加 20%。

《商标法》第 6 章规定了在商标注册申请以及使用商标过程的犯罪行为的惩罚。对于商标注册申请、详情更改、续展或撤销申请、异议提出等程序中作出虚假陈述而获取相关利益的当事人，法院可单处或并处 6 个月以下监禁或 1 万泰铢以下罚金。对于假冒注册商标、侵犯他人注册商标的犯罪人，法院可视行为类型、性质及情形轻重单处或并处 1 至 4 年以下监禁或 2 至 40 万泰铢以下罚金。单位犯罪的，法定代表人或单位管理人员亦应承担相关的法律责任。

《商标法》还规定，对于在商标注册及管理过程中，未能向注册官员或其他管理人员提供便利之人，法院亦可依职权对此单处或并处不超过 1 个月的监禁或不超过 2000 泰铢的罚款。

第十节　越南社会主义共和国知识产权法律制度

越南知识产权法律保护制度始于 1995 年的《民法典》，1995 年《民法典》第 6 编以框架的方式规定了对著作权、工业产权以及技术贸易（转让）的法律保护。2005 年越南重新制订《民法典》时，依旧维系了原《民法典》第 6 编中对知识产权法律保护的体系，但大量删减了相关条文数量同时，又增加了知识产权保护的客体，将集成电路布图设计、育种物料和种子、商业秘密加入其中[1]。这与越南 2001 年与美国签署《美国—越南双边贸易协定》有密切关系。此后，越南迅速加入了一系列知识产权保护的国际公约[2]——2004 年《伯尔尼公约》、2005 年《日内瓦公约》、2006 年《商标国际注册马德里协定有关议定书》《保护表演者、音像制品制作者和广播组织罗马公约》《关于播送人造卫星传输节目信号公约》和《国际植物新品种保护公约》、2007 年《与贸易有关的知识产权协定》等。根据《保护工业产权巴黎公约》规定，越南实施国民待遇原则。越南还根据越南加入的其他国际协定，向其他国家的国民提供最惠国待遇。

---

[1]　参见米良（译）：《越南民法典》，昆明：云南大学出版社 1998 年版；吴元富（译）：《越南社会主义共和国民法典（2005 年版）》，厦门：厦门大学出版社 2007 年版。

[2]　越南早在 1949 年就加入了《保护工业产权巴黎公约》和《商标国际注册马德里协定》。

为更好规范国内知识产权保护制度,越南国会于 2005 年 11 月 19 日颁布统一的《知识产权法》,2006 年 7 月 1 日正式实施。《知识产权法》共计 6 编 222 条,保护的范围包括著作权、工业产权和植物品种权三大类别[①]。不仅整合了越南国内之前各种知识产权法律及行政命令,而且还与各国际公约的规定高度一致,保护对象范围广泛、权利内容丰富,呈现出"菱形"的立法法律体系[②]。基于此,越南 2015 年重新制订的《民法典》将原有"知识产权和技术转让"编的内容完全删除。2005 年《知识产权法》于 2009、2019、2022 年进行修正[③],最新的修正案(2022 年 6 月 16 日通过)被认为是自 2005 年《知识产权法》制订以来最重要的一次修正,将于 2023 年 1 月 1 日生效。

越南对于知识产权的管理由政府实施集中管理权,科学技术部负责领导和协调文化、体育和旅游部[④]、农业和农村发展部开展知识产权和工业产权管理。科学技术部下属的国家知识产权局主管工业产权事务,著作权和与著作权相关权利的管理归属文化、体育和旅游部隶属的著作权局,植物品种权利的管理则由农业和农村发展部负责。各级法院、监督机关、市场管理机构、海关、公安机关和人民委员会有权在其职权范围内处理侵犯知识产权的行为。

一、著作权

著作权及相关权利保护的内容规定在《知识产权法》第 2 编。著作权的客体包括文学、艺术和科学作品;与著作权相关权利的客体包括表演、录音、录像、广播节目和携带加密程序的卫星信号。著作权的享有与作品的形式、语言、

---

① 越南 2005 年《知识产权法》英文译本见 https://www.wto.org/english/thewto_e/acc_e/vnm_e/wtaccvnm43_leg_3.pdf;越英对照文本见 https://kenfoxlaw.com/wp-content/uploads/2019/01/Law-on-Intellectual-Property-502005QH11.pdf,最后访问日期 2022 年 12 月 20 日。

② 宋志国等:《中国—东盟知识产权保护与合作的法律协调研究》,北京:知识产权出版社 2014 年版,第 115-116 页。

③ 越南《知识产权法》(2009 年修正条款)英文译本见 https://wipolex-res.wipo.int/edocs/lexdocs/laws/en/vn/vn071en.html,最后访问日期 2022 年 12 月 20 日;《知识产权法》(2019 年修正条款)英文译本见 https://t2hlawyers.vn/en/law-on-amending-and-supplementing-a-number-of-articles-of-the-law-on-intellectual-property/;《知识产权法》(2022 年修正条款)英文译本见 https://english.luatvietnam.vn/law-no-07-2022-qh15-amending-and-supplementing-a-number-of-articles-of-the-law-on-intellectual-property-224105-doc1.html。

④ 2007 年以前,著作权的管理机关为文化信息部。2007 年,越南改革国家机关后组建文化、体育和旅游部。

是否发表出版或登记无关。

在越南，作者、表演者、录音制品者或广播者可自愿申请著作权或相关权利登记证书，符合证书颁发条件的，由文化和信息部下属的著作权局颁发《著作权登记证》和《相关权利登记证》。

（一）著作权客体与内容

1. 著作权客体

具有智力创造性的文学、艺术和科学作品（包含民间文学和艺术作品、计算机程序等），无论其表达方式或形式如何，均是越南著作权保护的客体。2022年修正案对于衍生作品有了更新的解释，即对现有作品进行翻译、改编、汇编、注释、精选、修改或进行音乐转换等方式创作的作品。但《知识产权法》第14、15条也明确规定，衍生作品只有在不侵犯现有作品著作权的情况下，才可依法予以保护；仅用于通讯目的的信息、法律或行政或司法文件及其译文、操作方法或流程或系统或原则等不能成为著作权的客体。

2. 著作权内容

越南《知识产权法》规定，著作权包括人身权和财产权。人身权包括作者对作品命名的权利、在作品中使用真名或笔名的权利、出版或授权他人出版的权利、保护作品完整并不因更改、贬损、歪曲而有损作者荣誉和声望的权利。财产权则指作品因被衍生创造、公开表演、复制、传播、租赁等而获得使用费、报酬或其他物质利益的权利。

（二）著作权的归属与行使

1. 著作权归属

著作权人通常就是作者。合著者共同享有著作权，合著作品可以分别使用的，合著者分别对不同作品部分享有著作权。如无相反协议，因雇佣关系创造的作品，著作权属于雇主单位；受托而创造的作品，著作权属于作者。对于遗作、著作权人死亡且无继承人或继承人放弃著作权的作品，其产权所有人死亡、著作权已转让给国家的作品以及政府明确规定的其他国有作品，其著作权属于国家。

2. 转让与许可

著作权可以继承、转让和许可他人使用，转让或许可使用须以书面协议方式实施。《知识产权法》明确，除发表或出版权外，作者不得转让人身权；无论如何，表演者都不得转让其人身权。共有人创作的作品的转让，必须经全体共有人同意，作品能分别独立于合著的除外。

3. 合理使用

《知识产权法》规定，除建筑、绘画及雕塑、计算机程序外，为教学与研究、评论或说明、合理引用、非商业盈利的表演或公开展览、将作品翻为盲文或类似文字、进口复本仅供个人使用等方式使用或复制已公开发表作品的，无需获得作者或者著作权人的许可，也不需支付费用或报酬。但此种方式的使用不得损害作者或者著作权人的权利，在使用过程中也应当提供作者姓名以及作品来源信息。

广播者因赞助、广告或其他收费方式使用已公开发表或出版的作品（电影作品除外），无需征得作者或著作权人的同意，但应当向著作权人支付费用或报酬；广播者此种使用不能影响作品的正常使用，不得损害作者或者著作权人的权利，使用中同样必须提供作者姓名和作品来源信息。

（三）相关权利

越南公民在越南境内或境外演出、外国人在越南的演出、已播放或固定或已发行的录音录像、根据越南已加入国际条约规定受保护的生产商制作的录音制品、携带加密程序的广播或卫星信号等均属于与著作权相关权利的保护客体。

对于表演者的权利，《知识产权法》也明确规定了人身权和财产权。人身权包括表演者姓名权、保护表演形象而不被更改或歪曲等可能损害表演者荣誉和威望的权利。财产权则为用设备固定、复制、传播或播放、出售或租赁表演及复本而获得经济利益的权利。

法律还规定，表演者同时又是制作人的，表演者拥有人身权和财产权；表演者不是制作人的，表演者对表演享有人身权，制作人对表演拥有财产权利。另外，对于与著作权相关权利的合理使用，第32、33条具体规定不经许可也无需支付使用费或报酬以及须经许可但无需支付报酬的情形。

相关权利可以继承、转让和许可他人使用，转让或许可使用须以书面协议方式实施。与著作权不同，《知识产权法》规定，无论如何，表演者都不得转让其人身权。共有人创作的表演、录音制品、广播节目相关权利的转让，必须经全体共有人同意。

（四）法律保护

1. 保护期限

《知识产权法》第27条规定，除作品出版或授权出版的权利外，作者、表演者的人身权保护无限期。

财产权的保护期限按不同情形具体规定如下：（1）对电影、摄影、戏剧、应用艺术以及匿名作品的保护期为50年,自首次公开发表或出版之日计算;作品完成之日后50年内未发表的,则保护期为自作品完成之日起50年。(2)除上述作品以外的其他作品,保护期为作者终生并作者死亡之年起50年;合作作者创作的作品,保护期截止于最后一名合作作者死亡后第50年。(3)表演者、音像制作者、广播者的权利保护期限为表演日、录制日、播出日后的50年;音像制品有发行的,则保护期自发行之日起50年。所有保护期限,均自权利保护期限届满之年12月31日24时止。

2. 法律责任

《知识产权法》第28条详细规定了侵占作品著作权,虚构作品作者,未经著作权人许可出版、传播、复制、改编或翻译、进出口作品以及伪造作者签名、损害作者荣誉和声望、未依法支付费用或报酬等16种侵犯著作权行为,第35条则列举了侵犯相关权利的10种行为,如未经表演者、录音制作者或广播者许可,虚构名称、制作、发行、复制、摘录、进出口、销售、租赁录音制品或广播等行为。

对于侵犯著作权及相关权利的行为,《知识产权法》第5编"知识产权保护"规定了相应的救济措施:著作权人或其他权利享有人可以要求侵权人停止侵权行为、赔礼道歉、赔偿损失等;也可以向相关行政机关或法院提起请求,采取包括停止侵权行为、赔偿损失、扣押、查封、禁止销售或进出口等相应的民事或行政救济。对于侵犯著作权及相关权利行为的刑事救济,则规定于2015年《刑法典》第225条(侵犯著作权及相关权利)之中:侵权行为构成犯罪的,可能面临最高10亿越南盾的罚金或最高3年的监禁;法人单位犯罪的,除面临高额罚金外,还可能被处以暂停经营6至24个月或禁止涉足某些领域的经营或禁止在1至3年内筹集资金的处罚。

二、工业产权

在越南,专利以及商标均属工业产权的客体。除此之外,越南工业产权的客体还包括有集成电路布图设计、商业秘密等。

(一)专利

1. 专利权客体

《知识产权法》明确规定,专利保护的对象包括发明专利、实用专利(Utility solution Patent)和产品外观设计三类。

满足新颖性、创造性和工业适用性的发明,有资格获得发明专利的保护;具新颖性和工业适用性的发明,有资格通过授予实用专利获得保护。但根据

《知识产权法》第 59 条，以下对象不得成为专利保护的对象：发现、科学理论、数学方法；进行心理行为、家畜训练、游戏或开展商业的计划、规则或方法；计算机程序；信息展示；仅针对美学特征的解决方案；动、植物品种；除微生物以外的动植物培育的基本方法；人或动物疾病的预防和诊疗方法。

按《知识产权法》的规定，受保护的外观设计需满足三个要件：即新颖、创新和工业适用，但仅就产品技术特征决定的外观、土木或工业建筑工程的外观以及在产品使用过程中不可见的外观均不受外观设计保护。其他国家外观设计保护通常的美感要求在越南未纳入法律规定之中。

2. 专利申请与授予

越南公民、法人、组织或居住在越南的个人、法人、组织可以向隶属于科学技术部的知识产权局申请专利登记，未居住在越南的公民、法人、组织需通过越南的合法代理机构提交申请，申请书须用越南语书写。申请书的格式与内容要求详细规定于《知识产权法》第 100 至 103 条之中。

多人就同一或近似的发明或设计提交申请的，专利授予最早优先权日或最早申请日提交的申请；优先权日或申请日亦相同的，则由申请人协议决定专利的授权人；如无协议的，则多人提交的申请均将被拒绝。

知识产权局对于符合形式要件的申请，向申请人发出受理其正式有效申请的通知，并在越南国内《工业产权公报》予以公告。如申请人无特别要求，则发明登记申请应当自申请日或者优先权日起 19 个月内公布，外观设计注册申请自申请被受理为正式有效申请之日起 2 个月内予以公布。发明登记申请或外观设计登记申请在《工业产权公报》上公布前，知识产权局应负责对相关信息保密。

发明登记申请或外观设计登记申请在《工业产权公报》上公布后，任何人均可就此申请提出异议。自申请日或者优先权日起 36 个月内（外观设计为 42 个月内），申请人应请求知识产权局对申请进行实质审查，并缴纳实质审查费。知识产权局对申请进行实质审查后，对符合授予专利条件决定给予保护的，应在《国家工业产权登记册》上予以登记确认。

3. 专利权

专利权属于发明人或设计人，但因雇佣或受托而创造的发明或外观设计，则专利权人是雇主或委托人，除非有相反协议存在。因使用国家预算资金、材料和技术设施创造的发明和外观设计，越南政府享有专利权。

发明人或设计人享有登记证书及各类文件中标明作者姓名的权利，以及因专利被使用、转让而获得经济利益的财产权利。但专利权人无权禁止他人将专利用于教学或研究、测试、评估、分析等非商业目的之情形，也无权禁止由国家当局授权之人以及有优先使用权之人使用专利。《知识产权法》第 145 至 147 条规定了因国家迫切需要、专利未使用或使用不当或者因反正当竞争等原因，国家可以强制许可专利使用。

4. 法律保护

发明专利、实用专利以及外观设计均自授予之日起生效，保护期分别截止至申请日后的 20 年、10 年和 5 年失效。外观设计期限届满后可申请续展 2 次，每次期限为 5 年。但如果权利人未按规定支付年费、宣布放弃权利的，专利权保护即行终止。

专利权可以转让、继承、许可使用，转让或许可使用应以书面形式进行。未经权利人许可，在保护权有效期内使用受保护专利或相类似的外观设计，即构成侵权。对于侵权行为，专利权人可要求侵权人停止侵权行为、赔礼道歉、公开纠正并赔偿损失；也可以向行政机关提出要求对侵权人进行行政处罚，向司法机关提起侵权诉讼。对构成犯罪的侵权人，根据《刑法典》第 226 条的规定，如侵权人获得的利润或给受害人造成的损失达到法定量刑金额的，则应当处以 5000 万至 5 亿越南盾的罚金或 3 年以下的监禁。如果犯罪行为属多次实施、有组织的集团行为、造成损失巨大的，对犯罪人的量刑可至 6 年监禁或高达 20 亿越南盾的罚金，甚至会对侵权人处以禁止担任某些公职的处罚。

(二) 商 标

1. 可注册的商标

以字母、文字、图片、数字、颜色及其组合（包括三维图形）而成的能够区别不同所有人商品或服务的可视标志，符合越南商标保护要件。商标需要具有独特性。

但《知识产权法》第 73 条规定了 5 类不得作为商标的标志：与国旗、国徽相同或者近似的标志；与国家机关、国际组织或其他各类组织的名称或名称缩写、徽章、旗帜、标记等相同或相似的标志；与越南或外国领导人、民族英雄或名人的姓名、别名、笔名或形象相同或相似的标志；与国际组织的认证印章、控制印章、保证印章相同或相似的标志；易对商品或服务的原产地、功能参数、预期用途、质量、价值或其他特征方面产生误导、混淆或欺骗消费者的标志。

越南《知识产权法》也规定了对驰名商标的承认、对商号以及地理标志的保护。商号名称需要具有独特性，国家机关、政治组织、其他社会组织或不从事商业活动实体的名称不应作为商号加以保护；而地理标志的保护则需要有相关地理的声誉、质量和特性，在越南已成为货物通用名称的标志、在国外不受或不再受保护或不再使用的地理标志、与受保护商标相同或近似的地理标志、可能误导消费者的地理标志均不受越南法律的保护。

2. 商标注册申请

任何个人或组织均可以申请商标注册，两个或以上的个人或组织共同申请商标注册的，为注册商标共有人。地理标志的注册权仅属于越南国家。申请书以越南语言书写。申请书的格式与内容要求详细规定于《知识产权法》第105条之中。

知识产权局对于符合形式要件的申请，向申请人发出受理其正式有效申请的通知，并在越南国内《工业产权公报》予以公告。商标注册申请自申请被受理为正式有效申请之日起2个月内予以公布。

3. 商标权

注册商标或商标注册申请可以继承、赠与或转让。商标或商标注册申请的赠与或转让需签订书面协议，受让人必须符合登记权人的相应要求。

4 商标权保护

注册商标保护的有效期为10年，自商标注册申请之日起算。期满后，可无限申请续展，每次续展期限为10年。地理标志注册证无限期有效。但如果出现商标权人未按规定支付年费、宣布放弃注册商标、商标权人无继承人无法开展经营的、连续5年未使用该注册商标、注册商标使用人违反法律规定使用商标等情形，则商标注册证书即行失效。

商标权可以转让、继承或许可使用。商标权只能转让给满足对商标注册权人的要求的组织或个人，转让也不能对具有该商标的货物或服务的特性或原产地造成混淆。转让或许可使用应签订书面协议。未经商标权人许可，在商品或服务上使用与受保护商标或驰名商标相同或相似的标志、可能会导致混淆商品或服务原产地的标志等行为，均将被视为侵犯商标权。

第八章 司法与诉讼制度

第一节 文莱司法与诉讼制度

文莱曾为英国殖民地，直到1984年独立[①]。1959年，文莱颁布第一部宪法，宣布文莱实行君主立宪制，并奉伊斯兰教为国教，伊斯兰教义对文莱公民有约束力。被殖民的历史使文莱法律制度深受英国法的影响，而伊斯兰教在其社会生活也留下深刻的烙印。在文莱，以英国普通法为基础建立的世俗法律制度和以伊斯兰教习惯法为基础建立的伊斯兰法律制度同时并存，平行适用。

一、司法制度

（一）法院体系

文莱法院体系分为普通法院及伊斯兰法院。伊斯兰法院对于涉及穆斯林婚姻、家庭、财产继承等案件有专属管辖权。违反伊斯兰教法的案件由伊斯兰法院处理。伊斯兰法院有专门的《伊斯兰法院法》（Syariah Courts Act 1998，2011年修订）进行规范。此节主要介绍文莱普通法院。

文莱普通法院由最高法院，中级法院和初级法院组成。

1. 最高法院

根据文莱1963年《最高法院法》（Supreme Court Act，2013年修订）第4条的规定，最高法院由最高法院院长、首席法官、上诉法院法官、高等法院法官和司法专员组成。最高法院包括上诉法院（Court of Appeal）和高等法院（High Court）。上诉法院受理针对高等法院和中级法院民事案件的判决或命令提出的上诉。同时，该院是文莱刑事案件的最终裁判法院，受理高等法院和中级

[①] 1847年，文莱与英国签订友好通商条约后逐渐走向半殖民地。1888年，根据双方订立的保护协定，文莱受英国保护，英国掌控苏丹王位继承决定的权利及文莱外交权；从1905年起，英国向文莱派出驻扎官进一步掌管其内政和外交事务，就此文莱完全失去独立，沦为英国殖民地，直至1984年才重获独立。

法院的上诉或依照《最高法院法》或其他成文法赋予的其他管辖案件。

高等法院具有初审和上诉案件的民事和刑事管辖权。根据文莱《最高法院法》第16条的规定，高等法院的民事管辖权包括：与英国高等法院大法官法庭、家庭和女王法庭相似的性质和范围的初审管辖权；本法或任何其他成文法可能赋予它的其他管辖权，无论是初审还是上诉。而根据文莱《刑事诉讼法典》第9条的规定，《法典》没有指明由特定法院审理的具体犯罪，则由高等法院或治安法院（Court of Magistrate）行使初审刑事管辖权，但治安法院不能审理可判处5年以上监禁的犯罪。根据《刑事诉讼法典》第36章刑事案件移送之第366条的规定，有如下情况，高等法院可以根据下级法院报告或根据利害一方申请或自行作出指令，命令对任何罪行有权调查或审判的治安法官调查或审判，或决定将案件移交给高等法院审理：下级法院无法进行公平调查或审判；可能出现异常困难的法律问题；为满足调查或审判需要，要到犯罪发生地或附近进行了解；根据本条发出的命令将有利于当事人或证人的一般便利。此外，高等法院还拥有对下级法院的民事和刑事案件判决的上诉管辖权及对中级法院和下级法院一般监督和修订管辖权。高等法院审理案件通常由一名法官出庭，特殊情况如适用死刑的案件则由两名法官进行审理。

由于文莱是多民族国家，审判中常常需要翻译官帮助翻译以使审判顺利进行，最高法院还有专门的译员为被告、证人、检察官、律师和法官提供翻译，以使诉讼能够顺利进行。

2. 中级法院

文莱中级法院案件审理由一名法官单独开庭，法院设有刑事庭、民事庭和商事庭。文莱1991年《中级法院法》（Intermediate Courts Act，2012年修订）第13条的规定，中级法院对可判处20年以上监禁（包括终身监禁）以及可判处死刑的罪行不具刑事管辖权，此类案件应移交高等法院定罪量刑。

在民事管辖方面，如果争议发生在文莱境内、被告在文莱居住或者在文莱有经营业务或财产或工作，则中级法院有权管辖索赔金额或争议标的物价值超过5万文莱元但不超过30万文莱元的民事案件。但中级法院无权管辖以下诉讼：涉及信托文书的解释、信托执行或管理的案件；根据第16条规定授予或撤销遗嘱认证或遗产管理书的案件①；对遗嘱解释或根据第17条的规定管理死者

---

① 《中级法院法》第16条：中级法院有权就死者在文莱境内的价值不超过25万文莱元的遗产授予遗嘱认证书或遗产管理书，但不扣除因死者应付或欠下的债务而应扣除任何款项，并可以更改，撤销或废除相关内容。

遗产的案件①；涉及未成年人的监护权或监护权问题的案件；涉及婚姻的有效性或解除问题的案件等。

2016 年 2 月文莱中级法院商事庭全面开始运作，专门处理商事案件②。商事庭设立的目的为改善文莱商业环境，保障文莱解决商事纠纷的能力，吸引更多的外商直接投资。为更快地处理案件，商事庭引入了很多新的程序。其中最值得注意的是案件管理会议程序。通过该程序，商事庭更积极地发挥作用，使诉讼各方遵守设定的时间表，缩小问题范围，促进讨论以解决争议，并确保各方遵守法院的命令或指示。法庭还可以在当事人同意的基础上为其提供以调解作为解决争议的选择。根据《最高法院法》第 16A 条的规定，有下列情形的，高等法院可以决定或根据诉讼一方的申请，命令将全部或部分诉讼程序移交给中级法院审理：当事人同意；高等法院认为在对相关付款、到期金额作出补偿后，与索赔有关的剩余争议金额在中级法院管辖的金额范围内或索赔的全部金额在中级法院的金额范围内或不涉及清偿债权的诉讼中，诉讼标的物在中级法院的管辖范围内；高等法院认为，诉讼程序不大可能引起任何重要的法律或事实问题，适合中级法院裁决的案件等。

3. 初级法院

文莱初级法院包括治安法院、少年法庭和小额索赔法庭。

治安法院对一般刑事、民事案件具有初审管辖权。在刑事管辖权方面，根据文莱《刑事诉讼法典》第 11 条的规定，法院可判处不超过 3 年的监禁或不超过 5000 文莱元的罚款；或经首席法官授权治安官的案件，则刑罚可增至 7 年监禁或罚款 1 万文莱元。在民事管辖权方面，根据文莱 1982 年《初级法院法》（Subordinate Courts Act，2013 年修订）第 17 条的规定，治安法院管辖民事争议索赔金额或价值不超过 1 万文莱元的案件（首席治安官审理案件的限额可达 1.5 万文莱元）。

2010 年 3 月 1 日，文莱在全国四个区设立青少年法庭。根据 2006 年《儿童和青少年法》（Children and Young Persons Act，2012 年修订）第 9 条的规定，青少年法庭由治安官主持，主要负责审理 18 岁以下青少年所涉刑事案件。青少年法庭致力于使迷失方向的青少年罪犯重新融入社会，维护和保障他们的未来。

---

① 《中级法院法》第 17 条：中级法院应有权审理与文莱境内死者遗产管理有关的诉讼，并强制执行其适当分配，但该遗产价值不超过 25 万文莱元，不包括死者作为受托人所拥有或有权获得的遗产，且不附带任何因死者应付或欠下的债务而扣除任何款项。

② See "About Commercial Court", *State Judiciary Department of Brunei Darussalam*, http://judiciary.gov.bn/SJD%20Site%20Pages/About%20Commercial%20Court.aspx，最后访问日期 2021 年 10 月 18 日。

治安官以儿童和青少年最佳利益原则为依据，在该原则的基础上与有关顾问小组进行充分讨论后，可以使用包括下达缓刑令、社区服务令、安置在经批准的学校和经批准的家庭以及安置在拘留中心等措施来替代判刑①。

为快捷而低成本解决争议，文莱设立了小额索赔法庭，法庭审理程序简易、非正式②。根据2006年《小额索赔法庭令》（Small Claims Tribunals Order）第2、5条的规定，小额索赔法庭的审理由一名法官独立完成。法庭有权审理索赔金额在1万文莱元以下的简单合同案件和侵权案件，涉及货物销售合同、提供服务的合同、根据《消费者保护法》提出索赔的争议案件③。但是对于因机动车发生事故造成的财产损害、超过规定索赔金额及初级法院无权审理的案件，小额索赔法庭没有管辖权。

（二）检察机关

以1959年文莱宪法为依据设立的总检察署（Attorney General's Chambers）负责文莱的检察事务。根据《宪法》④ 第81条的规定：总检察长由苏丹任命，就苏丹或政府提交的法律事项提供法律建议，有权提起、实施或终止除伊斯兰法院诉讼程序或军事法庭诉讼程序以外的任何罪行。总检察长行使这一权力，不受任何人或机构的指挥或控制。总检察长在文莱任何法院或法庭上享有优先于任何其他人出庭的权利。总检察长作为苏丹及政府的首席法律顾问，在副检察长和法律顾问的协助下，向苏丹政府提供咨询意见，并在民事和刑事案件中代表政府。总检察长还负责起草立法。在执行立法起草任务时，总检察长办公室与政府有关部委和部门密切合作⑤。

总检察署主要由行政财务部、民事部、刑事司法部、国际事务部、立法起草部和法律修订及翻译部组成。行政财务部负责管理总检察长办公室的行政和财务事务。民事部负责为政府各部委和机构提供优质的法律咨询和代理服务，

---

① See "Juvenile Court", *State Judiciary Department of Brunei Darussalam*, http://judiciary.gov.bn/SJD%20Site%20Pages/Juvenile%20Court.aspx，最后访问日期2021年10月18日。

② See "Small Claims Tribunal (General Information)", Available at https://www.judiciary.gov.bn/SJD%20Images/Small%20Claims%20Tribunal%20-%20Complete.pdf，最后访问日期2022年7月21日。

③ "Frequently Asked Question (Small Claim Tribunal)", http://judiciary.gov.bn/SJD%20Site%20Pages/Frequently%20Asked%20Question%20(Small%20Claim%20Tribunal).aspx，最后访问日期2021年10月22日。

④ 本节写作引用的文莱《宪法》是经2011年修订后的《宪法》。

⑤ "Attorney General's Chambers", https://www.agc.gov.bn/AGC%20Site%20Pages/Overview.aspx，最后访问日期2021年10月22日。

包括作为各部委、政府部门和法定机构的法律顾问；起草、审查和谈判合同或其他法律文件；协助解释和适用法律及其他法律文件；作为政府的民事诉讼当事人和仲裁员；代表政府追债；就立法和法律改革项目提供咨询服务；就建筑、银行及金融、争议解决、石油和天然气、环境和知识产权等问题提供咨询。刑事司法部的任务是为公众、被告及被害人维护公平的刑事司法制度，有权提起刑事诉讼；就刑法问题向执法机构提供建议；协助制定政策并于立法起草部门一起审查、起草和修改刑法；监督和建议执法机构调查案件等。国际事务部负责为政府提供解释和适用国际法的建议和意见，下设经济司、政治司、安保司和社会文化司：经济司专门处理与文莱贸易、投资、金融服务、运输和旅游等经济发展有关的法律问题；政治司为文莱的双边、区域和多边外交及政治关系提供咨询，并确保符合文莱的法律和政策；安保司负责处理文莱包括反恐、跨国犯罪、国防、海事安全、引渡等所有事项，与刑事部密切合作，履行与国际合作打击和预防犯罪有关的职责，并编写文莱在执行各项国际刑事公约方面进展情况的报告；社会文化司负责对文莱的卫生、教育、体育、劳工、性别平等、妇女、儿童和环境等方面的社会福利和文化问题提供咨询及国际合作事务。立法起草部负责起草法律或批准各部委或总检察署其他部门编写的法律草案，确保草案符合文莱宪法和政府的政策，不违反文莱的习俗和传统，并定期对法律进行修订。法律修订及翻译部负责编写文莱法律修订文本及翻译文莱所有类型的法律。此外，总检察署有权对警察和其他执法机关的工作提出建议和进行指导，为公众提供关于公司、企业名称、商标、工业产权、发明、婚姻等注册登记服务[1]。

二、诉讼制度

（一）刑事诉讼制度

文莱《刑事诉讼法典》1951 年施行，之后在 1984 年、2001 年、2016 年经过三次大的修订，分别称为 1984 版、2001 版和 2016 版《刑事诉讼法典》。2016 版《刑事诉讼法典》又于 2019 年进行过修正，该法共 10 部分 45 章 441 条，主要规定了一般规定、犯罪预防、一审程序、上诉程序、特殊程序和补充规定等内容。

---

[1] 《文莱的检察制度》，中国—东盟成员国检察长会议网 http://www.ca-pgc.org/zgd-mjczd/201611/t20161130_1904100.shtml，最后访问日期 2021 年 10 月 25 日。

1. 普通程序

文莱刑事案件的一审程序，首先由法院进行庭前调查。根据《刑事诉讼法典》第 133 条的规定，法官或治安官在接到起诉书时，应在宣示或确认后立即对起诉人进行询问，审查起诉书，并由起诉人及法官或治安官签字。如果诉讼是由法院或公务人员以书面形式提出的，法官或治安官不必询问起诉人，除非他认为有必要。如果法官或治安官认为没有充分理由进行诉讼，则可驳回起诉并记录提出诉讼的理由。如果法官或治安官认为相关罪行有充分的理由进行诉讼，则应依法发出传票或签发逮捕证，要求被告出庭，进入庭审程序。

庭审程序中，治安官应采纳提供的证据或其认为需要的其他证据，应允许被告盘问控方证人，回答或反驳证据，并同意控方或被告人发出强制证人出庭或出示文件或物品的申请。在调查取证后，治安官认为没有充分的理由将被告送交审判，应将其释放；治安官认为有充分理由将被告送交审判，则应提出指控，向被告宣布被控何罪并作出解释①。如果被告选择保留辩护，应立即被送交高等法院审判；选择在治安官前辩护，被告的陈述应以书面形式记录并由治安官签字后与证词一并保存以便移交审判。

一审判决应立即公开宣判或择期宣判。如果是无罪判决，应说明被告无罪并指示恢复其自由；被告被判可判处死刑的罪行而法庭未判处死刑，判决书中应说明未判处死刑的理由。

当被告人、申诉人或检察官对治安官的判决、量刑或命令不服，认为有事实或法律适用错误或量刑不当，可以向高等法院提出上诉。但是根据《刑事诉讼法典》第 275 条的规定，当被告被治安官宣告无罪不服或上诉是基于量刑不当，除非是检察官或经过检察官书面批准，否则不得提出上诉。上诉人应在判决或命令作出后 14 天内，向一审法院提出上诉申请并支付规定的上诉费。上诉申请应当说明上诉理由，并由上诉人签署。一审法院应将上诉申请，案件诉讼记录核证后的副本，审判中提交的相关文件正本及经核证的副本及认为有必要提交的其他物证一起提交至高等法院。高等法院法官应仔细阅读文件，如认为没有充分理由，可以立即驳回上诉，已支付的上诉费退还上诉人。如果法官没有立即驳回上诉，应通知双方当事人案件将开庭审理。上诉审理结束后，高等法院应立即或通知当事人在某一天作出判决。判决通常在法庭上公开作出，但

---

① 此处的解释，是指治安官对被告使用的规定用语，根据文莱《刑事诉讼法典》第 142 条第 2 款的规定，治安官要说："在听取了对你不利的证据之后，你是否对指控进行答辩？你现在可以自由地进行辩护，或者你可以在高等法院审判之前保留你的辩护。除非你愿意，你不会被强迫供述，但如果你选择现在进行辩护，你所作的任何陈述或提供的证据都将以书面形式被记录，并用于审判中。"

在上诉人缺席或因其他正当理由缺席的情况下,法院可以向其送达判决书副本或指示下级法院宣读判决书。

2. 特别程序

文莱刑事诉讼制度还设立了死因调查程序、心智不健全的被告人诉讼程序、妨害司法罪行的诉讼程序等特别程序。

(1) 死因调查程序

根据《刑事诉讼法典》第 303 条的规定,在收到以下信息之时,如因某人自杀、某人被他人或动物或机械或事故致死、某人在他人可能犯罪的情况下死亡、某人有理由推定死亡或失踪,而死亡或失踪原因不明,警察局负责人有进行死因调查的职责。

调查警官应立即向治安官报告并立即或指示其他警官前往尸体所在地或死者生前所在地进行调查并起草关于死因的报告递交给治安官,报告应说明尸体上发现的伤口、骨折、瘀伤和其他痕迹,以及是什么工具或武器造成的伤害,说明他认为可能与死因有关的情况。治安官收到报告后,对死因无异议,应向检察官报告死因及说明理由并递交有关报告和文件。治安官也可以酌情进行调查以确定死因,检察官认为有必要进一步调查时,可以指示治安官进行调查。

(2) 心智不健全被告人诉讼程序

根据《刑事诉讼法典》第 315 条的规定,当进行调查或审判的法院有理由怀疑被告人心智不健全,无法进行辩护时,法院应推迟调查或审判,将被告还押送医(不超过 1 个月)。医务人员对被告进行观察,并向法院出具对被告精神状态的意见,如果在 1 个月内无法得出明确的结论,可以延长至 2 个月。医务人员证明被告心智健全,有能力进行辩护,法院应继续进行调查或审判;证明被告心智不健全,则法院应视情况推迟调查或审判。

(3) 妨害司法罪行的诉讼程序

为保障司法程序的顺利进行,文莱高等法院或治安法院可对在司法程序中犯下任何罪行的人提出指控,并可向有管辖权的法院提交审判。根据《刑事诉讼法典》第 328 条的规定,法院可据情处以被告人 14 天监禁或处以 400 文莱元罚款;被告人若不履行判决支付罚款的,则法院可对其处以 1 个月的监禁。

(二) 民事诉讼制度

文莱没有专门的民事诉讼法,民事诉讼的基本规定主要体现在《最高法院法》和《初级法院法》这两部法律当中。此外,关于民事诉讼程序的具体规则又以相关法院规则的方式加以细化:如最高法院有《最高法院规则》(Rules of the Supreme Court 1990,2017 年修订)、《最高法院(向枢密院上诉)法》(Supreme Court［Appeals to Privy Council］Act 1990，2013 年修订）、《来自最高法院上诉令》（Appeals from the Supreme Court Order 1990，2013 年修订）；初级法院有《治安法院规则》（Magistrates' Courts Rules 2016）、《治安法院（民事诉讼）规则》（Magistrate' Courts［Civil Procedure］Rules 1992，2001 年修订）、《治安法院（民事上诉）规则》（Magistrates' Courts［Civil Appeal］Rules 1992，2013 年修订）、《治安法院（执行程序）规则》（Magistrates' Courts［Execution Proceedings］Rules 1992，2001 年修订）和《治安法官法院（诉讼费用）规则》（Magistrates' Courts［Court Fees and Costs］Rules 1992，2001 年修订）等。

1. 治安法院

关于治安法院的民事诉讼，根据《治安法院（民事诉讼）规则》第 12 条的规定，原告可向被告住所地或经营业务地、诉讼标的物所在地、诉讼理由发生地的治安法院提起民事诉讼。原告向法院提交起诉状后，法院向被告发出传票，要求其自传票送达之日起 7 天内的出庭以答复原告或在法院指示的适当时间内提交书面答辩书。治安法院管辖范围内的民事诉讼，以简易方式审理和裁定。民事诉讼案件公开进行审理，审理结束后法院当庭或择期宣读判决，判决书的副本在原、被告双方支付规定的费用后送达。当事人如果不服法院判决，可向高等法院提出上诉，上诉应由高等法院的一名法官审理。

根据《治安法院（民事上诉）规则》第 14 条的规定，上诉审理无论被告是否出庭，都应对案件进行听证及裁决，不考虑任何形式上的缺陷。如果高等法院认为上诉人没有遵守审理上诉的要求，应驳回上诉并维持原判，而不论是否已经收取上诉费用。高等法院就案件进行宣判后，下级法院的法官具有同等的执行高等法院判决的权力。高等法院的裁定可由高等法院或下级法院执行。

2. 最高法院

关于高等法院的民事诉讼，根据《最高法院法》第 5 号令的规定，高等法院的民事诉讼可通过令状、原诉传票、原诉动议或原诉请求书的方式开始。令状签发之前必须记录在案，令状要附上债权声明或说明债权性质或诉讼要求的救济和补救办法；传票必须包括原告寻求高等法院裁决的问题的说明，对诉讼中要求救济和补救办法的简明陈述及足够的细节，原告提出诉讼的原因；原诉动议必须简明扼要地说明所作赔偿的性质或所需的救济和补救办法；原诉请求书则应简要说明提出请求的性质及要求的救济和补救办法。以令状开始的诉讼，被告可以出庭并亲自或由律师为其辩护；被告是法人团体的，则不得在诉讼中出庭或进行辩护，只能由律师出庭。原告可以在被告出庭前的任何时候或出庭后 14 天内，向法院申请命令，撤销对他签发的令状。

文莱《最高法院法》第 14 号令规定了简易判决，当被告已在诉讼中出庭，原告可以被告对令状中所要求的索赔或该索赔的特定部分没有抗辩理由为据，向法院申请对争议作出判决。但原告就诽谤、中伤、恶意起诉或违反婚姻承诺等提出的索赔及基于欺诈指控提出的索赔不能申请简易判决。在高等法院民事诉讼程序中，当事方可以进行和解。根据第22A号令的规定，在法院处理诉讼事项前，各方当事人可随时向另一方提出和解协议，要求解决诉讼中的一项或多项债权。和解协议应在送达后不少于14天内决定是否接受。和解协议如被接受，应告知对方，法院可以将协议中的条款纳入判决；和解协议不被接受，则不得再在诉讼程序中向法院发出有关和解协议的通知。

为快速、经济的解决争议，法院审理前应召开审前会议。根据《最高法院法》第34A号令的规定，高等法院可在任何诉讼或诉讼程序开庭前的任何时候指示当事人出席审前会议。审前会议中，法院可以审议解决与诉讼有关的任何问题，可以要求当事各方向法院提供需要的资料，作出为确保公正的必要指示。审前会议中的任何时候，如果当事方达成解决争议的和解协议，法官可作出判决或下达命令使和解生效。不能达成和解则进入审理阶段。

在审理中，法官可以就双方当事人的发言顺序作出指示，被告不举证的，原告可以在提交证据后，作出陈述；被告举证的，原告可以作出答辩。审判结束，法院作出判决，判决书由法官签署并自宣判之日起生效。法庭书记官或法院其他工作人员应记录下审判开始和结束的时间以及审判进行的每一天所实际占用的时间，法院判决也应记录其中。对某些上诉案件判决不服还可向苏丹陛下提出上诉。根据《来自最高法院的上诉令》第3条的规定，任何民事争议的最终判决或命令，经过最高法院的许可，可以向苏丹提出上诉，包括：上诉争议金额或价值在20万文莱元或以上的案件；案件从性质上适合上诉；直接或间接涉及对财产的要求或质疑的上诉案件以及最高法院认为适合上诉的任何中间判决或命令。

3. 仲　裁

除了法院诉讼外，仲裁也是文莱常见解决民商事争议的方式。

2009年，文莱颁布了适用国内仲裁的《仲裁令》（Arbitration Order 2009）和适用国际仲裁的《国际仲裁令》（International Arbitration Order 2009）。2014年，文莱总检察署宣布建立文莱仲裁中心（Brunei Darussalam Arbitration Centre，BDAC）。仲裁中心于2016年开始运转，为国内及国际投资者的商业纠纷提供包括仲裁和调解服务在内的替代性争议解决方式。

在文莱，除了与公民权、婚姻家庭、刑事责任等事项或以仲裁方式会有违公共政策的事项不能进行仲裁外，其他事项都可以仲裁。另外，文莱是《解决国家与其他国家国民间投资争端公约》和《承认及执行外国仲裁裁决公约》的缔约国，其仲裁裁决可在 160 多个缔约国或地区得以执行，外国仲裁裁决在文莱也能够得到承认与执行。

第二节　柬埔寨王国司法与诉讼制度

柬埔寨现代法律制度基础是《柬埔寨王国宪法》，该法于 1993 年 9 月 21 日由柬埔寨制宪议会批准，9 月 24 日由国王西哈努克签署并发布谕令施行。根据该宪法的规定，柬埔寨成为君主立宪制国家，实行立法、行政、司法三权分立。2004 年柬埔寨加入 WTO 之后，涉及贸易、投资、土地、金融等方面的法律不断制定和颁布，这些法律与王令和总理法令以及部委令等法规共同组成柬埔寨基本的法律体系。

一、司法制度

（一）法院体系

根据柬埔寨《宪法》[①] 第 128 条的规定，司法权是独立的权力，是确保人民的未来和保护人民自由的权利。司法权是对包括行政纠纷在内的所有案件的裁判权，属于最高法院和各下级法院，不得向立法或行政机构授予司法权。国王陛下是司法独立的保证人，最高司法委员会应协助国王处理此事。

1. 最高司法委员会

1994 年柬埔寨成立最高司法委员会作为全国司法系统的管理部门，负责监督法院工作，有权遴选、任免法官。根据《宪法》第 134 条规定，国王是该委员会的最高领导，有职责确保司法权独立于行政权和立法权。最高司法委员会由国王、最高法院院长、总检察长、上诉法院院长和检察长、金边市初级法院院长和检察长及两名法官共九人组成。其职能主要是：对法官、检察官的晋升、罢免提供建议；根据司法部长申请，委任及更换或罢免法官和检察官；对法官或检察官的违纪问题，在最高法院的主持下以纪律理事会的名义召开会议处理解决。

2014 年柬埔寨颁布法令对最高司法委员会的成员作出调整，调整后国王依然任主席，组成成员为：司法部部长、最高法院院长、最高检察院总检察长、由国会全体议员依大多数票选出的前法官或检察官或具有 15 年以上法律或司法工作经验的专业人员 1 名、由宪法委员会全体委员依大多数票选出的前法官或

[①]《柬埔寨王国宪法》在 1993 后经多次修订，本节写作引用的是 2015 年修订的版本。

检察官或具有 15 年以上法律或司法工作经验的专业人员 1 名、司法部指派的检察官 1 名、由最高法院全体法官投票选出的在最高法院内任职的法官 1 名、由最高法院和司法部全体检察官投票选出的在最高法院或司法部任职的检察官 1 名、由初级法院全体法官投票选出的在初级法院任职的法官 1 名、由初级法院全体检察官投票选出的在初级法院任职的检察官 1 名。

根据《宪法》第 129 条的规定，只有法官才拥有对案件的裁决权。法官履行职责时，应凭着自己的良知竭尽全力地严格秉公执法。法官不可以被撤职，但最高司法委员会有权对犯有错误的法官给予处罚。

2. 法院体系

柬埔寨法院系统分为三级，包括初级法院、上诉法院和最高法院。此外，柬埔寨还设立有独立的军事法院。

（1）初级法院

初级法院设立在金边及柬埔寨各省或直辖市，有权审理在其管辖范围内的所有刑事、民事、商事等案件。根据 2014 年《法院组织法》第 14 条的规定，初级法院下设刑事法庭、民事法庭、商事法庭及劳动纠纷法庭。案件当事人如果对初级法院判决不服可以向上诉法院提起上诉。

（2）上诉法院

根据《法院组织法》第 35 条的规定，上诉法院包括金边上诉法院和区域上诉法院。区域上诉法院的职能和管辖范围由皇家法令确定。上诉法院审理省、直辖市法院、军事法院上诉案件，设立民事法庭、刑事法庭、调查审判庭①、商事法庭和劳动纠纷法庭。

（3）最高法院

最高法院有权审理对上诉法院判决提起的上诉及再审案件，一般只审理适用法律错误部分而不对事实部分进行审理。根据《法院组织法》第 57 条的规定，最高法院设有民事法庭、刑事法庭和劳动纠纷法庭。最高法院各分庭由 5 名法官组成小组对案件作出裁决。

（4）军事法院

柬埔寨在首都金边设有军事法院②，在行政、财政和后勤方面都隶属国防部。军事法院有权对全国范围内有关军队人员犯罪或与军队纪律有关或涉及武

---

① 根据柬埔寨《刑事诉讼法典》第 55 条的规定：调查审判庭有权裁决对调查法官的决定提出的任何上诉。

② 柬埔寨 2014 年《法院组织法》中没有对军事法院作出规定，但在其第 81 条明确指出，与军事法院有关的规定在新法律生效后继续适用。因此 1993 年法院组织法中关于军事法院的规定依然有效。

装部队财产的案件进行管辖。从审级来看,军事法院属于初级法院,对军事法院的判决不服可以向上诉法院提出上诉。如果军队人员涉及普通的刑事犯罪,案件由普通初级法院管辖。

(5) 宪法委员会

柬埔寨设有宪法委员会。"柬埔寨宪法委员会结合了法国模式的宪法委员会的职能和宪法法院的职能。"[1] 宪法委员会的职责主要有三项:一是国王可就修改宪法的建议征求宪法委员会的意见;二是负责对宪法及经国民议会批准实施的普通法律进行解释,并可以对其合宪性进行审查;三是负责对关于国民议会和参议院成员选举的争议进行听证和做出裁决。

宪法委员会由9名委员组成,任期为9年,每3年更换其中1/3的委员。9名委员中国王、国会、最高司法委员会各任命3名。宪法委员会主席由委员会成员选举产生。当表决结果相同时,主席有决定票。委员应由具有法律、行政、外交或经济等高级文凭并具有广泛专业经验的资深人士担任。委员在任期内,不得同时担任任何可能导致利益冲突的政府或非政府职位。宪法委员会宣布违宪的法律及规定不得颁布或执行,其决定是最终决定。

(二) 检察机关

柬埔寨没有独立的检察制度,也没有独立的检察机关,而是在各级法院设立附属于法院的检察官办公室负责检察工作。柬埔寨在初级法院设皇家检察官和副检察官,上诉法院和最高法院设有总检察长、副检察长及检察官,由他们代表这一级的检察机关。初级法院皇家检察官指导副检察官工作,上诉法院及最高法院总检察长指导和监督本院副检察长及检察官的所有工作。检察官接受公民、司法警察及相关机关的犯罪举报和控告,对涉嫌犯罪行为进行调查以及履行其他公共职责。

柬埔寨检察机关在刑事诉讼中行使职能包括领导侦查、提起刑事诉讼与参与审判、提出刑事上诉。

1. 领导侦查

刑事案件侦查由司法警察完成,检察官负责领导司法警察的侦查工作。根据柬埔寨《刑事诉讼法典》第37条的规定,皇家检察官领导和协调其管辖范围内所有司法警察和司法警察的行动。但是,在执行调查委托书时,指定的司法警官应由调查法官授权。皇家检察官可访问调查现场,并向司法警官发出指示。

---

[1] HOR Peng, "The Constitution of the Kingdom of Cambodia: The Evolution of Constitutional Theories and Interpretation", in HOR Peng, et al. (eds.), *Cambodian Constitutional Law*, Phnom Penh: Konrad-Adenauer-Stiftung, 2016, p. 28.

皇家检察官可以随时检查司法警察部队,并为确保遵守法律程序和拘留管理规则,可以检查任何警察拘留的执行情况。上诉法院的总检察长监督司法警察工作,根据《刑事诉讼法典》第66条的规定,当总检察长认为司法警察有严重的不当行为时,有权禁止有关司法警察5年内或永久不能履行职责。

2. 提起刑事诉讼和参与审判

根据《宪法》第131条的规定,只有检察官有权提起刑事诉讼。检察官负责对被起诉的人提起刑事犯罪指控并负责执行法院发布的刑事犯罪命令。检察官应出席法院审判刑事案件的所有听讯。在听讯期间,检察官可以自由发表口头陈述。

3. 提出上诉

皇家检察官及上诉法院总检察长对法院判决不服的,有权提出上诉。根据《刑事诉讼法典》第381条的规定,皇家检察官应在判决宣判之日起1个月内提出上诉;总检察长应在判决宣判之日起3个月内提出上诉。

此外,根据柬埔寨《民事诉讼法典》第6条的规定,法院认为基于公共利益需要的,应将审理的民事案件起诉书送交检察官,检察官认为对公共利益有必要的应出席民事诉讼并发表意见。

二、诉讼制度

(一) 刑事诉讼制度

2007年6月7日柬埔寨新的《刑事诉讼法典》(Code of Criminal Procedure) 颁布,8月20日生效,分为11编共612条。该法取代了1993年的柬埔寨《刑事诉讼法典》,主要规定了刑事诉讼基本原则、刑事侦查程序、刑事审判程序及独立程序等内容。

1. 基本原则

根据柬埔寨《刑事诉讼法典》的规定,刑事诉讼基本原则有:

第一,无罪推定原则。该原则在柬埔寨刑事诉讼法中并未直接规定和体现,但其宪法第38条中明确规定,法律保护公民的生命、荣誉和尊严。任何被告,在法庭进行最后判决之前应被推定无罪。

第二,禁止刑讯逼供原则。对在押的人或监禁的人进行强迫、施加人身折磨的行为都是禁止的,通过体罚及精神上的压迫获得的供述,不能作为有罪的证据。

第三,直接言辞原则。法官审理案件必须经过口头审理,言辞辩论,依据法庭调查得出结论作出判决。

第四,迅速审判原则。柬埔寨刑事诉讼要求迅速及时有效的推进诉讼程序。

第五,被告上诉不加刑原则。上诉法院收到被告的上诉,不得加重刑罚,可以改变原审法院确定的罪名,但是不能增加对被告人的刑期。

第六,既判力原则。任何被法院判决无罪的人不能因同一行为遭受再次起诉。

2. 刑事诉讼程序

柬埔寨刑事诉讼程序包括侦查程序、诉讼审判程序和独立程序。

(1) 侦查程序

柬埔寨刑事案件侦查在检察官领导下由司法警察负责侦查。司法警察的职责是支持司法机构,审查重罪、轻罪和轻微罪,收集证据,查明和逮捕罪犯。司法警察可以采取的侦查措施包括搜查、扣押、医学检查、技术侦查、传唤等。

在柬埔寨,重罪必须进行司法调查。司法调查由皇家检察官出具初步意见书交由调查法官开始调查,在意见书中指明要展开司法调查的对象。根据《刑事诉讼法典》第124条的规定,调查法官在没有初步意见书的情况下不能进行任何调查行为。调查法官进行调查只涉及初步意见书中的内容,如果出现新的可能被确定的刑事犯罪事实的,应通知检察官并提出补充意见请求调查新的事实。调查法官依法进行其认为有助于查明真相的调查,可以通过询问证人、民事当事人,讯问被告等方式进行,并有义务收集无罪和减轻罪责的证据。在司法调查期间,皇家检察官可要求调查法官进行有用的任何调查行动,如果调查法官拒绝,则应在15天内写出拒绝令,说明拒绝的理由并通知检察官。

(2) 诉讼审判程序

柬埔寨的刑事初级法院审判程序包括一般案件审理程序和立即出庭程序。

一般案件审理由法院院长确定审理日期后公开审理,法庭保障辩护权的自由行使,可以制止无关庭审事项的对质,确保法庭秩序的良好。案件审理后,由法官作出评议和宣判。根据《刑事诉讼法典》第337条的规定,法官在法官审议室中进行评议以形成判决。检察官和书记员不得参加评议工作。

初级法院的立即出庭程序是根据《刑事诉讼法典》第47条的规定,适用于符合以下条件的案件:被告是现行犯并已达法定年龄、罪行可判处1年以上5年以下有期徒刑的、有大量事实需要审判,检察官可以决定立即出庭。检察官应核对被告身份,告知其有关指控和犯罪类型,听取其声明并通知其有权聘请律师或依法任命律师。所有的情况均须作书面记录。法庭在收到立即出庭的书面记录后开庭并允许被告准备辩护。如果法院发现案件不符合立即出庭程序的条件,应将案件发回皇家检察官以便展开司法调查。检察官或被告或民事当事人对初级法院的判决不服,可以向上诉法院的刑事法庭提起上诉。

上诉请求应向作出判决的法院书记官办公室提出,由书记员在法院特别登记册上进行登记,上诉人和书记员在上诉书上签字。原审法院书记员随即将案卷及相关文件送交上诉法院书记官办公室。上诉法院刑事法庭庭长确定审讯日期后及时通知上诉法院总检察长。上诉法院在考虑事实和法律的基础上对案件作出裁决。如果上诉法院认为被告无罪,应推翻原审判决,宣告被告无罪;如果上诉法院裁定原审判决无效,应重新审理案件。对上诉法院的判决不服,可以向最高法院刑事法庭提起上诉。

根据《刑事诉讼法典》第 418 条的规定,有权向最高法院提起上诉的人有:最高法院总检察长、上诉法院检察长,被告,被请求引渡人,民事当事人。上诉期限是上诉法院刑事法庭作出判决一个月内;上诉法院调查法庭作出裁决 15 天内;调查法庭作出引渡判决 5 天内。上诉请求向上诉法院书记官办公室提交,由书记官在特别登记册进行登记,上诉人和书记员应在上诉请求书上签字。书记员将案卷呈交给最高法院。最高法院刑事法庭通常在收到案卷后 6 个月内作出判决:全部或部分驳回上诉请求;全部或部分撤销上诉法院判决。最高法院撤销上诉法院有争议的判决后,应将案卷退回另一上诉法院重新审理,或退回同一上诉法院由不同法官重新审理。

(3) 独立程序

柬埔寨《刑事诉讼法典》规定了回避和引渡两个独立程序。

回避程序规定审判法官的回避情形,包括自我回避及法定回避两种。根据第 555 条的规定,法官有正当理由不能参加案件审判的,可以请求法院院长更换。法院院长认为理由充分合理,可以做出换人的安排。同时,第 556 条则规定了法官应当回避的七种情形,包括法官配偶为一方当事人、法官与一方当事人有亲属关系、法官是一方当事人的监护人、法官与一方当事人有未决的诉讼的、法官是证人或者作为本案专家的、法官是或者曾是一方当事人的代理人的、法官在参加了一审法院或者上诉法院的审理工作或就该案提出过法律意见的。

引渡程序涉及引渡事宜。如果某外国人已在相关国家被提起刑事诉讼或被判处监禁,柬埔寨可以向外国引渡居住在柬埔寨境内的该外国人。引渡遵循双重犯罪原则,对被请求引渡人提起诉讼的事实根据请求国和柬埔寨王国的法律均构成犯罪的情况下才可以引渡,但只对依据请求国法律可判处两年以上监禁的犯罪嫌疑人才发出引渡令。根据第 572 条的规定,针对被请求引渡人提起的指控行为发生在请求国境内的,不论其是否是请求国公民,均可发出引渡令;但如果被指控行为发生在请求国境外,则只有当被请求引渡人是请求国国民时,方可发出引渡令。另外,如果被起诉的行为具有政治性质,则不得发出引渡令,涉及生命、身体或自由的暴力行为不应被视为具政治性质的行为;如果被起诉的行为发生在柬埔寨境内并已接受审判，不得发出引渡令。在引渡程序方面，引渡请求通过外交途径提交给柬埔寨政府，外交部长将外国的引渡请求和证据材料移交给司法部长，司法部长审查后提交给上诉法院检察长，检察长可以下令逮捕被请求引渡人并听取其陈述后作出决定是否进行引渡，将决定通知司法部长。决定引渡的，司法部长应将案件提交政府，由政府发布引渡的命令并执行引渡；决定不引渡的，立即释放被请求引渡人。

（二）民事诉讼制度

2006年7月，柬埔寨《民事诉讼法典》（Code of Civil Procedure）正式施行。该法共九编588条，包括民事诉讼的目的和基本原则、法院、当事人、诉讼费用和诉讼担保、初审、上诉审、再审、督促程序、强制执行、辩护、过渡性条款等。柬埔寨《民事诉讼法典》赋予了每一个人向柬埔寨法院寻求民事司法救济的权利，民事诉讼的目的在于依法解决民事纠纷，保护当事人权利。

1. 基本原则

柬埔寨民事诉讼基本原则包括：

第一，当事人原则。在民事诉讼过程中，当事人有更多自由选择的权利，可以决定是否起诉以及起诉的内容，原告可以撤回起诉，原告、被告也可以自行进行和解。

第二，对抗原则。在民事案件庭审过程中，法官处于中立的地位，由原、被告双方进行法庭辩论和对抗，平等地提出法律或事实主张。法院应努力保障民事诉讼公正、迅速地进行，当事人应诚实地进行民事诉讼。

第三，辩论原则。在法庭审理过程中，原、被告双方对自身诉讼请求和主张需要向法院提供证据，并通过辩论明确证据的真实性和自身主张的合理性。

第四，自由决定原则。法庭在考虑了证据审查、原被告双方的口头陈述及辩论后自由作出判决。

2. 管辖权

柬埔寨法院通常以住所所在地和财产权两个方面来确定管辖权。以住所所在地确定管辖权，根据柬埔寨《民事诉讼法典》第8条的规定，对以下各类人员提起诉讼，应向有管辖权的一审法院提出：（1）自然人，向住所地或者居所（如果没有住所或住所不明）或者最后住所（如果没有居所或居所不明）法院提出诉讼；（2）柬埔寨法人，向其主要办公场所或营业场所在地、其代表人或其他主要负责人住所所在地（如果未设有办公场所或营业场所）法院提出诉讼；（3）外国法人，向其主要办事机构或营业场所，其代表人或其他主要负责人住所所在地（如果未设有办公场所或营业场所）法院提出。以财产权确定管辖权，确定审理涉及财产权争议的一审法院可以是要求义务履行地、支付账单、票据等支付地，侵权行为发生地，不动产所在地、与登记有关的登记地等。

根据柬埔寨《民事诉讼法典》第12条的规定，有管辖权的法院因法律或事实的原因不能行使管辖权，或者因管辖区域不明确不能确定管辖权的，由最高法院裁决确定有管辖权的法院。

3. 普通程序

柬埔寨初级法院审理案件，通常由审判员一人组成法庭进行审理，但是诉讼标的等于或超过500万瑞尔的案件或法律规定由合议庭审理的案件应由3名法官共同审理。

第一，提起诉讼。原告向法院提起诉讼，起诉书中需注明原告及其法定代表人姓名、住址、诉讼事由、证据材料及需提请法院裁定的具体内容等。法庭收到起诉书后会进行形式性审查，审查是否符合民事诉讼所规定的要件，符合要件的在收到起诉的30天内确定准备开庭的日期。法庭向被告送达起诉书和传票，召集双方参加初步口头审理。

第二，准备开庭。准备开庭是为了审查当事人提交的证据并向当事人进行确认及确定开庭日期。

第三，开庭审理。民事案件开庭向公众开放。当事人可以提出新的证据，双方要进行当庭辩论，辩论会进行记录，形成纪要。

第四，作出判决。法庭应当在口头辩论结束之日起一个月内宣告判决，案情复杂的则不适用。判决只能由参加了庭审并听取了口头辩论的法官作出。在口头辩论结束前更换法官的，当事人应当在新任命的法官前陈述口头辩论的结果。判决自宣告时生效。当事人不服一审法院判决，可以在一个月内以书面形式向原审法院提出上诉申请，原审法院应将上诉书面文件及案件记录送交上诉法院。上诉法院如果认定上诉申请不合法或缺乏合理依据或初级法院判决适当会裁定驳回上诉。上诉法院如果推翻初级法院的判决，认为适用法律不当，可以将案件发回初级法院重审；如果是基于初级法院程序错误而发回重审，初级法院关于该案件的一切程序均视为被撤销。

第五，判决执行。判决执行，如果一方不配合执行，另一方可以向法院或法警提出书面申请强制执行。

同时，在柬埔寨，如果民事纠纷已立案并进入法院诉讼程序，当事人仍然可以选择调解的方式解决争议。

4. 小额索赔诉讼特别程序

柬埔寨《民事诉讼法典》第7章规定了小额索赔诉讼程序，其目的是通过简易程序迅速解决纠纷。根据第224条的规定，如果诉讼要求支付的金额不超过 100 万瑞尔,则原告有权在提起诉讼时申请通过小额索赔程序获得纠纷的解决。当事人甚至可以通过口头方式提起此类诉讼请求,但仍需将争端概要和起诉的事项陈述清楚。

《民事诉讼法典》对小额索赔诉讼程序规定了一些限制,包括禁止在诉讼中提起交叉诉讼;除撤销缺席判决的动议外,不得对小额索赔诉讼的判决提出异议或上诉;提起诉讼后 30 日内法院应传唤当事人进行口头辩论。根据第 229 条的规定,没有特殊情况时,法院应于口头辩论的最初日期(Initial Date)结束审判,双方当事人应在此日期之前进行所有攻防,但是口头辩论则不适用。这就是所谓的"一日审判原则"(Principle of One-day Trial)。

第三节　印度尼西亚共和国司法与诉讼制度

印度尼西亚是一个拥有多元种族和多元文化的国家。1596 年,荷兰入侵印尼,逐步将印尼纳入自己的势力范围,1903 年在征服亚齐后,彻底将印尼殖民化。1942 年,印尼被日本所侵占,1945 年日本战败,印尼爆发"八月革命",独立并建立印度尼西亚共和国。此后,印尼开始建立自己的国家法律制度。印尼法律制度是习惯法、伊斯兰教法和荷兰殖民时期法律和独立后国家法的融合。

一、司法制度

(一)法院体系

印尼的司法制度植根于 1945 年宪法,并在法律实施中得到进一步规范。根据印度尼西亚《宪法》第 24 条的规定,司法权独立于行政权和立法权,由最高法院及其下属的各级法院和宪法法院执行。根据印尼 1985 年颁布、2009 年修订的《最高法院法》的规定,法院分为普通法院和专门法院两个系统。

1. 普通法院

在印尼,普通法院也被称为一般管辖权法院,包括地区法院、高等法院和最高法院,对民事和刑事案件享有一般管辖权,法院实行三审终审制。

地区法院即初审法院,有权管辖其辖区范围内的一审刑事、民事案件。印尼的县、市行政区域均设立一所地方法院,通常由 3 名法官组成审判庭审理案件。高等法院是印尼的上诉法院,受理各县和市法院上诉的案件,各省都设立有一所。当事人对地区法院判决不服,可以向高等法院提起上诉;对高等法院的判决不服,可以上诉至最高法院。

最高法院作为印尼最高司法机关,指导所有其他法院的工作,有权对各级法院适用法律情况、是否遵守司法程序以及法官的正直性进行监督。最高法院由首席大法官和法官组成。首席大法官从总统、国会和司法部提名的候选人中选举产生,其他法官由国会提名任命。根据《宪法》第 24A 条的规定,每一位法官都必须具有正直和高尚的人格,不仅公平公正且具有丰富的法律经验。最高法院有权撤销司法判决,审查下位法律、法规的合法性,有权废除与上级立法相违背的法规。

在一般管辖法院下,印尼又设立了一些审理专门案件的法庭,有商事法庭、反腐败法庭、渔业法庭、人权法庭、少年法庭、劳资关系法庭和税务法庭。商事法庭有 5 个,分别设在雅加达中部、棉兰、三宝垄、泗水和马卡萨 5 个地区,对破产、知识产权等案件拥有管辖权。反腐败法庭设在各省首府的地区法院,对腐败犯罪行为拥有管辖权。渔业法庭对渔业犯罪行为拥有管辖权,印尼全国共设 10 个此类的法庭。人权法庭设在印尼首都雅加达,有权审理严重侵犯人权的案件,包括印尼公民在印尼境外犯下的行为。少年法庭有审查和裁判涉及青少年刑事犯罪案件的权力。劳资关系法庭对四类劳资纠纷(权利纠纷、利益纠纷、终止雇佣关系纠纷和与公司工会间的纠纷)拥有管辖权。税务法庭审理针对设在首都的税务局就税务争议所作裁决提出的上诉案件。[①]

2. 专门法院

专门法院包括宗教法院、军事法院、行政法院和宪法法院。

宗教法院由印尼宗教事务部监督,法官由宗教事务部任命。在各个县市均设有宗教法院专门审理穆斯林之间关于婚姻、家庭、继承等案件。

军事法院审理涉及武装部队人员的案件,分为初审法院、上诉法院和最高法院。在紧急危机时期还可以成立特别军事法庭。

行政法院主要解决涉及税务审议、土地改革、住房建设方面的各种行政性争议。

宪法法院负责审查法律是否违宪,有权决定大选结果的争议解决,决定解散政党,拥有一审和终审的审判权。根据《宪法》第 24C 条的规定,宪法法院由 9 名宪法法官组成,其中 3 名由最高法院提名,3 名由国会提名,3 名由总统提名。宪法法官的任期为 5 年,可以连选连任一届。2003 年印尼通过关于宪法法院的第 24 号法律,按照该法的规定,宪法法院的职权得以扩展,其有权废止

[①] "Overview of Indonesian Judiciary", *Council of ASEAN Chief Justices*, https://cacj-ajp.org/indonesia/judiciary/overview-of-indonesian-judiciary/; Mahareksha Dillon, Dewi Savitri Reni, "Review of Indonesian Courts under the Supreme Court", *SSEK*: *Indonesia Legal Consultants*, https://www.ssek.com/blog/review-of-indonesian-courts-under-the-supreme-court, 最后访问日期 2022 年 7 月 21 日。

与宪法相矛盾的法令；有权审查政府机构之间的权力争议，监督行政和立法机关不得滥用职权；有权决定是否对总统进行弹劾；监督刑事诉讼程序是否合法等。

此外，印尼还设有司法委员会。根据《宪法》第24B条的规定，司法委员会有权提出最高法院法官候选人，维护法官的荣誉和尊严。委员会成员应是具有正直人格及丰富法律知识和经验的人士，由总统在获得众议院批准后任命和罢免。司法委员会由1名主席、1名兼任委员的副主席和7名成员组成。司法委员会主席和副主席由司法委员会成员选举产生，经总统交由众议院批准后任命和罢免，任期5年，可连选连任一次。司法委员会是协助落实司法权的辅助机构，其任务是监测法官的行为，并监督法官的行动，对从公众那里收到有关违反《法官道德守则》和《法官行为守则》的报告，进行核查及澄清。但司法委员会无权对宪法法院的法官进行监督。[1]

(二) 检察机关

印度尼西亚的检察机关包括最高检察院、高等检察院和地区检察院，军队中还设有军事检察院。

最高检察院设总检察长1名，常务副检察长1名及业务副检察长6名。总检察长领导检察机关，由总统任命，向总统负责并报告工作，拥有与内阁首相同等地位，可以出席内阁会议。最高检察院下设普通犯罪案件办公室、特殊犯罪案件办公室、民事和行政案件办公室、监察办公室以及教育培训中心、法律咨询中心、法律信息与犯罪数据中心、情报行动中心等机构。

高等检察院设在各省及直辖市，处理省、直辖市刑事、民事和行政案件。各检察院设立检察长1名，直接对总检察长负责；设立副检察长1名及若干检察官，对检察长负责。

地区检察院设立在地区或市首府，管辖地区或市刑事、民事和行政案件。各检察院设立检察长1名，直接对高等检察院检察长负责；设立副检察长1名及若干检察官，对检察长负责。地区检察院根据需要可设立检察分院。印尼检

---

[1] Sugiaryo, Anita Trisiana, "Status of the Judicial Commission in the State Concerns of the Republic of Indonesia Reviewed from the Concept of the Trias Political", https://www.abacademics.org/articles/status-of-the-judicial-commission-in-the-state-concerns-of-the-republic-of-indonesia-reviewed-from-the-concept-of-the-trias-politi-14132.html#:~:text=The%20Judicial%20Commission%20is%20a%20judicial%20institution%20mandated, field%20of%20justice%2C%20is%20very%20necessary%20and%20important，最后访问日期2022年7月29日。

察机关自由、独立行使职权,不受任何其他机关的干涉和影响。检察官只在检察机关内对上级负责。

印尼检察机关以维护国家安全稳定为首要任务,坚持以事实为依据,以法律为准绳,遵守宗教传统,公正执法,保障人权,维护司法公正。检察机关的职责主要包括:第一,代表国家提起公诉,追究刑事责任。在印尼,检察机关参与刑事诉讼的所有环节,从侦查、起诉到审判及判决的执行。检察机关有权审查起诉,决定是否将案件交付审判及何时交付审判,并有权根据法律规定对经济犯罪、贪污受贿犯罪、颠覆政权等犯罪行为进行侦查。根据印尼《刑事诉讼法典》第14条的规定,检察官有权受理侦查人员或者助理侦查人员提交的侦查案件卷宗、准备起诉书、向法院提起诉讼及执行法官的判决[①]。第二,提出上诉。检察官有权对一审法院的判决提起上诉,但是对无罪判决、撤销与适用法律不当有关指控的判决和按明确程序作出的判决除外。第三,在一些民事案件中代表国家,对法院审理民事案件实施法律监督。第四,监督国家机关的运行和行政,保证法律和国家权力的实施。第五,为政府提供法律建议,参与相关法律和法规的拟定,加强法制教育,提升全民法律意识。

二、诉讼制度

(一) 刑事诉讼制度

印尼在刑事诉讼方面的法律包括1981年颁行的《刑事诉讼法典》、2006年的《证人保护令》(Law on the Protection of the Witnesses and Victims,2014年修订) 及众多涉及腐败、人口买卖、洗钱等方面的法令和相关的一些司法解释。

1. 基本原则

印尼刑事诉讼的基本原则有:

第一,无罪推定原则。印尼没有在其刑事诉讼法中明文规定此原则,但根据《刑事诉讼法典》第158条的规定,禁止法官在审判过程中对被告有罪或无罪作出表态或发表声明,这一规定实际就是无罪推定原则的体现。

第二,司法独立原则。法官独立行使审判权,不受任何其他人或任何其他机关干涉。《刑事诉讼法典》第1条第9款规定,审判是法官为了审查犯罪行为,在遵循独立、诚实和公正原则的基础上,按照本法规定对刑事案件进行审理和判决的一系列行为。

[①] 关于执行法官的判决,印尼《刑事诉讼法典》第270条规定,具有约束力的最终判决的执行应由检察官进行,书记官应将判决书的副本送交给检察官。

第三，不得强迫自证其罪原则。《刑事诉讼法典》第 52 条规定，在侦查阶段和审判阶段的讯问中，嫌疑人或被告人有权自愿回答侦查人员或法官的提问。嫌疑人或被告人不承担举证责任。

第四，保障嫌疑人、被告人辩护权原则。《刑事诉讼法典》第 54 条规定，嫌疑人或被告人有权依法从一名或多名律师处获得法律帮助。被拘留的嫌疑人、被告人有权依法联系其法律顾问。

第五，公开审判原则。《刑事诉讼法典》第 64 条规定，被告人有接受公开审判的权利。

2. 诉讼程序

印尼刑事诉讼包括预审程序、一审程序、上诉程序和再审程序。

（1）预审程序

根据《刑事诉讼法典》第 78 条的规定，预审程序由地区法院院长指派 1 名法官主持，并由 1 名书记员协助。地区法院有权依法审查决定逮捕、拘留、终止侦查或终止起诉的合法性或非法性；为在侦查或检控阶段终止刑事案件的当事人提供补偿。通过预审程序，如果法官作出裁决认定逮捕、拘留是违法的，侦查、检察机关在各自的审查阶段必须立即释放嫌疑人，并对嫌疑人作出赔偿及恢复名誉。预审裁决不可以提出上诉，除非在复核中裁定终止侦查或起诉是非法的，则可以向有管辖权的高等法院请求作出最终判决。

（2）一审程序

一审程序分为普通审判程序、简易审判程序和轻罪审判程序。

普通审判程序在地区法院收到起诉书并经认定属于其管辖范围，由法院院长指派法官审理案件，并由该法官决定审判日期。庭审经过检察官宣读起诉书，听取被告人辩护意见，证人出庭作证，证据出示，法庭辩论诸环节后，法官合议并作出判决。如果法官认为被告人被指控的行为不构成犯罪的，应宣布被告无罪；如果被告人被指控的行为被证实存在，但该行为不构成犯罪，应驳回所有指控；如果被告人的行为构成其被指控的罪行，法院应作出判决予以处罚。

根据《刑事诉讼法典》第 203 条第 1 款的规定，对于《刑事诉讼法典》第 205 条规定之外的轻罪案件，检察机关认为证据和适用法律简单、清楚明了的，应当按照简易程序起诉，法院则按照简易程序审理。按照简易程序审理的案件通常不出具判决书，但判决结果记入审判笔录。法官应提供作出判决根据的文件，该文件的内容与普通程序下法院判决具有同等法律效力。第 204 条规定，依照普通程序审理的案件，如果案件性质清楚而轻微，法官在取得被告人同意后，可以简易程序进行审理。

轻罪审判程序，按照《刑事诉讼法典》第 205 条的规定，可能被判处 3 个月以下的监禁或最多不超过7500印尼盾罚款及轻微诽谤的案件,应根据轻罪审判程序进行审理。同时,对于违反交通法律、法规的案件,也依照轻罪审查程序审理。轻罪审判程序案件,由1名法官独任审判,判决在7天内作出。

(3) 上诉程序

一审法院判决作出后,被告或公诉人基于程序违法、一审裁判明显错误、一审程序不完整三种情形可在7日内向高等法院提起上诉,逾期未上诉则视为接受判决。《刑事诉讼法典》第235条规定,在高等法院就上诉案件作出裁决之前,上诉人可以随时撤回上诉请求,一旦撤回不能再次提出上诉。如果案件已经开始审理但是尚未作出裁决,上诉人撤回上诉请求的,应负担高等法院的诉讼费用。高等法院由至少三名法官组成法庭对上诉案件进行审理,可以决定发回重审或改判。

(4) 再审程序

被告人或公诉人可以向最高法院申请对案件进行再审。根据《刑事诉讼法典》第244条的规定,被告或公诉人可以就最高法院以外的法院的判决向最高法院提出上诉审查的请求,但无罪判决除外。再审请求只能提出一次,在最高法院尚未作出裁决之前,可以撤回请求,一旦撤回不能再次提出。如果在案件卷宗移送最高法院之前撤回再审请求,则卷宗不应被继续移送。最高法院应由至少3名法官组成合议庭对再审案件进行审理。经审理后最高法院可以宣告原判无效并直接改判,或者对案件中未依法判决部分进行撤销并指定原审法院或同一级别的另一法院重审被撤销部分。

(二) 民事诉讼制度

印尼没有制定专门的民事诉讼法,民事诉讼程序仍然是荷兰殖民时期遗留的产物,已不适应现代印尼社会发展的需要。"许多涉及民事诉讼的法律贯穿于众多的民事诉讼规章中,给法律实践造成了困难,即民事诉讼实践中的不一致问题。此外,还存在各种法律漏洞,包括判决执行过程困难、解决具有一定诉讼价值的案件过程漫长,以及一审法院管辖权争议解决成本高等。"[1]

1. 民事诉讼程序

在印尼,除离婚案件外,所有民事诉讼均向公众开放。民事案件一审通常在地区法院进行。由原告书面或口头方式提起诉讼,地区法院受理后向被告发

---

[1] Prianter Jaya Hairi, "ThE Urgency for the Formation of Bill Concerning Civil Procedural Law", *Info Singkat*, Vol. XII, No. 23, December 2020, p. 3, available at https://berkas.dpr.go.id/puslit/files/info_singkat/Info%20Singkat-XII-23-I-P3DI-Desember-2020-240-EN.pdf,最后访问日期2022年8月10日。

出传票，通知被告起诉书的内容及预计开庭的时间、地点。如果被告在第一次听证中出庭，法官将下令进行强制性调解，并将诉讼推迟30天。如果原被告未能达成和解，则法官会安排一次听证，由被告进行辩护。

庭审环节包括：法庭调查，由当事人对自己的主张予以说明并提出证据；质证，当事人就自己提出的证据进行说明和相互质证；法庭辩论，经过法庭调查后，双方当事人进一步论证自己的主张，进行法律意见总结。法院开庭审理时，如若原告缺席，视为原告撤诉；如若被告不到庭，则可缺席判决。庭审结束后，由法院出具裁判意见。

印尼民事诉讼同样采用三审终审制。当事人对地区法院判决结果不服，可以向高等法院提起上诉。上诉案件通过地区法院提交上诉申请书，高等法院对民事上诉案件除证据不足的情形外都不开庭审理，只进行书面审查。高等法院作出的裁判意见会通过地方法院传送给双方当事人。如果当事人对高等法院的裁判结果不服，可以继续向最高法院提出上诉。上诉申请书依然通过地区法院呈交给最高法院。最高法院的裁判结果是终局性的。

2. 调　解

在印尼民事纠纷解决机制中，调解是非常重要的方式。自荷兰殖民政府时期，调解就已经开始使用。殖民时期的法律规定，处理民事案件的法官有义务在开庭前进行调解。不经调解就进行审判，上诉法庭可以宣布一审结果无效。2008年，印尼最高法院出台《最高法院关于调解的2008年第1号规定》（Provision of mediation in the Supreme Court Regulation No. 1 of 2008），其中规定合议庭必须在庭审开始前对双方争议进行调解。不仅在一审法院阶段可以调解，在上诉法院、最高法院阶段都可以进行调解。所有调解都在原审法院进行，调解完成由原审法院将调解结果转发给当前审理案件的法院。调解达成和解的，法院批准庭外和解，认定和解协议具有法律效力。

调解方式的大量运用大大减轻了印尼法院的案件负担，帮助了诉讼当事方快速高效地解决争议。在印尼，调解认证培训是候选法官和高级法官的必修课程。此外，根据2008年印尼最高法院的规定，允许公众参与调解，一些律师、法律从业者，经过相关调解课程培训后，在法院注册即可成为调解人。2016年印尼最高法院通过《在法院程序内进行调解的2006年第1号条例》（Supreme Court Regulation No. 1 of 2016 on Mediation in Court Procedure）进一步规定了法院附属调解机制。在法庭开庭之前，法官必须命令当事人通过调解解决争端。法院会为调解指定调解员。在30天内无法调解成功则进入庭审阶段。如果调解成功，法官认可和解协议，和解协议具有法律效力。

3. 仲裁

1999年8月12日，印尼颁布实施《仲裁与替代性争端解决法》（Law on Arbitration and Alternative Dispute Resolution）。该法生效后，仲裁逐渐成为解决民事争议的另一种重要方式。该法包括仲裁规则、仲裁员的任命、仲裁裁决的执行等内容。根据该法第1条的规定，仲裁协议必须是书面形式，不得口头约定，可以是当事人事前约定的仲裁条款或争议发生后达成的仲裁协议。第3条规定，如果协议各方有仲裁约定，地区法院无权裁决此纠纷。当事人也无权就事实争议或就协议本身向地区法院提起诉讼。

该法第12条规定了仲裁员的任职条件为：年满35岁，具有完全的民事行为能力，具有专业知识从事仲裁工作满15年的专家，同时要求仲裁员不能与当事人有三代以内的血亲或姻亲关系，不能有经济利益或其他利害关系。法官、检察官、法院工作人员不得成为仲裁员。当事人可以协商选定仲裁员。若当事人无法就仲裁员的选定达成一致时，有管辖权的地方法院法官可以依法指定。

按照《仲裁与替代性争端解决法》的规定，仲裁程序从申请人向仲裁庭提交仲裁申请书开始。仲裁庭受理仲裁申请后，将仲裁申请书副本送达被申请人，被申请人在收到仲裁申请书副本后14日内，提交书面答辩状。仲裁庭收到答辩状后，将其副本送交申请人，并在答辩状副本发出后14日内，通知当事人开庭。当事人出庭，仲裁庭应先进行调解。调解成功的，仲裁庭制作调解书。调解书具有终局效力，对双方当事人均有约束力。调解不成功的，仲裁庭继续审理并作出裁决。仲裁裁决作出30日内，需提交至当地法院登记备案。一方当事人不履行裁决的，另一方可依法向法院申请执行。法院审查裁决的有效性后，对不符合规定的裁决，法院会驳回执行申请。法院同意执行的裁决，则于受理执行申请后30日内签发执行令状。

第四节　老挝人民民主共和国司法与诉讼制度

1893年，老挝沦为法国殖民地，被并入法属印度支那，二战时期被日本侵占。二战结束后，老挝政局动荡，社会不稳定，直到1975年12月2日，老挝全国人民代表大会宣布废除君主制，建立老挝人民民主共和国。1989年，老挝开始建立现代法律体系以促进和保障市场经济的发展。

一、司法制度

（一）法院体系

根据2015年修订的老挝《宪法》第10章"人民法院和人民检察官"的规

定，人民法院是国家审判机关，只有法院有权审判和裁决案件。人民法院实行合议庭审理，在审判中法官必须独立自主，严格遵守法律。人民法院作出的终局判决，必须得到党组织、老挝民族建设阵线、国家组织、群众组织、社会组织和全体公民的尊重及严格执行。人民法院有权对违法者进行审判、教育和惩处；发现并消除导致违法的原因和情形；提高人民对法律的认识、维护社会生活秩序；在法律和司法事务上与外国协调合作等。

老挝法院机构由最高人民法院、地方人民法院和军事法院组成。

1. 最高法院

最高人民法院是老挝最高司法机关，有权审查各级人民法院的判决并监督其行政工作，其职责包括：监督和审查地方法院和军事法院诉讼程序的法律正确性和统一性；对下级法院就法律问题作出的裁决提出撤销原判的上诉进行复核；重审下级法院的案件；对法官委员会通过的决议作出评注，确保下级人民法院正确理解这些决议，并按照决议的条款执行；监督法官、法院书记官和其他法院工作人员；检查和监督法院的绩效，研究法院的改进情况，收集法院统计数据，分析法院统计数据等。

根据老挝 2003 年修正的《人民法院法》（Law on the People's Court）第 24 条的规定，最高人民法院设有法官委员会。该委员会成员包括最高人民法院院长、副院长、各分庭庭长和 5 名法官（由最高人民法院院长提名经国会常务委员会任命），成员不得超过 15 名。法官委员会至少每 3 个月举行一次会议，须成员总数的 2/3 以上出席。法官委员会职责包括：审查人民法院的法律草案和其他法律文件；死刑复核；审议最高人民检察抗诉案件；提名最高人民法院副院长及各级人民法院的院长、副院长和法官；起草最高人民法院关于法院的年度报告等。

2. 地方法院

根据老挝《人民法院法》第 15 条的规定，上诉法院、省（市）级法院、区（市）法院都是地方法院。2003 年老挝设立了北部、中部和南部三个大区人民法院作为上诉法院。

上诉法院有权审理省级法院作出一审判决的上诉案件；有权撤销省级人民法院已经审判但当事人申请撤销判决的案件；将最高人民法院的法律指示及判例适用于本辖区；对案情复杂的案件或重大案件，有权要求将案件从省（市）法院提交到上诉法院审理。上诉法院设法官理事会，由上诉法院院长、副院长、法院各分庭庭长以及该上诉法院的若干法官组成，其职责主要是审议重要事项，包括涉及死刑的案件的审议及评估人民法院在诉讼程序中的表现。省（市）级法院对不属于区（市）级人民法院管辖的案件进行一审审判以及审理区（市）

级人民法院的上诉案件。

根据老挝《人民法院法》第 41 条的规定,省(市)级法院在上诉案件审理过程中,如果所涉案件案情复杂无法解决的,经上诉法院院长批准,可以向上诉法院提出上诉。省(市)级法院设立法官理事会,由院长、副院长、法院分庭庭长以及该院一些法官组成。

区(市)级法院主要职责是教育人民了解法律、调解当事人之间的纠纷、审理辖区内的轻微刑事案件①、索赔额不超过两千万老挝基普的民事案件及涉及家庭关系(婚姻财产、债务及子女监护权的纠纷除外)、子女抚养费、血缘关系证明或宣告失踪、宣告死亡等案件。

3. 军事法院

老挝军队内部设立有军事法院,对涉及军事事项的犯罪及发生在军队内部的刑事案件进行审理及判决。目前在万象设立了高级军事法院,该法院由院长(由最高人民法院副院长担任)、副院长、法官及书记官组成。

老挝各法院分别设立刑事、民事、商事、家事、少年法庭和其他分庭,各审判庭由审判员 3 人组成,其中审判长 1 人,审判员 2 人。根据老挝《人民法院法》第 13 条的规定,最高人民法院可以审查、复核上诉法院和军事法院的判决和裁定,上诉法院可以对辖区内的省(市)级法院的证据、判决和裁定进行审查,省(市)级法院可以对辖区内的区(市)级法院的证据、判决和裁定进行审查。最高人民法院对各级人民法院和军事法院进行行政管理。

(二)检察机关

1. 概 述

1990 年 1 月,老挝正式设立人民检察院。老挝《宪法》第 99 条规定,人民检察院是国家的法律监督机关,有责任监督、检察全国各地尊重和执行法律的情况,保护国家、社会和人民的合法权益,并依法行使国家公诉权。根据老挝 2003 年修正的《人民检察院法》第 3 条的规定,人民检察院的职权包括:对国家机关、各部委、社会团体、地方政府、企业、公民等守法情况的法律监督和检查;对调查机构的执法情况行使法律监督权;依法提起公诉;有权参加法院审判和听证,依法对法庭审判活动进行法律监督;对法院生效判决、裁定、决定的执行进行法律监督;就法院作出剥夺自由权的判决以及其他强制措施的执行进行监督;审查赦免的建议;确保违法者受到法律惩罚,避免无辜者受到

---

① 该轻微刑事案件是老挝刑法第 22 条规定的应由受害人提出诉讼的案件,包括侮辱、诽谤、侵犯住所及隐私等违法行为。

处罚；依法提起再审抗诉；采取措施打击犯罪和其他违法行为；与国家机关和其他组织合作，确保对刑事案件进行全面、彻底、客观的调查等。此外，根据老挝 2004 年修正的《民事诉讼法典》第 37 条的规定，人民检察院对涉及国家利益或公共利益的案件，可以原告身份提起民事诉讼。

2. 检察机关的设置及职责

老挝检察机关由最高人民检察院、地方人民检察院和军事检察院构成。

（1）最高人民检察院

最高人民检察院是老挝国家最高检察监督机关，其职责主要是：监督和检查全国法律的遵守情况；管理地方检察院的组织和运作；制定检察官培训方案；总结检察院运作情况、进行案件统计；为地方检察院提供法律指导；就检察工作与外国进行协调与合作等。最高人民检察院内设刑事案件监察司，民事案件监察司，监狱监察司等部门。

（2）地方人民检察院

地方人民检察院包括上诉人民检察院、省（市）人民检察院和区（市）人民检察院。

第一，上诉人民检察院

老挝在北部、中部和南部地区设立了 3 个上诉人民检察院。根据《老挝人民检察院法》第 32 条的规定，上诉人民检察院的职责包括：监督其职责范围内的法律执行情况；监督管理省（市）级人民检察院的组织和运作；审查和总结省（市）级人民检察院运作情况的报告；为省（市）人民检察院提供法律指导等。

第二，省（市）人民检察院

各省市设立省（市）人民检察院，主要负责监督法律的执行情况，管理辖区范围内的区（市）人民检察院的组织和运作，为辖区范围内的检察官提供法律指导等。

第三，区（市）人民检察院

各区（市）设立区（市）人民检察院，主要负责监督本区（市）法律执行情况，审查和总结职责范围内行动的报告。军事检察院设立在军队内部，其职责是检查和监督军队法律的执行，教育军人遵守法律和军队的规定，监督军事法院审理案件遵守法律和军事法院判决执行的情况。

二、诉讼制度

（一）刑事诉讼制度

老挝刑事诉讼制度的主要法律依据是《刑事诉讼法典》。该法于 1989 年颁行，2004年和2012年两次修订，详细规定了老挝刑事诉讼应遵循的原则、证据、审判程序和特殊程序及刑事司法合作、判决执行等内容。

1. 基本原则

第一，禁止侵犯公民权利与自由原则。根据老挝《刑事诉讼法典》第12条的规定，未经检察官或调查机构命令，不得拘留任何人。未经检察官或人民法院命令，禁止对公民进行逮捕、拘留或搜查建筑物，但现场逮捕或紧急情况除外。逮捕或拘留违反法律，或拘留剥夺自由超过法律或法院判决规定的期限的，检察官应下令立即释放被逮捕或被监禁的人。在案件审理过程中，不得对犯罪嫌疑人或被告使用武力、胁迫、殴打或者酷刑。任何人违法逮捕、拘留或进行任何建筑物搜查或人身搜查，应受到刑事指控，承担刑事责任并支付赔偿金。

第二，法律面前人人平等原则。在老挝，刑事诉讼必须建立在所有公民在法律和人民法院面前一律平等的基础上，不因性别、种族、民族、社会经济地位、语言、教育水平、职业、信仰等而受到歧视。人民法院、人民检察院及侦查机关应为犯罪嫌疑人、被告、民事原告行使权利创造条件，确保诉讼公正。

第三，保障被告人辩护权原则。被告人有获得辩护的权利，人民法院、检察官、讯问人员及侦查人员应当保障被告在诉讼中的辩护权和合法权益。在诉讼过程中被告有权提出证据为自己辩护，但不得强迫其自证其罪。

第四，无罪推定原则。在刑事诉讼中，犯罪嫌疑人、被告人未经人民法院终审判决有罪的，应视为无罪，并予以妥善对待。

第五，公开审理原则。老挝法庭审理的一切庭审活动应当公开进行，但与国家、社会秘密有关的案件、涉及家庭事务的犯罪或配偶关系或民族习俗、子女、伤害的犯罪，不公开审理。

第六，禁止再次参与审理同一案件原则。老挝《刑事诉讼法典》第23条规定，第一次参与刑事案件审理的法官，除法律另有规定外，不得在各级人民法院参与对该案的第二次审理。

第七，保障公民提出申诉或投诉的权利。老挝《刑事诉讼法典》第25条规定，个人、组织有权就侦查机关、检察院、人民法院或其工作人员履行职责的违法情况提出申诉或投诉。收到申诉或投诉的机构应当在30日内及时查阅、审议、处理解决问题，并将审查结果以书面形式提交给申诉人或投诉人。

第八，刑事诉讼合作原则。老挝的国家机关、社会组织、民间机构及保护村庄和家庭的单位，应当与刑事诉讼机关密切合作，采取措施，防止和制止刑事犯罪。

2. 诉讼程序

老挝刑事诉讼审判程序包括一审程序、上诉程序、最高上诉程序和再审程序。除此外,老挝还规定了一个特殊的刑事诉讼程序。

(1) 一审程序

根据老挝《刑事诉讼法典》第160条、第161条的规定,区(市)级人民法院对判处三年以下有期徒刑的轻微刑事案件进行一审。省(市)级人民法院对判处三年以上有期徒刑的刑事案件进行一审。法院在收到检察官的起诉令后,受理刑事案件的审理。法院院长指派一名法官先对案件进行审查,对于侦查不完整的发回补充侦查,侦查正确、完整的案件确定开庭时间并通知各诉讼参与方。庭审开始后由审判长主导,遵循公开审理、辩论原则,充分听取各方陈述。审理结束后,庭审法官进行闭门合议,发表各自意见并以多数票通过决议作出判决。法庭的判决应公开宣判,判决书应在30日内送交被告、检察机关、侦查机关及被告律师或保护人。

(2) 上诉程序

老挝《刑事诉讼法典》第214条规定,对一审法院的裁决不服有权提起上诉,被告或其律师或保护人及检察官在收到一审法院的指示、命令7日内有权提出上诉请求或异议;对一审法院的判决不服,应在判决之日起20天内提出上诉请求或异议。上诉请求或检察官异议必须通过一审法院提交上诉法院,一审法院在30日内应将上诉请求或异议与案卷一起送交上诉法院。一审法院不受理或逾期受理的,当事人或检察官有权直接向上诉法院提出上诉请求或异议。上诉法院应当自收到案卷之日起45日内对有关案件进行审理。上诉法院应就一审判决的法律正确性及理由进行审查,并审理案件的全部事项,包括上诉方没有上诉的部分。上诉法院遵循上诉不加刑原则,除非检察官提出异议。在上诉法院对案件进行审议和作出裁决前,上诉方有权增加、修改或撤回上诉和异议。但上诉请求或异议被撤回后不能再行上诉。

(3) 最高上诉程序

老挝最高人民法院有权审理最高上诉案件。根据《刑事诉讼法典》第226条的规定,针对上诉法院的判决和指示、命令及裁定,附带民事原告、被告、律师、保护人或检察官有权在被告知之日起7天内请求撤销原判或反对上诉法院发出的指示、命令或裁定。对上诉法院判决不服,应在被告知之日起两个月内请求撤销原判或提出异议。最高上诉请求应通过裁决案件的上诉法院向最高人民法院提出,该上诉法院应在30日内将上诉请求及案卷一并送交最高人民法院。上诉法院不接受或延迟接受最高上诉请求或异议的,诉讼当事人或检察官有权直接向最高人民法院提交。最高人民法院审理范围仅涉及与法律有关的事项,不得对案件中的事实事项提出质疑。如果上诉法院作出的无罪判决有错误,最高人民法院有权撤销上诉法院判决,发回重审。

(4) 再审程序

在老挝，判决生效的案件可能会重审，当最高人民检察院根据新的资料或证据提出请求时，最高人民法院会受理再审的刑事案件。新的资料或证据是提出再审的依据。新的资料和证据主要是指：证人作假证、专家作出错误意见、译文错误或证据错误，导致错误判决的；法官、检察官、讯问人员和侦查人员不公正，导致错误判决的；有其他事实表明被定罪人有罪或无罪，而法院作出判决时不知道这些事实的；违反刑事诉讼程序或不当适用法律的。根据《刑事诉讼法典》第261条的规定，发现新的资料或证据，以增加被定罪人的刑事责任为目的的案件再审，应在判决生效之日起1年内进行；为减轻或解除被定罪人刑事责任而再审的，可以不受限制随时提出。

(5) 特殊程序

老挝刑事诉讼法中还设立了一个特殊程序，即治疗措施程序，详细内容规定在《刑事诉讼法典》第13部分第265至269条之中。该程序是在侦查或庭审期间，或者在被剥夺自由刑执行期间，经医生证实，检察官或人民法院有权对精神失常、丧失行为能力、患有严重疾病、传染病或酗酒或吸毒成瘾的被拘留者或服刑人员采取治疗措施。治疗只能在国立医院或国家特殊治疗中心进行，由警察承担保护责任。经过治疗后，未超过追诉期限或服刑期限未满的，应当继续提起诉讼或继续服刑。治疗时间应当包括在服刑时间内。

（二）民事诉讼制度

老挝《民事诉讼法典》于1990年颁布施行，2004年和2012年两次修订，修订后的民事诉讼法对起诉、应诉、举证、审理、执行等作了详细规定。

1. 基本原则

第一，平等原则。所有老挝公民在法律和法院面前一律平等，不论其性别、种族、社会经济地位、语言、教育水平、职业、宗教信仰、居住地或其他。人民法院必须为民事诉讼当事人创造条件，保障平等，保证诉讼在真实客观的情况下进行。

第二，独立审判原则。老挝法官在审理和裁判案件时应保持独立，只遵守法律。

第三，公开审判原则。除涉及国家秘密或社会秘密的案件外，所有审判都应当公开进行。在审判过程中，有关婚姻等家庭关系的信息应当保密。法院的判决必须公开发布。

第四，辩论原则。在诉讼活动中，保障当事人提出自己的意见和证据。在诉讼调查中，保障当事人能提出自己的证据、辩解或辩论。

第五，调解原则。在民事诉讼中，各级人民法院都应当提供调解程序，法院应当创造条件，促成当事人之间达成调解。

2. 诉讼程序

（1）一般管辖与审理方式

当个人、组织机构或企业的自身合法权益受到侵害或与他人发生财产权益争议时，有权依法向人民法院提起诉讼。民事案件一般由争议产生地或发生地、争议财产所在地以及被告住所地人民法院管辖。从涉案标的来看，区（市）级人民法院一审受理标的不超过3亿老挝基普的民事案件及劳动、婚姻纠纷；超过3亿老挝基普的民事案件以及破产清算、保险、股权争议、进出口贸易等纠纷，省（市）级人民法院为一审法院。有的民事诉讼法院不予受理，包括：已有生效判决的案件；已由法院调解并形成合法有效的调解协议的案件；诉讼时效已过的案件；原告不适格的案件；起诉书有瑕疵的案件。[①]

法院对民事案件的审理采用合议庭方式，由3名法官组成，案件的判决需要合议庭多数法官同意才能作出。民事诉讼证据遵循"谁主张谁举证"原则，向法院提交的证据材料必须是原件。没有原件，复印件须经法院认可方可作为证据。外国的证据材料，必须翻译为老挝语法院才予以接收。聋哑人、限制民事行为能力人、无民事行为能力人、未成年人不能作为证人出庭作证。

（2）专门法庭的管辖

老挝民事诉讼法典规定了各专门法庭对非诉讼民事请求案件的管辖范围。

民事法庭主要受理涉及指定财产或遗产管理人、土地证书的公示催告、请求确认非法先占、请求确认仲裁书与国外仲裁书合法等非诉纠纷的民事请求。

经贸法庭主要受理要求承认或者执行贸易仲裁协议的案件、要求承认或者执行外国仲裁协议的案件、申请法院依知识产权法、经济纠纷解决法和仲裁法撤销或者驳回对方当事人申请的对本方的强制措施请求、向法院申请继续执行公司或者其他组织的破产程序纠纷、申请其他保护知识产权的纠纷等非诉案件。

家事法庭主要审理涉及申请驳回不合理不合法的订婚、申请承认夫妻双方达成的离婚协议、申请法院分配共有财产、申请法院改变关于抚养子女的权利义务关系、申请法院限制父母对子女太严格等非诉案件。

未成年人法庭主要审理涉及申请确定监护人的案件、要求采取诉前强制措施以便对未成年人进行教育管理的案件、要求对未成年子女采取诉前强制措施，限制未成年人的不法行为，以防止不法状态进一步恶化的案件、要求法院确定

[①] 《"一带一路"沿线国家风险防范指引》系列丛书编委会：《"一带一路"沿线国家法律风险防范指引（老挝）》，北京：经济科学出版社2017年版，第278页。

未成年人财产监管人、要求采取诉前措施,保护被监护人的基本权利等的非诉案件。该法第 323 条还对非诉程序的级别管辖做出了规定,区(市)级人民法院只能审理非诉案件的民事和家庭部分,省级人民法院审理未成年人案件和商事案件。[①]

3. 调 解

近年来,老挝逐步注重以调解方式解决民事纠纷,其《民事诉讼法典》第 21 条明确规定了区(市)人民法院应当将调解作为解决纠纷的首要手段。第 198 条明确规定了必须调解前置的案件,包括:动、植物所有权的案件、相邻关系的案件、家庭关系案件、标的额较小的案件、土地使用权案件、未成年人案件,劳动案件和服务案件。[②] 但是,涉及国家利益、公共利益的案件,起诉或要求返还不合法占有的财产、纠纷之标的物不属于双方当事人、无效合同纠纷、涉及无民事行为能力人或限制民事行为能力人的案件不适用调解。

第五节 马来西亚联邦司法与诉讼制度

马来西亚历史上曾被葡萄牙、荷兰、英国等国殖民,其中英国的殖民时间最长,其法律制度因此深受普通法系影响。同时,伊斯兰教是马来西亚国教,伊斯兰教义在其社会生活中有重要影响,所以其法律制度又带有浓厚的宗教色彩。作为一个多民族、多元文化的国家,马来西亚实行双司法制度,即适用于全国范围的普通法司法制度与仅适用于穆斯林生活事务的伊斯兰教法司法制度同时并行。

一、马来西亚司法制度

(一)普通法院体系

马来西亚法院包括联邦法院、上诉法院、高等法院和初级法院。

1. 联邦法院

根据马来西亚《宪法》第 121(2)条的规定,联邦法院是马来西亚最高级别的法院,拥有最高权威,也是最终上诉法院,可以受理各类案件。其职权主要包括:对上诉法院、高等法院或高等法院法官的判决所提出上诉进行裁决的

[①] 李立景、郭力宾、余绍宁:《老挝民诉法最新修正案介评》,载《广西警官高等专科学校学报》2014 年第 2 期。

[②] 李立景、郭力宾、余绍宁:《老挝民诉法最新修正案介评》,载《广西警官高等专科学校学报》2014 年第 2 期。

专属管辖权；对议会或州立法机关所制定的法律进行审查，并作出是否有效的裁决；受理州与州之间及联邦与州之间问题的案件；宪法解释权。联邦法院的判决对所有下级法院均具有约束力。

2. 上诉法院

根据《宪法》第121条1（B）的规定设立上诉法院，负责复审来自高等法院的上诉案件。上诉法院管辖对高等法院判决提起的民事上诉案件及对高等法院初审判决提起的刑事上诉案件，以及根据联邦法律给予的任何其他管辖权。上诉法院有权维持或修改高等法院的判决，有权要求重审。上诉法院审理案件由三名或三名以上单数法官组成合议庭，判决以合议庭多数法官意见为准。

3. 高等法院

马来西亚设有两个高等法院，即马来亚高等法院（负责西马）和沙巴及沙捞越高等法院（负责东马）。高等法院主要负责审理辖区范围内涉及死刑的刑事案件、海盗犯罪案件、初级法院的民事和刑事上诉案件以及对下级法院的案件拥有监督权。马来西亚1964年《法院法》（Courts of Judicature Act，2020年修正）第29条规定，下级法院提出的所有民事上诉均应通过重新审理的方式进行。高等法院在审理民事上诉案件时，应享有与上诉法院对高等法院的上诉审理同样的权力和管辖权。高等法院还有广泛的民事案件管辖权，涉及离婚、监护及财产管理、遗产及遗赠、破产案件等。

4. 初级法院

初级法院包括地方法院和推事庭。各州设有地方法院，地方法院有一等裁判法院和二等裁判法院。一等裁判法院审理争议金额不超过10万令吉的民事案件和判处不超过10年监禁或只处以罚款的刑事案件；二等裁判法院审理争议金额不超过1万令吉的民事案件和判处不超过1年监禁或只处以罚款的刑事案件[①]。推事庭是最基层的法院，主要负责审理关于机动车意外、业主与租客纠纷及标的额较小的地方民事案件及涉及夜间抢劫、入室行窃或只处以罚款的刑事案件。

马来西亚实行三审终审制，不服初级法院的判决可以上诉至高等法院，不服高等法院的判决，可以上诉至上诉法院；不服上诉法院的判决可以上诉至联邦法院。

5. 专门法庭

马来西业除设立上述一般法院之外，还设有特别法庭、土地法庭、未成年

---

① "The Malaysian Court System"，*Asklegal. MY*，https：//asklegal. my/p/the – malaysian – court – system，最后访问日期2021年12月3日。

人法庭等专门法庭。

特别法庭主要审理所有涉及最高元首或各州领导人的违法犯罪案件。该法庭由联邦法院院长主持,两名高等法院大法官以及两名由马来统治者会议所委任的法官共同组成,裁决根据法官过半数的意见作出,裁决是最终的和决定性的,不得以任何理由在任何法院提出质疑。

在马来西亚各州都设立有土地法庭,专门负责解决涉及土地征用及赔偿问题案件。马来西亚作为联邦制国家,各州的土地所有权属于各州所有,联邦政府不得任意征用,需要征用必须征得州政府的同意,并支付租金及土地补偿费。因土地征用和赔偿问题引发的纠纷均由土地法庭审理,联邦法院为土地法庭的上诉法院。

未成年人法庭审理涉及18岁以下的未成年人案件,死刑案件除外。案件通常由1名法官审判,并视情况需要由两名顾问协助,其中1名应为女性。出于对未成年人的保护,法庭审理不公开进行。

6. 伊斯兰法院

马来西亚伊斯兰法院系统与普通法院系统并行存在。在马来西亚仅有穆斯林教徒受伊斯兰法约束。伊斯兰法院主要管辖穆斯林在涉及结婚、离婚、分居、夫妻财产分割、监护、家属抚养、财产继承等方面的民事案件及判罚不超过3年监禁、不超过5000令吉的罚款或最多六鞭笞刑的刑事案件。根据马来西亚联邦宪法的规定,除联邦直辖区的伊斯兰法由联邦政府负责外,伊斯兰法属于州法律体系,而非联邦法律体系。马来西亚高等法院对伊斯兰法院管辖范围内任何事务都没有管辖权。

(二)检察机关

1. 概　述

马来西亚检察机关由联邦检察机关和各州检察机关构成。检察机关行使检察权必须恪守公正与公平原则,把大众和国家的利益放在第一位。检察官必须遵守职业道德规范,秉承公正冷静,保持廉洁和独立,执法严明,保守和保护国家秘密,并不断通过培训学习,提高思想素质和业务素质,增强专业能力。值得注意的是,在马来西亚不是所有的案件都由检察机关提起诉讼,警察及卫生部、道路交通部等机构的执行官员,也有权行使部分诉讼权力。

2. 联邦检察机关

联邦检察机关由1名总检察长、若干副总检察长及助理组成。根据《宪法》第145条的规定,联邦总检察长由国务院根据总理的建议任命。总检察长有权就某一罪行提起、实施或中止任何犯罪的诉讼程序,但伊斯兰法院、地方法院或军事法庭的诉讼程序除外。总检察长是政府的法律顾问,其职权包括:(i)针对最高元首或内阁提交的法律问题提出建议;(ii)执行最高元首或内阁交办的任务;(iii)作为政府及最高元首的法律顾问;(iv)宪法或其他成文法所赋予的职权;(v)代表国家行使刑事、民事、行政诉讼的起诉权。副总检察长根据法律规定协助总检察长行使总检察长部分职责。

联邦检察机关设有公诉司、民事司、咨询司、法律修订与研究司、国际关系司等机构。

公诉司履行公诉职责,代表国家提起公诉,追究刑事责任,同时有侦查、监督职能。根据马来西亚《刑事诉讼法典》第379条的规定,经检察官书面许可,可以聘请律师代表政府进行刑事指控。检察机关还负责提出刑事上诉。《刑事诉讼法典》第378规定,除检察官、副检察官外,任何人不得代表检察官出庭处理任何刑事上诉。

民事司负责保障民事诉讼活动的公正和公平,保护政府在民事诉讼中的合法权益,确保诉讼主体的权利,维护法制统一,经总检察长审查准许,个人或法人可以总检察长的名义提起民事诉讼。

咨询司负责为政府及官员提供法律咨询和解释服务,为政府起草法律文件及签订合同等,按照政府要求开展法律研究,参加政府为一方当事人的合同谈判等。

法律修订与研究司主要负责出版修订的法律文本,在全国范围内发送法律文本,进行法律文本翻译工作及承担马来西亚法律现代化研究工作。

国际关系司负责保护马来西亚政府及公众在国际社会中的合法权益,为政府提供国际法方面的法律意见,维护政府的政策和本国法的实施,确保国家承担和履行国际义务。

行政管理司主要负责为检察机关提供管理、财务、人力资源及工作场所的保障工作,为检察机关的正常运转服务。各州检察机关的组织与机构与联邦检察机关相似。

二、诉讼制度

(一)刑事诉讼制度

马来西亚《刑事诉讼法典》于1935年制定施行,1999年进行了修订。其后历经了多次修正,最近的一次修正是在2020年,通过不断的修正逐渐摆脱了殖民色彩,更为符合本国的国情和需要。该法主要规定了犯罪预防、警察的侦查权、一审程序、二审程序及特别程序等内容。

1. 基本原则

第一，公开审理原则。马来西亚《法院法》第15条明确规定法院是为审理民事或刑事案件或其他事项而开庭的地方，应被视为一个公开的，公众可以接触到的场所[①]。同时，马来西亚《刑事诉讼法典》第7条规定，为调查或审判任何罪行而设立刑事法庭的地点，应为公众一般可以进入的公开的法庭。法院在审理刑事案件时奉行公开审理原则，即刑事司法活动公开透明，允许群众旁听，也准许新闻媒体报道，庭审过程对社会公开，保障社会公众的知情权。

第二，无罪推定原则。马来西亚《刑事诉讼法典》第182A条规定，法院审判结束时，应审议所有证据，并应确定控方是否已证明案情不存在合理怀疑。如果法院认为控方已证明排除合理怀疑，应认定被告有罪，并据此定罪。如果法院认为控方没有排除合理怀疑，法院应无罪开释。该原则是马来西亚刑事诉讼中的重要原则，即在刑事诉讼中由控方承担证明责任，在控方的证明未能排除合理怀疑之前，被告人应被推定为无罪。

第三，辩护原则。《刑事诉讼法典》第255条规定，在不违反任何明文相反的法律规定的情况下，在刑事法院被指控的每个人都可聘请辩护律师为其进行辩护。涉及死刑的案件，被告如果不能负担聘请律师的费用，法院可以为他指定辩护人。

第四，不得二次受审原则。这是英美法系禁止双重危险原则的具体体现。马来西亚《刑事诉讼法典》第302条规定，凡因某项罪行被定罪或被宣告无罪的人，不得因同一罪行（same offence）或同一犯罪事实再次受审，即使是对他提起不同的犯罪指控（different charge）。此条规定，并不影响被判任何罪行无罪或被定罪的人，在其后因其他不同罪行而受审。

2. 刑事诉讼程序

马来西亚刑事诉讼程序有一审程序、上诉程序、简易程序和特别程序。

（1）一审程序

一审程序中首先控辩双方要召开预审会议。被控犯罪的被告，应在被起诉之日的30日内由其辩护律师在案件管理开始前与检方一起参加预审会议。预审会议中双方主要讨论关于案件的性质、查明事实和法律问题，缩小争议问题的范围、辩诉交易等问题。讨论商定的事项，形成书面文件，由被告、辩护人及控方共同签署。根据《刑事诉讼法典》第172B条的规定，法官在被告被指控之日起60天内开始案件管理。在案件管理中，应考虑到预审会议中各方讨论达

---

① 该条同时规定，如果法院基于有利于司法，公共安全或其他充分理由，也有权秘密聆讯案件。

成的事项，确定审判的时间。审判应在被告被指控之日起 90 天内开始。法庭审判由检察官陈述案情、被告辩护、检察官答复，最后法庭作出判决。除法律规定不得提出上诉的情形外，对一审判决不服可以提起上诉。

(2) 上诉程序

就一审法院适用法律或认定事实错误或量刑不当提出上诉，上诉人应在判决作出之日起 14 天内提出申请，并支付法院规定的上诉费。公诉人提出上诉的，不支付任何费用。上诉程序中，上诉法院法官通过听证，听取上诉人和被上诉人的意见后作出或驳回上诉、或维持原判、或改判或撤销原判发回重审的判决。有三种情形不得提出上诉：不超过 25 万令吉罚款的犯罪，不得根据地方法官的判决、裁定及命令提出上诉；被告认罪并被地方法官认定有罪的，除对量刑的范围及合法性有质疑外，不得提出上诉；当被告被地方法官宣告无罪时，除非由检察官提出或经检察官书面批准，不得提出上诉。

(3) 简易程序

马来西亚《刑事诉讼法典》第 173 条规定，地方法官[①]审理案件可以适用简易程序。适用简易程序的案件主要是地方法院审理的案件和被告人承认犯有指控的罪行。检察官需要作为控方出庭公诉，但不必当庭陈述案情。控方的证明如果无法排除合理怀疑，法庭会作出无罪判决。

(4) 特别程序

马来西亚刑事诉讼法中规定了几种特别程序，包括死因调查程序、心智不全被告诉讼程序、妨害司法的特定犯罪处置程序等。

死因调查程序是警察对死亡事件进行调查以确定死因，对于非正常死亡要报告法医进行尸检。进行死因调查，由地方法官主导进行，警察实施具体调查。法官要对调查事项予以记录。

心智不全被告诉讼程序是法官或地方法官有理由怀疑被告心智不全无法辩护时，进行调查的程序。调查时，被告不必在场，法官以法医签署的书面证明为依据，证明被告心智不全，适合关押在精神病院以便观察。经 1 个月的观察后，如果被告心智正常且可以自行辩护的，法官继续进行案件审理；被告心智不正常且无能力自行辩护的，经法庭确认，法庭应作出裁决延期审理案件。

妨害司法的特定犯罪处置程序是对法庭上出现的妨害司法行为，法官可以处以不超过 50 令吉的罚款，不付罚款的可以处以 2 个月的监禁，以此保证法庭审判的正常秩序。

---

① 即治安官 Magistrates。

（二）民事诉讼制度

马来西亚没有专门的民事诉讼法，有关民事诉讼程序由《法院法》（Courts of Judicature Act 1964，2020 年修正）、《联邦法院规则》（Rules of the Federal Court，2020 修正）、《上诉法院规则》（Rules of the Court of Appeal，2020 年修正）、《证据法》（Evidence Act，2014 年修正）、《诉讼时效法》（Limitation Act，2018 年修正）等进行规定。

1. 诉讼程序

马来西亚民事诉讼一审程序由当事人或其律师向有管辖权的法院提出诉讼申请，法院受理后会在两天内向另一方当事人发出传票，被告在 14 天内提交出庭应诉的说明，并在收到起诉书 14 天内提交答辩状。原告收到答辩状 14 天内应针对答辩状提交反驳意见。随后，法院会召集当事人参加庭前会议。

根据马来西亚《法院法》第 34 条的规定，法院通过发布决定或命令的方式，召集当事人参加庭前准备会议，以保证公正、迅速和经济地处理纠纷。在庭前准备会议上，法院要引导当事人进行调解，法院可以审议任何事项，包括解决诉讼或程序中所有问题的可能性，要求当事方提供适当的资料和确定交换证据的时限和审判日期等等。经过调解，当事人双方如果能达成合意，则不进入庭审阶段。如不能达成合意，则进入庭审程序。

民事诉讼庭审过程有开场陈述、法律辩论、证人质询、最后双方总结陈词几个环节。根据马来西亚《法院法》第 35 条的规定，在审判结束后，书记官应在记录中写入法官作出的判决以及法官就费用作出的任何命令。判决书副本应送交当事人或其律师，法官签署的判决书正本则存档保存。当事人对一审判决不服应在判决作出 14 天内向高等法院提起上诉申请。上诉申请提出后一个月内，上诉人应向高等法院提交上诉记录。被上诉人在上诉记录送达之日起 14 日内，向高等法院提交交叉上诉通知书。高等法院审理案件后作出判决，对高等法院的判决不服可以在 1 个月内向上诉法院提出上诉。

2. 调解

近年来，马来西亚大力发展替代性纠纷解决机制，调解成为解决民事争议的一种重要方式，马来西亚的调解有两种：法院附设的调解和法院外调解。

（1）法院附设的调解

2010 年马来西亚为解决民事和商事案件严重积压的问题，通过了《2010 年第 5 号调解实务指引》（Practice Direction No 5 of 2010/Practice Direction on Mediation），该方针将法庭调解正式引入作为解决民事纠纷的方式。所有的民事案件在审前案件管理阶段（Pre-Trial Case Management Stage）、审理前、甚至之后的任何阶段，都可以由法官引导当事人进行调解，通过调解方式来寻求双方当事人合意一致的解决方案，提交相关文件、交换证据，协商解决纠纷。当事人协商达成合意，调解法官应以与当事方商定的条件制作合意判决书，合意判决书为终局决定，不能上诉。2016 年，新的《调解实务指引》（Practice Direction No 4 of 2016／Practice Direction on Mediation）生效，替代了 2010 年的《调解实务指引》。新的《调解实务指引》增加了由吉隆坡区域仲裁中心主持的调解方式。

（2）法院外调解（即非法官调解）

2012 年马来西亚《调解法》（Mediation Act）颁行。根据该法第 4 条的规定，任何人在向法院提起民事诉讼或向仲裁庭提起仲裁之前，都可以提起调解，调解不妨碍诉讼和仲裁。

双方当事人达成调解协议，应当指定 1 名调解人协助调解。调解人须通过培训或正规高等教育、拥有相关资格及专业知识，满足对调解员的要求。调解由一方当事人向另一方当事人发出书面调解请求，自发出书面调解请求书之日起 14 天内或书面请求书所规定的期限内未收到答复，视为拒绝请求；收到答复则启动调解。当事人双方经调解达成一致，调解员制作和解协议，由双方签署，该协议对当事人具有约束力。

第六节　缅甸联邦共和国司法与诉讼制度

19 世纪，英国通过发动三次侵缅战争占领缅甸，随后普通法进入缅甸并普遍适用，但有关婚姻、继承、宗教等缅甸传统佛教法得以留存。1948 年缅甸独立，仍然适用普通法，1962 年缅甸军事政变，其后法律制度的建设逐步受到大陆法系的影响，并融合了缅甸传统佛教法。

一、司法制度

（一）法院体系

根据 2008 年缅甸《宪法》第 293 条的规定，国家司法机构由联邦最高法院、省法院、邦高等法院、自治州法院、自治县法院、县法院、乡镇法院及军事法院和宪法法院组成。联邦的司法权由各级法院共同享有。各级法院依法独立司法，在法庭上伸张正义，在所有案件中保护辩护权和依法提出上诉的权利。根据宪法规定，缅甸所有法官均需脱离政党，不能参与政党政治。

1. 联邦最高法院

联邦最高法院是国家最高司法机关，是国家最高上诉法院。联邦最高法院负责人即联邦首席大法官,由总统提名并经联邦议会批准任命。联邦最高法院可任命至少7名至最多11名法官。根据缅甸《司法法》(2014年修正)第11条的规定,联邦最高法院对下列事项拥有一审管辖权,主要包括:涉及缅甸缔结的双边条约争议;除宪法问题外,联邦政府与省、邦政府之间的争议;海盗犯罪、在国际水域或空域违反国际法的犯罪。

联邦最高法院还有权审理依据其决定移送至最高法院的案件;裁定案件从一个法院移送至另一个法院;审理上诉案件;审理再审案件;核准死刑案件及审理就死刑判决上诉的案件;有权发出人身保护令状、禁止令状、调卷令状等。联邦最高法院的判决为终审判决,不能再提出上诉。联邦最高法院有权对各级法院进行监督。

2. 高等法院

各省、邦分别设立省高等法院和邦高等法院。根据缅甸《司法法》第38-41条的规定,高等法院主要是负责本辖区范围内刑事及民事案件的初审;审理自治州、自治区等法院的上诉案件;审理海事案件;审理修正案及法律规定的其他事项。省、邦高等法院对自治州法院、自治区法院或地区法院通过的判决、法令和命令具有上诉管辖权,并对判决和命令具有依法修订管辖权。其管辖权由首席大法官指派的独任法官或合议庭行使,高等法院还可以对下级法院的司法进行监督。省、邦高等法院有包括大法官在内3到7名法官。大法官人选由总统与联邦首席大法官协商确定,其他法官人选由省、邦行政长官与联邦首席大法官协商确定。

3. 地方法院

各省、邦高等法院下设各级地方法院,有自治地方的,在自治州设自治州法院、乡镇法院,在自治县设自治县法院、乡镇法院;在联邦地区或没有自治地方的,设立地区法院和乡镇法院。

县法院、自治州法院和自治县法院对辖区范围内的刑事、民事案件进行初审,对乡镇法院的判决和命令有上诉管辖权和修正管辖权并根据联邦最高法院和省、邦高等法院的指导,监督辖区范围内所有乡镇法院的司法实务。乡镇法院对辖区范围内的民事、刑事案件进行初审。

4. 特别法院

缅甸除一般法院外,还设有军事法院和宪法法院。军事法院负责对军人犯罪的审判。宪法法院则主要负责解释宪法,审核联邦议会、省或邦议会、自治州或自治县政府制定的法律是否违宪,审查联邦、省、邦和自治地方的行政当局的行为是否违宪,裁决联邦、省、邦和自治地方相互之间涉宪法争议等。宪法法院的裁决是最终裁决。联邦最高法院不得干涉宪法法院和军事法院的司法权。

（二）检察制度

1. 联邦总检察长办公室

缅甸联邦总检察长办公室（Union Attorney General's Office）制度诞生于英国殖民时期。缅甸独立后，根据1948年《联邦总检察长法》（Attorney General of the Union Act）设立了总检察长办公室。联邦总检察长办公室是一个主要由作为政府律师的法律官员以及检察官组成的机构，包括了14个地区和省检察长办公室、72个地区法律办公室以及330个乡镇法律办公室。联邦总检察长办公室设立法律审查部、法律咨询部、检察部、行政部和总部。①

联邦总检察长办公室设联邦总检察长1名，副总检察长3名。联邦总检察长是联邦政府的成员，对总统负责。副总检察长协助总检察长的工作直接对总检察长负责并通过总检察长间接对总统负责。

2010年10月28日，缅甸根据《宪法》第443条修订了《联邦总检察长法》（The Attorney–General of the Union Law）。根据该法第12条的规定，总检察长的职责主要是：为政府或任何政府部门和组织提供司法建议；在刑事案件中代表国家出庭；在政府作为被告或原告的民事案件中代表政府出庭；各级法院的判决如有违反法律的地方，有权向最高法院提起必要的上诉、特别上诉或再审；解释法律；向有关政府部门和组织提出关于国际性、地区性或双边条约的司法建议等等。第13条规定总检察长的权力主要有：确定副总检察长的职责和权力；依法撤销向法院提交的案件或任何指控；决定不能提起公诉的刑事案件；就省、邦高等法院的无罪判决依法向联邦最高法院提出上诉；根据需要对有关法律事项进行审查；指导和监督各级检察院工作等等。各级检察官的职责包括：在刑事诉讼中代表国家出庭；在政府作为原告或被告的民事案件中，提供法律意见并代表政府出庭；在审讯前，就刑事案件审查及提供法律意见；审查有关起诉机构是否履行检察长办公室提出的司法建议；审查起诉机关有关还押的请求是否符合法律、命令和指令；为被指控犯有死刑罪的贫困被告雇请律师；就法院作出的不符合法律的任何判决、命令或决定提起再审等等。

2. 法律事务部

2021年缅甸国家行政委员会根据第176/2021号命令将总检察长办公室（Ministry of Legal Affairs）改革为法律事务部，其使命是保护合法权利；更好地发挥法律事务部的职能，参与司法系统，增进公众信任；参与司法改革。目前，

---

① ［缅甸］Ei Khine Zin Aung：《缅甸联邦共和国检察官职能与中华人民共和国检察官职能比较研究》，钟舒婷编译，载张晓君、［缅甸］吴温敏主编：《中国—东盟法律评论（第7辑 缅甸法专辑）》，厦门：厦门大学出版社2017年版，第60页。

法律事务部履行立法审查司、法律咨询司、起诉司和行政司等四个司的职能。同时，正在筹建法治和司法部门协调司、电子政务司、人力资源管理司、监测和评价司、国际关系司、法律研究司、公众投诉审查司等部门以履行具体职能。该部成立后发布了《法律官员道德守则》和《公平审判标准》，并实施了《2019—2023年"为人民伸张正义"战略计划》。①

二、诉讼制度

（一）刑事诉讼制度

1. 概　述

缅甸独立后沿用了殖民时期1898年7月施行的《刑事诉讼法典》，近些年该法历经2016年、2021年2月和8月三次修正。该法主要规定了犯罪预防程序、一审程序、上诉程序、特别程序等内容。

根据《刑事诉讼法典》第6条的规定，缅甸的刑事法院包括审判法院、一级治安法院、二级治安法院和三级治安法院。联邦总统有权在每一个审判地区设立审判法院，并为法院指定法官。审判法院作为初审法院可以对除死刑或监禁超过7年的刑事案件以外的案件作出判决。一级治安法院审理不超过2年监禁、不超过1000缅币罚金的犯罪案件及可能处以鞭刑的案件；二级治安法院审理不超过6个月监禁及不超过50缅币罚金的犯罪案件；三级治安法院审理不超过1个月监禁及不超过50缅币罚金的犯罪案件。

2. 犯罪预防程序

《刑事诉讼法典》第4编详细的规定了犯罪预防程序，主要包括对社会治安的维护和对非法集会的控制和驱散。为维护社会治安，如果发现存在危害或可能危害社会的犯罪，治安法官有权作出处理，逮捕犯罪嫌疑人并要求其提供保证。针对非法集会，警察或治安法官有权进行控制，并采取发布法令的形式驱散非法集会人员。如果不能驱散，警察或治安法官有权申请调用军队驱散非法集会。根据《刑事诉讼法典》第149条的规定，警察有权采取措施防止犯罪的发生。每一名警察在收到企图实施犯罪行为的信息时，应将此信息传送给最近的警察。如果警察得知有人企图实施犯罪而无法阻止该犯罪的实施，可以在无法官命令和逮捕证的情况下将其逮捕。

---

① "Historical Background of The Ministry of Legal Affairs", *Myanmar National Portal*, https://myanmar.gov.mm/ministry-of-legal-affairs，最后访问时间：2022年7月29日。

3. 诉讼程序

《刑事诉讼法典》第6编是关于诉讼程序的规定。该法典第177条规定，每一罪行应由在其管辖权范围内的法院进行调查和审判。除非法律另有规定外，任何地区治安法官在收到构成罪行的事实投诉时；任何警察就犯罪事实提出书面报告时；警察以外的任何人根据自己知道的事实或怀疑有犯罪行为时可以启动一审程序。

一审法院对本辖区范围内的刑事案件进行审判，对一审法院的判决不服可以上诉至上诉法院。上诉法院在上诉程序中要遵循上诉法定原则。根据《刑事诉讼法典》第404条的规定，除该法或其他现行法律另有规定外，不得对刑事法院的任何判决或命令提出上诉。

可以提出上诉的案件包括：根据该法第89条提出交付财产或出售财产收益的申请被法院驳回，可以提出上诉；根据该法第118条被命令为维持和平或良好行为提供担保的人，可就该命令向法庭提出上诉；对支付子女或妻子赡养费，或允许更改赡养费申请的命令不服可以提出上诉；被二级治安法官或三级治安法官定罪的人可向地区治安法官提出上诉。但是有的案件是不能提起上诉的，如根据《刑事诉讼法典》第402、403条的规定，被告已经认罪的案件不得提出上诉；对判处不超过3个月监禁或不超过2万缅元罚金或仅判处鞭笞的案件、地区治安法官或一级治安法官判处不超过1个月监禁或不超过5万缅元罚金的案件，被定罪者不得上诉。

4. 特别程序

缅甸《刑事诉讼法典》第8编是特别程序，规定了被告是精神病人的诉讼程序、妨碍司法的诉讼程序及妻子、子女的赡养令等几种特别程序：

（1）被告为精神病人的诉讼程序

当治安法官有理由相信被告精神不健全，无法进行辩护时，有权决定推迟案件的审理，并应将其交出地区的外科医生或总统授权的其他医生进行检查，该医生作为证人出庭作证。被告人精神不健全及不能作出辩护时，法官为其能得到适当的照顾，防止其伤害自己或他人可以允许保释。如果法官认为不应保释，则应将被告在合适的地点以合适的方式安全羁押。法官可随时根据情况恢复案件的调查或审判，并要求被告出庭。

（2）妨碍司法的诉讼程序

被告有妨碍司法的犯罪行为的，根据第476条的规定，民事、税务法院或刑事法院认为应对被告人就第195条第1款（b）或（c）项规定的罪行进行调查，该罪行与该法院的诉讼有关。初步调查后，可记录调查结果，并以书面形式向有管辖权的一级治安法官提出申请，采取措施让被告出庭。

(3) 妻子、子女的赡养令

缅甸《刑事诉讼法典》第 36 章是关于妻子、子女的赡养。根据第 488 条的规定，如果有足够能力的人忽视或拒绝赡养妻子或子女，治安法官有权命令其每月为妻子及子女提供不超过 5 万缅元的津贴以维持生活。津贴从法官命令作出之日或申请赡养之日起支付。如果不遵守命令，则治安法官可发出征收令，以罚款方式征收应缴纳金额，并可判处 1 个月的监禁。如果妻子有通奸行为或没有充分理由而拒绝与丈夫同住或经双方同意单独居住，则妻子无权领取津贴，法官可以取消赡养令。

(二) 民事诉讼制度

缅甸独立后沿用了殖民时期的民事诉讼法律，即 1909 年《民事诉讼法典》，该法后经多次修订①，主要规定了总则、执行、附带程序、补充程序、上诉程序、与高等法院有关的特别规定等内容。

1. 管辖与异议

在缅甸，民事诉讼应向有管辖权的被告所在地最低一级法院提出，而动产及不动产的诉讼应向财产所在地法院提出。根据《民事诉讼法典》第 22 条的规定，如果诉讼可以在两个或两个以上法院提起，并且已经在其中一个法院提起诉讼，被告可以提出异议，申请将诉讼移送另一法院审理，法院在考虑其他当事人的反对意见后，应决定由拥有管辖权的法院中的哪一个法院审理案件。有管辖权的数个法院隶属于同一个上诉法院，则须根据第 22 条向上诉法院提出申请；如果这些法院隶属于不同的上诉法院，则向省、邦高等法院提出申请；如属不同的省、邦高等法院，则应向联邦最高法院提出申请。

2. 审理与上诉

民事诉讼在进行一审诉讼程序后，法院会根据当事人双方提交的文件资料，向当事人发出传票要求出庭。根据《民事诉讼法典》第 32 条的规定，法院可以发出传票强令任何人出庭，并可采取签发命令、扣押和出售其财产，处以不超过 5000 缅币的罚款，送往民事监狱的方式达到目的。双方当事人到庭后，法官应引导双方进行调解，寻求以调解方式解决纠纷。当事人双方如果无法达成调解，则案件将进入听证、审讯、判决及执行的程序。

对一审法院判决不服，可以向上一级法院提起上诉。上诉由 2 名或 2 名以上法官审理的，应根据多数法官意见作出裁决。裁决不能改变或推翻判决时，应确认该判决。如果审理上诉的 2 名法官对法律要点意见不一，可以各自陈述

---

① 该法于 1989 年、2000 年、2008 年、2014 年、2021 年多次修订。

其法律观点,然后交由其他法官审理。对上诉法院判决不服,可以向联邦最高法院提起上诉。

根据《民事诉讼法》第110条的规定,向联邦最高法院提出上诉的案件应是诉讼标的金额或价值在1000万缅元以上的案件,或法令或最终命令必须直接或间接涉及对类似金额或价值财产的索赔。民事诉讼案件一般只能提出一次上诉,根据《民事诉讼法典》第101条的规定,没有其他理由不得提出第二次上诉;第102条的规定,诉讼标的金额或价值不超过100万缅元的不得进行第二次上诉。但是,在判决违反法律或未能确定某些重大法律问题或在适用程序上存在重大错误可能导致判决产生错误时或诉讼标的超过100万缅元,而上诉法院改变或推翻原审法院判决的则可以提出第二次上诉。民事诉讼案件经法院审理后,应当宣告判决。

3. 调解

2021年10月11日缅甸对《民事诉讼法典》进行了修订,增加了第89(A)条,该条主要是将调解作为争议解决程序写入民事诉讼法中。按照该条规定,法院可对民事争议进行调解。调解由法院指派1名调解员协助争议双方达成解决方案。

缅甸法律规定,以下案件可以进行调解:依法规定调解或联邦最高法院发出通知进行调解的案件;争议当事方自愿提交调解的案件。民事争议调解程序应当予以保密,调解过程中的沟通、陈述和承认,不得在同一诉讼或任何其他诉讼的聆讯中予以受理。当事方达成调解协议的,应向法院申请核实协议。法院应根据民事诉讼法的有关规定,通过命令或法令。

第七节 菲律宾共和国司法与诉讼制度

菲律宾曾先后成为西班牙和美国的殖民地,1946年7月独立并建立共和国,其法律制度深受西班牙法和美国法的影响。

一、司法制度

(一)法院体系

菲律宾的司法权由最高法院和各级地方法院行使。法院系统包括最高法院、上诉法院、区法院和市级法院。

1. 最高法院

最高法院是菲律宾最高司法机关,由1名首席大法官和14名联席法官组成。法官由年满40周岁，且必须由担任下级法院的法官或在从事法律实践工作十五年以上的菲律宾公民担任。最高法院审理案件，由全体法官出庭，或根据情况组成3人、5人或7人法庭。法官一旦空缺必须在90天内补缺。

最高法院主要管辖以下案件：一是涉及同外国缔结的条约、协定或法律是否违宪的案件；二是关于总统令、命令、指令、条例是否违宪及其适用和有效性的案件；三是涉及大使、其他外交使节和领事的案件。此外，最高法院可以依法对下级法院案件的终审判决和裁决提出的上诉进行或复审或驳回、或改判或维持原判的决定；可以为避免误判而下令变更管辖区域或审判地点。最高法院行政官办公室对所有法院及工作人员进行行政监督。

2. 上诉法院

菲律宾在首都马尼拉设立了1所上诉法院，专门负责受理民事和刑事上诉案件。上诉法院由1名首席大法官和68名联席法官（Associate Justices）组成，在全国设23个分庭，每一分庭由3名法官组成。法院在首都马尼拉设立17个分庭处理来自首都司法区及第一到第五司法区的案件；第18至20分庭设在宿务，受理来自第六到第八司法区的案件；第21至23分庭设在卡加延德奥罗市，审理来自第九到第十二司法区的案件。

上诉法院的判决是终审判决，除非案件所涉法律问题有争议需要由最高法院进行最终裁决。上诉法院内部设立多个委员会，包括道德和特别问题委员会、人事委员会、预算和财务委员会、安全委员会、记录管理和资料事务委员会、福利委员会、法律研究委员会、建筑和场地委员会、购置法院设施设备和用品委员会、规则委员会、新闻委员会等。各委员会分工协助法院办理各项事务。

3. 区域审判法院

菲律宾全国划分为13个司法管辖区，每个管辖区设立一个区域审判法院（Regional Trial Courts）。在菲律宾，区域审判法院也被称为二级法院（Second Level Courts）。根据1980年的《司法机构重组法》（Judiciary Reorganization Act）和1994年修订的《扩大大都会审判法院、市级审判法院和市级巡回审判法院管辖权法》（An Act Expanding the Jurisdiction of the Metropolitan Trial Courts, Municipal Trial Courts, and Municipal Circuit Trial Courts）的相关规定，区域审判法院主要负责审理对市级法院判决不服的上诉案件、争议标的超过2万比索（在首都马尼拉争议标的为5万比索）的民事案件、涉案金额超过10万比索（首都马尼拉须达20万比索）的海事案件、涉案标的无法用金钱估价的民事案件、有关婚姻关系的案件、遗嘱总价值超过10万比索（在马尼拉须超过20万比索）的遗嘱认证案件等。另外，区域审判法院还对重罪案件承担刑事管辖权。

4. 市级法院

市级法院是菲律宾的基层法院，由大都会初审法院（Metropolitan Trial Court）、地方初审法院（Municipal Trial Courts）和地方巡回初审法院（Municipal Circuit Trial Courts）组成，主要负责审理普通的一审民商事案件、刑事案件及青少年犯罪案件。故市级法院也被称作一级法院（First Level Court）。菲律宾实行两审终审制。市级法院审理的案件向区域审判法院提出上诉，区域审判法院审理的案件向上诉法院提出上诉，上诉法院审理的案件向最高法院提出上诉。

此外，菲律宾还设有各种特别法院：反贪污法院，负责审理国家公务人员贪腐及违法行为案件；税务上诉法院，对租税的偿还、有关租税刑罚的决定有上诉管辖权，有权复审税收委员会所作的裁决；农业关系法院，负责高效公平处理农业争议，促进农业生产的发展；少年、家庭法院，负责审理有关16岁以下少年、家庭方面的违法案件。

（二）检察机关

菲律宾检察机关是国家行政机关，其工作由司法部领导。司法部长负责监管全国的检察工作，有权复核、修改或撤销检察机关的行政行为或决定，有权提请总统任命检察官。

菲律宾检察机关由国家检察办公室，司法区检察院和省、市检察院组成。

国家检察办公室是最高检察机关，有权对所有的刑事案件进行侦查和起诉；就有关触犯刑法典和其他特别法律的质询提供法律意见；审查对检察官和其他检察人员对刑事案件处理决定的申诉；对检察官和其他检察人员的行政投诉进行调查等。

司法区检察院对发生在该区的刑事犯罪案件提起公诉；执行司法部在其管辖区就刑事案件的侦查和起诉所制订的政策、计划、项目规划、通报、命令、公告和规则、条例等；对辖区内检察官和其他检察人员的工作进行行政监督。

省、市检察院对发生在该区域的刑事犯罪案件进行初步调查并提起公诉；接受司法部的监督和指导；调查犯罪行为，积极参与犯罪证据的收集；担任省、市政府及其官员的法律顾问，提供与其职责有关的书面法律意见等。①

菲律宾检察制度的特色之处在于设立了专门的独立调查处，其主要职责是：对公务员，行政管理机关或代理行政机关的渎职行为进行调查；制止、防止、

---

① Menrado Valle-Corpuz, "The Role and Function of the Prosecution in the Philippine Criminal Justice System", https://www.lawyersnjurists.com/article/the-role-and-function-of-the-prosecution-in-the-philippine-criminal-justice-system/，最后访问日期2021年10月29日。

纠正政府管理机构人员履行职务时的滥用职权和其他与职务不相称的行为；监督政府行政管理部门，指示其对犯有错误或违纪违法的工作人员给予撤职、停职、降级、罚款、训斥等行政处分；监督公务人员的财产申报；监督国家所有或控制的金融机构，防止其直接或间接地向总统、副总统、内阁成员、法官等人员提供商业性贷款、担保或其他形式的金融帮助等；要求任何政府机关提供为其履行职责所需要的协助和情况，必要时可以调阅有关案件文件；制止、防止和纠正履行职务时的任何滥用或其他不当行为；依法指示有关官员提供其所主管机关签订或参与的涉及动用公款或公用财产的合同或交易文件的副本，并将其中的不当行为通报审计委员会以便采取适当行动。[1] 独立调查处有调查官一名和总助理一名，助理若干。调查官及助理必须遵守宪法，不得在任期内从事其他兼职，不得参与任何与其职务有关经济利害关系的事务。

二、诉讼制度

(一) 刑事诉讼制度

菲律宾没有专门的刑事诉讼法，其刑事诉讼制度主要由最高法院依据宪法于1964年制定的《法院规则》规则110至127加以规定。规则110至127经历过1988年及2000年两次修改。2000年修改生效的刑事诉讼规则，包括刑事诉讼的初步调查程序、起诉程序、被告人的权利、答辩程序和审判程序等内容[2]。

1. 初步调查程序

根据《法院规则》规则110的规定，刑事诉讼的提起是基于规则112第一款规定需要进行初步调查的刑事案件。提起刑事诉讼有两种方式：一是申诉，由被害人、和平官员或公共官员提出书面控诉；二是公诉，由检察官提出公诉书并递交法院。除法律有特别规定的以外，提起刑事诉讼应使被指控犯罪的诉讼时效期间中断。

根据规则112的规定，初步调查程序是为确定是否有充分的理由相信已发生犯罪，被告可能有罪并应当被拘留审判。该程序针对的是法律规定最少判处4年、2个月、1天以上刑罚的犯罪，在提起诉讼以前都应进行初步调查。有权进行初步调查的人员包括：市检察官及其助理，市法院或市巡回法院法官，国

---

[1] 《菲律宾的检察制度》，中国—东盟成员国检察长会议网，http://www.ca-pgc.org/zgdmjczd/201612/t20161206_1907143.shtml，最后访问日期2021年11月2日。

[2] "The Revised Rules of Criminal Procedure (As amended, December 1, 2000)", *The LAWPHIL Project*, https://www.lawphil.net/courts/rules/rc_110-127_crim.html，最后访问日期2022年7月24日。

家和区检察官和法律授权的其他官员。初步调查的权力包括在其各自辖区范围内认定的所有罪行。经过初步调查，如果发现有充分理由对被调查者进行审判，检察官应作出调查决议并准备向法院提起公诉。

2. 预审和正式审判程序

检察院提起公诉后，法院在正式审判前要进行两个程序：一是提讯和答辩程序，该程序是明确被告人对指控是作无罪答辩还是有罪答辩。作有罪答辩的被告人将与检察官进行辩诉交易，案件不再开庭审理；作无罪答辩的案件将开庭审理。二是预审程序，这是刑事诉讼的必经程序，法院在提讯后在30日内对被告人进行预审。预审主要涉及对事实的认定，鉴定证据，放弃对证据的可采性的异议等。预审程序中达成的所有协议都要以书面形式呈现并由被告人及其代理人签字。法院在预审结束后作出预审裁定。一般来说，被告在收到预审裁定后30日内法院应进入审判程序。

审判程序包括初审和上诉两个部分。菲律宾《法院规则》关于初审程序的规定涉及审判期限、审判流程、对证人的审查和判决的宣告等内容。根据规则122的规定，初审法院作出判决后，刑事诉讼的任何一方都可以提出上诉。受理上诉的法院是：市级法院审理的案件向区法院提出；区法院审理的案件向上诉法院或最高法院提出；上诉法院审理的案件向最高法院提出。上诉法院由3名法官组成合议庭对案件进行审查。上诉法院根据案件情况可将案件发回重审或驳回上诉或撤销原审判决或修改原审判决。

《法院规则》规则115规定了被告人的权利。在刑事诉讼中，被告人的权利主要有：一是在被证明有罪之前被推定无罪；二是了解对他指控的性质和原因；三是在诉讼从提讯到宣布判决的每个阶段，有权进行自我辩护或由律师代为辩护；四是不得被强迫自证其罪；五是在审判中有权对控方证人进行对质和盘问；六是有权得到迅速、公正和公开的审判；七是有权按照法律规定的方式提出上诉。

（二）民事诉讼制度

1、民事诉讼

菲律宾没有专门的民事诉讼法，其民事诉讼制度由1964年《法院规则》规则1至71加以规定。这部分规定于1997年、2019年进行修正（2019年修正的规则于2020年5月1日生效）[①]。

[①] 修订后的规则全文参见 RPLO of the Philippine Judicial Academy, 2019 *Amendments to the* 1997 *Rules of Civil Procedure*（A. M. No. 19 - 10 - 20 - Sc）, A Publication of the Supreme Court of the Philippines 2020, Available at https：//sc. judiciary. gov. ph/files/amendments/2019 - rules - of - civil - procedure. pdf，最后访问日期2022年7月24日。

按照该规则规定，民事诉讼一诉一由，一方当事人不能就同一诉讼理由提出不同的诉讼。民事诉讼由原告或被告住所地法院审理，如果被告没有住所而该诉讼影响了原告的个人地位或被告在菲律宾有财产的，由原告住所地或被告财产所在地法院审理。但是涉不动产所有权的诉讼，由不动产所在地法院审理；涉强制占有和侵入不动产的诉讼，由不动产所在地城市初审法院审理。

民事诉讼当事人包括原告、被告、第三人、共同诉讼人。原告如为未成年人或无民事行为能力人，应在其父母或监护人的协助下参加诉讼。原告在向法院提出诉讼请求并交纳相应的诉讼费用后，民事诉讼启动。法院书记员向被告发出传票并要求其15日内进行答辩。在当事人之间交换诉讼主张后，案件进入预审程序。预审通知应送达当事人或其律师。当事人及其律师有义务参加预审会议。如果原告不参加，则意味着撤诉；如果被告不参加，则法院可在原告提交的证据的基础上进行审判。

预审中，法官将指示各方进行调解，调解时间限定在30日内。如果各方达成协议解决问题，原告撤回诉讼，则调解成功，诉讼不再进行。如果各方不能达成一致，调解失败，审理该案的法官确信仍有可能解决案件时，案件提交另一法院进行司法争议解决。司法争议解决应在法院调解失败通知后15日内进行。司法争议解决未能解决争议，案件进入由原法院审判的程序。法院调解和司法争议解决期间的所有诉讼程序均保密。在审判程序进行中，若原被告双方协商一致愿意进行和解并提出书面请求，案件仍可以再次回到司法争议解决程序。一审法院作出判决后，当事人可通过原审法院向上级法院提出上诉申请。

在民事诉讼中，当事人可以提出动议，动议要以书面形式提出并说明寻求获得的救济及依据。动议可以分为非诉讼动议和诉讼动议。非诉讼动议包括发出第二传票的动议；延长答辩期限的动议；发出执行令状的动议；发出第二执行令的动议；签发占有令的动议等。非诉讼动议不开庭审理，法院在收到动议后5日内予以解决。诉讼动议包括关于索赔清单的动议；提出重新审判的动议；复议动议；宣告被告违约的动议；取消法定留置权的动议；对证据提出异议的动议等。对方当事人在收到诉讼动议5日内要向法院提出反对意见，法院在收到反对意见后15日内予以解决，如果法院认为有必要对动议作出决议会进行听审。在公开法庭或在听审或审判过程中提出的动议在对方提出反对意见后应立即解决。菲律宾《法院规则》还规定了民事诉讼简易程序。按照简易程序审理的案件，法院只需检查呈送到庭的诉讼请求和证据，只就有实质性争议的问题进行审判。

2. 非诉机制

2004年菲律宾《替代性纠纷解决法》通过，建立了国家非诉讼解决机制，该法共8章56条，涉及一般规定、调解、其他解决方式等内容。该法的宗旨在于通过提高当事人在纠纷解决过程中的自治权，让当事人可以更为自由地协商确定纠纷解决办法，更为高效的解决纠纷。按照该法规定，替代性纠纷解决机制是通过仲裁、调解、调停、早期中立评估、小型审查或任何上述方式的结合来帮助解决问题。非诉讼解决机制充分尊重双方当事人意愿，为快捷解决纠纷提供一切可能的便利。

第八节　新加坡共和国司法与诉讼制度

新加坡曾是英国殖民地，其法律制度深受英美法系影响，在司法理念、诉讼方式等方面都沿袭了英国法的传统。1965 年新加坡独立，随后建立和发展了适合其社会及经济环境的法律制度。

一、司法制度

（一）法院体系

根据新加坡 2020 年修订的《宪法》第 93 条的规定，新加坡的司法权由最高法院和国家法院行使。法院依法独立地行使司法权，不受政府或任何个人干涉。新加坡《最高法院司法法》（Supreme Court of Judicature Act）[①] 第 8 条规定，法院是审理刑事、民事案件或任何其他事项而开庭的地方，公众通常可以进入。但法院基于有利于司法、公众安全、公共安全或有其他充分理由的情况下，有权决定对聆讯或诉讼或诉讼中的任何事项不予公开审理。

新加坡法院系统包括最高法院和国家法院，实行两审终审制。

1. 最高法院

新加坡最高法院由高等法院和上诉法院组成。

高等法院设立普通审判庭和上诉庭。普通审判庭由 1 名法官独任审理案件，在刑事案件方面主要管辖发生在新加坡籍船舶或飞机上的刑事案件、海盗犯罪、新加坡公民在公海或任何航空器内的犯罪及根据新加坡成文法规定应由其审判的犯罪；民事案件方面主要管辖根据法院规则或家庭司法规则的规定发出传票的案件、被告提交到普通审判庭的案件、离婚、海事、破产、婴儿或精神失常者的监护案件等等。

根据《最高法院司法法》第 19、20 条的规定，普通审判庭拥有刑事上诉管辖权和民事上诉管辖权。普通审判庭的刑事上诉管辖范围主要是审理来自地区

[①] 《最高法院司法法》于 2019 年修订，修订后的法律于 2021 年 1 月生效。

法院或治安法院的上诉；地区法院或治安法院关于特定案件保留法律要点的聆讯；家事法院的上诉；少年法庭的上诉。普通审判庭的民事上诉管辖范围主要是审理来自地区法院或治安法院的上诉和来自家事法院的上诉。此外，高等法院普通审判庭下设国际商事法庭，专门审理国际商事纠纷，致力于为国际商事纠纷当事人提供高效优质的法律服务。

高等法院上诉庭由高等法院首席法官委任 1 名上诉庭法官为上诉庭庭长。上诉庭没有刑事管辖权，其民事管辖权主要是针对普通审判庭行使民事管辖权或上诉民事管辖权而作出的裁决提出的任何上诉以及依法律规定或其他程序移送的上诉。根据新加坡《最高法院司法法》第 39 条的规定，一个申请可以向普通审判庭或上诉庭提出时，必须首先向普通审判庭提出。

新加坡《最高法院司法法》第 5 部分对上诉法院进行了规定。根据第 53 条的规定，上诉法院的民事管辖范围主要包括对普通审判庭行使民事管辖权或上诉民事管辖权而作出的裁决提出的任何上诉、上诉庭的任何上诉、依法律规定或其他程序移送的上诉。刑事管辖范围则是对普通审判庭的判决提出的上诉；根据刑事诉讼法相关规定向上诉法院提出的申请、审查或动议等。最高法院的首席大法官是上诉法院院长，院长可从上诉法院法官中任命 1 名或多名上诉法院副院长。上诉法院的裁决应根据审理案件的大多数法官的意见作出。

2. 国家法院

根据新加坡 2019 年修订《国家法院法》（State Courts Act）第 3 条的规定，新加坡国家法院包括：地区法院、治安法院、验尸法庭、小额索赔法庭、雇佣纠纷索赔法庭。

地区法院和治安法院审理一审民事案件和刑事案件，但是管辖范围有所不同。在刑事案件方面，地区法院对监禁期限不超过 10 年的犯罪拥有管辖权，可处不超过 3 万新加坡元的罚金和 12 鞭以下鞭刑；而治安法院只能审判监禁期限不超过 3 年的犯罪，可处不超过 1 万新加坡元的罚金和 6 鞭以下的鞭刑。在民事案件方面，地区法院可以管辖的涉案金额不超过 25 万新加坡元，而治安法院可以管辖的涉案金额不超过 6 万新加坡元。

验尸法庭（Coroners' Courts）是对非自然死亡和死因不明的死亡案件进行调查的法庭。

小额索偿法庭建立于 1985 年 2 月，主要致力于处理涉案金额在 1 万新加坡元以下的债务纠纷。2019 年 11 月 1 日起，小额索偿庭所审理的索偿额限额为 2 万新加坡元。但是如果双方同意并上网提交同意通函，该限额可以提高至 3 万新加坡元。索偿额不能被分割为不同的索偿申请以纳入小额索偿法庭的管辖权内。[1]

雇佣纠纷索赔法庭根据 2016 年《雇佣索赔法》建立，负责审理与薪酬有关的劳动争议案件及不当解雇纠纷。

为高效快捷解决纠纷，2015 年 3 月 5 日，新加坡设立专门的国家法院纠纷解决中心，该中心为诉至法院的各种纠纷提供 ADR 解决机制，主要通过调解和中立评估两种方式帮助当事人解决争议。

此外，新加坡设有专门的家事法院。2014 年 10 月，根据新加坡《家事司法法》成立家事法院。家事法院由高等法院家事部门、少年法庭和国家法院的家事法庭共同组成，目的在于保障每个家庭、孩子、妇女和老人都能公平地享有司法正义。家事法院负责审理与家庭有关的离婚、家庭暴力、收养与监护、青少年案件，根据《精神能力法》申请代理的案件以及有关遗嘱认证和继承的案件。

（二）检察机关

新加坡总检察署是新加坡最高检察机关。总检察署由正、副总检察长、检察官和其他附属人员组成，实行总检察长负责制。根据新加坡《宪法》第 35 条的规定，总检察长经总理推荐，由总统从具有任最高法院法官资格的人中任命。总检察长的职责是就总统或内阁提交的法律问题向政府提供意见，完成总统或内阁分配的其他法律任务，以及履行根据宪法或任何其他成文法律所赋予的职能；有权自行决定，对任何罪行提起、进行或中止任何诉讼；有权在新加坡任何法院或法庭出庭，并优先于任何其他出庭的人。总检察长在副检察长协助下，通过 4 个主要部门履行其职责：民事司，负责就各种问题向各部委和国家机关提供法律咨询；刑事司，负责所有刑事诉讼；国际事务司，负责就国际法问题提供法律咨询；立法司，负责将政府和所有公共部门机构的政策转化为明确和有效的立法。[2] 此外，总检察署还设置有公司服务处，计算机信息处，法律业务小组等部门支持总检察长的工作。

新加坡实行检察权独立原则，总检察署依法独立行使职权，其职权主要有：刑事检察权、民事检察权、国际事务参与权与参谋权、法律草拟与审查权、法律改革与修正建议权、行政支持与内部管理权。就刑事检察权而言，新加坡总检察署行使全面独立的刑事检控权，包括指挥侦查，批准检查，指导检控与审

---

[1] Pro Bono Centre of SMU：《小额索偿法庭》，Available at https：//pbc. smu. edu. sg/sites/pbc. smu. edu. sg/files/covid19/Small% 20claims% 20tribunals% 20（31% 20July% 202020）% EF% BC%89. pdf，最后访问日期 2021 年 11 月 1 日。

[2] "Our Divisions – Attorney General's Chambers"，*AGC SINGAPORE*，https：//www. agc. gov. sg/about – us/organisation – structure/our – divisions，最后访问日期 2021 年 11 月 3 日。

查起诉，撤销、减轻、修改控状，出庭支持公诉，提起上诉。就民事检察权而言，新加坡总检察署民事职权范围很广，包括处理所有涉及政府的民事诉讼、处理涉及政府的民事非诉讼事宜、为政府提供民事法律咨询和服务、代表政府行使有关管理等其他方面的职能。[1]

新加坡检察官由法律服务委员会委任，只接受总检察长的领导。新加坡各级法院的开庭均由检察机关派出检察官出庭提起公诉，指控犯罪。"新加坡不实行错案责任追究制度，法官和检察官不会因办错案件受到责任追究，也不得因相关司法行为被民事起诉。"[2]

二、诉讼制度

（一）刑事诉讼制度

新加坡2020年修订的《刑事诉讼法典》是新加坡刑事诉讼的主要依据，产生于英殖民时期，后经多次修订。该法规定了刑事诉讼的基本制度、刑事程序的启动、预防犯罪、强制性措施、量刑、审前程序、审判程序及特殊程序等内容。

在新加坡，刑事诉讼分为自诉和公诉两种。对于轻微犯罪行为由当事人向治安法院提起诉讼即自诉，其他犯罪行为由总检察长指定的检察官向法庭提起诉讼即公诉。根据新加坡《刑事诉讼法典》第150条的规定，对任何人的刑事诉讼可根据传票、逮捕令、出庭通知、或根据本法或任何其他成文法规定的迫使某人出庭的方式提起。

新加坡的刑事诉讼程序分为审前程序、认罪答辩程序、审判程序和上诉程序。

1. 审前程序

审前程序包括国家法院的审前程序，高等法院普通审判庭的审前程序。

（1）国家法院的审前程序

根据新加坡《刑事诉讼法典》第160条的规定，控辩双方应按照法院的指示出席刑事案件开示会议，会议主要解决下列事项：双方提交诉状和答辩状；在正式庭审中法官要审理的事实和法律问题；申请出庭作证的证人名单；需要法庭认定的陈述、书证、物证及审判日期。在一方缺席的情况下，法官不能就以上事项作出任何不利于该方的命令。被告请求审判的，主持会议的治安法官、地区法官不得进行审判。如果辩方在会议上告知法院被告打算对指控认罪，法

---

[1] 徐汉明、黄达亮：《具有特色的新加坡检察制度》，载《中国检察官》2008年第3期。
[2] 樊崇义、刘文化：《广泛与独立：新加坡检察制度的公权特色》，载《检察日报》2015年7月28日，第3版。

院必须依法确定被告认罪的日期。

（2）高等法院普通审判庭的审前程序

该审前程序即预审程序，由治安法院法官审查证据是否充分，听取控方关于被指控人应否被交付高等法院审判的意见及被指控人的答辩后，依法决定是否移交给高等法院普通审判庭审判。

2. 认罪答辩程序

认罪答辩程序是被指控人对指控的罪名认罪答辩，则案件无须进入审理阶段，法官依据指控罪名进行定罪量刑。根据新加坡《刑事诉讼法典》第227条的规定，被告对指控认罪，则必须记录他的认罪，并可据此定罪。法庭记录认罪答辩前，必须由被告或其辩护律师确认已了解其认罪的性质以及对罪行的处罚并打算无条件的承认罪行。高等法院普通审判庭针对被告可判处死刑的罪行认罪时，除非控方在审判中提供证据证明案情属实，否则不得记录认罪答辩。

3. 审判程序

审判程序是法院的一审庭审程序。根据新加坡《刑事诉讼法典》第12部分的规定，审判程序要经过宣读指控、听取答辩、控方陈述、举证和质证、答辩总结、法院裁决诸多环节。值得一提的是，新加坡虽然深受英美法系的影响，但目前在其审判程序中并没有陪审团制度。20世纪60年代，新加坡国会通过立法废除了陪审团制度。

4. 上诉程序

根据新加坡《刑事诉讼法典》第384条的规定，上诉没有提出任何法律问题，而上诉法院认为有充足证据证明有罪，没有任何材料可引起对案件定罪是否正确的合理怀疑或导致上诉法院认为应当减轻刑罚的，法官可以不经过审理简易驳回上诉。简易驳回上诉的命令应证明法院已经仔细查阅案件材料并确信上诉没有充足理由。驳回命令应送达上诉人。如果上诉法院没有简易驳回上诉，则应通知上诉各方上诉庭审的时间和地点，在庭审中听取各方的意见和答辩。庭审后，上诉法院法官根据案情作出或减刑或维持原判或加刑的判决。为避免累讼和滥用诉讼权力，新加坡实行上诉可加刑制度，既可以增加刑罚种类，也可以增加刑期。

新加坡刑事诉讼中还有涉及妨碍司法的特定犯罪程序、复核羁押命令的程序和针对精神不健全者等程序的特殊程序。

（二）民事诉讼制度

新加坡没有专门的民事诉讼法典，民事诉讼的法律规定散见于《法院规则》《最高法院司法法》《国家法院法》以及与民事诉讼相关其他法律、诉讼指引、判例法等。

新加坡法院遵循民事案件有案必立原则，最高法院设有案件注册处，案件通过案件注册处进行登记。新加坡《法院规则》第5号令规定，除非依照法律规定必须由指定的方式启动诉讼，否则诉讼可以通过传讯令状或原告认为合适的原诉传票启动。

1. 传讯令状

根据新加坡《法院规则》第5号令第2条的规定，可能产生重大事实争议的诉讼应以令状开始。合同诉讼、侵权行为、人身伤害行为、知识产权诉讼、海事和航运诉讼等都以令状方式开启诉讼。

2. 原诉传票

新加坡《法院规则》第5号令第3条的规定，根据任何成文法向法院或法官提出申请的诉讼，必须以发出原诉传票开始。原诉传票适用于诉讼各方对事实没有实质争议，而对法律适用、法律条文的解释、法庭规则适用等问题存在争议的民事诉讼。"与传讯令状相比，原诉传票更加经济、快捷、简单，因为它免去了诉答程序和许多中间程序。"① 根据第7号令第3条的规定，每一份原诉传票都必须包括原告要求法院确定或指示的问题陈述，或在原诉传票开始的诉讼中简明扼要地说明救济或补救措施，并有足够的细节来确定原告要求救济或补救的诉讼原因。关于签发、期限、延期和送达等有关令状的事项，如有必要修改，也可适用原诉传票。

原告提起诉讼须向最高法院案件登记处递交令状申请并附带起诉书，由书记官编号、签字、盖章后签发令状。令状及起诉书由原告或其代理人送达被告。被告在收到之日起8天内向法庭递交应诉通知书应诉，并进行答辩。如果被告不答辩，原告可以请求法院作出欠缺答辩的判决。如果被告的答辩缺乏实质的理由，原告可请求法院作出简明判决。

3. 审前会议

新加坡《法院规则》第34号令是关于审前会议的规定。在审判之前，法院可指示当事人出席与诉讼有关的审前会议，披露案件相关的证据材料，寻求和解的可能性。在审前会议中，法官可协助双方当事人缩小争议范围，协助他们对案件开审做好准备，以确保公正、迅速和经济地处理诉讼。

双方当事人如果就争议达成和解协议，法院可作出判决或命令使协议生效。未能达成和解，则确定审判日期进入正式审理阶段。

---

① 《新加坡民事诉讼程序》，https://www.sginsight.com/xjp/index.php? id = 1953，最后访问日期2021年11月6日。

4. 正式审理

在正式审理阶段，由法官确定当事人发言顺序，双方对证人进行交叉询问。法官对询问一般不加干预，只维持正常的庭审秩序。询问完毕后，法官听取双方的口头结案陈述或寻求书面结案陈述。审判结束后，法官作出判决或在合适的时间判决。判决一般采用庭令的方式，对判决不服提起上诉才制作判决书。判决生效后，法院通过签发执行令状的方式执行判决。执行令状包括：对动产及不动产的查封令和变卖令、强制交付令和扣押令等。

5. 非诉纠纷解决机制

新加坡非诉纠纷解决机制是快捷、高效和经济的民事纠纷解决方法。1994年新加坡启动多元化纠纷解决机制改革，1995在初级法院设立法院调解中心，1998年更名为初级纠纷解决中心，为所有民事案件提供非诉纠纷解决程序。非诉纠纷解决方式的目的是寻找到能够满足当事人需求的解决方案，使当事人能够达成相互接受的合意结果，以便当事人能获得更好的救济，实现正义。随着新加坡非诉纠纷解决机制的发展，一些轻微刑事犯罪案件也可以通过治安法官或法庭调解员主持调解进行处理。2015年3月，新加坡国家法院争议解决中心设立。该中心主要处理国家法院的民事纠纷，包括机动车事故纠纷和人身损害赔偿纠纷，在刑事案件注册处提起检控刑事罪行的起诉以及其他相关纠纷等，为各种案件提供多元化纠纷解决服务。①

第九节 泰王国司法与诉讼制度

泰国是君主立宪制国家，也是东南亚唯一没有被殖民过的国家。从19世纪下半叶开始，泰国在本土法律基础上吸收西方国家特别是法国的法制建设经验，建立了融合东、西方法律文化的法律制度。

一、司法制度

（一）法院体系

现行泰国《宪法》于2017年4月6日施行，其第10章明确规定司法权由法院行使。法院有依法以国王的名义执行案件的审判和裁决的权力。大法官和法官根据宪法和法律，迅速、公正无偏袒地独立审理和裁决案件。法院有权审

---

① ［新加坡］梅达顺：《新加坡法院"一站式"多元化纠纷解决服务框架》，江和平译，载《人民法院报》2015年4月10日，第8版。

判和裁决除宪法或法律规定的案件外的所有案件。法院的设立、程序和运作应当依法进行，法官由国王任命和罢免。

泰国法院分为宪法法院、军事法院、行政法院和普通法院。

1. 宪法法院

泰国《宪法》第 210 条规定了宪法法院的职责，包括审议和裁决法律或法案的合宪性，审议和裁决众议院、参议院、国民议会、部长理事会或独立机构的职责和权力问题及宪法规定的其他职责和权力。个人受宪法保障的权利或自由受到侵犯，也有权根据法律规定向宪法法院提出申诉，请求对侵犯行为的违宪性作出决定。

宪法法院法官任期为 7 年，自国王任命之日起生效，任期只有一届。宪法法院审理案件和作出判决应由不少于 7 名法官组成法庭，裁决应获半数以上法官通过。宪法法院判决是终局的，不得上诉。

2. 军事法院

根据《宪法》第 199 条的规定，军事法院有权根据法律规定审理和裁决属于军事法院管辖的罪犯和法律规定的其他案件。军事法院的设立、程序、运作以及军事法院法官的任免，应当依法规定。

3. 行政法院

根据《宪法》第 197 条的规定，行政法院有权审理因行使法律规定的行政权力或者依法实施行政行为而产生的行政案件，包括最高行政法院和初级行政法院两级。初级行政法院行使行政案件初级审判权，对初级行政法院判决不服可以上诉至最高行政法院。行政法院法官人事管理应当是独立的，由行政法院审判委员会负责。

4. 普通法院

普通法院审理不属于宪法法院、行政法院和军事法院审理的所有案件，包括初审法院、上诉法院和最高法院[①]。

初审法院分为初审普通法院、少年和家庭法院以及专门法院。

初审普通法院有权审理和裁决刑事和民事案件，包括民事法院、刑事法院、省法院和市法院。民事法院和刑事法院管辖一审民事和刑事案件。根据泰国《颁布法院组织法的法令》（Act Promulgating the Law for the Organization of the Court of Justice，B. E. 2543 号法）[②] 第 16 条的规定，民事法院和刑事法院对整

[①] "The Courts of Justice System", *Court of Justice Thailand*, https：//coj. go. th/th/content/page/index/id/91994，最后访问日期 2021 年 11 月 6 日。

[②] 泰国《颁布法院组织法的法令》全文参见 "Act Promulgating the Law for the Organization of the Court of Justice B. E. 2543"，https：//coj. go. th/th/content/page/index/id/92005，最后访问日期 2022 年 7 月 24 日。

个曼谷大都会的民事和刑事案件拥有管辖权,但曼谷南部民事法院、通布里民事法院、曼谷南部刑事法院、通布里刑事法院、民布里省法院和其他法院管辖的范围除外。省级法院管辖本省境内不受其他法院管辖的一切民事和刑事案件。为了将法院的服务扩大到遥远的地区,一些省份可能不止一个省法院。例如,在全武里省有全武里省法院和芭堤雅省法院,在柴亚芬省有柴亚芬省法院和府桥省法院。[①] 民事法院、刑事法院及省级法院审理案件至少需要两名法官组成法庭。地方法院(Kwaeng Courts)由一名法官独任审理案件,根据泰国B. E. 2543 号法第 25 条的规定,其主要审理处罚不超过 3 年监禁或不超过 6 万泰铢罚款以及争议或索赔金额不超过 30 万泰铢的民事案件。

少年和家庭法院管辖未成年人案件,其父母或监护人可以参加审判。基于对未成年人的保护,案件不允许媒体或个人对案件进行报道,当事人的隐私应得到充分尊重。少年和家庭法院案件审理需要 2 名法官和 2 名助理法官组成法庭,其中一名必须是女性。对少年和家庭法院的判决或命令不服的可向上诉法院提出上诉。

专门法院包括税务法院、知识产权和国际贸易法院、破产法院和劳工法院。

泰国上诉法院由中央上诉法院和 9 个地区上诉法院组成。上诉法院处理对民事法院和刑事法院判决或命令的上诉。同时,地区上诉法院处理对所在地区内其他初审法院的判决或命令的上诉。对上诉法院判决不服可以上诉至最高法院。

泰国最高法院是全王国所有民事和刑事案件的终审法院,其判决为终审判决。上诉法院及最高法院审理案件至少由 3 名法官组成法庭。

(二)检察机关

根据泰国《宪法》第 248 条的规定,国家检察机关有宪法和法律规定的职责和权力。国家检察官独立履行职责,迅速、公正无偏袒地独立处理案件。国家检察机关的人事管理、预算事务和其他行为应当独立,人事管理由国家检察官委员会管理。

泰国检察机关可分为两级,即中央和地方两级。泰国中央检察机关即总检察院,设于曼谷,主要处理在曼谷地区发生的刑事案件,也可处理发生在省的重大刑事案件。总检察院刑事诉讼部、曼谷南部刑事诉讼部、通布里地区刑事

---

① "International Affairs Division of Office of the Judiciary", *Civil Procedure*, 2018, p. 5, Available at, https://coj.go.th/th/file/get/file/201811224b34207c5f78754ea225269b01b467d5084046.pdf, 最后访问日期 2021 年 11 月 7 日。

诉讼部负责中央一般刑事案件的诉讼；经济犯罪和知识产权诉讼部负责经济犯罪的刑事诉讼。特殊案件诉讼部负责腐败犯罪、洗钱犯罪及司法部特殊犯罪侦查部门侦查的特殊犯罪。总检察院主要职责是负责为州政府及各级机构提供法律意见，提起刑事诉讼及国际刑事司法合作，保护公民权利，提供法律援助等事项。总检察院设有法律咨询处、经济犯罪检察处、毒品犯罪检察处、青少年及家庭犯罪检察处、税务检察处、劳工案件检察处、民权保护和法律援助处、晋升和培训处等机构。总检察长有权监督管理全国各地各级检察长和检察官。地区检察院分为曼谷地区检察院和省级检察院。曼谷地区检察院有9个，负责管理所有省级检察院。泰国75个省设立了103个省级检察院，有的省设立有多个省级检察院。[①]

泰国检察机关的职权主要有：第一，对某些刑事案件有侦查权。这些刑事案件包括需要有检察官介入调查的少年案件；需要联合检察官一起调查的有组织犯罪；犯罪行为发生在域外，应由总检察长负责侦查的案件。第二，审查起诉和提起诉讼。对警察机关侦查完毕的刑事案件进行审查以决定是否起诉或免予起诉，决定起诉的，向法院提起诉讼。第三，监督审判。检察机关有权对法院的审判进行监督，督促法院公正判决。如果不认同法院判决可以向上级法院提出抗诉，不服上级法院判决还可以再抗诉，直至最高法院。最高法院作出的判决是终审判决。四是预防犯罪。为进行犯罪预防及对惯犯进行改造，检察机关有权请求法院针对被控人施以安全处分。五是保护人民，向人民宣传法律知识，提供法律咨询或法律服务，如有必要可以代表个人请求法院保护其法律权益。

二、诉讼制度

（一）刑事诉讼制度

1. 概 述

泰国《刑事诉讼法典》1935年颁布施行，后历经多次修订。该法对泰国刑事诉讼制度作了详细规定，主要内容涉及侦查和法院的管辖权、刑事案件的起诉及刑事附带民事诉讼的立案、一审程序、上诉审程序及最终上诉审程序等。

泰国刑事诉讼实行三审终审制。刑事案件的起诉分为检察机关代表国家追诉犯罪的公诉和被害人维护自身权益的自诉。根据泰国《刑事诉讼法典》第28

[①] 《泰国的检察制度》，中国—东盟成员国检察长会议网，http://www.ca-pgc.org/zdyj/201612/t20161206_1907172.shtml，最后访问日期2021年11月8日。

条的规定，检察官和受害人有权提起刑事诉讼。为提高司法效率，节约司法资源，检察机关和被害人还可以作为控方共同参与控诉。根据泰国《刑事诉讼法典》第 30 条的规定，在公诉案件中，受害人可在一审法院作出判决前的任何阶段，通过动议以检察官的身份出庭。而对自诉案件，检察官可在案件结案前的任何阶段通过动议成为该案的检察官。

2. 审查起诉和预审

法院接到起诉状后，应审查决定是否受理起诉。根据《刑事诉讼法典》第 161 条的规定，在指控与法律有冲突的情况下，法官应责令检察官修改指控，或者驳回或者拒绝指控。检察官有权对该命令提出上诉。如果指控符合法律规定则进入预审阶段。

在公诉案件中，被告应按时出席预审，法院将起诉状副本送交每一位被告人。法院在核实被告身份后，应当向被告宣读并解释指控内容，被告应被询问是否犯了罪，以及是否进行辩护。被告的任何陈述都应记录下来，希望保持沉默的事实也应予以记录。此后，法院应进一步审理此案。被告无权在预审中提供证据，但不妨碍其获得律师协助的权利。

在自诉案件中，被告可亲自出席预审，也可委托律师出席。如果被告不出席预审，可委托律师代表其进行盘问控方证人。法院不得要求被告提出任何抗辩。案件一般都是公开审理，在法庭上公开进行调查取证。

3. 审理和上诉

根据《刑事诉讼法典》第 176 条的规定，在案件审理中，如果被告对指控认罪，法院可以不采信进一步证据就作出判决；但是如果被告认罪的最低刑罚为 5 年以上或更重的话，法院必须听取证人的证词，直到确信被告有罪。

涉及公共秩序利益或善良风俗或国家安全机密的案件，可以由法院根据自己的动议或根据一方的申请签发不公开审理令状不公开审理。审判结束后，法官应当根据案情，书面作出判决或裁定。判决或裁定应在审判结束之日或 3 日内公开宣读。如果有合理理由，可延后宣读，但延后理由需记录在案。

对一审法院的判决或裁定不服的可以收到判决书或裁定书之日起 15 日内向上级法院提起上诉。根据《刑事诉讼法典》第 193 条的规定，除法律禁止的上诉外，对事实和法律问题提出上诉，应向上诉法院提出。但最高监禁不超过 3 年或罚款不超过 6 万泰铢或二者并处的案件，不得对一审法院关于事实问题的判决提出上诉，除非：法院已判决被告监禁或替代监禁的处罚；被告经法院判决监禁，但暂停执行处罚；法院作出被告有罪但尚未量刑的判决；被告被判处罚款 1000 泰铢以上。上诉依据的法律理由要在上诉书中清楚列明，并通过原审法院提出。原审法院审查上诉，如果认为不应接受上诉应写明理由发布命令予以拒绝。

上诉人对该命令可以向上诉法院提出上诉。如果接受上诉则将上诉书送交上诉法院。当上诉法院发现上诉没有在规定的期限内提出，可以驳回上诉。上诉法院受理案件并进行审理，审理结束后作出判决，判决可以由上诉法院进行宣读，也可以交由原审法院宣读。根据《刑事诉讼法典》第212条的规定，被告不服定罪判决提出的上诉，上诉法院不得作出加重惩罚的判决，除非检察官对此提出上诉。

对上诉法院的判决不服还可以向最高法院提出最终上诉。根据《刑事诉讼法典》第216条的规定，有权提出最终上诉的当事人应在上诉法院的判决宣读1个月内通过原审法院向最高法院提出。《刑事诉讼法典》中对提出最终上诉规定了严格的条件限制：如果上诉法院维持了下级法院的判决或仅对非实质性要点进行了修改，单处或并处不超过5年监禁或罚款的案件，则当事人无权就事实问题提出上诉；一审法院判处被告有期徒刑不超过2年，罚款不超过4万泰铢的，或者上诉法院未对被告人判处超过上述限额的，当事人无权就事实问题提出上诉，但是在上诉法院作出重大修改和增加对被告惩罚的判决不在此限；原审法院和上诉法院驳回检察官指控的情况下，当事人无权提出上诉。

（二）民事诉讼制度

泰国《民事诉讼法典》1935年开始施行，历经多次修订。该法共4编，分别是总则、一审程序、上诉和最终上诉、临时措施和判决及裁定的执行。

1. 管　辖

在管辖权方面，根据《民事诉讼法典》第4条的规定，原告必须向案件发生地或被告住所地的法院提起诉讼。如果被告在泰国没有住所，起诉前在泰国居住满2年的，居住地视为住所地或在泰国从事经营活动的，在起诉之日或之前2年用于经营的地点、联系的地点视为被告的住所。

涉及不动产或与不动产权利相关的诉讼，原告应当向不动产所在地或者被告住所地法院起诉。被告在泰国无住所、案件没有发生在泰国的，原告是泰国人或在泰国有住所，应当向原告住所地法院提起诉讼。

2. 诉讼程序

泰国民事诉讼程序包括一审程序、上诉审程序及终审程序。

（1）一审程序

原告向一审法院提交起诉书，起诉书要明确说明指控的内容，指控的证据及寻求的救济。法院在审查起诉书后作出受理与否的决定。法院受理案件的，原告在7天内向法院工作人员申请将起诉书副本及传唤传票送达被告，被告在

15 内内向法庭提交答辩状，对原告指控的全部或部分承认或全部否认，并提交理由。被告若未能在规定时间内提交答辩，视为没有答辩状。原告可以向法院提出申请，请求作出己方胜诉的裁定。

被告提交答辩的，法庭对诉状、答辩状进行审查后，指定双方交换证据、交叉询问，双方当事人可以进行最后的陈述。按照泰国《民事诉讼法典》第187条的规定，当传唤证人及当事人陈述结束后，可视为审判结束。但法院为公正起见，可以在判决尚未作出前继续进行审判。法院作出判决或裁定后，要进行宣读或公示。

（2）上诉程序

不服一审判决的，可在法官宣读一审判决和裁定之日后1个月内以书面形式通过一审法院提起上诉。但是，上诉争议的财产价值或数量不超过5万泰铢或不超过皇家法令规定的金额的，当事人不能就事实问题提出上诉，除非该案的一审法院法官已提出反对意见或有上诉的合理理由，或获得了一审法院首席法官的书面许可。

一审法院有权审查是否接受上诉，如果作出不予接受上诉的裁定，上诉人可就该裁定向上诉法院提出上诉请求，该上诉也须通过一审法院书面提出。一审法院接到此上诉后，应立即将该请求及一审法院的判决和裁定及上诉状送交上诉法院。

一审法院审查接受上诉的，则于接到上诉后7日内向上诉被告送达上诉状副本并将上诉书送交上诉法院。《民事诉讼法典》第240条规定，上诉法院有权对案件作出判决，但只对一审法院递交的上诉状、上诉答辩书及相关证据进行审理。除非有必要，上诉法院一般不会接受新的证据。上诉法院针对上诉案件可作出或取消上诉或维持原判或驳回一审法院判决、重新判决或部分维持原判或部分驳回重新判决的决定。

（3）最终上诉

对上诉法院的判决不服可以在宣读判决后1个月内向最高法院提起上诉。根据《民事诉讼法典》第248条的规定，不超过20万泰铢或不超过皇家法令规定金额的案件，当事人不能就事实问题向最高法院提起上诉，除非该案的上诉法院法官已提出反对意见或有向最高法院上诉的合理理由，或获得了上诉法院首席法官的书面批准。对一审法院判决中法律方面问题提出的上诉可以直接向最高法院提出。

（4）小额案件特别审判程序

泰国民事诉讼法中规定了小额案件程序作为一审法院的特别审判程序。根据《民事诉讼法典》第189条的规定，小额案件是指争议金额不超过4万泰铢或不超过皇家法令规定金额的案件；将承租人从租金不超过4000泰铢或皇家法令规定金额的房屋中驱逐的争议案件。小额案件起诉程序，原告可以向法院递交书面诉状或口头起诉。法院要尽快确定审理日期并向被告发出传票，同时要求原、被告在规定日期出庭调解。对小额案件，法院有权传唤证人或对证据进行调查。小额案件法院可以口头形式作出判决或裁定。

3. 调　解

在泰国民事诉讼中，调解是解决纠纷的重要方式。《民事诉讼法典》第20条规定，法院在审理的任何阶段都有权进行调解，使争议双方就争议事项达成一致或和解。为节省时间和资源，促进调解作为解决纠纷的替代方式，2020年9月8日，泰国通过《民事诉讼法典修正案》①，于11月7日生效。

修正案生效后，民事争议当事人可以在提出起诉前向有管辖权的法院提出动议，请求任命调解人来解决争议。动议的内容包括争议各方的姓名和地址以及争议的内容。如果法院接受动议，则在征得对方当事人同意后，传唤双方出席调解会议，指定调解人对争议进行调解。如果双方能达成协议，调解人将协议提交法院裁决，法院审查认为协议符合当事人的意图且是公平、不违反法律的，将允许双方签署和解协议。当事人可以请求法院根据和解协议作出判决，该判决不能提出上诉，除非任何一方提出欺诈指控，或认为该判决违反了涉及公共秩序的法律规定或不符合双方之间的协议。根据该修正案，当事人提交诉前调解的请求时，无须支付法庭费用。

第十节　越南社会主义共和国司法与诉讼制度

19世纪中叶后，越南逐渐沦为法国殖民地。1945年，越南"八月革命"胜利，建立越南民主共和国，1976年更名为越南社会主义共和国。1986年，越南开始改革开放，推进经济发展的同时逐渐完善法律制度。

一、司法制度

（一）法院体系

根据越南2013年《宪法》第102条的规定，人民法院是越南社会主义共和国的司法机关，行使司法权。人民法院由最高人民法院和其他依法设立的法院

---

① 修正案英文译文可参见 "Amendments to the Civil Procedure Code on Civil"，*MPG*，https：//mahanakornpartners.com/amendments-to-the-civil-procedure-code-on-civil-mediation/，最后访问日期2021年11月15日。

组成。人民法院负责保护司法、人权、公民权利、社会主义制度、国家利益及组织和个人的合法权益。

1. 审理原则

越南人民法院在审判活动中遵循法律面前人人平等原则，不论其种族、性别、信仰、宗教、社会阶级和地位，不论个人、机构和组织都是平等的。法院具有独立审判权，只服从法律，不受任何其他干扰；除法律规定不公开审理案件①外，案件审理一律公开进行；法院充分保障被告人的辩护权及当事人的合法权益。

人民法院实行两审终审制，对法院的一审判决书、裁定书依法可以提出上诉；实行人民陪审员制度。根据《人民法院组织法》第 8 条的规定，除简易程序外，人民陪审员应参加法院的一审审判。在审判中，陪审员和法官应当独立审判，只服从法律，禁止任何机构、组织和个人干涉。有干涉审判的，依照其行为的性质和严重程度，依法给予纪律处分、行政处分或追究刑事责任。人民法院审理案件，除简易程序外，应当以合议庭方式进行，以多数票作出裁决。

2005 年，越南中央政治局发布了《2005 年至 2020 年司法改革战略》的决议，决定进行司法改革，重点在于完善法院的组织结构。目前，越南的司法改革还在进行中，2021 年 10 月，其国家主席及中央司法改革指导委员会主任阮春福在出席最高人民法院会议时指出："推进司法改革是建设法治国家的必然选择。法院应继续提高审判质量，防止不公正、错误的审判发生，不应忽视犯罪和罪犯，积极打击腐败。司法活动要以人民为中心，加强同人民群众的联系，倾听人民群众的意见和愿望。"②

2. 法院机构

2015 年 2 月 1 日，越南新的《人民法院组织法》正式施行，其第 3 条规定了越南的法院包括：最高人民法院，高级人民法院，各省、直辖市人民法院，乡村、城镇、省级城市和同级城市的人民法院，以及军事法院。

（1）最高人民法院

最高人民法院是越南最高司法机关。根据《人民法院组织法》第 20 条的规定，其职责和权力是：监督其他法院的审判工作；对依法撤销或重审的案件进

---

① 《越南法院组织法》第 11 条第 2 款：法院应当进行公开审判，但为保守国家秘密，维护国家的优良传统和风俗习惯，保护未成年人或者根据当事人的正当要求保守秘密的案件除外。

② "President urges stronger judicial reform to build law‐governed state", *VOV WORLD*, https://vovworld.vn/en‐US/news/president‐urges‐stronger‐judicial‐reform‐to‐build‐lawgoverned‐state‐1036907.vov，最后访问日期 2021 年 11 月 19 日。

行复审；全面评估法院的审判做法，确保法律的统一适用；对人民法院的法官、陪审员和其他工作人员进行培训和再培训；组织管理人民法院和军事法院，确保法院彼此独立；依法向国民议会提交决议和法令草案。最高人民法院由最高人民法院司法委员会、辅助机构和培训机构组成。

最高人民法院司法委员会由最高人民法院首席审判长，副审判长和其他若干最高人民法院法官组成，总人数在13人至17人之间。根据《人民法院组织法》第22条的规定，最高人民法院司法委员会的职责和权力是：对已生效并受到抗议的法律判决进行复审；指导法院统一适用法律；总结及公布法院案例供法院研究和适用；讨论最高人民法院院长关于人民法院工作情况的报告，并提交国民议会、国民议会常设委员会；就法律和决议草案提出意见等。辅助机构由首席审判长报送国民议会常设委员会批准组织及确定职权，培训机构则主要是对法官、陪审员及其他工作人员进行培训和再培训工作。

2. 高级人民法院

根据《人民法院组织法》第29条的规定，越南高级人民法院的职责和权力是：对尚未生效的省、直辖市人民法院的一审判决、裁定提出上诉、抗诉的案件进行审判；对已生效的省、直辖市、乡村、城镇、省级城市及同级城市人民法院的判决、裁定提出异议，依法重审。高级人民法院由司法委员会，刑事民事、行政、经济、劳工、家事和少年法庭以及辅助机构组成，必要时，设立专门法庭。

司法委员会委员由首席审判长，副审判长和其他若干高级人民法院法官组成，人数在11人至13人之间。司法委员会的职责和权力除对案件进行重审外，还包括讨论并向最高人民法院首席审判长提交关于法院工作的报告。

3. 省、直辖市人民法院

根据《人民法院组织法》第37条的规定，省、直辖市人民法院有权对法律规定的案件进行一审；对上诉的一审法院尚未生效的判决和裁定进行上诉审判；审查下级法院已生效的判决或裁定，发现违法行为或新情况时，依法提出抗议。

省、直辖市人民法院由司法委员会，刑事、民事、行政、经济、劳工、家事和少年法庭及辅助机构组成，必要时，设立专门法庭。司法委员会成员人数由最高人民法院首席审判长根据省、直辖市人民法院首席审判长的建议决定，其职责和权力主要是：讨论法院工作方案和计划；总结裁判经验。

4. 乡村、城镇、省级城市或同级城市的人民法院

根据《人民法院组织法》第45条的规定，乡村、城镇、省级城市或同级人民法院可以设立刑事、民事、行政、家事和少年法庭及辅助机构，必要时，设立其他专门法庭。该级法院依法对法律规定的案件进行一审。

5. 军事法院

军事法院审理被告人为现役军人的案件或法律规定的其他案件，包括中央军事法院、军区及同级军事法院和地方军事法院。

(二) 检察机关

根据 2013 年越南《宪法》第 107 条的规定，人民检察院行使公诉权及监督司法活动，负责保护法律、人权、公民权利、社会主义制度、国家、组织、个人的利益和法律权利，确保统一和严格遵守法律。2015 年 6 月 1 日，越南新的《人民检察院组织法》正式施行。根据该法第 40 条的规定，越南检察机关包括：最高人民检察院、高级人民检察院、省和直辖市人民检察院（省级人民检察院）、乡村、城镇、省级城市和同级城市的人民检察院（区级人民检察院），各级军事检察机关。

越南检察院实行垂直领导制：人民检察院由检察长领导。下级人民检察院检察长接受上级检察院检察长的领导。下级检察院检察长、军事检察机关检察长接受最高人民检察院检察长的统一领导。上级人民检察院对下级人民检察院的违法行为进行检查和严格处理。上级人民检察院检察长可以撤销、中止下级人民检察院检察长作出的违法决定。最高人民检察院检察长由国民议会根据国家主席的提议选举任免。最高人民检察院副检察长、下级人民检察院检察长、副检察长均由最高人民检察院检察长任免。

越南检察机关的职责主要是提起公诉和进行司法监督，其职权包括：

第一，公诉权。根据《人民检察院组织法》第 3 条的规定，检察机关依法行使公诉权。对一切违法犯罪分子，应当及时、准确、公正提起诉讼，既不让无辜者受到不公正对待，也不让违法犯罪分子逃脱。人民检察院行使公诉权时，有权提起刑事诉讼，批准或不批准侦查机关对被告提起刑事诉讼的决定；有权依法查办侵犯司法活动的犯罪及司法活动中的贪污、职务犯罪；有权决定在调查和起诉中适用简易程序；有权对法院判决提出抗诉等。公诉权的行使贯穿刑事案件的立案、侦查、起诉、审判包括刑事司法协助的所有阶段。

第二，监督司法活动。根据《人民检察院组织法》第 4 条的规定，人民检察院对机关、组织和个人在司法活动中的行为和决定的合法性进行监督，要迅速和严格地发现和处理司法活动中的所有违法行为。人民检察院履行司法监督职责时，有权要求机关、组织和个人依法开展司法活动；有权核实和收集材料，对机关、组织和个人在司法活动中的违法行为进行直接监督；有权提出抗诉，要求和建议有关机关、组织和个人采取措施纠正司法活动中的违法行为；有权对法院在司法活动中的违法行为提出抗议，并建议其采取措施防止违法行为产生。人民检察院的司法监督包括对刑事案件立案、侦查、审判的监督；对行政、民事、婚姻家庭、劳动案件的监督；对民事和行政判决执行的监督；处理解决对其权限范围内的司法活动的投诉和谴责；监督司法互助活动。人民检察院还担负着统计犯罪数据，进行法律宣传和教育，开展培训和再培训活动，研究犯罪和违法行为，进行国际合作等工作。

第三，参与民事诉讼。在越南的民事诉讼中，人民检察院有权对民事诉讼中遵守法律的情况进行监督。检察机关有权参与一审、二审、再审、审判监督、民事调解等多个程序，有权对法院，参与诉讼的个人、国家机关、经济组织等进行监督。当未成年人或身心有缺陷的人的合法权益遭受侵害，没有人提起诉讼时，检察机关可以代为提起民事诉讼。如果民事判决出现错误，检察机关有权提出抗诉。对已生效的判决或裁定，如果认为有严重违反诉讼程序的情况，或者判决、裁定与案件事实不符，或者在适用法律方面存在严重错误，检察机关有权提起审判监督程序，要求法院重新审理。

二、诉讼制度

（一）刑事诉讼制度

2015年11月27日，新的《越南社会主义共和国刑事诉讼法典》颁布，2016年7月1日正式施行，该法共有8编36章510条，主要涉及刑事案件的立案、侦查、公诉、诉讼参与人、证据、强制措施、刑事指控、一审程序、上诉程序、再审程序和国际合作，诉讼机关的职能、任务、权限及相互间的关系等。

1. 基本原则

越南的刑事诉讼活动应遵循以下原则：

第一，保障人权、维护公民合法权益原则。根据越南《刑事诉讼法典》第8条的规定，主管机关或个人在职责和职权范围内提起法律诉讼时，必须尊重人权和保护个人的合法权益。检查所采取的措施是否合法和必要，发现违法或不必要的行为，要及时撤销或修改。

第二，保障法律面前所有公民的平等权利原则。在刑事诉讼中不分性别、民族、宗教信仰、成分、社会地位，所有公民在法律面前一律平等。任何人犯罪，都要依法处理。

第三，保障公民人身不可侵犯的权利。未经人民法院决定，未经人民检察院决定或批准，任何人不受逮捕，逮捕和拘留要依法进行。严禁一切刑讯逼供、酷刑或侵犯个人身体、生命和健康的行为。公民的生命、健康、财产、荣誉和尊严受法律保护；加强对住宅、隐私、个人秘密、家庭秘密、个人邮件、电话和电报的安全和保密，任何人不得非法侵犯。

第四，无罪推定原则。根据越南《刑事诉讼法典》第13条的规定，在根据本法规定的程序证明其有罪和法院定罪之前，被告被视为无罪。依照本法规定的程序定罪的理由不足的，应当裁定被告人无罪。

第五，保障被告辩护权原则。法律保护被告和当事人的合法权益，被告有权为自己辩护或由律师或其他人为其辩护。

2. 刑事诉讼程序

（1）侦查和提起诉讼

根据越南《刑事诉讼法典》第143条的规定，只有在查明犯罪活动迹象后，才能予以立案。当有充分证据证明有犯罪行为时，侦查机关应作出立案决定。侦查机关在决定立案后24小时内，须将立案决定书和有关对犯罪嫌疑人的指控文件送交同级检察院批准。检察院应当在收到之日起3日内批准或者撤销该决定。侦查机关侦查终结，检察院在收到侦查机关侦查终结报告和案卷材料后，对轻罪、重罪应在20天内，极其严重犯罪应在30日内作出起诉的决定，并在作出起诉决定之日起3日内将起诉书及案卷材料提交给人民法院。

（2）审理程序

越南人民法院的刑事诉讼程序包括一审程序、上诉程序，再审程序。

第一，一审程序。法院应在受理案件后3天内指定主审法官。主审法官要阅卷、处理检察官和其他诉讼参与人的请求。越南《刑事诉讼法典》第277条第1款规定：主审法官针对轻罪在30天内、重罪在45天内、严重罪行在2个月内，极其严重罪行在3个月内要作出或开庭审理或退回补充侦查或中止或驳回案件的决定。审理复杂案件的时限，法院院长可决定延长庭审准备时间：轻罪或重罪延长15日，严重罪行或极其严重罪行延长30日。延长期限必须通知给人民检察院。主审法官作出审理决定后15日内，必须进行审判。如发生不可抗力或客观障碍，法院可在30日内启动审判。案件由合议庭开庭审理，经由法庭调查，法庭辩论，检察官作结，被告最后陈述后作出判决。判决应当公开宣读，不公开审判的案件，只应宣读判决的裁决部分。

第二，上诉程序。根据越南《刑事诉讼法典》第331条的规定，被告人、被害人及其代理人有权对第一审法院的判决、裁定提出上诉；辩护律师有权为未满18周岁或有精神、身体缺陷的诉讼参与人的利益提出上诉；民事原告、被告及其代理人有权对判决、裁定中与损害赔偿有关的部分提出上诉；未满18周岁或者有精神、身体缺陷的被害人的监护人有权对判决、裁定中与其受监护人利益有关的部分提出上诉；被宣告无罪的人，有权对一审法院无罪判决的理由提出上诉。对一审法院判决上诉的期限为宣判后15日，被告或者诉讼当事人缺席的，期限从收到或依法宣判时起算；对一审法院裁定提出上诉的期限为7天，自有权上诉人收到裁决之日起计算。上诉人可以书面方式直接向一审法院或者上诉法院提出上诉。上诉法院受理案件后，必须将案卷移交给同级检察院。上诉案件经合议庭审理，可作出决定：驳回上诉，维持原判或变更一审判决或撤销一审判决，发回重审或撤销一审法院判决，终止上诉程序。上诉法院的判决自宣判时生效。

第三，再审程序。再审程序的提起主要针对两类案件，一是对案件办理过程中的严重违法行为提起再审。根据越南《刑事诉讼法典》第371条的规定，法院的判决或裁定与案件客观事实不符的，严重违反侦查、起诉、审判的法律程序致使案件处理出现严重失误的，适用法律出现错误的，应根据再审程序提出抗诉。二是对案件新发现重要案件事实可能改变原有判决或裁定提起再审。根据《刑事诉讼法典》第398条的规定，提起再审的情形有：证人证词、专家结论和财产估价、翻译人员口译、书面翻译中有重要细节具有虚假性；侦查人员、检察官、法院、陪审员对某些事实一无所知而使得判决和裁定不符合客观事实；案件证据、侦查、起诉等记录或其他证明、文件是伪造的或不准确的；其他使法院判决、裁定偏离案件客观事实的事实。

（二）民事诉讼制度

2015年11月25日，越南新的《民事诉讼法典》颁布，2016年7月1日正式施行，该法共有9编42章517条。主要规定关于民事诉讼中的基本原则，民事诉讼一审、二审、审判监督、再审程序及证据、民事判决、裁定的执行等问题，其宗旨是为捍卫社会主义制度、加强社会主义法制、保护国家的利益、个人、机关、组织的合法权利和利益；教育全民严格遵守法律。

1. 基本原则

在民事诉讼活动中要遵循以下主要原则：

第一，保护合法权利和利益原则。个人、机关、组织有权向法院提起民事诉讼，以保护正义、人权、公民权利，保护国家利益、自己或他人合法权益。

第二，当事人决定和自我定夺的原则。当事人有权决定是否向管辖法院提起民事诉讼，法院只有在收到起诉书或当事人的书面请求后，才受理民事案件，并只在诉讼请求或书面请求的范围内审理民事案件。民事案件审理过程中，当事人有权中止、变更请求或者在不违反法律和社会公德的基础上自愿达成协议。

第三，诉讼权利义务平等原则。法律面前人人平等，不论民族、宗教、教育水平、职业如何。所有机构、组织和个人在民事诉讼中享有平等的权利和义务。法院有责任为当事人行使其权利和义务创造平等条件。

第四，保障当事人合法权益的原则。根据越南《民事诉讼法典》第9条的规定，当事人有权为自己辩护，也有权委托律师或他人保护其合法权益。法院有责任保障有关各方能够行使辩护权。国家有责任依法提供法律援助，保障法庭上当事人的合法权益。任何人不得限制当事人保护其合法权益。

第五，调解原则。在民事诉讼中法院有责任进行调解，为当事人解决民事纠纷达成协议创造有利条件。

第六，集体审判原则。人民法院对民事诉讼进行集体审判，按照多数规则作出裁判，但按简易程序审理的除外。

第七，公开审判原则。根据《民事诉讼法典》第15条第2款的规定，法院的审判应当公开进行。但需要保守国家秘密、维护风俗习惯、保护未成年人或者应当依法保守当事人的职业秘密、商业秘密、个人秘密的除外。

2. 起诉与受理

越南享有民事案件起诉权利的主体有两类：一是为维护自身合法权益，个人、机关、组织或其代理人有权向有管辖权的法院提起诉讼；二是为保护他人合法权益或公共利益或国家利益提起民事诉讼。

根据《民事诉讼法典》第187条的规定，家庭、儿童事务主管部门和越南妇女联盟在其职责范围内，有权依照《婚姻家庭法》的规定，提起与婚姻和家庭有关的诉讼；工会为保护工人集体权益有权依法提出劳动诉讼；保护消费者利益的社会组织有权依据《消费者权益保护法》的规定，提起保护消费者利益的诉讼；机关、组织在各自职责和权力范围内，有权提起民事诉讼请求法院保护相关公共利益和国家利益；个人有权依照《婚姻家庭法》的规定为保护他人的合法权益，提起婚姻、家庭诉讼。

有权提起诉讼的当事人可以通过直接递交、邮寄递交或法院电子系统递交起诉书，法院院长在收到起诉书的3个工作日内指派1名法官审查起诉书，该法官在5个工作日内进行审查并作出以下决定：要求修改或补充起诉书；符合一般程序的案件按一般程序受理，符合按照简易程序的案件按简易程序受理；如果案件不属于本院管辖则将起诉书转呈有管辖权的法院，并通知起诉人；如果诉讼不属于法院的管辖范围，则将起诉书退还给起诉人。法院案件受理通知应在受理案件之日起3个工作日内向原告、被告、相关机构、组织和个人发出书面通知，向同级检察院发出已受理案件的书面通知。

3. 调解与初审

法院院长应在受理案件之日起3个工作日内指派1名法官审理案件，案件进入调解和审理准备阶段。案件审理准备阶段的时限，除简易程序审理的案件或涉外案件外，民事纠纷和婚姻家庭纠纷时限为受理案件之日起4个月；商业贸易纠纷和劳动争议时限为受理案件之日起 2 个月。对于复杂案件或由于不可抗力或客观障碍，法院院长可以决定延长审理准备时限。①

审理准备时限内，法官作出或承认当事人达成的协议或中止民事诉讼或终止民事诉讼或将案件提交审判的决定。决定将案件提交审判的，从决定之日起 1 个月内，法律必须开庭审理；有充分理由的，时限可以为 2 个月。根据《民事诉讼法典》第 205 条的规定，在准备案件一审期间，法院必须为当事人进行调解以达成协议，协议的达成必须尊重各方意愿，协议内容不得违反法律和社会道德。在越南，涉及对国家财产所受损害的索赔要求和因违反法律和社会公德的民事交易引发的民事诉讼不得进行调解；通过简易程序审理的案件不进行调解。经调解当事人就争议达成协议的，法院制作调解文书，该文书应立即发送给各方当事人。如各方当事人在 7 日内无修改意见，主持调解的法官或法院院长指定的一名法官作出承认当事人协议的决定。在 5 个工作日内，将决定书送交给各方当事人及同级检察院。调解失败的，作出案件提交审判的决定，相关通知在决定后 3 个工作日内送达当事人及同级检察院。

民事诉讼的一审程序，按照《民事诉讼法典》第 225 条的规定，审判必须依法在法庭上进行口头审判，在法庭上法官必须听取原告、被告、相关权利和义务人、合法代理人、辩护律师、其他参与方以及机构和组织的陈述；核实案件的细节和事实；审查和核实收集的文件和证据；指导和听取有关各方之间的辩论；听取检察官的意见。在参与辩论的各方充分发表意见后辩论结束，合议庭进行合议作出判决。判决一经宣判，不得修改或补充，除非发现因混淆或误判而导致的明显拼写错误、数据错误。法院自宣判之日起 10 日内，应将判决书送交诉讼当事人及同级检察机关。

4. 上诉

对一审法院判决不服的可在宣判之日起 15 日内通过一审法院提出上诉申请。一审法院收到上诉申请后进行审查。审查后合理的上诉申请，一审法院书面通知同级检察院和有关当事人上诉事宜，并附上上诉申请书副本及上诉材料和证据。与上诉有关的当事人有权向上诉法院呈递文件并就上诉发表意见，该意见应列入案卷。一审法院必须在上诉期届满后的 5 个工作日内将案卷、上诉申请书以及相关的材料和证据转交上诉法院。

越南《民事诉讼法典》第 278 条规定，同级或上级检察院有权对一审法院中止或终止审理案件的判决或裁定提出抗诉，请求二审法院以二审程序重新审

---

① 根据越南《民事诉讼法典》第 203 条的规定，对民事纠纷和婚姻家庭纠纷延长期限不得超过 2 个月；对于商业贸易纠纷和劳动争议延长期限不得超过 1 个月。

理案件。二审法院收到上诉申请后，应立即记录在受理簿中，并在决定受理之日起 3 个工作日内，向诉讼当事人、同级检察机关发出已受理的书面通知。随即由二审法院院长设立上诉审判小组，并指派一名法官担任审判长。根据越南《民事诉讼法典》第 286 条第 2 款的规定，自案件决定受理的决定作出之日起 1 个月内，二审法院应当开庭审理。有正当理由的，期限为 2 个月。

二审法院决定对案件进行上诉审理的，必须在 3 个工作日内将决定通知有关当事人和同级检察机关。同时提交给同级检察机关的还有案卷，检察机关在收到案卷的 15 日内对案卷进行研究，期限届满后案卷应交回法院。二审审判中，二审法院仅就一审判决中提出上诉的部分或抗诉的部分进行审理。审理结束，法院可作出判决，或维持或修改一审法院判决或撤销一审法院判决发回重审或撤销一审判决，终止审理案件。上诉案件自宣判之日起生效。

5. 简易程序

越南《民事诉讼法典》第 18 章规定了简易程序。简易程序比普通民事诉讼程序更简单，可以快速解决案件。根据该法第 317 条的规定，可以简易程序审理的案件需满足的条件有：案件细节简单，法律关系明确，证据充分，当事人认可其义务；有关各方居住地及地址确定；当事人未居住在海外，争议财产也不在海外。

法院决定按照简易程序审理案件的，应将决定立即送交有关各方和同级检察机关。有关各方及同级检察机关在收到决定之日起 3 个工作日内，当事人可以提出申诉，检察机关可以向法院院长提出意见。法院依据简易程序作出的一审判决或裁定，可以依照二审程序提出上诉。

6. 撤销原判程序

越南《民事诉讼法典》第 20 章规定了撤销原判程序。已生效的法院判决、裁定在生效起 3 年内有如下情形的，撤销原判：判决、裁定的结论与案件客观细节不符，损害当事人合法权益的；严重违反诉讼程序，妨碍当事人履行诉讼权利与义务，导致其合法权益得不到法律保护的；适用法律错误导致错误判决、裁定，损害当事人合法权益，侵害公共利益、国家利益及第三方合法权益的。

7. 再审程序

根据越南《民事诉讼法典》第 331 条的规定，最高人民法院院长、最高人民检察院检察长有权依照再审程序对已产生法律效力的各级法院判决、裁定提出异议；高级人民法院院长、高级人民检察院检察长有权依照再审程序对辖区范围内的省人民法院或地区人民法院已产生法律效力的判决、裁定提出异议。

已生效的法院判决、裁定有如下情形的，可依照再审程序提出异议：新发现当事人在案件审理中不可能知道的重要细节；有证据证明鉴定人的结论和翻译人员的翻译不实或伪造证据的;法官、人民陪审员、检察官故意转移案卷或故意作出非法结论的;法院的判决、裁定所依据的刑事、行政、民事、婚姻和家庭、商业、贸易、劳动决定或国家机关的决定已经被废除。根据越南《民事诉讼法典》第354条的规定,再审程序提出异议的期限为1年,自获知异议理由之日起开始计算。

越南《民事诉讼法典》还规定了民事事项解决程序,其中包括申请宣告自然人无民事行为能力或民事行为能力有限的程序;申请宣告自然人失踪或死亡的程序;申请公证文件无效的程序;审议罢工合法性的程序;申请劳动合同、集体谈判协议无效的程序;庭外调解胜诉结果的认定程序等。

主要参考文献

[1][柬埔寨]孟查利亚、[口]田中和子：《柬埔寨〈民法典〉与〈民事诉讼法典〉的重新制定——在日本的法律技术援助之下》，梁鹏译，载北京外国语大学亚非学院编：《亚非研究（第二辑）》，北京：时事出版社2009年版。

[2][柬埔寨]吴小龙译：《柬埔寨王国刑法典》，金边：柬埔寨成功印刷公司2020年版。

[3][缅甸]Ei Khine Zin Aung：《缅甸联邦共和国检察官职能与中华人民共和国检察官职能比较研究》，钟舒婷编译，载张晓君、[缅甸]吴温敏主编：《中国—东盟法律评论（第7辑 缅甸法专辑）》，厦门：厦门大学出版社2017年版。

[4][缅甸]May Thu：《合同构成要素研究——以〈缅甸合同法〉为研究对象》，林俊编译，载张晓君、[缅甸]吴温敏主编：《中国—东盟法律评论 第7辑》，厦门：厦门大学出版社2017年版。

[5][日]地球の步き方编集室：《新加坡》，罗玉泉译，北京：中国旅游出版社1999年版。

[6][新加坡]梅达顺：《新加坡法院"一站式"多元化纠纷解决服务框架》，江和平译，载《人民法院报》2015年4月10日，第8版。

[7] "About Commercial Court", State Judiciary Department of Brunei Darussalam, http://judiciary.gov.bn/SJD%20Site%20Pages/About%20Commercial%20Court.aspx。

[8] "Attorney General's Chambers", https://www.agc.gov.bn/AGC%20Site%20Pages/Overview.aspx。

[9] "Contracts Act 1950 (Incorporating all amendments up to 1 January 2006)", *Malaysian Legislation*, http://extwprlegs1.fao.org/docs/pdf/mal197812.pdf。

[10] "Culture of Indonesia", Indonesia Investments, https://www.indonesia-investments.com/culture/item8。

[11] "Frequently Asked Question (Small Claim Tribunal)", http://judiciary.gov.bn/SJD%20Site%20Pages/Frequently%20Asked%20Question%20（Small%

20Claim%20Tribunal）. aspx。

［12］ "Historical Background of The Ministry of Legal Affairs", *Myanmar National Portal*, https：//myanmar. gov. mm/ministry – of – legal – affairs。

［13］ "International Affairs Division of Office of the Judiciary", Civil Procedure, 2018。

［14］ "Juvenile Court", State Judiciary Department of Brunei Darussalam, http：//judiciary. gov. bn/SJD%20Site%20Pages/Juvenile%20Court. aspx。

［15］ "Kelembagaan dan Pelaporan", *Badan Litbang Diklat Hukum Dan Peradilan Mahkamah Agung Ri*, https：//bldk. mahkamahagung. go. id/id/sekretariat – id/kelembagaan – pelaporan – id/293 – judicial – system – of – the – supreme – court – of – the – republic – indonesia. html。

［16］ "Law Amending the Penal Code, Law Amending the Penal Code, Administration Council Law No（5/2021）", 14 February 2021。

［17］ "Legislative History Constitution of the Republic of Singapore", Singapore Statutes Online, https：//sso. agc. gov. sg/Act/CONS1963/Uncommenced/20221008?DocDate = 20220905&ValidDt = 20221028&ProvIds = xv – #xv – 。

［18］ "Legislative History of Civil Law Act 1909", Available athttps：//sso. agc. gov. sg/Act/CLA1909。

［19］ "Legislative History of Penal Code 1871", *Singapore Statutes Online*, https：//sso. agc. gov. sg/act/pc1871?ProvIds = xv – #xv – 。

［20］ "Our Divisions – Attorney General's Chambers", AGC SINGAPORE, https：//www. agc. gov. sg/about – us/organisation – structure/our – divisions。

［21］ "Overview of Indonesian Judiciary", Council of ASEAN Chief Justices, https：//cacj – ajp. org/indonesia/judiciary/overview – of – indonesian – judiciary/。

［22］ "President urges stronger judicial reform to build law – governed state", *VOV WORLD*, https：//vovworld. vn/en – US/news/president – urges – stronger – judicial – reform – to – build – lawgoverned – state – 1036907. vov。

［23］ "Singapore's Global Innovation Ranking", *Intellectual Property Office of Singapore*, https：//www. ipos. gov. sg/resources/singapore – ip – ranking。

［24］ "Small Claims Tribunal（General Information）", Available at https：//www. judiciary. gov. bn/SJD%20Images/Small%20Claims%20Tribunal%20 – %20Complete. pdf。

［25］ "The Courts of Justice System", *Court of Justice Thailand*, https：//coj. go. th/th/content/page/index/id/91994。

［26］"The Malaysian Court System", *Asklegal. MY*, https：//asklegal. my/p/the‐malaysian‐court‐system。

［27］"The Revised Rules of Criminal Procedure（As amended, December 1, 2000）", *The LAWPHIL Project*, https：//www. lawphil. net/courts/rules/rc_110‐127_crim. html。

［28］《产品外观设计条例》英文译本见 https：//www. myipo. gov. my/wp‐content/uploads/2016/09/id‐regulation‐incorporated‐01072013. pdf。

［29］《邓锡军大使在 2021 年第一次雅加达论坛——中国—东盟建立对话关系 30 周年纪念活动启动仪式暨 30 周年研讨会上的开幕致辞》，澎湃新闻网，https：//www. thepaper. cn/newsDetail_forward_11673984。

［30］《东盟统计年鉴 2021》，东盟秘书处官网，https：//www. aseanstats. org/wp‐content/uploads/2021/12/ASYB_2021_All_Final. pdf。

［31］《菲律宾的检察制度》，中国—东盟成员国检察长会议网，http：//www. ca‐pgc. org/zgdmjczd/201612/t20161206_1907143. shtml。

［32］《菲律宾家庭法典》英文本见 https：//www. officialgazette. gov. ph/1987/07/06/executive‐order‐no‐209‐s‐1987/。

［33］《国务院政策例行吹风会（2019 年 11 月 6 日）》，中国政府网，http：//www. gov. cn/xinwen/2019zccfh/70/index. htm?_zbs_baidu_bk。

［34］《泰国的检察制度》，中国—东盟成员国检察长会议网，http：//www. ca‐pgc. org/zdyj/201612/t20161206_1907172. shtml。

［35］《突破 8000 亿！东盟保持我国第一大货物贸易伙伴》，中华人民共和国驻东盟使团网，http：//ascan. china‐mission. gov. cn/stxw/202201/t20220114_10495620. htm。

［36］《文莱的检察制度》，中国—东盟成员国检察长会议网 http：//www. ca‐pgc. org/zgdmjczd/201611/t20161130_1904100. shtml。

［37］《新加坡国家概况》，中华人民共和国外交部网，https：//www. fmprc. gov. cn/web/gjhdq_676201/gj_676203/yz_676205/1206_677076/1206x0_677078/。

［38］《新加坡民事诉讼程序》，https：//www. sginsight. com/xjp/index. php?id=1953。

［39］《"一带一路"沿线国家风险防范指引》系列丛书编委会：《"一带一路"沿线国家法律风险防范指引（老挝）》，北京：经济科学出版社 2017 年版。

［40］《印度尼西亚》，中华人民共和国商务部网，http：//policy. mofcom. gov. cn/page/nation/Indonesia. html。

[41]《越南废除同性婚姻禁令修法生效 可举行同性婚礼》，中国新闻网 https：//www.chinanews.com.cn/gj/2015/01-09/6954368.shtml。

[42]《越南通过新婚姻法 2015 年起允许人道代孕》，中国日报（中文网）http：//world.chinadaily.com.cn/2014-06/20/content_17605410.htm。

[43]《中国—东盟年鉴》编辑部：《中国—东盟年鉴·2015》，北京：线装书局 2015 年版。

[44]《中国—东盟中心标识》，中国—东盟中心网，http：//www.asean-china-center.org/about/us.html。

[45]《中华人民共和国与东南亚国家联盟全面经济合作框架协议》，中华人民共和国商务部，http：//gjs.mofcom.gov.cn/aarticle/Nocategory/200212/20021200056452.html。

[46] 2008 年参加中泰知识产权研讨会代表团：《泰国知识产权概况》，载国家工商行政管理总局国际合作司编：《借鉴：国家工商行政管理总局出国（境）考察报告辑录（2008—2009）》，北京：中国工商出版社 2011 年版。

[47] 2016 年印度尼西亚《专利法》英文本见 http：//peraturan.go.id/common/dokumen/terjemah/2018/Lembaran%20Lepas%20Batang%20Tubuh%20ttd%20Dirjen.pdf。

[48] Andy Kirkpatrick, *English as a Lingua Franca in Asean: A Multilingual Model*, Hong Kong: Hong Kong University Press, 2010。

[49] Benny S. Tabalujan, "The New Indonesian Company Law", *University of Pennsylvania Journal of International Economic Law*, Vol. 17, Iss. 3, 1996。

[50] Donald K. Emmerson, "Southeast Asia: What's in a Name?", *Journal of Southeast Asian Studies*, Vol. 15, No. 1, 1984。

[51] Erik A. Corneillier, "In the Zone: Why the United States Should Sign the Protocol to the Southeast Asia Nuclear-Weapon-Free Zone", *Pacific Rim Law & Policy Journal*, Vol. 12, No. 1, 2003。

[52] *Foreign Affairs Malaysia*, Vol. 4, No. 1, March 1971。

[53] Heama Latha Nair, et al., "A Review of Married Women and Children (Maintenance) Act 1950 and Married Women and Children (Enforcement of Maintenance) Act 1968", *European Journal of Business and Social Sciences*, Vol. 3, No. 4, 2014。

[54] Hla Hla Win, "Practice on Monogamy of Myanmar", 16th Anniversary of Yadanabon University Research Journal, 2015。

[55] HOR Peng, "The Constitution of the Kingdom of Cambodia: The Evolu-

tion of Constitutional Theories and Interpretation", in HOR Peng, et al. (eds.), *Cambodian Constitutional Law*, Phnom Penh: Konrad – Adenauer – Stiftung, 2016.

[56] Hor Peng, Kong Phallack, Jorg Menzel (eds.), *Introduction to Cambodian Law*, Phnom Penh: Konrad – Adenauer – Stiftung, 2012.

[57] Intellectual Property Office of Singapore, Copyright Factsheet on Copyright Act 2021, 19 November 2021.

[58] Irawan Soerodjo, "The Development of Indonesian Civil Law", *Scientific Research Journal*, Vol. IV, Issue IX, September 2016.

[59] Irfan Ardiansyah, Duwi Handoko, "History of Naming and Criminal Code Applies in Indonesia", *Internasional Conference on Humanity, Law and Sharia* (*ICHLASh*). November 14 – 15, 2018.

[60] J. Soedjati Djiwandono, *Southeast Asia as a Nuclear – Weapons – Free – Zone*, IKuala Lumpur: Institute of Strategic and International Studies, 1986.

[61] Jay Cohen, "The Bankruptcy System in Cambodia", in *Regional Guide to Bankruptcy Law*, 2020 Tilleke & Gibbins International Ltd.

[62] Mahareksha Dillon, Dewi Savitri Reni, "Review of Indonesian Courts underthe Supreme Court", *SSEK: Indonesia Legal Consultants*, https://www.ssek.com/blog/review – of – indonesian – courts – under – the – supreme – court.

[63] Melissa Crouch, "Promiscuity, Polygyny, and the Power of Revenge: The Past and Future of Burmese Buddhist Law in Myanmar", *Asian Journal of Law and Society*, No. 3, 2016.

[64] Menrado Valle – Corpuz, "The Role and Function of the Prosecution in the Philippine Criminal Justice System", https://www.lawyersnjurists.com/article/the – role – and – function – of – the – prosecution – in – the – philippine – criminal – justice – system/.

[65] Mohammed Ayoob, *The Third World Security Predicament: State Making, Regional Conflict and the International System*, Boulder: Lynne Rienner, 1995.

[66] Ngo Huy Cuong, "Some features of commercial Law in Vietnam", *VNU Journal of Science*, Law Vol. 27, 2011.

[67] OECD, "Economic Outlook for Southeast Asia, China and India 2022: Financing Sustainable Recovery from COVID – 19", https://www.oecd – ilibrary.org/sites/f4fab965 – en/index.html? itemId =/content/component/f4fab965 – en.

［68］Office of International Religious Freedom，"2020 Report on International Religious Freedom：Brunei"，U. S. Department of State。

［69］Prianter Jaya Hairi，"ThE Urgency for the Formation of Bill Concerning Civil Procedural Law"，Info Singkat，Vol. XII，No. 23，December 2020。

［70］Pro Bono Centre of SMU：《小额索偿法庭》，Available at https：//pbc. smu. edu. sg/sites/pbc. smu. edu. sg/files/covid19/Small%20claims%20tribunals%20（31%20July%202020）%EF%BC%89. pdf。

［71］Protocol to the Treaty on The Southeast Asia Nuclear Weapon – Free Zone，https：//asean. org/? static_ post = protocol – to – the – treaty – on – the – southeeast – asia – nuclear – weapon – free – zone。

［72］Quoted in Nicholas Tarling，Regionalism in Southeast Asia：To Foster the Political Will，London：Routledge，2006。

［73］SMU Apolitical，*A Guide to the Singapore Constitution*（2nd ed.），Student Publications，2016。

［74］Sugiaryo，Anita Trisiana，"Status of the Judicial Commission in the State Concerns of the Republic of Indonesia Reviewed from the Concept of the Trias Political"，https：//www. abacademies. org/articles/status – of – the – judicial – commission – in – the – state – concerns – of – the – republic – of – indonesia – reviewed – from – the – concept – of – the – trias – politi – 14132. html#：~：text = The%20Judicial%20Commission%20is%20a%20judicial%20institution%20mandated，field%20of%20justice%2C%20is%20very%20necessary%20and%20important。

［75］Vincent K. Pollard，ASA and ASEAN，1961—1967：Southeast Asian Regionalism，*Asian Survey*，Vol. 10，No. 3，1970。

［76］Yana Sylvana，et al.，"History of Criminal Law in Indonesia"，*Jurnal Indonesia Sosial Sains*，Vol. 2，No. 4，2021。

［77］陈晓律：《马来西亚——多元文化的民主与权威》，成都：四川人民出版社2000年版。

［78］陈兴华：《东盟国家法律制度》，北京：中国社会科学出版社2015年版。

［79］陈志军（译）：《菲律宾刑法典》，北京：中国人民公安大学出版社2007年版。

［80］邓蕊主编：《中国—东盟国家公司法律制度概论》，成都：西南交通大学出版社2016年版。

［81］樊崇义、刘文化：《广泛与独立：新加坡检察制度的公权特色》，载

《检察日报》2015 年 7 月 28 日，第 3 版。

[82] 菲律宾《民法典》英文本见 https：//thecorpusjuris. com/legislative/republic－acts/ra－no－386. php。

[83] 菲律宾《知识产权法典》（2015 年修正版）英文本见 https：//wipolex. wipo. int/en/text/488674。

[84] 菲律宾 2019 年《修订公司法典》英文本见 https：//www. officialgazette. gov. ph/downloads/2019/02feb/20190220－RA－11232－RRD. pdf。

[85] 菲律宾第 12 版"外国投资负面清单"文本见 https：//www. officialgazette. gov. ph/downloads/2022/06jun/20220627－EO－175－RRD. pdf。

[86] 韩大元：《东亚法治的历史与理念》，北京：法律出版社 2000 年版。

[87] 何奥龙、乌兰图娅：《中国与东盟合作机制建设的主要成果和现实意义》，载《内蒙古大学学报（哲学社会科学版）》2014 年第 6 期。

[88] 何勤华、李秀清主编：《东南亚七国法律发达史》，北京：法律出版社 2002 年版。

[89] 何勤华主编：《法律文明史 第 12 卷 近代亚非拉地区法 上卷 亚洲法分册》，北京：商务印书馆 2017 年版。

[90] 柬埔寨《商标、商号和不正当竞争法》英文译文见 https：//www. cambodiaip. gov. kh/DocResources/3fa818a0－0d4a－48fa－b0fc－2cefe207a533_ c786a043－b88d－4f64－9429－60a330efdc5f－en. pdf。

[91] 柬埔寨《著作权和相关权利法》英文译文参见 https：//cambodiaip. gov. kh/DocResources/2536fcc7－e801－4855－a157－a8de52f77008_ c786a043－b88d－4f64－9429－60a330efdc5f－en. pdf。

[92] 柬埔寨《专利、实用新型认证和产品外观设计法》英文译文见 https：//wipolex. wipo. int/en/text/567453。

[93] 姜士林等主编：《世界宪法丛书》，青岛：青岛出版社 1997 年版。

[94] 蒋军洲（译），《菲律宾民法典》，厦门：厦门大学出版社 2011 年版。

[95] 蒋凌申：《新加坡鞭刑制度争议的实质及启示——以刑罚基本立场为视角的分析》，载《云南大学学报（法学版）》2016 年第 5 期。

[96] 老挝《企业法》英文译本参见 https：//laotradeportal. gov. la/kcfinder/upload/files/Enterprise_ Law_ ENG2013. pdf，最后访问日期 2022 年 8 月 16 日。

[97] 老挝《企业破产和重整法》英文译本参见 http：//laoofficialgazette. gov. la/kcfinder/upload/files/Law% 20Rehabilitation% 20and% 20Bankruptcy% 20of% 20Enterprise_ promulgated_ updated% 20English% 20version. pdf。

[98] 老挝 1994 年《企业破产法》英文译本见 https：//www. vientianetim-

es. org. la/Laws%20in%20English/24. %20Law%20on%20Bankruptcy_ Decree%20（1994）%20Eng. pdf。

［99］李晨琪：《浅谈新加坡鞭刑》，载《广东蚕业》2018年第7期。

［100］李春霖、赵桥梁：《香港与大陆地区破产制度期刊问题的比较》，载《新疆社会经济》1998年第1期。

［101］李立景、郭力宾、余绍宁：《老挝民诉法最新修正案介评》，载《广西警官高等专科学校学报》2014年第2期。

［102］林凤玲：《东帝汶加入东盟的进程与挑战》，载《中国—东盟研究院报告》，中国—东盟研究院官网 https：//cari. gxu. edu. cn/info/1354/17004. htm。

［103］林宣佐等主编：《知识产权法理论与实务》，北京：中国商务出版社2019年版。

［104］刘涛、柯良栋（译）：《新加坡刑法》，北京：北京大学出版社2006年版。

［105］罗琨、［文莱］茜蒂·诺卡碧、［文莱］沈宗祥编著：《"一带一路"国别概览——文莱》，大连：大连海事大学出版社2019年。

［106］马来西亚《产品外观设计法》英文译本见 https：//www. myipo. gov. my/wp－content/uploads/2016/09/INDUSTRIAL－DESIGNS－ACT－1996－ACT－552. pdf。

［107］马来西亚《法律改革（结婚和离婚）法》英文本见 http：//jafbase. fr/docAsie/Malaisie/Mariage&Divorce. PDF。

［108］马来西亚《收养法》英文本见 https：//www. jkm. gov. my/jkm/uploads/files/reg%20of%20adop%20act%20257（1）. pdf。

［109］马来西亚《无遗嘱继承分配条例》英文本见 http：//www. commonlii. org/my/legis/consol_ act/da19581983244/。

［110］马来西亚《遗嘱条例》英文本见 http：//www. commonlii. org/my/legis/consol_ act/wa19591988166/。

［111］马来西亚《已婚妇女和儿童（赡养费）法》英文本见 http：//www. commonlii. org/my/legis/consol_ act/mwaca19501981391/。

［112］马来西亚《已婚妇女和儿童（赡养费执行）法》英文本见 https：//www. ilo. org/dyn/natlex/docs/ELECTRONIC/106351/130403/F－2111327657/MYS106351%20Eng%202017. pdf。

［113］马来西亚《著作权法》英文本见 https：//wipolex. wipo. int/en/text/583950。

［114］马来西亚的《海关（禁止进口）令》（2017年），http：//www. federalgazette. agc. gov. my/outputp/pua_ 20170404_ P. U. （A） 103_ Import. pdf。

［115］毛鹏飞：《"一带一路"与柬"四角战略"对接发展——中柬经贸互联谱新篇》，中华人民共和国中央人民政府网 http：//www. gov. cn/xinwen/2018－01/08/content_ 5254422. htm。

［116］梅传强：《东盟国家刑法研究》，厦门：厦门大学出版社 2017 年版。

［117］米良（译）：《泰王国民商法典》，北京：社会科学文献出版社 2018 年版。

［118］米良（译）：《越南民法典》，昆明：云南大学出版社 1998 年版。

［119］米良（译）：《越南刑法典》，北京：中国人民公安大学出版社 2005 年版。

［120］米良：《〈泰王国民商法典〉制定的历史背景》，载《云南大学学报（社会科学版）》2018 年第 2 期。

［121］米良：《东盟国家宪政制度研究》，昆明：云南大学出版社 2011 年版。

［122］缅甸《产品外观设计法》英义译本参见 https：//www. myanmar－law－library. org/law－library/laws－and－regulations/laws/myanmar－laws－1988－until－now/national－league－for－democracy－2016/myanmar－laws－2019/pyidaungsu－hluttaw－law－no－2－2019－industrial－design－law－burmese. html。

［123］缅甸《佛教妇女特殊婚姻法》2014 年议案英文本见 Laws, decrees, bills and regulations relating to Family/Matrimonial/Personal Law（texts）| Online Burma/Myanmar Library（burmalibrary. org）。

［124］缅甸《一夫一妻制法》2014 年议案英文本见 http：//www. asianlii. org/mm/legis/laws/mbhln2014411。

［125］缅甸 2019《专利法》英义译本参见 https：//myanmar－law－library. org/law－library/laws－and－regulations/laws/myanmar－laws－1988－until－now/national－league－for－democracy－2016/myanmar－laws－2019/pyidaungsu－hluttaw－law－no－7－2019－patent－law－english. html。

［126］潘伟等：《中国—东盟国家合同法比较研究》，南宁：广西民族出版社 2013 年版。

［127］曲凤杰等：《走向印度洋："丝绸之路经济带" 东南亚—南亚—印度洋方向重点国别研究》，北京：中国市场出版社 2016 年版。

［128］曲淑君主编：《世界实用新型专利运用指南》，北京：知识产权出版社 2019 年版。

［129］商务部国际贸易经济合作研究院、中国驻东盟使团经济商务处、商

务部对外投资和经济合作司：《对外投资合作国别（地区）指南：东盟（2020版）》，中国一带一路网，https：//www. yidaiyilu. gov. cn/wcm. files/upload/CM-Sydylgw/202012/202012221133047. pdf。

［130］申华林：《东盟国家法律概论》，南宁：广西民族出版社2004年版。

［131］沈安波主编：《缅甸联邦经济贸易贸易法律选编》，北京：中国法制出版社2006年版。

［132］世界华商经济年鉴杂志社编辑：《世界华商经济年鉴（2007—2008）》，世界华商经济年鉴杂志社2009年版。

［133］宋志国等：《中国—东盟知识产权保护与合作的法律协调研究》，北京：知识产权出版社2014年版。

［134］泰国《颁布法院组织法的法令》全文参见"Act Promulgating the Law for the Organization of the Court of Justice B. E. 2543"，

［135］泰国《公众公司法》英文译本见 https：//www. samuiforsale. com/Law – Texts/public – limited – companies – act. html。

［136］泰国《商标法》（包含两次修正的条款）英文译本见 https：//www. ipthailand. go. th/images/781. pdf。

［137］泰国《专利法》英文译本见 https：//www. ipthailand. go. th/images/633/Patent – Act – Edit. pdf。

［138］泰国1994年《著作权法》英文译本见 https：//www. ipthailand. go. th/images/3534/2564/Copyright/Copyright_ Act_ ENG. pdf。

［139］唐丹：《浅谈道德法律化的界限问题》，载《西安石油大学学报（社会科学版）》2019年第4期。

［140］外交部：《〈南海各方行为宣言〉背景》，外交部 http：//www1. fmprc. gov. cn/web/wjb_ 673085/zzjg_ 673183/yzs_ 673193/dqzz_ 673197/nanhai_ 673325/t848051. shtml。

［141］王晓民主编：《世界各国议会全书》，北京：世界知识出版社2001年版。

［142］王竹、李春、刘忠炫、［老挝］福萨南编译：《老挝民商经济法律汇编》，北京：中国法制出版社2020年版。

［143］文莱《合同法》英文本见 https：//www. agc. gov. bn/AGC%20Images/LAWS/ACT_ PDF/cap106. pdf。

［144］文莱《婚姻法》英文本见 https：//www. agc. gov. bn/AGC%20Images/LAWS/ACT_ PDF/cap076. pdf。

［145］文莱《紧急（产品外观设计）令》（合并2014、2020年修正条文）

英文译本见 https：//www.agc.gov.bn/AGC%20Images/LAWS/BLUV/INDUSTRIAL%20DESIGN%20ORDER%20（FEB%202020）.pdf。

［146］文莱《破产法》英文译本见 https：//www.agc.gov.bn/AGC%20Images/LAWS/ACT_PDF/cap067.pdf。

［147］文莱《宪法》英文本见 https：//www.agc.gov.bn/AGC%20Images/LOB/cons_doc/constitution_i.pdf。

［148］文莱2000年《商标法》英文译本见 http：//www.bruipo.gov.bn/Shared%20Documents/PDF/Legislation/TM/TM-Cap98.pdf。

［149］文莱2000年修订的《紧急（著作权）令》以及2013年《著作权法修正案》英文译本见 http：//www.bruipo.gov.bn/Shared%20Documents/PDF/Legislation/CR/Copyright%20Order%201999.pdf 和 http：//www.bruipo.gov.bn/Shared%20Documents/PDF/Legislation/CR/Copyright%20Amend%20Order%202013.pdf。

［150］文莱2011年《专利法》英文文本见 https：//www.agc.gov.bn/AGC%20Images/LAWS/Gazette_PDF/2011/EN/S057.pdf。

［151］文莱2017年《专利法》修正案英文文本见 http：//www.bruipo.gov.bn/Shared%20Documents/PDF/Legislation/PA/Patent3%20（Amendment）%20Order%202017%20S32.pdf；2020年修正案英文本见 https：//www.agc.gov.bn/AGC%20Images/LAWS/Gazette_PDF/2020/EN/S004.pdf。

［152］翁艳等译：《缅甸联邦共和国公司法》，《南洋资料译丛》2018年第4期、2019年第1、2期连载。

［153］翁艳等译：《缅甸联邦共和国商标法》，载《南洋资料译丛》2020年第4期。

［154］吴光侠（译）：《泰国刑法典》，北京：中国人民公安大学出版社2004年版。

［155］吴元富（译）：《越南社会主义共和国民法典（2005年版）》，厦门：厦门大学出版社2007年版。

［156］伍光红、黄氏惠（译）：《越南民法典》，北京：商务印书馆2018年版。

［157］夏立平：《无核武器区的发展与亚太安全》，载《国际商务研究》1999年第5期。

［158］新加坡《财产与财产转让法》英文本见 https：//sso.agc.gov.sg/act/clpa1886。

［159］新加坡《妇女宪章》英文本见 https：//sso.agc.gov.sg/act/wc1961。

［160］新加坡《公司法》英文本见 https：//sso.agc.gov.sg/Act/CoA1967。

[161] 新加坡《合同（第三方权利）法》英文本见 https：//sso. agc. gov. sg/Act/CRTPA2001。

[162] 新加坡《货物买卖法》英文本见 https：//sso. agc. gov. sg/Act/SGA1979。

[163] 新加坡《继承（家庭规定）法》英文本见 https：//sso. agc. gov. sg/Act/IFPA1966。

[164] 新加坡《卖契法》英文本见 https：//sso. agc. gov. sg/Act/SGA1979? WholeDoc = 1。

[165] 新加坡《破产、重整与解散法》英文本见 https：//sso. agc. gov. sg/Act/IRDA2018? ValidDate = 20220630。

[166] 新加坡《商标法》英文本见 https：//sso. agc. gov. sg/Act/TMA1998? WholeDoc = 1。

[167] 新加坡《外观设计注册法》英文本见 https：//sso. agc. gov. sg/Act/RDA2000? ValidDate = 20220610&WholeDoc = 1。

[168] 新加坡《无遗嘱继承法》英文本见 https：//sso. agc. gov. sg/Act/ISA1967。

[169] 新加坡《遗嘱认证和管理法》英文本见 https：//sso. agc. gov. sg/Act/PAA1934。

[170] 新加坡《专利法》英文本见 https：//sso. agc. gov. sg/Act/PA1994? ValidDate = 20220610&WholeDoc = 1。

[171] 新加坡2021年《著作权法》英文本见 https：//sso. agc. gov. sg/Acts – Supp/22 – 2021/Published/20211231? DocDate = 20211007&WholeDoc = 1。

[172] 徐汉明、黄达亮：《具有特色的新加坡检察制度》，载《中国检察官》2008年第3期。

[173] 许家康、古小松主编：《中国—东盟年鉴2006》，北京：线装书局2006年版。

[174] 薛波主编：《元照英美法词典》，北京：法律出版社2003年。

[175] 杨家庆（译）、谢望原（审校）：《菲律宾刑法》，北京：北京大学出版社2006年版。

[176] 杨临宏编著：《东南亚国家宪政制度》，昆明：云南大学出版社2014年版。

[177] 杨振发（译）：《马来西亚刑法》，北京：中国政法大学出版社2014年版。

[178] 印度尼西亚《著作权法》英文译本见 https：//wipolex –

res. wipo. int/edocs/lexdocs/laws/en/id/id064en. pdf。

［179］印尼《产品外观设计法》英文译本见 https：//wipolex. wipo. int/en/text/182125。

［180］印尼《破产和债务清偿义务中止法》英文本见 https：//www. studocu. com/id/document/universitas – pelita – harapan/bankruptcy – law/2004 – indonesia – bankruptcy – lawenglish/3319820。

［181］印尼《商标法》英文译本见 https：//internationalipcooperation. eu/sites/default/files/arise – docs/2019/Indonesia_ Law – on – Marks – and – Geographical – Indications – 20 – 2016. pdf。

［182］印尼《有限责任公司法》英文全文见 https：//cdn. indonesia – investments. com/documents/Company – Law – Indonesia – Law – No. – 40 – of – 2007 – on – Limited – Liability – Companies – Indonesia – Investments. pdf。

［183］于佳欣：《商务部：东盟已成中国第二大贸易伙伴》，新华社网，https：//author. baidu. com/home? from = bjh_ article&app_ id =1582378850174815。

［184］喻常森、方倩华：《东盟"和平、自由和中立区"战略构想探讨》，载《南洋问题研究》2005 年第 2 期。

［185］越南《知识产权法》（2009 年修正条款）英文译本见 https：//wipolex – res. wipo. int/edocs/lexdocs/laws/en/vn/vn071en. html；

［186］越南《知识产权法》（2019 年修正条款）英文译本见 https：//t2hlawyers vn/en/law – on – amending – and – supplementing – a – number – of – articles – of – the – law – on – intellectual – property/。

［187］越南《知识产权法》（2022 年修正条款）英文译本见 https：//english. luatvietnam. vn/law – no – 07 – 2022 – qh15 – amending – and – supplementing – a – number – of – articles – of – the – law – on – intellectual – property – 224105 – doc1. html。

［188］越南 2005 年《知识产权法》英文译本见 https：//www. wto. org/english/thewto_ e/acc_ e/vnm_ e/wtaccvnm43_ leg_ 3. pdf。

［189］张乐：《缅甸新〈公司法〉述评》，《国际工程与劳务》2018 年第 8 期。

［190］张树兴主编：《东南亚法律制度概论》，北京：中国人民大学出版社 2015 年版。

［191］张树兴主编：《泰国法律制度概论》，成都：西南交通大学出版社 2017 年版。

［192］郑莉：《论"亲亲相隐"制度之合理性》，《江苏经济报》2020 年 3

月4日,第B03版。

［193］中国（深圳）知识产权保护中心:《马来西亚著作权登记程序》,载中国（深圳）知识产权保护中心网 http://www.sziprs.org.cn/szipr/hwwq/fxydzy/bjzy/content/post_ 816673.html。

［194］中国—东盟中心:《2019中国—东盟数据手册》（2021年3月）,中国—东盟中心网, http://asean-china-center.org/resources/file/2019_%E4%B8%AD%E5%9B%BD%E2%80%94%E4%B8%9C%E7%9B%9F%E6%95%B0%E6%8D%AE%E6%89%8B%E5%86%8C_ASEAN_&_China_in_Figures.pdf。

［195］重庆知识产权保护协同创新中心、西南政法大学知识产权研究中心组织翻译:《"一带一路"国家知识产权法律译丛（第二辑）》,北京:知识产权出版社2018年版。

［196］朱振明主编:《当代马来西亚》,成都:四川人民出版社1995年版。

［197］驻东盟使团经济商务处:《2020年中国—东盟经贸合作简况》,中华人民共和国驻东盟使团经济商务处网, http://asean.mofcom.gov.cn/article/o/r/202101/20210103033653.shtml。

后　　记

　　本书出版受到西南民族大学省部级平台项目资助（项目编号：2022SMZFZ03），以此致谢！

　　2021年，中国与东盟建立对话关系已经走过30个年头。在"中国—东盟建立对话关系30周年纪念峰会"上，中国与东盟正式宣布建立中国东盟全面战略伙伴关系，"这是双方关系史上新的里程碑，将为地区和世界和平稳定、繁荣发展注入新的动力"。正是中国与东盟一以贯之的良好友谊与未来经济合作前景，促使我们思考写作一部有关东盟国家法律制度的相关论著。

　　事实上，想象的确永远比行动容易得多。在拟定提纲、认领任务、展开资料收集并研读之后，本书的写作难度就已经超出了我们最初的认识。首先，东盟十国的法律制度，涉及几种不同的法律体系，一些国家更是在历史上遭受过多个列强的殖民，其法律制度因此遗留有多重法律体系的痕迹。而参与写作的同志们，首要解决的难题便是对于每一个国家所继承、所遗留法律体系的深刻理解与认知。其次，东盟国家民族众多、宗教庞杂，每一国家的政治制度、文化习惯、法律渊源均不相似，不少国家还涉及有相关的习惯法和宗教法内容，这对于我们的写作是一个极大的挑战。第三，东盟国家语言亦繁多，有的国家官方语言有4种之多，有的国家官方语言、工作语言与常用语言并存，有的国家官方语言在世界范围并不通用。我们资料的收集与阅读的确是克服了相当的困难才得完成。第四，东盟有10个国家，21世纪以来又恰逢是东盟经济发展极迅速的一个时期，其结果是东盟国家的法律制度变更极频繁，特别是涉及经济、投资等领域的法律。在本书写作中，于是常有这样的情形，奋笔疾书着目前的法律，结果一抬头猛然发现新的法律已经出台。因此，我们将一些已经公布但还未正式实施的法案一并纳入本书写作之中。

　　本书写作历时一年多，我们采取了各种方法搜集东盟10国的最新法律文本，也通过阅读外文文献来弥补我们知识的欠缺。在最终搁笔的这一刻，我们要对来自遥远柬埔寨国度的吴小龙先生表示感谢，感谢他慷慨地将其翻译的《柬埔寨王国刑法典》无私相赠！我们还要感谢来自老挝的布伟和金能华两位留学生同学，帮助我们解开了不少老挝法律资料收集的难题！还要感谢其他帮助我们收集资料的朋友们！感谢所有参与写作的老师们，正是大家的坚持不懈与辛勤付出，才最终将本书呈现在了读者面前。我们也希望以本书为契机，推动我们东南亚中心对于东盟国家法律制度研究的不断深入与完善。

最后，我们想说，本书在写作中因资料收集确实存在不少困难，难免会有欠缺。同时写作的论证或许也并不完善，故敬请各界人士能够批评指正。

本书由杜文忠教授任丛书总主编，赵琪和者荣娜分别担任本书的主编和副主编。赵琪和者荣娜对本书写作进行总体策划、编写大纲并编稿修订完成。

本着文责自负的原则，现将本书写作分工说明如下：

第一章　赵琪（西南民族大学法学院）
第二章　者荣娜（成都中医药大学马克思主义学院）
第三章　石奎（西南民族大学法学院）
第四章　郭薇（西南民族大学法学院）
第五、七章　赵琪、高欧（西南民族大学法学院）
第六章　林其敏（西南民族大学法学院）
第八章　张敏（西南民族大学法学院）

编　者
2023年3月